楽しく使う会社法

京都産業大学法学部教授
木俣由美

自由国民社

初版はしがき ―― 本書の使い方

平成18年5月1日、新会社法が施行された。表記は現代語化され、内容も有限会社の廃止、定款自治の拡大、組織再編の弾力化など様々な点で変化した。なによりも大きく変わったのは、条文の順序が根底から入れ替わってしまったことである。商法の一部にすぎなかった「いわゆる会社法」が、文字通り独立の「会社法」となったのだから、それもやむをえないことなのかもしれない。しかし条文番号の変更は、これまで旧商法をもとに学習を進めてきた法学生、各種国家試験受験生はもちろん、法曹実務家たちにも大打撃を与えたというのが現実である。実際、筆者の周囲にも、条文が見つからず四苦八苦するロースクール生や、クライアントの前で条文を引く際もたついて困るとこぼす弁護士、司法書士がたくさんいる。語呂合わせでもいいから重要条文がさっと引けたら、という彼らの悲痛な叫び、愚痴を何度も聞くうちに、それならばと本当に語呂合わせを取り入れた使いやすい条文コンメンタールをまとめることにした。それが本書である。

本書は会社法をきちんと学習しようとする法学生や受験生、実務家を念頭においているので、語呂の内容にも、条文の真髄を反映させるよう努めている。また、できるだけ七・五調のリズムよいものとなるよう心がけている。かっこ書の語句を省略すればリズムのよさを、より味わっていただけると思う。そして、記憶する際のインパクトを考え、重要条文にはイラストを描き添えることにした。入門者はイラストのある条文を中心に学習を始めると、早く会社法の大枠になじむことができるであろう。さらに、複雑怪奇な機関設計に関する327条～329条を自在に操れるよう、イメージ式連想記憶術を取り入れた工夫も施している。第5編の組織再編についても理解しやすい仕掛けをちりばめた。

なお、当然のことであるはあるが、ここで改めて強調しておきたいことがある。それは、あくまでも本書は、条文を理解したうえでそれを上手に使いこなしてほしいとの願いをこめて作ったということである。したがって、まずは解説を読み条文の内容を正しく理解していただきたい。それによって語呂の内容も一層味わい深いものに感じられるであろう。また、条文の多くに語呂合わせを施したが、そのすべてを暗記する必要はないということ。例えば、331条「取締役の資格」を押さえておけば、あとは役員等の資格・任期の繰返しなので、332条～338条は絶対に覚えなければならないものではない。同様に、新株（募集株式）の発行に関する199条以下を押さえれば、新株予約権の発行に関する238条以下も無理に覚える必要はない。暗記の必要があるかどうかは読者の立場、学習進度によっても異なるし、条文の重要性にもよる。ポイントとなる条文はイラストに加え、解説を特に多くするよう心がけたので、初学者はそれを尺度とすればよいであろう。

最後になったが、本書の出版にあたり、筆者の意向を最大限に尊重し、稚拙なイラストの掲載にも快く応じてくださった自由国民社の竹内尚志取締役・編集部長に心からお礼を申し上げたい。

平成19年1月吉日

木俣由美

第４版 —— はしがき

2019年（令和元）12月、会社法改正が成立・公布された。令和元年の改正点は、株主総会資料の電子提供、株主提案権、取締役の報酬、社外取締役の活用、会社補償等、社債管理補助者、株式交付その他、多岐にわたる。それに関連する法務省令も改正された。細かな点では、2020年（令和2年）5月に外国弁護士による法律事務の取扱いに関する特別措置法の改正、12月に労働者協同組合法の成立により、会社法条文の一部も改正された。そこで今回、これらすべての改正を受けた条文のリニューアルを含む、大幅な改訂を行った。

改訂に際しては、令和元年改正のポイントに関するコメントのみならず、平成26年改正のコメントについても大幅に増やした。それ以外のコメントも削るべきところは削り、重要な箇所はさらにわかりやすく丁寧に書き改めた。改正の度に複雑になる条文にうんざりせず、少しでも楽しく会社法の学習や実務に本書を利用してもらえれば、筆者としては嬉しい限りである。

初版以降、今回もまた竹内尚志取締役編集局長に多大なご配慮を頂いた。感謝の気持ちを申し上げる。

令和４年３月吉日

木俣由美

〈凡例〉

1. 内容について

2022年（令和４）３月末日現在の最新情報およびその時点で改正されている法律・法務省令によっている。

2. 条文について

項数は算用数字、号数は丸囲みの算用数字を使用している。

3. 解説文中の略語表記について

最判・・・最高裁判所判決
高判・・・高等裁判所判決
地判・・・地方裁判所判決
旧商・・・旧商法
旧有・・・旧有限会社法
旧商特・・・旧商法特例法
商・・・現行商法
商登・・・商業登記法
金商・・・金融商品取引法
破産・・・破産法
振替・・・社債、株式等の振替に関する法律
民・・・民法
一般法人・・・一般社団法人及び一般財団法人に関する法律
民訴・・・民事訴訟法
施令・・・会社法施行令（令和２年政令第327号）
施規・・・会社法施行規則（令和３年法務省令第２号）
計規・・・会社計算規則（令和３年法務省令第１号）
電規・・・電子公告規則（令和２年法務省令第57号）

目次

第1編 総則

第1章　通則

（趣旨）

第1条　会社の設立，組織，運営及び管理については，他の法律に特別の定めがある場合を除くほか，この法律の定めるところによる。

POINT

まずはい《1》ちばん**趣旨**だいじ

□従来置かれていなかった趣旨規定を、一番はじめに設置。この法律は、主に旧商法会社編、有限会社法、商法特例法を導入し、まとめたものである。会社法施行の際、すでに存在する有限会社は、会社法の施行に伴う関係法律の整備等に関する法律（略称＝整備法）2条1項により、自動的に会社法の規定による株式会社として存続する。

（定義）

第2条　この法律において，次の各号に掲げる用語の意義は，当該各号に定めるところによる。

① 会社　株式会社，合名会社，合資会社又は合同会社をいう。

② 外国会社　外国の法令に準拠して設立された法人その他の外国の団体であって，会社と同種のもの又は会社に類似するものをいう。

③ 子会社　会社がその総株主の議決権の過半数を有する株式会社その他の当該会社がその経営を支配している法人として法務省令で定めるものをいう。

③の2　子会社等　次のいずれかに該当する者をいう。

イ　子会社

ロ　会社以外の者がその経営を支配している法人として法務省令で定めるもの

④ 親会社　株式会社を子会社とする会社その他の当該株式会社の経営を支配している法人として法務省令で定めるものをいう。

④の2　親会社等　次のいずれかに該当する者をいう。

イ　親会社

ロ　株式会社の経営を支配している者（法人であるものを除く。）として法務省令で定めるもの

⑤ 公開会社　その発行する全部又は一部の株式の内容として譲渡による当該株式の取得について株式会社の承認を要する旨の定款の定めを設けていない株式会社をいう。

⑥ 大会社　次に掲げる要件のいずれかに該当する株式会社をいう。

イ　最終事業年度に係る貸借対照表（第439条前段に規定する場合にあっては，同条の規定により定時株主総会に報告された貸借対照表をいい，株式会社の成立後最初の定時株主総会までの間においては，第435条第1項の貸借対照表をいう。ロにおいて同じ。）に資本金と

して計上した額が5億円以上であること。

ロ　最終事業年度に係る貸借対照表の負債の部に計上した額の合計額が200億円以上であること。

⑦　取締役会設置会社　取締役会を置く株式会社又はこの法律の規定により取締役会を置かなければならない株式会社をいう。

⑧　会計参与設置会社　会計参与を置く株式会社をいう。

⑨　監査役設置会社　監査役を置く株式会社（その監査役の監査の範囲を会計に関するものに限定する旨の定款の定めがあるものを除く。）又はこの法律の規定により監査役を置かなければならない株式会社をいう。

⑩　監査役会設置会社　監査役会を置く株式会社又はこの法律の規定により監査役会を置かなければならない株式会社をいう。

⑪　会計監査人設置会社　会計監査人を置く株式会社又はこの法律の規定により会計監査人を置かなければならない株式会社をいう。

⑪の2　監査等委員会設置会社　監査等委員会を置く株式会社をいう。

⑫　指名委員会等設置会社　指名委員会，監査委員会及び報酬委員会（以下「指名委員会等」という。）を置く株式会社をいう。

⑬　種類株式発行会社　剰余金の配当その他の第108条第1項各号に掲げる事項について内容の異なる2以上の種類の株式を発行する株式会社をいう。

⑭　種類株主総会　種類株主（種類株式発行会社におけるある種類の株式の株主をいう。以下同じ。）の総会をいう。

⑮　社外取締役　株式会社の取締役であって，次に掲げる要件のいずれにも該当するものをいう。

イ　当該株式会社又はその子会社の業務執行取締役（株式会社の第363条第1項各号に掲げる取締役及び当該株式会社の業務を執行したその他の取締役をいう。以下同じ。）若しくは執行役又は支配人その他の使用人（以下「業務執行取締役等」という。）でなく，かつ，その就任の前10年間当該株式会社又はその子会社の業務執行取締役等であったことがないこと。

ロ　その就任の前10年内のいずれかの時において当該株式会社又はその子会社の取締役，会計参与（会計参与が法人であるときは，その職務を行うべき社員）又は監査役であったことがある者（業務執行取締役等であったことがあるものを除く。）にあっては，当該取締役，会計参与又は監査役への就任の前10年間当該株式会社又はその子会社の業務執行取締役等であったことがないこと。

ハ　当該株式会社の親会社等（自然人であるものに限る。）又は親会社等の取締役若しくは執行役若しくは支配人その他の使用人でないこと。

ニ　当該株式会社の親会社等の子会社等（当該株式会社及びその子会社を除く。）の業務執行取締役等でないこと。

ホ　当該株式会社の取締役若しくは執行役若しくは支配人その他の重要な使用人又は親会社等（自然人であるものに限る。）の配偶者又は2親等内の親族でないこと。

⑯　社外監査役　株式会社の監査役であって，次に掲げる要件のいずれにも該当するものをいう。

イ　その就任の前10年間当該株式会社又はその子会社の取締役，会計参与（会計参与が法人であるときは，その職務を行うべき社員。ロにおいて同じ。）若しくは執行役又は支配人その他の使用人であったことがないこと。

ロ　その就任の前10年内のいずれかの時において当該株式会社又はその子会社の監査役であったことがある者にあっては，当該監査役への就任の前10年間当該株式会社又はその子会社の取締役，会計参与若しくは執行役又は支配人その他の使用人であったことがないこと。

ハ　当該株式会社の親会社等（自然人であるものに限る。）又は親会社等の取締役，監査役若しくは執行役若しくは支配人その他の使用人でないこと。

ニ　当該株式会社の親会社等の子会社等（当該株式会社及びその子会社を除く。）の業務執行取締役等でないこと。

ホ　当該株式会社の取締役若しくは支配人その他の重要な使用人又は親会社等（自然人であるものに限る。）の配偶者又は2親等内の親族でないこと。

⑰　譲渡制限株式　株式会社がその発行する全部又は一部の株式の内容として譲渡による当該株式の取得について当該株式会社の承認を要する旨の定めを設けている場合における当該株式をいう。

⑱　取得請求権付株式　株式会社がその発行する全部又は一部の株式の内容として株主が当該株式会社に対して当該株式の取得を請求することができる旨の定めを設けている場合における当該株式をいう。

⑲　取得条項付株式　株式会社がその発行する全部又は一部の株式の内容として当該株式会社が一定の事由が生じたことを条件として当該株式を取得することができる旨の定めを設けている場合における当該株式をいう。

⑳　単元株式数　株式会社がその発行する株式について，一定の数の株式をもって株主が株主総会又は種類株主総会において1個の議決権を行使することができる1単元の株式とする旨の定款の定めを設けている場合における当該一定の数をいう。

㉑　新株予約権　株式会社に対して行使することにより当該株式会社の株式の交付を受けることができる権利をいう。

㉒　新株予約権付社債　新株予約権を付した社債をいう。

㉓　社債　この法律の規定により会社が行う割当てにより発生する当該会社を債務者とする金銭債権であって，第676条各号に掲げる事項についての定めに従い償還されるものをいう。

㉔　最終事業年度　各事業年度に係る第435条第2項に規定する計算書類につき第438条第2項の承認（第439条前段に規定する場合にあっては，第436条第3項の承認）を受けた場合における当該各事業年度のうち最も遅いものをいう。

㉕　配当財産　株式会社が剰余金の配当をする場合における配当する財産をいう。

㉖　組織変更　次のイ又はロに掲げる会社がその組織を変更することにより当該イ又はロに定める会社となることをいう。

イ　株式会社　合名会社，合資会社又は合同会社

ロ　合名会社，合資会社又は合同会社　株式会社

㉗　吸収合併　会社が他の会社とする合併であって，合併により消滅する会社の権利義務の全部を合併後存続する会社に承継させるものをいう。

㉘　新設合併　2以上の会社がする合併であって，合併により消滅する会社の権利義務の全部を合併により設立する会社に承継させるものをいう。

㉙　吸収分割　株式会社又は合同会社がその事業に関して有する権利義務の全部又は一部を分割後他の会社に承継させることをいう。

㉚　新設分割　1又は2以上の株式会社又は合同会社がその事業に関して有する権利義務の全部又は一部を分割により設立する会社に承継させることをいう。

㉛　株式交換　株式会社がその発行済株式（株式会社が発行している株式をいう。以下同じ。）の全部を他の株式会社又は合同会社に取得させることをいう。

㉜　株式移転　1又は2以上の株式会社がその発行済株式の全部を新たに設立する株式会社に取

得させることをいう。

㉜の2　株式交付　株式会社が他の株式会社をその子会社（法務省令で定めるものに限る。第774条の3第2項において同じ。）とするために当該他の株式会社の株式を譲り受け，当該株式の譲渡人に対して当該株式の対価として当該株式会社の株式を交付することをいう。

㉝　公告方法　会社（外国会社を含む。）が公告（この法律又は他の法律の規定により官報に掲載する方法によりしなければならないものとされているものを除く。）をする方法をいう。

㉞　電子公告　公告方法のうち，電磁的方法（電子情報処理組織を使用する方法その他の情報通信の技術を利用する方法であって法務省令で定めるものをいう。以下同じ。）により不特定多数の者が公告すべき内容である情報の提供を受けることができる状態に置く措置であって法務省令で定めるものをとる方法をいう。

POINT 2 不滅の**定義**、三十四個

□1号：会社の種類をあげているだけで、実質的な定義を述べているわけでないことに注意。ここでは、合同会社の新設、有限会社の撤廃が重要である。株式会社は第2編「株式会社」25条以下を、それ以外は第3編「持分会社」575条以下を参照。

□2号：設立準拠法主義の立場から定義している。もっとも、設立時に依拠した法が設立後も決定的に影響を及ぼしうるかは、論理必然にその答えが導かれるものではなく、法政策の問題。会社法は外国会社の対内関係については適用がないとしつつも日本国内の債権者保護のため第6編「外国会社」を設けた。cf.817条。

□3～4号の2：議決権基準ではなく、実質支配基準。3号（3号の2）の「法務省令」＝施規3条1・3項（3条の2）、4条。4号（4号の2）の「法務省令」＝施規3条2・3項（3条の2）。cf.本条15号ハニ。

□5号：わが国特有の定義なので上場会社とは違うことに注意。反対解釈より、非公開会社（いわゆる閉鎖会社）は全株式に譲渡制限をつけている会社ということになる。なお、法文上は非公開会社や閉鎖会社ではなく「公開会社でない株式会社」と記載されている。cf.109条2項、331条2項、332条2項。

□6号：中会社、小会社の区分を撤廃。

□7号：「この法律の規定」とは327条1項のこと。

□8号：会計参与とは326条2項により会社法が新設した機関で、取締役と共同して計算書類を作成する役員のこと。cf.374条1項。選任につき329条1項、資格等につき333条以下、権限につき374条以下。

□9号：「監査範囲を定款で会計に関するものに限定する定めのある会社（cf.389条）」を除くことに注意。これに対し、登記事項としての「監査役設置会社」は上記の限定をする会社も含む。cf.911条3項17号。「この法律の規定」とは327条2・3項のこと。

□10号：「この法律の規定」とは、328条1項のこと。

□11号：「この法律の規定」とは327条5項、328条1・2項のこと。

□11号の2：平成26年新設。委員会が1つだけのタイプ。

□12号：平成26年、委員会設置会社から名称変更。委員会が3つのタイプ

□17号：株式の譲渡制限は株式自由譲渡原則の例外としてではなく、株式の1つの内容と

して定められることになった。cf.107条各項1号、108条1項4号。
□17～19号：全部の株式の場合は107条、一部の株式（種類株式）の場合は108条に規定。
□20号：会社法は端株制度を撤廃。第2編第2章第6節「単元株式数」188条以下参照。
□21号：第2編第3章「新株予約権」236条以下参照。
□22号：第4編「社債」676条以下参照。ただし、募集については新株予約権の規定が適用されることに注意。cf.248条。
□23号：従来は「有価証券が発行されるもの」が要素のひとつであったが、会社法はこれを撤廃。社債券の発行が原則不要となったため。cf.676条6号。
□25号：会社法では現物配当も許容されることになった。cf.454条4項。
□26号：株式会社から持分会社への、またはその逆の変更のみを組織変更という。持分会社の中での変更（例えば合名⇔合資）は単なる定款変更である。組織変更につき、第5編第1章「組織変更」743条以下、第5章第1節「組織変更の手続」775条以下参照。
□27・28号：4種類の会社間で自由に合併できる。第5編第2章「合併」748条以下、手続につき782条以下参照。
□29・30号：分割側は株式会社に加え、合同会社でもよい。承継側会社の種類は何でもよい。第5編第3章「会社分割」757条以下、手続につき782条以下参照。
□31号：完全親会社になる側は株式会社に加え、合同会社でもよい。第5編第4章第1節「株式交換」767条以下、手続につき782条以下参照。
□32号：承継する側、される側どちらも株式会社。第5編第4章第2節「株式移転」772条以下、手続につき803条以下参照。
□32号の2：令和元年新設の株式交付の定義。「法務省令」＝施規4条の2（議決権割合が50%超かどうかの形式基準をとる)。第5編第4章の2「株式交付」774条の2以下、手続につき816条の2以下。
□33号：公告の方法や電子公告調査機関につき、第7編第5章「公告」939条以下参照。
□34号：1つ目の「法務省令」＝施規222条、2つ目の「法務省令」＝施規223条、電規2条1号。

（法人格）
第3条　会社は，法人とする。

POINT

三《3》要素、残った要素は**法人格**

□会社法は会社の三要素のうちの他の二要素、「営利」性、「社団」性を示す規定を撤廃。しかし、社員が剰余金配当請求権などを持つこと（105条1項1・2号・2項、621条1項など)、持分譲渡により一人会社でもいつでも複数となりうることから、当然営利性、社団性ありと解される。
□具体的な法律関係の処理や評価において、会社が法人格を濫用したり、法人格が形骸化していると考えられる場合には、当該会社の特定の法律関係において法人格を否定し、背後にある実体に法律効果を帰属させるべきとの理論がある（法人格否認の法理)。

（住所）
第4条　会社の住所は，その本店の所在地にあるものとする。

POINT　京都の四《4》条が**住所**どすえ

□住所である「本店の所在地」は定款に記載され（27条3号）、そこが設立登記（49・911条3項3号等）や裁判管轄の地（835・848条）となる。

（商行為）
第5条　会社（外国会社を含む。次条第1項，第8条及び第9条において同じ。）がその事業としてする行為及びその事業のためにする行為は，商行為とする。

POINT　五《5》回もやるか、**商行為**

□本条はじめ会社法第1編「総則」の整備により、会社を商人とみなすまでもなく、商行為法（商503条～）が直接会社に適用される。なお、本条と商法4条1項より、会社も商人ではある。
□外国会社も含むことに注意。

第2章　会社の商号

（商号）
第6条　会社は，その名称を商号とする。
2　会社は，株式会社，合名会社，合資会社又は合同会社の種類に従い，それぞれその商号中に株式会社，合名会社，合資会社又は合同会社という文字を用いなければならない。
3　会社は，その商号中に，他の種類の会社であると誤認されるおそれのある文字を用いてはならない。

POINT　ロ《6》ーソンもロ《(6)》ッテも**会社の商号**だ

□1項：商号は登記事項。cf.911条3項2号。
□3項：違反者は100万円以下の過料に処せられる。cf.978条1号。

（会社と誤認させる名称等の使用の禁止）
第7条　会社でない者は，その名称又は商号中に，会社であると誤認されるおそれのある文字を用いてはならない。

POINT

会社の七《7》光、**用いるべからず**

□違反者は100万円以下の過料に処せられる。cf.978条2号。

> **第8条**　何人も，不正の目的をもって，他の会社であると誤認されるおそれのある名称又は商号を使用してはならない。
> 2　前項の規定に違反する名称又は商号の使用によって営業上の利益を侵害され，又は侵害されるおそれがある会社は，その営業上の利益を侵害する者又は侵害するおそれがある者に対し，その侵害の停止又は予防を請求することができる。

POINT

嘘っぱ《8》ち目的で商号使うな

□商号の経済的価値を保護する趣旨。
□不正競争目的をもつ類似商号使用者への差止請求規定（旧商20条）の撤廃は不正競争防止法の整備により合理化され、さらに商業登記法規制で保護されうる。
□1項：違反者は100万円以下の過料に処せられる。cf.978条3号。

> **（自己の商号の使用を他人に許諾した会社の責任）**
> **第9条**　自己の商号を使用して事業又は営業を行うことを他人に許諾した会社は，当該会社が当該事業を行うものと誤認して当該他人と取引をした者に対し，当該他人と連帯して，当該取引によって生じた債務を弁済する責任を負う。

POINT

屈《9》託なく**名板貸し**?! **責任**重いぞ

□商号使用許諾とは、いわゆる名板貸しのこと。
本条で商人の場合（商14条）と別個に規定を設けた。

第3章　会社の使用人等

第1節　会社の使用人

> **（支配人）**
> **第10条**　会社（外国会社を含む。以下この編において同じ。）は，支配人を選任し，その本店又は支店において，その事業を行わせることができる。

POINT 熟《10》知している**支配人選ぶ**

□本条以下、外国会社も含むことに注意。

（支配人の代理権）
第11条　支配人は，会社に代わってその事業に関する一切の裁判上又は裁判外の行為をする権限を有する。
2　支配人は，他の使用人を選任し，又は解任することができる。
3　支配人の代理権に加えた制限は，善意の第三者に対抗することができない。

POINT い《1》い《1》**支配人**が包括代理

□支配人の包括代理権に関する規定。代表取締役につき349条4・5項参照。

（支配人の競業の禁止）
第12条　支配人は，会社の許可を受けなければ，次に掲げる行為をしてはならない。
①　自ら営業を行うこと。
②　自己又は第三者のために会社の事業の部類に属する取引をすること。
③　他の会社又は商人（会社を除く。第24条において同じ。）の使用人となること。
④　他の会社の取締役，執行役又は業務を執行する社員となること。
2　支配人が前項の規定に違反して同項第2号に掲げる行為をしたときは，当該行為によって支配人又は第三者が得た利益の額は，会社に生じた損害の額と推定する。

POINT **支配人**、い《1》一《2》つもりでも、**競業いけない**

□1項1号：支配人に対しては、競業禁止だけでなく、営業も禁止されていることに注意。これは専心して会社に尽くさなければならないとされるため。cf.代理商（17条）、持分会社の業務執行社員（594条）、株式会社の取締役（356条1項1号）の競業禁止義務。
□2項：競業取引をした場合の損害額の推定規定。cf.423条2項。

（表見支配人）
第13条　会社の本店又は支店の事業の主任者であることを示す名称を付した使用人は，当該本店又は支店の事業に関し，一切の裁判外の行為をする権限を有するものとみなす。ただし，相手方が悪意であったときは，この限りでない。

POINT

主任者の、意《1》味《3》は**表見支配人**

□反証の許されないみなし規定。

（ある種類又は特定の事項の委任を受けた使用人）

第14条　事業に関するある種類又は特定の事項の委任を受けた使用人は，当該事項に関する一切の裁判外の行為をする権限を有する。

2　前項に規定する使用人の代理権に加えた制限は，善意の第三者に対抗することができない。

（物品の販売等を目的とする店舗の使用人）

第15条　物品の販売等（販売，賃貸その他これらに類する行為をいう。以下この条において同じ。）を目的とする店舗の使用人は，その店舗に在る物品の販売等をする権限を有するものとみなす。ただし，相手方が悪意であったときは，この限りでない。

（第2節）会社の代理商

（通知義務）

第16条　代理商（会社のためにその平常の事業の部類に属する取引の代理又は媒介をする者で，その会社の使用人でないものをいう。以下この節において同じ。）は，取引の代理又は媒介をしたときは，遅滞なく，会社に対して，その旨の通知を発しなければならない。

POINT

い《1》ろ《6》いろ**知**らせよ、**代理商**

□かっこ書に代理商の定義が記載されている。

（代理商の競業の禁止）

第17条　代理商は，会社の許可を受けなければ，次に掲げる行為をしてはならない。

①　自己又は第三者のために会社の事業の部類に属する取引をすること。

②　会社の事業と同種の事業を行う他の会社の取締役，執行役又は業務を執行する社員となること。

2　代理商が前項の規定に違反して同項第1号に掲げる行為をしたときは，当該行為によって代理商又は第三者が得た利益の額は，会社に生じた損害の額と推定する。

（通知を受ける権限）

第18条　物品の販売又はその媒介の委託を受けた代理商は，商法（明治32年法律第48号）第526条第2項 の通知その他の売買に関する通知を受ける権限を有する。

（契約の解除）

第19条　会社及び代理商は，契約の期間を定めなかったときは，2箇月前までに予告し，その契約を解除することができる。
2　前項の規定にかかわらず，やむを得ない事由があるときは，会社及び代理商は，いつでもその契約を解除することができる。

（代理商の留置権）

第20条　代理商は，取引の代理又は媒介をしたことによって生じた債権の弁済期が到来しているときは，その弁済を受けるまでは，会社のために当該代理商が占有する物又は有価証券を留置することができる。ただし，当事者が別段の意思表示をしたときは，この限りでない。

第4章　事業の譲渡をした場合の競業の禁止等

（譲渡会社の競業の禁止）

第21条　事業を譲渡した会社（以下この章において「譲渡会社」という。）は，当事者の別段の意思表示がない限り，同一の市町村（特別区を含むものとし，地方自治法（昭和22年法律第67号）第252条の19第１項の指定都市にあっては，区又は総合区。以下この項において同じ。）の区域内及びこれに隣接する市町村の区域内においては，その事業を譲渡した日から20年間は，同一の事業を行ってはならない。
2　譲渡会社が同一の事業を行わない旨の特約をした場合には，その特約は，その事業を譲渡した日から30年の期間内に限り，その効力を有する。
3　前２項の規定にかかわらず，譲渡会社は，不正の競争の目的をもって同一の事業を行ってはならない。

POINT　二《2》十年一《1》切**競業**するな、**事業売**ったら

□「営業の譲渡」が「事業の譲渡」という名称になった。商法で会社以外の商人が行う場合を「営業」、会社法で会社の行う場合を「事業」と、用語の整理が行われたため。

□2項：競業禁止特約の区域が、従来は同府県および隣接府県内に制限されていたが、撤廃された。

□事業譲渡を行う際の株式会社内の手続きについては、第2編第7章「事業の譲渡等」467条以下。

（譲渡会社の商号を使用した譲受会社の責任等）

第22条　事業を譲り受けた会社（以下この章において「譲受会社」という。）が譲渡会社の商号を引き続き使用する場合には，その譲受会社も，譲渡会社の事業によって生じた債務を弁済する責任を負う。
2　前項の規定は，事業を譲り受けた後，遅滞なく，譲受会社がその本店の所在地において譲渡会社の債務を弁済する責任を負わない旨を登記した場合には，適用しない。事業を譲り受けた後，遅滞なく，譲受会社及び譲渡会社から第三者に対しその旨の通知をした場合において，その通知を受けた第三者についても，同様とする。
3　譲受会社が第１項の規定により譲渡会社の債務を弁済する責任を負う場合には，譲渡会社の

責任は，事業を譲渡した日後2年以内に請求又は請求の予告をしない債権者に対しては，その期間を経過した時に消滅する。
4　第1項に規定する場合において，譲渡会社の事業によって生じた債権について，譲受会社にした弁済は，弁済者が善意でかつ重大な過失がないときは，その効力を有する。

POINT **引きつ《2》づ《2》き商号**使えば**債務**も継いじゃう

（譲受会社による債務の引受け）
第23条　譲受会社が譲渡会社の商号を引き続き使用しない場合においても，譲渡会社の事業によって生じた債務を引き受ける旨の広告をしたときは，譲渡会社の債権者は，その譲受会社に対して弁済の請求をすることができる。
2　譲受会社が前項の規定により譲渡会社の債務を弁済する責任を負う場合には，譲渡会社の責任は，同項の広告があった日後2年以内に請求又は請求の予告をしない債権者に対しては，その期間を経過した時に消滅する。

POINT 踏《2》み《3》とどまれ、**債務引受け**のコマーシャル（=**広告**）

□公告でなく広告であることに注意が必要であるが、テレビ・新聞のコマーシャルに限らない。「事業譲り受けました」といった挨拶状でも広く「広告」にあたるとされる。cf.最判昭和29・10・7参照。もっとも、その後、「業務承継」の文字が入った挨拶状につき、その文字だけでは債務引受けの趣旨とは解せられないとされたものがある。cf.最判昭和36・10・13。

（詐害事業譲渡に係る譲受会社に対する債務の履行の請求）
第23条の2　譲渡会社が譲受会社に承継されない債務の債権者（以下この条において「残存債権者」という。）を害することを知って事業を譲渡した場合には，残存債権者は，その譲受会社に対して，承継した財産の価額を限度として，当該債務の履行を請求することができる。ただし，その譲受会社が事業の譲渡の効力が生じた時において残存債権者を害することを知らなかったときは，この限りでない。
2　譲受会社が前項の規定により同項の債務を履行する責任を負う場合には，当該責任は，譲渡会社が残存債権者を害することを知って事業を譲渡したことを知った時から2年以内に請求又は請求の予告をしない残存債権者に対しては，その期間を経過した時に消滅する。事業の譲渡の効力が生じた日から10年を経過したときも，同様とする。
3　譲渡会社について破産手続開始の決定，再生手続開始の決定又は更生手続開始の決定があったときは，残存債権者は，譲受会社に対して第１項の規定による請求をする権利を行使することができない。

□債務超過で行き詰まった会社が、黒字部門の事業のみを譲渡して従来の会社債権者を害するという詐害的な事業譲渡につき、平成26年改正は残存債権者保護規定を新設。詐害的な会社分割に関する759条4～7項と同趣旨。商人の場合についても、規定が新設された（商18条の2）。

（商人との間での事業の譲渡又は譲受け）
第24条　会社が商人に対してその事業を譲渡した場合には，当該会社を商法第16条第1項に規定する譲渡人とみなして，同法第17条から第18条の2までの規定を適用する。この場合において，同条第3項中「又は再生手続開始の決定」とあるのは，「，再生手続開始の決定又は更生手続開始の決定」とする。
2　会社が商人の営業を譲り受けた場合には，当該商人を譲渡会社とみなして，前3条の規定を適用する。この場合において，前条第3項中「，再生手続開始の決定又は更生手続開始の決定」とあるのは，「又は再生手続開始の決定」とする。

POINT **会社法**不《2》要《4》、**会社が売る**ときは

□会社相互間の事業譲渡には、会社法21～23条、467～470条が適用され、会社以外の商人間には商法総則の規定（商15～18条）が適用される。そして、会社と会社以外の商人との間では、本条により譲受けの主体がいずれであるかによって適用規定が定められる。つまり、会社が商人に事業を譲渡した場合は商法総則の規定を適用し（1項）、商人が会社に営業を譲渡した場合は会社法総則の規定を適用する（2項）。

第2編 株式会社

第1章　設立

第1節 総則

第25条　株式会社は，次に掲げるいずれかの方法により設立することができる。
①　次節から第8節までに規定するところにより，発起人が設立時発行株式（株式会社の設立に際して発行する株式をいう。以下同じ。）の全部を引き受ける方法
②　次節，第3節，第39条及び第6節から第9節までに規定するところにより，発起人が設立時発行株式を引き受けるほか，設立時発行株式を引き受ける者の募集をする方法
2　各発起人は，株式会社の設立に際し，設立時発行株式を1株以上引き受けなければならない。

POINT **ニ《2》コ《5》ニコ設立、発起と募集**

□1項1号が発起設立、2号が募集設立についての規定。本章の規定を分類すると次のようになる。25～37条、39条、47～56条が発起設立・募集設立両方に共通する規定。38条、40～46条が発起設立のみに関する規定。57～103条が募集設立のみに関する規定。なお、新設合併など新設型組織再編には、原則として本章は適用されない。cf.814条1項。

□2項：発起人とは文字通り株式会社を起こすことを始める設立企画者のこと。利害関係人の通常多い株式会社の設立手続に関わる者として、その職務と責任を明確にしようとする趣旨。ちなみに持分会社では発起人でなく、「社員になろうとする者」。cf.575条。

第2節 定款の作成

［発起］［募集］
（定款の作成）
第26条　株式会社を設立するには，発起人が定款を作成し，その全員がこれに署名し，又は記名押印しなければならない。
2　前項の定款は，電磁的記録（電子的方式，磁気的方式その他人の知覚によっては認識することができない方式で作られる記録であって，電子計算機による情報処理の用に供されるものとして法務省令で定めるものをいう。以下同じ。）をもって作成することができる。この場合において，当該電磁的記録に記録された情報については，法務省令で定める署名又は記名押印に代わる措置をとらなければならない。

POINT

定款作った、まず風《2》呂《6》入ろう

□2項：1つ目の「法務省令」＝施規224条、計規2条2項4号、2つ目の「法務省令」＝施規225条1項1号（電子署名）。

［発起］［募集］
（定款の記載又は記録事項）
第27条　株式会社の定款には，次に掲げる事項を記載し，又は記録しなければならない。
①　目的
②　商号
③　本店の所在地
④　設立に際して出資される財産の価額又はその最低額
⑤　発起人の氏名又は名称及び住所

POINT

船《27》出に**絶対必要、定款記載**

□本条の5つの事項と第37条、98条の発行可能株式総数を合わせて、定款の絶対的記載事項という。
□4号：会社法以前は、設立時の発行株式数が記載事項であったが、資本と株式の関連性がなくなったので「出資財産の価額または最低額」となった。特に「出資最低額」を記しておけば、出資の未履行があっても、すでに履行された額が最低額を満たしているなら他の者の引受け・払込みの必要がなく機動的な設立が可能。
□発行可能株式総数は設立登記までに定款に追加・変更できることになった。cf.37・98条。

［発起］［募集］
第28条　株式会社を設立する場合には，次に掲げる事項は，第26条第1項の定款に記載し，又は記録しなければ，その効力を生じない。
①　金銭以外の財産を出資する者の氏名又は名称，当該財産及びその価額並びにその者に対して割り当てる設立時発行株式の数（設立しようとする株式会社が種類株式発行会社である場合にあっては，設立時発行株式の種類及び種類ごとの数。第32条第1項第1号において同じ。）
②　株式会社の成立後に譲り受けることを約した財産及びその価額並びにその譲渡人の氏名又は名称
③　株式会社の成立により発起人が受ける報酬その他の特別の利益及びその発起人の氏名又は名称
④　株式会社の負担する設立に関する費用（定款の認証の手数料その他株式会社に損害を与えるおそれがないものとして法務省令で定めるものを除く。）

POINT

ニ《2》ヤ《8》ニヤ変態、**変態設立事項**

□変態設立事項、危険な約束といわれる事項に関する規定。発起人等が権限を濫用して会社とその関係者を害する危険があるため、定款の相対的記載事項としてそれに歯止めをかける趣旨。

□1号：現物出資の規定。

□2号：財産引受けの規定。

□1号と2号をあわせて「現物出資財産等」という。cf.33条10項1号。

□4号：設立費用の規定。

□4号かっこ書：定款認証手数料のほかに、会社に損害を与える恐れがないものとして、「法務省令」＝施規5条では、印紙税、銀行に支払う手数料および報酬、検査役の報酬、登録免許税をあげている。

［発起］［募集］

第29条　第27条各号及び前条各号に掲げる事項のほか，株式会社の定款には，この法律の規定により定款の定めがなければその効力を生じない事項及びその他の事項でこの法律の規定に違反しないものを記載し，又は記録することができる。

POINT

複《29》雑なことは**任意に（定款）記載**

□前条以外の相対的記載事項や、従来規定のなかった任意的記載事項について、明記した。

□公告方法は絶対的記載事項でなく任意的記載事項となったことに注意。cf.939条1・2項。

［発起］［募集］

（定款の認証）

第30条　第26条第1項の定款は，公証人の認証を受けなければ，その効力を生じない。

2　前項の公証人の認証を受けた定款は，株式会社の成立前は，第33条第7項若しくは第9項又は第37条第1項若しくは第2項の規定による場合を除き，これを変更することができない。

POINT

「さ《3》、ワ《0》タシの出番」と**公証人**

□1項：定款の内容を公のもとで明らかにさせて不正行為を防止するとともに、定款内容をめぐり紛争が後日に生じないようにする趣旨。

□2項：反対解釈により、裁判所による変態設立事項への関与がある場合（33条7・9項）および発行可能株式総数（37条1・2項）について定款変更できる。これは、機動的な設立を認めているため。なお、定款変更は募集設立においては創立総会でもできることに注意。cf.96条。

【発起】【募集】
（定款の備置き及び閲覧等）
第31条　発起人（株式会社の成立後にあっては，当該株式会社）は，定款を発起人が定めた場所（株式会社の成立後にあっては，その本店及び支店）に備え置かなければならない。
2　発起人（株式会社の成立後にあっては，その株主及び債権者）は，発起人が定めた時間（株式会社の成立後にあっては，その営業時間）内は，いつでも，次に掲げる請求をすることができる。ただし，第2号又は第4号に掲げる請求をするには，発起人（株式会社の成立後にあっては，当該株式会社）の定めた費用を支払わなければならない。
①　定款が書面をもって作成されているときは，当該書面の閲覧の請求
②　前号の書面の謄本又は抄本の交付の請求
③　定款が電磁的記録をもって作成されているときは，当該電磁的記録に記録された事項を法務省令で定める方法により表示したものの閲覧の請求
④　前号の電磁的記録に記録された事項を電磁的方法であって発起人（株式会社の成立後にあっては，当該株式会社）の定めたものにより提供することの請求又はその事項を記載した書面の交付の請求
3　株式会社の成立後において，当該株式会社の親会社社員（親会社の株主その他の社員をいう。以下同じ。）がその権利を行使するため必要があるときは，当該親会社社員は，裁判所の許可を得て，当該株式会社の定款について前項各号に掲げる請求をすることができる。ただし，同項第2号又は第4号に掲げる請求をするには，当該株式会社の定めた費用を支払わなければならない。
4　定款が電磁的記録をもって作成されている場合であって，支店における第2項第3号及び第4号に掲げる請求に応じることを可能とするための措置として法務省令で定めるものをとっている株式会社についての第1項の規定の適用については，同項中「本店及び支店」とあるのは，「本店」とする。

POINT　さ《3》あい《1》ま**定款閲覧**しよう

□発起人の定款閲覧請求権を定める規定。会社成立後は株主や会社債権者も閲覧請求できる。会社の親会社社員も裁判所の許可を得て閲覧請求できる。不当拒絶者は100万円以下の過料に処せられる。cf.976条4号。
□募集設立における株式引受人の定款閲覧請求権については102条1項。
□1項：違反者は100万円以下の過料に処せられる。cf.976条8号。
□2項3号：「法務省令」＝施規226条1号（紙面か映像面で表示）。なお、裁判所の許可による手続は、非訟事件手続として進められるが、審問期日の開催と陳述聴取が義務付けられている。cf.870条2項1号。
□4項：「法務省令」＝施規227条1号。

第3節　出資

【発起】【募集】
（設立時発行株式に関する事項の決定）
第32条　発起人は，株式会社の設立に際して次に掲げる事項（定款に定めがある事項を除く。）

を定めようとするときは，その全員の同意を得なければならない。
① 発起人が割当てを受ける設立時発行株式の数
② 前号の設立時発行株式と引換えに払い込む金銭の額
③ 成立後の株式会社の資本金及び資本準備金の額に関する事項
2 設立しようとする株式会社が種類株式発行会社である場合において，前項第1号の設立時発行株式が第108条第3項前段の規定による定款の定めがあるものであるときは，発起人は，その全員の同意を得て，当該設立時発行株式の内容を定めなければならない。

POINT 32

密談で**同意、出資**事項

□1項柱書：かっこ書より、定款外で発起人がこれらの事項を話し合って機動的に決められることがわかる。設立の機動性・柔軟性の確保が趣旨。ただしどれも重要なので過半数でなく全員の同意が必要とされた。

□1項3号：資本金、資本準備金の額については445条参照。なお、出資額から定款認証手数料等の設立に要した費用を減ずることができ、この結果、ゼロ未満となったときの資本金の額はゼロとなる。cf.計規74条1項。

［発起］［募集］
（定款の記載又は記録事項に関する検査役の選任）
第33条 発起人は，定款に第28条各号に掲げる事項についての記載又は記録があるときは，第30条第1項の公証人の認証の後遅滞なく，当該事項を調査させるため，裁判所に対し，検査役の選任の申立てをしなければならない。
2 前項の申立てがあった場合には，裁判所は，これを不適法として却下する場合を除き，検査役を選任しなければならない。
3 裁判所は，前項の検査役を選任した場合には，成立後の株式会社が当該検査役に対して支払う報酬の額を定めることができる。
4 第2項の検査役は，必要な調査を行い，当該調査の結果を記載し，又は記録した書面又は電磁的記録（法務省令で定めるものに限る。）を裁判所に提供して報告をしなければならない。
5 裁判所は，前項の報告について，その内容を明瞭にし，又はその根拠を確認するため必要があると認めるときは，第2項の検査役に対し，更に前項の報告を求めることができる。
6 第2項の検査役は，第4項の報告をしたときは，発起人に対し，同項の書面の写しを交付し，又は同項の電磁的記録に記録された事項を法務省令で定める方法により提供しなければならない。
7 裁判所は，第4項の報告を受けた場合において，第28条各号に掲げる事項（第2項の検査役の調査を経ていないものを除く。）を不当と認めたときは，これを変更する決定をしなければならない。
8 発起人は，前項の決定により第28条各号に掲げる事項の全部又は一部が変更された場合には，当該決定の確定後1週間以内に限り，その設立時発行株式の引受けに係る意思表示を取り消すことができる。
9 前項に規定する場合には，発起人は，その全員の同意によって，第7項の決定の確定後1週間以内に限り，当該決定により変更された事項についての定めを廃止する定款の変更をすることができる。

10　前各項の規定は，次の各号に掲げる場合には，当該各号に定める事項については，適用しない。

①　第28条第1号及び第2号の財産（以下この章において「現物出資財産等」という。）について定款に記載され，又は記録された価額の総額が500万円を超えない場合　同条第1号及び第2号に掲げる事項

②　現物出資財産等のうち，市場価格のある有価証券（金融商品取引法（昭和23年法律第25号）第2条第1項に規定する有価証券をいい，同条第2項の規定により有価証券とみなされる権利を含む。以下同じ。）について定款に記載され，又は記録された価額が当該有価証券の市場価格として法務省令で定める方法により算定されるものを超えない場合　当該有価証券についての第28条第1号又は第2号に掲げる事項

③　現物出資財産等について定款に記載され，又は記録された価額が相当であることについて弁護士，弁護士法人，弁護士・外国法事務弁護士共同法人，公認会計士（外国公認会計士（公認会計士法（昭和23年法律第103号）第16条の2第5項に規定する外国公認会計士をいう。）を含む。以下同じ。），監査法人，税理士又は税理士法人の証明（現物出資財産等が不動産である場合にあっては，当該証明及び不動産鑑定士の鑑定評価。以下この号において同じ。）を受けた場合　第28条第1号又は第2号に掲げる事項（当該証明を受けた現物出資財産等に係るものに限る。）

11　次に掲げる者は，前項第3号に規定する証明をすることができない。

①　発起人

②　第28条第2号の財産の譲渡人

③　設立時取締役（第38条第1項に規定する設立時取締役をいう。）又は設立時監査役（同条第3項第2号に規定する設立時監査役をいう。）

④　業務の停止の処分を受け，その停止の期間を経過しない者

⑤　弁護士法人，弁護士・外国法事務弁護士共同法人，監査法人又は税理士法人であって，その社員の半数以上が第1号から第3号までに掲げる者のいずれかに該当するもの

POINT

み《3》み《3》っちい方法、小**額**にして**検査役回避**とは

□4項：「法務省令」＝施規228条1号。調査妨害者は100万円の過料に処せられる。cf.976条5号。

□6項：「法務省令」＝施規229条1号。

□10項：現物出資・財産引受けは検査役の調査に費用と時間がかかるため利用回避され、かえって会社財産が充実しないという問題があった。改正を経て現行法は検査役の調査の免除をかなり広く認める。事後設立についての検査役調査は完全に撤廃。cf.467条1項5号。2号の「法務省令」＝施規6条。

〔発起〕〔募集〕
（出資の履行）

第34条　発起人は，設立時発行株式の引受け後遅滞なく，その引き受けた設立時発行株式につき，その出資に係る金銭の全額を払い込み，又はその出資に係る金銭以外の財産の全部を給付しなければならない。ただし，発起人全員の同意があるときは，登記，登録その他権利の設定又は移転を第三者に対抗するために必要な行為は，株式会社の成立後にすることを妨げない。
2　前項の規定による払込みは，発起人が定めた銀行等（銀行（銀行法（昭和56年法律第59号）第2条第1項 に規定する銀行をいう。第703条第1号において同じ。），信託会社（信託業法（平成16年法律第154号）第2条第2項 に規定する信託会社をいう。以下同じ。）その他これに準ずるものとして法務省令で定めるものをいう。以下同じ。）の払込みの取扱いの場所においてしなければならない。

POINT **見《3》よ《4》残高証明、発起人の全額出資**

□1項：63条1項と比較することにより現物出資は発起人しかできないことがわかる。
□発起設立の場合は、設立登記申請に必要な添付書面としては、残高証明等、簡便な方法でよくなった。しかし、募集設立の場合は従来どおり、払込保管証明が必要。cf.64条・商登47条2項5号。
□2項：「法務省令」＝施規7条。

［発起］［募集］
（設立時発行株式の株主となる権利の譲渡）
第35条　前条第1項の規定による払込み又は給付（以下この章において「出資の履行」という。）をすることにより設立時発行株式の株主となる権利の譲渡は，成立後の株式会社に対抗することができない。

POINT **産《3》後《5》に譲れ、権利株**

□権利株の譲渡に関する規定。発起人の権利株譲渡（50条2項）、募集設立の株式払込人の権利株譲渡（63条2項）も同様に、成立後の会社に対抗できない。
□かっこ書：金銭の全額払込みと金銭以外の財産の全部給付を「出資の履行」という。
□従来、「会社に対しその効力を生ぜず」としていたが、法律関係を明確にするため「対抗することができない」と改めた。50条2項、63条2項、208条4項。

［発起］［募集］
（設立時発行株式の株主となる権利の喪失）
第36条　発起人のうち出資の履行をしていないものがある場合には，発起人は，当該出資の履行をしていない発起人に対して，期日を定め，その期日までに当該出資の履行をしなければならない旨を通知しなければならない。
2　前項の規定による通知は，同項に規定する期日の2週間前までにしなければならない。

3　第1項の規定による通知を受けた発起人は，同項に規定する期日までに出資の履行をしないときは，当該出資の履行をすることにより設立時発行株式の株主となる権利を失う。

POINT　去《3》ろ《6》う、**出資せぬ発起人**

□発起人に対する催告つきの失権手続の規定。これに対し、募集設立では、出資の履行をしない株式引受人は当然に失権する。cf.63条3項。

□3項：ある発起人が、引き受けた設立時発行株式全部につき失権した場合は、最低1株を引き受けなければならない規制（25条2項）に反するので、設立手続を進められない。この場合はその者に1株でも出資の履行を強制するか、発起人を外す定款の作成（26条、27条5項）からやり直しの必要あり。一部の失権にとどまる場合は、27条4号の最低額を満たす限り、発起人全員の同意により32条1項の定めを変更して設立手続を続行。

［発起］［募集］
（発行可能株式総数の定め等）
第37条　発起人は，株式会社が発行することができる株式の総数（以下「発行可能株式総数」という。）を定款で定めていない場合には，株式会社の成立の時までに，その全員の同意によって，定款を変更して発行可能株式総数の定めを設けなければならない。
2　発起人は，発行可能株式総数を定款で定めている場合には，株式会社の成立の時までに，その全員の同意によって，発行可能株式総数についての定款の変更をすることができる。
3　設立時発行株式の総数は，発行可能株式総数の4分の1を下ることができない。ただし，設立しようとする株式会社が公開会社でない場合は，この限りでない。

POINT　皆《37》で決めよう**発行総数**

□1項：定款の絶対的記載事項ではあるが、27条各号の事項と異なり、公証人の認証の時に定めていなくてもよく（30条2項）会社成立の時までに発起人全員で決めさえすればよい。

□募集設立の場合は、一定の期日以降は発起人が勝手に定款を変更することはできなくなる（95条）ので、本条1・2項は適用されず、創立総会で変更事項として定めることになる（98条）。

□3項：公開会社では、発行可能株式総数の4分の1以上の株式を、設立時に発行しなければならないが（いわゆる4倍ルール）、非公開会社（107条1項1号・2項1号）ではそのような規制がないことに注意。cf.113条3項。

第4節　設立時役員等の選任及び解任

［発起］のみ

（設立時役員等の選任）

第38条　発起人は，出資の履行が完了した後，遅滞なく，設立時取締役（株式会社の設立に際して取締役となる者をいう。以下同じ。）を選任しなければならない。

2　設立しようとする株式会社が監査等委員会設置会社である場合には，前項の規定による設立時取締役の選任は，設立時監査等委員（株式会社の設立に際して監査等委員（監査等委員会の委員をいう。以下同じ。）となる者をいう。以下同じ。）である設立時取締役とそれ以外の設立時取締役とを区別してしなければならない。

3　次の各号に掲げる場合には，発起人は，出資の履行が完了した後，遅滞なく，当該各号に定める者を選任しなければならない。

①　設立しようとする株式会社が会計参与設置会社である場合　設立時会計参与（株式会社の設立に際して会計参与となる者をいう。以下同じ。）

②　設立しようとする株式会社が監査役設置会社（監査役の監査の範囲を会計に関するものに限定する旨の定款の定めがある株式会社を含む。）である場合　設立時監査役（株式会社の設立に際して監査役となる者をいう。以下同じ。）

③　設立しようとする株式会社が会計監査人設置会社である場合　設立時会計監査人（株式会社の設立に際して会計監査人となる者をいう。以下同じ。）

4　定款で設立時取締役（設立しようとする株式会社が監査等委員会設置会社である場合にあっては，設立時監査等委員である設立時取締役又はそれ以外の設立時取締役。以下この項において同じ。），設立時会計参与，設立時監査役又は設立時会計監査人として定められた者は，出資の履行が完了した時に，それぞれ設立時取締役，設立時会計参与，設立時監査役又は設立時会計監査人に選任されたものとみなす。

POINT **出資**を見《3》や《8》って**役員選任**

□発起設立の場合の設立時役員等（取締役・会計参与・監査役・会計監査人）選任についての規定。募集設立の場合は創立総会で選任する。cf.88条。

□4項：従来、実務では定款に予め記載されている設立時役員等を発起人の出資履行完了と同時に選任されたものとみなしていた。それを法文上も追認。

〔発起〕〔募集〕

第39条　設立しようとする株式会社が取締役会設置会社である場合には、設立時取締役は、3人以上でなければならない。

2　設立しようとする株式会社が監査役会設置会社である場合には、設立時監査役は、3人以上でなければならない。

3　設立しようとする株式会社が監査等委員会設置会社である場合には、設立時監査等委員である設立時取締役は、3人以上でなければならない。

4　第331条第1項（第335条第1項において準用する場合を含む。）、第333条第1項若しくは第3項又は第337条第1項若しくは第3項の規定により成立後の株式会社の取締役（監査等委員会設置会社にあっては、監査等委員である取締役又はそれ以外の取締役）、会計参与、監査役又は会計監査人となることができない者は、それぞれ設立時取締役（成立後の株式会社が監査等委員会設置会社である場合にあっては、設立時監査等委員である設立時取締役又はそれ以外の設立時取締役）、設立時会計参与、設立時監査役又は設立時会計監査人（以下この節において「設立時役員等」という。）となることができない。
5　第331条の2の規定は、設立時取締役及び設立時監査役について準用する。

POINT

サ《3》ク《9》ラも混じる、（設立時）取締役三人衆

□1項：取締役会設置会社についての規定。成立後の会社にもほぼ同様の本文あり。cf.331条4項。

□2項：監査役会設置会社についての規定。成立後の会社にもほぼ同様の本文あり。cf.335条3項。

□4項：「設立時役員等」の内容明記。この設立時役員の資格要件、欠格事由が、会社成立後のそれと同様であることを規定。331条1項は取締役の資格等につき、335条1項は監査役の資格等につき、333条1・3項は会計参与の資格等につき、337条1・3項は会計監査人の資格等につき定める。

□5項：令和元年改正により、成年被後見人等を追加。

［発起］のみ
（設立時役員等の選任の方法）
第40条　設立時役員等の選任は，発起人の議決権の過半数をもって決定する。
2　前項の場合には，発起人は，出資の履行をした設立時発行株式1株につき1個の議決権を有する。ただし，単元株式数を定款で定めている場合には，1単元の設立時発行株式につき1個の議決権を有する。
3　前項の規定にかかわらず，設立しようとする株式会社が種類株式発行会社である場合において，取締役の全部又は一部の選任について議決権を行使することができないものと定められた種類の設立時発行株式を発行するときは，当該種類の設立時発行株式については，発起人は，当該取締役となる設立時取締役の選任についての議決権を行使することができない。
4　設立しようとする株式会社が監査等委員会設置会社である場合における前項の規定の適用については，同項中「，取締役」とあるのは「，監査等委員である取締役又はそれ以外の取締役」と，「当該取締役」とあるのは「これらの取締役」とする。
5　第3項の規定は，設立時会計参与，設立時監査役及び設立時会計監査人の選任について準用する。

POINT

弱《40》ったね、発起人の資力で役員決まる

□1・2項：発起設立における設立時役員の選任は発起人間の資本多数決で決まる。

□募集設立での設立時役員選任は創立総会決議（特別決議）による。cf.88条、73条。

［発起］のみ
（設立時役員等の選任の方法の特則）
第41条　前条第1項の規定にかかわらず，株式会社の設立に際して第108条第1項第9号に掲げる事項（取締役（監査等委員会設置会社にあっては，監査等委員である取締役又はそれ以外の取締役）に関するものに限る。）についての定めがある種類の株式を発行する場合には，設立時取締役（設立しようとする株式会社が監査等委員会設置会社である場合にあっては，設立時監査等委員である設立時取締役又はそれ以外の設立時取締役）の選任は，同条第2項第9号に定める事項についての定款の定めの例に従い，当該種類の設立時発行株式を引き受けた発起人の議決権（当該種類の設立時発行株式についての議決権に限る。）の過半数をもって決定する。
2　前項の場合には，発起人は，出資の履行をした種類の設立時発行株式1株につき1個の議決権を有する。ただし，単元株式数を定款で定めている場合には，1単元の種類の設立時発行株式につき1個の議決権を有する。
3　前2項の規定は，株式会社の設立に際して第108条第1項第9号に掲げる事項（監査役に関するものに限る。）についての定めがある種類の株式を発行する場合について準用する。

□非公開会社において設立時に選・解任種類株式を発行している場合（108条1項9号の解説を参照）の選任の特則。解任については44条、募集設立における選任については90条を参照のこと。

【発起】のみ
（設立時役員等の解任）
第42条　発起人は，株式会社の成立の時までの間，その選任した設立時役員等（第38条第4項の規定により設立時役員等に選任されたものとみなされたものを含む。）を解任することができる。

POINT　痔《4》に《2》なった**設立時役員解任**す

□発起設立では設立時役員等は、発起人が選任し（38・40条。前条のみ例外）、発起人が解任する（本条）。解任方法は次条。

【発起】のみ
（設立時役員等の解任の方法）
第43条　設立時役員等の解任は，発起人の議決権の過半数（設立時監査等委員である設立時取締役又は設立時監査役を解任する場合にあっては，3分の2以上に当たる多数）をもって決定する。
2　前項の場合には，発起人は，出資の履行をした設立時発行株式1株につき1個の議決権を有する。ただし，単元株式数を定款で定めている場合には，1単元の設立時発行株式につき1個の議決権を有する。
3　前項の規定にかかわらず，設立しようとする株式会社が種類株式発行会社である場合において，取締役の全部又は一部の解任について議決権を行使することができないものと定められた種類の設立時発行株式を発行するときは，当該種類の設立時発行株式については，発起人は，当該取締役となる設立時取締役の解任についての議決権を行使することができない。
4　設立しようとする株式会社が監査等委員会設置会社である場合における前項の規定の適用については，同項中「，取締役」とあるのは「，監査等委員である取締役又はそれ以外の取締役」と，「当該取締役」とあるのは「これらの取締役」とする。
5　第3項の規定は，設立時会計参与，設立時監査役及び設立時会計監査人の解任について準用する。

POINT 爺《4》さ《3》んの議決権**過半数**! **設立時役員**ら**解任**す

□会社成立後の解任と同様、議決権の過半数（監査役は3分の2以上）で解任できる。339条および341条の解説を参照のこと。ただし、発起人の議決権でなく株主の議決権であるところが異なる。

［発起］のみ

（設立時取締役等の解任の方法の特則）

第44条　前条第1項の規定にかかわらず，第41条第1項の規定により選任された設立時取締役（設立時監査等委員である設立時取締役を除く。次項及び第4項において同じ。）の解任は，その選任に係る発起人の議決権の過半数をもって決定する。

2　前項の規定にかかわらず，第41条第1項の規定により又は種類創立総会（第84条に規定する種類創立総会をいう。）若しくは種類株主総会において選任された取締役（監査等委員である取締役を除く。第4項において同じ。）を株主総会の決議によって解任することができる旨の定款の定めがある場合には，第41条第1項の規定により選任された設立時取締役の解任は，発起人の議決権の過半数をもって決定する。

3　前2項の場合には，発起人は，出資の履行をした種類の設立時発行株式1株につき1個の議決権を有する。ただし，単元株式数を定款で定めている場合には，1単元の種類の設立時発行株式につき1個の議決権を有する。

4　前項の規定にかかわらず，第2項の規定により設立時取締役を解任する場合において，取締役の全部又は一部の解任について議決権を行使することができないものと定められた種類の設立時発行株式を発行するときは，当該種類の設立時発行株式については，発起人は，当該取締役となる設立時取締役の解任についての議決権を行使することができない。

5　前各項の規定は，第41条第1項の規定により選任された設立時監査等委員である設立時取締役及び同条第3項において準用する同条第1項の規定により選任された設立時監査役の解任について準用する。この場合において，第1項及び第2項中「過半数」とあるのは，「3分の2以上に当たる多数」と読み替えるものとする。

□41条と同様、選・解任種類株式を発行している場合の解任の特則。

［発起］のみ

（設立時役員等の選任又は解任の効力についての特則）

第45条　株式会社の設立に際して第108条第1項第8号に掲げる事項についての定めがある種類の株式を発行する場合において，当該種類の株式の内容として次の各号に掲げる事項について種類株主総会の決議があることを必要とする旨の定款の定めがあるときは，当該各号に定める事項は，定款の定めに従い，第40条第1項又は第43条第1項の規定による決定のほか，当該種類の設立時発行株式を引き受けた発起人の議決権（当該種類の設立時発行株式についての議決権に限る。）の過半数をもってする決定がなければ，その効力を生じない。
1　取締役（監査等委員会設置会社の取締役を除く。）の全部又は一部の選任又は解任　当該取締役となる設立時取締役の選任又は解任
2　監査等委員である取締役又はそれ以外の取締役の全部又は一部の選任又は解任　これらの取締役となる設立時取締役の選任又は解任
3　会計参与の全部又は一部の選任又は解任　当該会計参与となる設立時会計参与の選任又は解任
4　監査役の全部又は一部の選任又は解任　当該監査役となる設立時監査役の選任又は解任
5　会計監査人の全部又は一部の選任又は解任　当該会計監査人となる設立時会計監査人の選任又は解任
2　前項の場合には，発起人は，出資の履行をした種類の設立時発行株式1株につき1個の議決権を有する。ただし，単元株式数を定款で定めている場合には，1単元の種類の設立時発行株式につき1個の議決権を有する。

□設立時に拒否権付種類株式を発行する場合（108条1項8号）の特則。募集設立については84条を参照のこと。

第5節　設立時取締役等による調査

［発起］のみ
第46条　設立時取締役（設立しようとする株式会社が監査役設置会社である場合にあっては，設立時取締役及び設立時監査役。以下この条において同じ。）は，その選任後遅滞なく，次に掲げる事項を調査しなければならない。
1　第33条第10項第1号又は第2号に掲げる場合における現物出資財産等（同号に掲げる場合にあっては，同号の有価証券に限る。）について定款に記載され，又は記録された価額が相当であること。
2　第33条第10項第3号に規定する証明が相当であること。
3　出資の履行が完了していること。
4　前3号に掲げる事項のほか，株式会社の設立の手続が法令又は定款に違反していないこと。
2　設立時取締役は，前項の規定による調査により，同項各号に掲げる事項について法令若しくは定款に違反し，又は不当な事項があると認めるときは，発起人にその旨を通知しなければならない。
3　設立しようとする株式会社が指名委員会等設置会社である場合には，設立時取締役は，第1項の規定による調査を終了したときはその旨を，前項の規定による通知をしたときはその旨及びその内容を，設立時代表執行役（第48条第1項第3号に規定する設立時代表執行役をいう。）に通知しなければならない。

POINT

よ《4》ろ《6》こんで調査、(設立時)取締役張り切る

□発起設立における設立時取締役・監査役の設立調査・報告の規定。発起設立では発起人に通知するが、募集設立の場合は、創立総会で報告。cf.93条。

第6節　設立時代表取締役等の選定等

【発起】【設立】
(設立時代表取締役の選定等)
第47条　設立時取締役は，設立しようとする株式会社が取締役会設置会社（指名委員会等設置会社を除く。）である場合には，設立時取締役（設立しようとする株式会社が監査等委員会設置会社である場合にあっては，設立時監査等委員である設立時取締役を除く。）の中から株式会社の設立に際して代表取締役（株式会社を代表する取締役をいう。以下同じ。）となる者（以下「設立時代表取締役」という。）を選定しなければならない。
2　設立時取締役は，株式会社の成立の時までの間，設立時代表取締役を解職することができる。
3　前2項の規定による設立時代表取締役の選定及び解職は，設立時取締役の過半数をもって決定する。

POINT

夜《4》な《7》夜な選定、設立時代表(取締役)

□取締役会設置会社（指名委員会等設置会社を除く。cf.420条）の設立時代表取締役の選定・解職は（設立時）取締役会が存在しない以上、（設立時）取締役の過半数をもって決める。cf.362条2項3号・3項、369条1項。なお、設立時取締役の職務は、本条・次条の選定・解職と、46・93条の設立調査・報告を行うことに限られる。
□選任・解任ではなく、選定・解職であることに注意。選定・解職とは、すでに選任された一定の法的地位にある者にさらに一定の職務権限を与えたり剥奪したりすること。

【発起】【募集】
(設立時委員の選定等)
第48条　設立しようとする株式会社が指名委員会等設置会社である場合には，設立時取締役は，次に掲げる措置をとらなければならない。
①　設立時取締役の中から次に掲げる者（次項において「設立時委員」という。）を選定すること。
　イ　株式会社の設立に際して指名委員会の委員となる者
　ロ　株式会社の設立に際して監査委員会の委員となる者
　ハ　株式会社の設立に際して報酬委員会の委員となる者
②　株式会社の設立に際して執行役となる者（以下「設立時執行役」という。）を選任すること。
③　設立時執行役の中から株式会社の設立に際して代表執行役となる者（以下「設立時代表執行役」という。）を選定すること。ただし，設立時執行役が1人であるときは，その者が設立時

代表執行役に選定されたものとする。
2　設立時取締役は，株式会社の成立の時までの間，設立時委員若しくは設立時代表執行役を解職し，又は設立時執行役を解任することができる。
3　前2項の規定による措置は，設立時取締役の過半数をもって決定する。

POINT　じ《4》ゃ《8》あ**選定**しよう**設立時委員**

□指名委員会等設置会社の場合、会社成立後と同様、設立時取締役の中から、その過半数をもって設立時委員を選定・解職する。cf.400条2項。
□委員もすでに選任された（設立時）取締役という一定の地位にある者の中から選ぶので、前条と同様、選任・解任ではなく選定・解職という。

第7節　株式会社の成立

【発起】【募集】
（株式会社の成立）
第49条　株式会社は，その本店の所在地において設立の登記をすることによって成立する。

POINT　よ《4》く《9》できました、**会社成立**

□設立登記は、発起設立の場合、設立時取締役等の調査終了日または発起人が定めた日の遅いほうの日から、募集設立の場合、創立総会終結の日または変態設立事項の定款変更決議の日から2週間以内に、本店所在地においてしなければならない。cf.911条1・2項。設立登記後は、設立無効の訴えによらなければ無効の主張ができない。cf.828条1項1号。

【発起】【募集】
（株式の引受人の権利）
第50条　発起人は，株式会社の成立の時に，出資の履行をした設立時発行株式の株主となる。
2　前項の規定により株主となる権利の譲渡は，成立後の株式会社に対抗することができない。

POINT　こ《5》ま《0》るね**譲渡**は、まだ**権利株**

□1項：発起人が株主となる時期に関する規定。すなわち会社成立時。募集設立の株式引受人についても同じ。cf.102条2項。
□2項：権利株の譲渡に関する規定。他の権利株譲渡についての規定も参照のこと。cf.35条、63条2項。会社成立後については208条4項。

［発起］［募集］
（引受けの無効又は取消しの制限）
第51条　民法（明治29年法律第89号）第93条第1項ただし書及び第94条第1項の規定は，設立時発行株式の引受けに係る意思表示については，適用しない。
2　発起人は，株式会社の成立後は，錯誤，詐欺又は強迫を理由として設立時発行株式の引受けの取消しをすることができない。

POINT **虚偽**の恋《51》でも**引き受け**て

□法律関係の安定のため。会社成立後の募集株式の発行等の場合も同様。cf.211条。
□設立時発行株式の引受けが詐害行為取消しの対象となるかについては争いあり（現物出資につき東京地判平成15.10.10は資本を毀損しない範囲では肯定）。

第8節　発起人等の責任等

［発起］［募集］
（出資された財産等の価額が不足する場合の責任）
第52条　株式会社の成立の時における現物出資財産等の価額が当該現物出資財産等について定款に記載され，又は記録された価額（定款の変更があった場合にあっては，変更後の価額）に著しく不足するときは，発起人及び設立時取締役は，当該株式会社に対し，連帯して，当該不足額を支払う義務を負う。
2　前項の規定にかかわらず，次に掲げる場合には，発起人（第28条第1号の財産を給付した者又は同条第2号の財産の譲渡人を除く。第2号において同じ。）及び設立時取締役は，現物出資財産等について同項の義務を負わない。
①　第28条第1号又は第2号に掲げる事項について第33条第2項の検査役の調査を経た場合
②　当該発起人又は設立時取締役がその職務を行うについて注意を怠らなかったことを証明した場合
3　第1項に規定する場合には，第33条第10項第3号に規定する証明をした者（以下この項において「証明者」という。）は，第1項の義務を負う者と連帯して，同項の不足額を支払う義務を負う。ただし，当該証明者が当該証明をするについて注意を怠らなかったことを証明した場合は，この限りでない。

POINT こ《5》づ《2》かいで**塡補、不足額**

□1項：総株主の同意による免除規定あり。cf.55条。
□2項2号：過失の塡補責任。募集設立については無過失責任。これは発起人と他の出資者との拠出の公平

を特に確保する趣旨。cf.103条1項。

□擬似発起人にも本条の適用あり。cf.103条2項。

［発起］［募集］
（出資の履行を仮装した場合の責任等）

第52条の2　発起人は，次の各号に掲げる場合には，株式会社に対し，当該各号に定める行為をする義務を負う。

① 第34条第1項の規定による払込みを仮装した場合　払込みを仮装した出資に係る金銭の全額の支払

② 第34条第1項の規定による給付を仮装した場合　給付を仮装した出資に係る金銭以外の財産の全部の給付（株式会社が当該給付に代えて当該財産の価額に相当する金銭の支払を請求した場合にあっては，当該金銭の全額の支払）

2　前項各号に掲げる場合には，発起人がその出資の履行を仮装することに関与した発起人又は設立時取締役として法務省令で定める者は，株式会社に対し，当該各号に規定する支払をする義務を負う。ただし，その者（当該出資の履行を仮装したものを除く。）がその職務を行うについて注意を怠らなかったことを証明した場合は，この限りでない。

3　発起人が第1項各号に規定する支払をする義務を負う場合において，前項に規定する者が同項の義務を負うときは，これらの者は，連帯債務者とする。

4　発起人は，第1項各号に掲げる場合には，当該各号に定める支払若しくは給付又は第2項の規定による支払がされた後でなければ，出資の履行を仮装した設立時発行株式について，設立時株主（第65条第1項に規定する設立時株主をいう。次項において同じ。）及び株主の権利を行使することができない。

5　前項の設立時発行株式又はその株主となる権利を譲り受けた者は，当該設立時発行株式についての設立時株主及び株主の権利を行使することができる。ただし，その者に悪意又は重大な過失があるときは，この限りでない。

POINT　ご《5》っつ《2》ぁん《の》は通《2》用せんぞ、**出資仮装者**の**責任**

□本来なら出資の履行の仮装が判明した場合、発起人は出資期日の徒過により失権するはずだが（36条3項）、それは会社に財産が入らない結果となり、第三者の信頼を損なう。そこで平成26年改正はそのような発起人が引き続き出資履行義務を負うとする本条を定めた。総株主の同意による免除規定あり。cf.55条。設立時募集株式の引受人（102条の2）、設立後の募集株式の引受人（213条の2）、新株予約権に関する払込みの仮装（286条の2、286条の3）についても同様の規定を創設。

［発起］［募集］
（発起人等の損害賠償責任）

第53条　発起人，設立時取締役又は設立時監査役は，株式会社の設立についてその任務を怠ったときは，当該株式会社に対し，これによって生じた損害を賠償する責任を負う。

2　発起人，設立時取締役又は設立時監査役がその職務を行うについて悪意又は重大な過失があったときは，当該発起人，設立時取締役又は設立時監査役は，これによって第三者に生じた損害を賠償する責任を負う。

POINT

発起人誤《5》算《3》! **会社·第三者に責任負う**とは!

□1項：発起人の対会社責任。総株主の同意による免除規定あり。cf.55条。
□2項：発起人の対第三者責任。
□擬似発起人にも本条の適用あり。cf.103条2項。

[発起] [募集]
(発起人等の連帯責任)
第54条　発起人，設立時取締役又は設立時監査役が株式会社又は第三者に生じた損害を賠償する責任を負う場合において，他の発起人，設立時取締役又は設立時監査役も当該損害を賠償する責任を負うときは，これらの者は，連帯債務者とする。

POINT

個《5》人《4》じゃ大変、**発起人**ら**連帯**

□擬似発起人にも本条の適用あり。cf.103条2項。

[発起] [募集]
(責任の免除)
第55条　第52条第1項の規定により発起人又は設立時取締役の負う義務，第52条の2第1項の規定により発起人の負う義務，同条第2項の規定により発起人又は設立時取締役の負う義務及び第53条第1項の規定により発起人，設立時取締役又は設立時監査役の負う責任は，総株主の同意がなければ，免除することができない。

POINT

ご《5》たご《5》た嫌う、**総株主のお許し**

□逆に責任追及をしていく場合、株主は株主代表訴訟を行うことになる。cf.847条。
□擬似発起人にも本条の適用あり。cf.103条2項。

[発起] [募集]
(株式会社不成立の場合の責任)
第56条　株式会社が成立しなかったときは，発起人は，連帯して，株式会社の設立に関してした行為についてその責任を負い，株式会社の設立に関して支出した費用を負担する。

POINT

今頃《56》言うとは! **会社不成立の責任**

□会社が成立しなかったとき、設立中の会社がさかのぼって存在しなくなると解する少数説によれば本条は当然の規定であるが、多数説は清算手続に入ると解し、その上で本条は、株式引受人を保護するために引受人に払込金を返還するよう発起人の責任を明らかにした規定であるとする。

□擬似発起人にも本条の適用あり。cf.103条2項。

第9節 募集による設立

第1款　設立時発行株式を引き受ける者の募集

【募集】のみ
（設立時発行株式を引き受ける者の募集）
第57条　発起人は，この款の定めるところにより，設立時発行株式を引き受ける者の募集をする旨を定めることができる。
2　発起人は，前項の募集をする旨を定めようとするときは，その全員の同意を得なければならない。

POINT　困《5》難《7》顧みず**募集設立**

□2項：発起人全員の同意がなければ募集できなくなった。募集株式に関する事項についても、発起人全員の同意が必要。cf.次条2項。

□本条以下は、募集設立のみに関する規定。

【募集】のみ
（設立時募集株式に関する事項の決定）
第58条　発起人は，前条第1項の募集をしようとするときは，その都度，設立時募集株式（同項の募集に応じて設立時発行株式の引受けの申込みをした者に対して割り当てる設立時発行株式をいう。以下この節において同じ。）について次に掲げる事項を定めなければならない。
①　設立時募集株式の数（設立しようとする株式会社が種類株式発行会社である場合にあっては，その種類及び種類ごとの数。以下この款において同じ。）
②　設立時募集株式の払込金額（設立時募集株式1株と引換えに払い込む金銭の額をいう。以下この款において同じ。）
③　設立時募集株式と引換えにする金銭の払込みの期日又はその期間
④　一定の日までに設立の登記がされない場合において，設立時募集株式の引受けの取消しをすることができることとするときは，その旨及びその一定の日
2　発起人は，前項各号に掲げる事項を定めようとするときは，その全員の同意を得なければならない。
3　設立時募集株式の払込金額その他の前条第1項の募集の条件は，当該募集（設立しようとする株式会社が種類株式発行会社である場合にあっては，種類及び当該募集）ごとに，均等に定めなければならない。

POINT こ《5》うや《8》って、**全員で定める募集の数・額**

□2項：発起人全員で募集株式に関する事項をきちんと定めておくべきことを、会社法で創設。

[募集] のみ

(設立時募集株式の申込み)

第59条　発起人は，第57条第1項の募集に応じて設立時募集株式の引受けの申込みをしようとする者に対し，次に掲げる事項を通知しなければならない。

① 定款の認証の年月日及びその認証をした公証人の氏名

② 第27条各号，第28条各号，第32条第1項各号及び前条第1項各号に掲げる事項

③ 発起人が出資した財産の価額

④ 第63条第1項の規定による払込みの取扱いの場所

⑤ 前各号に掲げるもののほか，法務省令で定める事項

2　発起人のうち出資の履行をしていないものがある場合には，発起人は，第36条第1項に規定する期日後でなければ，前項の規定による通知をすることができない。

3　第57条第1項の募集に応じて設立時募集株式の引受けの申込みをする者は，次に掲げる事項を記載した書面を発起人に交付しなければならない。

① 申込みをする者の氏名又は名称及び住所

② 引き受けようとする設立時募集株式の数

4　前項の申込みをする者は，同項の書面の交付に代えて，政令で定めるところにより，発起人の承諾を得て，同項の書面に記載すべき事項を電磁的方法により提供することができる。この場合において，当該申込みをした者は，同項の書面を交付したものとみなす。

5　発起人は，第1項各号に掲げる事項について変更があったときは，直ちに，その旨及び当該変更があった事項を第3項の申込みをした者（以下この款において「申込者」という。）に通知しなければならない。

6　発起人が申込者に対してする通知又は催告は，第3項第1号の住所（当該申込者が別に通知又は催告を受ける場所又は連絡先を発起人に通知した場合にあっては，その場所又は連絡先）にあてて発すれば足りる。

7　前項の通知又は催告は，その通知又は催告が通常到達すべきであった時に，到達したものとみなす。

POINT 告《59》知した？ **募集内容、申込み前**

□募集設立における株式引受人保護の趣旨。

□1項：募集内容の開示を強制する規定。5号の「法務省令」＝施規8条（発起人が引き受けた株式数、株式名簿・管理人等）。

□2項：まず発起人全員が自ら出資の履行をしたあとでなければ募集事項の通知ができない。

□4項：「政令」＝施令1条1項1号、2項（電磁的方法の種類・内容に対する承諾）。

□設立後の募集株式の申込みにつき同様の法文あり。cf.203条。

[募集] のみ
(設立時募集株式の割当て)
第60条 発起人は，申込者の中から設立時募集株式の割当てを受ける者を定め，かつ，その者に割り当てる設立時募集株式の数を定めなければならない。この場合において，発起人は，当該申込者に割り当てる設立時募集株式の数を，前条第3項第2号の数よりも減少することができる。
2 発起人は，第58条第1項第3号の期日（同号の期間を定めた場合にあっては，その期間の初日）の前日までに，申込者に対し，当該申込者に割り当てる設立時募集株式の数を通知しなければならない。

POINT 群《6》れ《0》て来た申込者に募集株（式）**割当て**

□1項：株式の割当てとは、株式申込人に何株引き受けさせるか、引き受けさせないかを決めること。誰に割り当てるか、割り当てる株式数を申込者の申し出た株式数より減らすかは、会社の裁量である（割当自由の原則）。cf.会社成立後の募集株式の割当てにつき204条の解説を参照のこと。

[募集] のみ
(設立時募集株式の申込み及び割当てに関する特則)
第61条 前2条の規定は，設立時募集株式を引き受けようとする者がその総数の引受けを行う契約を締結する場合には，適用しない。

□総株引受け（買取引受けともいう）の規定。cf.会社成立後の募集株式の総株引受けについて205条。

[募集] のみ
(設立時募集株式の引受け)
第62条 次の各号に掲げる者は，当該各号に定める設立時募集株式の数について設立時募集株式の引受人となる。
① 申込者 発起人の割り当てた設立時募集株式の数
② 前条の契約により設立時募集株式の総数を引き受けた者 その者が引き受けた設立時募集株式の数

POINT 「無《6》二《2》の宝だ、**割当て株!**」と晴れて**引受人**

[募集] のみ
(設立時募集株式の払込金額の払込み)
第63条 設立時募集株式の引受人は，第58条第1項第3号の期日又は同号の期間内に，発起人が定めた銀行等の払込みの取扱いの場所において，それぞれの設立時募集株式の払込金額の全額の払込みを行わなければならない。
2　前項の規定による払込みをすることにより設立時発行株式の株主となる権利の譲渡は，成立後の株式会社に対抗することができない。
3　設立時募集株式の引受人は，第1項の規定による払込みをしないときは，当該払込みをすることにより設立時募集株式の株主となる権利を失う。

POINT 無《6》残《3》、募集! **払込みなく当然失権**

□1・3項：発起設立では催告つきの失権手続を他の未出資の発起人に対してとる（36条）のに対して、募集設立では、設立時募集株式の引受人は当然に失権する。再募集の制度もない。もっとも、募集設立を行う発起人については、発起設立の発起人と同様である。cf.59条2項、36条。

□2項：募集設立の場合の引受人の権利株譲渡に関する規定。出資の履行者一般については35条、発起人については50条2項。ここでも「成立後の株式会社に対抗することができない」と明記。

［募集］のみ
（払込金の保管証明）
第64条　第57条第1項の募集をした場合には，発起人は，第34条第1項及び前条第1項の規定による払込みの取扱いをした銀行等に対し，これらの規定により払い込まれた金額に相当する金銭の保管に関する証明書の交付を請求することができる。
2　前項の証明書を交付した銀行等は，当該証明書の記載が事実と異なること又は第34条第1項若しくは前条第1項の規定により払い込まれた金銭の返還に関する制限があることをもって成立後の株式会社に対抗することができない。

POINT 無《6》視《4》できない**保管証明**

□払込取扱銀行と株式引受人との共謀による仮装払込みを防止し、設立された会社の財産を確保する趣旨。保管証明書を交付した銀行に禁反言に基づく無過失の保管証明責任を負わせる。

□発起設立では払込金の保管証明書の交付は不要であることに注意。cf.34条

第2款　創立総会等

［募集］のみ
（創立総会の招集）
第65条　第57条第1項の募集をする場合には，発起人は，第58条第1項第3号の期日又は同号の期間の末日のうち最も遅い日以後，遅滞なく，設立時株主（第50条第1項又は第102条第2

項の規定により株式会社の株主となる者をいう。以下同じ。）の総会（以下「創立総会」という。）を招集しなければならない。
2　発起人は，前項に規定する場合において，必要があると認めるときは，いつでも，創立総会を招集することができる。

POINT

向《6》こ《5》うでやってよ、**創立総会**

□会社成立前の株主総会といえる。なお、株主総会の招集については296条を参照。

【募集】のみ
（創立総会の権限）
第66条　創立総会は、この節に規定する事項及び株式会社の設立の廃止、創立総会の終結その他株式会社の設立に関する事項に限り、決議をすることができる。

POINT

ム《6》ム《6》？ **設立のことしか決めちゃだめ**？

□決議事項の範囲につき本条と73条4項をあわせ読むこと。

【募集】のみ
（創立総会の招集の決定）
第67条　発起人は，創立総会を招集する場合には，次に掲げる事項を定めなければならない。
①　創立総会の日時及び場所
②　創立総会の目的である事項
③　創立総会に出席しない設立時株主が書面によって議決権を行使することができることとするときは，その旨
④　創立総会に出席しない設立時株主が電磁的方法によって議決権を行使することができることとするときは，その旨
⑤　前各号に掲げるもののほか，法務省令で定める事項
2　発起人は，設立時株主（創立総会において決議をすることができる事項の全部につき議決権を行使することができない設立時株主を除く。次条から第71条までにおいて同じ。）の数が1000人以上である場合には，前項第3号に掲げる事項を定めなければならない。

POINT

胸《67》騒ぎして**決める総会招集**

□株主総会の招集の決定につきほぼ同様の法文あり。cf.298条。
□株主総会の招集場所と同様、本店の所在地や隣接地（cf.旧商233条）といった創立総会招集場所の制限はなくなった。
□1項2号：総会の目的事項すなわち議題のこと。創立総会ではこの議題および設立に関する事項についてしか決議できない。

cf.73条4項、66条。

□1項5号：「法務省令」＝施規9条、17条1号（種類創立総会）。

□2項：株主が1000人以上の場合は、書面投票が義務づけられることとなった。

【募集】のみ

（創立総会の招集の通知）

第68条　創立総会を招集するには，発起人は，創立総会の日の2週間（前条第1項第3号又は第4号に掲げる事項を定めたときを除き，設立しようとする株式会社が公開会社でない場合にあっては，1週間（当該設立しようとする株式会社が取締役会設置会社以外の株式会社である場合において，これを下回る期間を定款で定めた場合にあっては，その期間））前までに，設立時株主に対してその通知を発しなければならない。

2　次に掲げる場合には，前項の通知は，書面でしなければならない。

①　前条第1項第3号又は第4号に掲げる事項を定めた場合

②　設立しようとする株式会社が取締役会設置会社である場合

3　発起人は，前項の書面による通知の発出に代えて，政令で定めるところにより，設立時株主の承諾を得て，電磁的方法により通知を発することができる。この場合において，当該発起人は，同項の書面による通知を発したものとみなす。

4　前2項の通知には，前条第1項各号に掲げる事項を記載し，又は記録しなければならない。

5　発起人が設立時株主に対してする通知又は催告は，第27条第5号又は第59条第3項第1号の住所（当該設立時株主が別に通知又は催告を受ける場所又は連絡先を発起人に通知した場合にあっては，その場所又は連絡先）にあてて発すれば足りる。

6　前項の通知又は催告は，その通知又は催告が通常到達すべきであった時に，到達したものとみなす。

7　前2項の規定は，第1項の通知に際して設立時株主に書面を交付し，又は当該書面に記載すべき事項を電磁的方法により提供する場合について準用する。この場合において，前項中「到達したもの」とあるのは，「当該書面の交付又は当該事項の電磁的方法による提供があったもの」と読み替えるものとする。

POINT

ロ《6》バ《8》も集まれ（創立）総会通知

□株主総会の招集の通知につき同様の法文あり。cf.299条。

□3項：政令＝施令2条1項1号、施規230条により電子メールの受信や磁気ディスクの交付に代わりうる。

【募集】のみ

（招集手続の省略）

第69条　前条の規定にかかわらず，創立総会は，設立時株主の全員の同意があるときは，招集の手続を経ることなく開催することができる。ただし，第67条第1項第3号又は第4号に掲げる事項を定めた場合は，この限りでない。

POINT

出向《6》く《9》**招集なしに、創立総会**

□株主総会の招集手続の省略につき同様の法文あり。cf.300条。

〔募集〕のみ

（創立総会参考書類及び議決権行使書面の交付等）

第70条　発起人は，第67条第1項第3号に掲げる事項を定めた場合には，第68条第1項の通知に際して，法務省令で定めるところにより，設立時株主に対し，議決権の行使について参考となるべき事項を記載した書類（以下この款において「創立総会参考書類」という。）及び設立時株主が議決権を行使するための書面（以下この款において「議決権行使書面」という。）を交付しなければならない。

2　発起人は，第68条第3項の承諾をした設立時株主に対し同項の電磁的方法による通知を発するときは，前項の規定による創立総会参考書類及び議決権行使書面の交付に代えて，これらの書類に記載すべき事項を電磁的方法により提供することができる。ただし，設立時株主の請求があったときは，これらの書類を当該設立時株主に交付しなければならない。

POINT

慣《7》れ《0》ない**書面投票、創立**時

□株主総会での書面投票につき同様の法文あり。cf.301条。

□1項：「法務省令」＝施規10条（創立総会参考書類記載事項）、施規11条（議決権行使書面記載事項）。

〔募集〕のみ

第71条　発起人は，第67条第1項第4号に掲げる事項を定めた場合には，第68条第1項の通知に際して，法務省令で定めるところにより，設立時株主に対し，創立総会参考書類を交付しなければならない。

2　発起人は，第68条第3項の承諾をした設立時株主に対し同項の電磁的方法による通知を発するときは，前項の規定による創立総会参考書類の交付に代えて，当該創立総会参考書類に記載すべき事項を電磁的方法により提供することができる。ただし，設立時株主の請求があったときは，創立総会参考書類を当該設立時株主に交付しなければならない。

3　発起人は，第1項に規定する場合には，第68条第3項の承諾をした設立時株主に対する同項の電磁的方法による通知に際して，法務省令で定めるところにより，設立時株主に対し，議決権行使書面に記載すべき事項を当該電磁的方法により提供しなければならない。

4　発起人は，第1項に規定する場合において，第68条第3項の承諾をしていない設立時株主から創立総会の日の1週間前までに議決権行使書面に記載すべき事項の電磁的方法による提供の請求があったときは，法務省令で定めるところにより，直ちに，当該設立時株主に対し，当該事項を電磁的方法により提供しなければならない。

POINT

泣《7》い《1》て**創立総会**行けず、**電子投票**す

□株主総会における電子投票につき同様の法文あり。cf.302条。
□1項：「法務省令」＝施規10条2項。
□3・4項：「法務省令」＝施規11条。

［募集］のみ
（議決権の数）
第72条　設立時株主（成立後の株式会社がその総株主の議決権の4分の1以上を有することその他の事由を通じて成立後の株式会社がその経営を実質的に支配することが可能となる関係にあるものとして法務省令で定める設立時株主を除く。）は，創立総会において，その引き受けた設立時発行株式1株につき1個の議決権を有する。ただし，単元株式数を定款で定めている場合には，1単元の設立時発行株式につき1個の議決権を有する。
2　設立しようとする株式会社が種類株式発行会社である場合において，株主総会において議決権を行使することができる事項について制限がある種類の設立時発行株式を発行するときは，創立総会において，設立時株主は，株主総会において議決権を行使することができる事項に相当する事項に限り，当該設立時発行株式について議決権を行使することができる。
3　前項の規定にかかわらず，株式会社の設立の廃止については，設立時株主は，その引き受けた設立時発行株式について議決権を行使することができる。

POINT　な《7》ーに《2》、**創立総会**でも**一株は一票**

□株主総会の議決権の数につきほぼ同様の法文あり。cf.308条1項。ただし決議要件は普通決議でなく、原則として特別決議すなわち出席設立時株主の議決権の3分の2以上。cf.73条1項。
□1項：「法務省令」＝施規12条（4分の1基準）、17条4号（種類創立総会）。

［募集］のみ
（創立総会の決議）
第73条　創立総会の決議は，当該創立総会において議決権を行使することができる設立時株主の議決権の過半数であって，出席した当該設立時株主の議決権の3分の2以上に当たる多数をもって行う。
2　前項の規定にかかわらず，その発行する全部の株式の内容として譲渡による当該株式の取得について当該株式会社の承認を要する旨の定款の定めを設ける定款の変更を行う場合（設立しようとする株式会社が種類株式発行会社である場合を除く。）には，当該定款の変更についての創立総会の決議は，当該創立総会において議決権を行使することができる設立時株主の半数以上であって，当該設立時株主の議決権の3分の2以上に当たる多数をもって行わなければならない。
3　定款を変更してその発行する全部の株式の内容として第107条第1項第3号に掲げる事項についての定款の定めを設け，又は当該事項についての定款の変更（当該事項についての定款の定めを廃止するものを除く。）をしようとする場合（設立しようとする株式会社が種類株式発行会社である場合を除く。）には，設立時株主全員の同意を得なければならない。
4　創立総会は，第67条第1項第2号に掲げる事項以外の事項については，決議をすることができない。ただし，定款の変更又は株式会社の設立の廃止については，この限りでない。

POINT

並《7》み《3》の決議しないぞ、**創立総会**は

□1項：前条で資本多数決を採用するも、特別決議が原則。不健全な会社設立を防止する趣旨より手続を厳格にする。この点で、株主総会の場合（309条）と異なることに注意。
□2項：1項の例外。全株式の譲渡制限に関する定款変更決議には特殊決議が必要。ある種類の株式に譲渡制限を定める場合については100条1項。
□3項：1項の例外。全株式を取得条項付株式とする定款変更には全員の同意が必要。ある種類の株式を取得条項付株式とする場合については99条1号。
□4項：創立総会決議は議題として決定し、通知した事項（67条1項2号、68条4項）の範囲に限られる。例外は定款の変更または設立の廃止。cf.96条、66条。

［募集］のみ
（議決権の代理行使）
第74条　設立時株主は，代理人によってその議決権を行使することができる。この場合においては，当該設立時株主又は代理人は，代理権を証明する書面を発起人に提出しなければならない。
2　前項の代理権の授与は，創立総会ごとにしなければならない。
3　第1項の設立時株主又は代理人は，代理権を証明する書面の提出に代えて，政令で定めるところにより，発起人の承諾を得て，当該書面に記載すべき事項を電磁的方法により提供することができる。この場合において，当該設立時株主又は代理人は，当該書面を提出したものとみなす。
4　設立時株主が第68条第3項の承諾をした者である場合には，発起人は，正当な理由がなければ，前項の承諾をすることを拒んではならない。
5　発起人は，創立総会に出席することができる代理人の数を制限することができる。
6　発起人（株式会社の成立後にあっては，当該株式会社。次条第3項及び第76条第4項において同じ。）は，創立総会の日から3箇月間，代理権を証明する書面及び第3項の電磁的方法により提供された事項が記録された電磁的記録を発起人が定めた場所（株式会社の成立後にあっては，その本店。次条第3項及び第76条第4項において同じ。）に備え置かなければならない。
7　設立時株主（株式会社の成立後にあっては，その株主。次条第4項及び第76条第5項において同じ。）は，発起人が定めた時間（株式会社の成立後にあっては，その営業時間。次条第4項及び第76条第5項において同じ。）内は，いつでも，次に掲げる請求をすることができる。
①　代理権を証明する書面の閲覧又は謄写の請求
②　前項の電磁的記録に記録された事項を法務省令で定める方法により表示したものの閲覧又は謄写の請求

POINT

な《7》じ《4》る**代理人、議決権行使**

□株主総会での代理人の議決権行使につき同様の法文あり。cf.310条。
□3項：「政令」＝施令1条1項2号、2項（電磁的方法の種類・内容に対する承諾）。
□7項2号：「法務省令」＝施規226条2号（紙面か映像面で表示）。

［募集］のみ

（書面による議決権の行使）

第75条　書面による議決権の行使は，議決権行使書面に必要な事項を記載し，法務省令で定める時までに当該議決権行使書面を発起人に提出して行う。

2　前項の規定により書面によって行使した議決権の数は，出席した設立時株主の議決権の数に算入する。

3　発起人は，創立総会の日から3箇月間，第1項の規定により提出された議決権行使書面を発起人が定めた場所に備え置かなければならない。

4　設立時株主は，発起人が定めた時間内は，いつでも，第1項の規定により提出された議決権行使書面の閲覧又は謄写の請求をすることができる。

POINT

創立祝い、モナ《7》コ《5》から**書面投票**

□次条とあわせ、株主総会に出席できない遠方の株主に議決権行使の機会を与える趣旨。

□株主総会での書面投票につき同様の法文あり。cf.311条。

□「法務省令」＝施規13条、17条5号（種類創立総会）。

［募集］のみ

（電磁的方法による議決権の行使）

第76条　電磁的方法による議決権の行使は，政令で定めるところにより，発起人の承諾を得て，法務省令で定める時までに議決権行使書面に記載すべき事項を，電磁的方法により当該発起人に提供して行う。

2　設立時株主が第68条第3項の承諾をした者である場合には，発起人は，正当な理由がなければ，前項の承諾をすることを拒んではならない。

3　第1項の規定により電磁的方法によって行使した議決権の数は，出席した設立時株主の議決権の数に算入する。

4　発起人は，創立総会の日から3箇月間，第1項の規定により提供された事項を記録した電磁的記録を発起人が定めた場所に備え置かなければならない。

5　設立時株主は，発起人が定めた時間内は，いつでも，前項の電磁的記録に記録された事項を法務省令で定める方法により表示したものの閲覧又は謄写の請求をすることができる。

POINT

創立祝い、ベトナ《7》ム《6》から**電子投票**

□前条と同様の趣旨。

□株主総会での電子投票につき同様の法文あり。cf.312条。

□1項：「法務省令」＝施規14条、17条6号（種類創立総会）。「政令」＝施令1条1項3号、2項（電磁的方法の種類・内容に対する承諾）。

□5項：「法務省令」＝施規226条3号（紙面か映像面で表示）。

［募集］のみ

（議決権の不統一行使）

第77条　設立時株主は，その有する議決権を統一しないで行使することができる。この場合においては，創立総会の日の3日前までに，発起人に対してその旨及びその理由を通知しなければならない。

2　発起人は，前項の設立時株主が他人のために設立時発行株式を引き受けた者でないときは，当該設立時株主が同項の規定によりその有する議決権を統一しないで行使することを拒むことができる。

POINT　な《7》、な《7》んと**創立**時から**不統一**?!

□株主総会での議決権の不統一行使につき同様の法文あり。
cf.313条。

【募集】のみ
（発起人の説明義務）

第78条　発起人は，創立総会において，設立時株主から特定の事項について説明を求められた場合には，当該事項について必要な説明をしなければならない。ただし，当該事項が創立総会の目的である事項に関しないものである場合，その説明をすることにより設立時株主の共同の利益を著しく害する場合その他正当な理由がある場合として法務省令で定める場合は，この限りでない。

POINT　ナ《7》ンパ《8》、**創立**時からするワケ、**説明せよ**

□株主総会での取締役等の説明義務につき同様の法文あり。
cf.314条、17条7号（種類創立総会）。

□「法務省令」＝施規15条、17条7号（種類創立総会）。

【募集】のみ
（議長の権限）

第79条　創立総会の議長は，当該創立総会の秩序を維持し，議事を整理する。

2　創立総会の議長は，その命令に従わない者その他当該創立総会の秩序を乱す者を退場させることができる。

POINT　泣《7》く《9》**議長**、**創立**時から（**秩序維持**に）苦労する

□総会屋などによる創立総会妨害を防ぐため、議長の権限強化を明記。

□株主総会での議長の権限につき同様の法文あり。cf.315条。

[募集] のみ
(延期又は続行の決議)
第80条　創立総会においてその延期又は続行について決議があった場合には，第67条及び第68条の規定は，適用しない。

□延期・続行しても最初の創立総会と同一性があるので招集手続を改めて必要としない趣旨。67条は創立総会の招集の決定、68条は創立総会の招集の通知についての規定。
□株主総会の延期・続行につき同様の法文あり。cf.317条。

[募集] のみ
(議事録)
第81条　創立総会の議事については，法務省令で定めるところにより，議事録を作成しなければならない。
2　発起人（株式会社の成立後にあっては，当該株式会社。次条第2項において同じ。）は，創立総会の日から10年間，前項の議事録を発起人が定めた場所（株式会社の成立後にあっては，その本店。同条第2項において同じ。）に備え置かなければならない。
3　設立時株主（株式会社の成立後にあっては，その株主及び債権者。次条第3項において同じ。）は，発起人が定めた時間（株式会社の成立後にあっては，その営業時間。同項において同じ。）内は，いつでも，次に掲げる請求をすることができる。
①　第1項の議事録が書面をもって作成されているときは，当該書面の閲覧又は謄写の請求
②　第1項の議事録が電磁的記録をもって作成されているときは，当該電磁的記録に記録された事項を法務省令で定める方法により表示したものの閲覧又は謄写の請求
4　株式会社の成立後において，当該株式会社の親会社社員は，その権利を行使するため必要があるときは，裁判所の許可を得て，第1項の議事録について前項各号に掲げる請求をすることができる。

POINT　や《8》い《1》、**創立**時の**議事録**見せろ

□1項：「法務省令」＝施規16条、17条8号（種類創立総会）。
□3項2号：「法務省令」＝施規226条4号（紙面か映像面で表示）。
□株主総会議事録につき同様の法文あり。cf.318条。
□4項：裁判所の許可による手続は、非訟事件手続として進められるが、審問期日の開催と陳述聴取が義務付けられている。cf.870条2項1号。

[募集] のみ
(創立総会の決議の省略)
第82条　発起人が創立総会の目的である事項について提案をした場合において，当該提案につき設立時株主（当該事項について議決権を行使することができるものに限る。）の全員が書面又

は電磁的記録により同意の意思表示をしたときは，当該提案を可決する旨の創立総会の決議があったものとみなす。
2　発起人は，前項の規定により創立総会の決議があったものとみなされた日から10年間，同項の書面又は電磁的記録を発起人が定めた場所に備え置かなければならない。
3　設立時株主は，発起人が定めた時間内は，いつでも，次に掲げる請求をすることができる。
①　前項の書面の閲覧又は謄写の請求
②　前項の電磁的記録に記録された事項を法務省令で定める方法により表示したものの閲覧又は謄写の請求
4　株式会社の成立後において，当該株式会社の親会社社員は，その権利を行使するため必要があるときは，裁判所の許可を得て，第2項の書面又は電磁的記録について前項各号に掲げる請求をすることができる。

POINT
は《8》に《2》かむ**株主ら、創立**時から**持回り**

□発起人からのある提案事項につき、設立時株主全員が「同意する」と書面または電子メールで意思表示をすれば、その提案事項可決の決議ありとみなされることになる。持回り決議、みなし決議、書面決議、決議省略制度、などといわれる。
□3項2号：「法務省令」＝施規226条5号（紙面か映像面で表示）。
□4項：裁判所の許可による手続は、非訟事件手続として進められるが、審問期日の開催と陳述聴取が義務付けられている。cf.870条2項1号。
□株主総会の決議省略につきほぼ同様の法文あり。cf.319条。

【募集】のみ
（創立総会への報告の省略）
第83条　発起人が設立時株主の全員に対して創立総会に報告すべき事項を通知した場合において，当該事項を創立総会に報告することを要しないことにつき設立時株主の全員が書面又は電磁的記録により同意の意思表示をしたときは，当該事項の創立総会への報告があったものとみなす。

POINT
ヤ《8》ミ《3》で**報告、創立総会**

□原則は、創立総会で発起人がきちんと報告しなければならないことに注意。cf.87条。
□創立総会前に、発起人が報告事項を設立時株主全員に通知したうえで、創立総会で報告を省略することにつき設立時株主全員が「同意する」と書面または電子メールで意思表示をすれば、その事項の総会での報告ありとみなされることになる。
□株主総会での報告の省略に関する320条の解説を参照のこと。

【募集】のみ
（種類株主総会の決議を必要とする旨の定めがある場合）
第84条　設立しようとする株式会社が種類株式発行会社である場合において，その設立に際して発行するある種類の株式の内容として，株主総会において決議すべき事項について，当該決議のほか，当該種類の株式の種類株主を構成員とする種類株主総会の決議があることを必要とする旨の定めがあるときは，当該事項は，その定款の定めの例に従い，創立総会の決議のほか，当該種類の設立時発行株式の設立時種類株主（ある種類の設立時発行株式の設立時株主をいう。以下この節において同じ。）を構成員とする種類創立総会（ある種類の設立時発行株式の設立時種類株主の総会をいう。以下同じ。）の決議がなければ，その効力を生じない。ただし，当該種類創立総会において議決権を行使することができる設立時種類株主が存しない場合は，この限りでない。

POINT

や《8》じ《4》って**拒否**する、**種類創立総会**

□いわゆる拒否権付種類株式（108条1項8号）をもつ者による種類創立総会についての規定。
□種類株主総会につき同様の法文あり。cf.323条。

［募集］のみ
（種類創立総会の招集及び決議）
第85条　前条，第90条第1項（同条第2項において準用する場合を含む。），第92条第1項（同条第4項において準用する場合を含む。），第100条第1項又は第101条第1項の規定により種類創立総会の決議をする場合には，発起人は，種類創立総会を招集しなければならない。
2　種類創立総会の決議は，当該種類創立総会において議決権を行使することができる設立時種類株主の議決権の過半数であって，出席した当該設立時種類株主の議決権の3分の2以上に当たる多数をもって行う。
3　前項の規定にかかわらず，第100条第1項の決議は，同項に規定する種類創立総会において議決権を行使することができる設立時種類株主の半数以上であって，当該設立時種類株主の議決権の3分の2以上に当たる多数をもって行わなければならない。

□1項：前条は拒否権付種類株式の株主による種類株主総会、90・92条は選・解任種類株式の株主による種類株主総会、100・101条は種類株式の内容変更に関する種類株主総会についての規定。
□2項：種類創立総会も創立総会と同様、原則として特別決議。cf.73条。この点、種類株主総会では普通決議が原則。cf.324条。
□3項：種類株式を譲渡制限株式にする定款変更決議には特殊決議が必要。

［募集］のみ
（創立総会に関する規定の準用）
第86条　第67条から第71条まで，第72条第1項及び第74条から第82条までの規定は，種類創立総会について準用する。この場合において，第67条第1項第3号及び第4号並びに第2項，第68条第1項及び第3項，第69条から第71条まで，第72条第1項，第74条第1項，第3項及び第4項，第75条第2項，第76条第2項及び第3項，第77条，第78条本文並びに第82条第1項中「設立時株主」とあるのは，「設立時種類株主（ある種類の設立時発行株式の設立時株主をいう。)」と読み替えるものとする。

POINT **種類**総会の野《8》郎《6》たちも**創立総会に続け**

□創立総会の手続を種類創立総会においても準用する。準用せず、種類創立総会独自の規定があるのは、総会の招集（65条を準用せず85条1項)、総会の権限（66条を準用せず84条本文前半)、決議要件（73条を準用せず85条)、報告の省略（83条を準用せず87条)。

第3款　設立に関する事項の報告

［募集］のみ

第87条　発起人は，株式会社の設立に関する事項を創立総会に報告しなければならない。

2　発起人は，次の各号に掲げる場合には，当該各号に定める事項を記載し，又は記録した書面又は電磁的記録を創立総会に提出し，又は提供しなければならない。

①　定款に第28条各号に掲げる事項（第33条第10項各号に掲げる場合における当該各号に定める事項を除く。）の定めがある場合　第33条第2項の検査役の同条第4項の報告の内容

②　第33条第10項第3号に掲げる場合　同号に規定する証明の内容

POINT ハ《8》ナ《7》っから**報告、発起人**

□本条は「設立に関する事項」を設立時株主に情報開示する規定。これら「設立に関する事項」は66・67条1項2号の創立総会決議事項である。

□2項：変態設立事項に関する検査役の調査報告内容と免除される場合の弁護士等の証明内容を創立総会で開示。

第4款　設立時取締役等の選任及び解任

［募集］のみ

（設立時取締役等の選任）

第88条　第57条第1項の募集をする場合には，設立時取締役，設立時会計参与，設立時監査役又は設立時会計監査人の選任は，創立総会の決議によって行わなければならない。

2　設立しようとする株式会社が監査等委員会設置会社である場合には，前項の規定による設立時取締役の選任は，設立時監査等委員である設立時取締役とそれ以外の設立時取締役とを区別してしなければならない。

POINT

バ《8》ーバ《8》を**選任、設立時役員**

□決議は普通決議でなく特別決議であることに注意。cf.73条1項。

□拒否権付種類株式を発行する会社では本条の選任決議のほかに種類創立総会の決議が必要。cf.84条。選・解任種類株式を発行する会社では種類創立総会の決議が必要。cf.90・92条。

［募集］のみ

（累積投票による設立時取締役の選任）

第89条　創立総会の目的である事項が2人以上の設立時取締役（設立しようとする株式会社が監査等委員会設置会社である場合にあっては，設立時監査等委員である設立時取締役又はそれ以外の設立時取締役。以下この条において同じ。）の選任である場合には，設立時株主（設立時取締役の選任について議決権を行使することができる設立時株主に限る。以下この条において同じ。）は，定款に別段の定めがあるときを除き，発起人に対し，第3項から第5項までに規定するところにより設立時取締役を選任すべきことを請求することができる。

2　前項の規定による請求は，同項の創立総会の日の5日前までにしなければならない。

3　第72条第1項の規定にかかわらず，第1項の規定による請求があった場合には，設立時取締役の選任の決議については，設立時株主は，その引き受けた設立時発行株式1株（単元株式数を定款で定めている場合にあっては，1単元の設立時発行株式）につき，当該創立総会において選任する設立時取締役の数と同数の議決権を有する。この場合においては，設立時株主は，1人のみに投票し，又は2人以上に投票して，その議決権を行使することができる。

4　前項の場合には，投票の最多数を得た者から順次設立時取締役に選任されたものとする。

5　前2項に定めるもののほか，第1項の規定による請求があった場合における設立時取締役の選任に関し必要な事項は，法務省令で定める。

POINT

気炎吐《8》く《9》**設立時取締役、累積投票**で当選

□5項：「法務省令」＝施規18条。

□株主総会の累積投票による取締役選任につき同様の法文あり。cf.342条。

［募集］のみ

（種類創立総会の決議による設立時取締役等の選任）

第90条　第88条の規定にかかわらず，株式会社の設立に際して第108条第1項第9号に掲げる事項（取締役（設立しようとする株式会社が監査等委員会設置会社である場合にあっては，監査等委員である取締役又はそれ以外の取締役）に関するものに限る。）についての定めがある種類の株式を発行する場合には，設立時取締役（設立しようとする株式会社が監査等委員会設置会社

である場合にあっては，設立時監査等委員である設立時取締役又はそれ以外の設立時取締役）は，同条第2項第9号に定める事項についての定款の定めの例に従い，当該種類の設立時発行株式の設立時種類株主を構成員とする種類創立総会の決議によって選任しなければならない。
2　前項の規定は，株式会社の設立に際して第108条第1項第9号に掲げる事項（監査役に関するものに限る。）についての定めがある種類の株式を発行する場合について準用する。

POINT

苦《9》渋《0》の(**取締役**)**選任、種類創立総会**

□108条1項9号に定められる種類株式は、選任種類株式、種類投票株式などと呼ばれる。108条1項9号の解説を参照のこと。
□種類株主総会での取締役等の選任につき同様の法文あり。cf.347条。
□発起設立における取締役等の選任につき同様の法文あるが、決議要件が異なることに注意。cf.41条（普通決議）、85条（特別決議）。

【募集】のみ
（設立時取締役等の解任）
第91条　第88条の規定により選任された設立時取締役，設立時会計参与，設立時監査役又は設立時会計監査人は，株式会社の成立の時までの間，創立総会の決議によって解任することができる。

POINT

悔《9》い《1》なく**解任、設立時役員**

【募集】のみ
第92条　第90条第1項の規定により選任された設立時取締役は，株式会社の成立の時までの間，その選任に係る種類の設立時発行株式の設立時種類株主を構成員とする種類創立総会の決議によって解任することができる。
2　前項の規定にかかわらず，第41条第1項の規定により又は種類創立総会若しくは種類株主総会において選任された取締役を株主総会の決議によって解任することができる旨の定款の定めがある場合には，第90条第1項の規定により選任された設立時取締役は，株式会社の成立の時までの間，創立総会の決議によって解任することができる。
3　設立しようとする株式会社が監査等委員会設置会社である場合における前項の規定の適用については，同項中「取締役を」とあるのは「監査等委員である取締役又はそれ以外の取締役を」と，「設立時取締役」とあるのは「設立時監査等委員である設立時取締役又はそれ以外の設立時取締役」とする。
4　第1項及び第2項の規定は，第90条第2項において準用する同条第1項の規定により選任された設立時監査役について準用する。

POINT 苦《9》に《2》なる**解任、選任種類創立総会**で選べば

□1・2項：選任種類株式をもつ株主を構成員とする種類創立総会で選任された設立時役員等の解任方法。種類創立総会で行う（1項）か、別に定款の定めがあれば創立総会で行う（2項）。

第5款　設立時取締役等による調査

［募集］のみ

（設立時取締役等による調査）

第93条　設立時取締役（設立しようとする株式会社が監査役設置会社である場合にあっては，設立時取締役及び設立時監査役。以下この条において同じ。）は，その選任後遅滞なく，次に掲げる事項を調査しなければならない。

① 第33条第10項第1号又は第2号に掲げる場合における現物出資財産等（同号に掲げる場合にあっては，同号の有価証券に限る。）について定款に記載され，又は記録された価額が相当であること。

② 第33条第10項第3号に規定する証明が相当であること。

③ 発起人による出資の履行及び第63条第1項の規定による払込みが完了していること。

④ 前3号に掲げる事項のほか，株式会社の設立の手続が法令又は定款に違反していないこと。

2　設立時取締役は，前項の規定による調査の結果を創立総会に報告しなければならない。

3　設立時取締役は，創立総会において，設立時株主から第1項の規定による調査に関する事項について説明を求められた場合には，当該事項について必要な説明をしなければならない。

POINT うさんク《9》サ《3》い**調査・報告、創立総会**

□設立時取締役・監査役の職務に関する規定。設立が確実になされているかの調査と、創立総会での結果報告。発起設立の場合は発起人に通知。cf.46条。

［募集］のみ

（設立時取締役等が発起人である場合の特則）

第94条　設立時取締役（設立しようとする株式会社が監査役設置会社である場合にあっては，設立時取締役及び設立時監査役）の全部又は一部が発起人である場合には，創立総会においては，その決議によって，前条第1項各号に掲げる事項を調査する者を選任することができる。

2　前項の規定により選任された者は，必要な調査を行い，当該調査の結果を創立総会に報告しなければならない。

POINT ク《9》ジ《4》で**調査者**、**総会**で選ぼう

□発起人の混じる設立時取締役では調査の公正を図れない可能性があるので、それを保全する趣旨。

第6款　定款の変更

【募集】のみ
（発起人による定款の変更の禁止）
第95条　第57条第1項の募集をする場合には，発起人は，第58条第1項第3号の期日又は同号の期間の初日のうち最も早い日以後は，第33条第9項並びに第37条第1項及び第2項の規定にかかわらず，定款の変更をすることができない。

POINT 訓《9》告《5》! **期日以降**は(**定款**)**変更禁止**

【募集】のみ
（創立総会における定款の変更）
第96条　第30条第2項の規定にかかわらず，創立総会においては，その決議によって，定款の変更をすることができる。

POINT 苦《9》労《6》の**定款**でも**創立総会**で**変更**

□発起設立の場合は裁判所による変更決定がある場合と発行可能株式総数の変更の場合のみ定款変更できるが（30条2項）、募集設立ではさらに創立総会で定款変更できる。cf.73条4項但書。なお、変態設立事項の変更につき、判例は拡大方向には認められないとする（最判昭和41.12.23.）。
□決議要件は73条1項。

【募集】のみ
（設立時発行株式の引受けの取消し）
第97条　創立総会において，第28条各号に掲げる事項を変更する定款の変更の決議をした場合には，当該創立総会においてその変更に反対した設立時株主は，当該決議後2週間以内に限り，その設立時発行株式の引受けに係る意思表示を取り消すことができる。

POINT 急《9》な《7》(**定款**)**変更決議反対**! 株主辞めるぞ

□定款変更の決議に反対する設立時株主に対する手当てとして設立時発行株式の引受けの取消しを認める規定。この取消しは、当該決議後2週間以内に行わなくてはならない。

［募集］のみ
（創立総会の決議による発行可能株式総数の定め）
第98条　第57条第1項の募集をする場合において，発行可能株式総数を定款で定めていないときは，株式会社の成立の時までに，創立総会の決議によって，定款を変更して発行可能株式総数の定めを設けなければならない。

POINT
悔《9》や《8》むな（**発行可能株式**）**総数空白**、
創立総会でゆっくり決めよう

□本条より、定款認証時の段階では発行可能株式総数を空白のままにしておいてもよいことがわかる。cf.30条2項、37条。
□創立総会による定款変更は議事録により明らかであるから、改めて公証人の認証を必要としない。
□発起設立の場合は発起人全員の同意で変更可能。cf.37条1・2項

［募集］のみ
（定款の変更の手続の特則）
第99条　設立しようとする会社が種類株式発行会社である場合において，次の各号に掲げるときは，当該各号の種類の設立時発行株式の設立時種類株主全員の同意を得なければならない。
①　ある種類の株式の内容として第108条第1項第6号に掲げる事項についての定款の定めを設け，又は当該事項についての定款の変更（当該事項についての定款の定めを廃止するものを除く。）をしようとするとき。
②　ある種類の株式について第322条第2項の規定による定款の定めを設けようとするとき。

POINT
ぎゅ《9》うぎゅ《9》う詰め**種類株主全員**、（**定款**）**変更に同意**

□ある種類株式を取得条項付種類株式（108条1項6号）としたり、種類株主総会決議不要とする（322条2項）定款に変更する場合、その種類株主全員の同意を必要とする規定。関係する設立時種類株主に不利益とならないようにする趣旨。99条～101条は同趣旨の規定。全部の株式を取得条項付株式とする場合については73条3項。

□成立後の種類株式発行会社につき同様の法文あり。1号につき111条1項、2号につき322条4項。

［募集］のみ

第100条　設立しようとする株式会社が種類株式発行会社である場合において，定款を変更してある種類の株式の内容として第108条第1項第4号又は第7号に掲げる事項についての定款の定めを設けるときは，当該定款の変更は，次に掲げる設立時種類株主を構成員とする種類創立総会（当該設立時種類株主に係る設立時発行株式の種類が2以上ある場合にあっては，当該2以上の設立時発行株式の種類別に区分された設立時種類株主を構成員とする各種類創立総会。以下この条において同じ。）の決議がなければ，その効力を生じない。ただし，当該種類創立総会において議決権を行使することができる設立時種類株主が存しない場合は，この限りでない。

①　当該種類の設立時発行株式の設立時種類株主

②　第108条第2項第5号ロの他の株式を当該種類の株式とする定めがある取得請求権付株式の設立時種類株主

③　第108条第2項第6号ロの他の株式を当該種類の株式とする定めがある取得条項付株式の設立時種類株主

2　前項に規定する種類創立総会において当該定款の変更に反対した設立時種類株主は，当該種類創立総会の決議後2週間以内に限り，その設立時発行株式の引受けに係る意思表示を取り消すことができる。

POINT　いわれ《100》なき**変更**は**種類（創立）総会**で

□1項：ある種類株式を譲渡制限種類株式（108条1項4号）、全部取得条項付種類株式（108条1項7号）に定款変更する場合の特別規定。99条と同趣旨。種類株主総会の決議要件は85条3項による。全部の株式に譲渡制限を定める場合については73条2項。

□2項：反対種類株主に対する手当ての規定。

□成立後の種類株式発行会社につき同様の法文あり。cf.111条2項。

［募集］のみ

第101条　設立しようとする株式会社が種類株式発行会社である場合において，次に掲げる事項についての定款の変更をすることにより，ある種類の設立時発行株式の設立時種類株主に損害を及ぼすおそれがあるときは，当該定款の変更は，当該種類の設立時発行株式の設立時種類株主を構成員とする種類創立総会（当該設立時種類株主に係る設立時発行株式の種類が2以上ある場合にあっては，当該2以上の設立時発行株式の種類別に区分された設立時種類株主を構成員とする各種類創立総会）の決議がなければ，その効力を生じない。ただし，当該種類創立総会において議決権を行使することができる設立時種類株主が存しない場合は，この限りでない。

①　株式の種類の追加

②　株式の内容の変更

③　発行可能株式総数又は発行可能種類株式総数（株式会社が発行することができる1の種類の株式の総数をいう。以下同じ。）の増加

2　前項の規定は，単元株式数についての定款の変更であって，当該定款の変更について第322条第2項の規定による定款の定めがある場合における当該種類の設立時発行株式の設立時種類株

主を構成員とする種類創立総会については，適用しない。

第7款　設立手続等の特則等

［募集］のみ
（設立手続等の特則）
第102条　設立時募集株式の引受人は，発起人が定めた時間内は，いつでも，第31条第2項各号に掲げる請求をすることができる。ただし，同項第2号又は第4号に掲げる請求をするには，発起人の定めた費用を支払わなければならない。
2　設立時募集株式の引受人は，株式会社の成立の時に，第63条第1項の規定による払込みを行った設立時発行株式の株主となる。
3　設立時募集株式の引受人は，第63条第1項の規定による払込みを仮装した場合には，次条第1項又は第103条第2項の規定による支払がされた後でなければ，払込みを仮装した設立時発行株式について，設立時株主及び株主の権利を行使することができない。
4　前項の設立時発行株式又はその株主となる権利を譲り受けた者は，当該設立時発行株式についての設立時株主及び株主の権利を行使することができる。ただし，その者に悪意又は重大な過失があるときは，この限りでない。
5　民法第93条第1項ただし書及び第94条第1項の規定は，設立時募集株式の引受けの申込み及び割当て並びに第61条の契約に係る意思表示については，適用しない。
6　設立時募集株式の引受人は，株式会社の成立後又は創立総会若しくは種類創立総会においてその議決権を行使した後は，錯誤，詐欺又は強迫を理由として設立時発行株式の引受けの取消しをすることができない。

POINT　ひ《1》れ《0》伏《2》す**引受人、定款閲覧**請う

□1項：設立時募集株式の引受け人の定款閲覧請求権を定める規定。31条2項は発起人の定款閲覧請求権を定める規定。
□2項：63条2項により全額払込みを行った設立時募集株式の引受人が株主となる時期。発起人についても同じく会社成立のとき。cf.50条1項。
□5・6項：設立時募集株式引受人の意思表示の瑕疵についての規定。一般的な規定51条、発起人につき51条2項も参照のこと。

［募集］のみ
（払込みを仮装した設立時募集株式の引受人の責任）
第102条の2　設立時募集株式の引受人は，前条第3項に規定する場合には，株式会社に対し，払込みを仮装した払込金額の全額の支払をする義務を負う。
2　前項の規定により設立時募集株式の引受人の負う義務は，総株主の同意がなければ，免除す

ることができない。

POINT

ひ《1》れ《0》ふ《2》は《の》通《2》用せんぞ、**払込み仮装者**の**責任**

□出資の履行を仮装した発起人の出資履行義務（52条の2）と同様の責任を、払込みを仮装した設立時募集株式の引受人にも負わせる規定。平成26年新設。設立後の募集株式の引受人についても同様の規定あり（213条の2）。

［募集］のみ
（発起人の責任等）
第103条　第57条第1項の募集をした場合における第52条第2項の規定の適用については，同項中「次に」とあるのは，「第1号に」とする。
2　第102条第3項に規定する場合には，払込みを仮装することに関与した発起人又は設立時取締役として法務省令で定める者は，株式会社に対し，前条第1項の引受人と連帯して，同項に規定する支払をする義務を負う。ただし，その者（当該払込みを仮装したものを除く。）がその職務を行うについて注意を怠らなかったことを証明した場合は，この限りでない。
3　前項の規定により発起人又は設立時取締役の負う義務は，総株主の同意がなければ，免除することができない。
4　第57条第1項の募集をした場合において，当該募集の広告その他当該募集に関する書面又は電磁的記録に自己の氏名又は名称及び株式会社の設立を賛助する旨を記載し，又は記録することを承諾した者（発起人を除く。）は，発起人とみなして，前節及び前3項の規定を適用する。

POINT

父《10》さん《3》実は**擬似発起人**

□1項：募集設立では、発起人・設立時取締役の現物出資財産不足額填補責任につき、無過失を証明した場合は免責されるとする。52条2項2号を除外するので、従来どおり無過失責任となる。発起人と設立時株主との拠出額の公平を特に図る趣旨。
□2項：擬似発起人の定義と責任に関する規定。前節の規定とは、発起人の責任を定める52～56条のこと。

第2章　株式

第1節　総則

（株主の責任）

第104条　株主の責任は，その有する株式の引受価額を限度とする。

POINT

い《1》ーわ《0》よ《4》、**株主**、**責任**ないわよ

□株主有限責任原則の規定。

（株主の権利）

第105条　株主は，その有する株式につき次に掲げる権利その他この法律の規定により認められた権利を有する。

①　剰余金の配当を受ける権利

②　残余財産の分配を受ける権利

③　株主総会における議決権

2　株主に前項第1号及び第2号に掲げる権利の全部を与えない旨の定款の定めは，その効力を有しない。

POINT

い《1》ーわ《0》! こ《5》れらの**株主の権利**

□1項：重要な株主の権利3つ。ただし、非公開会社では株主ごとに異なる取扱いが可能。cf.109条2項。

□2項：株主に剰余金配当請求権、残余財産分配請求権の全部を与えないことが認められないとする本項は、会社の「営利性」を肯定する説の根拠規定となる。

（共有者による権利の行使）

第106条　株式が2以上の者の共有に属するときは，共有者は，当該株式についての権利を行使する者1人を定め，株式会社に対し，その者の氏名又は名称を通知しなければ，当該株式についての権利を行使することができない。ただし，株式会社が当該権利を行使することに同意した場合は，この限りでない。

POINT

入《1》れ《0》ろ《6》通知を、**共有者**の誰かが

（株式の内容についての特別の定め）

第107条　株式会社は，その発行する全部の株式の内容として次に掲げる事項を定めることができる。
①　譲渡による当該株式の取得について当該株式会社の承認を要すること。
②　当該株式について，株主が当該株式会社に対してその取得を請求することができること。
③　当該株式について，当該株式会社が一定の事由が生じたことを条件としてこれを取得することができること。
2　株式会社は，全部の株式の内容として次の各号に掲げる事項を定めるときは，当該各号に定める事項を定款で定めなければならない。
①　譲渡による当該株式の取得について当該株式会社の承認を要すること　次に掲げる事項
イ　当該株式を譲渡により取得することについて当該株式会社の承認を要する旨
ロ　一定の場合においては株式会社が第136条又は第137条第1項の承認をしたものとみなすときは，その旨及び当該一定の場合
②　当該株式について，株主が当該株式会社に対してその取得を請求することができること　次に掲げる事項
イ　株主が当該株式会社に対して当該株主の有する株式を取得することを請求することができる旨
ロ　イの株式1株を取得するのと引換えに当該株主に対して当該株式会社の社債（新株予約権付社債についてのものを除く。）を交付するときは，当該社債の種類（第681条第1号に規定する種類をいう。以下この編において同じ。）及び種類ごとの各社債の金額の合計額又はその算定方法
ハ　イの株式1株を取得するのと引換えに当該株主に対して当該株式会社の新株予約権（新株予約権付社債に付されたものを除く。）を交付するときは，当該新株予約権の内容及び数又はその算定方法
ニ　イの株式1株を取得するのと引換えに当該株主に対して当該株式会社の新株予約権付社債を交付するときは，当該新株予約権付社債についてのロに規定する事項及び当該新株予約権付社債に付された新株予約権についてのハに規定する事項
ホ　イの株式1株を取得するのと引換えに当該株主に対して当該株式会社の株式等（株式，社債及び新株予約権をいう。以下同じ。）以外の財産を交付するときは，当該財産の内容及び数若しくは額又はこれらの算定方法
ヘ　株主が当該株式会社に対して当該株式を取得することを請求することができる期間
③　当該株式について，当該株式会社が一定の事由が生じたことを条件としてこれを取得することができること　次に掲げる事項
イ　一定の事由が生じた日に当該株式会社がその株式を取得する旨及びその事由
ロ　当該株式会社が別に定める日が到来することをもってイの事由とするときは，その旨
ハ　イの事由が生じた日にイの株式の一部を取得することとするときは，その旨及び取得する株式の一部の決定の方法
ニ　イの株式1株を取得するのと引換えに当該株主に対して当該株式会社の社債（新株予約権付社債についてのものを除く。）を交付するときは，当該社債の種類及び種類ごとの各社債の金額の合計額又はその算定方法
ホ　イの株式1株を取得するのと引換えに当該株主に対して当該株式会社の新株予約権（新株予約権付社債に付されたものを除く。）を交付するときは，当該新株予約権の内容及び数又はその算定方法
ヘ　イの株式1株を取得するのと引換えに当該株主に対して当該株式会社の新株予約権付社債を交付するときは，当該新株予約権付社債についてのニに規定する事項及び当該新株予約権

付社債に付された新株予約権についてのホに規定する事項
ト　イの株式1株を取得するのと引換えに当該株主に対して当該株式会社の株式等以外の財産を交付するときは，当該財産の内容及び数若しくは額又はこれらの算定方法

POINT 言《1》わ《0》な《7》いで、**株式の内容**、ヒントは**三つ**

□1項：譲渡制限株式（1号）、取得請求権付株式（2号）、取得条項付株式（3号）の3つのどれかを、全部の株式の内容として発行できることを定める規定。それぞれの定義につき、2条17号、18号、19号を参照のこと。全株式の内容がすべて同じになる点で、種類株式と区別されることに注意。cf.108条1項4・5・6号。

□2項柱書：定款の定めは株主総会の特殊決議による。cf.309条3項1号。ただし、取得条項付株式（3号）につき、募集設立の際の創立総会において決議する場合は設立時株主全員の同意が必要。cf.73条3項、110条。

□2項2・3号：取得請求権付株式の取得請求、取得条項付株式の取得、どちらも会社から見れば自己株式取得となるので、自己株式の取得に関する155条、166条以下も参照のこと。

（異なる種類の株式）
第108条　株式会社は，次に掲げる事項について異なる定めをした内容の異なる2以上の種類の株式を発行することができる。ただし，指名委員会等設置会社及び公開会社は，第9号に掲げる事項についての定めがある種類の株式を発行することができない。
①　剰余金の配当
②　残余財産の分配
③　株主総会において議決権を行使することができる事項
④　譲渡による当該種類の株式の取得について当該株式会社の承認を要すること。
⑤　当該種類の株式について，株主が当該株式会社に対してその取得を請求することができること。
⑥　当該種類の株式について，当該株式会社が一定の事由が生じたことを条件としてこれを取得することができること。
⑦　当該種類の株式について，当該株式会社が株主総会の決議によってその全部を取得すること。
⑧　株主総会（取締役会設置会社にあっては株主総会又は取締役会，清算人会設置会社（第478条第8項に規定する清算人会設置会社をいう。以下この条において同じ。）にあっては株主総会又は清算人会）において決議すべき事項のうち，当該決議のほか，当該種類の株式の種類株主を構成員とする種類株主総会の決議があることを必要とするもの
⑨　当該種類の株式の種類株主を構成員とする種類株主総会において取締役（監査等委員会設置会社にあっては，監査等委員である取締役又はそれ以外の取締役。次項第9号及び第112条第1項において同じ。）又は監査役を選任すること。
2　株式会社は，次の各号に掲げる事項について内容の異なる2以上の種類の株式を発行する場合には，当該各号に定める事項及び発行可能種類株式総数を定款で定めなければならない。
①　剰余金の配当　当該種類の株主に交付する配当財産の価額の決定の方法，剰余金の配当をする条件その他剰余金の配当に関する取扱いの内容

② 残余財産の分配　当該種類の株主に交付する残余財産の価額の決定の方法，当該残余財産の種類その他残余財産の分配に関する取扱いの内容

③ 株主総会において議決権を行使することができる事項　次に掲げる事項

イ　株主総会において議決権を行使することができる事項

ロ　当該種類の株式につき議決権の行使の条件を定めるときは，その条件

④ 譲渡による当該種類の株式の取得について当該株式会社の承認を要すること　当該種類の株式についての前条第2項第1号に定める事項

⑤ 当該種類の株式について，株主が当該株式会社に対してその取得を請求することができること　次に掲げる事項

イ　当該種類の株式についての前条第2項第2号に定める事項

ロ　当該種類の株式1株を取得するのと引換えに当該株主に対して当該株式会社の他の株式を交付するときは，当該他の株式の種類及び種類ごとの数又はその算定方法

⑥ 当該種類の株式について，当該株式会社が一定の事由が生じたことを条件としてこれを取得することができること　次に掲げる事項

イ　当該種類の株式についての前条第2項第3号に定める事項

ロ　当該種類の株式1株を取得するのと引換えに当該株主に対して当該株式会社の他の株式を交付するときは，当該他の株式の種類及び種類ごとの数又はその算定方法

⑦ 当該種類の株式について，当該株式会社が株主総会の決議によってその全部を取得すること　次に掲げる事項

イ　第171条第1項第1号に規定する取得対価の価額の決定の方法

ロ　当該株主総会の決議をすることができるか否かについての条件を定めるときは，その条件

⑧ 株主総会（取締役会設置会社にあっては株主総会又は取締役会，清算人会設置会社にあっては株主総会又は清算人会）において決議すべき事項のうち，当該決議のほか，当該種類の株式の種類株主を構成員とする種類株主総会の決議があることを必要とするもの　次に掲げる事項

イ　当該種類株主総会の決議があることを必要とする事項

ロ　当該種類株主総会の決議を必要とする条件を定めるときは，その条件

⑨ 当該種類の株式の種類株主を構成員とする種類株主総会において取締役又は監査役を選任すること　次に掲げる事項

イ　当該種類株主を構成員とする種類株主総会において取締役又は監査役を選任すること及び選任する取締役又は監査役の数

ロ　イの定めにより選任することができる取締役又は監査役の全部又は一部を他の種類株主と共同して選任することとするときは，当該他の種類株主の有する株式の種類及び共同して選任する取締役又は監査役の数

ハ　イ又はロに掲げる事項を変更する条件があるときは，その条件及びその条件が成就した場合における変更後のイ又はロに掲げる事項

ニ　イからハまでに掲げるもののほか，法務省令で定める事項

3　前項の規定にかかわらず，同項各号に定める事項（剰余金の配当について内容の異なる種類の種類株主が配当を受けることができる額その他法務省令で定める事項に限る。）の全部又は一部については，当該種類の株式を初めて発行する時までに，株主総会（取締役会設置会社にあっては株主総会又は取締役会，清算人会設置会社にあっては株主総会又は清算人会）の決議によって定める旨を定款で定めることができる。この場合においては，その内容の要綱を定款で定めなければならない。

POINT 九人いれば《108》、**九種類の株式**

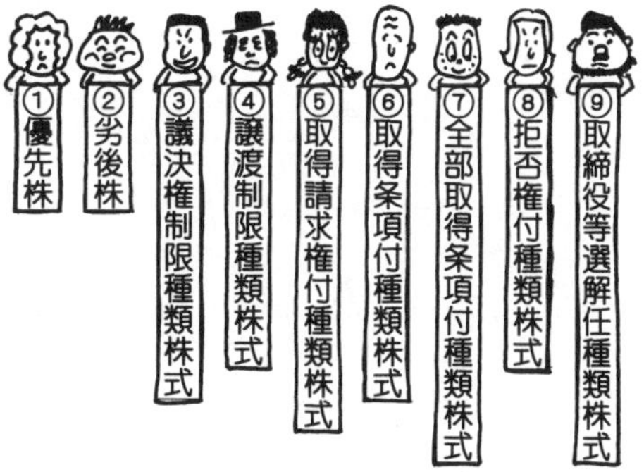

□1項1・2号：優先株・劣後株

□1項3号：議決権制限種類株式。ただし、公開会社では発行済株式総数の半分以下にしなければならない。cf.115条。

□1項4号：譲渡制限種類株式（2条17号「一部の株式」のこと）。

□1項5号：取得請求権付種類株式（2条18号「一部の株式」のこと）。取得手続につき166条以下を参照のこと。

□1項6号：取得条項付種類株式（2条19号「一部の株式」のこと）。「一定の事由」発生が取得の条件。取得手続につき168条以下を参照のこと。

□1項7号：全部取得条項付種類株式。取得手続につき171条以下を参照のこと。株主総会の特別決議が取得の条件。cf.309条2項3号。

□1項8号：いわゆる拒否権付種類株式。黄金株ともいう。このような株式をもつ種類株主の総会を任意種類株主総会という。cf.323条。設立時にこの種類株式を発行した場合の設立時役員等の選・解任決議について45条、84条を参照のこと。

□1項9号：取締役等選（解）任種類株式または種類投票株式ともいわれる。1項柱書により、非公開会社しか発行できないことに注意。公開会社に発行を認めると支配権濫用の危険が大きいため。解任についても種類株主総会で決議することとなる。347条で準用する339条1項、341条の所を参照せよ。設立時にこの種類株式を発行した場合の設立時役員等の選・解任決議について41条、44条、90条、91条を参照のこと。

□2項5号ロ：従来の転換予約権付株式のこと。cf.167条2項4号。

□2項6号：対価が他の株式である場合に、数だけでなく算定方法を定めておくことも可能とした。取得条項付株式の市場価格が変動した場合や、株式の併合、分割があった場合に、それに応じて対価も変動するようにしておかないと、不合理であるため。

□2項7号柱書：株主総会の決議は特別決議。cf.309条2項3号。

□2項9号ニ：「法務省令」＝施規19条（社外取締役・監査役についての事項）。

□3項：定款に種類株式の要綱だけ定めておいて、実際の発行は経済状況に合わせ取締役会（非取締会設置会社では株主総会）で決定すれば柔軟に対応でき、便利。本項により、例えば、配当につき子会社の業績に連動した優先株式（いわゆるトラッキングストック）が機動的に発行できる。「法務省令」＝施規20条。

（株主の平等）

第109条 株式会社は，株主を，その有する株式の内容及び数に応じて，平等に取り扱わなければならない。

2 前項の規定にかかわらず，公開会社でない株式会社は，第105条第1項各号に掲げる権利に関する事項について，株主ごとに異なる取扱いを行う旨を定款で定めることができる。
3　前項の規定による定款の定めがある場合には，同項の株主が有する株式を同項の権利に関する事項について内容の異なる種類の株式とみなして，この編及び第5編の規定を適用する。

POINT　いわく《109》言い難い、**株主平等**

□1項：株主平等の原則を表す規定。
□2項：1項の例外として、非公開会社では、105条1項各号の剰余金配当請求権（454条3項)、残余財産分配請求権（504条3項)、議決権（308条1項）につき異なる扱い可能。定款変更には、株主総会の厳格な特殊決議が必要。cf.309条4項。
□3項：2項の株式を種類株式とする。属人的種類株式といわれる。法定種類株主総会の制度がここでの種類株式にも適用される。

（定款の変更の手続の特則）
第110条　定款を変更してその発行する全部の株式の内容として第107条第1項第3号に掲げる事項についての定款の定めを設け、又は当該事項についての定款の変更（当該事項についての定款の定めを廃止するものを除く。）をしようとする場合（株式会社が種類株式発行会社である場合を除く。）には、株主全員の同意を得なければならない。

POINT　「いいわ《110》」と**全員、取得条項付き**に**変更**

□全株式の強制取得となるので、株主全員の同意が必要。
□取得条項付種類株式に関する111条とともに一般の定款変更手続（466条・309条2項11号＝株主総会特別決議）の特則である。

（定款の変更の手続の特則・その2）
第111条　種類株式発行会社がある種類の株式の発行後に定款を変更して当該種類の株式の内容として第108条第1項第6号に掲げる事項についての定款の定めを設け，又は当該事項についての定款の変更（当該事項についての定款の定めを廃止するものを除く。）をしようとするときは，当該種類の株式を有する株主全員の同意を得なければならない。
2　種類株式発行会社がある種類の株式の内容として第108条第1項第4号又は第7号に掲げる事項についての定款の定めを設ける場合には，当該定款の変更は，次に掲げる種類株主を構成員とする種類株主総会（当該種類株主に係る株式の種類が2以上ある場合にあっては，当該2以上の株式の種類別に区分された種類株主を構成員とする各種類株主総会。以下この条において同じ。）の決議がなければ，その効力を生じない。ただし，当該種類株主総会において議決権を行使することができる種類株主が存しない場合は，この限りでない。
①　当該種類の株式の種類株主
②　第108条第2項第5号ロの他の株式を当該種類の株式とする定めがある取得請求権付株式の種類株主

③　第108条第2項第6号ロの他の株式を当該種類の株式とする定めがある取得条項付株式の種類株主

POINT　ひ《1》ど《1》い《1》変更、**その種類株だけ**

□1項：その種類株式だけの強制取得（取得条項付種類株式＝108条1項6号）となる不利益変更なので、その種類株式の株主全員の同意が必要。cf.取得条項付株式については前条。

□2項：全員同意の1項と異なり、決議に反対する少数派株主が出現しうるのでその買取請求権制度がある。cf.116条1項2号。

□2項1号：その種類株式だけ譲渡制限種類株式（108条1項4号）とするには株主総会の特殊決議（324条3項1号）が、全部取得条項付種類株式（108条1項7号）とするには特別決議（324条2項1号）が必要。

□2項2号：取得請求権付種類株式を会社が取得する際の対価として交付される株式に譲渡制限や全部取得条項をつける場合についての規定。

□2項3号：取得条項付種類株式を会社が取得する際の対価として交付される株式に譲渡制限や全部取得条項をつける場合についての規定。

（取締役の選任等に関する種類株式の定款の定めの廃止の特則）

第112条　第108条第2項第9号に掲げる事項（取締役に関するものに限る。）についての定款の定めは，この法律又は定款で定めた取締役の員数を欠いた場合において，そのために当該員数に足りる数の取締役を選任することができないときは，廃止されたものとみなす。

2　前項の規定は，第108条第2項第9号に掲げる事項（監査役に関するものに限る。）についての定款の定めについて準用する。

POINT　日《1》々《1》に《2》**欠員選任**できなきゃ、**定款廃止**

（発行可能株式総数）

第113条　株式会社は，定款を変更して発行可能株式総数についての定めを廃止することができない。

2　定款を変更して発行可能株式総数を減少するときは，変更後の発行可能株式総数は，当該定款の変更が効力を生じた時における発行済株式の総数を下ることができない。

3　次に掲げる場合には，当該定款の変更後の発行可能株式総数は，当該定款の変更が効力を生じた時における発行済株式の総数の4倍を超えることができない。

①　公開会社が定款を変更して発行可能株式総数を増加する場合

②　公開会社でない株式会社が定款を変更して公開会社となる場合

4　新株予約権（第236条第1項第4号の期間の初日が到来していないものを除く。）の新株予約権者が第282条第1項の規定により取得することとなる株式の数は，発行可能株式総数から発行済株式（自己株式（株式会社が有する自己の株式をいう。以下同じ。）を除く。）の総数を控除して得た数を超えてはならない。

POINT　い《1》い《1》さ《3》、非公開会社は**発行可能（株式総）数**いくらでも

□授権株式制度を定める規定。

□1項：発行可能株式総数は定款の絶対的記載事項（37条）。

□2・3項：公開会社での定款変更は、発行済株式数以上かつ4倍までとなる。非公開会社に4倍規制は及ばないが、定款変更して公開会社となる場合は及ぶ（3項1・2号）。

□4項：新株予約権の権利行使期間が到来している場合は当該新株予約権の権利行使により発行される株式数を授権枠において確保しておくことを要する規定。

（発行可能種類株式総数）

第114条　定款を変更してある種類の株式の発行可能種類株式総数を減少するときは，変更後の当該種類の株式の発行可能種類株式総数は，当該定款の変更が効力を生じた時における当該種類の発行済株式の総数を下ることができない。

2　ある種類の株式についての次に掲げる数の合計数は，当該種類の株式の発行可能種類株式総数から当該種類の発行済株式（自己株式を除く。）の総数を控除して得た数を超えてはならない。

①　取得請求権付株式（第107条第2項第2号への期間の初日が到来していないものを除く。）の株主（当該株式会社を除く。）が第167条第2項の規定により取得することとなる同項第4号に規定する他の株式の数

②　取得条項付株式の株主（当該株式会社を除く。）が第170条第2項の規定により取得することとなる同項第4号に規定する他の株式の数

③　新株予約権（第236条第1項第4号の期間の初日が到来していないものを除く。）の新株予約権者が第282条第1項の規定により取得することとなる株式の数

POINT　い《1》い《1》よ《4》、枠があるなら**種類株**もどんどん**発行**

□種類株式についての授権株式制度を定める規定。前条と異なり、ある種類株式に対する授権枠の上限規制はない。

（議決権制限株式の発行数）

第115条　種類株式発行会社が公開会社である場合において，株主総会において議決権を行使することができる事項について制限のある種類の株式（以下この条において「議決権制限株式」という。）の数が発行済株式の総数の2分の1を超えるに至ったときは，株式会社は，直ちに，議決権制限株式の数を発行済株式の総数の2分の1以下にするための必要な措置をとらなければならない。

POINT

い《1》い《1》**公《5》開会社、議決権制限株式**少なし

□わずかの出資で、不特定多数の株主からなる会社を支配する弊害を防止する趣旨。従来は、発行済株式の3分の1を超えてはならないとされていたが（旧商222条6項）、2分の1に緩和された。なお、非公開会社については反対解釈により議決権制限株式発行数に制限なし。非公開会社では株主間の人的つながりが強いので、自由に決めても支障がないと考えられるため。

（反対株主の株式買取請求）

第116条　次の各号に掲げる場合には，反対株主は，株式会社に対し，自己の有する当該各号に定める株式を公正な価格で買い取ることを請求することができる。

① その発行する全部の株式の内容として第107条第1項第1号に掲げる事項についての定めを設ける定款の変更をする場合　全部の株式

② ある種類の株式の内容として第108条第1項第4号又は第7号に掲げる事項についての定めを設ける定款の変更をする場合　第111条第2項各号に規定する株式

③ 次に掲げる行為をする場合において，ある種類の株式（第322条第2項の規定による定款の定めがあるものに限る。）を有する種類株主に損害を及ぼすおそれがあるとき　当該種類の株式

イ　株式の併合又は株式の分割

ロ　第185条に規定する株式無償割当て

ハ　単元株式数についての定款の変更

ニ　当該株式会社の株式を引き受ける者の募集（第202条第1項各号に掲げる事項を定めるものに限る。）

ホ　当該株式会社の新株予約権を引き受ける者の募集（第241条第1項各号に掲げる事項を定めるものに限る。）

ヘ　第277条に規定する新株予約権無償割当て

2　前項に規定する「反対株主」とは，次の各号に掲げる場合における当該各号に定める株主をいう。

① 前項各号の行為をするために株主総会（種類株主総会を含む。）の決議を要する場合　次に掲げる株主

イ　当該株主総会に先立って当該行為に反対する旨を当該株式会社に対し通知し，かつ，当該株主総会において当該行為に反対した株主（当該株主総会において議決権を行使することができるものに限る。）

ロ　当該株主総会において議決権を行使することができない株主

② 前号に規定する場合以外の場合　すべての株主

3　第1項各号の行為をしようとする株式会社は，当該行為が効力を生ずる日（以下この条及び次条において「効力発生日」という。）の20日前までに，同項各号に定める株式の株主に対し，当該行為をする旨を通知しなければならない。

4　前項の規定による通知は，公告をもってこれに代えることができる。

5　第1項の規定による請求（以下この節において「株式買取請求」という。）は，効力発生日の20日前の日から効力発生日の前日までの間に，その株式買取請求に係る株式の数（種類株式発行会社にあっては，株式の種類及び種類ごとの数）を明らかにしてしなければならない。

6　株券が発行されている株式について株式買取請求をしようとするときは，当該株式の株主は，

株式会社に対し，当該株式に係る株券を提出しなければならない。ただし，当該株券について第223条の規定による請求をした者については，この限りでない。

7　株式買取請求をした株主は，株式会社の承諾を得た場合に限り，その株式買取請求を撤回することができる。

8　株式会社が第1項各号の行為を中止したときは，株式買取請求は，その効力を失う。

9　第133条の規定は，株式買取請求に係る株式については，適用しない。

POINT

ヒ《1》イ《1》ロ《6》ー、譲渡制限に
反対「株式買い取れ!」

□買取りの価格は、従来のような「決議がなかったなら有していたはずの公正な価格」でなく「公正な価格」となったことに注意。785条1項の解説を参照せよ。

□1項1号：全株式を譲渡制限株式（107条1項1号）に変更⇒総会での反対株主。

□1項2号：ある株式を譲渡制限種類株式（108条1項4号）または全部取得条項付種類株式（108条1項7号）に変更⇒総会での反対株主。

□1項3号：種類株主総会不要と定款で定めた種類株式につき株式併合・分割を行う際、その種類株主に損害を及ぼす恐れのある場合⇒種類株主全員。

□2項1号ロ：議決権のない株主も買取請求できることを明記した。

□5・7項：会社の承諾を要件とするので買取請求後の撤回がしにくくなったが、その分行使が「決議の日より20日以内」から「効力発生日の20日前から効力発生日の前日まで」と遅くなったので慎重に判断できるようになった。cf.469条6項も参照のこと。

□6・9項：買取請求の撤回制限を徹底する趣旨で平成26年に新設。

□本条の株式買取請求に会社が応じる場合は他の買取りと異なり財源規制があり、これに反する買取りをした業務執行者は超過額支払義務を負う。cf.464条1項。

□本条以外に反対株主の買取請求権を認める規定として469条（事業譲渡等）、785・797条（吸収合併等）、806条（新設合併等）、816条の6（株式交付）がある。

（株式の価格の決定等）

第117条　株式買取請求があった場合において，株式の価格の決定について，株主と株式会社との間に協議が調ったときは，株式会社は，効力発生日から60日以内にその支払をしなければならない。

2　株式の価格の決定について，効力発生日から30日以内に協議が調わないときは，株主又は株式会社は，その期間の満了の日後30日以内に，裁判所に対し，価格の決定の申立てをすることができる。

3　前条第7項の規定にかかわらず，前項に規定する場合において，効力発生日から60日以内に同項の申立てがないときは，その期間の満了後は，株主は，いつでも，株式買取請求を撤回することができる。

4　株式会社は，裁判所の決定した価格に対する第1項の期間の満了の日後の法定利率による利息をも支払わなければならない。

5　株式会社は，株式の価格の決定があるまでは，株主に対し，当該株式会社が公正な価格と認める額を支払うことができる。
6　株式買取請求に係る株式の買取りは，効力発生日に，その効力を生ずる。
7　株券発行会社（その株式（種類株式発行会社にあっては，全部の種類の株式）に係る株券を発行する旨の定款の定めがある株式会社をいう。以下同じ。）は，株券が発行されている株式について株式買取請求があったときは，株券と引換えに，その株式買取請求に係る株式の代金を支払わなければならない。

株式会社

POINT　**価格い《1》い《1》な《7》、と（買取）協議調う**

□2項：協議が調わないとき、従来は株主側からしか裁判所に対して価格決定の申立てができなかったが、会社側からも申立てができるようになった。申立てにより裁判所が行う価格決定の手続は、非訟事件手続として進められるが、非訟事件手続法および家事事件手続法の施行に伴う法律の整備等に関する法律（平成23年法律第53号）に基づき、審問期日の開催と陳述聴取が義務付けられる。cf.870条2項2号。
□3項：会社があえて2項の申立てをしない場合は、株主の買取請求の撤回に会社の承諾を不要とすることが合理的なため。
□5項：買取代金仮払い制。これにより会社は仮払い（供託）後の法定利息を支払わなくてすむ。平成26年新設。cf.172条5項、179条の8第3項、182条の5第5項、470条5項、786条5項、798条5項、807条5項。
□6項：平成26年、買取効力が代金支払時から効力発生日に変更された。買取請求後の剰余金配当受領や議決権行使の濫用事例を抑える趣旨。
□本条以外の反対の株主の株式買取価格の規定として470条（事業譲渡等）、786・798条（吸収合併等）、807条（新設合併等）、816条の7（株式交付）がある。

（新株予約権買取請求）
第118条　次の各号に掲げる定款の変更をする場合には，当該各号に定める新株予約権の新株予約権者は，株式会社に対し，自己の有する新株予約権を公正な価格で買い取ることを請求することができる。
①　その発行する全部の株式の内容として第107条第1項第1号に掲げる事項についての定めを設ける定款の変更　全部の新株予約権
②　ある種類の株式の内容として第108条第1項第4号又は第7号に掲げる事項についての定款の定めを設ける定款の変更　当該種類の株式を目的とする新株予約権
2　新株予約権付社債に付された新株予約権の新株予約権者は，前項の規定による請求（以下この節において「新株予約権買取請求」という。）をするときは，併せて，新株予約権付社債についての社債を買い取ることを請求しなければならない。ただし，当該新株予約権付社債に付された新株予約権について別段の定めがある場合は，この限りでない。
3　第1項各号に掲げる定款の変更をしようとする株式会社は，当該定款の変更が効力を生ずる日（以下この条及び次条において「定款変更日」という。）の20日前までに，同項各号に定める新株予約権の新株予約権者に対し，当該定款の変更を行う旨を通知しなければならない。

4　前項の規定による通知は，公告をもってこれに代えることができる。
5　新株予約権買取請求は，定款変更日の20日前の日から定款変更日の前日までの間に，その新株予約権買取請求に係る新株予約権の内容及び数を明らかにしてしなければならない。
6　新株予約権証券が発行されている新株予約権について新株予約権買取請求をしようとするときは，当該新株予約権の新株予約権者は，株式会社に対し，その新株予約権証券を提出しなければならない。ただし，当該新株予約権証券について非訟事件手続法（平成23年法律第51号）第114条に規定する公示催告の申立てをした者については，この限りでない。
7　新株予約権付社債券（第249条第2号に規定する新株予約権付社債券をいう。以下この項及び次条第8項において同じ。）が発行されている新株予約権付社債に付された新株予約権について新株予約権買取請求をしようとするときは，当該新株予約権の新株予約権者は，株式会社に対し，その新株予約権付社債券を提出しなければならない。ただし，当該新株予約権付社債券について非訟事件手続法第114条に規定する公示催告の申立てをした者については，この限りでない。
8　新株予約権買取請求をした新株予約権者は，株式会社の承諾を得た場合に限り，その新株予約権買取請求を撤回することができる。
9　株式会社が第1項各号に掲げる定款の変更を中止したときは，新株予約権買取請求は，その効力を失う。
10　第260条の規定は，新株予約権買取請求に係る新株予約権については，適用しない。

POINT　い《1》い《1》や《8》話が違うぞ（**新株**）**予約権買い取れ**

□従来は、新株予約権や新株予約権付社債を発行している会社はそもそも譲渡制限を定款に定めることはできないとしていたが（旧商348条3項）、できるとした上で買取請求を認めた。事前規制から事後的救済に変えたのは、新株予約権が発行されている場合における株式の種類の設計が硬直化するのを防ぐため。
□2項：新株予約権と社債の一体化を示す規定。但書の「別段の定め」は。237条1項7号を参照。
□6・7・10項：買取請求の撤回制限を徹底する趣旨で平成26年に新設。

（新株予約権の価格の決定等）
第119条　新株予約権買取請求があった場合において，新株予約権（当該新株予約権が新株予約権付社債に付されたものである場合において，当該新株予約権付社債についての社債の買取りの請求があったときは，当該社債を含む。以下この条において同じ。）の価格の決定について，新株予約権者と株式会社との間に協議が調ったときは，株式会社は，定款変更日から60日以内にその支払をしなければならない。
2　新株予約権の価格の決定について，定款変更日から30日以内に協議が調わないときは，新株予約権者又は株式会社は，その期間の満了の日後30日以内に，裁判所に対し，価格の決定の申立てをすることができる。
3　前条第8項の規定にかかわらず，前項に規定する場合において，定款変更日から60日以内に同項の申立てがないときは，その期間の満了後は，新株予約権者は，いつでも，新株予約権買取請求を撤回することができる。
4　株式会社は，裁判所の決定した価格に対する第1項の期間の満了の日後の法定利率による利息をも支払わなければならない。
5　株式会社は，新株予約権の価格の決定があるまでは，新株予約権者に対し，当該株式会社が公正な価格と認める額を支払うことができる。
6　新株予約権買取請求に係る新株予約権の買取りは，定款変更日に，その効力を生ずる。
7　株式会社は，新株予約権証券が発行されている新株予約権について新株予約権買取請求があったときは，新株予約権証券と引換えに，その新株予約権買取請求に係る新株予約権の代金を支払わなければならない。
8　株式会社は，新株予約権付社債券が発行されている新株予約権付社債に付された新株予約権について新株予約権買取請求があったときは，その新株予約権付社債券と引換えに，その新株予約権買取請求に係る新株予約権の代金を支払わなければならない。

POINT
家計にひびく《119》**予約権の買取価格**

□2項：申立てにより裁判所が行う価格決定の手続に審問期日の開催と陳述聴取が義務付けられたことにつき、117条コメント1つ目および870条2項2号を参照。
□5・6項：平成26年改正。117条5・6項と同趣旨。

（株主等の権利の行使に関する利益の供与）
第120条　株式会社は，何人に対しても，株主の権利，当該株式会社に係る適格旧株主（第847条の2第9項に規定する適格旧株主をいう。）の権利又は当該株式会社の最終完全親会社等（第847条の3第1項に規定する最終完全親会社等をいう。）の株主の権利の行使に関し，財産上の利益の供与（当該株式会社又はその子会社の計算においてするものに限る。以下この条において同じ。）をしてはならない。
2　株式会社が特定の株主に対して無償で財産上の利益の供与をしたときは，当該株式会社は，株主の権利の行使に関し，財産上の利益の供与をしたものと推定する。株式会社が特定の株主に対して有償で財産上の利益の供与をした場合において，当該株式会社又はその子会社の受けた利益が当該財産上の利益に比して著しく少ないときも，同様とする。
3　株式会社が第1項の規定に違反して財産上の利益の供与をしたときは，当該利益の供与を受けた者は，これを当該株式会社又はその子会社に返還しなければならない。この場合において，当該利益の供与を受けた者は，当該株式会社又はその子会社に対して当該利益と引換えに給付をしたものがあるときは，その返還を受けることができる。
4　株式会社が第1項の規定に違反して財産上の利益の供与をしたときは，当該利益の供与をすることに関与した取締役（指名委員会等設置会社にあっては，執行役を含む。以下この項において同じ。）として法務省令で定める者は，当該株式会社に対して，連帯して，供与した利益の価額に相当する額を支払う義務を負う。ただし，その者（当該利益の供与をした取締役を除く。）がその職務を行うについて注意を怠らなかったことを証明した場合は，この限りでない。
5　前項の義務は，総株主の同意がなければ，免除することができない。

POINT
胃に悪《120》いぞ**利益供与**

□3項：利益の返還を求める訴えは、株主代表訴訟として起こしうる。cf.847条1項。

□4・5項：株主への利益供与は会社財産を不正に流出させ、株主総会の形骸化にもつながるという高い違法性があるので取締役に厳格な責任を課す趣旨。関与した取締役につき「法務省令」＝施規21条（取締役会決議賛成者など）。取締役の他の責任規定については423条以下を参照のこと。

□4項但書：利益供与の実行行為をした取締役は従来どおり無過失責任。高い違法性があるため。関与した取締役については立証責任の転換された過失責任。

第2節　株主名簿

（株主名簿）

第121条　株式会社は，株主名簿を作成し，これに次に掲げる事項（以下「株主名簿記載事項」という。）を記載し，又は記録しなければならない。

① 株主の氏名又は名称及び住所

② 前号の株主の有する株式の数（種類株式発行会社にあっては，株式の種類及び種類ごとの数）

③ 第1号の株主が株式を取得した日

④ 株式会社が株券発行会社である場合には，第2号の株式（株券が発行されているものに限る。）に係る株券の番号

POINT　日《1》に《2》一《1》度は記す、**株主名簿**

（株主名簿記載事項を記載した書面の交付等）

第122条　前条第1号の株主は，株式会社に対し，当該株主についての株主名簿に記載され，若しくは記録された株主名簿記載事項を記載した書面の交付又は当該株主名簿記載事項を記録した電磁的記録の提供を請求することができる。

2　前項の書面には，株式会社の代表取締役（指名委員会等設置会社にあっては，代表執行役。次項において同じ。）が署名し，又は記名押印しなければならない。

3　第1項の電磁的記録には，株式会社の代表取締役が法務省令で定める署名又は記名押印に代わる措置をとらなければならない。

4　前3項の規定は，株券発行会社については，適用しない。

POINT　**株主**と言《1》一つ《2》つ《2》心配、自分の（**名簿**）**記録請求**す

□3項：「法務省令」＝施規225条1項2号（電子署名）。

（株主名簿管理人）

第123条　株式会社は，株主名簿管理人（株式会社に代わって株主名簿の作成及び備置きその

他の株主名簿に関する事務を行う者をいう。以下同じ。）を置く旨を定款で定め，当該事務を行うことを委託することができる。

POINT　い《1》つ《2》見《3》ても綺麗、**名簿管理**のおねえさん

□従来の「名義書換代理人」のことであるが、名義書換代理人の行っていた名義書換事務代行に加え、株主名簿の作成や備え置き等の事務も行うようになったので、名称も「株主名簿管理人」に変更。

□株券発行会社では、株主名簿管理人に、株券喪失登録簿に関する事務も行わせることができる。cf.222条。

（基準日）

第124条　株式会社は，一定の日（以下この章において「基準日」という。）を定めて，基準日において株主名簿に記載され，又は記録されている株主（以下この条において「基準日株主」という。）をその権利を行使することができる者と定めることができる。

2　基準日を定める場合には，株式会社は，基準日株主が行使することができる権利（基準日から3箇月以内に行使するものに限る。）の内容を定めなければならない。

3　株式会社は，基準日を定めたときは，当該基準日の2週間前までに，当該基準日及び前項の規定により定めた事項を公告しなければならない。ただし，定款に当該基準日及び当該事項について定めがあるときは，この限りでない。

4　基準日株主が行使することができる権利が株主総会又は種類株主総会における議決権である場合には，株式会社は，当該基準日後に株式を取得した者の全部又は一部を当該権利を行使することができる者と定めることができる。ただし，当該株式の基準日株主の権利を害することができない。

5　第1項から第3項までの規定は，第149条第1項に規定する登録株式質権者について準用する。

POINT　「い《1》つ《2》よ《4》**基準日**」と名簿の株主

□名義書換が多数かつ頻繁に行われている場合、基準日における株主に権利行使させるよう画一的処理を図った。従来の株主名簿閉鎖制度は撤廃。

□2項かっこ書：画一的処理である以上、短期間に限らなければ、例えば基準日直後の株式譲受人等、実質的な権利者の権利行使を妨げてしまう。それを防止する趣旨。

□4項：会社は基準日後の株式取得者でも議決権に限り行使できると定めうる。組織再編後の株主に議決権行使の機会を与えたいとの経済界の強い要請に応えるものとして新設。議決権行使者の決定基準・要件が定められていないので、会社の裁量に委ねられることになろう。ただし株主平等原則に反するような運用の仕方は裁量権の逸脱になると解される。

（株主名簿の備置き及び閲覧等）

第125条　株式会社は，株主名簿をその本店（株主名簿管理人がある場合にあっては，その営業所）に備え置かなければならない。
2　株主及び債権者は，株式会社の営業時間内は，いつでも，次に掲げる請求をすることができる。この場合においては，当該請求の理由を明らかにしてしなければならない。
①　株主名簿が書面をもって作成されているときは，当該書面の閲覧又は謄写の請求
②　株主名簿が電磁的記録をもって作成されているときは，当該電磁的記録に記録された事項を法務省令で定める方法により表示したものの閲覧又は謄写の請求
3　株式会社は，前項の請求があったときは，次のいずれかに該当する場合を除き，これを拒むことができない。
①　当該請求を行う株主又は債権者（以下この項において「請求者」という。）がその権利の確保又は行使に関する調査以外の目的で請求を行ったとき。
②　請求者が当該株式会社の業務の遂行を妨げ，又は株主の共同の利益を害する目的で請求を行ったとき。
③　請求者が株主名簿の閲覧又は謄写によって知り得た事実を利益を得て第三者に通報するため請求を行ったとき。
④　請求者が，過去2年以内において，株主名簿の閲覧又は謄写によって知り得た事実を利益を得て第三者に通報したことがあるものであるとき。
4　株式会社の親会社社員は，その権利を行使するため必要があるときは，裁判所の許可を得て，当該株式会社の株主名簿について第2項各号に掲げる請求をすることができる。この場合においては，当該請求の理由を明らかにしてしなければならない。
5　前項の親会社社員について第3項各号のいずれかに規定する事由があるときは，裁判所は，前項の許可をすることができない。

POINT　日《1》に《2》五《5》万と来る**名簿**屋の**閲覧**請求

□会計帳簿の閲覧（433条）と同様の形式に揃え、閲覧請求理由を明らかにすること（2項）、会社側の拒否事由の列挙（3項）が新設された。
□2項2号：「法務省令」＝施規226条6号（紙面か映像面で表示）。
□4項：裁判所の許可による手続は、非訟事件手続として進められるが、審問期日の開催と陳述聴取が義務付けられている。cf.870条2項1号。

（株主に対する通知等）
第126条　株式会社が株主に対してする通知又は催告は，株主名簿に記載し，又は記録した当該株主の住所（当該株主が別に通知又は催告を受ける場所又は連絡先を当該株式会社に通知した場合にあっては，その場所又は連絡先）にあてて発すれば足りる。
2　前項の通知又は催告は，その通知又は催告が通常到達すべきであった時に，到達したものとみなす。
3　株式が2以上の者の共有に属するときは，共有者は，株式会社が株主に対してする通知又は催告を受領する者1人を定め，当該株式会社に対し，その者の氏名又は名称を通知しなければならない。この場合においては，その者を株主とみなして，前2項の規定を適用する。
4　前項の規定による共有者の通知がない場合には，株式会社が株式の共有者に対してする通知又は催告は，そのうちの1人に対してすれば足りる。
5　前各項の規定は，第299条第1項（第325条において準用する場合を含む。）の通知に際し

て株主に書面を交付し，又は当該書面に記載すべき事項を電磁的方法により提供する場合について準用する。この場合において，第2項中「到達したもの」とあるのは，「当該書面の交付又は当該事項の電磁的方法による提供があったもの」と読み替えるものとする。

POINT **名簿上**の人《1》に《2》向《6》けて**通知·催告**、会社も安心

□1項：発信主義
□3項：従来、共有の場合の通知をどうするか明確でなかったが、通知を受領する代表1名を決めることが明記された。
□登録株式質権者につきほぼ同様の法文あり。cf.150条。

第3節 株式の譲渡等

第1款　株式の譲渡

（株式の譲渡）
第127条　株主は，その有する株式を譲渡することができる。

POINT い《1》つ《2》な《7》んどきでも**譲**れる**株式**

□株式譲渡自由の原則を示す規定。従来は、旧商法204条1項但書で例外的に定められていた「定款による譲渡制限」は譲渡制限（種類）株式という株式の内容の問題として規定されることになった（107条1項1号、108条1項4号）。

（株券発行会社の株式の譲渡）
第128条　株券発行会社の株式の譲渡は，当該株式に係る株券を交付しなければ，その効力を生じない。ただし，自己株式の処分による株式の譲渡については，この限りでない。
2　株券の発行前にした譲渡は，株券発行会社に対し，その効力を生じない。

POINT い《1》つ《2》や《8》?! **譲渡**の**効力**、**株券交付**時

□1項本文：株券発行会社の株式譲渡については株券の交付が対抗要件ではなく効力発生要件となっている。その意味で株券は講学上無記名証券である。社債券（687条）、新株予約権証券（255条1項）も同様。
□1項但書：1項本文の例外として、自己株式の処分は株券の交付がなくても株式譲渡の効力が発生し、株券の交付は株式譲渡

の後でよい。ただし遅滞なく交付。cf.次条1項。

□2項：株券発行前の株式譲渡の効力に関する規定。この関係からも、株券発行会社は株式発行日以後遅滞なく株券発行しなければならない義務を負う。cf.215条1項。

□株券発行に関する規定は214条以下。

（自己株式の処分に関する特則）

第129条　株券発行会社は，自己株式を処分した日以後遅滞なく，当該自己株式を取得した者に対し，株券を交付しなければならない。

2　前項の規定にかかわらず，公開会社でない株券発行会社は，同項の者から請求がある時までは，同項の株券を交付しないことができる。

POINT　言《1》ーに《2》く《9》いけど、**株券**すぐくれ

□自己株式の処分は、実態としては新株発行と同じであるから、新株発行の場合と同様の取扱いをしている。cf.209条1項、215条1・4項。

（株式の譲渡の対抗要件）

第130条　株式の譲渡は，その株式を取得した者の氏名又は名称及び住所を株主名簿に記載し，又は記録しなければ，株式会社その他の第三者に対抗することができない。

2　株券発行会社における前項の規定の適用については，同項中「株式会社その他の第三者」とあるのは，「株式会社」とする。

POINT　書換えの意《1》味《3》分《0》かれる**（株式）譲渡**の**対抗**

□株券発行会社では、従来どおり、株主名簿上の名義書換が会社に対する株式譲渡の対抗要件となるが（1・2項)、株券不発行会社では、会社だけでなくその他の第三者に対しても対抗要件となる（1項)。

（権利の推定等）

第131条　株券の占有者は，当該株券に係る株式についての権利を適法に有するものと推定する。

2　株券の交付を受けた者は，当該株券に係る株式についての権利を取得する。ただし，その者に悪意又は重大な過失があるときは，この限りでない。

POINT　一《1》切《31》**推定**、**株券占有**で

□1項：株券占有の推定規定。株券占有に資格授与的効力が生じ、2項の善意取得の前提となる。株券の流通保護の趣旨。

□2項：善意取得規定。動産の善意取得（民192条）よりも流通保護が図られるので軽過失者は保護される。

（株主の請求によらない株主名簿記載事項の記載又は記録）
第132条　株式会社は，次の各号に掲げる場合には，当該各号の株式の株主に係る株主名簿記載事項を株主名簿に記載し，又は記録しなければならない。
① 株式を発行した場合
② 当該株式会社の株式を取得した場合
③ 自己株式を処分した場合
2 株式会社は，株式の併合をした場合には，併合した株式について，その株式の株主に係る株主名簿記載事項を株主名簿に記載し，又は記録しなければならない。
3 株式会社は，株式の分割をした場合には，分割した株式について，その株式の株主に係る株主名簿記載事項を株主名簿に記載し，又は記録しなければならない。

POINT

秘《1》密《32》で書いちゃえ、**株主名簿**

□実態が自己株式の処分・取得であるものを各号にまとめ、いずれも会社自身が株主を把握している場合なので、株主に関する事項を会社自ら記載しなければならないとしてその義務を明記。

（株主の請求による株主名簿記載事項の記載又は記録）
第133条　株式を当該株式を発行した株式会社以外の者から取得した者（当該株式会社を除く。以下この節において「株式取得者」という。）は，当該株式会社に対し，当該株式に係る株主名簿記載事項を株主名簿に記載し，又は記録することを請求することができる。
2 前項の規定による請求は，利害関係人の利益を害するおそれがないものとして法務省令で定める場合を除き，その取得した株式の株主として株主名簿に記載され，若しくは記録された者又はその相続人その他の一般承継人と共同してしなければならない。

POINT

「い《1》ざ《3》さ《3》あ**載せろ**」と**株式取得者**

□株主の名義書換請求権と書換手続を明記。
□2項：「利害関係人の利益を害するおそれがないもの」として「法務省令」＝施規22条は株式取得者が株券を提示して請求してきた場合をはじめとして合計13個の場合を列挙。それ以外の場合は名簿に記載された者またはその承継人と共同でなければならない。その株式が譲渡制限株式の場合は次条参照。

（株主の請求による株主名簿記載事項の記載又は記録・その2）
第134条　前条の規定は，株式取得者が取得した株式が譲渡制限株式である場合には，適用しない。ただし，次のいずれかに該当する場合は，この限りでない。

① 当該株式取得者が当該譲渡制限株式を取得することについて第136条の承認を受けていること。
② 当該株式取得者が当該譲渡制限株式を取得したことについて第137条第1項の承認を受けていること。
③ 当該株式取得者が第140条第4項に規定する指定買取人であること。
④ 当該株式取得者が相続その他の一般承継により譲渡制限株式を取得した者であること。

POINT い《1》ざ《3》**承**《4》**認**あるぞ、**名簿**に**載せろ**

□前条の例外。前条の株式が譲渡制限株式である場合、会社は書換えに応じる必要がない。名義書換と譲渡承認の手続（136条以下）とを連動させる趣旨。譲渡の承認なく株式を取得した者からの名義書換請求を会社は拒みやすくなった。

□4号：一般承継による譲渡制限株式の取得者は一般承継を証する書面等を会社に提出して名義書換請求できる。cf.前条2項、施規22条1項4号。ただし、会社は定款で定めておけば一般承継した者に売渡請求できるようになったことに注意。cf.174条以下。

（親会社株式の取得の禁止）

第135条　子会社は，その親会社である株式会社の株式（以下この条において「親会社株式」という。）を取得してはならない。
2　前項の規定は，次に掲げる場合には，適用しない。
①　他の会社（外国会社を含む。）の事業の全部を譲り受ける場合において当該他の会社の有する親会社株式を譲り受ける場合
②　合併後消滅する会社から親会社株式を承継する場合
③　吸収分割により他の会社から親会社株式を承継する場合
④　新設分割により他の会社から親会社株式を承継する場合
⑤　前各号に掲げるもののほか，法務省令で定める場合
3　子会社は，相当の時期にその有する親会社株式を処分しなければならない。

POINT い《1》ーさ《3》、**子**《5》**が親の株買えず**とも

□1項：親会社、子会社の定義は2条3・4号。子会社による親会社株式の取得は、資本の空洞化など、自己株式取得と同様の弊害が考えられ、しかも自己株式取得のように財源規制、数量規制を設けて規制緩和することは法技術的に難しいため。

□2項5号：「法務省令」＝施規23条は、株式交換、株式移転、株式交付、無償取得など親会社株式承継の様々な場合14個をあげている。フジテレビが親会社のニッポン放送株式を株式交換により取得して親子のねじれ現象をなくすことができたのは本規定による。

□1・3項：三角合併をしやすくするための例外規定あり。cf.800条。

第2款　株式の譲渡に係る承認手続

（株主からの承認の請求）

第136条　譲渡制限株式の株主は，その有する譲渡制限株式を他人（当該譲渡制限株式を発行した株式会社を除く。）に譲り渡そうとするときは，当該株式会社に対し，当該他人が当該譲渡制限株式を取得することについて承認をするか否かの決定をすることを請求することができる。

POINT

勇《13》む《6》**譲渡人、承認請求**

□これから譲渡制限株式を譲渡しようとする株主による承認請求の規定。実際の手続は138条以下。

（株式取得者からの承認の請求）

第137条　譲渡制限株式を取得した株式取得者は，株式会社に対し，当該譲渡制限株式を取得したことについて承認をするか否かの決定をすることを請求することができる。

2　前項の規定による請求は，利害関係人の利益を害するおそれがないものとして法務省令で定める場合を除き，その取得した株式の株主として株主名簿に記載され，若しくは記録された者又はその相続人その他の一般承継人と共同してしなければならない。

POINT

意《1》味《3》な《7》い譲渡制限?!**取得者からの承認請求**

□1項：取得者から会社に承認請求できるということは、譲渡制限をつけていても当事者間では譲渡制限有効ということになる。実際の手続は138条以下。

□2項：133条2項と同じ手続。取得者からの譲渡承認請求と名義書換請求を連動させ、譲渡人と共同して両手続を行う。「法務省令」＝施規24条。

（譲渡等承認請求の方法）

第138条　次の各号に掲げる請求（以下この款において「譲渡等承認請求」という。）は，当該各号に定める事項を明らかにしてしなければならない。

①　第136条の規定による請求　次に掲げる事項

イ　当該請求をする株主が譲り渡そうとする譲渡制限株式の数（種類株式発行会社にあっては，譲渡制限株式の種類及び種類ごとの数）

ロ　イの譲渡制限株式を譲り受ける者の氏名又は名称

ハ　株式会社が第136条の承認をしない旨の決定をする場合において，当該株式会社又は第140条第4項に規定する指定買取人がイの譲渡制限株式を買い取ることを請求するときは，その旨

②　前条第1項の規定による請求　次に掲げる事項

イ　当該請求をする株式取得者の取得した譲渡制限株式の数（種類株式発行会社にあっては，譲渡制限株式の種類及び種類ごとの数）

ロ　イの株式取得者の氏名又は名称

ハ　株式会社が前条第1項の承認をしない旨の決定をする場合において，当該株式会社又は第140条第4項に規定する指定買取人がイの譲渡制限株式を買い取ることを請求するときは，その旨

POINT 意《1》味《3》は《8》深くない、**譲渡承認請求方法**

□承認しない場合に会社に買い取ってもらうことを請求できるようになった（1号ハ、2号ハ、155条2号）。その場合は財源規制あり。cf.461条。

（譲渡等の承認の決定等）
第139条　株式会社が第136条又は第137条第1項の承認をするか否かの決定をするには，株主総会（取締役会設置会社にあっては，取締役会）の決議によらなければならない。ただし，定款に別段の定めがある場合は，この限りでない。
2　株式会社は，前項の決定をしたときは，譲渡等承認請求をした者（以下この款において「譲渡等承認請求者」という。）に対し，当該決定の内容を通知しなければならない。

POINT 言《1》う、サン《3》キュ《9》ー! **承認決議**してくれて

□1項：好ましからざる者の排除が趣旨。取締役会設置会社では取締役会が承認機関、それ以外の会社は株主総会が承認機関とするのが原則。ただし、定款で自由に変更できるので、代表取締役が承認してもよいし、取締役会設置会社で株主総会を承認機関としてもよい。本条の趣旨からすれば、株主間の譲渡は承認不要としてもよいと考えられる。
□2項：回答通知といわれる。請求日から2週間以内にしないと譲渡承認したとみなされる。cf.145条1号。

（株式会社又は指定買取人による買取り）
第140条　株式会社は，第138条第1号ハ又は第2号ハの請求を受けた場合において，第136条又は第137条第1項の承認をしない旨の決定をしたときは，当該譲渡等承認請求に係る譲渡制限株式（以下この款において「対象株式」という。）を買い取らなければならない。この場合においては，次に掲げる事項を定めなければならない。
①　対象株式を買い取る旨
②　株式会社が買い取る対象株式の数（種類株式発行会社にあっては，対象株式の種類及び種類ごとの数）
2　前項各号に掲げる事項の決定は，株主総会の決議によらなければならない。
3　譲渡等承認請求者は，前項の株主総会において議決権を行使することができない。ただし，当該譲渡等承認請求者以外の株主の全部が同項の株主総会において議決権を行使することができない場合は，この限りでない。

4　第1項の規定にかかわらず，同項に規定する場合には，株式会社は，対象株式の全部又は一部を買い取る者（以下この款において「指定買取人」という。）を指定することができる。
5　前項の規定による指定は，株主総会（取締役会設置会社にあっては，取締役会）の決議によらなければならない。ただし，定款に別段の定めがある場合は，この限りでない。

POINT　会社ひよわ《140》でも**買い取**るぞ、**譲渡承認請求**あれば

□2項：会社が1項各号の買取り事項を決める場合は、取締役会設置会社でも株主総会の特別決議が必要。cf.309条2項1号。
□3項：一般に、特別利害関係株主については株主総会への参加を認めたうえで事後的規制を加える（831条1項3号）のみだが、本項では例外的に事前規制している。事前規制としては他に特定株主からの自己株式の取得に関する場合がある。cf.160条4項。
□4・5項：会社が買取らない場合は、取締役会設置会社では取締役会で、それ以外の会社では株主総会の特別決議で指定買取人を決める。cf.309条2項1号。ただし、定款で自由に変更できるので、例えばあらかじめ代表取締役を指定買取人としておくことも可能。

（株式会社による買取りの通知）
第141条　株式会社は，前条第1項各号に掲げる事項を決定したときは，譲渡等承認請求者に対し，これらの事項を通知しなければならない。
2　株式会社は，前項の規定による通知をしようとするときは，1株当たり純資産額（1株当たりの純資産額として法務省令で定める方法により算定される額をいう。以下同じ。）に前条第1項第2号の対象株式の数を乗じて得た額をその本店の所在地の供託所に供託し，かつ，当該供託を証する書面を譲渡等承認請求者に交付しなければならない。
3　対象株式が株券発行会社の株式である場合には，前項の書面の交付を受けた譲渡等承認請求者は，当該交付を受けた日から1週間以内に，前条第1項第2号の対象株式に係る株券を当該株券発行会社の本店の所在地の供託所に供託しなければならない。この場合においては，当該譲渡等承認請求者は，当該株券発行会社に対し，遅滞なく，当該供託をした旨を通知しなければならない。
4　前項の譲渡等承認請求者が同項の期間内に同項の規定による供託をしなかったときは，株券発行会社は，前条第1項第2号の対象株式の売買契約を解除することができる。

POINT　いよい《141》よ**会社**が**買い取**るぞ、**譲渡承認請求者**よ

□会社から譲渡等承認請求者への買取通知（次条とセット）。回答通知（139条2項）の後、40日以内に買取通知をしなければ譲渡承認したとみなされる。cf.145条2号。
□2項：「法務省令」＝施規25条。

（指定買取人による買取りの通知）
第142条　指定買取人は，第140条第4項の規定による指定を受けたときは，譲渡等承認請求者に対し，次に掲げる事項を通知しなければならない。

① 指定買取人として指定を受けた旨
② 指定買取人が買い取る対象株式の数（種類株式発行会社にあっては，対象株式の種類及び種類ごとの数）
2 指定買取人は，前項の規定による通知をしようとするときは，1株当たり純資産額に同項第2号の対象株式の数を乗じて得た額を株式会社の本店の所在地の供託所に供託し，かつ，当該供託を証する書面を譲渡等承認請求者に交付しなければならない。
3 対象株式が株券発行会社の株式である場合には，前項の書面の交付を受けた譲渡等承認請求者は，当該交付を受けた日から1週間以内に，第1項第2号の対象株式に係る株券を当該株券発行会社の本店の所在地の供託所に供託しなければならない。この場合においては，当該譲渡等承認請求者は，指定買取人に対し，遅滞なく，当該供託をした旨を通知しなければならない。
4 前項の譲渡等承認請求者が同項の期間内に同項の規定による供託をしなかったときは，指定買取人は，第1項第2号の対象株式の売買契約を解除することができる。

POINT 必《1》死《4》に《2》金策、**指定買取人**やっと**通知**

（譲渡等承認請求の撤回）
第143条 第138条第1号ハ又は第2号ハの請求をした譲渡等承認請求者は，第141条第1項の規定による通知を受けた後は，株式会社の承諾を得た場合に限り，その請求を撤回することができる。
2 第138条第1号ハ又は第2号ハの請求をした譲渡等承認請求者は，前条第1項の規定による通知を受けた後は，指定買取人の承諾を得た場合に限り，その請求を撤回することができる。

POINT 買取りの意《1》志《4》見《3》た**後は撤回できず**

□従来は、撤回に関する制限規定がなかったため、会社や指定買取人が買取りのための資金準備をしているにもかかわらず、譲渡承認請求が撤回され準備が無駄になってしまうという問題があった。この規定によりその問題が解消できる。

（売買価格の決定）
第144条 第141条第1項の規定による通知があった場合には，第140条第1項第2号の対象株式の売買価格は，株式会社と譲渡等承認請求者との協議によって定める。
2 株式会社又は譲渡等承認請求者は，第141条第1項の規定による通知があった日から20日以内に，裁判所に対し，売買価格の決定の申立てをすることができる。
3 裁判所は，前項の決定をするには，譲渡等承認請求の時における株式会社の資産状態その他一切の事情を考慮しなければならない。
4 第1項の規定にかかわらず，第2項の期間内に同項の申立てがあったときは，当該申立てにより裁判所が定めた額をもって第140条第1項第2号の対象株式の売買価格とする。

5　第1項の規定にかかわらず，第2項の期間内に同項の申立てがないとき（当該期間内に第1項の協議が調った場合を除く。）は，1株当たり純資産額に第140条第1項第2号の対象株式の数を乗じて得た額をもって当該対象株式の売買価格とする。
6　第141条第2項の規定による供託をした場合において，第140条第1項第2号の対象株式の売買価格が確定したときは，株式会社は，供託した金銭に相当する額を限度として，売買代金の全部又は一部を支払ったものとみなす。
7　前各項の規定は，第142条第1項の規定による通知があった場合について準用する。この場合において，第1項中「第140条第1項第2号」とあるのは「第142条第1項第2号」と，「株式会社」とあるのは「指定買取人」と，第2項中「株式会社」とあるのは「指定買取人」と，第4項及び第5項中「第140条第1項第2号」とあるのは「第142条第1項第2号」と，前項中「第141条第2項」とあるのは「第142条第2項」と，「第140条第1項第2号」とあるのは「同条第1項第2号」と，「株式会社」とあるのは「指定買取人」と読み替えるものとする。

POINT

交渉意《1》志《4》し《4》っかりもって**売買価格協議**

□2項：申立てにより裁判所が行う価格決定の手続に審問期日の開催と陳述聴取が義務付けられたことにつき、117条コメント1つ目および870条2項3号を参照。
□7項：指定買取人との協議についての読替え。

（株式会社が承認をしたとみなされる場合）
第145条　次に掲げる場合には，株式会社は，第136条又は第137条第1項の承認をする旨の決定をしたものとみなす。ただし，株式会社と譲渡等承認請求者との合意により別段の定めをしたときは，この限りでない。
①　株式会社が第136条又は第137条第1項の規定による請求の日から2週間（これを下回る期間を定款で定めた場合にあっては，その期間）以内に第139条第2項の規定による通知をしなかった場合
②　株式会社が第139条第2項の規定による通知の日から40日（これを下回る期間を定款で定めた場合にあっては，その期間）以内に第141条第1項の規定による通知をしなかった場合（指定買取人が第139条第2項の規定による通知の日から10日（これを下回る期間を定款で定めた場合にあっては，その期間）以内に第142条第1項の規定による通知をした場合を除く。）
③　前2号に掲げる場合のほか，法務省令で定める場合

POINT

石《14》こ《5》ろのように**黙る会社、譲渡承認したとみなされ**

□1号：承認請求日後2週間以内に回答通知（139条2項）をしない場合。
□2号：回答通知後40日以内に買取通知（141条1項）をしない場合（指定買取人が回答通知後10日以内に買取通知をしていればよい）。
□3号：「法務省令」＝施規26条。特に26条3号は承認請求者が売買契約を解除した場合。

第3款　株式の質入れ

（株式の質入れ）

第146条　株主は，その有する株式に質権を設定することができる。

2　株券発行会社の株式の質入れは，当該株式に係る株券を交付しなければ，その効力を生じない。

POINT　ひ《1》ょ《4》ろ《6》っと**質**屋で**株券渡**す

□2項：株券発行会社の場合は質権設定の合意に加え株券の交付が効力発生要件となる。

（株式の質入れの対抗要件）

第147条　株式の質入れは，その質権者の氏名又は名称及び住所を株主名簿に記載し，又は記録しなければ，株式会社その他の第三者に対抗することができない。

2　前項の規定にかかわらず，株券発行会社の株式の質権者は，継続して当該株式に係る株券を占有しなければ，その質権をもって株券発行会社その他の第三者に対抗することができない。

3　民法第364条 の規定は，株式については，適用しない。

POINT　イ《1》ージ《4》ーな《7》**略式質**で**対抗**できる?!

□1項：株式の質入れは登録質が原則。

□2項：株券発行会社においてのみ、略式質が認められるが、その場合の対抗要件は株券の継続占有となる。

（株主名簿の記載等）

第148条　株式に質権を設定した者は，株式会社に対し，次に掲げる事項を株主名簿に記載し，又は記録することを請求することができる。

①　質権者の氏名又は名称及び住所

②　質権の目的である株式

POINT　意《1》地《4》でや《8》ったる! **質権登録**

□登録質に関する規定。

□質権設定者（質権者でないことに注意）の請求により株主名簿に質権者の氏名等を記載・記録する。質権の記載・記録の後は、質権者は対抗要件を備え（147条1項）、記載・記録事項の書面交付を請求できる（149条）。

（株主名簿の記載事項を記載した書面の交付等）

第149条　前条各号に掲げる事項が株主名簿に記載され，又は記録された質権者（以下「登録株式質権者」という。）は，株式会社に対し，当該登録株式質権者についての株主名簿に記載され，若しくは記録された同条各号に掲げる事項を記載した書面の交付又は当該事項を記録した電磁的記録の提供を請求することができる。

2　前項の書面には，株式会社の代表取締役（指名委員会等設置会社にあっては，代表執行役。次項において同じ。）が署名し，又は記名押印しなければならない。

3　第1項の電磁的記録には，株式会社の代表取締役が法務省令で定める署名又は記名押印に代わる措置をとらなければならない。

4　前3項の規定は，株券発行会社については，適用しない。

POINT　意《1》欲《49》満々で**請求**、（**登録株式**）**質権者**の**名簿事項**

□登録質に関する規定。

□基準日に関する124条の規定は登録株式質権者についても準用される。cf.124条5項。

□3項：「法務省令」＝施規225条1項3号（電子署名）。

（登録株式質権者に対する通知等）

第150条　株式会社が登録株式質権者に対してする通知又は催告は，株主名簿に記載し，又は記録した当該登録株式質権者の住所（当該登録株式質権者が別に通知又は催告を受ける場所又は連絡先を当該株式会社に通知した場合にあっては，その場所又は連絡先）にあてて発すれば足りる。

2　前項の通知又は催告は，その通知又は催告が通常到達すべきであった時に，到達したものとみなす。

POINT　（**登録**の）以《1》後《5》礼《0》儀あり、**質権者**宛て**通知**

□登録質に関する規定。

□株主に対する通知についての126条と同様の法文を明記。

（株式の質入れの効果）

第151条　株式会社が次に掲げる行為をした場合には，株式を目的とする質権は，当該行為によって当該株式の株主が受けることのできる金銭等（金銭その他の財産をいう。以下同じ。）について存在する。

①　第167条第1項の規定による取得請求権付株式の取得
②　第170条第1項の規定による取得条項付株式の取得
③　第173条第1項の規定による第171条第1項に規定する全部取得条項付種類株式の取得
④　株式の併合
⑤　株式の分割
⑥　第185条に規定する株式無償割当て
⑦　第277条に規定する新株予約権無償割当て
⑧　剰余金の配当
⑨　残余財産の分配

⑩　組織変更
⑪　合併（合併により当該株式会社が消滅する場合に限る。）
⑫　株式交換
⑬　株式移転
⑭　株式の取得（第1号から第3号までに掲げる行為を除く。）
2　特別支配株主（第179条第1項に規定する特別支配株主をいう。第154条第3項において同じ。）が株式売渡請求（第179条第2項に規定する株式売渡請求をいう。）により売渡株式（第179条の2第1項第2号に規定する売渡株式をいう。以下この項において同じ。）の取得をした場合には，売渡株式を目的とする質権は，当該取得によって当該売渡株式の株主が受けることのできる金銭について存在する。

POINT　いこい《151》(質権者に)与える**質入効果**

□略式質・登録質両方に関する質権の物上代位的効力についての規定。
□7号：新株予約権無償割当てについては277条以下によって解決できる。
□8号：従来、略式質に剰余金の配当に質権の効力がおよぶことがはっきりしなかったが、明記された。
□2項：平成26年新設の特別支配株主による株式売渡請求の場合も同じであると明言。

（株式の質入れの効果・その2）
第152条　株式会社（株券発行会社を除く。以下この条において同じ。）は，前条第1項第1号から第3号までに掲げる行為をした場合（これらの行為に際して当該株式会社が株式を交付する場合に限る。）又は同項第6号に掲げる行為をした場合において，同項の質権の質権者が登録株式質権者（第218条第5項の規定による請求により第148条各号に掲げる事項が株主名簿に記載され，又は記録されたものを除く。以下この款において同じ。）であるときは，前条第1項の株主が受けることができる株式について，その質権者の氏名又は名称及び住所を株主名簿に記載し，又は記録しなければならない。
2　株式会社は，株式の併合をした場合において，前条第1項の質権の質権者が登録株式質権者であるときは，併合した株式について，その質権者の氏名又は名称及び住所を株主名簿に記載し，又は記録しなければならない。
3　株式会社は，株式の分割をした場合において，前条第1項の質権の質権者が登録株式質権者であるときは，分割した株式について，その質権者の氏名又は名称及び住所を株主名簿に記載し，又は記録しなければならない。

POINT　以後に《152》出た**株式にも質権登録**

□登録質に関する規定。

（株式の質入れの効果・その3）
第153条　株券発行会社は，前条第1項に規定する場合には，第151条第1項の株主が受ける株式に係る株券を登録株式質権者に引き渡さなければならない。

2　株券発行会社は，前条第2項に規定する場合には，併合した株式に係る株券を登録株式質権者に引き渡さなければならない。
3　株券発行会社は，前条第3項に規定する場合には，分割した株式について新たに発行する株券を登録株式質権者に引き渡さなければならない。

POINT
株券、以《1》後《5》み《3》な**渡せ**、**質権者に**

□株券発行会社で適用される登録質に関する規定。略式質なら、会社のあずかり知らぬこととなる。

（株式の質入れの効果・その4）
第154条　登録株式質権者は，第151条第1項の金銭等（金銭に限る。）又は同条第2項の金銭を受領し，他の債権者に先立って自己の債権の弁済に充てることができる。
2　株式会社が次の各号に掲げる行為をした場合において，前項の債権の弁済期が到来していないときは，登録株式質権者は，当該各号に定める者に同項に規定する金銭等に相当する金額を供託させることができる。この場合において，質権は，その供託金について存在する。
①　第151条第1項第1号から第6号まで，第8号，第9号又は第14号に掲げる行為　当該株式会社
②　組織変更　第744条第1項第1号に規定する組織変更後持分会社
③　合併（合併により当該株式会社が消滅する場合に限る。）　第749条第1項に規定する吸収合併存続会社又は第753条第1項に規定する新設合併設立会社
④　株式交換　第767条に規定する株式交換完全親会社
⑤　株式移転　第773条第1項第1号に規定する株式移転設立完全親会社
3　第151条第2項に規定する場合において，第1項の債権の弁済期が到来していないときは，登録株式質権者は，当該特別支配株主に同条第2項の金銭に相当する金額を供託させることができる。この場合において，質権は，その供託金について存在する。

POINT
優先で行《1》こ《5》うよ《4》、**登録質**への**弁済**

□登録株式質権者への果実（金銭）に対する優先弁済的効力。2項は151条2項に対応。

第4款　信託財産に属する株式についての対抗要件等

第154条の2　株式については，当該株式が信託財産に属する旨を株主名簿に記載し，又は記録しなければ，当該株式が信託財産に属することを株式会社その他の第三者に対抗することができない。
2　第121条第1号の株主は，その有する株式が信託財産に属するときは，株式会社に対し，その旨を株主名簿に記載し，又は記録することを請求することができる。
3　株主名簿に前項の規定による記載又は記録がされた場合における第122条第1項及び第132条の規定の適用については，第122条第1項中「記録された株主名簿記載事項」とあるのは「記

録された株主名簿記載事項（当該株主の有する株式が信託財産に属する旨を含む。）」と，第132条中「株主名簿記載事項」とあるのは「株主名簿記載事項（当該株主の有する株式が信託財産に属する旨を含む。）」とする。

4　前3項の規定は，株券発行会社については，適用しない。

第4節　株式会社による自己の株式の取得

第1款　総則

第155条　株式会社は，次に掲げる場合に限り，当該株式会社の株式を取得することができる。

① 第107条第2項第3号イの事由が生じた場合

② 第138条第1号ハ又は第2号ハの請求があった場合

③ 次条第1項の決議があった場合

④ 第166条第1項の規定による請求があった場合

⑤ 第171条第1項の決議があった場合

⑥ 第176条第1項の規定による請求をした場合

⑦ 第192条第1項の規定による請求があった場合

⑧ 第197条第3項各号に掲げる事項を定めた場合

⑨ 第234条第4項各号（第235条第2項において準用する場合を含む。）に掲げる事項を定めた場合

⑩ 他の会社（外国会社を含む。）の事業の全部を譲り受ける場合において当該他の会社が有する当該株式会社の株式を取得する場合

⑪ 合併後消滅する会社から当該株式会社の株式を承継する場合

⑫ 吸収分割をする会社から当該株式会社の株式を承継する場合

⑬ 前各号に掲げる場合のほか，法務省令で定める場合

POINT

会社ひと《1》心《55》地、**自己株式取得**して

□1号：取得条項付株式。

□2号：譲渡制限株式。

□3号：株主総会で予め決議された株主との合意による取得。

□4号：取得請求権付株式。

□5号：全部取得条項付種類株式。

□6号：譲渡制限株式相続人等への売渡請求。

□7号：単元未満株式の買取請求のある場合。

□8号：所在不明株主の株式買取り。

□9号：端数株処理手続。

□10号：事業の全部譲受け。一部ではなく全部の

譲受けに限る。その場合でも株主総会における取締役の説明義務あり。467条2項の解説を参照のこと。

□11号：合併消滅会社からの承継。

□12号：吸収分割をする会社からの承継。

□13号：「法務省令」＝施規27条（無償取得など）。

□1～9号（7号を除く）については剰余金配当規制あり。cf.461条、166条、170条5項。

□3号以外は、156条1項の株式取得手続をとる必要なし。cf.156条2項。

□自己株式取得できる場合が本条のように限定列挙されているのに対し、自己新株予約権の取得には本条のような限定はない。cf.273条以下。

第2款　株主との合意による取得

第1目　総則

（株式の取得に関する事項の決定）

第156条　株式会社が株主との合意により当該株式会社の株式を有償で取得するには，あらかじめ，株主総会の決議によって，次に掲げる事項を定めなければならない。ただし，第3号の期間は，1年を超えることができない。

①　取得する株式の数（種類株式発行会社にあっては，株式の種類及び種類ごとの数）

②　株式を取得するのと引換えに交付する金銭等（当該株式会社の株式等を除く。以下この款において同じ。）の内容及びその総額

③　株式を取得することができる期間

2　前項の規定は，前条第1号及び第2号並びに第4号から第13号までに掲げる場合には，適用しない。

POINT

日《1》頃《56》の**決議**で**ミニ公開買付け**可能

□株主全員に譲渡申込みの機会を与える、いわゆる簡易なミニ公開買付けに関する規定。cf.前条3号。株主を平等に取り扱いつつ機動的な自己株式取得を実現する趣旨。ただ、上場会社は市場取引か公開買付けの方法によらなければならない。cf.金商27条の22の2第1項1号。

□1項：株主総会の決議は普通決議。cf.309条2項2号。特定株主から取得する場合は特別決議となる。cf.160条1項、309条2項2号かっこ書。また、定時総会だけでなく、臨時総会でもよい。期間中、剰余金の分配を随時行えるようになったため。ただし、財源規制あり。cf.461条1項2・3号。

□　会計監査人設置会社には、株主総会から取締役会に権限委譲できる特則あり。cf.459条1項1号、460条。

（取得価格等の決定）

第157条　株式会社は，前条第1項の規定による決定に従い株式を取得しようとするときは，

その都度，次に掲げる事項を定めなければならない。
① 取得する株式の数（種類株式発行会社にあっては，株式の種類及び数）
② 株式1株を取得するのと引換えに交付する金銭等の内容及び数若しくは額又はこれらの算定方法
③ 株式を取得するのと引換えに交付する金銭等の総額
④ 株式の譲渡しの申込みの期日
2 取締役会設置会社においては，前項各号に掲げる事項の決定は，取締役会の決議によらなければならない。
3 第1項の株式の取得の条件は，同項の規定による決定ごとに，均等に定めなければならない。

POINT
その都度決めてい《1》こ《5》うな《7》、**ミニ公開買付け**

□1・2項：毎回の具体的な取得数・価格は、取締役会設置会社では取締役会決議で定めるが、それ以外の会社では（代表）取締役が決めてよいことになる。
□財源規制あり。cf.461条1項3号。

（株主に対する通知等）
第158条 株式会社は，株主（種類株式発行会社にあっては，取得する株式の種類の種類株主）に対し，前条第1項各号に掲げる事項を通知しなければならない。
2 公開会社においては，前項の規定による通知は，公告をもってこれに代えることができる。

POINT
その都度**知らせて**い《1》こ《5》うや《8》**株主に、ミニ公開買付け**

□1項：1株の引換額（前条1項2号）も知らされるので、株主は意思決定しやすい。
□2項：非公開会社では公告では足りず、株主一人ひとりに通知しなければならない。

（譲渡しの申込み）
第159条 前条第1項の規定による通知を受けた株主は，その有する株式の譲渡しの申込みをしようとするときは，株式会社に対し，その申込みに係る株式の数（種類株式発行会社にあっては，株式の種類及び数）を明らかにしなければならない。
2 株式会社は，第157条第1項第4号の期日において，前項の株主が申込みをした株式の譲受けを承諾したものとみなす。ただし，同項の株主が申込みをした株式の総数（以下この項において「申込総数」という。）が同条第1項第1号の数（以下この項において「取得総数」という。）を超えるときは，取得総数を申込総数で除して得た数に前項の株主が申込みをした株式の数を乗じて得た数（その数に1に満たない端数がある場合にあっては，これを切り捨てるものとする。）の株式の譲受けを承諾したものとみなす。

POINT
一《1》刻《59》も早く**申し込むミニ公開買付け**

□2項但書：申込み総数が取得総数を上回る場合には、按分比例による。

第2目　特定の株主からの取得

（特定の株主からの取得）

第160条　株式会社は，第156条第1項各号に掲げる事項の決定に併せて，同項の株主総会の決議によって，第158条第1項の規定による通知を特定の株主に対して行う旨を定めることができる。

2　株式会社は，前項の規定による決定をしようとするときは，法務省令で定める時までに，株主（種類株式発行会社にあっては，取得する株式の種類の種類株主）に対し，次項の規定による請求をすることができる旨を通知しなければならない。

3　前項の株主は，第1項の特定の株主に自己をも加えたものを同項の株主総会の議案とすることを，法務省令で定める時までに，請求することができる。

4　第1項の特定の株主は，第156条第1項の株主総会において議決権を行使することができない。ただし，第1項の特定の株主以外の株主の全部が当該株主総会において議決権を行使することができない場合は，この限りでない。

5　第1項の特定の株主を定めた場合における第158条第1項の規定の適用については，同項中「株主（種類株式発行会社にあっては，取得する株式の種類の種類株主）」とあるのは，「第160条第1項の特定の株主」とする。

POINT　疲《1》労《6》ゼ《0》ロ?! **マンツーマン**による**取得**

□1項：全株主ではなく特定の株主との相対取引なので、公平を期して株主総会の特別決議が必要。cf.309条2項2号かっこ書。

□2～4項：特定の株主だけが特に有利な価格で会社に売渡すことを防止し、株主平等を図る趣旨。2項「法務省令」＝施規28条（原則として株主総会の日の2週間前）。

□3項：「法務省令」＝施規29条（株主総会の日の5日前）。304条本文の特則。

□例外規定も参照のこと。cf.161～164条。

（市場価格のある株式の取得の特則）

第161条　前条第2項及び第3項の規定は，取得する株式が市場価格のある株式である場合において，当該株式1株を取得するのと引換えに交付する金銭等の額が当該株式1株の市場価格として法務省令で定める方法により算定されるものを超えないときは，適用しない。

POINT　ひ《1》ろ《6》い《1》心? **市価以下取引ならOK**

□相対取引者以外の株主の追加請求（160条2・3項）に対する例外その1。他の株主たちは市場で同等以上の額で株式を売却できるため。「法務省令」＝施規30条。

（相続人等からの取得の特則）

第162条　第160条第2項及び第3項の規定は，株式会社が株主の相続人その他の一般承継人からその相続その他の一般承継により取得した当該株式会社の株式を取得する場合には，適用しない。ただし，次のいずれかに該当する場合は，この限りでない。

①　株式会社が公開会社である場合

②　当該相続人その他の一般承継人が株主総会又は種類株主総会において当該株式について議決権を行使した場合

POINT　色《16》つ《2》やよい**相続人だけ相対《あいたい》取引**

□相対取引者以外の株主の追加請求（160条2・3項）に対する例外その2。会社経営にとり好ましくない相続人等を「廃除」（民892条）する必要性が非公開会社では強いため（1号）。しかし、相続人等がすでに議決権を行使した場合はこの者が株式を会社に譲渡することに合意しないことを選んだと考えられるので本条の特例は認められない（2号）。それがいやなら会社としては株式の売渡しを請求できる旨を定款で定めておく必要がある。cf.174条。

□一般承継とは、相続その他、合併などの組織再編行為。

（子会社からの株式の取得）

第163条　株式会社がその子会社の有する当該株式会社の株式を取得する場合における第156条第1項の規定の適用については，同項中「株主総会」とあるのは，「株主総会（取締役会設置会社にあっては，取締役会）」とする。この場合においては，第157条から第160条までの規定は，適用しない。

POINT　すぐ**拾《16》う**さ《3》、**子会社からの株式**

□子会社が保有する親会社株式は相当の時期に処分しなければならない（135条3項）が、市場価格がないなど処分が容易でない場合もあるので親会社が迅速に買い取ることを認める。この場合は取得価格等の決定・通知や株主からの譲渡の申込み、相対取引者以外の株主の追加請求等の規定（157～160条）の適用はない。

□取締役会設置会社では取締役会で決議する。

□財源規制あり。cf.461条1項2号。

（特定の株主からの取得に関する定款の定め）

第164条　株式会社は，株式（種類株式発行会社にあっては，ある種類の株式。次項において同じ。）の取得について第160条第1項の規定による決定をするときは同条第2項及び第3項の規定を適用しない旨を定款で定めることができる。

2　株式の発行後に定款を変更して当該株式について前項の規定による定款の定めを設け，又は当該定めについての定款の変更（同項の定款の定めを廃止するものを除く。）をしようとするときは，当該株式を有する株主全員の同意を得なければならない。

POINT

色《16》仕《4》掛けで**全員同意**、（他株主の）**追加請求認めぬ定款**

□前条に続き、相対取引者以外の株主の追加請求（160条2・3項）に対する例外その4。

□2項：このような不公平な例外を定款変更により定めるには株主全員の同意が必要。これは、通常の定款変更に特別決議が必要であること（466条・309条2項11号）の特則。

第3目　市場取引等による株式の取得

第165条　第157条から第160条までの規定は，株式会社が市場において行う取引又は金融商品取引法第27条の2第6項 に規定する公開買付けの方法（以下この条において「市場取引等」という。）により当該株式会社の株式を取得する場合には，適用しない。
2　取締役会設置会社は，市場取引等により当該株式会社の株式を取得することを取締役会の決議によって定めることができる旨を定款で定めることができる。
3　前項の規定による定款の定めを設けた場合における第156条第1項の規定の適用については，同項中「株主総会」とあるのは，「株主総会（第165条第1項に規定する場合にあっては，株主総会又は取締役会）」とする。

POINT

い《1》ーロ《6》ゴ《5》の会社なら**市場**で**自社株取得**

□市場取引や公開買付けによるなら、株主平等原則に反する問題は生じないので、ミニ公開買付けの規制（157～159条）も相対取引による取得の際の規制（160条）も及ばない。

□2項：取締役会設置会社では取締役会で決議することも定款で定めておけば可能。

□財源規制あり。cf.461条1項2号。

第3款　取得請求権付株式及び取得条項付株式の取得

第1目　取得請求権付株式の取得の請求

（取得の請求）

第166条　取得請求権付株式の株主は，株式会社に対して，当該株主の有する取得請求権付株式を取得することを請求することができる。ただし，当該取得請求権付株式を取得するのと引換えに第107条第2項第2号ロからホまでに規定する財産を交付する場合において，これらの財産の帳簿価額が当該請求の日における第461条第2項の分配可能額を超えているときは，この限りでない。
2　前項の規定による請求は，その請求に係る取得請求権付株式の数（種類株式発行会社にあっては，取得請求権付株式の種類及び種類ごとの数）を明らかにしてしなければならない。

3　株券発行会社の株主がその有する取得請求権付株式について第1項の規定による請求をしようとするときは，当該取得請求権付株式に係る株券を株券発行会社に提出しなければならない。ただし，当該取得請求権付株式に係る株券が発行されていない場合は，この限りでない。

POINT **氷《1》室《66》の取得請求権付株式、そろそろ引き取ってよ**

□取得請求権付株式は、株主の保有する株式（会社側から見ると自己株式）を会社が取得するよう、株主の側から請求することのできる株式であり（定義は2条18号）、請求の日に会社はその自己株式を取得する。次条1項。

□1項但書：財源規制。株主に対価として交付される財産の帳簿価額が請求日における分配可能額を超えている場合は、株主は1項本文のような請求ができない。

（効力の発生）
第167条　株式会社は，前条第1項の規定による請求の日に，その請求に係る取得請求権付株式を取得する。
2　次の各号に掲げる場合には，前条第1項の規定による請求をした株主は，その請求の日に，第107条第2項第2号（種類株式発行会社にあっては，第108条第2項第5号）に定める事項についての定めに従い，当該各号に定める者となる。
①　第107条第2項第2号ロに掲げる事項についての定めがある場合　同号ロの社債の社債権者
②　第107条第2項第2号ハに掲げる事項についての定めがある場合　同号ハの新株予約権の新株予約権者
③　第107条第2項第2号ニに掲げる事項についての定めがある場合　同号ニの新株予約権付社債についての社債の社債権者及び当該新株予約権付社債に付された新株予約権の新株予約権者
④　第108条第2項第5号ロに掲げる事項についての定めがある場合　同号ロの他の株式の株主
3　前項第4号に掲げる場合において，同号に規定する他の株式の数に1株に満たない端数があるときは，これを切り捨てるものとする。この場合においては，株式会社は，定款に別段の定めがある場合を除き，次の各号に掲げる場合の区分に応じ，当該各号に定める額にその端数を乗じて得た額に相当する金銭を前条第1項の規定による請求をした株主に対して交付しなければならない。
①　当該株式が市場価格のある株式である場合　当該株式1株の市場価格として法務省令で定める方法により算定される額
②　前号に掲げる場合以外の場合　1株当たり純資産額
4　前項の規定は，当該株式会社の社債及び新株予約権について端数がある場合について準用する。この場合において，同項第2号中「1株当たり純資産額」とあるのは，「法務省令で定める額」と読み替えるものとする。

POINT **異《1》論《6》な《7》く自社株取得、請求の日に**

□取得請求権は形成権であり、この株式は従来の義務償還株式、買受株式にあたるもの。これまでの転換予約権付き株式も、株主による取得請求に基づく自己株式取得とその対価としての当該会社の他の株式の交付と構成される。

□3項1号：「法務省令」＝施規31条。

□4項：「法務省令」＝施規32・33条。

株式会社

第2目　取得条項付株式の取得

（取得する日の決定）

第168条　第107条第2項第3号ロに掲げる事項についての定めがある場合には，株式会社は，同号ロの日を株主総会（取締役会設置会社にあっては，取締役会）の決議によって定めなければならない。ただし，定款に別段の定めがある場合は，この限りでない。

2　第107条第2項第3号ロの日を定めたときは，株式会社は，取得条項付株式の株主（同号ハに掲げる事項についての定めがある場合にあっては，次条第1項の規定により決定した取得条項付株式の株主）及びその登録株式質権者に対し，当該日の2週間前までに，当該日を通知しなければならない。

3　前項の規定による通知は，公告をもってこれに代えることができる。

POINT

（取得）条項のイ《1》ロ《6》ハ《8》、まず**（取得）日の決定**

□会社が定める日に、会社が株主から取得することとなっている取得条項付株式（107条2項3号ロ）についての規定。従来の利益消却制度に相当するもの。会社の側から強制取得できるという点で従来の随意償還株式、買受株式、強制転換条項付株式にあたるもの。

□1項：取締役会設置会社では、株主総会でなく取締役会で取得の日を決める。株主総会の決議は普通決議。cf.309条1項。171条1項柱書の解説を参照のこと。

（取得する株式の決定等）

第169条　株式会社は，第107条第2項第3号ハに掲げる事項についての定めがある場合において，取得条項付株式を取得しようとするときは，その取得する取得条項付株式を決定しなければならない。

2　前項の取得条項付株式は，株主総会（取締役会設置会社にあっては，取締役会）の決議によって定めなければならない。ただし，定款に別段の定めがある場合は，この限りでない。

3　第1項の規定による決定をしたときは，株式会社は，同項の規定により決定した取得条項付株式の株主及びその登録株式質権者に対し，直ちに，当該取得条項付株式を取得する旨を通知しなければならない。

4　前項の規定による通知は，公告をもってこれに代えることができる。

POINT

疲《1》労《6》苦《9》渋の**決定**、どの**取得条項付株式**にするか

□一定の事由が生じた日に株式の全部でなく一部を取得する、取得条項付株式（107条2項3号ハ）についての規定。

□2項：取締役会設置会社では、株主総会でなく取締役会でどの株式を取得するか決定する。株主総会の決議は普通決議。cf.309条1項。171条1項柱書の解説を参照のこと。

（効力の発生等）

第170条　株式会社は，第107条第2項第3号イの事由が生じた日（同号ハに掲げる事項についての定めがある場合にあっては，第1号に掲げる日又は第2号に掲げる日のいずれか遅い日。次項及び第5項において同じ。）に，取得条項付株式（同条第2項第3号ハに掲げる事項についての定めがある場合にあっては，前条第1項の規定により決定したもの。次項において同じ。）を取得する。

① 第107条第2項第3号イの事由が生じた日

② 前条第3項の規定による通知の日又は同条第4項の公告の日から2週間を経過した日

2　次の各号に掲げる場合には，取得条項付株式の株主（当該株式会社を除く。）は，第107条第2項第3号イの事由が生じた日に，同号（種類株式発行会社にあっては，第108条第2項第6号）に定める事項についての定めに従い，当該各号に定める者となる。

① 第107条第2項第3号ニに掲げる事項についての定めがある場合　同号ニの社債の社債権者

② 第107条第2項第3号ホに掲げる事項についての定めがある場合　同号ホの新株予約権の新株予約権者

③ 第107条第2項第3号ヘに掲げる事項についての定めがある場合　同号ヘの新株予約権付社債についての社債の社債権者及び当該新株予約権付社債に付された新株予約権の新株予約権者

④ 第108条第2項第6号ロに掲げる事項についての定めがある場合　同号ロの他の株式の株主

3　株式会社は，第107条第2項第3号イの事由が生じた後，遅滞なく，取得条項付株式の株主及びその登録株式質権者（同号ハに掲げる事項についての定めがある場合にあっては，前条第1項の規定により決定した取得条項付株式の株主及びその登録株式質権者）に対し，当該事由が生じた旨を通知しなければならない。ただし，第168条第2項の規定による通知又は同条第3項の公告をしたときは，この限りでない。

4　前項本文の規定による通知は，公告をもってこれに代えることができる。

5　前各項の規定は，取得条項付株式を取得するのと引換えに第107条第2項第3号ニからトまでに規定する財産を交付する場合において，これらの財産の帳簿価額が同号イの事由が生じた日における第461条第2項の分配可能額を超えているときは，適用しない。

POINT　事由**発生の日**なぜ《170》取得？ **取得条項付（株式）**だから

□取得請求権付株式についての167条とほぼ同様の規定。

□5項：財源規制。

第4款　全部取得条項付種類株式の取得

（全部取得条項付種類株式の取得に関する決定）

第171条　全部取得条項付種類株式（第108条第1項第7号に掲げる事項についての定めがある種類の株式をいう。以下この款において同じ。）を発行した種類株式発行会社は，株主総会の決議によって，全部取得条項付種類株式の全部を取得することができる。この場合においては，当該株主総会の決議によって，次に掲げる事項を定めなければならない。
① 全部取得条項付種類株式を取得するのと引換えに金銭等を交付するときは，当該金銭等（以下この条において「取得対価」という。）についての次に掲げる事項
イ 当該取得対価が当該株式会社の株式であるときは，当該株式の種類及び種類ごとの数又はその数の算定方法
ロ 当該取得対価が当該株式会社の社債（新株予約権付社債についてのものを除く。）であるときは，当該社債の種類及び種類ごとの各社債の金額の合計額又はその算定方法
ハ 当該取得対価が当該株式会社の新株予約権（新株予約権付社債に付されたものを除く。）であるときは，当該新株予約権の内容及び数又はその算定方法
ニ 当該取得対価が当該株式会社の新株予約権付社債であるときは，当該新株予約権付社債についてのロに規定する事項及び当該新株予約権付社債に付された新株予約権についてのハに規定する事項
ホ 当該取得対価が当該株式会社の株式等以外の財産であるときは，当該財産の内容及び数若しくは額又はこれらの算定方法
② 前号に規定する場合には，全部取得条項付種類株式の株主に対する取得対価の割当てに関する事項
③ 株式会社が全部取得条項付種類株式を取得する日（以下この款において「取得日」という。）
2 前項第2号に掲げる事項についての定めは，株主（当該株式会社を除く。）の有する全部取得条項付種類株式の数に応じて取得対価を割り当てることを内容とするものでなければならない。
3 取締役は，第1項の株主総会において，全部取得条項付種類株式の全部を取得することを必要とする理由を説明しなければならない。

POINT

全城主（=**全**部取得**条**項付**種**類株式）
い《1》な《7》い《1》間に**総会で決定**

□元来、100%減資をするための制度だがキャッシュ・アウトの手段にもなっていた。しかし、特別支配株主の株式等売渡請求制度の新設（179条以下）や株式併合の整備（182条の2以下）により、キャッシュ・アウトが簡易に、しかも少数派株主を図りつつ行えるようになったので、こちらの利用価値は減った。ただし、こちらも株主保護の手続を改正。cf.次条～173条の2。

□1項柱書：株主総会の決議は特別決議。cf.309条2項3号。取得条項付株式は定款により権利内容の重要事項がすべて明らかなので（107条2項3号）、取得後に決定する事項は権利内容に関わるものでなく株主総会決議も普通決議ですむが（168条1項、169条1項参照）、全部取得条項付種類株式は定款で全部取得条項を付した時点では取得対価等の権利内容が決定されていない場合もある。そこで、取得決定の際に内容も定めるので特別決議となる。なお、全員同意としない理由は、100%減資等を円滑に行えるようにする趣旨（経済界の要請）。

□1項3号：「取得日」は、例えば会社分割の日とするなら、全部取得条項付種類株式取得の対価に分割新株を交付する。cf.758条8号イ。

□2項：ある者に株式を割当て、ある者に現金を割当てるとすることはできない。
□財源規制あり。cf.461条1項4号。

（全部取得条項付種類株式の取得対価等に関する書面等の備置き及び閲覧等）
第171条の2　全部取得条項付種類株式を取得する株式会社は，次に掲げる日のいずれか早い日から取得日後6箇月を経過する日までの間，前条第1項各号に掲げる事項その他法務省令で定める事項を記載し，又は記録した書面又は電磁的記録をその本店に備え置かなければならない。
①　前条第1項の株主総会の日の2週間前の日（第319条第1項の場合にあっては，同項の提案があった日）
②　第172条第2項の規定による通知の日又は同条第3項の公告の日のいずれか早い日
2　全部取得条項付種類株式を取得する株式会社の株主は，当該株式会社に対して，その営業時間内は，いつでも，次に掲げる請求をすることができる。ただし，第2号又は第4号に掲げる請求をするには，当該株式会社の定めた費用を支払わなければならない。
①　前項の書面の閲覧の請求
②　前項の書面の謄本又は抄本の交付の請求
③　前項の電磁的記録に記録された事項を法務省令で定める方法により表示したものの閲覧の請求
④　前項の電磁的記録に記録された事項を電磁的方法であって株式会社の定めたものにより提供することの請求又はその事項を記載した書面の交付の請求

□平成26年、組織再編の場合と同様に、株主に対する事前の情報開示を充実させる規定を新設。事後の情報開示については173条の2。
□2項3号：「法務省令」＝施規226条7号（紙面か映像面で表示）。

（全部取得条項付種類株式の取得をやめることの請求）
第171条の3　第171条第1項の規定による全部取得条項付種類株式の取得が法令又は定款に違反する場合において，株主が不利益を受けるおそれがあるときは，株主は，株式会社に対し，当該全部取得条項付種類株式の取得をやめることを請求することができる。

（裁判所に対する価格の決定の申立て）
第172条　第171条第1項各号に掲げる事項を定めた場合には，次に掲げる株主は，取得日の20日前の日から取得日の前日までの間に，裁判所に対し，株式会社による全部取得条項付種類株式の取得の価格の決定の申立てをすることができる。
①　当該株主総会に先立って当該株式会社による全部取得条項付種類株式の取得に反対する旨を当該株式会社に対し通知し，かつ，当該株主総会において当該取得に反対した株主（当該株主総会において議決権を行使することができるものに限る。）
②　当該株主総会において議決権を行使することができない株主
2　株式会社は，取得日の20日前までに，全部取得条項付種類株式の株主に対し，当該全部取得条項付種類株式の全部を取得する旨を通知しなければならない。
3　前項の規定による通知は，公告をもってこれに代えることができる。
4　株式会社は，裁判所の決定した価格に対する取得日後の法定利率による利息をも支払わなければならない。

5　株式会社は，全部取得条項付種類株式の取得の価格の決定があるまでは，株主に対し，当該株式会社がその公正な価格と認める額を支払うことができる。

POINT

全城主(=**全**部取得**条**項付**種**類株式)の非《1》難《7》に《2》
裁判所が価格決定

□1項：申立てにより裁判所が行う価格決定の手続に審問期日の開催と陳述聴取が義務付けられたことにつき、117条コメント1つ目および870条2項4号を参照。
□5項：買取代金仮払い制。117条5項のコメント参照。

（効力の発生）
第173条　株式会社は，取得日に，全部取得条項付種類株式の全部を取得する。
2　次の各号に掲げる場合には，当該株式会社以外の全部取得条項付種類株式の株主（前条第1項の申立てをした株主を除く。）は，取得日に，第171条第1項の株主総会の決議による定めに従い，当該各号に定める者となる。
①　第171条第1項第1号イに掲げる事項についての定めがある場合　同号イの株式の株主
②　第171条第1項第1号ロに掲げる事項についての定めがある場合　同号ロの社債の社債権者
③　第171条第1項第1号ハに掲げる事項についての定めがある場合　同号ハの新株予約権の新株予約権者
④　第171条第1項第1号ニに掲げる事項についての定めがある場合　同号ニの新株予約権付社債についての社債の社債権者及び当該新株予約権付社債に付された新株予約権の新株予約権者

POINT

全城主(=**全**部取得**条**項付**種**類株式)
否《17》み《3》ません、**取得日に皆取得**

□1項：自己株式となるが（155条5号）、財源規制がある（461条1項4号）。
□2項かっこ書：事後処理の煩雑さを避けるため、価格決定の申立てを行った株主には全部取得条項付種類株式の取得の効果が及ばないことを平成26年に明記。

（全部取得条項付種類株式の取得に関する書面等の備置き及び閲覧等）
第173条の2　株式会社は，取得日後遅滞なく，株式会社が取得した全部取得条項付種類株式の数その他の全部取得条項付種類株式の取得に関する事項として法務省令で定める事項を記載し，又は記録した書面又は電磁的記録を作成しなければならない。
2　株式会社は，取得日から6箇月間，前項の書面又は電磁的記録をその本店に備え置かなければならない。
3　全部取得条項付種類株式を取得した株式会社の株主又は取得日に全部取得条項付種類株式の株主であった者は，当該株式会社に対して，その営業時間内は，いつでも，次に掲げる請求をすることができる。ただし，第2号又は第4号に掲げる請求をするには，当該株式会社の定めた費用を支払わなければならない。
①　前項の書面の閲覧の請求

② 前項の書面の謄本又は抄本の交付の請求
③ 前項の電磁的記録に記録された事項を法務省令で定める方法により表示したものの閲覧の請求
④ 前項の電磁的記録に記録された事項を電磁的方法であって株式会社の定めたものにより提供することの請求又はその事項を記載した書面の交付の請求

□平成26年、組織再編の場合と同様に、株主に対する事後の情報開示を充実させる規定を新設。事前の情報開示については171条の2。

□1項:「法務省令」=施規33条の3。

□3項3号:「法務省令」=施規226条8号(紙面か映像面で表示)。

第5款　相続人等に対する売渡しの請求

(相続人等に対する売渡しの請求に関する定款の定め)

第174条　株式会社は,相続その他の一般承継により当該株式会社の株式(譲渡制限株式に限る。)を取得した者に対し,当該株式を当該株式会社に売り渡すことを請求することができる旨を定款で定めることができる。

POINT　人《1》でな《7》し《4》! **株売り渡せ、相続人**め

□会社経営上好ましくない株主は相続や合併の一般承継によっても入ってくる。その場合に会社を保護する趣旨。手順につき176条の解説を参照のこと。

□財源規制あり。cf.461条1項5号。

(売渡しの請求の決定)

第175条　株式会社は,前条の規定による定款の定めがある場合において,次条第1項の規定による請求をしようとするときは,その都度,株主総会の決議によって,次に掲げる事項を定めなければならない。

① 次条第1項の規定による請求をする株式の数(種類株式発行会社にあっては,株式の種類及び種類ごとの数)
② 前号の株式を有する者の氏名又は名称

2 前項第2号の者は,同項の株主総会において議決権を行使することができない。ただし,同号の者以外の株主の全部が当該株主総会において議決権を行使することができない場合は,この限りでない。

POINT　非《1》難《7》込《5》め、「**相続人**よ**売り渡せ!**」決議

□定款で会社が売渡請求できることを定めておく必要あり。cf.前条。

□1項:株主総会の決議は特別決議。cf.309条2項3号。

（売渡しの請求）
第176条　株式会社は，前条第1項各号に掲げる事項を定めたときは，同項第2号の者に対し，同項第1号の株式を当該株式会社に売り渡すことを請求することができる。ただし，当該株式会社が相続その他の一般承継があったことを知った日から1年を経過したときは，この限りでない。
2　前項の規定による請求は，その請求に係る株式の数（種類株式発行会社にあっては，株式の種類及び種類ごとの数）を明らかにしてしなければならない。
3　株式会社は，いつでも，第1項の規定による請求を撤回することができる。

POINT　非《1》難《7》む《6》き出し、**相続人**に**売渡請求**

□1項：定款で会社が売渡請求できることを定めておき（174条）、株主総会で請求株式数や相手など必要事項を決めたとき（175条）初めて売渡請求ができる（本文）。ただし、会社が相続などの一般承継があったことを知ってから1年内に請求する必要あり（但書）。

（売買価格の決定）
第177条　前条第1項の規定による請求があった場合には，第175条第1項第1号の株式の売買価格は，株式会社と同項第2号の者との協議によって定める。
2　株式会社又は第175条第1項第2号の者は，前条第1項の規定による請求があった日から20日以内に，裁判所に対し，売買価格の決定の申立てをすることができる。
3　裁判所は，前項の決定をするには，前条第1項の規定による請求の時における株式会社の資産状態その他一切の事情を考慮しなければならない。
4　第1項の規定にかかわらず，第2項の期間内に同項の申立てがあったときは，当該申立てにより裁判所が定めた額をもって第175条第1項第1号の株式の売買価格とする。
5　第2項の期間内に同項の申立てがないとき（当該期間内に第1項の協議が調った場合を除く。）は，前条第1項の規定による請求は，その効力を失う。

POINT　「否《17》、な《7》んでこんな**価格?!**」**相続人**怒る

□2項：申立てにより裁判所が行う価格決定の手続に審問期日の開催と陳述聴取が義務付けられたことにつき、117条コメント1つ目および870条2項3号を参照。

第6款　株式の消却

第178条　株式会社は，自己株式を消却することができる。この場合においては，消却する自己株式の数（種類株式発行会社にあっては，自己株式の種類及び種類ごとの数）を定めなければならない。
2　取締役会設置会社においては，前項後段の規定による決定は，取締役会の決議によらなければならない。

POINT

日《1》な《7》たで焼《8》こう**自社株**焼却（=**消却**）

□1項：任意消却のみとし、従来の強制消却の概念を撤廃。
□2項：取締役会非設置会社については触れていないので、(代表)取締役が消却数を定めうると解される。

第4節の2　特別支配株主の株式等売渡請求

（株式等売渡請求）
第179条　株式会社の特別支配株主（株式会社の総株主の議決権の10分の9（これを上回る割合を当該株式会社の定款で定めた場合にあっては，その割合）以上を当該株式会社以外の者及び当該者が発行済株式の全部を有する株式会社その他これに準ずるものとして法務省令で定める法人（以下この条及び次条第1項において「特別支配株主完全子法人」という。）が有している場合における当該者をいう。以下同じ。）は，当該株式会社の株主（当該株式会社及び当該特別支配株主を除く。）の全員に対し，その有する当該株式会社の株式の全部を当該特別支配株主に売り渡すことを請求することができる。ただし，特別支配株主完全子法人に対しては，その請求をしないことができる。
2　特別支配株主は，前項の規定による請求（以下この章及び第846条の2第2項第1号において「株式売渡請求」という。）をするときは，併せて，その株式売渡請求に係る株式を発行している株式会社（以下「対象会社」という。）の新株予約権の新株予約権者（対象会社及び当該特別支配株主を除く。）の全員に対し，その有する対象会社の新株予約権の全部を当該特別支配株主に売り渡すことを請求することができる。ただし，特別支配株主完全子法人に対しては，その請求をしないことができる。
3　特別支配株主は，新株予約権付社債に付された新株予約権について前項の規定による請求（以下「新株予約権売渡請求」という。）をするときは，併せて，新株予約権付社債についての社債の全部を当該特別支配株主に売り渡すことを請求しなければならない。ただし，当該新株予約権付社債に付された新株予約権について別段の定めがある場合は，この限りでない。

POINT

「い《1》な《7》く《9》なれ、少数派!」**特別支配株主**キャッシュで**請求**

□特別支配株主による少数株主締出し（キャッシュ・アウト）の規定。従来、キャッシュ・アウトをするには株主総会（特別）決議を要し、締め出される株主の保護にも不備があった。迅速なキャッシュ・アウトを望む公開会社（主に上場会社）からのニーズを受け、平成26年に新設。株式併合によるキャッシュ・アウトの規定の整備にも注意。cf.182条の2〜6。売渡株式等の取得の無効の訴え（846条の2以下）についても参照のこと。
□1項：「法務省令」＝施規33条の4。

□2・3項：株式と併せて、新株予約権や新株予約権付社債についても売渡請求できる。株式売渡請求により会社を完全に支配したとしても新株予約権が残っていると将来100%の支配が崩れる恐れがあるから。これらをまとめて株式「等」売渡請求という。cf.179条の3第1項かっこ書。

（株式等売渡請求の方法）

第179条の2　株式売渡請求は，次に掲げる事項を定めてしなければならない。

①　特別支配株主完全子法人に対して株式売渡請求をしないこととするときは，その旨及び当該特別支配株主完全子法人の名称

②　株式売渡請求によりその有する対象会社の株式を売り渡す株主（以下「売渡株主」という。）に対して当該株式（以下この章において「売渡株式」という。）の対価として交付する金銭の額又はその算定方法

③　売渡株主に対する前号の金銭の割当てに関する事項

④　株式売渡請求に併せて新株予約権売渡請求（その新株予約権売渡請求に係る新株予約権が新株予約権付社債に付されたものである場合における前条第3項の規定による請求を含む。以下同じ。）をするときは，その旨及び次に掲げる事項

イ　特別支配株主完全子法人に対して新株予約権売渡請求をしないこととするときは，その旨及び当該特別支配株主完全子法人の名称

ロ　新株予約権売渡請求によりその有する対象会社の新株予約権を売り渡す新株予約権者（以下「売渡新株予約権者」という。）に対して当該新株予約権（当該新株予約権が新株予約権付社債に付されたものである場合において，前条第3項の規定による請求をするときは，当該新株予約権付社債についての社債を含む。以下この編において「売渡新株予約権」という。）の対価として交付する金銭の額又はその算定方法

ハ　売渡新株予約権者に対するロの金銭の割当てに関する事項

⑤　特別支配株主が売渡株式（株式売渡請求に併せて新株予約権売渡請求をする場合にあっては，売渡株式及び売渡新株予約権。以下「売渡株式等」という。）を取得する日（以下この節において「取得日」という。）

⑥　前各号に掲げるもののほか，法務省令で定める事項

2　対象会社が種類株式発行会社である場合には，特別支配株主は，対象会社の発行する種類の株式の内容に応じ，前項第3号に掲げる事項として，同項第2号の金銭の割当てについて売渡株式の種類ごとに異なる取扱いを行う旨及び当該異なる取扱いの内容を定めることができる。

3　第1項第3号に掲げる事項についての定めは，売渡株主の有する売渡株式の数（前項に規定する定めがある場合にあっては，各種類の売渡株式の数）に応じて金銭を交付することを内容とするものでなければならない。

（対象会社の承認）

第179条の3　特別支配株主は，株式売渡請求（株式売渡請求に併せて新株予約権売渡請求をする場合にあっては，株式売渡請求及び新株予約権売渡請求。以下「株式等売渡請求」という。）をしようとするときは，対象会社に対し，その旨及び前条第1項各号に掲げる事項を通知し，その承認を受けなければならない。

2　対象会社は，特別支配株主が株式売渡請求に併せて新株予約権売渡請求をしようとするときは，新株予約権売渡請求のみを承認することはできない。

3　取締役会設置会社が第1項の承認をするか否かの決定をするには，取締役会の決議によらなければならない。

4　対象会社は，第1項の承認をするか否かの決定をしたときは，特別支配株主に対し，当該決定の内容を通知しなければならない。

□1・3項：特別支配株主の株式等売渡請求の制度は株主総会を経ないで迅速にキャッシュ・アウトを行うことがポイントであるから、取締役会の決議でよいとされる（そもそも特別支配株主の参加する総会決議の要求は無意味）。取締役会非設置会社（主に非公開会社）で本制度のニーズは低いが、取締役が決定することとなろう。

（売渡株主等に対する通知等）

第179条の4　対象会社は，前条第1項の承認をしたときは，取得日の20日前までに，次の各号に掲げる者に対し，当該各号に定める事項を通知しなければならない。

①　売渡株主（特別支配株主が株式売渡請求に併せて新株予約権売渡請求をする場合にあっては，売渡株主及び売渡新株予約権者。以下この節において「売渡株主等」という。）　当該承認をした旨，特別支配株主の氏名又は名称及び住所，第179条の2第1項第1号から第5号までに掲げる事項その他法務省令で定める事項

②　売渡株式の登録株式質権者（特別支配株主が株式売渡請求に併せて新株予約権売渡請求をする場合にあっては，売渡株式の登録株式質権者及び売渡新株予約権の登録新株予約権質権者（第270条第1項に規定する登録新株予約権質権者をいう。））　当該承認をした旨

2　前項の規定による通知（売渡株主に対してするものを除く。）は，公告をもってこれに代えることができる。

3　対象会社が第1項の規定による通知又は前項の公告をしたときは，特別支配株主から売渡株主等に対し，株式等売渡請求がされたものとみなす。

4　第1項の規定による通知又は第2項の公告の費用は，特別支配株主の負担とする。

（株式等売渡請求に関する書面等の備置き及び閲覧等）

第179条の5　対象会社は，前条第1項第1号の規定による通知の日又は同条第2項の公告の日のいずれか早い日から取得日後6箇月（対象会社が公開会社でない場合にあっては，取得日後1年）を経過する日までの間，次に掲げる事項を記載し，又は記録した書面又は電磁的記録をその本店に備え置かなければならない。

①　特別支配株主の氏名又は名称及び住所

②　第179条の2第1項各号に掲げる事項

③　第179条の3第1項の承認をした旨

④　前3号に掲げるもののほか，法務省令で定める事項

2　売渡株主等は，対象会社に対して，その営業時間内は，いつでも，次に掲げる請求をすることができる。ただし，第2号又は第4号に掲げる請求をするには，当該対象会社の定めた費用を支払わなければならない。

①　前項の書面の閲覧の請求

②　前項の書面の謄本又は抄本の交付の請求

③　前項の電磁的記録に記録された事項を法務省令で定める方法により表示したものの閲覧の請求

④　前項の電磁的記録に記録された事項を電磁的方法であって対象会社の定めたものにより提供することの請求又はその事項を記載した書面の交付の請求

□2項3号：「法務省令」＝施規226条9号（紙面か映像面で表示）。

（株式等売渡請求の撤回）

第179条の6　特別支配株主は，第179条の3第1項の承認を受けた後は，取得日の前日までに対象会社の承諾を得た場合に限り，売渡株式等の全部について株式等売渡請求を撤回することができる。

2　取締役会設置会社が前項の承諾をするか否かの決定をするには，取締役会の決議によらなければならない。

3　対象会社は，第1項の承諾をするか否かの決定をしたときは，特別支配株主に対し，当該決定の内容を通知しなければならない。

4　対象会社は，第1項の承諾をしたときは，遅滞なく，売渡株主等に対し，当該承諾をした旨を通知しなければならない。

5　前項の規定による通知は，公告をもってこれに代えることができる。

6　対象会社が第4項の規定による通知又は前項の公告をしたときは，株式等売渡請求は，売渡株式等の全部について撤回されたものとみなす。

7　第4項の規定による通知又は第5項の公告の費用は，特別支配株主の負担とする。

8　前各項の規定は，新株予約権売渡請求のみを撤回する場合について準用する。この場合において，第4項中「売渡株主等」とあるのは，「売渡新株予約権者」と読み替えるものとする。

（売渡株式等の取得をやめることの請求）

第179条の7　次に掲げる場合において，売渡株主が不利益を受けるおそれがあるときは，売渡株主は，特別支配株主に対し，株式等売渡請求に係る売渡株式等の全部の取得をやめることを請求することができる。

①　株式売渡請求が法令に違反する場合

②　対象会社が第179条の4第1項第1号（売渡株主に対する通知に係る部分に限る。）又は第179条の5の規定に違反した場合

③　第179条の2第1項第2号又は第3号に掲げる事項が対象会社の財産の状況その他の事情に照らして著しく不当である場合

2　次に掲げる場合において，売渡新株予約権者が不利益を受けるおそれがあるときは，売渡新株予約権者は，特別支配株主に対し，株式等売渡請求に係る売渡株式等の全部の取得をやめることを請求することができる。

①　新株予約権売渡請求が法令に違反する場合

②　対象会社が第179条の4第1項第1号（売渡新株予約権者に対する通知に係る部分に限る。）又は第179条の5の規定に違反した場合

③　第179条の2第1項第4号ロ又はハに掲げる事項が対象会社の財産の状況その他の事情に照らして著しく不当である場合

（売買価格の決定の申立て）

第179条の8　株式等売渡請求があった場合には，売渡株主等は，取得日の20日前の日から取得日の前日までの間に，裁判所に対し，その有する売渡株式等の売買価格の決定の申立てをすることができる。

2　特別支配株主は，裁判所の決定した売買価格に対する取得日後の法定利率による利息をも支払わなければならない。

3　特別支配株主は，売渡株式等の売買価格の決定があるまでは，売渡株主等に対し，当該特別支配株主が公正な売買価格と認める額を支払うことができる。

□3項：買取代金仮払い制。117条5項のコメント参照。

（売渡株式等の取得）
第179条の9　株式等売渡請求をした特別支配株主は，取得日に，売渡株式等の全部を取得する。
2　前項の規定により特別支配株主が取得した売渡株式等が譲渡制限株式又は譲渡制限新株予約権（第243条第2項第2号に規定する譲渡制限新株予約権をいう。）であるときは，対象会社は，当該特別支配株主が当該売渡株式等を取得したことについて，第137条第1項又は第263条第1項の承認をする旨の決定をしたものとみなす。

（売渡株式等の取得に関する書面等の備置き及び閲覧等）
第179条の10　対象会社は，取得日後遅滞なく，株式等売渡請求により特別支配株主が取得した売渡株式等の数その他の株式等売渡請求に係る売渡株式等の取得に関する事項として法務省令で定める事項を記載し，又は記録した書面又は電磁的記録を作成しなければならない。
2　対象会社は，取得日から6箇月間（対象会社が公開会社でない場合にあっては，取得日から1年間），前項の書面又は電磁的記録をその本店に備え置かなければならない。
3　取得日に売渡株主等であった者は，対象会社に対して，その営業時間内は，いつでも，次に掲げる請求をすることができる。ただし，第2号又は第4号に掲げる請求をするには，当該対象会社の定めた費用を支払わなければならない。
①　前項の書面の閲覧の請求
②　前項の書面の謄本又は抄本の交付の請求
③　前項の電磁的記録に記録された事項を法務省令で定める方法により表示したものの閲覧の請求
④　前項の電磁的記録に記録された事項を電磁的方法であって対象会社の定めたものにより提供することの請求又はその事項を記載した書面の交付の請求

□3項3号：「法務省令」＝施規226条10号（紙面か映像面で表示）。

第5節　株式の併合等

第1款　株式の併合

（株式の併合）
第180条　株式会社は，株式の併合をすることができる。
2　株式会社は，株式の併合をしようとするときは，その都度，株主総会の決議によって，次に掲げる事項を定めなければならない。
①　併合の割合
②　株式の併合がその効力を生ずる日（以下この款において「効力発生日」という。）
③　株式会社が種類株式発行会社である場合には，併合する株式の種類
④　効力発生日における発行可能株式総数
3　前項第4号の発行可能株式総数は，効力発生日における発行済株式の総数の4倍を超えるこ

とができない。ただし，株式会社が公開会社でない場合は，この限りでない。
4　取締役は，第2項の株主総会において，株式の併合をすることを必要とする理由を説明しなければならない。

POINT

い《1》ば《8》れ《0》**株高**、**併合**のおかげ

□2項柱書：株主総会の決議は特別決議。cf.309条2項4号。
□2項各号：決議事項を明記して株主総会の専権事項とし、株主の保護を図る趣旨。なお、1号は小額株主が締め出される恐れがある点で重要、2号は株券発行会社の株券発行時期（215条2項）の点で重要。
□3項：株式併合を用いての4倍ルール（cf.37条3項）潜脱防止の趣旨。
□端数は代金交付となる。cf.235条。

（株主に対する通知等）
第181条　株式会社は，効力発生日の2週間前までに，株主（種類株式発行会社にあっては，前条第2項第3号の種類の種類株主。以下この款において同じ。）及びその登録株式質権者に対し，同項各号に掲げる事項を通知しなければならない。
2　前項の規定による通知は，公告をもってこれに代えることができる。

POINT

い《1》や《8》い《1》や**通知**、**併合（二週）前**

□2項：公開会社でなくても公告をもって通知に代えられることに注意。

（効力の発生）
第182条　株主は，効力発生日に，その日の前日に有する株式（種類株式発行会社にあっては，第180条第2項第3号の種類の株式。以下この項において同じ。）の数に同条第2項第1号の割合を乗じて得た数の株式の株主となる。
2　株式の併合をした株式会社は，効力発生日に，第180条第2項第4号に掲げる事項についての定めに従い，当該事項に係る定款の変更をしたものとみなす。

POINT

ファイトい《1》っぱ《8》つ《2》、**期日**に合体（=**併合**）!

□株券発行会社は株式併合効力発生日（併合期日）以後、遅滞なく株券発行（215条2項）を行い、株券提出の公告・通知（219条1項2号）をしなければならない。

（株式の併合に関する事項に関する書面等の備置き及び閲覧等）
第182条の2　株式の併合（単元株式数（種類株式発行会社にあっては，第180条第2項第3号

の種類の株式の単元株式数。以下この項において同じ。）を定款で定めている場合にあっては，当該単元株式数に同条第2項第1号の割合を乗じて得た数に1に満たない端数が生ずるものに限る。以下この款において同じ。）をする株式会社は，次に掲げる日のいずれか早い日から効力発生日後6箇月を経過する日までの間，同項各号に掲げる事項その他法務省令で定める事項を記載し，又は記録した書面又は電磁的記録をその本店に備え置かなければならない。

① 第180条第2項の株主総会（株式の併合をするために種類株主総会の決議を要する場合にあっては，当該種類株主総会を含む。第182条の4第2項において同じ。）の日の2週間前の日（第319条第1項の場合にあっては，同項の提案があった日）

② 第182条の4第3項の規定により読み替えて適用する第181条第1項の規定による株主に対する通知の日又は第181条第2項の公告の日のいずれか早い日

2 株式の併合をする株式会社の株主は，当該株式会社に対して，その営業時間内は，いつでも，次に掲げる請求をすることができる。ただし，第2号又は第4号に掲げる請求をするには，当該株式会社の定めた費用を支払わなければならない。

① 前項の書面の閲覧の請求

② 前項の書面の謄本又は抄本の交付の請求

③ 前項の電磁的記録に記録された事項を法務省令で定める方法により表示したものの閲覧の請求

④ 前項の電磁的記録に記録された事項を電磁的方法であって株式会社の定めたものにより提供することの請求又はその事項を記載した書面の交付の請求

□平成26年、本条～182条の6を新設することで、株式併合を少数派株主の保護を図りながらキャッシュ・アウトに利用しやすいものに整備した。本条は組織再編にならって、株主総会前の事前の情報開示を定める規定。事後の開示については182条の6。

□1項柱書「法務省会」＝施規33条の9（特に1号ロを令和元年改正。端数処理・代金交付見込み情報の開示）。

□2項3号「法務省会」＝施規226条11号（紙面か映像面で表示）。

（株式の併合をやめることの請求）

第182条の3 株式の併合が法令又は定款に違反する場合において，株主が不利益を受けるおそれがあるときは，株主は，株式会社に対し，当該株式の併合をやめることを請求することができる。

（反対株主の株式買取請求）

第182条の4 株式会社が株式の併合をすることにより株式の数に1株に満たない端数が生ずる場合には，反対株主は，当該株式会社に対し，自己の有する株式のうち1株に満たない端数となるものの全部を公正な価格で買い取ることを請求することができる。

2 前項に規定する「反対株主」とは，次に掲げる株主をいう。

① 第180条第2項の株主総会に先立って当該株式の併合に反対する旨を当該株式会社に対し通知し，かつ，当該株主総会において当該株式の併合に反対した株主（当該株主総会において議決権を行使することができるものに限る。）

② 当該株主総会において議決権を行使することができない株主

3 株式会社が株式の併合をする場合における株主に対する通知についての第181条第1項の規定の適用については，同項中「2週間」とあるのは，「20日」とする。

④　第1項の規定による請求（以下この款において「株式買取請求」という。）は，効力発生日の20日前の日から効力発生日の前日までの間に，その株式買取請求に係る株式の数（種類株式発行会社にあっては，株式の種類及び種類ごとの数）を明らかにしてしなければならない。
⑤　株券が発行されている株式について株式買取請求をしようとするときは，当該株式の株主は，株式会社に対し，当該株式に係る株券を提出しなければならない。ただし，当該株券について第223条の規定による請求をした者については，この限りでない。
⑥　株式買取請求をした株主は，株式会社の承諾を得た場合に限り，その株式買取請求を撤回することができる。
⑦　第133条の規定は，株式買取請求に係る株式については，適用しない。（株式の価格の決定等）
第182条の5　株式買取請求があった場合において，株式の価格の決定について，株主と株式会社との間に協議が調ったときは，株式会社は，効力発生日から60日以内にその支払をしなければならない。
2　株式の価格の決定について，効力発生日から30日以内に協議が調わないときは，株主又は株式会社は，その期間の満了の日後30日以内に，裁判所に対し，価格の決定の申立てをすることができる。
3　前条第6項の規定にかかわらず，前項に規定する場合において，効力発生日から60日以内に同項の申立てがないときは，その期間の満了後は，株主は，いつでも，株式買取請求を撤回することができる。
4　株式会社は，裁判所の決定した価格に対する第1項の期間の満了の日後の法定利率による利息をも支払わなければならない。
5　株式会社は，株式の価格の決定があるまでは，株主に対し，当該株式会社が公正な価格と認める額を支払うことができる。
6　株式買取請求に係る株式の買取りは，効力発生日に，その効力を生ずる。
7　株券発行会社は，株券が発行されている株式について株式買取請求があったときは，株券と引換えに，その株式買取請求に係る株式の代金を支払わなければならない。

□5項：買取代金仮払い制。117条5項のコメント参照。

（株式の併合に関する書面等の備置き及び閲覧等）
第182条の6　株式の併合をした株式会社は，効力発生日後遅滞なく，株式の併合が効力を生じた時における発行済株式（種類株式発行会社にあっては，第180条第2項第3号の種類の発行済株式）の総数その他の株式の併合に関する事項として法務省令で定める事項を記載し，又は記録した書面又は電磁的記録を作成しなければならない。
2　株式会社は，効力発生日から6箇月間，前項の書面又は電磁的記録をその本店に備え置かなければならない。
3　株式の併合をした株式会社の株主又は効力発生日に当該株式会社の株主であった者は，当該株式会社に対して，その営業時間内は，いつでも，次に掲げる請求をすることができる。ただし，第2号又は第4号に掲げる請求をするには，当該株式会社の定めた費用を支払わなければならない。
①　前項の書面の閲覧の請求
②　前項の書面の謄本又は抄本の交付の請求
③　前項の電磁的記録に記録された事項を法務省令で定める方法により表示したものの閲覧の請求

④　前項の電磁的記録に記録された事項を電磁的方法であって株式会社の定めたものにより提供することの請求又はその事項を記載した書面の交付の請求

□組織再編にならって、株主に対する事後の情報開示を定める規定。事前の開示については182条の2。

□1項：「法務省令」＝施規33条の10。

□3項3号：「法務省令」＝施規226条12号（紙面か映像面で表示)。

第2款　株式の分割

(株式の分割)

第183条　株式会社は，株式の分割をすることができる。

2　株式会社は，株式の分割をしようとするときは，その都度，株主総会（取締役会設置会社にあっては，取締役会）の決議によって，次に掲げる事項を定めなければならない。

①　株式の分割により増加する株式の総数の株式の分割前の発行済株式（種類株式発行会社にあっては，第3号の種類の発行済株式）の総数に対する割合及び当該株式の分割に係る基準日

②　株式の分割がその効力を生ずる日

③　株式会社が種類株式発行会社である場合には，分割する株式の種類

POINT　イ《1》ヤ《8》さ《3》分かれは、**株式分割**

□2項：株主総会の決議は普通決議。cf.309条1項。取締役会設置会社は取締役会の決議でよい（かっこ書)。

□2項1号：分割割合によって端数が生じることもあるが、その場合代金交付となる。cf.235条。

(効力の発生等)

第184条　基準日において株主名簿に記載され，又は記録されている株主（種類株式発行会社にあっては，基準日において株主名簿に記載され，又は記録されている前条第2項第3号の種類の種類株主）は，同項第2号の日に，基準日に有する株式（種類株式発行会社にあっては，同項第3号の種類の株式。以下この項において同じ。）の数に同条第2項第1号の割合を乗じて得た数の株式を取得する。

2　株式会社（現に2以上の種類の株式を発行しているものを除く。）は，第466条の規定にかかわらず，株主総会の決議によらないで，前条第2項第2号の日における発行可能株式総数をその日の前日の発行可能株式総数に同項第1号の割合を乗じて得た数の範囲内で増加する定款の変更をすることができる。

POINT　「い《1》や《8》よ《4》分かれ(＝**分割**)は!」**株式取**りつつ

□株券発行会社の場合は、効力発生日以後遅滞なく株券を追加発行しなければならない。cf.215条3項。

□2項：株式分割に応じて発行可能株式総数を比例的に増加させても持株比率には変更が生じない。つまり、株主に影響がないので、株主総会の決議によらず定款変更できる。通常の定款変更は株主総会の特別決議が必要であることの特則。cf.309条2項11号。

第3款　株式無償割当て

（株式無償割当て）
第185条　株式会社は，株主（種類株式発行会社にあっては，ある種類の種類株主）に対して新たに払込みをさせないで当該株式会社の株式の割当て（以下この款において「株式無償割当て」という。）をすることができる。

POINT

「い《1》や《8》あ、こ《5》んなに?」
株主喜ぶ**無償割当て**

□会社法で新設された制度だが実質的には平成2年以来撤廃されていた株式配当・新株の無償交付の制度復活。持株と同じ種類の株式を無償で一律に割り当てるなら株式分割の制度を利用すればよいが、様々な種類株式が新設されたのに伴い、異なる種類の株式を割り当てる場合も考えられる。そこで本制度が適当であるとして復活した。

（株式無償割当てに関する事項の決定）
第186条　株式会社は，株式無償割当てをしようとするときは，その都度，次に掲げる事項を定めなければならない。
①　株主に割り当てる株式の数（種類株式発行会社にあっては，株式の種類及び種類ごとの数）又はその数の算定方法
②　当該株式無償割当てがその効力を生ずる日
③　株式会社が種類株式発行会社である場合には，当該株式無償割当てを受ける株主の有する株式の種類
2　前項第1号に掲げる事項についての定めは，当該株式会社以外の株主（種類株式発行会社にあっては，同項第3号の種類の種類株主）の有する株式（種類株式発行会社にあっては，同項第3号の種類の株式）の数に応じて同項第1号の株式を割り当てることを内容とするものでなければならない。
3　第1項各号に掲げる事項の決定は，株主総会（取締役会設置会社にあっては，取締役会）の決議によらなければならない。ただし，定款に別段の定めがある場合は，この限りでない。

POINT

いばろ《186》う、株式無償割当ての決定したぞ

□1項1・3号：株式分割とちがって、異なる種類の株式割当てが可能。前条解説を参照のこと。

□2項：自己株式は割当て対象外となる。この点、株式分割では自己株式に関する明文がなく、解釈に委ねられる（単なる計数の変動にすぎないから、自己株式も分割の対象となるとする説が有力）。

□3項：取締役会設置会社では取締役会で決議。

（株式無償割当ての効力の発生等）

第187条　前条第1項第1号の株式の割当てを受けた株主は，同項第2号の日に，同項第1号の株式の株主となる。

2　株式会社は，前条第1項第2号の日後遅滞なく，株主（種類株式発行会社にあっては，同項第3号の種類の種類株主）及びその登録株式質権者に対し，当該株主が割当てを受けた株式の数（種類株式発行会社にあっては，株式の種類及び種類ごとの数）を通知しなければならない。

POINT

いやな《187》株主にも無償割当て通知

□2項：株式分割では株主の利益に変更はなく、このような通知が不要であることに注意。cf.184条。

第6節　単元株式数

第1款　総則

（単元株式数）

第188条　株式会社は，その発行する株式について，一定の数の株式をもって株主が株主総会又は種類株主総会において1個の議決権を行使することができる1単元の株式とする旨を定款で定めることができる。

2　前項の一定の数は，法務省令で定める数を超えることはできない。

3　種類株式発行会社においては，単元株式数は，株式の種類ごとに定めなければならない。

POINT

いやは《188》や議決権減るぞ、単元株式

□1項：株主の議決権に関する事務管理コストを削減する趣旨。株式併合でも同じ効果を得られるが、株式併合自体にコストがかかり、端数株式が大量に発生して多くの株主が不満をもつ恐れがある。もっとも、単元株式制度を採用しても、株主の議決権が減る点で株主はやはり不利益をこうむる。

□2項：「法務省令」＝施規34条により1000株および発行済株式総数の200分の1を超えることはできない。濫用的な単元株式数指定により小額株主を害することのないようにする趣旨。

□3項：種類ごとに株価が異なる場合、単元株式数を一律に定めると実質的に不公平となるため。単元株式数の変更がある種類の株主に不利益となる場合は種類株主総会が必要（322条1項1号ロ・3項）。ただし、例えば普通株式と種類株式の両方ある会社で、本項により普通株式の単元株式数を1000（1000株＝1単元）にすれば、種類株主は普通株式の1000倍の議決権を持てることになり、普通株式を持つ株主の利益を害する可能性が生じる。これは、実質上複数議決権を認め、一株一議決権の原則（308条）に反する恐れがあり、問題視されている。

（単元未満株式についての権利の制限等）

第189条　単元株式数に満たない数の株式（以下「単元未満株式」という。）を有する株主（以下「単元未満株主」という。）は，その有する単元未満株式について，株主総会及び種類株主総会において議決権を行使することができない。

2　株式会社は，単元未満株主が当該単元未満株式について次に掲げる権利以外の権利の全部又は一部を行使することができない旨を定款で定めることができる。

①　第171条第1項第1号に規定する取得対価の交付を受ける権利

②　株式会社による取得条項付株式の取得と引換えに金銭等の交付を受ける権利

③　第185条に規定する株式無償割当てを受ける権利

④　第192条第1項の規定により単元未満株式を買い取ることを請求する権利

⑤　残余財産の分配を受ける権利

⑥　前各号に掲げるもののほか，法務省令で定める権利

3　株券発行会社は，単元未満株式に係る株券を発行しないことができる旨を定款で定めることができる。

POINT　飛躍《189》できず、**制限多い単元未満株**

□2項6号：「法務省令」＝施規35条（定款・株主名簿の閲覧等請求権、株式譲渡承認請求権など）。

（理由の開示）

第190条　単元株式数を定める場合には，取締役は，当該単元株式数を定める定款の変更を目的とする株主総会において，当該単元株式数を定めることを必要とする理由を説明しなければならない。

POINT　言《1》ってく《9》れ《0》**理由、単元株**にするのなら

□単元株式制度導入の定款変更は通常の定款変更（466条、309条11号）でよい（188条1項）。ただそれでは株主が不利益をこうむる恐れがあるので、株主の保護を図り、取締役

に理由の説明義務を負わせた。

（定款変更手続の特則）

第191条　株式会社は，次のいずれにも該当する場合には，第466条の規定にかかわらず，株主総会の決議によらないで，単元株式数（種類株式発行会社にあっては，各種類の株式の単元株式数。以下この条において同じ。）を増加し，又は単元株式数についての定款の定めを設ける定款の変更をすることができる。

①　株式の分割と同時に単元株式数を増加し，又は単元株式数についての定款の定めを設けるものであること。

②　イに掲げる数がロに掲げる数を下回るものでないこと。

イ　当該定款の変更後において各株主がそれぞれ有する株式の数を単元株式数で除して得た数

ロ　当該定款の変更前において各株主がそれぞれ有する株式の数（単元株式数を定めている場合にあっては，当該株式の数を単元株式数で除して得た数）

POINT　低《19》い《1》ハードルで**単元株**の**定め（総会決議不要）**

□株式分割と同時に行う等、株主の利益を害さない場合であるため、通常は総会の特別決議が必要な定款変更手続（466条、309条11号）も、ここでは決議そのものが不要となる。195条も同趣旨。

第2款　単元未満株主の買取請求

（単元未満株式の買取りの請求）

第192条　単元未満株主は，株式会社に対し，自己の有する単元未満株式を買い取ることを請求することができる。

2　前項の規定による請求は，その請求に係る単元未満株式の数（種類株式発行会社にあっては，単元未満株式の種類及び種類ごとの数）を明らかにしてしなければならない。

3　第1項の規定による請求をした単元未満株主は，株式会社の承諾を得た場合に限り，当該請求を撤回することができる。

POINT　卑屈《1 9 2》に**請求、単元未満株買い取**って〜!

□議決権等の権利が制限される代償。特に単元未満株券を発行しない会社（189条3項）の単元未満株主は、株券を他に交付して投下資本の回収を図れない。その手当てとして、売却して換金する機会を保障する趣旨。さらに、定款の定めがあれば売渡請求権も与えられる。cf.194条。

□3項：とりあえず請求しておき、市場価格が上がれば撤回するという濫用的行使を抑える趣旨。

□単元未満株主の重要な権利に対する会社の義務の履行であるため、財源規制はない。cf.461条1項。

(単元未満株式の価格の決定)

第193条　前条第1項の規定による請求があった場合には，次の各号に掲げる場合の区分に応じ，当該各号に定める額をもって当該請求に係る単元未満株式の価格とする。

① 当該単元未満株式が市場価格のある株式である場合　当該単元未満株式の市場価格として法務省令で定める方法により算定される額

② 前号に掲げる場合以外の場合　株式会社と前条第1項の規定による請求をした単元未満株主との協議によって定める額

2　前項第2号に掲げる場合には，前条第1項の規定による請求をした単元未満株主又は株式会社は，当該請求をした日から20日以内に，裁判所に対し，価格の決定の申立てをすることができる。

3　裁判所は，前項の決定をするには，前条第1項の規定による請求の時における株式会社の資産状態その他一切の事情を考慮しなければならない。

4　第1項の規定にかかわらず，第2項の期間内に同項の申立てがあったときは，当該申立てにより裁判所が定めた額をもって当該単元未満株式の価格とする。

5　第1項の規定にかかわらず，同項第2号に掲げる場合において，第2項の期間内に同項の申立てがないとき（当該期間内に第1項第2号の協議が調った場合を除く。）は，1株当たり純資産額に前条第1項の規定による請求に係る単元未満株式の数を乗じて得た額をもって当該単元未満株式の価格とする。

6　前条第1項の規定による請求に係る株式の買取りは，当該株式の代金の支払の時に，その効力を生ずる。

7　株券発行会社は，株券が発行されている株式につき前条第1項の規定による請求があったときは，株券と引換えに，その請求に係る株式の代金を支払わなければならない。

POINT　い《1》く《9》さ《3》のような**単元未満の価格決定**

□144条譲渡制限株式の売買価格と類似の規定。ただし、こちらはまず市場価格ある株式なら請求日の市場価格（「法務省令」＝施規36条）を基準に算定する。

□2項：申立てにより裁判所が行う価格決定の手続に審問期日の開催と陳述聴取が義務付けられたことにつき、117条コメント1つ目および870条2項2号を参照。

第3款　単元未満株主の売渡請求

(単元未満株式売渡請求)

第194条　株式会社は，単元未満株主が当該株式会社に対して単元未満株式売渡請求（単元未満株主が有する単元未満株式の数と併せて単元株式数となる数の株式を当該単元未満株主に売り渡すことを請求することをいう。以下この条において同じ。）をすることができる旨を定款で定めることができる。
2　単元未満株式売渡請求は，当該単元未満株主に売り渡す単元未満株式の数（種類株式発行会社にあっては，単元未満株式の種類及び種類ごとの数）を明らかにしてしなければならない。
3　単元未満株式売渡請求を受けた株式会社は，当該単元未満株式売渡請求を受けた時に前項の単元未満株式の数に相当する数の株式を有しない場合を除き，自己株式を当該単元未満株主に売り渡さなければならない。
4　第192条第3項及び前条第1項から第6項までの規定は，単元未満株式売渡請求について準用する。

POINT

意《1》気《9》地《4》なしの**単元未満株主**も
「不足株**売り渡せ**」と**請求**

□192条の買取請求権に加え、単元未満株主が1単元の株主となれるよう、不足分の株式を売渡すことを会社に請求する権利を定款で定めうる。

第4款　単元株式数の変更等

（単元株式数に関する定款の変更）
第195条　株式会社は，第466条の規定にかかわらず，取締役の決定（取締役会設置会社にあっては，取締役会の決議）によって，定款を変更して単元株式数を減少し，又は単元株式数についての定款の定めを廃止することができる。
2　前項の規定により定款の変更をした場合には，株式会社は，当該定款の変更の効力が生じた日以後遅滞なく，その株主（種類株式発行会社にあっては，同項の規定により単元株式数を変更した種類の種類株主）に対し，当該定款の変更をした旨を通知しなければならない。
3　前項の規定による通知は，公告をもってこれに代えることができる。

POINT

総会に行《1》く《9》こ《5》と不要、**単元株廃止の変更**なら

□単元株式数の減少や単元株式制度自体の廃止の定款変更は、株主総会特別決議（466条）の必要がなく取締役（会）の決定でよい。株主に有利な定款変更なので厳格な手続不要であるため。他に株主の利益を害さない類似の定款変更として、191条も参照のこと。

第7節　株主に対する通知の省略等

（株主に対する通知の省略）
第196条　株式会社が株主に対してする通知又は催告が5年以上継続して到達しない場合には，株式会社は，当該株主に対する通知又は催告をすることを要しない。

2　前項の場合には，同項の株主に対する株式会社の義務の履行を行う場所は，株式会社の住所地とする。
3　前2項の規定は，登録株式質権者について準用する。

POINT　探すのひ《1》と苦《9》労《6》、**所在不明株主**

□所在不明株主に関する規定。
□2項：会社の住所地につき4条参照（本店の所在地）。1項により、所在不明株主への通知・催告が不要となるが、株主の権利そのものに影響はない。ただ、本項により会社の義務履行地が会社の住所地となる。これにより、例えば剰余金の配当は株主の請求が会社にあった場合のみ対応すればよい。

（株式の競売）
第197条　株式会社は，次のいずれにも該当する株式を競売し，かつ，その代金をその株式の株主に交付することができる。
①　その株式の株主に対して前条第1項又は第294条第2項の規定により通知及び催告をすることを要しないもの
②　その株式の株主が継続して5年間剰余金の配当を受領しなかったもの
2　株式会社は，前項の規定による競売に代えて，市場価格のある同項の株式については市場価格として法務省令で定める方法により算定される額をもって，市場価格のない同項の株式については裁判所の許可を得て競売以外の方法により，これを売却することができる。この場合において，当該許可の申立ては，取締役が2人以上あるときは，その全員の同意によってしなければならない。
3　株式会社は，前項の規定により売却する株式の全部又は一部を買い取ることができる。この場合においては，次に掲げる事項を定めなければならない。
①　買い取る株式の数（種類株式発行会社にあっては，株式の種類及び種類ごとの数）
②　前号の株式の買取りをするのと引換えに交付する金銭の総額
4　取締役会設置会社においては，前項各号に掲げる事項の決定は，取締役会の決議によらなければならない。
5　第1項及び第2項の規定にかかわらず，登録株式質権者がある場合には，当該登録株式質権者が次のいずれにも該当する者であるときに限り，株式会社は，第1項の規定による競売又は第2項の規定による売却をすることができる。
①　前条第3項において準用する同条第1項の規定により通知又は催告をすることを要しない者
②　継続して5年間第154条第1項の規定により受領することができる剰余金の配当を受領しなかった者

POINT　探しに行《1》く《9》な《7》、**競売**しよう

□株式事務の合理化の趣旨。
□1項柱書き：所在不明株主に対して競売した代金を「交付する」といっても、実際には債務を免れたければ供託することになる。cf.民法494条。

□2項：「法務省令」＝施規38条。
□3項：会社による買取り。財源規制あり。cf.461条1項6号。

（利害関係人の異議）
第198条　前条第1項の規定による競売又は同条第2項の規定による売却をする場合には，株式会社は，同条第1項の株式の株主その他の利害関係人が一定の期間内に異議を述べることができる旨その他法務省令で定める事項を公告し，かつ，当該株式の株主及びその登録株式質権者には，各別にこれを催告しなければならない。ただし，当該期間は，3箇月を下ることができない。
2　第126条第1項及び第150条第1項の規定にかかわらず，前項の規定による催告は，株主名簿に記載し，又は記録した当該株主及び登録株式質権者の住所（当該株主又は登録株式質権者が別に通知又は催告を受ける場所又は連絡先を当該株式会社に通知した場合にあっては，その場所又は連絡先を含む。）にあてて発しなければならない。
3　第126条第3項及び第4項の規定にかかわらず，株式が2以上の者の共有に属するときは，第1項の規定による催告は，共有者に対し，株主名簿に記載し，又は記録した住所（当該共有者が別に通知又は催告を受ける場所又は連絡先を当該株式会社に通知した場合にあっては，その場所又は連絡先を含む。）にあてて発しなければならない。
4　第196条第1項（同条第3項において準用する場合を含む。）の規定は，第1項の規定による催告については，適用しない。
5　第1項の規定による公告をした場合（前条第1項の株式に係る株券が発行されている場合に限る。）において，第1項の期間内に利害関係人が異議を述べなかったときは，当該株式に係る株券は，当該期間の末日に無効となる。

POINT　**異議**述べに行《1》く《9》は《8》、競売**利害関係人**

□1項：「法務省令」＝施規39条（競売・売却の旨、氏名、住所、株式数等）。

第8節　募集株式の発行等

第1款　募集事項の決定等

（募集事項の決定）
第199条　株式会社は，その発行する株式又はその処分する自己株式を引き受ける者の募集をしようとするときは，その都度，募集株式（当該募集に応じてこれらの株式の引受けの申込みをした者に対して割り当てる株式をいう。以下この節において同じ。）について次に掲げる事項を定めなければならない。
①　募集株式の数（種類株式発行会社にあっては，募集株式の種類及び数。以下この節において同じ。）
②　募集株式の払込金額（募集株式1株と引換えに払い込む金銭又は給付する金銭以外の財産の額をいう。以下この節において同じ。）又はその算定方法
③　金銭以外の財産を出資の目的とするときは，その旨並びに当該財産の内容及び価額

④　募集株式と引換えにする金銭の払込み又は前号の財産の給付の期日又はその期間
⑤　株式を発行するときは，増加する資本金及び資本準備金に関する事項
2　前項各号に掲げる事項（以下この節において「募集事項」という。）の決定は，株主総会の決議によらなければならない。
3　第1項第2号の払込金額が募集株式を引き受ける者に特に有利な金額である場合には，取締役は，前項の株主総会において，当該払込金額でその者の募集をすることを必要とする理由を説明しなければならない。
4　種類株式発行会社において，第1項第1号の募集株式の種類が譲渡制限株式であるときは，当該種類の株式に関する募集事項の決定は，当該種類の株式を引き受ける者の募集について当該種類の株式の種類株主を構成員とする種類株主総会の決議を要しない旨の定款の定めがある場合を除き，当該種類株主総会の決議がなければ，その効力を生じない。ただし，当該種類株主総会において議決権を行使することができる種類株主が存しない場合は，この限りでない。
5　募集事項は，第1項の募集ごとに，均等に定めなければならない。

POINT　低《19》く《9》額決めて**募集株発行**

□新株発行だけでなく、自己株式（いわゆる金庫株）を処分する場合も経済的な効果が同じであることから、それも含めて「募集株式の発行」と呼ぶことになった。それにともない「発行価額」の用語は「払込金額」に変わった（実質は同じ）。
□1項2号：資本金の算定基準が発行価額ではなく払込金額となったため、募集事項の決定においても払込金額を定めることになった。
□1項5号：詳細は計規37条（資本金等増加限度額の計算方法）。
□2項：1項各号の募集事項の決定を行う機関については、200条、201条とあわせて読む必要がある。すなわち、公開会社では有利発行を除いては取締役会の決議により（201条1項）、それ以外の非公開会社では株主総会の特別決議による（199条2項、309条2項5号）か、またはそこで委任決議を行うにとどめ、あとは取締役（取締役会設置会社の場合は取締役会）が決定できる。
□3項：有利発行の場合だけ特別決議とするのではなく、通常の募集株式の発行も有利発行もあわせて特別決議がなされ、ただ有利発行が必要とされる理由を取締役が株主総会で説明することとなった。
□4項：譲渡制限株式の追加発行の決定。譲渡制限株式をもつ既存株主の持株比率を維持する利益保護の趣旨。それらの株主からなる種類株主総会の特別決議（324条2項2号）が必要。ただし、当該募集に種類株主総会決議不要の定款の定めがある場合および議決権を行使しうる種類株主が存在しない場合を除くことに注意。
□募集新株予約権についても、238条以下に同様の法文あり。

（募集事項の決定の委任）
第200条　前条第2項及び第4項の規定にかかわらず，株主総会においては，その決議によって，募集事項の決定を取締役（取締役会設置会社にあっては，取締役会）に委任することができる。この場合においては，その委任に基づいて募集事項の決定をすることができる募集株式の数の上限及び払込金額の下限を定めなければならない。

2　前項の払込金額の下限が募集株式を引き受ける者に特に有利な金額である場合には，取締役は，同項の株主総会において，当該払込金額でその者の募集をすることを必要とする理由を説明しなければならない。
3　第1項の決議は，前条第1項第4号の期日（同号の期間を定めた場合にあっては，その期間の末日）が当該決議の日から1年以内の日である同項の募集についてのみその効力を有する。
4　種類株式発行会社において，第1項の募集株式の種類が譲渡制限株式であるときは，当該種類の株式に関する募集事項の決定の委任は，当該種類の株式について前条第4項の定款の定めがある場合を除き，当該種類の株式の種類株主を構成員とする種類株主総会の決議がなければ，その効力を生じない。ただし，当該種類株主総会において議決権を行使することができる種類株主が存しない場合は，この限りでない。

POINT

取締役ふ《2》れ《0》まわ《0》る、「**（新株）募集まかせろ!**」

□次条とあわせて読むと、本条1～3項は非公開会社に関する規定ということになる。
□募集事項は株主総会の特別決議で決定するのが原則（199条2項、309条2項5号）であるが、取締役（取締役会設置会社では取締役会）に委任してもよく（309条2項5号)、その場合は数の上限と金額の下限のみ決めておく（1項)。ただし、金額の下限が有利発行となる場合は、有利発行が必要とされる理由を取締役がその総会で説明しなければならない（2項)。決議は1年間だけ有効（3項)。
□4項：譲渡制限株式の追加発行についても、その種類株主総会の特別決議（324条2項2号）があれば募集事項決定の委任ができる。

（公開会社における募集事項の決定の特則）
第201条　第199条第3項に規定する場合を除き，公開会社における同条第2項の規定の適用については，同項中「株主総会」とあるのは，「取締役会」とする。この場合においては，前条の規定は，適用しない。
2　前項の規定により読み替えて適用する第199条第2項の取締役会の決議によって募集事項を定める場合において，市場価格のある株式を引き受ける者の募集をするときは，同条第1項第2号に掲げる事項に代えて，公正な価額による払込みを実現するために適当な払込金額の決定の方法を定めることができる。
3　公開会社は，第1項の規定により読み替えて適用する第199条第2項の取締役会の決議によって募集事項を定めたときは，同条第1項第4号の期日（同号の期間を定めた場合にあっては，その期間の初日）の2週間前までに，株主に対し，当該募集事項（前項の規定により払込金額の決定の方法を定めた場合にあっては，その方法を含む。以下この節において同じ。）を通知しなければならない。
4　前項の規定による通知は，公告をもってこれに代えることができる。
5　第3項の規定は，株式会社が募集事項について同項に規定する期日の2週間前までに金融商品取引法第4条第1項 から第3項 までの届出をしている場合その他の株主の保護に欠けるおそれがないものとして法務省令で定める場合には，適用しない。

POINT

公開の庭い《201》っぱいに募集垂れ幕（取締）役会決める

□1項：公開会社のみについての特則。199・200条とあわせて読むこと。また、有利発行の場合は公開会社といえど、株主総会の決議が必要。

□2項：投資家の需要を積み上げて算定するいわゆるブックビルディング方式の採用に関する規定。

□3・4項：募集株式発行差止請求（210条）の機会を与えるための通知・公告。なお、非公開会社では株主総会の特別決議を経るので、株主はそこで必要な情報が得られ、募集事項の通知・公告は不要。公開会社の有利発行でも同様に不要。ただし、非公開会社の場合、募集株式の発行の実態は、事実上総会の開催時にはじめて明らかとなる（招集通知に記載されない）ので、新株発行等の無効の訴えの提訴期間を6ヶ月から1年に延長し、株主を保護しようとしていることに注意。cf.828条1項2～4号。

□5項：金融商品取引法適用会社で有価証券届出書等による開示が株主に対してされている以上、さらに公示を求める必要がないため。「法務省令」＝施規40条。

（株主に株式の割当てを受ける権利を与える場合）

第202条　株式会社は，第199条第1項の募集において，株主に株式の割当てを受ける権利を与えることができる。この場合においては，募集事項のほか，次に掲げる事項を定めなければならない。

① 株主に対し，次条第2項の申込みをすることにより当該株式会社の募集株式（種類株式発行会社にあっては，当該株主の有する種類の株式と同一の種類のもの）の割当てを受ける権利を与える旨

② 前号の募集株式の引受けの申込みの期日

2　前項の場合には，同項第1号の株主（当該株式会社を除く。）は，その有する株式の数に応じて募集株式の割当てを受ける権利を有する。ただし，当該株主が割当てを受ける募集株式の数に1株に満たない端数があるときは，これを切り捨てるものとする。

3　第1項各号に掲げる事項を定める場合には，募集事項及び同項各号に掲げる事項は，次の各号に掲げる場合の区分に応じ，当該各号に定める方法によって定めなければならない。

① 当該募集事項及び第1項各号に掲げる事項を取締役の決定によって定めることができる旨の定款の定めがある場合（株式会社が取締役会設置会社である場合を除く。）　取締役の決定

② 当該募集事項及び第1項各号に掲げる事項を取締役会の決議によって定めることができる旨の定款の定めがある場合（次号に掲げる場合を除く。）　取締役会の決議

③ 株式会社が公開会社である場合　取締役会の決議

④ 前3号に掲げる場合以外の場合　株主総会の決議

4　株式会社は，第1項各号に掲げる事項を定めた場合には，同項第2号の期日の2週間前までに，同項第1号の株主（当該株式会社を除く。）に対し，次に掲げる事項を通知しなければならない。

① 募集事項

② 当該株主が割当てを受ける募集株式の数

③　第1項第2号の期日
5　第199条第2項から第4項まで及び前2条の規定は，第1項から第3項までの規定により株主に株式の割当てを受ける権利を与える場合には，適用しない。

POINT　連《2》れ《0》に《2》渡そう**株主割当て**

□1項：自己株式（いわゆる金庫株）の引受けも含むので、新株引受権とは呼ばず、「募集株式の割当てを受ける権利」と呼ぶ。なお、申込みがなければ打切発行となる。cf.204条4項。
□2項かっこ書：会社自身は割当てを受けないことを明記。
□3項4号：非公開会社でも株主は当然に割当てを受ける権利を有するわけではなく、原則として株主総会の特別決議（309条2項5号）が必要となった（取締役会や取締役の決定に委ねる定款の定めがある場合は1・2号）。

（取締役の報酬等に係る募集事項の決定の特則）
第202条の2　金融商品取引法第2条第16項に規定する金融商品取引所に上場されている株式を発行している株式会社は，定款又は株主総会の決議による第361条第1項第3号に掲げる事項についての定めに従いその発行する株式又はその処分する自己株式を引き受ける者の募集をするときは，第199条第1項第2号及び第4号に掲げる事項を定めることを要しない。この場合において，当該株式会社は，募集株式について次に掲げる事項を定めなければならない。
①　取締役の報酬等（第361条第1項に規定する報酬等をいう。第236条第3項第1号において同じ。）として当該募集に係る株式の発行又は自己株式の処分をするものであり，募集株式と引換えにする金銭の払込み又は第199条第1項第3号の財産の給付を要しない旨
②　募集株式を割り当てる日（以下この節において「割当日」という。）
2　前項各号に掲げる事項を定めた場合における第199条第2項の規定の適用については，同項中「前項各号」とあるのは，「前項各号（第2号及び第4号を除く。）及び第202条の2第1項各号」とする。この場合においては，第200条及び前条の規定は，適用しない。
3　指名委員会等設置会社における第1項の規定の適用については，同項中「定款又は株主総会の決議による第361条第1項第3号に掲げる事項についての定め」とあるのは「報酬委員会による第409条第3項第3号に定める事項についての決定」と，「取締役」とあるのは「執行役又は取締役」とする。

□令和元年の改正により、上場会社の取締役に無償のエクイティ報酬である自己株式が支給されることとなった。361条1項3～5号のコメント参照。cf.205条3～5項、445条6項、新株予約権につき236条3項以下。

第2款　募集株式の割当て

（募集株式の申込み）
第203条　株式会社は，第199条第1項の募集に応じて募集株式の引受けの申込みをしようと

する者に対し，次に掲げる事項を通知しなければならない。
① 株式会社の商号
② 募集事項
③ 金銭の払込みをすべきときは，払込みの取扱いの場所
④ 前3号に掲げるもののほか，法務省令で定める事項
2 第199条第1項の募集に応じて募集株式の引受けの申込みをする者は，次に掲げる事項を記載した書面を株式会社に交付しなければならない。
① 申込みをする者の氏名又は名称及び住所
② 引き受けようとする募集株式の数
3 前項の申込みをする者は，同項の書面の交付に代えて，政令で定めるところにより，株式会社の承諾を得て，同項の書面に記載すべき事項を電磁的方法により提供することができる。この場合において，当該申込みをした者は，同項の書面を交付したものとみなす。
4 第1項の規定は，株式会社が同項各号に掲げる事項を記載した金融商品取引法第2条第10項に規定する目論見書を第1項 の申込みをしようとする者に対して交付している場合その他募集株式の引受けの申込みをしようとする者の保護に欠けるおそれがないものとして法務省令で定める場合には，適用しない。
5 株式会社は，第1項各号に掲げる事項について変更があったときは，直ちに，その旨及び当該変更があった事項を第2項の申込みをした者（以下この款において「申込者」という。）に通知しなければならない。
6 株式会社が申込者に対してする通知又は催告は，第2項第1号の住所（当該申込者が別に通知又は催告を受ける場所又は連絡先を当該株式会社に通知した場合にあっては，その場所又は連絡先）にあてて発すれば足りる。
7 前項の通知又は催告は，その通知又は催告が通常到達すべきであった時に，到達したものとみなす。

POINT **庭《20》見《3》てプロポーズ（＝申込み）、募集株式**

□1項：募集株式の引受申込人への通知義務。ただし、①会社が証券取引法上の目論見書を引受申込人に交付している場合は適切な情報が提供されたといえるから（4項）、②総株引受け（買取引受けともいう）の場合は情報が偏る恐れがないから（205条）、通知義務なし。
□1項4号：「法務省令」＝施規41条（発行可能株式総数、株式の内容等）。
□2項：株主割当ての場合も、株主は本項によって引受けの申込みをする。cf.202条1項1号。
□4項：「法務省令」＝施規42条。

（募集株式の割当て）
第204条 株式会社は，申込者の中から募集株式の割当てを受ける者を定め，かつ，その者に割り当てる募集株式の数を定めなければならない。この場合において，株式会社は，当該申込者に割り当てる募集株式の数を，前条第2項第2号の数よりも減少することができる。

2　募集株式が譲渡制限株式である場合には，前項の規定による決定は，株主総会（取締役会設置会社にあっては，取締役会）の決議によらなければならない。ただし，定款に別段の定めがある場合は，この限りでない。
3　株式会社は，第199条第1項第4号の期日（同号の期間を定めた場合にあっては，その期間の初日）の前日までに，申込者に対し，当該申込者に割り当てる募集株式の数を通知しなければならない。
4　第202条の規定により株主に株式の割当てを受ける権利を与えた場合において，株主が同条第1項第2号の期日までに前条第2項の申込みをしないときは，当該株主は，募集株式の割当てを受ける権利を失う。

POINT

庭《20》師《4》、（募集）株の割当てうまくやる

□株式の割当てとは、株式申込人に何株を引き受けさせるかまたは引き受けさせないかを決めること。割り当てる株式数を申込者の申し出た株式数より減らすかどうかは会社の裁量（割当自由の原則）。もっとも実務では、発行価額全額を申込証拠金として払い込ませ、申込みが募集株式数に達すると募集を打ち切る方法をとる。支配権維持のために既存株主の持株比率を不当に変更するような割当ては許されない（不公正発行）。
□1項：総株引受け（買取引受け）では募集株式の割当てをする必要がない。cf.次条。
□2項：会社経営上好ましからざる人物が参入する恐れがあるのは、譲渡制限株式の譲渡承認（139条1項）と同じだから、そこでの承認機関と一致することになろう。つまり、株主総会特別決議（309条2項5号）または取締役会設置会社では取締役会決議。
□4項：株主割当ての申込みのない分については再募集をしないこととなった。打切発行につき208条5項参照。

（募集株式の申込み及び割当てに関する特則）
第205条　前2条の規定は，募集株式を引き受けようとする者がその総数の引受けを行う契約を締結する場合には，適用しない。
2　前項に規定する場合において，募集株式が譲渡制限株式であるときは，株式会社は，株主総会（取締役会設置会社にあっては，取締役会）の決議によって，同項の契約の承認を受けなければならない。ただし，定款に別段の定めがある場合は，この限りでない。
3　第202条の2第1項後段の規定による同項各号に掲げる事項についての定めがある場合には，定款又は株主総会の決議による第361条第1項第3号に掲げる事項についての定めに係る取締役（取締役であった者を含む。）以外の者は，第203条第2項の申込みをし，又は第1項の契約を締結することができない。
4　前項に規定する場合における前条第3項並びに第206条の2第1項，第3項及び第4項の規定の適用については，前条第3項及び第206条の2第1項中「第199条第1項第4号の期日（同号の期間を定めた場合にあっては，その期間の初日）」とあり，同条第3項中「同項に規定する期日」とあり，並びに同条第4項中「第1項に規定する期日」とあるのは，「割当日」とする。
5　指名委員会等設置会社における第3項の規定の適用については，同項中「定款又は株主総会

の決議による第361条第1項第3号に掲げる事項についての定め」とあるのは「報酬委員会による第409条第3項第3号に定める事項についての決定」と，「取締役」とあるのは「執行役又は取締役」とする。

POINT 庭《20》ご《5》と**全部引受け（募集）株**だらけ

□1人または数人が募集株式のすべてを引き受ける契約をする「総株引受け」（買取引受けともいう）の規定。実務では今でも総額引受けというが、厳密には総額引受けは社債の発行の場合だけである。cf.679条。申込み（203条）や割当て（204条）の手続は必要ない。

□2項：204条2項との均衡を考慮した。

□3～5項：令和元年新設。上場会社の取締役への無償の自己株式支給の引受け・割当て。cf.202条の2、361条1項、445条6項。

（募集株式の引受け）

第206条　次の各号に掲げる者は，当該各号に定める募集株式の数について募集株式の引受人となる。

① 申込者　株式会社の割り当てた募集株式の数

② 前条第1項の契約により募集株式の総数を引き受けた者　その者が引き受けた募集株式の数

POINT 庭《20》の《6》向かいから**株**を**引受け**

□引受人となっても、その後出資の履行をしなければ株主となる権利を失うことに注意。（打切発行。cf.208条5項）。

（公開会社における募集株式の割当て等の特則）

第206条の2　公開会社は，募集株式の引受人について，第1号に掲げる数の第2号に掲げる数に対する割合が2分の1を超える場合には，第199条第1項第4号の期日（同号の期間を定めた場合にあっては，その期間の初日）の2週間前までに，株主に対し，当該引受人（以下この項及び第4項において「特定引受人」という。）の氏名又は名称及び住所，当該特定引受人についての第1号に掲げる数その他の法務省令で定める事項を通知しなければならない。ただし，当該特定引受人が当該公開会社の親会社等である場合又は第202条の規定により株主に株式の割当てを受ける権利を与えた場合は，この限りでない。

① 当該引受人（その子会社等を含む。）がその引き受けた募集株式の株主となった場合に有することとなる議決権の数

② 当該募集株式の引受人の全員がその引き受けた募集株式の株主となった場合における総株主

の議決権の数
2　前項の規定による通知は，公告をもってこれに代えることができる。
3　第1項の規定にかかわらず，株式会社が同項の事項について同項に規定する期日の2週間前までに金融商品取引法第4条第1項から第3項までの届出をしている場合その他の株主の保護に欠けるおそれがないものとして法務省令で定める場合には，第1項の規定による通知は，することを要しない。
4　総株主（この項の株主総会において議決権を行使することができない株主を除く。）の議決権の10分の1（これを下回る割合を定款で定めた場合にあっては，その割合）以上の議決権を有する株主が第1項の規定による通知又は第2項の公告の日（前項の場合にあっては，法務省令で定める日）から2週間以内に特定引受人（その子会社等を含む。以下この項において同じ。）による募集株式の引受けに反対する旨を公開会社に対し通知したときは，当該公開会社は，第1項に規定する期日の前日までに，株主総会の決議によって，当該特定引受人に対する募集株式の割当て又は当該特定引受人との間の第205条第1項の契約の承認を受けなければならない。ただし，当該公開会社の財産の状況が著しく悪化している場合において，当該公開会社の事業の継続のため緊急の必要があるときは，この限りでない。
5　第309条第1項の規定にかかわらず，前項の株主総会の決議は，議決権を行使することができる株主の議決権の過半数（3分の1以上の割合を定款で定めた場合にあっては，その割合以上）を有する株主が出席し，出席した当該株主の議決権の過半数（これを上回る割合を定款で定めた場合にあっては，その割合以上）をもって行わなければならない。

POINT　庭《20》の向《6》かい《の》に《2》新たな支配者、**特定引受人**?!

□1～4項：公開会社で新たな支配株主（＝特定引受人）が誕生するような第三者割当てを規制し、他の株主の意向の確認を必要とする。募集新株予約権の発行についても同じ規制あり（244条の2）。平成26年新設。
□5項：会社の経営を支配するという意味で役員の選任と類似するため、341条と同様の、定足数に制限のある普通決議とする。

第3款　金銭以外の財産の出資

（現物出資財産の価額の調査等）
第207条　株式会社は，第199条第1項第3号に掲げる事項を定めたときは，募集事項の決定の後遅滞なく，同号の財産（以下この節において「現物出資財産」という。）の価額を調査させるため，裁判所に対し，検査役の選任の申立てをしなければならない。
2　前項の申立てがあった場合には，裁判所は，これを不適法として却下する場合を除き，検査役を選任しなければならない。
3　裁判所は，前項の検査役を選任した場合には，株式会社が当該検査役に対して支払う報酬の額を定めることができる。
4　第2項の検査役は，必要な調査を行い，当該調査の結果を記載し，又は記録した書面又は電磁的記録（法務省令で定めるものに限る。）を裁判所に提供して報告をしなければならない。
5　裁判所は，前項の報告について，その内容を明瞭にし，又はその根拠を確認するため必要があると認めるときは，第2項の検査役に対し，更に前項の報告を求めることができる。

6　第2項の検査役は，第4項の報告をしたときは，株式会社に対し，同項の書面の写しを交付し，又は同項の電磁的記録に記録された事項を法務省令で定める方法により提供しなければならない。
7　裁判所は，第4項の報告を受けた場合において，現物出資財産について定められた第199条第1項第3号の価額（第2項の検査役の調査を経ていないものを除く。）を不当と認めたときは，これを変更する決定をしなければならない。
8　募集株式の引受人（現物出資財産を給付する者に限る。以下この条において同じ。）は，前項の決定により現物出資財産の価額の全部又は一部が変更された場合には，当該決定の確定後1週間以内に限り，その募集株式の引受けの申込み又は第205条第1項の契約に係る意思表示を取り消すことができる。
9　前各項の規定は，次の各号に掲げる場合には，当該各号に定める事項については，適用しない。
①　募集株式の引受人に割り当てる株式の総数が発行済株式の総数の10分の1を超えない場合　当該募集株式の引受人が給付する現物出資財産の価額
②　現物出資財産について定められた第199条第1項第3号の価額の総額が500万円を超えない場合　当該現物出資財産の価額
③　現物出資財産のうち，市場価格のある有価証券について定められた第199条第1項第3号の価額が当該有価証券の市場価格として法務省令で定める方法により算定されるものを超えない場合　当該有価証券についての現物出資財産の価額
④　現物出資財産について定められた第199条第1項第3号の価額が相当であることについて弁護士，弁護士法人，弁護士・外国法事務弁護士共同法人，公認会計士，監査法人，税理士又は税理士法人の証明（現物出資財産が不動産である場合にあっては，当該証明及び不動産鑑定士の鑑定評価。以下この号において同じ。）を受けた場合　当該証明を受けた現物出資財産の価額
⑤　現物出資財産が株式会社に対する金銭債権（弁済期が到来しているものに限る。）であって，当該金銭債権について定められた第199条第1項第3号の価額が当該金銭債権に係る負債の帳簿価額を超えない場合　当該金銭債権についての現物出資財産の価額
10　次に掲げる者は，前項第4号に規定する証明をすることができない。
①　取締役，会計参与，監査役若しくは執行役又は支配人その他の使用人
②　募集株式の引受人
③　業務の停止の処分を受け，その停止の期間を経過しない者
④　弁護士法人，弁護士・外国法事務弁護士共同法人，監査法人又は税理士法人であって，その社員の半数以上が第1号又は第2号に掲げる者のいずれかに該当するもの

POINT

現物に触《2》れ《0》るな《7》、**価額**の**調査**だ

□募集株式についての現物出資財産の検査役による調査。500万円を超えない場合の調査免除（9項2号）などは会社設立時と同じ。cf.33条。
□4項：「法務省令」＝施規228条2号（磁気ディスク等）。
□6項：「法務省令」＝施規229条2号。
□9項3号：「法務省令」＝施規43条。
□9項5号：債務の株式化、いわゆるデット・エクイティ・スワップが解禁された。東京地

裁の検査役調査の実務（券面額説）を認めた上、さらに検査役調査不要の範囲を広く定めている。

第4款　出資の履行等

（出資の履行）
第208条　募集株式の引受人（現物出資財産を給付する者を除く。）は，第199条第1項第4号の期日又は同号の期間内に，株式会社が定めた銀行等の払込みの取扱いの場所において，それぞれの募集株式の払込金額の全額を払い込まなければならない。
2　募集株式の引受人（現物出資財産を給付する者に限る。）は，第199条第1項第4号の期日又は同号の期間内に，それぞれの募集株式の払込金額の全額に相当する現物出資財産を給付しなければならない。
3　募集株式の引受人は，第1項の規定による払込み又は前項の規定による給付（以下この款において「出資の履行」という。）をする債務と株式会社に対する債権とを相殺することができない。
4　出資の履行をすることにより募集株式の株主となる権利の譲渡は，株式会社に対抗することができない。
5　募集株式の引受人は，出資の履行をしないときは，当該出資の履行をすることにより募集株式の株主となる権利を失う。

POINT　**出資**に《2》マル《0》は《8》つきもの、**募集株**の**全額払え**

□1項：発起設立と同様、払込保管証明不要（募集設立につき64条参照）。
□3項：デット・エクイティ・スワップ（前条9項5号）に解釈上の疑義を生じさせないようにする趣旨。会社側からの相殺は禁じていない。新株予約権の行使に際しての払込みにも同様の法文があるが（281条3項）、新株予約権自体の払込みは予約権者からの相殺可能（246条2項）。

（株主となる時期等）
第209条　募集株式の引受人は，次の各号に掲げる場合には，当該各号に定める日に，出資の履行をした募集株式の株主となる。
①　第199条第1項第4号の期日を定めた場合　当該期日
②　第199条第1項第4号の期間を定めた場合　出資の履行をした日
2　募集株式の引受人は，第213条の2第1項各号に掲げる場合には，当該各号に定める支払若しくは給付又は第213条の3第1項の規定による支払がされた後でなければ，出資の履行を仮装した募集株式について，株主の権利を行使することができない。
3　前項の募集株式を譲り受けた者は，当該募集株式についての株主の権利を行使することができる。ただし，その者に悪意又は重大な過失があるときは，この限りでない。
4　第1項の規定にかかわらず，第202条の2第1項後段の規定による同項各号に掲げる事項についての定めがある場合には，募集株式の引受人は，割当日に，その引き受けた募集株式の株主となる。

不《2》惑《09》となる日に(**募集株式の**)**株主**となる

□払込みの日に引受人は株主となり、株式募集が新株発行の場合は、発行済株式総数、種類や数、資本金の額など登記事項に変更が生じるので、2週間内に変更登記が必要。cf.915条1・2項。ただし、この登記は設立登記と異なり、株式発行の効力発生要件ではなく公示の意味しかない。cf.設立の場合は会社成立時（50条1項）。

第5款　募集株式の発行等をやめることの請求

(募集株式の発行や自己株式の処分をやめることの請求)

第210条　次に掲げる場合において，株主が不利益を受けるおそれがあるときは，株主は，株式会社に対し，第199条第1項の募集に係る株式の発行又は自己株式の処分をやめることを請求することができる。

①　当該株式の発行又は自己株式の処分が法令又は定款に違反する場合

②　当該株式の発行又は自己株式の処分が著しく不公正な方法により行われる場合

不《2》撓《10》不屈の精神で(**募集**)**株式発行差し止**めよう

□従来の新株発行差止請求のこと。

第6款　募集に係る責任等

(引受けの無効又は取消しの制限)

第211条　民法第93条第1項ただし書及び第94条第1項の規定は，募集株式の引受けの申込み及び割当て並びに第205条第1項の契約に係る意思表示については，適用しない。

2　募集株式の引受人は，第209条第1項の規定により株主となった日から1年を経過した後又はその株式について権利を行使した後は，錯誤，詐欺又は強迫を理由として募集株式の引受けの取消しをすることができない。

つ《2》い《1》言《1》っちゃった「**無効・取消し**と騒ぐな**引受**人!」

□設立時の引受けにつき同様の法文あり。法律関係の安定のため。cf.51条。

(不公正な払込金額で株式を引き受けた者等の責任)

第212条　募集株式の引受人は，次の各号に掲げる場合には，株式会社に対し，当該各号に定める額を支払う義務を負う。

① 取締役（指名委員会等設置会社にあっては，取締役又は執行役）と通じて著しく不公正な払込金額で募集株式を引き受けた場合　当該払込金額と当該募集株式の公正な価額との差額に相当する金額
② 第209条第1項の規定により募集株式の株主となった時におけるその給付した現物出資財産の価額がこれについて定められた第199条第1項第3号の価額に著しく不足する場合　当該不足額
2　前項第2号に掲げる場合において，現物出資財産を給付した募集株式の引受人が当該現物出資財産の価額がこれについて定められた第199条第1項第3号の価額に著しく不足することにつき善意でかつ重大な過失がないときは，募集株式の引受けの申込み又は第205条第1項の契約に係る意思表示を取り消すことができる。

POINT

つ《2》い《1》に《2》バレたか**通謀引受け**

□1項：通謀引受人の責任（1号）および現物出資者の不足額塡補責任（2号）。不当な引受けをした募集株式引受人に対する責任追及につき、株主代表訴訟が認められている。cf.847条1項。
□2項：引受人にあまりに過酷な責任となるのを避ける趣旨。

（出資された財産等の価額が不足する場合の取締役等の責任）
第213条　前条第1項第2号に掲げる場合には，次に掲げる者（以下この条において「取締役等」という。）は，株式会社に対し，同号に定める額を支払う義務を負う。
① 当該募集株式の引受人の募集に関する職務を行った業務執行取締役（指名委員会等設置会社にあっては，執行役。以下この号において同じ。）その他当該業務執行取締役の行う業務の執行に職務上関与した者として法務省令で定めるもの
② 現物出資財産の価額の決定に関する株主総会の決議があったときは，当該株主総会に議案を提案した取締役として法務省令で定めるもの
③ 現物出資財産の価額の決定に関する取締役会の決議があったときは，当該取締役会に議案を提案した取締役（指名委員会等設置会社にあっては，取締役又は執行役）として法務省令で定めるもの
2　前項の規定にかかわらず，次に掲げる場合には，取締役等は，現物出資財産について同項の義務を負わない。
① 現物出資財産の価額について第207条第2項の検査役の調査を経た場合
② 当該取締役等がその職務を行うについて注意を怠らなかったことを証明した場合
3　第1項に規定する場合には，第207条第9項第4号に規定する証明をした者（以下この条において「証明者」という。）は，株式会社に対し前条第1項第2号に定める額を支払う義務を負う。ただし，当該証明者が当該証明をするについて注意を怠らなかったことを証明したときは，この限りでない。
4　募集株式の引受人がその給付した現物出資財産についての前条第1項第2号に定める額を支払う義務を負う場合において，次の各号に掲げる者が当該現物出資財産について当該各号に定める義務を負うときは，これらの者は，連帯債務者とする。
① 取締役等　第1項の義務
② 証明者　前項本文の義務

POINT 太《2》身《1》の《3》**取締役**で塡補も安心

□募集株式の打切発行が認められる（208条5項）以上、引受担保責任は必要がないため、本条の不足額塡補責任のみとなった。
□立証責任の転換された過失責任となった。
□1項1号：「法務省令」＝施規44条（取締役会で説明した取締役・執行役、賛成した取締役など）。
□1項2号：「法務省令」＝施規45条（議案の提案の決定に同意した取締役など）。
□1項3号：「法務省令」＝施規46条。

（出資の履行を仮装した募集株式の引受人の責任）
第213条の2　募集株式の引受人は，次の各号に掲げる場合には，株式会社に対し，当該各号に定める行為をする義務を負う。
①　第208条第1項の規定による払込みを仮装した場合　払込みを仮装した払込金額の全額の支払
②　第208条第2項の規定による給付を仮装した場合　給付を仮装した現物出資財産の給付（株式会社が当該給付に代えて当該現物出資財産の価額に相当する金銭の支払を請求した場合にあっては，当該金銭の全額の支払）
2　前項の規定により募集株式の引受人の負う義務は，総株主の同意がなければ，免除することができない。

POINT に《2》い《1》さん《3》、《の》通《2》用しませんぜ、**払込み仮装**の**引受人**なら

□平成26年新設。会社設立時に出資の履行を仮装した発起人や設立時募集株式引受人の出資履行義務と同様の義務。cf.52条の2、102条の2。新株予約権に係る払込み等の仮装につき286条の2参照。

（出資の履行を仮装した場合の取締役等の責任）
第213条の3　前条第1項各号に掲げる場合には，募集株式の引受人が出資の履行を仮装することに関与した取締役（指名委員会等設置会社にあっては，執行役を含む。）として法務省令で定める者は，株式会社に対し，当該各号に規定する支払をする義務を負う。ただし，その者（当該出資の履行を仮装したものを除く。）がその職務を行うについて注意を怠らなかったことを証明した場合は，この限りでない。
2　募集株式の引受人が前条第1項各号に規定する支払をする義務を負う場合において，前項に規定する者が同項の義務を負うときは，これらの者は，連帯債務者とする。

□会社設立時における仮装の出資の履行に関与した取締役の責任につき、52条の2第2項、103条参照。新株予約権に係る払込み等の仮装の場合につき286条の3参照。
□1項：「法務省令」＝施規46条の2。

第9節　株券

第1款　総則

（株券を発行する旨の定款の定め）

第214条　株式会社は、その株式（種類株式発行会社にあっては、全部の種類の株式）に係る株券を発行する旨を定款で定めることができる。

POINT　つ《2》い《1》でよ《4》、**株券発行**なんて

□株券発行のコスト、国際社会でのペーパーレス化、振替制度や中小企業の実態をふまえ、株券不発行が原則となった。

□株券を発行することを定款で定めた会社を、株券発行会社と呼ぶ。cf.117条6項。

（株券の発行）

第215条　株券発行会社は，株式を発行した日以後遅滞なく，当該株式に係る株券を発行しなければならない。

2　株券発行会社は，株式の併合をしたときは，第180条第2項第2号の日以後遅滞なく，併合した株式に係る株券を発行しなければならない。

3　株券発行会社は，株式の分割をしたときは，第183条第2項第2号の日以後遅滞なく，分割した株式に係る株券（既に発行されているものを除く。）を発行しなければならない。

4　前3項の規定にかかわらず，公開会社でない株券発行会社は，株主から請求がある時までは，これらの規定の株券を発行しないことができる。

POINT　つ《2》い《1》こ《5》んなに**早く株券出し**ちゃう

□1項：株券がなければ株式譲渡できず、会社にとっても効力が生じない。cf.128条1・2項。しかし本項の趣旨より、株券の発行を不当に遅滞する会社は信義則上株式譲渡の効力を否定できない。cf.最判昭和47・11・8。

□3項：株式分割は株券を追加発行すればよいことになった。

□4項：中小企業の実態をふまえ、株券発行会社でもなるべく株券を発行しないですむように配慮した。

（株券の記載事項）

第216条　株券には，次に掲げる事項及びその番号を記載し，株券発行会社の代表取締役（指名委員会等設置会社にあっては，代表執行役）がこれに署名し，又は記名押印しなければならない。

① 株券発行会社の商号
② 当該株券に係る株式の数
③ 譲渡による当該株券に係る株式の取得について株式会社の承認を要することを定めたときは，その旨
④ 種類株式発行会社にあっては，当該株券に係る株式の種類及びその内容

POINT

「フ《2》イ《1》、無《6》効!」とならぬよう
株券記載はちゃんとしろ

□平成2年以降株券は記名式株券のみであったが、株券の交付があれば株式譲渡できる（128条1項）以上、株券上の記名に意味がないので、会社法により無記名株券だけとなった。

（株券不所持の申出）
第217条　株券発行会社の株主は，当該株券発行会社に対し，当該株主の有する株式に係る株券の所持を希望しない旨を申し出ることができる。
2　前項の規定による申出は，その申出に係る株式の数（種類株式発行会社にあっては，株式の種類及び種類ごとの数）を明らかにしてしなければならない。この場合において，当該株式に係る株券が発行されているときは，当該株主は，当該株券を株券発行会社に提出しなければならない。
3　第1項の規定による申出を受けた株券発行会社は，遅滞なく，前項前段の株式に係る株券を発行しない旨を株主名簿に記載し，又は記録しなければならない。
4　株券発行会社は，前項の規定による記載又は記録をしたときは，第2項前段の株式に係る株券を発行することができない。
5　第2項後段の規定により提出された株券は，第3項の規定による記載又は記録をした時において，無効となる。
6　第1項の規定による申出をした株主は，いつでも，株券発行会社に対し，第2項前段の株式に係る株券を発行することを請求することができる。この場合において，第2項後段の規定により提出された株券があるときは，株券の発行に要する費用は，当該株主の負担とする。

POINT

つ《2》い《1》な《7》くすので**株券いらない**

□株券をなくすと善意取得者（131条2項）が現れ、株主としての地位を失う恐れがある。そこで、株券喪失登録制度（221条以下）と同様、喪失対策として本条の株券不所持制度が設けられた。
□6項：株券がないと株式譲渡できないため。cf.128条1項。

（株券を発行する旨の定款の定めの廃止）
第218条　株券発行会社は，その株式（種類株式発行会社にあっては，全部の種類の株式）に係る株券を発行する旨の定款の定めを廃止する定款の変更をしようとするときは，当該定款の変

更の効力が生ずる日の2週間前までに，次に掲げる事項を公告し，かつ，株主及び登録株式質権者には，各別にこれを通知しなければならない。
① その株式（種類株式発行会社にあっては，全部の種類の株式）に係る株券を発行する旨の定款の定めを廃止する旨
② 定款の変更がその効力を生ずる日
③ 前号の日において当該株式会社の株券は無効となる旨
2 株券発行会社の株式に係る株券は，前項第2号の日に無効となる。
3 第1項の規定にかかわらず，株式の全部について株券を発行していない株券発行会社がその株式（種類株式発行会社にあっては，全部の種類の株式）に係る株券を発行する旨の定款の定めを廃止する定款の変更をしようとする場合には，同項第2号の日の2週間前までに，株主及び登録株式質権者に対し，同項第1号及び第2号に掲げる事項を通知すれば足りる。
4 前項の規定による通知は，公告をもってこれに代えることができる。
5 第1項に規定する場合には，株式の質権者（登録株式質権者を除く。）は，同項第2号の日の前日までに，株券発行会社に対し，第148条各号に掲げる事項を株主名簿に記載し，又は記録することを請求することができる。

POINT

不《2》意《1》にや《8》めるな、**株券発行**

第2款 株券の提出等

（株券の提出に関する公告等）

第219条 株券発行会社は，次の各号に掲げる行為をする場合には，当該行為の効力が生ずる日（第4号の2に掲げる行為をする場合にあっては，第179条の2第1項第5号に規定する取得日。以下この条において「株券提出日」という。）までに当該株券発行会社に対し当該各号に定める株式に係る株券を提出しなければならない旨を株券提出日の1箇月前までに，公告し，かつ，当該株式の株主及びその登録株式質権者には，各別にこれを通知しなければならない。ただし，当該株式の全部について株券を発行していない場合は，この限りでない。
① 第107条第1項第1号に掲げる事項についての定款の定めを設ける定款の変更　全部の株式（種類株式発行会社にあっては，当該事項についての定めを設ける種類の株式）
② 株式の併合　全部の株式（種類株式発行会社にあっては，第180条第2項第3号の種類の株式）
③ 第171条第1項に規定する全部取得条項付種類株式の取得　当該全部取得条項付種類株式
④ 取得条項付株式の取得　当該取得条項付株式
④の2 第179条の3第1項の承認　売渡株式
⑤ 組織変更　全部の株式
⑥ 合併（合併により当該株式会社が消滅する場合に限る。） 全部の株式
⑦ 株式交換　全部の株式
⑧ 株式移転　全部の株式
2 株券発行会社が次の各号に掲げる行為をする場合において，株券提出日までに当該株券発行会社に対して株券を提出しない者があるときは，当該各号に定める者は，当該株券の提出があるまでの間，当該行為（第2号に掲げる行為をする場合にあっては，株式売渡請求に係る売渡株式の取得）によって当該株券に係る株式の株主が受けることのできる金銭等の交付を拒むことがで

きる。
① 前項第1号から第4号までに掲げる行為 当該株券発行会社
② 第179条の3第1項の承認 特別支配株主
③ 組織変更 第744条第1項第1号に規定する組織変更後持分会社
④ 合併（合併により当該株式会社が消滅する場合に限る。） 第749条第1項に規定する吸収合併存続会社又は第753条第1項に規定する新設合併設立会社
⑤ 株式交換 第767条に規定する株式交換完全親会社
⑥ 株式移転 第773条第1項第1号に規定する株式移転設立完全親会社
3 第1項各号に定める株式に係る株券は，株券提出日に無効となる。
4 第1項第4号の2の規定による公告及び通知の費用は，特別支配株主の負担とする。

POINT
株主追《21》及《9》して**株券提出通知**せよ

□1項2号：株式併合後の新たな株式発行については215条2項。
□1項6号：従来の実務では合併比率1対1であれば消滅会社の株券を存続・新設会社の株券とみなすとされていたが、会社が合併により消滅する場合株券提出の公告・通知が必要となった。cf.749条。

（株券の提出をすることができない場合）
第220条 前条第1項各号に掲げる行為をした場合において，株券を提出することができない者があるときは，株券発行会社は，その者の請求により，利害関係人に対し異議があれば一定の期間内にこれを述べることができる旨を公告することができる。ただし，当該期間は，3箇月を下ることができない。
2 株券発行会社が前項の規定による公告をした場合において，同項の期間内に利害関係人が異議を述べなかったときは，前条第2項各号に定める者は，前項の請求をした者に対し，同条第2項の金銭等を交付することができる。
3 第1項の規定による公告の費用は，同項の請求をした者の負担とする。

POINT
つ《2》づ《2》れ《0》善後策、**株券出せ**なきゃ

□いわゆる簡易な異議催告手続の規定。株券喪失などにより株券を提出できない者は、その者の費用負担において（3項）会社に「利害関係人に対し異議があれば一定の期間内（3ヶ月以上）に述べることができる旨」を公告するよう請求できる（1項）。
□株券喪失者が株券喪失登録手続中に株式併合など219条1項各号の行為が行われた場合に、本条の手続を優先させることができる。つまり、上記の簡易異議公告期間の末日が、株券喪失登録日の翌日から1年を経過する日（228条1項）より前に到来するなら、この簡易な異議催告手続により公告、公告日において株券喪失登録は抹消される。cf.229条。
□新株予約権証券においても本条を準用。cf.293条。

第3款　株券喪失登録

（株券喪失登録簿）

第221条　株券発行会社（株式会社がその株式（種類株式発行会社にあっては，全部の種類の株式）に係る株券を発行する旨の定款の定めを廃止する定款の変更をした日の翌日から起算して1年を経過していない場合における当該株式会社を含む。以下この款（第223条，第227条及び第228条第2項を除く。）において同じ。）は，株券喪失登録簿を作成し，これに次に掲げる事項（以下この款において「株券喪失登録簿記載事項」という。）を記載し，又は記録しなければならない。

① 第223条の規定による請求に係る株券（第218条第2項又は第219条第3項の規定により無効となった株券及び株式の発行又は自己株式の処分の無効の訴えに係る請求を認容する判決が確定した場合における当該株式に係る株券を含む。以下この款（第228条を除く。）において同じ。）の番号

② 前号の株券を喪失した者の氏名又は名称及び住所

③ 第1号の株券に係る株式の株主又は登録株式質権者として株主名簿に記載され，又は記録されている者（以下この款において「名義人」という。）の氏名又は名称及び住所

④ 第1号の株券につき前3号に掲げる事項を記載し，又は記録した日（以下この款において「株券喪失登録日」という。）

POINT

普《2》通《2》の人《1》なら**株券失う**、**登録簿**作ろう

□株主が株券をなくすと善意取得者（131条2項）が現れ、株主としての地位を失う恐れがある。従来は非訟事件手続法に従うとされていたが、株主名簿手続と連動せず批判の多い制度であった。そこで株券不所持制度（217条）と同様、喪失対策として本条の株券喪失登録制度が設けられた。新株予約権や社債券は従来通り。cf.291・699条。

（株券喪失登録簿に関する事務の委託）

第222条　株券発行会社における第123条の規定の適用については，同条中「株主名簿の」とあるのは「株主名簿及び株券喪失登録簿の」と，「株主名簿に」とあるのは「株主名簿及び株券喪失登録簿に」とする。

POINT

名簿管理人、普《2》通《2》に《2》**喪失**
（登録簿）もあわせて管理

□株主名簿管理人（123条）に株券喪失登録簿の事務も行わせるのが合理的であるため。

（株券喪失登録の請求）

第223条　株券を喪失した者は，法務省令で定めるところにより，株券発行会社に対し，当該株券についての株券喪失登録簿記載事項を株券喪失登録簿に記載し，又は記録すること（以下「株

券喪失登録」という。）を請求することができる。

POINT 普《2》通《2》さ《3》、**株券なくせば登録請う**のが

□株券喪失登録の内容明記。
□株券喪失登録日の翌日から1年経過した日に株券が無効となり、株券喪失登録者に株券が再発行される。cf.228条。なお、「法務省令」＝施規47条。

（名義人等に対する通知）
第224条　株券発行会社が前条の規定による請求に応じて株券喪失登録をした場合において，当該請求に係る株券を喪失した者として株券喪失登録簿に記載され，又は記録された者（以下この款において「株券喪失登録者」という。）が当該株券に係る株式の名義人でないときは，株券発行会社は，遅滞なく，当該名義人に対し，当該株券について株券喪失登録をした旨並びに第221条第1号，第2号及び第4号に掲げる事項を通知しなければならない。
2　株式についての権利を行使するために株券が株券発行会社に提出された場合において，当該株券について株券喪失登録がされているときは，株券発行会社は，遅滞なく，当該株券を提出した者に対し，当該株券について株券喪失登録がされている旨を通知しなければならない。

POINT 普《2》通《2》、し《4》っかりした会社、**喪失登録通知**するはず

（株券を所持する者による抹消の申請）
第225条　株券喪失登録がされた株券を所持する者（その株券についての株券喪失登録者を除く。）は，法務省令で定めるところにより，株券発行会社に対し，当該株券喪失登録の抹消を申請することができる。ただし，株券喪失登録日の翌日から起算して1年を経過したときは，この限りでない。
2　前項の規定による申請をしようとする者は，株券発行会社に対し，同項の株券を提出しなければならない。
3　第1項の規定による申請を受けた株券発行会社は，遅滞なく，同項の株券喪失登録者に対し，同項の規定による申請をした者の氏名又は名称及び住所並びに同項の株券の番号を通知しなければならない。
4　株券発行会社は，前項の規定による通知の日から2週間を経過した日に，第2項の規定により提出された株券に係る株券喪失登録を抹消しなければならない。この場合においては，株券発行会社は，当該株券を第1項の規定による申請をした者に返還しなければならない。

POINT 普《2》通《2》、こ《5》れは無権利者？
株券持参で「（**喪失**）**登録消**しな」

□1項：株券所持人が株券喪失登録の抹消を申請できるのは、株券の所持人は適法な所持人と推定されるため（131条1項）。

ただし、株券喪失登録日の翌日から1年経過すると株券が無効となってしまうので（228条1項）、そのような株券を所持していても株主とは推定されない。あとは、当事者間で誰が株主かを確定することになろう。「法務省令」＝施規48条（株券を提示し、氏名または名称および住所を明らかにする）。

□4項：抹消までに2週間の期間が置かれるのは、株券喪失登録者に、当該株券に関する占有移転禁止の仮処分をなす時間を与えるため。

□本条のような株券所持人が常に無権利者とは限らない。無権利者からの善意取得者（131条2項）かもしれないし、株券喪失登録自体が虚偽申請によるものかもしれないから。もし、株券喪失登録が虚偽申請でなく真の権利者による登録申請であるなら、株券喪失登録者としては、会社から通知を受けたら（3項）直ちに上記の行動を起こさないと、2週間を経過したところで株券喪失登録は抹消され、会社に提出されていた株券が抹消申請者に返還されてしまう（4項）。そうなると、株券が再び流通におかれ、善意取得される可能性がある。

（株券喪失登録者による抹消の申請）

第226条　株券喪失登録者は，法務省令で定めるところにより，株券発行会社に対し，株券喪失登録（その株式（種類株式発行会社にあっては，全部の種類の株式）に係る株券を発行する旨の定款の定めを廃止する定款の変更をした場合にあっては，前条第2項の規定により提出された株券についての株券喪失登録を除く。）の抹消を申請することができる。

2　前項の規定による申請を受けた株券発行会社は，当該申請を受けた日に，当該申請に係る株券喪失登録を抹消しなければならない。

POINT

株券つ《2》つ《2》む《6》袋を発見!
喪失登録消してもらう

□「法務省令」＝施規49条（氏名または名称および住所並びに株券の番号を明らかにする）。

（株券を発行する旨の定款の定めを廃止した場合における株券喪失登録の抹消）

第227条　その株式（種類株式発行会社にあっては，全部の種類の株式）に係る株券を発行する旨の定款の定めを廃止する定款の変更をする場合には，株券発行会社は，当該定款の変更の効力が生ずる日に，株券喪失登録（当該株券喪失登録がされた株券に係る株式の名義人が株券喪失登録者であるものに限り，第225条第2項の規定により提出された株券についてのものを除く。）を抹消しなければならない。

POINT

つ《2》つ《2》がな《7》く**株券廃止**、**（喪失）登録**もおしまい

（株券の無効）

第228条　株券喪失登録（抹消されたものを除く。）がされた株券は，株券喪失登録日の翌日から起算して1年を経過した日に無効となる。
2　前項の規定により株券が無効となった場合には，株券発行会社は，当該株券についての株券喪失登録者に対し，株券を再発行しなければならない。

POINT **「1年たてば紙切れ～?!」**「普《2》通《2》や《8》!」

□1項：除権判決を経ることなく株券は無効となる。1年の期間が置かれるのは、株券取得者が会社に株券を提出する時間を与える趣旨。

（異議催告手続との関係）
第229条　株券喪失登録者が第220条第1項の請求をした場合には，株券発行会社は，同項の期間の末日が株券喪失登録日の翌日から起算して1年を経過する日前に到来するときに限り，同項の規定による公告をすることができる。
2　株券発行会社が第220条第1項の規定による公告をするときは，当該株券発行会社は，当該公告をした日に，当該公告に係る株券についての株券喪失登録を抹消しなければならない。

POINT **異議催告**に続《22》く《9》道近し、喪失登録の道より

□株券喪失登録制度と簡易な異議催告制度との調整規定。株券喪失登録手続中に会社が株券を提出させて無効とする事情が生じた場合（219条）には、株券提出ができない者による簡易な異議催告手続（220条）を優先させるほうが便宜的であるということ。220条の解説を参照のこと。

（株券喪失登録の効力）
第230条　株券発行会社は，次に掲げる日のいずれか早い日（以下この条において「登録抹消日」という。）までの間は，株券喪失登録がされた株券に係る株式を取得した者の氏名又は名称及び住所を株主名簿に記載し，又は記録することができない。
①　当該株券喪失登録が抹消された日
②　株券喪失登録日の翌日から起算して1年を経過した日
2　株券発行会社は，登録抹消日後でなければ，株券喪失登録がされた株券を再発行することができない。
3　株券喪失登録者が株券喪失登録をした株券に係る株式の名義人でないときは，当該株式の株主は，登録抹消日までの間は，株主総会又は種類株主総会において議決権を行使することができない。
4　株券喪失登録がされた株券に係る株式については，第197条第1項の規定による競売又は同条第2項の規定による売却をすることができない。

POINT 通《2》算《3》丸《0》**一年の喪失、（株主）名簿**に復帰

□1項1号：反対解釈より、株券所持人が株券喪失登録を抹消した場合（225条）は株券所持をもって権利が推定される（131条1項）ので、抹消日経過後、株主名簿に名義が記載されることになる。株券喪失登録者が抹消した場合（226条）は、株券を再発行してもらい（本条2項)、それをもって株主名簿に名義が記載される。

□1項2号：株券喪失登録日の翌日から1年経過後でも、それまでに善意取得されることがありうるという問題は残る。cf.228条1項。

□3項：反対解釈より、株券喪失登録者が名義人であれば、議決権を行使できる。これは、本来株主名簿上の株主として議決権行使できたのに、株券喪失登録の請求をしたことで議決権行使が認められなくなるのは妥当でないため。

（株券喪失登録簿の備置き及び閲覧等）

第231条　株券発行会社は，株券喪失登録簿をその本店（株主名簿管理人がある場合にあっては，その営業所）に備え置かなければならない。

2　何人も，株券発行会社の営業時間内は，いつでも，株券喪失登録簿（利害関係がある部分に限る。）について，次に掲げる請求をすることができる。この場合においては，当該請求の理由を明らかにしてしなければならない。

①　株券喪失登録簿が書面をもって作成されているときは，当該書面の閲覧又は謄写の請求

②　株券喪失登録簿が電磁的記録をもって作成されているときは，当該電磁的記録に記録された事項を法務省令で定める方法により表示したものの閲覧又は謄写の請求

POINT

盗難?! 踏《2》み《3》入《1》った本店で**喪失登録簿**チェック

□2項：株券を取得しようとする者のための開示制度なので、誰でも閲覧できる。ただし、この閲覧をしていなかったからといって重過失ありとはいえず、善意取得が成立しないことにはならないと解される（多数説)。2号の「法務省令」＝施規226条13号（紙面か映像面で表示)。

（株券喪失登録者に対する通知等）

第232条　株券発行会社が株券喪失登録者に対してする通知又は催告は，株券喪失登録簿に記載し，又は記録した当該株券喪失登録者の住所（当該株券喪失登録者が別に通知又は催告を受ける場所又は連絡先を株券発行会社に通知した場合にあっては，その場所又は連絡先）にあてて発すれば足りる。

2　前項の通知又は催告は，その通知又は催告が通常到達すべきであった時に，到達したものとみなす。

POINT

罪《23》作《2》りな（**株券**）**喪失者**の
住所に**通知・催告**

（適用除外）
第233条　非訟事件手続法第4編 の規定は，株券については，適用しない。

第10節　雑則

（1に満たない端数の処理）
第234条　次の各号に掲げる行為に際して当該各号に定める者に当該株式会社の株式を交付する場合において，その者に対し交付しなければならない当該株式会社の株式の数に1株に満たない端数があるときは，その端数の合計数（その合計数に1に満たない端数がある場合にあっては，これを切り捨てるものとする。）に相当する数の株式を競売し，かつ，その端数に応じてその競売により得られた代金を当該者に交付しなければならない。
①　第170条第1項の規定による株式の取得　当該株式会社の株主
②　第173条第1項の規定による株式の取得　当該株式会社の株主
③　第185条に規定する株式無償割当て　当該株式会社の株主
④　第275条第1項の規定による新株予約権の取得　第236条第1項第7号イの新株予約権の新株予約権者
⑤　合併（合併により当該株式会社が存続する場合に限る。）　合併後消滅する会社の株主又は社員
⑥　合併契約に基づく設立時発行株式の発行　合併後消滅する会社の株主又は社員
⑦　株式交換による他の株式会社の発行済株式全部の取得　株式交換をする株式会社の株主
⑧　株式移転計画に基づく設立時発行株式の発行　株式移転をする株式会社の株主
⑨　株式交付　株式交付親会社（第774条の3第1項第1号に規定する株式交付親会社をいう。）に株式交付に際して株式交付子会社（同号に規定する株式交付子会社をいう。）の株式又は新株予約権等（同項第7号に規定する新株予約権等をいう。）を譲り渡した者

2　株式会社は，前項の規定による競売に代えて，市場価格のある同項の株式については市場価格として法務省令で定める方法により算定される額をもって，市場価格のない同項の株式については裁判所の許可を得て競売以外の方法により，これを売却することができる。この場合において，当該許可の申立ては，取締役が2人以上あるときは，その全員の同意によってしなければならない。

3　前項の規定により第1項の株式を売却した場合における同項の規定の適用については，同項中「競売により」とあるのは，「売却により」とする。

4　株式会社は，第2項の規定により売却する株式の全部又は一部を買い取ることができる。この場合においては，次に掲げる事項を定めなければならない。

① 買い取る株式の数（種類株式発行会社にあっては，株式の種類及び種類ごとの数）
② 前号の株式の買取りをするのと引換えに交付する金銭の総額
5 取締役会設置会社においては，前項各号に掲げる事項の決定は，取締役会の決議によらなければならない。
6 第1項から第4項までの規定は，第1項各号に掲げる行為に際して当該各号に定める者に当該株式会社の社債又は新株予約権を交付するときについて準用する。

POINT 金積《2》み《3》て仕《4》方なくする**端数処理**

□端株制度は撤廃され、原則として競売代金の交付によって処理されることとなった。
□2項：「法務省令」＝施規50条。
□3・4項：競売以外の売却の方法での端数処理を選択する場合は、取締役の決定（取締役会設置会社では取締役会の決議）によって会社自身が端数分を買い取ることができる。ただし、財源規制あり。cf.461条1項7号。

（1に満たない端数の処理・その2）
第235条 株式会社が株式の分割又は株式の併合をすることにより株式の数に1株に満たない端数が生ずるときは，その端数の合計数（その合計数に1に満たない端数が生ずる場合にあっては，これを切り捨てるものとする。）に相当する数の株式を競売し，かつ，その端数に応じてその競売により得られた代金を株主に交付しなければならない。
2 前条第2項から第5項までの規定は，前項の場合について準用する。

POINT 端数(問題)踏《2》み《3》越《5》え**分割•併合**

□自己株式も分割・併合されうると解されるので、「株主」に会社も含まれる。会社自ら競売・売却代金を受け取れるであろう。

第3章　新株予約権

第1節　総則

（新株予約権の内容）

第236条　株式会社が新株予約権を発行するときは，次に掲げる事項を当該新株予約権の内容としなければならない。

① 当該新株予約権の目的である株式の数（種類株式発行会社にあっては，株式の種類及び種類ごとの数）又はその数の算定方法

② 当該新株予約権の行使に際して出資される財産の価額又はその算定方法

③ 金銭以外の財産を当該新株予約権の行使に際してする出資の目的とするときは，その旨並びに当該財産の内容及び価額

④ 当該新株予約権を行使することができる期間

⑤ 当該新株予約権の行使により株式を発行する場合における増加する資本金及び資本準備金に関する事項

⑥ 譲渡による当該新株予約権の取得について当該株式会社の承認を要することとするときは，その旨

⑦ 当該新株予約権について，当該株式会社が一定の事由が生じたことを条件としてこれを取得することができることとするときは，次に掲げる事項

イ　一定の事由が生じた日に当該株式会社がその新株予約権を取得する旨及びその事由

ロ　当該株式会社が別に定める日が到来することをもってイの事由とするときは，その旨

ハ　イの事由が生じた日にイの新株予約権の一部を取得することとするときは，その旨及び取得する新株予約権の一部の決定の方法

ニ　イの新株予約権を取得するのと引換えに当該新株予約権の新株予約権者に対して当該株式会社の株式を交付するときは，当該株式の数（種類株式発行会社にあっては，株式の種類及び種類ごとの数）又はその算定方法

ホ　イの新株予約権を取得するのと引換えに当該新株予約権の新株予約権者に対して当該株式会社の社債（新株予約権付社債についてのものを除く。）を交付するときは，当該社債の種類及び種類ごとの各社債の金額の合計額又はその算定方法

ヘ　イの新株予約権を取得するのと引換えに当該新株予約権の新株予約権者に対して当該株式会社の他の新株予約権（新株予約権付社債に付されたものを除く。）を交付するときは，当該他の新株予約権の内容及び数又はその算定方法

ト　イの新株予約権を取得するのと引換えに当該新株予約権の新株予約権者に対して当該株式会社の新株予約権付社債を交付するときは，当該新株予約権付社債についてのホに規定する事項及び当該新株予約権付社債に付された新株予約権についてのヘに規定する事項

チ　イの新株予約権を取得するのと引換えに当該新株予約権の新株予約権者に対して当該株式会社の株式等以外の財産を交付するときは，当該財産の内容及び数若しくは額又はこれらの算定方法

⑧ 当該株式会社が次のイからホまでに掲げる行為をする場合において，当該新株予約権の新株予約権者に当該イからホまでに定める株式会社の新株予約権を交付することとするときは，その旨及びその条件

イ　合併（合併により当該株式会社が消滅する場合に限る。）　合併後存続する株式会社又は合

併により設立する株式会社
ロ　吸収分割　吸収分割をする株式会社がその事業に関して有する権利義務の全部又は一部を承継する株式会社
ハ　新設分割　新設分割により設立する株式会社
ニ　株式交換　株式交換をする株式会社の発行済株式の全部を取得する株式会社
ホ　株式移転　株式移転により設立する株式会社
⑨　新株予約権を行使した新株予約権者に交付する株式の数に1株に満たない端数がある場合において，これを切り捨てるものとするときは，その旨
⑩　当該新株予約権（新株予約権付社債に付されたものを除く。）に係る新株予約権証券を発行することとするときは，その旨
⑪　前号に規定する場合において，新株予約権者が第290条の規定による請求の全部又は一部をすることができないこととするときは，その旨
2　新株予約権付社債に付された新株予約権の数は，当該新株予約権付社債についての社債の金額ごとに，均等に定めなければならない。
3　金融商品取引法第2条第16項に規定する金融商品取引所に上場されている株式を発行している株式会社は，定款又は株主総会の決議による第361条第1項第4号又は第5号ロに掲げる事項についての定めに従い新株予約権を発行するときは，第1項第2号に掲げる事項を当該新株予約権の内容とすることを要しない。この場合において，当該株式会社は，次に掲げる事項を当該新株予約権の内容としなければならない。
①　取締役の報酬等として又は取締役の報酬等をもってする払込みと引換えに当該新株予約権を発行するものであり，当該新株予約権の行使に際してする金銭の払込み又は第1項第3号の財産の給付を要しない旨
②　定款又は株主総会の決議による第361条第1項第4号又は第5号ロに掲げる事項についての定めに係る取締役（取締役であった者を含む。）以外の者は，当該新株予約権を行使することができない旨
4　指名委員会等設置会社における前項の規定の適用については，同項中「定款又は株主総会の決議による第361条第1項第4号又は第5号ロに掲げる事項についての定め」とあるのは「報酬委員会による第409条第3項第4号又は第5号ロに定める事項についての決定」と，同項第1号中「取締役」とあるのは「執行役若しくは取締役」と，同項第2号中「取締役」とあるのは「執行役又は取締役」とする。

POINT

ふ《2》ざ《3》けてろ《6》!（**新株**）**予約権の内容**多すぎる

□ストック・オプション以外にも、利用の自由度が増し、業務提携、買収防衛、ライツ･オファリング、社債など借入先への魅力を付加した材料として付与されうる。
□1項1号：行使期間が開始するまでには、株式の授権枠を確保しておく必要あり。cf.113条4項。
□1項3号：現物出資が可能であることが明記された。
□1項6号：譲渡制限新株予約権。譲渡承認手続については262～266条。
□1項7号：取得条項付新株予約権。取得対価が多様に定められている（ニ～チ）のは、会社の便宜のため。特にニは、いわゆる強制転換条項付新株予約権付社債を想定する規定。

強制転換条項付新株予約権付社債とは、取得条項付新株予約権が新株予約権付社債についており、かつその取得対価を株式にする場合のことである。会社の資金調達の円滑化や買収防衛のため会社の側が転換権をもつ新株予約権付社債創設を、という経済界の要請を受けたもの。なお、具体的な事由発生後の決定・取得等については273～275条を参照のこと。また、新株予約権証券を発行しているときは証券の提出に関し、293・294条。

□1項8号：組織再編の際の新株予約権の承継。例えば、イは合併の効力発生日に消滅会社の新株予約権が消滅するため（750条4項）、あらかじめ合併が行われることを想定して他の会社の新株予約権を交付することを定めておくよう求めている。cf.749条2項4号、753条1項10号、787条1項1号、808条1項1号。

□1項10号：株券や社債券と平仄をあわせ、新株予約権証券についても不発行が原則となり、会社は新株予約権の発行ごとに新株予約権証券を発行するかどうか決定できる。cf.238条1項1号。証券発行新株予約権を発行したときは遅滞なく新株予約権証券を発行しなければならないのが原則。cf.288条1項。

□1項11号：新株予約権証券を記名式、無記名式、いずれで発行してもよく、転換も自由であるが、（249・290条）、実務上は事務負担を減らすため、本号によりあらかじめいずれかに決めた上転換できない旨を定めることが多い。

□3・4項：令和元年改正により、上場会社の取締役に無償のエクイティ報酬である新株予約権（ストック・オプション）が支給されることとなった。cf.361条1項3～5号のコメント、202条の2、445条6項。

（共有者による権利の行使）
第237条　新株予約権が2以上の者の共有に属するときは，共有者は，当該新株予約権についての権利を行使する者1人を定め，株式会社に対し，その者の氏名又は名称を通知しなければ，当該新株予約権についての権利を行使することができない。ただし，株式会社が当該権利を行使することに同意した場合は，この限りでない。

POINT　文《23》仲《7》間で（新株）**予約権共有**

□株式共有につき同様の法文あり。cf.106条。

第2節　新株予約権の発行

第1款　募集事項の決定等

（募集事項の決定）
第238条　株式会社は，その発行する新株予約権を引き受ける者の募集をしようとするときは，その都度，募集新株予約権（当該募集に応じて当該新株予約権の引受けの申込みをした者に対して割り当てる新株予約権をいう。以下この章において同じ。）について次に掲げる事項（以下この節において「募集事項」という。）を定めなければならない。
① 募集新株予約権の内容及び数
② 募集新株予約権と引換えに金銭の払込みを要しないこととする場合には，その旨
③ 前号に規定する場合以外の場合には，募集新株予約権の払込金額（募集新株予約権1個と引換えに払い込む金銭の額をいう。以下この章において同じ。）又はその算定方法
④ 募集新株予約権を割り当てる日（以下この節において「割当日」という。）
⑤ 募集新株予約権と引換えにする金銭の払込みの期日を定めるときは，その期日
⑥ 募集新株予約権が新株予約権付社債に付されたものである場合には，第676条各号に掲げる事項
⑦ 前号に規定する場合において，同号の新株予約権付社債に付された募集新株予約権についての第118条第1項，第179条第2項，第777条第1項，第787条第1項又は第808条第1項の規定による請求の方法につき別段の定めをするときは，その定め
2 募集事項の決定は，株主総会の決議によらなければならない。
3 次に掲げる場合には，取締役は，前項の株主総会において，第1号の条件又は第2号の金額で募集新株予約権を引き受ける者の募集をすることを必要とする理由を説明しなければならない。
① 第1項第2号に規定する場合において，金銭の払込みを要しないこととすることが当該者に特に有利な条件であるとき。
② 第1項第3号に規定する場合において，同号の払込金額が当該者に特に有利な金額であるとき。
4 種類株式発行会社において，募集新株予約権の目的である株式の種類の全部又は一部が譲渡制限株式であるときは，当該募集新株予約権に関する募集事項の決定は，当該種類の株式を目的とする募集新株予約権を引き受ける者の募集について当該種類の株式の種類株主を構成員とする種類株主総会の決議を要しない旨の定款の定めがある場合を除き，当該種類株主総会の決議がなければ，その効力を生じない。ただし，当該種類株主総会において議決権を行使することができる種類株主が存しない場合は，この限りでない。
5 募集事項は，第1項の募集ごとに，均等に定めなければならない。

POINT ふ《2》ざ《3》けや《8》がって、**(新株)予約権**の**大量募集**

□募集株式の発行に関する199条と新株予約権の内容に関する236条の解説を参照のこと。
□1項2号：無償発行。特に有利な発行となるなら、取締役の説明が必要（3項1号）。
□1項3号：払込み金額が特に有利な金額となるなら、取締役の説明が必要（3項2号）。令和元年改正により、取締役の報酬明示のため算定方法自体が登記事項になる場合あり。cf.911条3項12号へ。
□1項6・7号：新株予約権付社債は分離して譲渡できないが（254条2項）、買取請求（118・777・787・808条）および売渡請求（179条3項）については別段の定めにより分離して扱うことができる。
□2項：株主総会の決議は特別決議（309条2項6号）。公開会社では取締役会決議とする（240条1項）ので、これは非公開会社に関する規定ということになる。
□4項：種類株主総会の特別決議（324条2項）。

（募集事項の決定の委任）

第239条　前条第2項及び第4項の規定にかかわらず，株主総会においては，その決議によって，募集事項の決定を取締役（取締役会設置会社にあっては，取締役会）に委任することができる。この場合においては，次に掲げる事項を定めなければならない。

①　その委任に基づいて募集事項の決定をすることができる募集新株予約権の内容及び数の上限

②　前号の募集新株予約権につき金銭の払込みを要しないこととする場合には，その旨

③　前号に規定する場合以外の場合には，募集新株予約権の払込金額の下限

2　次に掲げる場合には，取締役は，前項の株主総会において，第1号の条件又は第2号の金額で募集新株予約権を引き受ける者の募集をすることを必要とする理由を説明しなければならない。

①　前項第2号に規定する場合において，金銭の払込みを要しないこととすることが当該者に特に有利な条件であるとき。

②　前項第3号に規定する場合において，同号の払込金額の下限が当該者に特に有利な金額であるとき。

3　第1項の決議は，割当日が当該決議の日から1年以内の日である前条第1項の募集についてのみその効力を有する。

4　種類株式発行会社において，募集新株予約権の目的である株式の種類の全部又は一部が譲渡制限株式であるときは，当該募集新株予約権に関する募集事項の決定の委任は，前条第4項の定款の定めがある場合を除き，当該種類株主総会の決議がなければ，その効力を生じない。ただし，当該種類株主総会において議決権を行使することができる種類株主が存しない場合は，この限りでない。

POINT

つ《2》んざ《3》く《9》声で

「（新株）予約権募集、取締役にまかせろ!」

□募集株式の発行に関する200条の解説を参照のこと。

□1項：その決議とは特別決議（309条2項6号）。この決議によって取締役（取締役会設置会社では取締役会）に募集事項の決定を委任できる。数の上限（1号）、払込み金額の下限（3号）につき総会で決めておくのは募集株式の発行（200条1項）と同じだが、こちらは無償発行についても決めておかなければならない（2号）。

□2～4項：募集株式の発行と同様。

（公開会社における募集事項の決定の特則）

第240条　第238条第3項各号に掲げる場合を除き，公開会社における同条第2項の規定の適用については，同項中「株主総会」とあるのは，「取締役会」とする。この場合においては，前条の規定は，適用しない。

2　公開会社は，前項の規定により読み替えて適用する第238条第2項の取締役会の決議によって募集事項を定めた場合には，割当日の2週間前までに，株主に対し，当該募集事項を通知しなければならない。

3　前項の規定による通知は，公告をもってこれに代えることができる。

4　第2項の規定は，株式会社が募集事項について割当日の2週間前までに金融商品取引法第4条第1項 から第3項 までの届出をしている場合その他の株主の保護に欠けるおそれがないものとして法務省令で定める場合には，適用しない。

POINT

公開の西《24》の丸《0》で
取締役会（新株）予約権募集

□募集株式の発行に関する201条の解説を参照のこと。
□2～4項：募集株式の発行と同様。cf.201条3～5項。
□4項：「法務省令」＝施規53条。

（株主に新株予約権の割当てを受ける権利を与える場合）

第241条　株式会社は，第238条第1項の募集において，株主に新株予約権の割当てを受ける権利を与えることができる。この場合においては，募集事項のほか，次に掲げる事項を定めなければならない。

①　株主に対し，次条第2項の申込みをすることにより当該株式会社の募集新株予約権（種類株式発行会社にあっては，その目的である株式の種類が当該株主の有する種類の株式と同一の種類のもの）の割当てを受ける権利を与える旨
②　前号の募集新株予約権の引受けの申込みの期日

2　前項の場合には，同項第1号の株主（当該株式会社を除く。）は，その有する株式の数に応じて募集新株予約権の割当てを受ける権利を有する。ただし，当該株主が割当てを受ける募集新株予約権の数に1に満たない端数があるときは，これを切り捨てるものとする。

3　第1項各号に掲げる事項を定める場合には，募集事項及び同項各号に掲げる事項は，次の各号に掲げる場合の区分に応じ，当該各号に定める方法によって定めなければならない。

①　当該募集事項及び第1項各号に掲げる事項を取締役の決定によって定めることができる旨の定款の定めがある場合（株式会社が取締役会設置会社である場合を除く。）　取締役の決定
②　当該募集事項及び第1項各号に掲げる事項を取締役会の決議によって定めることができる旨の定款の定めがある場合（次号に掲げる場合を除く。）　取締役会の決議
③　株式会社が公開会社である場合　取締役会の決議
④　前3号に掲げる場合以外の場合　株主総会の決議

4　株式会社は，第1項各号に掲げる事項を定めた場合には，同項第2号の期日の2週間前までに，同項第1号の株主（当該株式会社を除く。）に対し，次に掲げる事項を通知しなければならない。

①　募集事項
②　当該株主が割当てを受ける募集新株予約権の内容及び数
③　第1項第2号の期日

5　第238条第2項から第4項まで及び前2条の規定は，第1項から第3項までの規定により株主に新株予約権の割当てを受ける権利を与える場合には，適用しない。

POINT

強《24》い《1》（**株主**）仲間に
（**新株**）**予約権割当て**

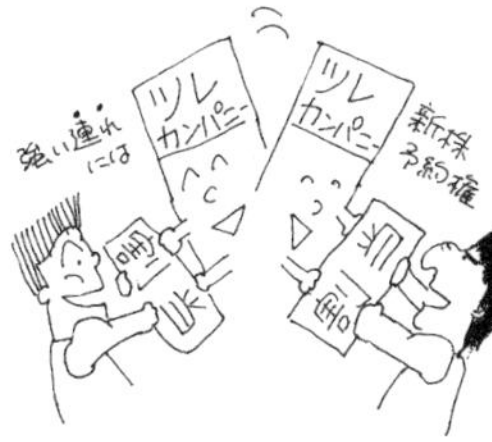

□募集株式の発行に関する202条の解説を参照のこと。なお、3項の株主総会の特別決議は309条2項5号でなく6号。

第2款　募集新株予約権の割当て

（募集新株予約権の申込み）

第242条　株式会社は，第238条第1項の募集に応じて募集新株予約権の引受けの申込みをしようとする者に対し，次に掲げる事項を通知しなければならない。

① 株式会社の商号
② 募集事項
③ 新株予約権の行使に際して金銭の払込みをすべきときは，払込みの取扱いの場所
④ 前3号に掲げるもののほか，法務省令で定める事項

2　第238条第1項の募集に応じて募集新株予約権の引受けの申込みをする者は，次に掲げる事項を記載した書面を株式会社に交付しなければならない。

① 申込みをする者の氏名又は名称及び住所
② 引き受けようとする募集新株予約権の数

3　前項の申込みをする者は，同項の書面の交付に代えて，政令で定めるところにより，株式会社の承諾を得て，同項の書面に記載すべき事項を電磁的方法により提供することができる。この場合において，当該申込みをした者は，同項の書面を交付したものとみなす。

4　第1項の規定は，株式会社が同項各号に掲げる事項を記載した金融商品取引法第2条第10項に規定する目論見書を第1項 の申込みをしようとする者に対して交付している場合その他募集新株予約権の引受けの申込みをしようとする者の保護に欠けるおそれがないものとして法務省令で定める場合には，適用しない。

5　株式会社は，第1項各号に掲げる事項について変更があったときは，直ちに，その旨及び当該変更があった事項を第2項の申込みをした者（以下この款において「申込者」という。）に通知しなければならない。

6　募集新株予約権が新株予約権付社債に付されたものである場合には，申込者（募集新株予約権のみの申込みをした者に限る。）は，その申込みに係る募集新株予約権を付した新株予約権付社債の引受けの申込みをしたものとみなす。

7　株式会社が申込者に対してする通知又は催告は，第2項第1号の住所（当該申込者が別に通知又は催告を受ける場所又は連絡先を当該株式会社に通知した場合にあっては，その場所又は連絡先）にあてて発すれば足りる。

8　前項の通知又は催告は，その通知又は催告が通常到達すべきであった時に，到達したものとみなす。

POINT

つ《2》じ《4》つ《2》ま合ってる?
（**新株**）**予約権**のプロポーズ（=**申込み**）

□1項4号：「法務省令」＝施規54条（発行可能株式総数、株式の内容等）。

□4項：「法務省令」＝施規55条（金融商品取引法に基づき目論見書を電磁的方法で提供している場合等）

□新株予約権付社債の申込み（6項）以外は募集株式の発行に関する203条と同様。

（募集新株予約権の割当て）

第243条　株式会社は，申込者の中から募集新株予約権の割当てを受ける者を定め，かつ，その者に割り当てる募集新株予約権の数を定めなければならない。この場合において，株式会社は，当該申込者に割り当てる募集新株予約権の数を，前条第2項第2号の数よりも減少することができる。

2　次に掲げる場合には，前項の規定による決定は，株主総会（取締役会設置会社にあっては，取締役会）の決議によらなければならない。ただし，定款に別段の定めがある場合は，この限りでない。

①　募集新株予約権の目的である株式の全部又は一部が譲渡制限株式である場合

②　募集新株予約権が譲渡制限新株予約権（新株予約権であって，譲渡による当該新株予約権の取得について株式会社の承認を要する旨の定めがあるものをいう。以下この章において同じ。）である場合

3　株式会社は，割当日の前日までに，申込者に対し，当該申込者に割り当てる募集新株予約権の数（当該募集新株予約権が新株予約権付社債に付されたものである場合にあっては，当該新株予約権付社債についての社債の種類及び各社債の金額の合計額を含む。）を通知しなければならない。

4　第241条の規定により株主に新株予約権の割当てを受ける権利を与えた場合において，株主が同条第1項第2号の期日までに前条第2項の申込みをしないときは，当該株主は，募集新株予約権の割当てを受ける権利を失う。

POINT　つ《2》よ《4》み《3》ある将来財産、**（新株）予約権**の**割当て**受けて

□募集株式の発行に関する204条の解説を参照のこと。なお、株主総会の決議は特別決議は309条2項5号でなく6号。

（募集新株予約権の申込み及び割当てに関する特則）

第244条　前2条の規定は，募集新株予約権を引き受けようとする者がその総数の引受けを行う契約を締結する場合には，適用しない。

2　募集新株予約権が新株予約権付社債に付されたものである場合における前項の規定の適用については，同項中「の引受け」とあるのは，「及び当該募集新株予約権を付した社債の総額の引受け」とする。

3　第1項に規定する場合において，次に掲げるときは，株式会社は，株主総会（取締役会設置会社にあっては，取締役会）の決議によって，同項の契約の承認を受けなければならない。ただし，定款に別段の定めがある場合は，この限りでない。

①　募集新株予約権の目的である株式の全部又は一部が譲渡制限株式であるとき。

②　募集新株予約権が譲渡制限新株予約権であるとき。

POINT つ《2》よ《4》し《4》助っ人、(**新株**)**予約権全部引受け**るとは!

□総株引受け（買取引受けともいう）の新株予約権バージョンの規定。募集株式の発行に関する205条の解説を参照のこと。

□2項：新株予約権付社債は、数でなく額で引受ける（576条1・2号）ので、こちらは総数の引受けでなく総額引受け。

□3項：205条2項に対応。

（公開会社における募集新株予約権の割当て等の特則）

第244条の2　公開会社は，募集新株予約権の割当てを受けた申込者又は前条第1項の契約により募集新株予約権の総数を引き受けた者（以下この項において「引受人」と総称する。）について，第1号に掲げる数の第2号に掲げる数に対する割合が2分の1を超える場合には，割当日の2週間前までに，株主に対し，当該引受人（以下この項及び第5項において「特定引受人」という。）の氏名又は名称及び住所，当該特定引受人についての第1号に掲げる数その他の法務省令で定める事項を通知しなければならない。ただし，当該特定引受人が当該公開会社の親会社等である場合又は第241条の規定により株主に新株予約権の割当てを受ける権利を与えた場合は，この限りでない。

①　当該引受人（その子会社等を含む。）がその引き受けた募集新株予約権に係る交付株式の株主となった場合に有することとなる最も多い議決権の数

②　前号に規定する場合における最も多い総株主の議決権の数

2　前項第1号に規定する「交付株式」とは，募集新株予約権の目的である株式，募集新株予約権の内容として第236条第1項第7号ニに掲げる事項についての定めがある場合における同号ニの株式その他募集新株予約権の新株予約権者が交付を受ける株式として法務省令で定める株式をいう。

3　第1項の規定による通知は，公告をもってこれに代えることができる。

4　第1項の規定にかかわらず，株式会社が同項の事項について割当日の2週間前までに金融商品取引法第4条第1項から第3項までの届出をしている場合その他の株主の保護に欠けるおそれがないものとして法務省令で定める場合には，第1項の規定による通知は，することを要しない。

5　総株主（この項の株主総会において議決権を行使することができない株主を除く。）の議決権の10分の1（これを下回る割合を定款で定めた場合にあっては，その割合）以上の議決権を有する株主が第1項の規定による通知又は第3項の公告の日（前項の場合にあっては，法務省令で定める日）から2週間以内に特定引受人（その子会社等を含む。以下この項において同じ。）による募集新株予約権の引受けに反対する旨を公開会社に対し通知したときは，当該公開会社は，割当日の前日までに，株主総会の決議によって，当該特定引受人に対する募集新株予約権の割当て又は当該特定引受人との間の前条第1項の契約の承認を受けなければならない。ただし，当該公開会社の財産の状況が著しく悪化している場合において，当該公開会社の事業の継続のため緊急の必要があるときは，この限りでない。

6　第309条第1項の規定にかかわらず，前項の株主総会の決議は，議決権を行使することができる株主の議決権の過半数（3分の1以上の割合を定款で定めた場合にあっては，その割合以上）を有する株主が出席し，出席した当該株主の議決権の過半数（これを上回る割合を定款で定めた場合にあっては，その割合以上）をもって行わなければならない。

□206条の2と同じ規制。引受人が新株予約権を行使すると、支配株主が出現する同様の事態が生じる危険があるため。

（新株予約権者となる日）

第245条　次の各号に掲げる者は，割当日に，当該各号に定める募集新株予約権の新株予約権者となる。

①　申込者　株式会社の割り当てた募集新株予約権

②　第244条第1項の契約により募集新株予約権の総数を引き受けた者　その者が引き受けた募集新株予約権

2　募集新株予約権が新株予約権付社債に付されたものである場合には，前項の規定により募集新株予約権の新株予約権者となる者は，当該募集新株予約権を付した新株予約権付社債についての社債の社債権者となる。

POINT　**割当日**に《2》よ《4》うこ《5》そ、**（新株）予約権者**となる

□1項：新株につき同様の法文あり。cf.206条。ただし、有償発行（238条1項3号）かつ払込み（246条3項）がなくても、割当日から新株予約権者となることに注意。これに対し、募集株式の引受人が株主となるには出資の履行をしなければならない。cf.209条。

□2項：割当日に新株予約権付社債の社債権者となる。

第3款　募集新株予約権に係る払込み

（募集新株予約権に係る払込み）

第246条　第238条第1項第3号に規定する場合には，新株予約権者は，募集新株予約権についての第236条第1項第4号の期間の初日の前日（第238条第1項第5号に規定する場合にあっては，同号の期日。第3項において「払込期日」という。）までに，株式会社が定めた銀行等の払込みの取扱いの場所において，それぞれの募集新株予約権の払込金額の全額を払い込まなければならない。

2　前項の規定にかかわらず，新株予約権者は，株式会社の承諾を得て，同項の規定による払込みに代えて，払込金額に相当する金銭以外の財産を給付し，又は当該株式会社に対する債権をもって相殺することができる。

3　第238条第1項第3号に規定する場合には，新株予約権者は，募集新株予約権についての払込期日までに，それぞれの募集新株予約権の払込金額の全額の払込み（当該払込みに代えてする金銭以外の財産の給付又は当該株式会社に対する債権をもってする相殺を含む。）をしないときは，当該募集新株予約権を行使することができない。

POINT　に《2》じ《4》む《6》涙の金すべて**（新株）予約権**に**払い込む**

□募集株式の発行に関する208条と比較せよ（1項は同じ）。

□2項：募集株式の発行では会社に対する債権をもって相殺できない（208条3項）が、募

集新株予約権にかかる払込みは出資とは異なるため、相殺可能である。
□3項：全額払込みがないと、新株予約権を行使できないが、割当日に新株予約権自体は取得していることに注意。cf.245条1項。
□新株予約権の行使における払込みについての281条と異なることに注意。

第4款　募集新株予約権の発行をやめることの請求

（募集新株予約権の発行をやめることの請求）
第247条　次に掲げる場合において，株主が不利益を受けるおそれがあるときは，株主は，株式会社に対し，第238条第1項の募集に係る新株予約権の発行をやめることを請求することができる。
①　当該新株予約権の発行が法令又は定款に違反する場合
②　当該新株予約権の発行が著しく不公正な方法により行われる場合

POINT　不《2》審《4》な《7》（**新株**）**予約権発行差し止**めよう

□新株予約権の条件、内容によっては既存株主の経済的利益、持分比率を害することがあるので、それを防止する趣旨。なお、本条のほか、新株予約権発行の無効の訴え（828条1項4号）、不存在確認の訴え（829条3号）も規定されている。
□募集株式の発行差止めにつき同様の法文あり。cf.210条。

第5款　雑則

（適用除外）
第248条　第676条から第680条までの規定は，新株予約権付社債についての社債を引き受ける者の募集については，適用しない。

POINT　社債に《2》し《4》ては《8》社債らしくない、（**新株**）**予約権付社債**

□新株予約権付社債、つまり新株予約権を付した社債（定義は2条22号）の募集は新株予約権の募集手続（238条以下）のもとで行われ、社債募集の規定（676～680条）は適用されない。新株予約権としての募集の規制が重要なため。ただ、募集以外については社債の規定が適用される。

第3節　新株予約権原簿

（新株予約権原簿）

第249条　株式会社は，新株予約権を発行した日以後遅滞なく，新株予約権原簿を作成し，次の各号に掲げる新株予約権の区分に応じ，当該各号に定める事項（以下「新株予約権原簿記載事項」という。）を記載し，又は記録しなければならない。
① 無記名式の新株予約権証券が発行されている新株予約権（以下この章において「無記名新株予約権」という。） 当該新株予約権証券の番号並びに当該無記名新株予約権の内容及び数
② 無記名式の新株予約権付社債券（証券発行新株予約権付社債（新株予約権付社債であって，当該新株予約権付社債についての社債につき社債券を発行する旨の定めがあるものをいう。以下この章において同じ。）に係る社債券をいう。以下同じ。）が発行されている新株予約権付社債（以下この章において「無記名新株予約権付社債」という。）に付された新株予約権　当該新株予約権付社債券の番号並びに当該新株予約権の内容及び数
③ 前2号に掲げる新株予約権以外の新株予約権　次に掲げる事項
イ　新株予約権者の氏名又は名称及び住所
ロ　イの新株予約権者の有する新株予約権の内容及び数
ハ　イの新株予約権者が新株予約権を取得した日
ニ　ロの新株予約権が証券発行新株予約権（新株予約権（新株予約権付社債に付されたものを除く。）であって，当該新株予約権に係る新株予約権証券を発行する旨の定めがあるものをいう。以下この章において同じ。）であるときは，当該新株予約権（新株予約権証券が発行されているものに限る。）に係る新株予約権証券の番号
ホ　ロの新株予約権が証券発行新株予約権付社債に付されたものであるときは，当該新株予約権を付した新株予約権付社債（新株予約権付社債券が発行されているものに限る。）に係る新株予約権付社債券の番号

POINT

強《24》く《9》書き込め（**新株**）**予約権原簿**

□株主名簿につきほぼ同様の法文あり。cf.121条。
□1・2号：無記名式証券の場合。新株予約権証券番号と新株予約権の内容・数が記載されるだけなので、会社からは誰が新株予約権者か原簿からは把握できない。なお、新株予約権の譲渡に証券の交付が必要である以上、講学上のいわゆる無記名証券であることに変わりない。それと本条の記名式、無記名式証券と混同しないよう注意。対抗要件についての257条も参照のこと。
□3号：記名式証券の場合。

（新株予約権原簿記載事項を記載した書面の交付等）
第250条　前条第3号イの新株予約権者は，株式会社に対し，当該新株予約権者についての新株予約権原簿に記載され，若しくは記録された新株予約権原簿記載事項を記載した書面の交付又は当該新株予約権原簿記載事項を記録した電磁的記録の提供を請求することができる。
2　前項の書面には，株式会社の代表取締役（指名委員会等設置会社にあっては，代表執行役。次項において同じ。）が署名し，又は記名押印しなければならない。
3　第1項の電磁的記録には，株式会社の代表取締役が法務省令で定める署名又は記名押印に代わる措置をとらなければならない。
4　前3項の規定は，証券発行新株予約権及び証券発行新株予約権付社債に付された新株予約権

については，適用しない。

POINT

都《2》合《5》わ《0》るいの？（**新株**）**予約権者の記録**出してよ

□3項：「法務省令」＝施規225条1項4号（電子署名）。
□株主名簿につきほぼ同様の法文あり。cf.122条。

（新株予約権原簿の管理）
第251条　株式会社が新株予約権を発行している場合における第123条の規定の適用については，同条中「株主名簿の」とあるのは「株主名簿及び新株予約権原簿の」と，「株主名簿に」とあるのは「株主名簿及び新株予約権原簿に」とする。

POINT

ニ《2》ッコ《5》リ美《1》人の（**新株**）**予約権原簿管理**人

□株主名簿管理人（123条）は株主名簿に加えて新株予約権原簿も管理する。会社が取得条項付株式を取得してその対価として新株予約権を交付したり（107条2項3号ホ）、取得条項付新株予約権を取得してその対価として株式を交付すること（236条1項7号ニ）が可能となったことから、株主名簿を管理する者と新株予約権原簿を管理する者とは同一であるほうが適当であるため。

（新株予約権原簿の備置き及び閲覧等）
第252条　株式会社は，新株予約権原簿をその本店（株主名簿管理人がある場合にあっては，その営業所）に備え置かなければならない。
2　株主及び債権者は，株式会社の営業時間内は，いつでも，次に掲げる請求をすることができる。この場合においては，当該請求の理由を明らかにしてしなければならない。
①　新株予約権原簿が書面をもって作成されているときは，当該書面の閲覧又は謄写の請求
②　新株予約権原簿が電磁的記録をもって作成されているときは，当該電磁的記録に記録された事項を法務省令で定める方法により表示したものの閲覧又は謄写の請求
3　株式会社は，前項の請求があったときは，次のいずれかに該当する場合を除き，これを拒むことができない。
①　当該請求を行う株主又は債権者（以下この項において「請求者」という。）がその権利の確保又は行使に関する調査以外の目的で請求を行ったとき。
②　請求者が当該株式会社の業務の遂行を妨げ，又は株主の共同の利益を害する目的で請求を行ったとき。
③　請求者が新株予約権原簿の閲覧又は謄写によって知り得た事実を利益を得て第三者に通報するため請求を行ったとき。
④　請求者が，過去2年以内において，新株予約権原簿の閲覧又は謄写によって知り得た事実を利益を得て第三者に通報したことがあるものであるとき。
4　株式会社の親会社社員は，その権利を行使するため必要があるときは，裁判所の許可を得て，

当該株式会社の新株予約権原簿について第2項各号に掲げる請求をすることができる。この場合においては，当該請求の理由を明らかにしてしなければならない。
5　前項の親会社社員について第3項各号のいずれかに規定する事由があるときは，裁判所は，前項の許可をすることができない。

POINT　都《2》合《5》つ《2》けて株主らに**見せろ、（新株）予約権原簿**

□株主名簿につきほぼ同様の法文あり。cf.125条。
□株主名簿と同様、新株予約権原簿においても会計帳簿閲覧のように閲覧請求を明らかにすること（2項）、会社側の拒否事由の列挙（3項）が新設された。
□2項2号：「法務省令」＝施規226条14号（紙面か映像面で表示）。
□4項：裁判所の許可による手続は、非訟事件手続として進められるが、審問期日の開催と陳述聴取が義務付けられている。cf.870条2項1号。

（新株予約権者に対する通知等）
第253条　株式会社が新株予約権者に対してする通知又は催告は，新株予約権原簿に記載し，又は記録した当該新株予約権者の住所（当該新株予約権者が別に通知又は催告を受ける場所又は連絡先を当該株式会社に通知した場合にあっては，その場所又は連絡先）にあてて発すれば足りる。
2　前項の通知又は催告は，その通知又は催告が通常到達すべきであった時に，到達したものとみなす。
3　新株予約権が2以上の者の共有に属するときは，共有者は，株式会社が新株予約権者に対してする通知又は催告を受領する者1人を定め，当該株式会社に対し，その者の氏名又は名称を通知しなければならない。この場合においては，その者を新株予約権者とみなして，前2項の規定を適用する。
4　前項の規定による共有者の通知がない場合には，株式会社が新株予約権の共有者に対してする通知又は催告は，そのうちの1人に対してすれば足りる。

POINT　都《2》合《5》見《3》て**（新株）予約権者**の住所に**通知**

□株主名簿につきほぼ同様の法文あり。cf.126条

第4節　新株予約権の譲渡等

第1款　新株予約権の譲渡

（新株予約権の譲渡）
第254条　新株予約権者は，その有する新株予約権を譲渡することができる。
2　前項の規定にかかわらず，新株予約権付社債に付された新株予約権のみを譲渡することはで

きない。ただし，当該新株予約権付社債についての社債が消滅したときは，この限りでない。
3　新株予約権付社債についての社債のみを譲渡することはできない。ただし，当該新株予約権付社債に付された新株予約権が消滅したときは，この限りでない。

POINT

買収ニ《2》ゴ《5》シ《4》エーターに（**新株**）**予約権譲渡**

□株式の譲渡につき同様の法文あり。cf.127条。原則として譲渡自由であるが、譲渡につき会社の承認を要する旨を新株予約権の内容として定めることができる。cf.236条1項6号、262条以下。
□2・3項：新株予約権付社債を切り離して譲渡できないことの確認。

（証券発行新株予約権の譲渡）
第255条　証券発行新株予約権の譲渡は，当該証券発行新株予約権に係る新株予約権証券を交付しなければ，その効力を生じない。ただし，自己新株予約権（株式会社が有する自己の新株予約権をいう。以下この章において同じ。）の処分による証券発行新株予約権の譲渡については，この限りでない。
2　証券発行新株予約権付社債に付された新株予約権の譲渡は，当該証券発行新株予約権付社債に係る新株予約権付社債券を交付しなければ，その効力を生じない。ただし，自己新株予約権付社債（株式会社が有する自己の新株予約権付社債をいう。以下この条及び次条において同じ。）の処分による当該自己新株予約権付社債に付された新株予約権の譲渡については，この限りでない。

POINT

ニ《2》ッコ《5》リこ《5》れもどうぞと（**新株**）**予約権証券**

□株券交付につき同様の法文あり。cf.128条。新株予約権証券の発行については、236条1項10号、288条。
□証券発行新株予約権の内容は249条3号ニかっこ書を参照。
□自己新株予約権（1項）、自己新株予約権付社債（2項）につき明記。

（自己新株予約権の処分に関する特則）
第256条　株式会社は，自己新株予約権（証券発行新株予約権に限る。）を処分した日以後遅滞なく，当該自己新株予約権を取得した者に対し，新株予約権証券を交付しなければならない。
2　前項の規定にかかわらず，株式会社は，同項の者から請求がある時までは，同項の新株予約権証券を交付しないことができる。
3　株式会社は，自己新株予約権付社債（証券発行新株予約権付社債に限る。）を処分した日以後遅滞なく，当該自己新株予約権付社債を取得した者に対し，新株予約権付社債券を交付しなければならない。
4　第687条の規定は，自己新株予約権付社債の処分による当該自己新株予約権付社債についての社債の譲渡については，適用しない。

POINT

い《2》つご《5》ろ《6》くれるの?!
（**自己新株**）**予約権証券**

□自己株式の処分につき同様の法文あり。cf.129条。ただし、新株予約権の場合は公開会社、非公開会社にかかわらず、請求があるまで証券を交付しなくてよい（2項）。cf.129条2項。

（新株予約権の譲渡の対抗要件）
第257条　新株予約権の譲渡は，その新株予約権を取得した者の氏名又は名称及び住所を新株予約権原簿に記載し，又は記録しなければ，株式会社その他の第三者に対抗することができない。
2　記名式の新株予約権証券が発行されている証券発行新株予約権及び記名式の新株予約権付社債券が発行されている証券発行新株予約権付社債に付された新株予約権についての前項の規定の適用については，同項中「株式会社その他の第三者」とあるのは，「株式会社」とする。
3　第1項の規定は，無記名新株予約権及び無記名新株予約権付社債に付された新株予約権については，適用しない。

POINT

ニ《2》ッコ《5》リ名《7》前（**新株予約権**）**原簿**に載せ**対抗**

□1・2項：株式譲渡の対抗要件につき同様の法文あり。cf.130条。つまり、株券と記名式新株予約権証券とは同様の扱いとなり、名簿（原簿）への記載・記録が会社に対する対抗要件となり、第三者に対しては株券、証券占有が対抗要件となる。cf.130条1・2項、257条1・2項。また、株券・証券を発行しない会社については当事者間の当事者間の意思表示のみで譲渡するしかなく（民176条）、いずれも会社、第三者への対抗要件は名簿（原簿）記載・記録となる。cf.130条1項。
□3項：無記名式新株予約権証券については会社、第三者、誰に対しても証券占有だけが対抗要件となることに注意。新株予約権原簿には証券番号、新株予約権の内容・数しか記載がないので、会社としては、誰が新株予約権者か把握できない。なお、新株予約権証券が、その権利の譲渡に証券を必要とする（255条1項）意味で、講学上いわゆる無記名証券であることと、本項の無記名と混同しないことに注意。cf.249条1・2号。

（権利の推定等）
第258条　新株予約権証券の占有者は，当該新株予約権証券に係る証券発行新株予約権についての権利を適法に有するものと推定する。
2　新株予約権証券の交付を受けた者は，当該新株予約権証券に係る証券発行新株予約権についての権利を取得する。ただし，その者に悪意又は重大な過失があるときは，この限りでない。
3　新株予約権付社債券の占有者は，当該新株予約権付社債券に係る証券発行新株予約権付社債に付された新株予約権についての権利を適法に有するものと推定する。
4　新株予約権付社債券の交付を受けた者は，当該新株予約権付社債券に係る証券発行新株予約権付社債に付された新株予約権についての権利を取得する。ただし，その者に悪意又は重大な過失があるときは，この限りでない。

POINT

ニ《2》ッコ《5》リや《8》っぱり（新株）**予約権証券占有**だいじね

□株券占有につき同様の法文あり。cf.131条。

□3・4項：新株予約権付社債券について、新株予約権についての権利が推定され、善意取得されうる。

（新株予約権者の請求によらない新株予約権原簿記載事項の記載又は記録）

第259条　株式会社は，次の各号に掲げる場合には，当該各号の新株予約権の新株予約権者に係る新株予約権原簿記載事項を新株予約権原簿に記載し，又は記録しなければならない。

①　当該株式会社の新株予約権を取得した場合

②　自己新株予約権を処分した場合

2　前項の規定は，無記名新株予約権及び無記名新株予約権付社債に付された新株予約権については，適用しない。

POINT

通《2》告《59》なしでも（**新株予約権**）**原簿**に**書いちゃえ**

□株式につきほぼ同様の法文あり。cf.132条。

（新株予約権者の請求による新株予約権原簿記載事項の記載又は記録）

第260条　新株予約権を当該新株予約権を発行した株式会社以外の者から取得した者（当該株式会社を除く。以下この節において「新株予約権取得者」という。）は，当該株式会社に対し，当該新株予約権に係る新株予約権原簿記載事項を新株予約権原簿に記載し，又は記録することを請求することができる。

2　前項の規定による請求は，利害関係人の利益を害するおそれがないものとして法務省令で定める場合を除き，その取得した新株予約権の新株予約権者として新株予約権原簿に記載され，若しくは記録された者又はその相続人その他の一般承継人と共同してしなければならない。

3　前2項の規定は，無記名新株予約権及び無記名新株予約権付社債に付された新株予約権については，適用しない。

POINT

通《2》路《6》でわ《0》めく「（**新株予約権**）
原簿に**名前載せ**てくれ!」

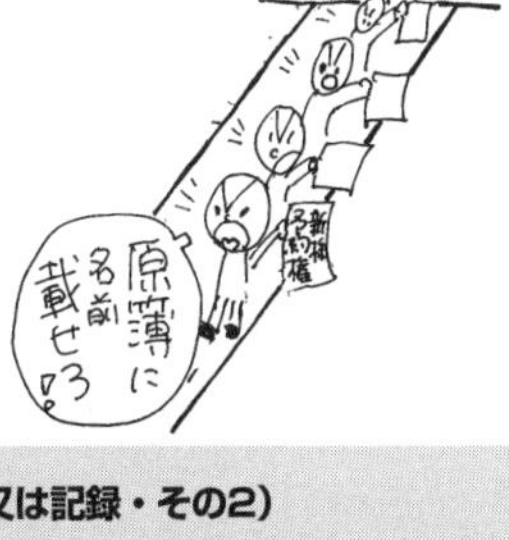

□株式につきほぼ同様の法文あり。cf.133条。

□2項：「法務省令」＝施規56条（新株予約権取得者が請求すべきことを命ずる確定判決を証する書面や競売による取得を証する書面等を提供する場合等）。

（新株予約権者の請求による新株予約権原簿記載事項の記載又は記録・その2）

第261条　前条の規定は，新株予約権取得者が取得した新株予約権が譲渡制限新株予約権である場合には，適用しない。ただし，次のいずれかに該当する場合は，この限りでない。

① 当該新株予約権取得者が当該譲渡制限新株予約権を取得することについて次条の承認を受けていること。
② 当該新株予約権取得者が当該譲渡制限新株予約権を取得したことについて第263条第1項の承認を受けていること。
③ 当該新株予約権取得者が相続その他の一般承継により譲渡制限新株予約権を取得した者であること。

POINT

通《2》路《6》で一《1》人（**新株予約権**）**原簿記載待ち**、
譲渡承認あるまでは

□株式取得者の請求に関する134条の解説を参照のこと。
□譲渡制限新株予約権の譲渡承認手続については次条以下。

第2款　新株予約権の譲渡の制限

（新株予約権者からの承認の請求）
第262条　譲渡制限新株予約権の新株予約権者は，その有する譲渡制限新株予約権を他人（当該譲渡制限新株予約権を発行した株式会社を除く。）に譲り渡そうとするときは，当該株式会社に対し，当該他人が当該譲渡制限新株予約権を取得することについて承認をするか否かの決定をすることを請求することができる。

POINT

風《2》呂《6》につ《2》かって（**新株**）**予約権**、
（譲渡）**承認請求**考えよう

□株式の譲渡承認請求につきほぼ同様の法文あり。cf.136条。
□新株予約権の譲渡承認も株式の譲渡承認も手続は基本的に同じであるが、請求者は新株予約権については株式と異なり会社の買取りまたは買受人指定を請求できない。264条の解説を参照のこと。

（新株予約権取得者からの承認の請求）
第263条　譲渡制限新株予約権を取得した新株予約権取得者は，株式会社に対し，当該譲渡制限新株予約権を取得したことについて承認をするか否かの決定をすることを請求することができる。
2　前項の規定による請求は，利害関係人の利益を害するおそれがないものとして法務省令で定める場合を除き，その取得した新株予約権の新株予約権者として新株予約権原簿に記載され，若しくは記録された者又はその相続人その他の一般承継人と共同してしなければならない。

POINT

風《2》呂《6》さ《3》（新株）予約権取得者も、
（譲渡）承認請求は**取得**後に

□株式取得者からの承認請求に関する137条の解説を参照のこと。新株予約権の譲渡承認も株式の譲渡承認も手続は基本的に同じであるが、取得者は、新株予約権については株式と異なり、会社の買取りまたは買受人指定を請求できない。264条の解説を参照のこと。

□株主名簿の名義書換と同様、新株予約権においても、新株予約権原簿の名義書換手続と譲渡承認手続とが連動する。

□2項：「法務省令」＝施規57条（確定判決を証する書面や競売による取得を証する書面等を提供する場合等）。

（譲渡等承認請求の方法）

第264条　次の各号に掲げる請求（以下この款において「譲渡等承認請求」という。）は，当該各号に定める事項を明らかにしてしなければならない。

①　第262条の規定による請求　次に掲げる事項

　イ　当該請求をする新株予約権者が譲り渡そうとする譲渡制限新株予約権の内容及び数

　ロ　イの譲渡制限新株予約権を譲り受ける者の氏名又は名称

②　前条第1項の規定による請求　次に掲げる事項

　イ　当該請求をする新株予約権取得者の取得した譲渡制限新株予約権の内容及び数

　ロ　イの新株予約権取得者の氏名又は名称

POINT

どちらも風《2》呂《6》よ《4》（新株）予約権、
（譲渡）承認請求一緒に検討

□譲渡制限付新株予約権の譲渡者、取得者、両者の譲渡承認請求の方法に関する規定。株式譲渡承認請求の方法につき同様の法文あり。cf.138条。

□138条1号ハ2号ハに相当するものがないことに注意。つまり、会社への買取りも買受人の指定も請求できない。

（譲渡等の承認の決定等）

第265条　株式会社が第262条又は第263条第1項の承認をするか否かの決定をするには，株主総会（取締役会設置会社にあっては，取締役会）の決議によらなければならない。ただし，新株予約権の内容として別段の定めがある場合は，この限りでない。

2　株式会社は，前項の決定をしたときは，譲渡等承認請求をした者に対し，当該決定の内容を通知しなければならない。

POINT

風《2》呂《6》こ《5》ちら? (新株)予約権(譲渡)承認決議されたぞ

□株式譲渡承認につきほぼ同様の法文あり。cf.139条。請求の日から2週間回答通知をしないと、みなし承認の効果が生じるのも同じ。cf.145・266条。

(株式会社が承認をしたとみなされる場合)

第266条　株式会社が譲渡等承認請求の日から2週間(これを下回る期間を定款で定めた場合にあっては,その期間)以内に前条第2項の規定による通知をしなかった場合には,第262条又は第263条第1項の承認をしたものとみなす。ただし,当該株式会社と当該譲渡等承認請求をした者との合意により別段の定めをしたときは,この限りでない。

POINT

風《2》呂《6》で迎《6》える嬉しい知らせ、(新株)予約権譲渡のみなし承認

□株式譲渡承認につきほぼ同様の法文あり。cf.145条1号。

第3款　新株予約権の質入れ

(新株予約権の質入れ)

第267条　新株予約権者は,その有する新株予約権に質権を設定することができる。

2　前項の規定にかかわらず,新株予約権付社債に付された新株予約権のみに質権を設定することはできない。ただし,当該新株予約権付社債についての社債が消滅したときは,この限りでない。

3　新株予約権付社債についての社債のみに質権を設定することはできない。ただし,当該新株予約権付社債に付された新株予約権が消滅したときは,この限りでない。

4　証券発行新株予約権の質入れは,当該証券発行新株予約権に係る新株予約権証券を交付しなければ,その効力を生じない。

5　証券発行新株予約権付社債に付された新株予約権の質入れは,当該証券発行新株予約権付社債に係る新株予約権付社債券を交付しなければ,その効力を生じない。

POINT

ふ《2》む《6》な《7》質草、(新株)予約権だぞ

□1・4項:株式の質入れにつきほぼ同様の法文あり。cf.146条。

□2・3・5項:新株予約権付社債の質入れについての規定。

（新株予約権の質入れの対抗要件）

第268条　新株予約権の質入れは，その質権者の氏名又は名称及び住所を新株予約権原簿に記載し，又は記録しなければ，株式会社その他の第三者に対抗することができない。

2　前項の規定にかかわらず，証券発行新株予約権の質権者は，継続して当該証券発行新株予約権に係る新株予約権証券を占有しなければ，その質権をもって株式会社その他の第三者に対抗することができない。

3　第1項の規定にかかわらず，証券発行新株予約権付社債に付された新株予約権の質権者は，継続して当該証券発行新株予約権付社債に係る新株予約権付社債券を占有しなければ，その質権をもって株式会社その他の第三者に対抗することができない。

POINT

似《2》る《6》や《8》?! **予約権**も新株も、**質入れ対抗要件**

□株式の質入れの対抗要件につき同様の法文あり。cf.147条（1項が登録質、2項が略式質）。

□3項：新株予約権付社債についての対抗要件は社債券の占有。

（新株予約権原簿の記載等）

第269条　新株予約権に質権を設定した者は，株式会社に対し，次に掲げる事項を新株予約権原簿に記載し，又は記録することを請求することができる。

①　質権者の氏名又は名称及び住所

②　質権の目的である新株予約権

2　前項の規定は，無記名新株予約権及び無記名新株予約権付社債に付された新株予約権については，適用しない。

POINT

付《2》録《69》のような**質権**でも
（**新株予約権**）**原簿**に載せろと**請求**す

□株主名簿への質権設定者の記載請求につき同様の法文あり。cf.148条。

（新株予約権原簿の記載事項を記載した書面の交付等）

第270条　前条第1項各号に掲げる事項が新株予約権原簿に記載され，又は記録された質権者（以下「登録新株予約権質権者」という。）は，株式会社に対し，当該登録新株予約権質権者についての新株予約権原簿に記載され，若しくは記録された同項各号に掲げる事項を記載した書面の交付又は当該事項を記録した電磁的記録の提供を請求することができる。

2　前項の書面には，株式会社の代表取締役（指名委員会等設置会社にあっては，代表執行役。次項において同じ。）が署名し，又は記名押印しなければならない。

3　第1項の電磁的記録には，株式会社の代表取締役が法務省令で定める署名又は記名押印に代わる措置をとらなければならない。

4　前3項の規定は，証券発行新株予約権及び証券発行新株予約権付社債に付された新株予約権については，適用しない。

POINT

不《2》慣《7》れ《0》質権者、(新株予約権)原簿の質権チェックする

□登録株式質権者につきほぼ同様の法文あり。cf.149条。

□3項:「法務省令」=施規225条5号(電子署名)。

(登録新株予約権質権者に対する通知等)

第271条　株式会社が登録新株予約権質権者に対してする通知又は催告は，新株予約権原簿に記載し，又は記録した当該登録新株予約権質権者の住所（当該登録新株予約権質権者が別に通知又は催告を受ける場所又は連絡先を当該株式会社に通知した場合にあっては，その場所又は連絡先）にあてて発すれば足りる。

2　前項の通知又は催告は，その通知又は催告が通常到達すべきであった時に，到達したものとみなす。

POINT

通《2》知な《7》い《1》?!(新株予約権)質権者の住所に発送したぞ

□登録株式質権者への通知につきほぼ同様の法文あり。cf.150条。

(新株予約権の質入れの効果)

第272条　株式会社が次に掲げる行為をした場合には，新株予約権を目的とする質権は，当該行為によって当該新株予約権の新株予約権者が受けることのできる金銭等について存在する。

①　新株予約権の取得

②　組織変更

③　合併（合併により当該株式会社が消滅する場合に限る。）

④　吸収分割

⑤　新設分割

⑥　株式交換

⑦　株式移転

2　登録新株予約権質権者は，前項の金銭等（金銭に限る。）を受領し，他の債権者に先立って自己の債権の弁済に充てることができる。

3　株式会社が次の各号に掲げる行為をした場合において，前項の債権の弁済期が到来していないときは，登録新株予約権質権者は，当該各号に定める者に同項に規定する金銭等に相当する金額を供託させることができる。この場合において，質権は，その供託金について存在する。

①　新株予約権の取得　当該株式会社

②　組織変更　第744条第1項第1号に規定する組織変更後持分会社

③　合併（合併により当該株式会社が消滅する場合に限る。）　第749条第1項に規定する吸収合併存続会社又は第753条第1項に規定する新設合併設立会社

4　前3項の規定は，特別支配株主が新株予約権売渡請求により売渡新株予約権の取得をした場合について準用する。この場合において，前項中「当該各号に定める者」とあるのは，「当該特別支配株主」と読み替えるものとする。

5　新株予約権付社債に付された新株予約権（第236条第1項第3号の財産が当該新株予約権付社債についての社債であるものであって，当該社債の償還額が当該新株予約権についての同項第

2号の価額以上であるものに限る。）を目的とする質権は，当該新株予約権の行使をすることにより当該新株予約権の新株予約権者が交付を受ける株式について存在する。

POINT 無《2》難《7》に《2》**効果**!（**登録新株**）**予約権質権者**喜ぶ

□株式の質入れの物上代位的効力につき同様の法文あり。cf.151条。

第4款　信託財産に属する新株予約権についての対抗要件等

第272条の2　新株予約権については，当該新株予約権が信託財産に属する旨を新株予約権原簿に記載し，又は記録しなければ，当該新株予約権が信託財産に属することを株式会社その他の第三者に対抗することができない。
2　第249条第3号イの新株予約権者は，その有する新株予約権が信託財産に属するときは，株式会社に対し，その旨を新株予約権原簿に記載し，又は記録することを請求することができる。
3　新株予約権原簿に前項の規定による記載又は記録がされた場合における第250条第1項及び第259条第1項の規定の適用については，第250条第1項中「記録された新株予約権原簿記載事項」とあるのは「記録された新株予約権原簿記載事項（当該新株予約権者の有する新株予約権が信託財産に属する旨を含む。）」と，第259条第1項中「新株予約権原簿記載事項」とあるのは「新株予約権原簿記載事項（当該新株予約権者の有する新株予約権が信託財産に属する旨を含む。）」とする。
4　前3項の規定は，証券発行新株予約権及び証券発行新株予約権付社債に付された新株予約権については，適用しない。

第5節　株式会社による自己の新株予約権の取得

第1款　募集事項の定めに基づく新株予約権の取得

（取得する日の決定）
第273条　取得条項付新株予約権（第236条第1項第7号イに掲げる事項についての定めがある新株予約権をいう。以下この章において同じ。）の内容として同号ロに掲げる事項についての定めがある場合には，株式会社は，同号ロの日を株主総会（取締役会設置会社にあっては，取締役会）の決議によって定めなければならない。ただし，当該取得条項付新株予約権の内容として別段の定めがある場合は，この限りでない。
2　第236条第1項第7号ロの日を定めたときは，株式会社は，取得条項付新株予約権の新株予約権者（同号ハに掲げる事項についての定めがある場合にあっては，次条第1項の規定により決定した取得条項付新株予約権の新株予約権者）及びその登録新株予約権質権者に対し，当該日の2週間前までに，当該日を通知しなければならない。
3　前項の規定による通知は，公告をもってこれに代えることができる。

POINT

津波《273》のように**自己(新株)予約権、さらう日決める**

□自己新株予約権を取得できる場合については、自己株式取得の場合（155条）のような限定がない。ただ、取得条項付新株予約権については、本条以下に規定を置く。また、会社自身は自己新株予約権を行使できない。cf.280条6項。

□取得条項付株式の取得日の決定につき同様の法文あり。cf.168条。

（取得する新株予約権の決定等）

第274条　株式会社は，新株予約権の内容として第236条第1項第7号ハに掲げる事項についての定めがある場合において，取得条項付新株予約権を取得しようとするときは，その取得する取得条項付新株予約権を決定しなければならない。

2　前項の取得条項付新株予約権は，株主総会（取締役会設置会社にあっては，取締役会）の決議によって定めなければならない。ただし，当該取得条項付新株予約権の内容として別段の定めがある場合は，この限りでない。

3　第1項の規定による決定をしたときは，株式会社は，同項の規定により決定した取得条項付新株予約権の新株予約権者及びその登録新株予約権質権者に対し，直ちに，当該取得条項付新株予約権を取得する旨を通知しなければならない。

4　前項の規定による通知は，公告をもってこれに代えることができる。

POINT

担《27》ってよ《4》、どの(**取得条項付新株**)**予約権**にするか**の決定**

□取得条項付株式の一部取得の決定につき同様の法文あり。cf.169条。

（効力の発生等）

第275条　株式会社は，第236条第1項第7号イの事由が生じた日（同号ハに掲げる事項についての定めがある場合にあっては，第1号に掲げる日又は第2号に掲げる日のいずれか遅い日。次項及び第3項において同じ。）に，取得条項付新株予約権（同条第1項第7号ハに掲げる事項についての定めがある場合にあっては，前条第1項の規定により決定したもの。次項及び第3項において同じ。）を取得する。

①　第236条第1項第7号イの事由が生じた日

②　前条第3項の規定による通知の日又は同条第4項の公告の日から2週間を経過した日

2　前項の規定により株式会社が取得する取得条項付新株予約権が新株予約権付社債に付されたものである場合には，株式会社は，第236条第1項第7号イの事由が生じた日に，当該新株予約権付社債についての社債を取得する。

3　次の各号に掲げる場合には，取得条項付新株予約権の新株予約権者（当該株式会社を除く。）は，第236条第1項第7号イの事由が生じた日に，同号に定める事項についての定めに従い，当該各号に定める者となる。

①　第236条第1項第7号ニに掲げる事項についての定めがある場合　同号ニの株式の株主

②　第236条第1項第7号ホに掲げる事項についての定めがある場合　同号ホの社債の社債権者

③　第236条第1項第7号ヘに掲げる事項についての定めがある場合　同号ヘの他の新株予約権の新株予約権者

④　第236条第1項第7号トに掲げる事項についての定めがある場合　同号トの新株予約権付社債についての社債の社債権者及び当該新株予約権付社債に付された新株予約権の新株予約権者
4　株式会社は，第236条第1項第7号イの事由が生じた後，遅滞なく，取得条項付新株予約権の新株予約権者及びその登録新株予約権質権者（同号ハに掲げる事項についての定めがある場合にあっては，前条第1項の規定により決定した取得条項付新株予約権の新株予約権者及びその登録新株予約権質権者）に対し，当該事由が生じた旨を通知しなければならない。ただし，第273条第2項の規定による通知又は同条第3項の公告をしたときは，この限りでない。
5　前項本文の規定による通知は，公告をもってこれに代えることができる。

POINT

事由発生に《2》泣《7》こ《5》う、**（取得条項付新株）予約権**、
会社に取られる

□2項：いわゆる強制転換条項付新株予約権付社債に適用される規定。強制転換条項付新株予約権付社債とは、取得条項付新株予約権が新株予約権付社債についており、かつその取得対価を株式にする場合のことである。会社の資金調達の円滑化や買収防衛のため、会社の側が転換権をもつ新株予約権付社債創設を、という経済界の要請を受けたもの。cf.236条1項7号ニ。
□取得条項付株式につき同様の法文あり。cf.170条

第2款　新株予約権の消却

（新株予約権の消却）
第276条　株式会社は，自己新株予約権を消却することができる。この場合においては，消却する自己新株予約権の内容及び数を定めなければならない。
2　取締役会設置会社においては，前項後段の規定による決定は，取締役会の決議によらなければならない。

POINT

炭に《2》な《7》る《6》、**自己（新株）予約権**焼却（＝**消却**）すれば

□自己株式の消却につきほぼ同様の法文あり。cf.178条。
□消却すると自己新株予約権は消滅する。cf.287条。なお、自己新株予約権の処分について自己株式の処分（199条以下）のような規制はない。

第6節　新株予約権無償割当て

（新株予約権無償割当て）
第277条　株式会社は，株主（種類株式発行会社にあっては，ある種類の種類株主）に対して新たに払込みをさせないで当該株式会社の新株予約権の割当て（以下この節において「新株予約

権無償割当て」という。）をすることができる。

POINT

ふ《2》ぇ〜、な《7》、な《7》んと!
株主タダで（新株）予約権もらう

□株式無償割当てにつき同様の法文あり。cf.185条。
□ライツ・オファリングの他、ポイズンピルとして利用される。

（新株予約権無償割当てに関する事項の決定）

第278条　株式会社は，新株予約権無償割当てをしようとするときは，その都度，次に掲げる事項を定めなければならない。

①　株主に割り当てる新株予約権の内容及び数又はその算定方法

②　前号の新株予約権が新株予約権付社債に付されたものであるときは，当該新株予約権付社債についての社債の種類及び各社債の金額の合計額又はその算定方法

③　当該新株予約権無償割当てがその効力を生ずる日

④　株式会社が種類株式発行会社である場合には，当該新株予約権無償割当てを受ける株主の有する株式の種類

2　前項第1号及び第2号に掲げる事項についての定めは，当該株式会社以外の株主（種類株式発行会社にあっては，同項第4号の種類の種類株主）の有する株式（種類株式発行会社にあっては，同項第4号の種類の株式）の数に応じて同項第1号の新株予約権及び同項第2号の社債を割り当てることを内容とするものでなければならない。

3　第1項各号に掲げる事項の決定は，株主総会（取締役会設置会社にあっては，取締役会）の決議によらなければならない。ただし，定款に別段の定めがある場合は，この限りでない。

POINT

船《27》宿《8》で、**タダ（新株）予約権の割当て決める**

□株式無償割当てにつきほぼ同様の法文あり。cf.186条。
□2項：株式無償割当てと同様、自己株式は割当て対象外。

（新株予約権無償割当ての効力の発生等）

第279条　前条第1項第1号の新株予約権の割当てを受けた株主は，同項第3号の日に，同項第1号の新株予約権の新株予約権者（同項第2号に規定する場合にあっては，同項第1号の新株予約権の新株予約権者及び同項第2号の社債の社債権者）となる。

2　株式会社は，前条第1項第3号の日後遅滞なく，株主（種類株式発行会社にあっては，同項第4号の種類の種類株主）及びその登録株式質権者に対し，当該株主が割当てを受けた新株予約権の内容及び数（同項第2号に規定する場合にあっては，当該株主が割当てを受けた社債の種類及び各社債の金額の合計額を含む。）を通知しなければならない。

3　前項の規定による通知がされた場合において，前条第1項第1号の新株予約権についての第236条第1項第4号の期間の末日が当該通知の日から2週間を経過する日前に到来するときは，同号の期間は，当該通知の日から2週間を経過する日まで延長されたものとみなす。

POINT

タダに《2》泣《7》く《9》、**株主（新株）予約権者となる日**

□株式無償割当てにつき同様の法文あり。cf.187条。

□2・3項：平成26年新設。ライツ・オファリングによるスムーズな資金調達実現のため、割当通知を割当ての効力発生日後遅滞なく迅速にし（2項）、かつ権利行使の時間的余裕（2週間の準備期間の確保）を与える（3項）。

第7節　新株予約権の行使

第1款　総則

（新株予約権の行使）

第280条　新株予約権の行使は，次に掲げる事項を明らかにしてしなければならない。

①　その行使に係る新株予約権の内容及び数

②　新株予約権を行使する日

2　証券発行新株予約権を行使しようとするときは，当該証券発行新株予約権の新株予約権者は，当該証券発行新株予約権に係る新株予約権証券を株式会社に提出しなければならない。ただし，当該新株予約権証券が発行されていないときは，この限りでない。

3　証券発行新株予約権付社債に付された新株予約権を行使しようとする場合には，当該新株予約権の新株予約権者は，当該新株予約権を付した新株予約権付社債に係る新株予約権付社債券を株式会社に提示しなければならない。この場合において，当該株式会社は，当該新株予約権付社債券に当該証券発行新株予約権付社債に付された新株予約権が消滅した旨を記載しなければならない。

4　前項の規定にかかわらず，証券発行新株予約権付社債に付された新株予約権を行使しようとする場合において，当該新株予約権の行使により当該証券発行新株予約権付社債についての社債が消滅するときは，当該新株予約権の新株予約権者は，当該新株予約権を付した新株予約権付社債に係る新株予約権付社債券を株式会社に提出しなければならない。

5　第3項の規定にかかわらず，証券発行新株予約権付社債についての社債の償還後に当該証券発行新株予約権付社債に付された新株予約権を行使しようとする場合には，当該新株予約権の新株予約権者は，当該新株予約権を付した新株予約権付社債に係る新株予約権付社債券を株式会社に提出しなければならない。

6　株式会社は，自己新株予約権を行使することができない。

POINT

行使時に《2》、ハ《8》マる《0》**新株予約権**

□6項：会社は保有する自己新株予約権を消却し、処分しうる。cf.276条。

（新株予約権の行使に際しての払込み）

第281条　金銭を新株予約権の行使に際してする出資の目的とするときは，新株予約権者は，前条第1項第2号の日に，株式会社が定めた銀行等の払込みの取扱いの場所において，その行使に係る新株予約権についての第236条第1項第2号の価額の全額を払い込まなければならない。

2　金銭以外の財産を新株予約権の行使に際してする出資の目的とするときは，新株予約権者は，前条第1項第2号の日に，その行使に係る新株予約権についての第236条第1項第3号の財産を給付しなければならない。この場合において，当該財産の価額が同項第2号の価額に足りないときは，前項の払込みの取扱いの場所においてその差額に相当する金銭を払い込まなければならない。

3　新株予約権者は，第1項の規定による払込み又は前項の規定による給付をする債務と株式会社に対する債権とを相殺することができない。

POINT　株価二《2》倍《81》だ、全額**払って（新株）予約権行使**

□募集株式の出資の履行につき同様の法文あり。cf.208条1～3項。

□2項：新株予約権の行使に現物出資が可能であることが明記された。ただし、現物出資規制あり。cf.284条。

（株主となる時期等）

第282条　新株予約権を行使した新株予約権者は，当該新株予約権を行使した日に，当該新株予約権の目的である株式の株主となる。

2　新株予約権を行使した新株予約権者であって第286条の2第1項各号に掲げる者に該当するものは，当該各号に定める支払若しくは給付又は第286条の3第1項の規定による支払がされた後でなければ，第286条の2第1項各号の払込み又は給付が仮装された新株予約権の目的である株式について，株主の権利を行使することができない。

3　前項の株式を譲り受けた者は，当該株式についての株主の権利を行使することができる。ただし，その者に悪意又は重大な過失があるときは，この限りでない。

POINT　ニ《2》ヤ《8》ニ《2》ヤ**行使、（新株）予約権**、晴れて**株主**

□募集株式の引受人が株主となる時期や株主権行使時期につき209条参照。

（1に満たない端数の処理）

第283条　新株予約権を行使した場合において，当該新株予約権の新株予約権者に交付する株式の数に1株に満たない端数があるときは，株式会社は，当該新株予約権者に対し，次の各号に掲げる場合の区分に応じ，当該各号に定める額にその端数を乗じて得た額に相当する金銭を交付しなければならない。ただし，第236条第1項第9号に掲げる事項についての定めがある場合は，この限りでない。

①　当該株式が市場価格のある株式である場合　当該株式1株の市場価格として法務省令で定める方法により算定される額

②　前号に掲げる場合以外の場合　1株当たり純資産額

POINT 増《2》や《8》さ《3》ずに（新株）**予約権の端数**は金で解決

□1号：「法務省令」＝施規58条。

第2款　金銭以外の財産の出資

（現物出資財産の価額の調査等）

第284条　株式会社は，第236条第1項第3号に掲げる事項についての定めがある新株予約権が行使された場合には，第281条第2項の規定による給付があった後，遅滞なく，同号の財産（以下この節において「現物出資財産」という。）の価額を調査させるため，裁判所に対し，検査役の選任の申立てをしなければならない。

2　前項の申立てがあった場合には，裁判所は，これを不適法として却下する場合を除き，検査役を選任しなければならない。

3　裁判所は，前項の検査役を選任した場合には，株式会社が当該検査役に対して支払う報酬の額を定めることができる。

4　第2項の検査役は，必要な調査を行い，当該調査の結果を記載し，又は記録した書面又は電磁的記録（法務省令で定めるものに限る。）を裁判所に提供して報告をしなければならない。

5　裁判所は，前項の報告について，その内容を明瞭にし，又はその根拠を確認するため必要があると認めるときは，第2項の検査役に対し，更に前項の報告を求めることができる。

6　第2項の検査役は，第4項の報告をしたときは，株式会社に対し，同項の書面の写しを交付し，又は同項の電磁的記録に記録された事項を法務省令で定める方法により提供しなければならない。

7　裁判所は，第4項の報告を受けた場合において，現物出資財産について定められた第236条第1項第3号の価額（第2項の検査役の調査を経ていないものを除く。）を不当と認めたときは，これを変更する決定をしなければならない。

8　第1項の新株予約権の新株予約権者は，前項の決定により現物出資財産の価額の全部又は一部が変更された場合には，当該決定の確定後1週間以内に限り，その新株予約権の行使に係る意思表示を取り消すことができる。

9　前各項の規定は，次の各号に掲げる場合には，当該各号に定める事項については，適用しない。

① 行使された新株予約権の新株予約権者が交付を受ける株式の総数が発行済株式の総数の10分の1を超えない場合　当該新株予約権者が給付する現物出資財産の価額

② 現物出資財産について定められた第236条第1項第3号の価額の総額が500万円を超えない場合　当該現物出資財産の価額

③ 現物出資財産のうち，市場価格のある有価証券について定められた第236条第1項第3号の価額が当該有価証券の市場価格として法務省令で定める方法により算定されるものを超えない場合　当該有価証券についての現物出資財産の価額

④ 現物出資財産について定められた第236条第1項第3号の価額が相当であることについて弁護士，弁護士法人，弁護士・外国法事務弁護士共同法人，公認会計士，監査法人，税理士又は税理士法人の証明（現物出資財産が不動産である場合にあっては，当該証明及び不動産鑑定士の鑑定評価。以下この号において同じ。）を受けた場合　当該証明を受けた現物出資財産の価額

⑤ 現物出資財産が株式会社に対する金銭債権（弁済期が到来しているものに限る。）であって，

当該金銭債権について定められた第236条第1項第3号の価額が当該金銭債権に係る負債の帳簿価額を超えない場合　当該金銭債権についての現物出資財産の価額

10　次に掲げる者は，前項第4号に規定する証明をすることができない。

① 取締役，会計参与，監査役若しくは執行役又は支配人その他の使用人

② 新株予約権者

③ 業務の停止の処分を受け，その停止の期間を経過しない者

④ 弁護士法人，弁護士・外国法事務弁護士共同法人，監査法人又は税理士法人であって，その社員の半数以上が第1号又は第2号に掲げる者のいずれかに該当するもの

POINT 増《2》や《8》し《4》た**財産**で（**新株**）**予約権の行使**

□新株予約権の行使に現物出資を認める場合（236条1項3号)、募集株式の発行における現物出資と同様の規制が本条以下に用意されている。

第3款　責任

（不公正な払込金額で新株予約権を引き受けた者等の責任）

第285条　新株予約権を行使した新株予約権者は，次の各号に掲げる場合には，株式会社に対し，当該各号に定める額を支払う義務を負う。

① 第238条第1項第2号に規定する場合において，募集新株予約権につき金銭の払込みを要しないこととすることが著しく不公正な条件であるとき（取締役（指名委員会等設置会社にあっては，取締役又は執行役。次号において同じ。）と通じて新株予約権を引き受けた場合に限る。）当該新株予約権の公正な価額

② 第238条第1項第3号に規定する場合において，取締役と通じて著しく不公正な払込金額で新株予約権を引き受けたとき　当該払込金額と当該新株予約権の公正な価額との差額に相当する金額

③ 第282条第1項の規定により株主となった時におけるその給付した現物出資財産の価額がこれについて定められた第236条第1項第3号の価額に著しく不足する場合　当該不足額

2　前項第3号に掲げる場合において，現物出資財産を給付した新株予約権者が当該現物出資財産の価額がこれについて定められた第236条第1項第3号の価額に著しく不足することにつき善意でかつ重大な過失がないときは，新株予約権の行使に係る意思表示を取り消すことができる。

POINT **不**《2》**正**や《8》りゴ《5》メンと
（**新株**）**予約権者**正しく**支払う**

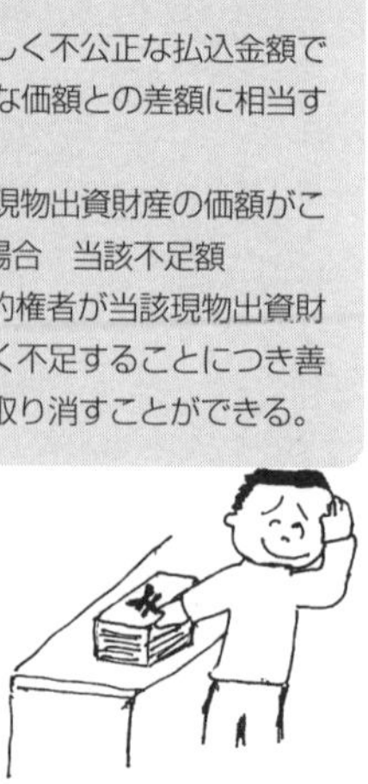

（出資された財産等の価額が不足する場合の取締役等の責任）

第286条　前条第1項第3号に掲げる場合には，次に掲げる者（以下この条において「取締役等」という。）は，株式会社に対し，同号に定める額を支払う義務を負う。

① 当該新株予約権者の募集に関する職務を行った業務執行取締役（指名委員会等設置会社に

あっては，執行役。以下この号において同じ。）その他当該業務執行取締役の行う業務の執行に職務上関与した者として法務省令で定めるもの

② 現物出資財産の価額の決定に関する株主総会の決議があったときは，当該株主総会に議案を提案した取締役として法務省令で定めるもの

③ 現物出資財産の価額の決定に関する取締役会の決議があったときは，当該取締役会に議案を提案した取締役（指名委員会等設置会社にあっては，取締役又は執行役）として法務省令で定めるもの

2 前項の規定にかかわらず，次に掲げる場合には，取締役等は，現物出資財産について同項の義務を負わない。

① 現物出資財産の価額について第284条第2項の検査役の調査を経た場合

② 当該取締役等がその職務を行うについて注意を怠らなかったことを証明した場合

3 第1項に規定する場合には，第284条第9項第4号に規定する証明をした者（以下この条において「証明者」という。）は，株式会社に対し前条第1項第3号に定める額を支払う義務を負う。ただし，当該証明者が当該証明をするについて注意を怠らなかったことを証明したときは，この限りでない。

4 新株予約権者がその給付した現物出資財産についての前条第1項第3号に定める額を支払う義務を負う場合において，次に掲げる者が当該現物出資財産について当該各号に定める義務を負うときは，これらの者は，連帯債務者とする。

① 取締役等 第1項の義務

② 証明者 前項本文の義務

POINT **不《2》足**は《8》無《6》理してでも払え、**（新株）予約権関与取締役**

□1項1号：「法務省令」＝施規60条。

□1項2号：「法務省令」＝施規61条。

□1項3号：「法務省令」＝施規62条。

（新株予約権に係る払込み等を仮装した新株予約権者等の責任）

第286条の2 新株予約権を行使した新株予約権者であって次の各号に掲げる者に該当するものは，株式会社に対し，当該各号に定める行為をする義務を負う。

① 第246条第1項の規定による払込み（同条第2項の規定により当該払込みに代えてする金銭以外の財産の給付を含む。）を仮装した者又は当該払込みが仮装されたことを知って，若しくは重大な過失により知らないで募集新株予約権を譲り受けた者 払込みが仮装された払込金額の全額の支払（当該払込みに代えてする金銭以外の財産の給付が仮装された場合にあっては，当該財産の給付（株式会社が当該給付に代えて当該財産の価額に相当する金銭の支払を請求した場合にあっては，当該金銭の全額の支払））

② 第281条第1項又は第2項後段の規定による払込みを仮装した者 払込みを仮装した金銭の全額の支払

③ 第281条第2項前段の規定による給付を仮装した者 給付を仮装した金銭以外の財産の給付（株式会社が当該給付に代えて当該財産の価額に相当する金銭の支払を請求した場合にあっては，当該金銭の全額の支払）

2 前項の規定により同項に規定する新株予約権者の負う義務は，総株主の同意がなければ，免除することができない。

□平成26年創設。会社設立時における発起人・設立時募集株式引受人や設立後の募集株式引受人につき同様の規定あり。cf.52条の2、102条の2、213条の2。

（新株予約権に係る払込み等を仮装した場合の取締役等の責任）
第286条の3　新株予約権を行使した新株予約権者であって前条第1項各号に掲げる者に該当するものが当該各号に定める行為をする義務を負う場合には，当該各号の払込み又は給付を仮装することに関与した取締役（指名委員会等設置会社にあっては，執行役を含む。）として法務省令で定める者は，株式会社に対し，当該各号に規定する支払をする義務を負う。ただし，その者（当該払込み又は当該給付を仮装したものを除く。）がその職務を行うについて注意を怠らなかったことを証明した場合は，この限りでない。
2　新株予約権を行使した新株予約権者であって前条第1項各号に掲げる者に該当するものが当該各号に規定する支払をする義務を負う場合において，前項に規定する者が同項の義務を負うときは，これらの者は，連帯債務者とする。

□平成26年創設。設立時取締役等や募集株式発行時の取締役等につき同様の規定あり。cf.103条2項、213条の3。

第4款　雑則

（新株予約権の消滅）
第287条　第276条第1項の場合のほか，新株予約権者がその有する新株予約権を行使することができなくなったときは，当該新株予約権は，消滅する。

POINT
ニ《2》ルバ《8》ーナ《7》（＝涅槃）へ**消滅**、（**新株**）**予約権**の成仏

第8節　新株予約権に係る証券

第1款　新株予約権証券

（新株予約権証券の発行）
第288条　株式会社は，証券発行新株予約権を発行した日以後遅滞なく，当該証券発行新株予約権に係る新株予約権証券を発行しなければならない。
2　前項の規定にかかわらず，株式会社は，新株予約権者から請求がある時までは，同項の新株予約権証券を発行しないことができる。

POINT
つ《2》や《8》や《8》かな（**新株**）**予約権証券**、すぐ**発行**

□本節は新株予約権証券発行会社に関する規定。なお、新株予約権証券を発行しないのが原則。cf.236条1項10号。

□1項：株券につき同様の法文あり。cf.215条1項。

□2項：株券発行会社は非公開会社に限り、株主から請求があるときまで株券発行をしなくてよい（215条4項）が、新株予約権証券発行会社は公開・非公開にかかわりなく、新株予約権者から請求があるときまで新株予約権証券を発行しなくてよい。

（新株予約権証券の記載事項）

第289条　新株予約権証券には，次に掲げる事項及びその番号を記載し，株式会社の代表取締役（指名委員会等設置会社にあっては，代表執行役）がこれに署名し，又は記名押印しなければならない。

① 株式会社の商号

② 当該新株予約権証券に係る証券発行新株予約権の内容及び数

POINT

通《2》訳《89》要らない、シンプルな（**新株**）**予約権証券記載事項**

□株券の記載事項に関する216条と同様の法文であるが、記載事項はこちらのほうがずっと少なくシンプル。

（記名式と無記名式との間の転換）

第290条　証券発行新株予約権の新株予約権者は，第236条第1項第11号に掲げる事項についての定めによりすることができないこととされている場合を除き，いつでも，その記名式の新株予約権証券を無記名式とし，又はその無記名式の新株予約権証券を記名式とすることを請求することができる。

POINT

作《2 9》れ《0》**転換**して、**記名・無記名**（**新株**）**予約権証券**

□無記名式新株予約権証券については249条1・2号、記名式新株予約権証券については249条3号を参照のこと。それぞれの対抗要件についての257条2・3項も参照のこと。なお、譲渡に証券が必要という意味で、新株予約権証券も、株券（128条1項）、社債券（687条）と同様、講学上のいわゆる無記名証券である（255条1項）。このことと、本条の無記名式とを混同しないよう注意。cf.216条。

（新株予約権証券の喪失）

第291条　新株予約権証券は，非訟事件手続法第100条に規定する公示催告手続によって無効とすることができる。

2　新株予約権証券を喪失した者は，非訟事件手続法第106条第1項に規定する除権決定を得た後でなければ，その再発行を請求することができない。

POINT

「憎《29》い《1》泥棒!」(新株)予約権証券なくす

□株券については「株券喪失登録制度」が導入された(221条以下)が、新株予約権証券については従来どおりの公示催告手続(1項)・除権決定(2項)の手続をふまなければならない。社債券も同じ。cf.699条。

第2款　新株予約権付社債券

(新株予約権付社債券)

第292条　証券発行新株予約権付社債に係る新株予約権付社債券には，第697条第1項の規定により記載すべき事項のほか，当該証券発行新株予約権付社債に付された新株予約権の内容及び数を記載しなければならない。

2　証券発行新株予約権付社債についての社債の償還をする場合において，当該証券発行新株予約権付社債に付された新株予約権が消滅していないときは，株式会社は，当該証券発行新株予約権付社債に係る新株予約権付社債券と引換えに社債の償還をすることを請求することができない。この場合においては，株式会社は，社債の償還をするのと引換えに，当該新株予約権付社債券の提示を求め，当該新株予約権付社債券に社債の償還をした旨を記載することができる。

POINT

作《29》り付《2》けの**合体証券、(新株)予約権付社債券**

□新株予約権付社債券を必ず発行しなければならないわけではない。cf.676条6号、249条1項2号。

第3款　新株予約権証券等の提出

(新株予約権証券の提出に関する公告等)

第293条　株式会社が次の各号に掲げる行為をする場合において，当該各号に定める新株予約権に係る新株予約権証券(当該新株予約権が新株予約権付社債に付されたものである場合にあっては，当該新株予約権付社債に係る新株予約権付社債券。以下この款において同じ。)を発行しているときは，当該株式会社は，当該行為の効力が生ずる日(第1号に掲げる行為をする場合にあっては，第179条の2第1項第5号に規定する取得日。以下この条において「新株予約権証券提出日」という。)までに当該株式会社に対し当該新株予約権証券を提出しなければならない旨を新株予約権証券提出日の1箇月前までに，公告し，かつ，当該新株予約権の新株予約権者及びその登録新株予約権質権者には，各別にこれを通知しなければならない。

①　第179条の3第1項の承認　売渡新株予約権

①の2　取得条項付新株予約権の取得　当該取得条項付新株予約権

②　組織変更　全部の新株予約権

③　合併(合併により当該株式会社が消滅する場合に限る。)　全部の新株予約権

④　吸収分割　第758条第5号イに規定する吸収分割契約新株予約権

⑤　新設分割　第763条第1項第10号イに規定する新設分割計画新株予約権
⑥　株式交換　第768条第1項第4号イに規定する株式交換契約新株予約権
⑦　株式移転　第773条第1項第9号イに規定する株式移転計画新株予約権

2　株式会社が次の各号に掲げる行為をする場合において，新株予約権証券提出日までに当該株式会社に対して新株予約権証券を提出しない者があるときは，当該各号に定める者は，当該新株予約権証券の提出があるまでの間，当該行為（第1号に掲げる行為をする場合にあっては，新株予約権売渡請求に係る売渡新株予約権の取得）によって当該新株予約権証券に係る新株予約権の新株予約権者が交付を受けることができる金銭等の交付を拒むことができる。

①　第179条の3第1項の承認　特別支配株主
②　取得条項付新株予約権の取得　当該株式会社
③　組織変更　第744条第1項第1号に規定する組織変更後持分会社
④　合併（合併により当該株式会社が消滅する場合に限る。）　第749条第1項に規定する吸収合併存続会社又は第753条第1項に規定する新設合併設立会社
⑤　吸収分割　第758条第1号に規定する吸収分割承継株式会社
⑥　新設分割　第763条第1項第1号に規定する新設分割設立株式会社
⑦　株式交換　第768条第1項第1号に規定する株式交換完全親株式会社
⑧　株式移転　第773条第1項第1号に規定する株式移転設立完全親会社

3　第1項各号に定める新株予約権に係る新株予約権証券は，新株予約権証券提出日に無効となる。

4　第1項第1号の規定による公告及び通知の費用は，特別支配株主の負担とする。

5　第220条の規定は，第1項各号に掲げる行為をした場合において，新株予約権証券を提出することができない者があるときについて準用する。この場合において，同条第2項中「前条第2項各号」とあるのは，「第293条第2項各号」と読み替えるものとする。

POINT

フ《2》グ《9》み《3》たいに怒る
（新株）予約権証券出せといわれて

□株券の提出につき同様の法文あり。cf.219条（株式等売渡請求の制度に伴う改正も同様）。

（無記名式の新株予約権証券等が提出されない場合）

第294条　第132条の規定にかかわらず，前条第1項第1号の2に掲げる行為をする場合（株式会社が新株予約権を取得するのと引換えに当該新株予約権の新株予約権者に対して当該株式会社の株式を交付する場合に限る。）において，同項の規定により新株予約権証券（無記名式のものに限る。以下この条において同じ。）が提出されないときは，株式会社は，当該新株予約権証券を有する者が交付を受けることができる株式に係る第121条第1号に掲げる事項を株主名簿に記載し，又は記録することを要しない。

2　前項に規定する場合には，株式会社は，前条第1項の規定により提出しなければならない新株予約権証券を有する者が交付を受けることができる株式の株主に対する通知又は催告をするこ

とを要しない。
3　第249条及び第259条第1項の規定にかかわらず，前条第1項第1号の2に掲げる行為をする場合（株式会社が新株予約権を取得するのと引換えに当該新株予約権の新株予約権者に対して当該株式会社の他の新株予約権（新株予約権付社債に付されたものを除く。）を交付する場合に限る。）において，同項の規定により新株予約権証券が提出されないときは，株式会社は，当該新株予約権証券を有する者が交付を受けることができる当該他の新株予約権（無記名新株予約権を除く。）に係る第249条第3号イに掲げる事項を新株予約権原簿に記載し，又は記録することを要しない。
4　前項に規定する場合には，株式会社は，前条第1項の規定により提出しなければならない新株予約権証券を有する者が交付を受けることができる新株予約権の新株予約権者に対する通知又は催告をすることを要しない。
5　第249条及び第259条第1項の規定にかかわらず，前条第1項第1号の2に掲げる行為をする場合（株式会社が新株予約権を取得するのと引換えに当該新株予約権の新株予約権者に対して当該株式会社の新株予約権付社債を交付する場合に限る。）において，同項の規定により新株予約権証券が提出されないときは，株式会社は，当該新株予約権証券を有する者が交付を受けることができる新株予約権付社債（無記名新株予約権付社債を除く。）に付された新株予約権に係る第249条第3号イに掲げる事項を新株予約権原簿に記載し，又は記録することを要しない。
6　前項に規定する場合には，株式会社は，前条第1項の規定により提出しなければならない新株予約権証券を有する者が交付を受けることができる新株予約権付社債に付された新株予約権の新株予約権者に対する通知又は催告をすることを要しない。

POINT

手を尽くし《294》ても出てこず**不提出、**
無記名新株予約権証券

□無記名式新株予約権証券の場合、証券提出がない以上、会社は誰を権利者と扱えばよいか確定できないので、株式につき株主名簿に記載する必要がないことになる。cf.249条1・2号。

第4章　機関

第1節　株主総会及び種類株主総会等

第1款　株主総会

（株主総会の権限）

第295条　株主総会は，この法律に規定する事項及び株式会社の組織，運営，管理その他株式会社に関する一切の事項について決議をすることができる。

2　前項の規定にかかわらず，取締役会設置会社においては，株主総会は，この法律に規定する事項及び定款で定めた事項に限り，決議をすることができる。

3　この法律の規定により株主総会の決議を必要とする事項について，取締役，執行役，取締役会その他の株主総会以外の機関が決定することができることを内容とする定款の定めは，その効力を有しない。

POINT　まずは**総会**作《29》ってGO《5》!

□1・2項：両項と327条1項1号、326条2項をあわせ読むと、1項が適用される会社は、非公開会社かつ取締役会非設置会社ということになる。なお、両項は種類株主総会に準用されない。cf.325条かっこ書。

□3項：あいまいであった点を明記した。

（株主総会の招集）

第296条　定時株主総会は，毎事業年度の終了後一定の時期に招集しなければならない。

2　株主総会は，必要がある場合には，いつでも，招集することができる。

3　株主総会は，次条第4項の規定により招集する場合を除き，取締役が招集する。

POINT　**定(時)臨(時)**ふ《2》く《9》む《6》、**総会招集**

□1項が定時株主総会の招集、2項が臨時株主総会の招集に関する規定。なお、種類株主総会には準用されない。cf.325条。

□3項：次条4項とは、株主が総会招集請求をする場合のこと。

（株主による招集の請求）

第297条　総株主の議決権の100分の3（これを下回る割合を定款で定めた場合にあっては，その割合）以上の議決権を6箇月（これを下回る期間を定款で定めた場合にあっては，その期間）前から引き続き有する株主は，取締役に対し，株主総会の目的である事項（当該株主が議決権を行使することができる事項に限る。）及び招集の理由を示して，株主総会の招集を請求することができる。
2　公開会社でない株式会社における前項の規定の適用については，同項中「6箇月（これを下回る期間を定款で定めた場合にあっては，その期間）前から引き続き有する」とあるのは，「有する」とする。
3　第1項の株主総会の目的である事項について議決権を行使することができない株主が有する議決権の数は，同項の総株主の議決権の数に算入しない。
4　次に掲げる場合には，第1項の規定による請求をした株主は，裁判所の許可を得て，株主総会を招集することができる。
①　第1項の規定による請求の後遅滞なく招集の手続が行われない場合
②　第1項の規定による請求があった日から8週間（これを下回る期間を定款で定めた場合にあっては，その期間）以内の日を株主総会の日とする株主総会の招集の通知が発せられない場合

POINT

株主のフ《2》ック《9》な《7》めるな**招集請求**

□1項：少数株主権。保有要件（割合＝総株主の議決権の100分の3、期間＝6ヶ月）をいずれも定款で軽減できることが、かっこ書で明記された。
□2項：非公開会社では6ヶ月の継続保有要件は不要。

（株主総会の招集の決定）
第298条　取締役（前条第4項の規定により株主が株主総会を招集する場合にあっては，当該株主。次項本文及び次条から第302条までにおいて同じ。）は，株主総会を招集する場合には，次に掲げる事項を定めなければならない。
①　株主総会の日時及び場所
②　株主総会の目的である事項があるときは，当該事項
③　株主総会に出席しない株主が書面によって議決権を行使することができることとするときは，その旨
④　株主総会に出席しない株主が電磁的方法によって議決権を行使することができることとするときは，その旨
⑤　前各号に掲げるもののほか，法務省令で定める事項
2　取締役は，株主（株主総会において決議をすることができる事項の全部につき議決権を行使することができない株主を除く。次条から第302条までにおいて同じ。）の数が1000人以上である場合には，前項第3号に掲げる事項を定めなければならない。ただし，当該株式会社が金融商品取引法第2条第16項 に規定する金融商品取引所に上場されている株式を発行している株式会社であって法務省令で定めるものである場合は，この限りでない。
3　取締役会設置会社における前項の規定の適用については，同項中「株主総会において決議をすることができる事項」とあるのは，「前項第2号に掲げる事項」とする。
4　取締役会設置会社においては，前条第4項の規定により株主が株主総会を招集するときを除き，第1項各号に掲げる事項の決定は，取締役会の決議によらなければならない。

POINT つ《2》く《9》ば《8》に**決定、総会招集**（場所）

□1項：取締役（取締役会設置会社では取締役会）または招集請求株主（297条4項）が決定しなければならない。次条～302条とあわせて読むと、招集の際にこれらの事項を通知しなくてよい場合があるので注意。

□1項1号：会社法制定前は、本店の所在地または隣接地とされていたが、株主の利便性を考え、それ以外の場所を定めることが可能となった。ただし、これまでの開催場所とかけ離れているとき等は理由を要する（5号の「法務省令」＝施規63条2号）。上場会社については、一定の条件下で、リアルな場所を持たないバーチャルオンリー株主総会が特例により認められている（産業競争力強化法66条）。

□1項2号：いわゆる議題のこと。取締役会設置会社では、ここに掲げる以外の事項について決議できない。cf.309条5項。また、株主から議題提案できる株主提案権がある。cf.303条。

□1項3・4号：書面投票制度（3号）、電子投票制度（4号）のこと。どちらも総会に出席して討論に参加するわけでない点で特別の配慮がある。cf.299～302条。

□1項5号：「法務省令」＝施規63条。

□2項：議決権を行使しうる株主1000人以上の会社では、株主が分散していて総会に出席できない者が多いと思われるため、大会社、公開会社等にかかわらず、書面投票制度が義務づけられる。「法務省令」＝施規64条（委任状勧誘をしている会社）。

（株主総会の招集の通知）

第299条　株主総会を招集するには，取締役は，株主総会の日の2週間（前条第1項第3号又は第4号に掲げる事項を定めたときを除き，公開会社でない株式会社にあっては，1週間（当該株式会社が取締役会設置会社以外の株式会社である場合において，これを下回る期間を定款で定めた場合にあっては，その期間））前までに，株主に対してその通知を発しなければならない。

2　次に掲げる場合には，前項の通知は，書面でしなければならない。

①　前条第1項第3号又は第4号に掲げる事項を定めた場合

②　株式会社が取締役会設置会社である場合

3　取締役は，前項の書面による通知の発出に代えて，政令で定めるところにより，株主の承諾を得て，電磁的方法により通知を発することができる。この場合において，当該取締役は，同項の書面による通知を発したものとみなす。

4　前2項の通知には，前条第1項各号に掲げる事項を記載し，又は記録しなければならない。

POINT 招待の**通《2》知**来《9》る来《9》る**株主総会**

□1項：株主総会招集通知の時期に関する規制。原則として総会日の2週間前までに通知を発送しなければならない。しかし、ア．非公開会社かつ取締役会設置会社は1週間前までに短縮できる。さらに、イ．非公開会社かつ取締役会非設置会社は、1週間を下回る期間に短縮できる。ただし、ウ．書面投票制度、電子投票制度をとる場合（298条1項3・4号）

は原則どおり、2週間前。ウでは投票者株主は総会に出席せず総会開催前に投票をすませなければならない分、考慮期間を確保する必要があるため。

□2項：招集通知を書面でしなければならない理由は、前記ウの書面投票制度や電子投票制度をとる場合（1号)、そのような投票ができることや審議事項を株主に明確に知らせる必要があるため。また、エ．取締役会設置会社では、株主は普段、会社経営は取締役会に任せきりにしているため、総会こそが自らの利益を守りその意思を反映させる場なので、開催日時、審議事項等を明確に知らせる必要があるから。309条5項も参照のこと（決議もできない)。

□3項：政令＝施令2条1項2号、施規230条により電子メールの受信や磁気ディスクの交付に代わりうる。

（招集手続の省略）

第300条　前条の規定にかかわらず，株主総会は，株主の全員の同意があるときは，招集の手続を経ることなく開催することができる。ただし，第298条第1項第3号又は第4号に掲げる事項を定めた場合は，この限りでない。

POINT

茶《3》話《0》会全《0》員同意!(総会)**招集手続なし**

□但書：書面投票制度、電子投票制度をとる場合は、十分な考慮期間、情報が必要なので（前条を参照のこと)、招集手続を省略することはできない。

□取締役会招集手続の省略については368条の解説を参照のこと。

（株主総会参考書類及び議決権行使書面の交付等）

第301条　取締役は，第298条第1項第3号に掲げる事項を定めた場合には，第299条第1項の通知に際して，法務省令で定めるところにより，株主に対し，議決権の行使について参考となるべき事項を記載した書類（以下この節において「株主総会参考書類」という。）及び株主が議決権を行使するための書面（以下この節において「議決権行使書面」という。）を交付しなければならない。

2　取締役は，第299条第3項の承諾をした株主に対し同項の電磁的方法による通知を発するときは，前項の規定による株主総会参考書類及び議決権行使書面の交付に代えて，これらの書類に記載すべき事項を電磁的方法により提供することができる。ただし，株主の請求があったときは，これらの書類を当該株主に交付しなければならない。

POINT

参《3》考書(類)、礼《0》1《1》回してもらう

□次条とあわせ、書面投票制度、電子投票制度をとる場合の株主総会招集通知添付書類に関する規定。

□書面投票制度をとる場合、株主総会招集通知は書面によらなければならず（299条2・3項）、その際、「株主総会参考書類」と「議決権行使書面」も交付しなければならないということ。

□1項：「株主総会参考書類」には議案と監査役の報告等が記載される（「法務省令」＝施規65条1項、73～94条、95条）。また、「議決権行使書面」は各議案についての賛否を記載する欄のある投票用紙のこと（「法務省令」＝施規66条）。

（株主総会参考書類及び議決権行使書面の交付等・その2）

第302条　取締役は，第298条第1項第4号に掲げる事項を定めた場合には，第299条第1項の通知に際して，法務省令で定めるところにより，株主に対し，株主総会参考書類を交付しなければならない。

2　取締役は，第299条第3項の承諾をした株主に対し同項の電磁的方法による通知を発するときは，前項の規定による株主総会参考書類の交付に代えて，当該株主総会参考書類に記載すべき事項を電磁的方法により提供することができる。ただし，株主の請求があったときは，株主総会参考書類を当該株主に交付しなければならない。

3　取締役は，第1項に規定する場合には，第299条第3項の承諾をした株主に対する同項の電磁的方法による通知に際して，法務省令で定めるところにより，株主に対し，議決権行使書面に記載すべき事項を当該電磁的方法により提供しなければならない。

4　取締役は，第1項に規定する場合において，第299条第3項の承諾をしていない株主から株主総会の日の1週間前までに議決権行使書面に記載すべき事項の電磁的方法による提供の請求があったときは，法務省令で定めるところにより，直ちに，当該株主に対し，当該事項を電磁的方法により提供しなければならない。

POINT　**参《3》考書（類）**、礼《0》2《2》回してもらう

□前条の書面投票制度をとる場合と同様、電子投票制度をとる場合の株主総会通知添付書類に関する規定。ただし、こちらは株主総会参考書類のみ。

□1項：「法務省令」＝施規65条。

□3・4項：「法務省令」＝施規66条。

（株主提案権）

第303条　株主は，取締役に対し，一定の事項（当該株主が議決権を行使することができる事項に限る。次項において同じ。）を株主総会の目的とすることを請求することができる。

2　前項の規定にかかわらず，取締役会設置会社においては，総株主の議決権の100分の1（これを下回る割合を定款で定めた場合にあっては，その割合）以上の議決権又は300個（これを下回る数を定款で定めた場合にあっては，その個数）以上の議決権を6箇月（これを下回る期間を定款で定めた場合にあっては，その期間）前から引き続き有する株主に限り，取締役に対し，一定の事項を株主総会の目的とすることを請求することができる。この場合において，その請求は，株主総会の日の8週間（これを下回る期間を定款で定めた場合にあっては，その期間）前までにしなければならない。

3　公開会社でない取締役会設置会社における前項の規定の適用については，同項中「6箇月（こ

れを下回る期間を定款で定めた場合にあっては，その期間）前から引き続き有する」とあるのは，「有する」とする。
4　第2項の一定の事項について議決権を行使することができない株主が有する議決権の数は，同項の総株主の議決権の数に算入しない。

POINT 議題ザ《3》ワ《0》ザ《3》ワ、**株主提案**

□株主の議題提案権に関する規定。議題（総会の目的となる一定の事項）は、取締役会設置会社の場合事前通知がなければ決議できない（309条5項、299条2・4項）ので、事前に提案しておくこの権利は重要である。
□2・3項：取締役会設置会社のなかでも、2項がア．公開会社に関する規定であり、3項がイ．非公開会社に関する規定である。濫用防止のため、アでは保有要件をa．総株主の議決権の100分の1または300個以上の議決権を、b．保有期間を6ヶ月以上継続することとする。また、イではaのみでよく、bの継続保有要件は不要。ただし、いずれの要件も定款で引下げ可能。ウ．取締役会非設置会社（当然、非公開会社。327条1項1号）では、保有制限のまったくない単独株主権である。ウの株主は議題の事前通知がなくても、株主総会で提案・決議できるので、株主提案権の濫用防止を考えるまでもないため。

（株主提案権・その2）
第304条　株主は，株主総会において，株主総会の目的である事項（当該株主が議決権を行使することができる事項に限る。次条第1項において同じ。）につき議案を提出することができる。ただし，当該議案が法令若しくは定款に違反する場合又は実質的に同一の議案につき株主総会において総株主（当該議案について議決権を行使することができない株主を除く。）の議決権の10分の1（これを下回る割合を定款で定めた場合にあっては，その割合）以上の賛成を得られなかった日から3年を経過していない場合は，この限りでない。

POINT さ《3》あワ《0》シ《4》が**提出議案**、おおいに語ろう

□株主総会での議案提案権に関する規定。株主総会が会議である以上、議場で総会目的事項（議題）について反対、修正など議案を出して討論することは自由だという当然のことを明文化した。ただし、討論を実あるものにするため、法令・定款違反の場合や、一定割合の賛成が得られず間もないいわゆる泡沫議案の場合は、議案提案は認められない（但書）。

（株主提案権・その3）
第305条　株主は，取締役に対し，株主総会の日の8週間（これを下回る期間を定款で定めた場合にあっては，その期間）前までに，株主総会の目的である事項につき当該株主が提出しようとする議案の要領を株主に通知すること（第299条第2項又は第3項の通知をする場合にあっては，その通知に記載し，又は記録すること）を請求することができる。ただし，取締役会設置会

社においては，総株主の議決権の100分の1（これを下回る割合を定款で定めた場合にあっては，その割合）以上の議決権又は300個（これを下回る数を定款で定めた場合にあっては，その個数）以上の議決権を6箇月（これを下回る期間を定款で定めた場合にあっては，その期間）前から引き続き有する株主に限り，当該請求をすることができる。

2　公開会社でない取締役会設置会社における前項ただし書の規定の適用については，同項ただし書中「6箇月（これを下回る期間を定款で定めた場合にあっては，その期間）前から引き続き有する」とあるのは，「有する」とする。

3　第1項の株主総会の目的である事項について議決権を行使することができない株主が有する議決権の数は，同項ただし書の総株主の議決権の数に算入しない。

4　取締役会設置会社の株主が第1項の規定による請求をする場合において，当該株主が提出しようとする議案の数が10を超えるときは，前3項の規定は，10を超える数に相当することとなる数の議案については，適用しない。この場合において，当該株主が提出しようとする次の各号に掲げる議案の数については，当該各号に定めるところによる。

①　取締役，会計参与，監査役又は会計監査人（次号において「役員等」という。）の選任に関する議案　当該議案の数にかかわらず，これを1の議案とみなす。

②　役員等の解任に関する議案　当該議案の数にかかわらず，これを1の議案とみなす。

③　会計監査人を再任しないことに関する議案　当該議案の数にかかわらず，これを1の議案とみなす。

④　定款の変更に関する2以上の議案　当該2以上の議案について異なる議決がされたとすれば当該議決の内容が相互に矛盾する可能性がある場合には，これらを1の議案とみなす。

5　前項前段の10を超える数に相当することとなる数の議案は，取締役がこれを定める。ただし，第1項の規定による請求をした株主が当該請求と併せて当該株主が提出しようとする2以上の議案の全部又は一部につき議案相互間の優先順位を定めている場合には，取締役は，当該優先順位に従い，これを定めるものとする。

6　第1項から第3項までの規定は，第1項の議案が法令若しくは定款に違反する場合又は実質的に同一の議案につき株主総会において総株主（当該議案について議決権を行使することができない株主を除く。）の議決権の10分の1（これを下回る割合を定款で定めた場合にあっては，その割合）以上の賛成を得られなかった日から3年を経過していない場合には，適用しない。

POINT　さ《3》わ《0》ご《5》う**議案要領通知**しろよ!と

□株主総会前の議案要領通知請求権に関する規定。前条の通り、株主は提案を株主総会当日でも提出できるが、取締役会設置会社、特に公開会社では株主の多くが株主総会に出席しなかったり、当日の議案提出だけではその議題につき考慮できなかったりする。そこで、前もって他の株主に議案を知らせておいて検討してもらうことが必要であり、そのために会社に対し議案の要領を株主宛に通知してもらうよう請求できる。なお、濫用防止の観点から行使要件は議題提案権（303条2・3項）と同じ。また、適法な提案議案が拒絶されたときの決議は、決議取消しの対象となりうるが、議題提案が拒絶されたときは、取消すべき決議は存在しない。過料のみである（831・976条19号）。

□4・5項：膨大な数の濫用的提案を抑えるため、令和元年改正で議案要領通知請求の個数を10個に制限。取締役会設置会社の株主に限る理由は、取締役会非設置会社の株主が総会当日でも範囲の制限なく議論・議案提案可能なことから（295条1項、303条1項、

304条本文参照）本項の制限をかけるのは相当でないと考えられたため。10個を超えても会社側が株主の請求に応じることは違法ではない（4項本文反対解釈）。

□6項：泡沫議案の排除。cf.304条但書。

（株主総会の招集手続等に関する検査役の選任）

第306条　株式会社又は総株主（株主総会において決議をすることができる事項の全部につき議決権を行使することができない株主を除く。）の議決権の100分の1（これを下回る割合を定款で定めた場合にあっては，その割合）以上の議決権を有する株主は，株主総会に係る招集の手続及び決議の方法を調査させるため，当該株主総会に先立ち，裁判所に対し，検査役の選任の申立てをすることができる。

2　公開会社である取締役会設置会社における前項の規定の適用については，同項中「株主総会において決議をすることができる事項」とあるのは「第298条第1項第2号に掲げる事項」と，「有する」とあるのは「6箇月（これを下回る期間を定款で定めた場合にあっては，その期間）前から引き続き有する」とし，公開会社でない取締役会設置会社における同項の規定の適用については，同項中「株主総会において決議をすることができる事項」とあるのは，「第298条第1項第2号に掲げる事項」とする。

3　前2項の規定による検査役の選任の申立てがあった場合には，裁判所は，これを不適法として却下する場合を除き，検査役を選任しなければならない。

4　裁判所は，前項の検査役を選任した場合には，株式会社が当該検査役に対して支払う報酬の額を定めることができる。

5　第3項の検査役は，必要な調査を行い，当該調査の結果を記載し，又は記録した書面又は電磁的記録（法務省令で定めるものに限る。）を裁判所に提供して報告をしなければならない。

6　裁判所は，前項の報告について，その内容を明瞭にし，又はその根拠を確認するため必要があると認めるときは，第3項の検査役に対し，更に前項の報告を求めることができる。

7　第3項の検査役は，第5項の報告をしたときは，株式会社（検査役の選任の申立てをした者が当該株式会社でない場合にあっては，当該株式会社及びその者）に対し，同項の書面の写しを交付し，又は同項の電磁的記録に記録された事項を法務省令で定める方法により提供しなければならない。

POINT　さ《3》わ《0》ぎ迎《6》え撃つ（**総会**）**検査役**

□株主総会の公正と活性化のための制度。株主だけでなく会社にとっても事後の紛争回避のためなど検査役選任のメリットがあるので、申立てができるようになった。なお、株主総会提出資料の「調査者」（316条）と混同しないよう注意。

□少数株主権。持株要件は非公開・取締役会非設置会社では無議決権株式を除外した議決権株式総数の100分の1以上（1項）、非公開・取締役会設置会社では全議題に議決権行使できる株主の議決権の100分の1以上、公開会社では継続保有要件につき6ヶ月。株主提案権の場合と比較せよ。ただし、どちらも定款で引下げ可能。

□業務・財産検査役についても、同様の規定があり、本条を準用せず別個に明記されることになった。cf.358・359条。

□5項：「法務省令」＝施規228条4号。

□7項：「法務省令」＝施規229条4号。

（裁判所による株主総会招集等の決定）
第307条　裁判所は，前条第5項の報告があった場合において，必要があると認めるときは，取締役に対し，次に掲げる措置の全部又は一部を命じなければならない。
①　一定の期間内に株主総会を招集すること。
②　前条第5項の調査の結果を株主に通知すること。
2　裁判所が前項第1号に掲げる措置を命じた場合には，取締役は，前条第5項の報告の内容を同号の株主総会において開示しなければならない。
3　前項に規定する場合には，取締役（監査役設置会社にあっては，取締役及び監査役）は，前条第5項の報告の内容を調査し，その結果を第1項第1号の株主総会に報告しなければならない。

POINT
さ《3》わ《0》ぎな《7》く（**総会**）**招集せよと裁判所**

□業務・財産検査役については359条を参照のこと。

（議決権の数）
第308条　株主（株式会社がその総株主の議決権の4分の1以上を有することその他の事由を通じて株式会社がその経営を実質的に支配することが可能な関係にあるものとして法務省令で定める株主を除く。）は，株主総会において，その有する株式1株につき1個の議決権を有する。ただし，単元株式数を定款で定めている場合には，1単元の株式につき1個の議決権を有する。
2　前項の規定にかかわらず，株式会社は，自己株式については，議決権を有しない。

POINT
さ《3》わ《0》や《8》か一票、**議決権**

□1項：一株一議決権の原則を示す規定。かっこ書は株式の相互保有規制であるが、議決権でなく実質支配基準となったのは、親会社・子会社と同様。cf.2条3・4号。「法務省令」＝施規67条。
□2項：1項の相互保有規制と同様、会社支配の歪曲化防止のため、自己株式には議決権がない。
□本条以外に見られる一株一議決権の原則の例外として、議決権制限株式（108条1項3号、同条2項3号）特別な利害関係を有する株主の株式（140条3項、160条1・4項)、非公開会社での株主ごとの異なる取扱い（109条2項）がある。

（株主総会の決議）
第309条　株主総会の決議は，定款に別段の定めがある場合を除き，議決権を行使することができる株主の議決権の過半数を有する株主が出席し，出席した当該株主の議決権の過半数をもって行う。
2　前項の規定にかかわらず，次に掲げる株主総会の決議は，当該株主総会において議決権を行使することができる株主の議決権の過半数（3分の1以上の割合を定款で定めた場合にあっては，その割合以上）を有する株主が出席し，出席した当該株主の議決権の3分の2（これを上回る割合を定款で定めた場合にあっては，その割合）以上に当たる多数をもって行わなければならない。この場合においては，当該決議の要件に加えて，一定の数以上の株主の賛成を要する旨その他の要件を定款で定めることを妨げない。

① 第140条第2項及び第5項の株主総会
② 第156条第1項の株主総会（第160条第1項の特定の株主を定める場合に限る。）
③ 第171条第1項及び第175条第1項の株主総会
④ 第180条第2項の株主総会
⑤ 第199条第2項，第200条第1項，第202条第3項第4号，第204条第2項及び第205条第2項の株主総会
⑥ 第238条第2項，第239条第1項，第241条第3項第4号，第243条第2項及び第244条第3項の株主総会
⑦ 第339条第1項の株主総会（第342条第3項から第5項までの規定により選任された取締役（監査等委員である取締役を除く。）を解任する場合又は監査等委員である取締役若しくは監査役を解任する場合に限る。）
⑧ 第425条第1項の株主総会
⑨ 第447条第1項の株主総会（次のいずれにも該当する場合を除く。）
イ 定時株主総会において第447条第1項各号に掲げる事項を定めること。
ロ 第447条第1項第1号の額がイの定時株主総会の日（第439条前段に規定する場合にあっては，第436条第3項の承認があった日）における欠損の額として法務省令で定める方法により算定される額を超えないこと。
⑩ 第454条第4項の株主総会（配当財産が金銭以外の財産であり，かつ，株主に対して同項第1号に規定する金銭分配請求権を与えないこととする場合に限る。）
⑪ 第6章から第8章までの規定により株主総会の決議を要する場合における当該株主総会
⑫ 第5編の規定により株主総会の決議を要する場合における当該株主総会

3 前2項の規定にかかわらず，次に掲げる株主総会（種類株式発行会社の株主総会を除く。）の決議は，当該株主総会において議決権を行使することができる株主の半数以上（これを上回る割合を定款で定めた場合にあっては，その割合以上）であって，当該株主の議決権の3分の2（これを上回る割合を定款で定めた場合にあっては，その割合）以上に当たる多数をもって行わなければならない。

① その発行する全部の株式の内容として譲渡による当該株式の取得について当該株式会社の承認を要する旨の定款の定めを設ける定款の変更を行う株主総会
② 第783条第1項の株主総会（合併により消滅する株式会社又は株式交換をする株式会社が公開会社であり，かつ，当該株式会社の株主に対して交付する金銭等の全部又は一部が譲渡制限株式等（同条第3項に規定する譲渡制限株式等をいう。次号において同じ。）である場合における当該株主総会に限る。）
③ 第804条第1項の株主総会（合併又は株式移転をする株式会社が公開会社であり，かつ，当該株式会社の株主に対して交付する金銭等の全部又は一部が譲渡制限株式等である場合における当該株主総会に限る。）
④ 前3項の規定にかかわらず，第109条第2項の規定による定款の定めについての定款の変更（当該定款の定めを廃止するものを除く。）を行う株主総会の決議は，総株主の半数以上（これを上回る割合を定款で定めた場合にあっては，その割合以上）であって，総株主の議決権の4分の3（これを上回る割合を定款で定めた場合にあっては，その割合）以上に当たる多数をもっ

て行わなければならない。
⑤　取締役会設置会社においては，株主総会は，第298条第1項第2号に掲げる事項以外の事項については，決議をすることができない。ただし，第316条第1項若しくは第2項に規定する者の選任又は第398条第2項の会計監査人の出席を求めることについては，この限りでない。

POINT

さ《3》わ《0》ぐ《9》総会、決議の仕方で

□1項：普通決議に関する規定。定款の定めによって、例えば定足数を完全に排除することも可能だが、役員の選任・解任については341条により歯止めをかけている（341条の解説を参照のこと）。

□2項：特別決議に関する規定。

□2項1号：譲渡制限株式の買取り、買取人指定。

□2項2号：特定人からの自己株式取得（全株主からの取得の場合は普通決議）。

□2項3号：全部取得条項付種類株式の取得、相続人等への売渡請求。

□2項4号：株式併合。

□2項5号：募集株式の発行、募集事項の委任、募集株式割当ての決議、譲渡制限株式割当ての決定。

□2項6号：募集新株予約権発行決議、新株予約権募集事項決定の委任、新株予約権割当決議、譲渡制限新株予約権等の割当決議。

□2項7号：累積投票により選任された取締役と監査役の解任。

□2項8号：役員の責任一部免除。

□2項9号：資本減少（ただし定時株主総会で単なる欠損填補を行う場合は、払戻しとならないので普通決議）。ロの「法務省令」＝施規68条。

□2項10号：現物配当。

□2項11号：定款変更、事業譲渡、解散。

□2項12号：組織変更、組織再編。

□3・4項：特殊決議に関する規定。3項より4項のほうが厳しい要件。いずれも頭数の要件あり（3項では議決権を行使できる株主の半数以上、4項では総株主の半数以上）。なお、2項の特別決議においても頭数要件を定款で定めることができる（2項柱書後段）。

□5項但書：316条1項は資料調査者、2項は株主により招集された総会での業務財産調査者。

（議決権の代理行使）

第310条　株主は，代理人によってその議決権を行使することができる。この場合においては，当該株主又は代理人は，代理権を証明する書面を株式会社に提出しなければならない。
2　前項の代理権の授与は，株主総会ごとにしなければならない。
3　第1項の株主又は代理人は，代理権を証明する書面の提出に代えて，政令で定めるところにより，株式会社の承諾を得て，当該書面に記載すべき事項を電磁的方法により提供することができる。この場合において，当該株主又は代理人は，当該書面を提出したものとみなす。
4　株主が第299条第3項の承諾をした者である場合には，株式会社は，正当な理由がなければ，前項の承諾をすることを拒んではならない。
5　株式会社は，株主総会に出席することができる代理人の数を制限することができる。
6　株式会社は，株主総会の日から3箇月間，代理権を証明する書面及び第3項の電磁的方法により提供された事項が記録された電磁的記録をその本店に備え置かなければならない。
7　株主（前項の株主総会において決議をした事項の全部につき議決権を行使することができない株主を除く。次条第4項及び第312条第5項において同じ。）は，株式会社の営業時間内は，いつでも，次に掲げる請求をすることができる。この場合においては，当該請求の理由を明らかにしてしなければならない。
①　代理権を証明する書面の閲覧又は謄写の請求
②　前項の電磁的記録に記録された事項を法務省令で定める方法により表示したものの閲覧又は謄写の請求
8　株式会社は，前項の請求があったときは，次のいずれかに該当する場合を除き，これを拒むことができない。
①　当該請求を行う株主（以下この項において「請求者」という。）がその権利の確保又は行使に関する調査以外の目的で請求を行ったとき。
②　請求者が当該株式会社の業務の遂行を妨げ，又は株主の共同の利益を害する目的で請求を行ったとき。
③　請求者が代理権を証明する書面の閲覧若しくは謄写又は前項第2号の電磁的記録に記録された事項を法務省令で定める方法により表示したものの閲覧若しくは謄写によって知り得た事実を利益を得て第三者に通報するため請求を行ったとき。
④　請求者が，過去2年以内において，代理権を証明する書面の閲覧若しくは謄写又は前項第2号の電磁的記録に記録された事項を法務省令で定める方法により表示したものの閲覧若しくは謄写によって知り得た事実を利益を得て第三者に通報したことがあるものであるとき。

POINT　「さ《3》あ入《1》れ《0》てくれ」と**総会**場で**代理人**

□7項2号：「法務省令」＝施規226条15号（紙面か映像面で表示）。
□7項後段・8項：125条2・3項にならった。

（書面による議決権の行使）
第311条　書面による議決権の行使は，議決権行使書面に必要な事項を記載し，法務省令で定める時までに当該記載をした議決権行使書面を株式会社に提出して行う。
2　前項の規定により書面によって行使した議決権の数は，出席した株主の議決権の数に算入する。
3　株式会社は，株主総会の日から3箇月間，第1項の規定により提出された議決権行使書面をその本店に備え置かなければならない。
4　株主は，株式会社の営業時間内は，いつでも，第1項の規定により提出された議決権行使書面の閲覧又は謄写の請求をすることができる。この場合においては，当該請求の理由を明らかにしてしなければならない。
5　株式会社は，前項の請求があったときは，次のいずれかに該当する場合を除き，これを拒むことができない。
①　当該請求を行う株主（以下この項において「請求者」という。）がその権利の確保又は行使に関する調査以外の目的で請求を行ったとき。

② 請求者が当該株式会社の業務の遂行を妨げ，又は株主の共同の利益を害する目的で請求を行ったとき。
③ 請求者が第1項の規定により提出された議決権行使書面の閲覧又は謄写によって知り得た事実を利益を得て第三者に通報するため請求を行ったとき。
④ 請求者が，過去2年以内において，第1項の規定により提出された議決権行使書面の閲覧又は謄写によって知り得た事実を利益を得て第三者に通報したことがあるものであるとき。

POINT 「さ《3》、い《1》い《1》ね**書面投票**」提出促す

□1項：「法務省令」＝施規69条（株主総会の日時の直前の営業時間の終了時）。
□4項後段・5項：125条2・3項にならった、

（電磁的方法による議決権の行使）
第312条 電磁的方法による議決権の行使は，政令で定めるところにより，株式会社の承諾を得て，法務省令で定める時までに議決権行使書面に記載すべき事項を，電磁的方法により当該株式会社に提供して行う。
2 株主が第299条第3項の承諾をした者である場合には，株式会社は，正当な理由がなければ，前項の承諾をすることを拒んではならない。
3 第1項の規定により電磁的方法によって行使した議決権の数は，出席した株主の議決権の数に算入する。
4 株式会社は，株主総会の日から3箇月間，第1項の規定により提供された事項を記録した電磁的記録をその本店に備え置かなければならない。
5 株主は，株式会社の営業時間内は，いつでも，前項の電磁的記録に記録された事項を法務省令で定める方法により表示したものの閲覧又は謄写の請求をすることができる。この場合においては，当該請求の理由を明らかにしてしなければならない。
6 株式会社は，前項の請求があったときは，次のいずれかに該当する場合を除き，これを拒むことができない。
① 当該請求を行う株主（以下この項において「請求者」という。）がその権利の確保又は行使に関する調査以外の目的で請求を行ったとき。
② 請求者が当該株式会社の業務の遂行を妨げ，又は株主の共同の利益を害する目的で請求を行ったとき。
③ 請求者が前項の電磁的記録に記録された事項を法務省令で定める方法により表示したものの閲覧又は謄写によって知り得た事実を利益を得て第三者に通報するため請求を行ったとき。
④ 請求者が，過去2年以内において，前項の電磁的記録に記録された事項を法務省令で定める方法により表示したものの閲覧又は謄写によって知り得た事実を利益を得て第三者に通報したことがあるものであるとき。

POINT さ《3》あい《1》つ《2》？ 真夜中？ **メールで投票**

□1項：電子メールなど電磁的方法による議決権行使の送信。締切りは「法務省令」＝施規

70条によれば、株主総会の日時の直前の営業時間の終了時であって、メールといえども真夜中ではない。
□5項：「法務省令」＝施規226条16号（紙面か映像面で表示）。
□5項後段・6項：125条2・3項にならった。

（議決権の不統一行使）
第313条　株主は，その有する議決権を統一しないで行使することができる。
2　取締役会設置会社においては，前項の株主は，株主総会の日の3日前までに，取締役会設置会社に対してその有する議決権を統一しないで行使する旨及びその理由を通知しなければならない。
3　株式会社は，第1項の株主が他人のために株式を有する者でないときは，当該株主が同項の規定によりその有する議決権を統一しないで行使することを拒むことができる。

POINT　再《31》三《3》拒む、**不統一行使**

□2項：事前通知を要求する理由は、会社の事務上の便宜のため。取締役会非設置会社は、株主総会の権限が強いので会社の便宜のための通知を認める必要はない。また、議題が直前に知らされていない可能性もあり（299条2項2号・4項、298条1項2号、309条5項反対解釈）、そのような場合は不統一行使の前提を欠くため。

（取締役等の説明義務）
第314条　取締役，会計参与，監査役及び執行役は，株主総会において，株主から特定の事項について説明を求められた場合には，当該事項について必要な説明をしなければならない。ただし，当該事項が株主総会の目的である事項に関しないものである場合，その説明をすることにより株主の共同の利益を著しく害する場合その他正当な理由がある場合として法務省令で定める場合は，この限りでない。

POINT　妻《31》子《4》の有無は**説明義務**なし

□「法務省令」＝施規71条。

（議長の権限）
第315条　株主総会の議長は，当該株主総会の秩序を維持し，議事を整理する。
2　株主総会の議長は，その命令に従わない者その他当該株主総会の秩序を乱す者を退場させることができる。

POINT　**議長**最《31》高《5》の**秩序維持**

□1項：総会議長の秩序維持・議事整理権に関する規定。
□2項：総会議長の退去命令権に関する規定。

（株主総会に提出された資料等の調査）
第316条　株主総会においては，その決議によって，取締役，会計参与，監査役，監査役会及び会計監査人が当該株主総会に提出し，又は提供した資料を調査する者を選任することができる。
2　第297条の規定により招集された株主総会においては，その決議によって，株式会社の業務及び財産の状況を調査する者を選任することができる。

POINT　さ《3》、医《1》務《6》室で**調査**しよう

□株主総会決議で選任する本条の調査者と、裁判所が選任する306条の検査役とを混同しないよう注意。

（延期又は続行の決議）
第317条　株主総会においてその延期又は続行について決議があった場合には，第298条及び第299条の規定は，適用しない。

POINT　災《31》難《7》だ! **総会延期**だ、**続行**だ

（議事録）
第318条　株主総会の議事については，法務省令で定めるところにより，議事録を作成しなければならない。
2　株式会社は，株主総会の日から10年間，前項の議事録をその本店に備え置かなければならない。
3　株式会社は，株主総会の日から5年間，第1項の議事録の写しをその支店に備え置かなければならない。ただし，当該議事録が電磁的記録をもって作成されている場合であって，支店における次項第2号に掲げる請求に応じることを可能とするための措置として法務省令で定めるものをとっているときは，この限りでない。
4　株主及び債権者は，株式会社の営業時間内は，いつでも，次に掲げる請求をすることができる。
①　第1項の議事録が書面をもって作成されているときは，当該書面又は当該書面の写しの閲覧又は謄写の請求
②　第1項の議事録が電磁的記録をもって作成されているときは，当該電磁的記録に記録された事項を法務省令で定める方法により表示したものの閲覧又は謄写の請求
5　株式会社の親会社社員は，その権利を行使するため必要があるときは，裁判所の許可を得て，第1項の議事録について前項各号に掲げる請求をすることができる。

POINT

さ《3》あ、い《1》や《8》とは言わせぬ（総会）議事録見せろ

□1項：「法務省令」＝施規72条（書面または電磁的記録で作成し、日時、場所、議事の経過等を記す）。

□3項：「法務省令」＝施規227条2号。

□4項2号：「法務省令」＝施規226条17号（紙面か映像面で表示）。

□5項：裁判所の許可による手続は、非訟事件手続として進められるが、審問期日の開催と陳述聴取が義務付けられている。cf.870条2項1号。

（株主総会の決議の省略）

第319条　取締役又は株主が株主総会の目的である事項について提案をした場合において，当該提案につき株主（当該事項について議決権を行使することができるものに限る。）の全員が書面又は電磁的記録により同意の意思表示をしたときは，当該提案を可決する旨の株主総会の決議があったものとみなす。

2　株式会社は，前項の規定により株主総会の決議があったものとみなされた日から10年間，同項の書面又は電磁的記録をその本店に備え置かなければならない。

3　株主及び債権者は，株式会社の営業時間内は，いつでも，次に掲げる請求をすることができる。

①　前項の書面の閲覧又は謄写の請求

②　前項の電磁的記録に記録された事項を法務省令で定める方法により表示したものの閲覧又は謄写の請求

4　株式会社の親会社社員は，その権利を行使するため必要があるときは，裁判所の許可を得て，第2項の書面又は電磁的記録について前項各号に掲げる請求をすることができる。

5　第1項の規定により定時株主総会の目的である事項のすべてについての提案を可決する旨の株主総会の決議があったものとみなされた場合には，その時に当該定時株主総会が終結したものとみなす。

POINT

細《31》工《9》して決議はすべて持回り?!

□書面決議、持回り決議、決議省略の制度、みなし決議などともいう。取締役会にも同様の規定がある。cf.370条。

□1項：議事録は必要。cf.施規72条4項1号。

□2項：支店での備置きは不要。cf.318条3項。なお、計算書類等の5年の備置きは提案の日から起算する。cf.442条1項1号。

□3項2号：「法務省令」＝施規226条18号（紙面か映像面で表示）。

□4項：裁判所の許可による手続は、非訟事件手続として進められるが、審問期日の開催と陳述聴取が義務付けられている。cf.870条2項1号。

□5項：従来、終結の時期につき解釈で認められていたが、本項で明文化された。（株主総会への報告の省略）

（株主総会への報告の省略）

第320条　取締役が株主の全員に対して株主総会に報告すべき事項を通知した場合において，当該事項を株主総会に報告することを要しないことにつき株主の全員が書面又は電磁的記録により同意の意思表示をしたときは，当該事項の株主総会への報告があったものとみなす。

POINT　密《3》通《2》も全《0》部電話で、**報告省略**

□みなし報告の規定。

□議事録は必要。「法務省令」＝施規72条4項2号。

□株主総会を一応開いた上で報告を省略することと、総会を開かない前条の書面決議（持回り決議、決議省略の制度、みなし決議ともいう）について報告を省略することとの、両方が考えられるが、後者のような、総会の開催そのものを省略することに、より意義があると考えられる。

第2款　種類株主総会

（種類株主総会の権限）

第321条　種類株主総会は，この法律に規定する事項及び定款で定めた事項に限り，決議をすることができる。

POINT　見《3》に《2》行《1》け、**種類株主総会**

□定款で定める決議事項の例としては、譲渡制限種類株式につき、その譲渡または取得の承認やトラッキングストック（特定事業業績連動株式）につき、その連動対象である子会社の役員等選解任などがある。

（ある種類の種類株主に損害を及ぼすおそれがある場合の種類株主総会）

第322条　種類株式発行会社が次に掲げる行為をする場合において，ある種類の株式の種類株主に損害を及ぼすおそれがあるときは，当該行為は，当該種類の株式の種類株主を構成員とする種類株主総会（当該種類株主に係る株式の種類が2以上ある場合にあっては，当該2以上の株式の種類別に区分された種類株主を構成員とする各種類株主総会。以下この条において同じ。）の決議がなければ，その効力を生じない。ただし，当該種類株主総会において議決権を行使することができる種類株主が存しない場合は，この限りでない。

①　次に掲げる事項についての定款の変更（第111条第1項又は第2項に規定するものを除く。）

　イ　株式の種類の追加

　ロ　株式の内容の変更

　ハ　発行可能株式総数又は発行可能種類株式総数の増加

①の2　第179条の3第1項の承認

②　株式の併合又は株式の分割

③　第185条に規定する株式無償割当て

④　当該株式会社の株式を引き受ける者の募集（第202条第1項各号に掲げる事項を定めるものに限る。）
⑤　当該株式会社の新株予約権を引き受ける者の募集（第241条第1項各号に掲げる事項を定めるものに限る。）
⑥　第277条に規定する新株予約権無償割当て
⑦　合併
⑧　吸収分割
⑨　吸収分割による他の会社がその事業に関して有する権利義務の全部又は一部の承継
⑩　新設分割
⑪　株式交換
⑫　株式交換による他の株式会社の発行済株式全部の取得
⑬　株式移転
⑭　株式交付
2　種類株式発行会社は，ある種類の株式の内容として，前項の規定による種類株主総会の決議を要しない旨を定款で定めることができる。
3　第1項の規定は，前項の規定による定款の定めがある種類の株式の種類株主を構成員とする種類株主総会については，適用しない。ただし，第1項第1号に規定する定款の変更（単元株式数についてのものを除く。）を行う場合は，この限りでない。
4　ある種類の株式の発行後に定款を変更して当該種類の株式について第2項の規定による定款の定めを設けようとするときは，当該種類の種類株主全員の同意を得なければならない。

POINT

密《3》に《2》連《2》絡、**法定種類株主総会**

□1項：ある種類の株式の種類株主にのみ損害を及ぼすおそれのある会社の行為（1号～13号）につき、その種類の種類株主総会の特別決議（324条2項4号）が必要。法定種類株主総会という。ただし、1項1号かっこ書のように取得条項付種類株式、譲渡制限種類株式、全部取得条項付種類株式に内容の変更をする場合は、全員同意やその種類株式を取得対価とする取得請求権付株式の種類株主らによる定款変更手続の特則があるので（111条1・2項）、これらについてはその特則による。

□2・3項：種類株主総会決議を常に必要としていたのではスムーズな組織再編ができないとの経済界からの指摘により、1項1号以外の会社の行為については（3項但書）種類株主総会決議を不要とする定款を設けることができる（2項）。もっとも、その種類株式発行後にそのような定款を設けることはその種類株主にとり不利益となりうるので、その種類株主全員の同意が必要（4項）。なお、2項のような株主総会不要の定款の定めを設けている種類株式発行会社が、1項2～6号の行為および単元株式数についての定款変更行為（3項かっこ書参照）を行う場合でこれによりある種類株主に損害を及ぼす恐れがあるときは、その行為に反対の種類株主に株式買取請求権が認められる（116条1項3号）。

（種類株主総会の決議を必要とする旨の定めがある場合）
第323条　種類株式発行会社において，ある種類の株式の内容として，株主総会（取締役会設置会社にあっては株主総会又は取締役会，第478条第8項に規定する清算人会設置会社にあっては株主総会又は清算人会）において決議すべき事項について，当該決議のほか，当該種類の株式の種類株主を構成員とする種類株主総会の決議があることを必要とする旨の定めがあるときは，当該事項は，その定款の定めに従い，株主総会，取締役会又は清算人会の決議のほか，当該種類の株式の種類株主を構成員とする種類株主総会の決議がなければ，その効力を生じない。ただし，当該種類株主総会において議決権を行使することができる種類株主が存しない場合は，この限りでない。

POINT さ《3》っ《2》さ《3》と決めるの許さない?! **任意種類株主総会**

□いわゆる拒否権付種類株式（108条1項8号、同条2項8号）をもつ者による種類株主総会に関する規定。このような総会を任意種類株主総会という。

（種類株主総会の決議）

第324条　種類株主総会の決議は，定款に別段の定めがある場合を除き，その種類の株式の総株主の議決権の過半数を有する株主が出席し，出席した当該株主の議決権の過半数をもって行う。

2　前項の規定にかかわらず，次に掲げる種類株主総会の決議は，当該種類株主総会において議決権を行使することができる株主の議決権の過半数（3分の1以上の割合を定款で定めた場合にあっては，その割合以上）を有する株主が出席し，出席した当該株主の議決権の3分の2（これを上回る割合を定款で定めた場合にあっては，その割合）以上に当たる多数をもって行わなければならない。この場合においては，当該決議の要件に加えて，一定の数以上の株主の賛成を要する旨その他の要件を定款で定めることを妨げない。

①　第111条第2項の種類株主総会（ある種類の株式の内容として第108条第1項第7号に掲げる事項についての定款の定めを設ける場合に限る。）

②　第199条第4項及び第200条第4項の種類株主総会

③　第238条第4項及び第239条第4項の種類株主総会

④　第322条第1項の種類株主総会

⑤　第347条第2項の規定により読み替えて適用する第339条第1項の種類株主総会

⑥　第795条第4項の種類株主総会

⑦　第816条の3第3項の種類株主総会

3　前2項の規定にかかわらず，次に掲げる種類株主総会の決議は，当該種類株主総会において議決権を行使することができる株主の半数以上（これを上回る割合を定款で定めた場合にあっては，その割合以上）であって，当該株主の議決権の3分の2（これを上回る割合を定款で定めた場合にあっては，その割合）以上に当たる多数をもって行わなければならない。

①　第111条第2項の種類株主総会（ある種類の株式の内容として第108条第1項第4号に掲げる事項についての定款の定めを設ける場合に限る。）

②　第783条第3項及び第804条第3項の種類株主総会

POINT 同じ三《3》つ《2》よ《4》、**種類（株主）総会決議**の仕方も

□株主総会決議（309条）と同様、普通決議（1項）、特別決議（2項）、特殊決議（3項）の3種類がある。ただし、株主総会にあるような厳格な特殊決議（309条4項）はない。

□2項1号：その種類の株式に全部取得条項を新設する定款変更。

□2項2号：譲渡制限種類株式の追加発行・募集事項の決定とその決定の取締役（取締役会設置会社では取締役会）への委任。

□2項3号：譲渡制限種類株式を目的とする新株予約権の割当てに関する決定とその決定の取締役（取締役会設置会社では取締役会）への委任。

□2項4号：法定種類株主総会。

□2項5号：選・解任種類株式の種類株主総会で行われる監査役の解任。

□2項6号：譲渡制限種類株式を合併等対価として交付する組織再編の決定。

□2項7号：株式交付計画の承認等。

□3項1号：その種類株式に譲渡制限の定めを新設する定款変更。

□3項2号：譲渡制限株式でない種類株主に譲渡制限株式が合併等対価として交付される合併、株式交換、株式移転。

（株主総会に関する規定の準用）

第325条　前款（第295条第1項及び第2項，第296条第1項及び第2項並びに第309条を除く。）の規定は，種類株主総会について準用する。この場合において，第297条第1項中「総株主」とあるのは「総株主（ある種類の株式の株主に限る。以下この款（第308条第1項を除く。）において同じ。）」と，「株主は」とあるのは「株主（ある種類の株式の株主に限る。以下この款（第318条第4項及び第319条第3項を除く。）において同じ。）は」と読み替えるものとする。

第3款　電子提供措置

（電子提供措置をとる旨の定款の定め）

第325条の2　株式会社は，取締役が株主総会（種類株主総会を含む。）の招集の手続を行うときは，次に掲げる資料（以下この款において「株主総会参考書類等」という。）の内容である情報について，電子提供措置（電磁的方法により株主（種類株主総会を招集する場合にあっては，ある種類の株主に限る。）が情報の提供を受けることができる状態に置く措置であって，法務省令で定めるものをいう。以下この款，第911条第3項第12号の2及び第976条第19号において同じ。）をとる旨を定款で定めることができる。この場合において，その定款には，電子提供措置をとる旨を定めれば足りる。

①　株主総会参考書類

②　議決権行使書面

③　第437条の計算書類及び事業報告

④　第444条第6項の連結計算書類

POINT　さ《3》、都《2》合《5》の《の》つ《2》く時（スマホ）で**資料**見て。**電子提供**するから

□世界的潮流である株主総会の電子化を進めるため、本条1～4号の株主総会資料（法文上は「株主総会参考書類等」）の電子提供措置に関する規定325条の2～7を令和元年新設。会社は株主総会資料を会社のHPなどウェブサイトに載せれば株主に知らせるべき情報を

適法に提供したことになる。会社は総会の事務コストを節約でき、株主はより早くネット上で情報を入手できる。この制度を利用したい会社は定款にその旨の定めを置く（本条柱書）。登記義務につき911条3項12号の2。上場会社は自動的に定款変更ありとなる（令和4年9月）。cf.振替159条の2第1項、整備法10条2・4項。「法務省令」＝施規95条の2〜4。

（電子提供措置）

第325条の3　電子提供措置をとる旨の定款の定めがある株式会社の取締役は，第299条第2項各号に掲げる場合には，株主総会の日の3週間前の日又は同条第1項の通知を発した日のいずれか早い日（以下この款において「電子提供措置開始日」という。）から株主総会の日後3箇月を経過する日までの間（以下この款において「電子提供措置期間」という。），次に掲げる事項に係る情報について継続して電子提供措置をとらなければならない。

① 第298条第1項各号に掲げる事項

② 第301条第1項に規定する場合には，株主総会参考書類及び議決権行使書面に記載すべき事項

③ 第302条第1項に規定する場合には，株主総会参考書類に記載すべき事項

④ 第305条第1項の規定による請求があった場合には，同項の議案の要領

⑤ 株式会社が取締役会設置会社である場合において，取締役が定時株主総会を招集するときは，第437条の計算書類及び事業報告に記載され，又は記録された事項

⑥ 株式会社が会計監査人設置会社（取締役会設置会社に限る。）である場合において，取締役が定時株主総会を招集するときは，第444条第6項の連結計算書類に記載され，又は記録された事項

⑦ 前各号に掲げる事項を修正したときは，その旨及び修正前の事項

2　前項の規定にかかわらず，取締役が第299条第1項の通知に際して株主に対し議決権行使書面を交付するときは，議決権行使書面に記載すべき事項に係る情報については，前項の規定により電子提供措置をとることを要しない。

3　第1項の規定にかかわらず，金融商品取引法第24条第1項の規定によりその発行する株式について有価証券報告書を内閣総理大臣に提出しなければならない株式会社が，電子提供措置開始日までに第1項各号に掲げる事項（定時株主総会に係るものに限り，議決権行使書面に記載すべき事項を除く。）を記載した有価証券報告書（添付書類及びこれらの訂正報告書を含む。）の提出の手続を同法第27条の30の2に規定する開示用電子情報処理組織（以下この款において単に「開示用電子情報処理組織」という。）を使用して行う場合には，当該事項に係る情報については，同項の規定により電子提供措置をとることを要しない。

□299条2項各号に掲げる場合（総会招集通知を書面でしなければならない場合）に限った理由は、類型的に株主総会の電子化を進めるのに相当であり株主に必要な情報を早く提供すべき場合と考えられるから。したがって、それ以外の会社（書面投票制度も電子投票制度もとらない取締役会非設置会社）でも定款に定めを置き電子提供制度を導入することは可能。ただしその場合、招集通知の発送期限が総会の1週間前から2週間前までに前倒しされることに注意。cf.325条の4第1項。

□3項：「開示用電子情報処理組織」とは、いわゆるEDINET（Electronic Investors' Networkの略）のこと（金商27条の30の2）。そこで情報公開していれば、法令に基づ

き安定継続して情報が提供されていると考えられるので電子提供措置は不要。

（株主総会の招集の通知等の特則）

第325条の4　前条第1項の規定により電子提供措置をとる場合における第299条第1項の規定の適用については，同項中「2週間（前条第1項第3号又は第4号に掲げる事項を定めたときを除き，公開会社でない株式会社にあっては，1週間（当該株式会社が取締役会設置会社以外の株式会社である場合において，これを下回る期間を定款で定めた場合にあっては，その期間））」とあるのは，「2週間」とする。

2　第299条第4項の規定にかかわらず，前条第1項の規定により電子提供措置をとる場合には，第299条第2項又は第3項の通知には，第298条第1項第5号に掲げる事項を記載し，又は記録することを要しない。この場合において，当該通知には，同項第1号から第4号までに掲げる事項のほか，次に掲げる事項を記載し，又は記録しなければならない。

①　電子提供措置をとっているときは，その旨

②　前条第3項の手続を開示用電子情報処理組織を使用して行ったときは，その旨

③　前2号に掲げるもののほか，法務省令で定める事項

3　第301条第1項，第302条第1項，第437条及び第444条第6項の規定にかかわらず，電子提供措置をとる旨の定款の定めがある株式会社においては，取締役は，第299条第1項の通知に際して，株主に対し，株主総会参考書類等を交付し，又は提供することを要しない。

4　電子提供措置をとる旨の定款の定めがある株式会社における第305条第1項の規定の適用については，同項中「その通知に記載し，又は記録する」とあるのは，「当該議案の要領について第325条の2に規定する電子提供措置をとる」とする。

□2項3号：「法務省令」＝95条の3

（書面交付請求）

第325条の5　電子提供措置をとる旨の定款の定めがある株式会社の株主（第299条第3項（第325条において準用する場合を含む。）の承諾をした株主を除く。）は，株式会社に対し，第325条の3第1項各号（第325条の7において準用する場合を含む。）に掲げる事項（以下この条において「電子提供措置事項」という。）を記載した書面の交付を請求することができる。

2　取締役は，第325条の3第1項の規定により電子提供措置をとる場合には，第299条第1項の通知に際して，前項の規定による請求（以下この条において「書面交付請求」という。）をした株主（当該株主総会において議決権を行使することができる者を定めるための基準日（第124条第1項に規定する基準日をいう。）を定めた場合にあっては，当該基準日までに書面交付請求をした者に限る。）に対し，当該株主総会に係る電子提供措置事項を記載した書面を交付しなければならない。

3　株式会社は，電子提供措置事項のうち法務省令で定めるものの全部又は一部については，前項の規定により交付する書面に記載することを要しない旨を定款で定めることができる。

4　書面交付請求をした株主がある場合において，その書面交付請求の日（当該株主が次項ただし書の規定により異議を述べた場合にあっては，当該異議を述べた日）から1年を経過したときは，株式会社は，当該株主に対し，第2項の規定による書面の交付を終了する旨を通知し，かつ，これに異議のある場合には一定の期間（以下この条において「催告期間」という。）内に異議を述べるべき旨を催告することができる。ただし，催告期間は，1箇月を下ることができない。

5　前項の規定による通知及び催告を受けた株主がした書面交付請求は，催告期間を経過した時

にその効力を失う。ただし，当該株主が催告期間内に異議を述べたときは，この限りでない。

□1・2項：高齢者などITに弱い株主のため、救済策として書面交付請求権を認める。
□3項：「法務省令」＝95条の4
□4・5項：会社の事務コスト負担軽減のため、書面交付請求権を失効させることを認める。

（電子提供措置の中断）
第325条の6　第325条の3第1項の規定にかかわらず，電子提供措置期間中に電子提供措置の中断（株主が提供を受けることができる状態に置かれた情報がその状態に置かれないこととなったこと又は当該情報がその状態に置かれた後改変されたこと（同項第7号の規定により修正されたことを除く。）をいう。以下この条において同じ。）が生じた場合において，次の各号のいずれにも該当するときは，その電子提供措置の中断は，当該電子提供措置の効力に影響を及ぼさない。
①　電子提供措置の中断が生ずることにつき株式会社が善意でかつ重大な過失がないこと又は株式会社に正当な事由があること。
②　電子提供措置の中断が生じた時間の合計が電子提供措置期間の10分の1を超えないこと。
③　電子提供措置開始日から株主総会の日までの期間中に電子提供措置の中断が生じたときは，当該期間中に電子提供措置の中断が生じた時間の合計が当該期間の10分の1を超えないこと。
④　株式会社が電子提供措置の中断が生じたことを知った後速やかにその旨，電子提供措置の中断が生じた時間及び電子提供措置の中断の内容について当該電子提供措置に付して電子提供措置をとったこと。

□ウェブサイトに用いるサーバーのダウン、ハッカーやウィルス感染による改ざん等で電子提供にトラブルが生じた場合の会社に対する救済規定。電子公告の中断が生じた場合（940条3項）と同様の扱い。ただし、電子公告調査のようなシステム障害のチェック等を調査機関に行わせる義務はない。cf.941条。元々、上場会社では事業報告を取引所のサイト（TDNet等）に掲載する義務がある上、公告と違い、株主だけが閲覧するような本条の電子提供措置に調査システムの構築や調査機関の確保は困難だからである。

（株主総会に関する規定の準用）
第325条の7　第325条の3から前条まで（第325条の3第1項（第5号及び第6号に係る部分に限る。）及び第3項並びに第325条の5第1項及び第3項から第5項までを除く。）の規定は，種類株主総会について準用する。この場合において，第325条の3第1項中「第299条第2項各号」とあるのは「第325条において準用する第299条第2項各号」と，「同条第1項」とあるのは「同条第1項（第325条において準用する場合に限る。次項，次条及び第325条の5において同じ。）」と，「第298条第1項各号」とあるのは「第298条第1項各号（第325条において準用する場合に限る。）」と，「第301条第1項」とあるのは「第325条において準用する第301条第1項」と，「第302条第1項」とあるのは「第325条において準用する第302条第1項」と，「第305条第1項」とあるのは「第305条第1項（第325条において準用する場合に限る。次条第4項において同じ。）」と，同条第2項中「株主」とあるのは「株主（ある種類の株式の株主に限る。次条から第325条の6までにおいて同じ。）」と，第325条の4第2項中「第299条第4項」とあるのは「第325条において準用する第299条第4項」と，「第299条第2項」とあるのは「第325条において準用する第299条第2項」と，「第298条第1項第5号」とあるのは「第325条において準用する第298条第1項第5号」と，「同項第1号から第4号まで」とあるのは「第325条において準用する同項第1号から第4号まで」と，同条第3項中「第301条第1項，第302条第1項，第437条及び第444条第6項」とあるのは「第325条において準用する第301条第1項及び第302条第1項」と読み替えるものとする。

第2節 株主総会以外の機関の設置

（株主総会以外の機関の設置）

第326条　株式会社には，1人又は2人以上の取締役を置かなければならない。

2　株式会社は，定款の定めによって，取締役会，会計参与，監査役，監査役会，会計監査人，監査等委員会又は指名委員会等を置くことができる。

POINT　さ《3》あ任《2》務《6》、果たしてくれと**機関設置**

□1項：絶対的必要機関は株主総会（295条1項）に加え、1人以上の取締役のみ。

□2項：機関設計の自由化に伴う任意的機関。最低資本金制度撤廃に代わる債権者保護機能をもつ機関として、あるいは中小企業での会計の信用、明瞭性確保のための機関として、会計参与が新設された。また、会計監査人を大会社でなくても任意に設置できる。ベンチャー企業が外部から資金調達を行うために会社外部の会計専門家による監査を受け、計算書類の適正を表明したいと思う場合等に必要であるため。

（取締役会等の設置義務等）

第327条　次に掲げる株式会社は，取締役会を置かなければならない。

①　公開会社

②　監査役会設置会社

③　監査等委員会設置会社

④　指名委員会等設置会社

2　取締役会設置会社（監査等委員会設置会社及び指名委員会等設置会社を除く。）は，監査役を置かなければならない。ただし，公開会社でない会計参与設置会社については，この限りでない。

3　会計監査人設置会社（監査等委員会設置会社及び指名委員会等設置会社を除く。）は，監査役を置かなければならない。

4　監査等委員会設置会社及び指名委員会等設置会社は，監査役を置いてはならない。

5　監査等委員会設置会社及び指名委員会等設置会社は，会計監査人を置かなければならない。

6　指名委員会等設置会社は，監査等委員会を置いてはならない。

POINT　覚える身《3》に《2》な《7》れ厄介（=取締**役会**）な**設置**

□1項：取締役会設置を義務づけられている会社3種。

□1項1号：株式譲渡が制限されていない公開会社では、株主は流動的で、経営の意思も能力もない者がほとんど。そのような会社では、所有と経営が分離するとして取締役会の設置を強制することとした。これに対し、非公開会社では株主の変動が頻繁に起きないため自ら経営に参画する機会をもちたいと考える株主が、一般的に多い。そのような会社には取締役会の設置を強制せず、株主総会の権限を拡大することとした（295条1項)。

□1項2号：監査役でなく、あえて監査役会という複雑で大げさな仕組み（335条3項）を設ける会社が、取締役会を設置しないという機動的かつ簡易な機関設計を選ぶことはありえないから。

□1項3・4号：委員会設置型の会社では代表取締役・業務執行取締役（執行役）の業務執行を厳重に監督する機能が社外取締役や監査委員会を含む取締役会に期待されているから。

■1項の覚え方

取締役会設置を義務づけられている会社は①公開会社、②監査役会設置会社、③委員会型会社の3種類。

「こうかい(**公開**)？　感(**監**)じるかい(**会**)？　いいんかい(**委員会**)？」

□2項本文：取締役会設置会社は監査役設置義務あり。取締役会を設置した会社では、株主総会の決議事項が減少し、株主総会を通じた株主による関与が希薄化する分、株主に代わり会社の業務執行を監督する機関が必要となる。そこで、株主に代わり監査役（会)、監査委員会に取締役会を監督させることとした。

□2項但書：取締役会設置会社であっても、非公開会社で会計参与設置会社なら監査役を設置する必要なし。非公開会社では、監査役、監査（等）委員会よりも株主自身が直接取締役会を監督するほうが効果的である。そこで、株主に取締役会招集権を認めるなど監督機能をもたせることにした（367条、357条1項、360条1・2項)。ただ、会計については内容が専門的である上、会計帳簿閲覧権（433条）も制限されているので、会計参与を設置して計算書類の適正を確保させる。監査役の権限を会計監査に限定できること（389条1項）とも平仄を合わせている。

□3項：監査役の設置が必要な理由は、会計監査人の経営陣からの独立性を担保するため、監査役（監査等委員）による会計監査人選任・解任議案への同意が必要であり（344条)、また会社内部の機関である監査役のチェックと連携が期待されるため（397条)。

□4項：指名委員会等設置会社は、業務執行機関の執行役を置いた上で、取締役会のもつ監督機能をさらに強化するため、社外取締役が過半数を占める（400条3項）3つの委員会を設置し、特に監査委員会での監督機能が強化されているので（404条2項)、それと重複するような監督機関はむしろ不要といえる。そこで、監査役（会）は設置できないことにした。監査等委員会設置会社も監査等委員会での監督機能が強化されている点で同様

（399条の2第3項）。

□5項：取締役会の決議事項を業務執行担当の取締役や執行役に大幅に委任する委員会設置型の会社では、会計上の監視機能も充実していなければならないと考えられたため。cf.39条の13第5・6項、418条。

（社外取締役を置いていない場合の理由の開示）
第327条の2　監査役会設置会社（公開会社であり，かつ，大会社であるものに限る。）であって金融商品取引法第24条第1項の規定によりその発行する株式について有価証券報告書を内閣総理大臣に提出しなければならないものは，社外取締役を置かなければならない。

□令和元年改正により、大会社で上場会社である監査役会設置会社は社外取締役設置が義務化された。違反につき刑罰あり。cf.976条19号の2。

（大会社における監査役会等の設置義務）
第328条　大会社（公開会社でないもの，監査等委員会設置会社及び指名委員会等設置会社を除く。）は，監査役会及び会計監査人を置かなければならない。
2　公開会社でない大会社は，会計監査人を置かなければならない。

POINT　**大会社**、札《32》束《8》数える**会計（監査）人置け**

□1項：会社法では大会社（2条6号）のみとなり、中・小会社の概念が撤廃された。公開大会社で会計監査人と監査役会（または監査（等）委員会）を設置するのは、株主が不特定多数かつ会社債権者も多数なのでガバナンスの強化が必要なため。

□2項：非公開大会社では株主の変動が少ないので、会計事項以外については株主が監督機能をもてる。ただ、大会社における巨額な会計事項についての監督は、株主には無理である。以上より、1項のような監査役会は不要、会計監査人のみ設置必要となる。

第3節　役員及び会計監査人の選任及び解任

第1款　選任

（選任）
第329条　役員（取締役，会計参与及び監査役をいう。以下この節，第371条第4項及び第394条第3項において同じ。）及び会計監査人は，株主総会の決議によって選任する。
2　監査等委員会設置会社においては，前項の規定による取締役の選任は，監査等委員である取締役とそれ以外の取締役とを区別してしなければならない。
3　第1項の決議をする場合には，法務省令で定めるところにより，役員（監査等委員会設置会社にあっては，監査等委員である取締役若しくはそれ以外の取締役又は会計参与。以下この項において同じ。）が欠けた場合又はこの法律若しくは定款で定めた役員の員数を欠くこととなるときに備えて補欠の役員を選任することができる。

POINT **み《3》に《2》く《9》い役員を選任す**

□1項：株主総会の決議は普通決議。ただし、普通決議といっても会計監査人以外は309条1項の普通決議でないことに注意。341条を参照のこと。総会に提出する選任議案は、指名委員会等設置会社では、指名委員会が取締役・会計参与につき、監査委員会が会計監査人につき、作成決定する（404条1・2項）。342条の2～345条、347条も参照。なお、取締役（会）、会計参与、監査役（会）、会計監査人の順で、資格・任期につき331～338条、権限・義務等につき348～399条に並んでいるため、各機関の比較はしやすいが、機関ごとにみると条文が分散している点に注意。

> ここでの「役員」とは会計参与、取締役、監査役の3つ。
> ■役員三つの覚え方「役員に選ばれた！**サン**（会計参《サン》与）**トリー**（取《トリ》締役）で**乾杯**（監《カン》査役）！」

□3項：「法務省令」＝施規96条。役員には会計監査人を含まないことに注意（会計監査人が欠員を生じた場合は346条4項）。また、解任に関する340・854条などの違いあり。ただし、役員も会計監査人もともに代表訴訟の対象となり（847条）、登記事項（911条3項）である。

（株式会社と役員等との関係）
第330条　株式会社と役員及び会計監査人との関係は，委任に関する規定に従う。

POINT **委任関係？ 民《3》法見《3》れ《0》ば？**

□役員に加え、会計監査人にも委任に関する規定が及ぶ。なお、執行役につき同様の法文あり。cf.402条3項。
□次条1項3号より単なる破産者は欠格事由でなくなったが、民法の委任において「破産」は契約終了事由となっている（民653条）ので注意。ただし、欠格事由ではないから再び契約し直すことは自由。
□委任契約に基づく善管注意義務は民644条。ちなみに取締役の忠実義務は355条（執行役については419条2項で355条を準用）。

（取締役の資格等）
第331条　次に掲げる者は，取締役となることができない。
①　法人

② 削除
③ この法律若しくは一般社団法人及び一般財団法人に関する法律（平成18年法律第48号）の規定に違反し，又は金融商品取引法第197条，第197条の2第1号から第10号の3まで若しくは第13号から第15号まで，第198条第8号，第199条，第200条第1号から第12号の2まで，第20号若しくは第21号，第203条第3項若しくは第205条第1号から第6号まで，第19号若しくは第20号の罪，民事再生法（平成11年法律第225号）第255条，第256条，第258条から第260条まで若しくは第262条の罪，外国倒産処理手続の承認援助に関する法律（平成12年法律第129号）第65条，第66条，第68条若しくは第69条の罪，会社更生法（平成14年法律第154号）第266条，第267条，第269条から第271条まで若しくは第273条の罪若しくは破産法（平成16年法律第75号）第265条，第266条，第268条から第272条まで若しくは第274条の罪を犯し，刑に処せられ，その執行を終わり，又はその執行を受けることがなくなった日から2年を経過しない者
④ 前号に規定する法律の規定以外の法令の規定に違反し，禁錮以上の刑に処せられ，その執行を終わるまで又はその執行を受けることがなくなるまでの者（刑の執行猶予中の者を除く。）
2 株式会社は，取締役が株主でなければならない旨を定款で定めることができない。ただし，公開会社でない株式会社においては，この限りでない。
3 監査等委員である取締役は，監査等委員会設置会社若しくはその子会社の業務執行取締役若しくは支配人その他の使用人又は当該子会社の会計参与（会計参与が法人であるときは，その職務を行うべき社員）若しくは執行役を兼ねることができない。
4 指名委員会等設置会社の取締役は，当該指名委員会等設置会社の支配人その他の使用人を兼ねることができない。
5 取締役会設置会社においては，取締役は，3人以上でなければならない。
6 監査等委員会設置会社においては，監査等委員である取締役は，3人以上で，その過半数は，社外取締役でなければならない。

POINT

サ《3》ザ《3》ビ《1》ーで破産、**取締役の資格**どうなる?

□本条と次条が取締役の資格・任期に関する規定。そのあと同様に、会計参与、監査役、会計監査人の資格・任期を定める規定が順に続く構成となっている。

□1項2号：次条のコメント参照。

□1項3号：会社に関する秩序と密接な規定に反するか、倒産法制の中でも会社法秩序に直接に反するものだけをあげ、近時の経済情勢より「破産手続開始決定を受け復権していない者」（旧商254条の2第2号）は欠格事由でなくなった。

□2項：執行役につき同様の法文あり。cf.402条5項。本文で「所有と経営の分離」を認め、但書で非公開会社における所有と経営の一致を認める。監査役についても準用。cf.335条1項。

□3・4項：監査等委員である取締役や指名委員会等設置会社の取締役の職務の性質より、使用人との兼任は禁止される。監査等委員会設置会社における監査等委員以外の取締役や委員会設置型以外の会社の取締役は代表取締役等として業務執行を行いうるので、使用人や執行役との兼任をしてもよい（3項反対解釈。333条3項1号、335条2項、337条3項2号参照）。

第331条の2　成年被後見人が取締役に就任するには，その成年後見人が，成年被後見人の同意（後見監督人がある場合にあっては，成年被後見人及び後見監督人の同意）を得た上で，成年被後見人に代わって就任の承諾をしなければならない。
2　被保佐人が取締役に就任するには，その保佐人の同意を得なければならない。
3　第1項の規定は，保佐人が民法第876条の4第1項の代理権を付与する旨の審判に基づき被保佐人に代わって就任の承諾をする場合について準用する。この場合において，第1項中「成年被後見人の同意（後見監督人がある場合にあっては，成年被後見人及び後見監督人の同意）」とあるのは，「被保佐人の同意」と読み替えるものとする。
4　成年被後見人又は被保佐人がした取締役の資格に基づく行為は，行為能力の制限によっては取り消すことができない。

POINT　サザビー《331》のつ《の2》え買う（**成年**）**被後見人**、**取締役就任**ならず?!

□令和元年、331条1項2号の取締役の欠格事由から「成年被後見人」「被保佐人」が高齢者のノーマライゼーション・成年後見制度利用促進化のため削除され、それと同時に、成年被後見人・被保佐人を保護するため本条を新設。彼らは成年後見人・保佐人の承諾があれば取締役に就任できる。監査役（335条1項）や指名委員会等設置会社の執行役（402条4項）にも準用。

（取締役の任期）
第332条　取締役の任期は，選任後2年以内に終了する事業年度のうち最終のものに関する定時株主総会の終結の時までとする。ただし，定款又は株主総会の決議によって，その任期を短縮することを妨げない。
2　前項の規定は，公開会社でない株式会社（監査等委員会設置会社及び指名委員会等設置会社を除く。）において，定款によって，同項の任期を選任後10年以内に終了する事業年度のうち最終のものに関する定時株主総会の終結の時まで伸長することを妨げない。
3　監査等委員会設置会社の取締役（監査等委員であるものを除く。）についての第1項の規定の適用については，同項中「2年」とあるのは，「1年」とする。
4　監査等委員である取締役の任期については，第1項ただし書の規定は，適用しない。
5　第1項本文の規定は，定款によって，任期の満了前に退任した監査等委員である取締役の補欠として選任された監査等委員である取締役の任期を退任した監査等委員である取締役の任期の満了する時までとすることを妨げない。
6　指名委員会等設置会社の取締役についての第1項の規定の適用については，同項中「2年」とあるのは，「1年」とする。
7　前各項の規定にかかわらず，次に掲げる定款の変更をした場合には，取締役の任期は，当該定款の変更の効力が生じた時に満了する。
①　監査等委員会又は指名委員会等を置く旨の定款の変更
②　監査等委員会又は指名委員会等を置く旨の定款の定めを廃止する定款の変更
③　その発行する株式の全部の内容として譲渡による当該株式の取得について当該株式会社の承

認を要する旨の定款の定めを廃止する定款の変更（監査等委員会設置会社及び指名委員会等設置会社がするものを除く。）

POINT **（取締役の）**耳《33》に《2》そっと「**任期**何年？」

□任期の起算点は就任でなく選任（決議）の時。
□1項：最初の取締役である設立時取締役の任期の規制がなくなり、通常の取締役と同様。
□1・2・3項：長期経営の怠慢と専横防止のため原則2年（正確にいうと、選任後2年以内に終了する事業年度の最終のものに関する定時株主総会の終結の時まで）に限定する。その趣旨より、さらに短縮可能。非公開会社は個人企業としての必要性から10年に伸長も可能。ただし、委員会設置型の会社は公開・非公開にかかわらず1年かそれ以下（監査（等）委員は2年）。これは、剰余金配当の決定を株主総会の承認事項からはずせるので、毎年信任を問う必要があるため。459条の解説を参照のこと。

（会計参与の資格等）
第333条　会計参与は，公認会計士若しくは監査法人又は税理士若しくは税理士法人でなければならない。
2　会計参与に選任された監査法人又は税理士法人は，その社員の中から会計参与の職務を行うべき者を選定し，これを株式会社に通知しなければならない。この場合においては，次項各号に掲げる者を選定することはできない。
3　次に掲げる者は，会計参与となることができない。
①　株式会社又はその子会社の取締役，監査役若しくは執行役又は支配人その他の使用人
②　業務の停止の処分を受け，その停止の期間を経過しない者
③　税理士法（昭和26年法律第237号）第43条 の規定により同法第2条第2項 に規定する税理士業務を行うことができない者

POINT 参《3》、参《3》、**参《3》与**に**税理士**もなれる！

□1・2項：新しく設置された機関。取締役と共同して計算書類等の作成を行う（374条1項）ため、公認会計士・税理士法人またはその社員でなければならない。
□3項：1号は兼任禁止規定。独立して公正に職務を果たすため。2号は欠格事由。

（会計参与の任期）
第334条　第332条（第4項及び第5項を除く。次項において同じ。）の規定は，会計参与の任期について準用する。
2　前項において準用する第332条の規定にかかわらず，会計参与設置会社が会計参与を置く旨の定款の定めを廃止する定款の変更をした場合には，会計参与の任期は，当該定款の変更の効力が生じた時に満了する。

POINT

参《3》、参《3》、参与《4》の「任期何年?」

□取締役と同じ任期。取締役の任期に関する332条の解説を参照のこと。

株式会社

(監査役の資格等)

第335条　第331条第1項及び第2項並びに第331条の2の規定は，監査役について準用する。

2　監査役は，株式会社若しくはその子会社の取締役若しくは支配人その他の使用人又は当該子会社の会計参与（会計参与が法人であるときは，その職務を行うべき社員）若しくは執行役を兼ねることができない。

3　監査役会設置会社においては，監査役は，3人以上で，そのうち半数以上は，社外監査役でなければならない。

POINT

さ《3》、さ《3》、ご《5》覧、監査役の資格表

□1項：取締役の資格規定（331条1・2項）準用。

□2項：兼任禁止規定。独立の地位に立って公正に職務を果たさせる趣旨。

□3項：昭和56年商法改正の際の大会社における監査役の地位と権限強化のための複数監査制に由来。複数の監査役のうち社外監査役が半数以上だが、社外取締役主導の監査（等）委員会（331条6項、400条1・3項）と違い、過半数でなく半数であることに注意。社外監査役の定義は2条16号。社外監査役は登記事項。cf.911条3項18号。複数監査制と同じ由来である常勤監査制については390条3項を参照。

(監査役の任期)

第336条　監査役の任期は，選任後4年以内に終了する事業年度のうち最終のものに関する定時株主総会の終結の時までとする。

2　前項の規定は，公開会社でない株式会社において，定款によって，同項の任期を選任後10年以内に終了する事業年度のうち最終のものに関する定時株主総会の終結の時まで伸長することを妨げない。

3　第1項の規定は，定款によって，任期の満了前に退任した監査役の補欠として選任された監査役の任期を退任した監査役の任期の満了する時までとすることを妨げない。

4　前3項の規定にかかわらず，次に掲げる定款の変更をした場合には，監査役の任期は，当該定款の変更の効力が生じた時に満了する。

①　監査役を置く旨の定款の定めを廃止する定款の変更

②　監査等委員会又は指名委員会等を置く旨の定款の変更

③　監査役の監査の範囲を会計に関するものに限定する旨の定款の定めを廃止する定款の変更

④　その発行する全部の株式の内容として譲渡による当該株式の取得について当該株式会社の承認を要する旨の定款の定めを廃止する定款の変更

POINT

さ《3》、見《3》て、ロク《6》でもない監査役、四年も居座る

□1項：任期4年（正確にいうと、選任後4年以内に終了する事業年度の最終のものに関する定時株主総会の終結の時まで）。短縮できない点で会計監査人と同様であり（338条1項）、取締役、会計参与と異なる（332条1項但書、334条1項）。独立、安定した身分で公正に職務を果たさせる趣旨。

□2項：任期伸長の点は取締役等と同じ。cf.332条2項、334条1項。

（会計監査人の資格等）

第337条　会計監査人は，公認会計士又は監査法人でなければならない。

2　会計監査人に選任された監査法人は，その社員の中から会計監査人の職務を行うべき者を選定し，これを株式会社に通知しなければならない。この場合においては，次項第2号に掲げる者を選定することはできない。

3　次に掲げる者は，会計監査人となることができない。

①　公認会計士法 の規定により，第435条第2項に規定する計算書類について監査をすることができない者

②　株式会社の子会社若しくはその取締役，会計参与，監査役若しくは執行役から公認会計士若しくは監査法人の業務以外の業務により継続的な報酬を受けている者又はその配偶者

③　監査法人でその社員の半数以上が前号に掲げる者であるもの

POINT

三《3》、三《3》、七《7》拍子!（**公認**）**会計士**
めでたく**会計**（**監査**）**人**

□3項：欠格事由。従来の「業務の停止の処分を受けその停止の期間を経過しない者」（旧商特4条2項3・4号）は撤廃（会計参与では存在。cf.333条3項2号）。大規模な監査法人が出現している現状下でこれを欠格事由とすると他の会社への影響も大きく、問題があるとの指摘を経済界より受けたため。その代わり、1号と公認会計士法（30・31・34条の21第1項）で従来の基本を維持し、他社への影響を調整。

（会計監査人の任期）

第338条　会計監査人の任期は，選任後1年以内に終了する事業年度のうち最終のものに関する定時株主総会の終結の時までとする。

2　会計監査人は，前項の定時株主総会において別段の決議がされなかったときは，当該定時株主総会において再任されたものとみなす。

3　前2項の規定にかかわらず，会計監査人設置会社が会計監査人を置く旨の定款の定めを廃止する定款の変更をした場合には，会計監査人の任期は，当該定款の変更の効力が生じた時に満了する。

POINT

粉飾散《3》々《3》や《8》って**会計**（**監査**）**人一年**で辞める

□1項：任期1年（正確にいうと、選任後4年以内に終了する事業年度の最終のものに関する定時株主総会の終結の時まで）。短縮できない点で監査役と同様であり（336条1項）、取締役、会計参与と異なる（332条1項但書、334条1項）。
□2項：任期自動更新制度を示す規定。

第2款　解任

（解任）
第339条　役員及び会計監査人は，いつでも，株主総会の決議によって解任することができる。
2　前項の規定により解任された者は，その解任について正当な理由がある場合を除き，株式会社に対し，解任によって生じた損害の賠償を請求することができる。

POINT　散《3》々《3》苦《9》しめた**役員ら**を**解任**

□1項：「役員」（3つ）の覚え方については329条の所を参照のこと。なお、「株主総会の決議」によることは同じであるが、決議方法は少しずつ異なることに注意。つまり、取締役・会計参与は341条による普通決議により、監査役・累積投票取締役は特別決議（309条2項7号、342条6項、343条4項）により、会計監査人は341条や309条2項7号のような規定がない以上、309条1項の普通決議（ただし、344条1項2号により監査役の同意が必要）による。
□2項：「正当な理由」は解任の要件ではなく、損害賠償請求の要件。解任自体は正当理由がなくても、1項により株主総会の決議があればいつでも可能。

（監査役等による会計監査人の解任）
第340条　監査役は，会計監査人が次のいずれかに該当するときは，その会計監査人を解任することができる。
①　職務上の義務に違反し，又は職務を怠ったとき。
②　会計監査人としてふさわしくない非行があったとき。
③　心身の故障のため，職務の執行に支障があり，又はこれに堪えないとき。
2　前項の規定による解任は，監査役が2人以上ある場合には，監査役の全員の同意によって行わなければならない。
3　第1項の規定により会計監査人を解任したときは，監査役（監査役が2人以上ある場合にあっては，監査役の互選によって定めた監査役）は，その旨及び解任の理由を解任後最初に招集される株主総会に報告しなければならない。
4　監査役会設置会社における前3項の規定の適用については，第1項中「監査役」とあるのは「監査役会」と，第2項中「監査役が2人以上ある場合には，監査役」とあるのは「監査役」と，前項中「監査役（監査役が2人以上ある場合にあっては，監査役の互選によって定めた監査役）」とあるのは「監査役会が選定した監査役」とする。
5　監査等委員会設置会社における第1項から第3項までの規定の適用については，第1項中「監査役」とあるのは「監査等委員会」と，第2項中「監査役が2人以上ある場合には，監査役」とあるのは「監査等委員」と，第3項中「監査役（監査役が2人以上ある場合にあっては，監査役の互選によって定めた監査役）」とあるのは「監査等委員会が選定した監査等委員」とする。
6　指名委員会等設置会社における第1項から第3項までの規定の適用については，第1項中「監査役」とあるのは「監査委員会」と，第2項中「監査役が2人以上ある場合には，監査役」とあるのは「監査委員会の委員」と，第3項中「監査役（監査役が2人以上ある場合にあっては，監査役の互選によって定めた監査役）」とあるのは「監査委員会が選定した監査委員会の委員」とする。

POINT 見《3》よ《4》ワ《0》ル**会計（監査）人**、**監査役**が即、**解任**

□1項1～3号の事由がある場合は株主総会の決議を経ることなく監査役の一存で会計監査人を解任できる。ただし、そのような強い権限が独断で行使されないよう、監査役（委員会型の会社では監査（等）委員）全員の同意が必要（2・4～6項）。また、解任の旨と理由を直近の総会で報告する義務もある（3～6項）。なお、解任された会計監査人は総会で意見陳述権をもつ。cf.345条5項。

□1項各号には該当しないが、監査役が会計監査人を辞めさせたい場合は、会計監査人の解任、不再任に関する議案の内容の決定権がある。cf.344条。

第3款　選任及び解任の手続に関する特則

（役員の選任及び解任の株主総会の決議）

第341条　第309条第1項の規定にかかわらず，役員を選任し，又は解任する株主総会の決議は，議決権を行使することができる株主の議決権の過半数（3分の1以上の割合を定款で定めた場合にあっては，その割合以上）を有する株主が出席し，出席した当該株主の議決権の過半数（これを上回る割合を定款で定めた場合にあっては，その割合以上）をもって行わなければならない。

POINT 緩和差《3》し《4》控《1》えよ、**選解任決議**要件

□選任については役員（会計監査人を含まないことに注意）すべてに適用。309条1項と同様普通決議の定めであるが、本条では定款で定足数を3分の1未満に、議決要件を半数以下に下げることができない（かっこ書に注意）。この点、309条1項では定款で、例えば定足数を完全に排除することができるが、本条はその歯止めの規定となる。

□解任については、従来特別決議を要した取締役および会計参与に適用。他の役員および会計監査人の選・解任については適用なし。cf.次条6項、343条4項。

（累積投票による取締役の選任）

第342条　株主総会の目的である事項が2人以上の取締役（監査等委員会設置会社にあっては，監査等委員である取締役又はそれ以外の取締役。以下この条において同じ。）の選任である場合には，株主（取締役の選任について議決権を行使することができる株主に限る。以下この条において同じ。）は，定款に別段の定めがあるときを除き，株式会社に対し，第3項から第5項までに規定するところにより取締役を選任すべきことを請求することができる。
2　前項の規定による請求は，同項の株主総会の日の5日前までにしなければならない。
3　第308条第1項の規定にかかわらず，第1項の規定による請求があった場合には，取締役の選任の決議については，株主は，その有する株式1株（単元株式数を定款で定めている場合にあっては，1単元の株式）につき，当該株主総会において選任する取締役の数と同数の議決権を有する。この場合においては，株主は，1人のみに投票し，又は2人以上に投票して，その議決権を行使することができる。
4　前項の場合には，投票の最多数を得た者から順次取締役に選任されたものとする。
5　前2項に定めるもののほか，第1項の規定による請求があった場合における取締役の選任に関し必要な事項は，法務省令で定める。
6　前条の規定は，前3項に規定するところにより選任された取締役の解任の決議については，適用しない。

POINT　多数派の御《3》世《4》に《2》**累積投票**で健闘す

□1項：一種の比例代表制。少数派代表の取締役が選出されうる。しかし、現実にはそれを嫌う経営者が多く、定款で排除している会社が多い。
□5項：「法務省令」＝施規97条。
□6項：解任決議は監査役と同様、特別決議による。cf.309条2項7号、339条。なお前条の解説を参照のこと。

（監査等委員である取締役等の選任等についての意見の陳述）
第342条の2　監査等委員である取締役は，株主総会において，監査等委員である取締役の選任若しくは解任又は辞任について意見を述べることができる。
2　監査等委員である取締役を辞任した者は，辞任後最初に招集される株主総会に出席して，辞任した旨及びその理由を述べることができる。
3　取締役は，前項の者に対し，同項の株主総会を招集する旨及び第298条第1項第1号に掲げる事項を通知しなければならない。
4　監査等委員会が選定する監査等委員は，株主総会において，監査等委員である取締役以外の取締役の選任若しくは解任又は辞任について監査等委員会の意見を述べることができる。

□監査役と同様の、監査等委員の取締役からの地位の独立強化を示す規定。cf.345条4項。
□4項：取締役の人事に関する監査等委員会の一定の監督権限を定める点で、361条6項（取締役の報酬に関する意見陳述権）とともに重要。cf.399条の2第3項3号。

（監査役の選任に関する監査役の同意等）
第343条　取締役は，監査役がある場合において，監査役の選任に関する議案を株主総会に提出するには，監査役（監査役が2人以上ある場合にあっては，その過半数）の同意を得なければならない。
2　監査役は，取締役に対し，監査役の選任を株主総会の目的とすること又は監査役の選任に関する議案を株主総会に提出することを請求することができる。
3　監査役会設置会社における前2項の規定の適用については，第1項中「監査役（監査役が2人以上ある場合にあっては，その過半数）」とあるのは「監査役会」と，前項中「監査役は」とあるのは「監査役会は」とする。
4　第341条の規定は，監査役の解任の決議については，適用しない。

POINT　監査役のさ《3》じ《4》加減さ《3》、**監査役選び**

□取締役の監査役選出過程に公正・独立の立場の監査役を関わらせるため。会計監査人に関する同様の法文あり（次条の所を参照)。なお、解任・不再任議案提出に監査役の同意は不要。この点で会計監査人と異なる。cf.344条1項2号。
□4項：監査役の解任決議は特別決議。cf.309条2項7号。339条。

（会計監査人の選任等に関する議案の内容の決定）
第344条　監査役設置会社においては，株主総会に提出する会計監査人の選任及び解任並びに会計監査人を再任しないことに関する議案の内容は，監査役が決定する。
2　監査役が2人以上ある場合における前項の規定の適用については，同項中「監査役が」とあるのは，「監査役の過半数をもって」とする。
3　監査役会設置会社における第1項の規定の適用については，同項中「監査役」とあるのは，「監査役会」とする。

POINT　**監査役**のさ《3》じ《4》加減よ《4》、**会計（監査）人**の運命

□会計監査人の地位の独立性を確保する趣旨。平成26年、指名委員会等設置会社の監査委員会の権限（404条2項2号）にならい、単なる同意権から内容決定権に改正。監査等委員会設置会社についても同じ（399条の2第3項2号)。

（監査等委員である取締役の選任に関する監査等委員会の同意等）
第344条の2　取締役は，監査等委員会がある場合において，監査等委員である取締役の選任に関する議案を株主総会に提出するには，監査等委員会の同意を得なければならない。
2　監査等委員会は，取締役に対し，監査等委員である取締役の選任を株主総会の目的とすること又は監査等委員である取締役の選任に関する議案を株主総会に提出することを請求することができる。
3　第341条の規定は，監査等委員である取締役の解任の決議については，適用しない。

（会計参与等の選任等についての意見の陳述）

株式会社

第345条　会計参与は，株主総会において，会計参与の選任若しくは解任又は辞任について意見を述べることができる。
2　会計参与を辞任した者は，辞任後最初に招集される株主総会に出席して，辞任した旨及びその理由を述べることができる。
3　取締役は，前項の者に対し，同項の株主総会を招集する旨及び第298条第1項第1号に掲げる事項を通知しなければならない。
4　第1項の規定は監査役について，前2項の規定は監査役を辞任した者について，それぞれ準用する。この場合において，第1項中「会計参与の」とあるのは，「監査役の」と読み替えるものとする。
5　第1項の規定は会計監査人について，第2項及び第3項の規定は会計監査人を辞任した者及び第340条第1項の規定により会計監査人を解任された者について，それぞれ準用する。この場合において，第1項中「株主総会において，会計参与の選任若しくは解任又は辞任について」とあるのは「会計監査人の選任，解任若しくは不再任又は辞任について，株主総会に出席して」と，第2項中「辞任後」とあるのは「解任後又は辞任後」と，「辞任した旨及びその理由」とあるのは「辞任した旨及びその理由又は解任についての意見」と読み替えるものとする。

POINT **（会計）参《3》与《4》もコメント《5》、総会で**

□会計参与、監査役、会計監査人の意見陳述権に関する規定。地位の独立性を守るため、選・解任、辞任について意見や理由を述べることができる。そのための総会出席を担保するため、取締役は総会の日時、場所の通知義務を負う。
□5項：会計監査人の監査役全員による解任（340条1項）自体は確定しており、会計監査人の意見陳述によって解任が覆るわけではないことに注意。

（役員等に欠員を生じた場合の措置）
第346条　役員（監査等委員会設置会社にあっては，監査等委員である取締役若しくはそれ以外の取締役又は会計参与。以下この条において同じ。）が欠けた場合又はこの法律若しくは定款で定めた役員の員数が欠けた場合には，任期の満了又は辞任により退任した役員は，新たに選任された役員（次項の一時役員の職務を行うべき者を含む。）が就任するまで，なお役員としての権利義務を有する。
2　前項に規定する場合において，裁判所は，必要があると認めるときは，利害関係人の申立てにより，一時役員の職務を行うべき者を選任することができる。
3　裁判所は，前項の一時役員の職務を行うべき者を選任した場合には，株式会社がその者に対して支払う報酬の額を定めることができる。
4　会計監査人が欠けた場合又は定款で定めた会計監査人の員数が欠けた場合において，遅滞なく会計監査人が選任されないときは，監査役は，一時会計監査人の職務を行うべき者を選任しなければならない。
5　第337条及び第340条の規定は，前項の一時会計監査人の職務を行うべき者について準用する。
6　監査役会設置会社における第4項の規定の適用については，同項中「監査役」とあるのは，「監査役会」とする。
7　監査等委員会設置会社における第4項の規定の適用については，同項中「監査役」とあるのは，

「監査等委員会」とする。
8　指名委員会等設置会社における第4項の規定の適用については，同項中「監査役」とあるのは，「監査委員会」とする。

POINT　仮**役員**差《3》し《4》向《6》け**欠員補充**

□1項：任期満了・辞任の場合の退任役員の任務継続義務に関する規定。それ以外の退任役員には会社との信頼関係は損なわれているはずなので、この義務は生じない。
□2項：「一時役員」とは仮役員のこと。前記退任役員の任務継続が不可能、不適当な場合、または任期満了・辞任以外の理由で欠員が生じた場合に利害関係人の申立てにより裁判所が選任。仮代表取締役につき351条2項、仮委員につき401条3項も参照のこと。
□4項：会計監査人（役員ではない。cf.329条1項）の欠員の場合には1～3項ではなく4項以下を適用することに注意。

（種類株主総会における取締役又は監査役の選任等）
第347条　第108条第1項第9号に掲げる事項（取締役（監査等委員会設置会社にあっては，監査等委員である取締役又はそれ以外の取締役）に関するものに限る。）についての定めがある種類の株式を発行している場合における第329条第1項，第332条第1項，第339条第1項，第341条並びに第344条の2第1項及び第2項の規定の適用については，第329条第1項中「株主総会」とあるのは「株主総会（取締役（監査等委員会設置会社にあっては，監査等委員である取締役又はそれ以外の取締役）については，第108条第2項第9号に定める事項についての定款の定めに従い，各種類の株式の種類株主を構成員とする種類株主総会）」と，第332条第1項及び第339条第1項中「株主総会の決議」とあるのは「株主総会（第41条第1項の規定により又は第90条第1項の種類創立総会若しくは第347条第1項の規定により読み替えて適用する第329条第1項の種類株主総会において選任された取締役（監査等委員会設置会社にあっては，監査等委員である取締役又はそれ以外の取締役。以下この項において同じ。）については，当該取締役の選任に係る種類の株式の種類株主を構成員とする種類株主総会（定款に別段の定めがある場合又は当該取締役の任期満了前に当該種類株主総会において議決権を行使することができる株主が存在しなくなった場合にあっては，株主総会））の決議」と，第341条中「第309条第1項」とあるのは「第309条第1項及び第324条」と，「株主総会」とあるのは「株主総会（第347条第1項の規定により読み替えて適用する第329条第1項及び第339条第1項の種類株主総会を含む。）」と，第344条の2第1項及び第2項中「株主総会」とあるのは「第347条第1項の規定により読み替えて適用する第329条第1項の種類株主総会」とする。
2　第108条第1項第9号に掲げる事項（監査役に関するものに限る。）についての定めがある種類の株式を発行している場合における第329条第1項，第339条第1項，第341条並びに第343条第1項及び第2項の規定の適用については，第329条第1項中「株主総会」とあるのは「株主総会（監査役については，第108条第2項第9号に定める事項についての定款の定めに従い，各種類の株式の種類株主を構成員とする種類株主総会）」と，第339条第1項中「株主総会」とあるのは「株主総会（第41条第3項において準用する同条第1項の規定により又は第90条第2項において準用する同条第1項の種類創立総会若しくは第347条第2項の規定により読み替えて適用する第329条第1項の種類株主総会において選任された監査役については，当該監査役の選任に係る種類の株式の種類株主を構成員とする種類株主総会（定款に別段の定めがある場合又は当該監査役の任期満了前に当該種類株主総会において議決権を行使することができる株主が存在しなくなった場合にあっては，株主総会))」と，第341条中「第309条第1項」とあるのは「第309条第1項及び第324条」と，「株主総会」とあるのは「株主総会（第347条第2項の規定により読み替えて適用する第329条第1項の種類株主総会を含む。)」と，第343条第1項及び第2項中「株主総会」とあるのは「第347条第2項の規定により読み替えて適用する第329条第1項の種類株主総会」とする。

POINT さ《3》よ《4》な《7》ら**取締役、種類（株主）総会**で**解任**

□非公開会社では取締役・監査役選任種類株式を発行できるが（108条1項9号)、この場合の種類株主総会での選任決議、解任決議の方法について通常の株主総会における規定を準用するとした規定。これにより、108条1項9号の種類株式は選任権だけでなく解任権も付与されていることがわかる。

第4節　取締役

（業務の執行）

第348条　取締役は，定款に別段の定めがある場合を除き，株式会社（取締役会設置会社を除く。以下この条において同じ。）の業務を執行する。

2　取締役が2人以上ある場合には，株式会社の業務は，定款に別段の定めがある場合を除き，取締役の過半数をもって決定する。

3　前項の場合には，取締役は，次に掲げる事項についての決定を各取締役に委任することができない。

①　支配人の選任及び解任

②　支店の設置，移転及び廃止

③　第298条第1項各号（第325条において準用する場合を含む。）に掲げる事項

④　取締役の職務の執行が法令及び定款に適合することを確保するための体制その他株式会社の業務並びに当該株式会社及びその子会社から成る企業集団の業務の適正を確保するために必要なものとして法務省令で定める体制の整備

⑤　第426条第1項の規定による定款の定めに基づく第423条第1項の責任の免除

4　大会社においては，取締役は，前項第4号に掲げる事項を決定しなければならない。

POINT 見《3》よ《4》や《8》る気満々、**取締役**自ら**業務**

□1項：取締役会が設置されていない会社における取締役は、原則として各自が業務執行権を有する。取締役会設置会社における業務意思決定・執行については362・363条を参照のこと。

□3項3号：株主総会招集事項の決定。取締役会設置会社では取締役会決議による。cf.298条4項。

□3項4号・4項：内部統制システムの構築に関する規定。「法務省令」＝施規98条（取締役

の職務の執行に係る情報の保存・管理体制等）。大会社では設置義務あり。

（業務の執行の社外取締役への委託）

第348条の2　株式会社（指名委員会等設置会社を除く。）が社外取締役を置いている場合において，当該株式会社と取締役との利益が相反する状況にあるとき，その他取締役が当該株式会社の業務を執行することにより株主の利益を損なうおそれがあるときは，当該株式会社は，その都度，取締役の決定（取締役会設置会社にあっては，取締役会の決議）によって，当該株式会社の業務を執行することを社外取締役に委託することができる。

2　指名委員会等設置会社と執行役との利益が相反する状況にあるとき，その他執行役が指名委員会等設置会社の業務を執行することにより株主の利益を損なうおそれがあるときは，当該指名委員会等設置会社は，その都度，取締役会の決議によって，当該指名委員会等設置会社の業務を執行することを社外取締役に委託することができる。

3　前2項の規定により委託された業務の執行は，第2条第15号イに規定する株式会社の業務の執行に該当しないものとする。ただし，社外取締役が業務執行取締役（指名委員会等設置会社にあっては，執行役）の指揮命令により当該委託された業務を執行したときは，この限りでない。

□1～3項：社外取締役は業務執行を行えないはずだが（2条15号）、経営に携わる社内取締役・執行役と会社との間で利益が相反する場面、例えば経営者が会社を買収するMBOのような場面では、社外取締役が買収条件の交渉を行うなど積極的に活動する必要がある。そこで、令和元年改正により、このような場面で会社は、取締役会の決議があればその都度、社外取締役に業務執行を委託できるとし（1・2項）、その場合の行為は2条15号イの「業務執行」と抵触しないこととした（3項）。

□3項但書：社外取締役が1・2項とは無関係の指揮命令により委託された業務を執行したときは、直ちに社外性を失うことを示す当然の規定。

（株式会社の代表）

第349条　取締役は，株式会社を代表する。ただし，他に代表取締役その他株式会社を代表する者を定めた場合は，この限りでない。

2　前項本文の取締役が2人以上ある場合には，取締役は，各自，株式会社を代表する。

3　株式会社（取締役会設置会社を除く。）は，定款，定款の定めに基づく取締役の互選又は株主総会の決議によって，取締役の中から代表取締役を定めることができる。

4　代表取締役は，株式会社の業務に関する一切の裁判上又は裁判外の行為をする権限を有する。

5　前項の権限に加えた制限は，善意の第三者に対抗することができない。

POINT　見《3》よ《4》屈《9》強な**各代表**

□2項：共同代表取締役制度は撤廃。

□3項：取締役会設置会社の代表取締役選定につき362条2項3号、3項。

□4・5項：一般法人77条を準用せず、ここに明記。代表取締役を置かない会社の取締役の代表権行使にも類推適用されると解される。353条は特則。

（代表者の行為についての損害賠償責任）

第350条　株式会社は，代表取締役その他の代表者がその職務を行うについて第三者に加えた損害を賠償する責任を負う。

POINT

み《3》ご《5》と《0》**会社が賠償、代表者の加害**

□一般法人78条を準用せず、ここで明記。

（代表取締役に欠員を生じた場合の措置）

第351条　代表取締役が欠けた場合又は定款で定めた代表取締役の員数が欠けた場合には，任期の満了又は辞任により退任した代表取締役は，新たに選定された代表取締役（次項の一時代表取締役の職務を行うべき者を含む。）が就任するまで，なお代表取締役としての権利義務を有する。

2　前項に規定する場合において，裁判所は，必要があると認めるときは，利害関係人の申立てにより，一時代表取締役の職務を行うべき者を選任することができる。

3　裁判所は，前項の一時代表取締役の職務を行うべき者を選任した場合には，株式会社がその者に対して支払う報酬の額を定めることができる。

POINT

「さ《3》あ来《5》い《1》」と**仮代取、欠員**何のその

□仮役員につきほぼ同様の法文あり。346条を参照のこと。

□2項：「一時代表取締役」とは仮代表取締役のこと。

（取締役の職務を代行する者の権限）

第352条　民事保全法（平成元年法律第91号）第56条 に規定する仮処分命令により選任された取締役又は代表取締役の職務を代行する者は，仮処分命令に別段の定めがある場合を除き，株式会社の常務に属しない行為をするには，裁判所の許可を得なければならない。

2　前項の規定に違反して行った取締役又は代表取締役の職務を代行する者の行為は，無効とする。ただし，株式会社は，これをもって善意の第三者に対抗することができない。

POINT

産《3》後《5》に《2》**（職務）代行、常務**だけなら

□1項：「常務」とは、当該会社において日常的に行われる業務のこと。常務であれば、職務代行者の判断で行っても会社を害する恐れがないから。定時株主総会を招集することは常務に属するといえるが、取締役の解任を目的とする臨時総会招集は常務にあたらない（最判昭和50・6・27）。

（株式会社と取締役との間の訴えにおける会社の代表）

第353条　第349条第4項の規定にかかわらず，株式会社が取締役（取締役であった者を含む。以下この条において同じ。）に対し，又は取締役が株式会社に対して訴えを提起する場合には，株主総会は，当該訴えについて株式会社を代表する者を定めることができる。

POINT　勝訴の見《3》込《5》み《3》ある**代表、総会で決める**

□取締役会設置会社では364条、監査役設置会社では386条、指名委員会等設置会社では408条が適用される。つまり本条は、取締役会も監査役も設置しない会社の規定。

（表見代表取締役）

第354条　株式会社は，代表取締役以外の取締役に社長，副社長その他株式会社を代表する権限を有するものと認められる名称を付した場合には，当該取締役がした行為について，善意の第三者に対してその責任を負う。

POINT　雑《3》魚《5》よ《4》ホントは。**代表**に**見えて**も

□指名委員会等設置会社においては表見代表取締役に相当する表見代表執行役に関する規定がある。cf.421条。ただし、指名委員会等設置会社であるかないかは取引相手からはわからないので、指名委員会等設置会社に代表取締役という機関がないとしても取締役が代表権をもつような名称で取引をした場合、本条の適用があるといえよう。

（忠実義務）

第355条　取締役は，法令及び定款並びに株主総会の決議を遵守し，株式会社のため忠実にその職務を行わなければならない。

POINT　「さ《3》あ午《5》後《5》の紅茶」と
取締役、**忠実**にブレイク

□委任契約に基づく善管注意義務については330条参照。
□執行役の忠実義務については419条2項で本条を準用。

（競業及び利益相反取引の制限）

第356条　取締役は，次に掲げる場合には，株主総会において，当該取引につき重要な事実を開示し，その承認を受けなければならない。

①　取締役が自己又は第三者のために株式会社の事業の部類に属する取引をしようとするとき。

②　取締役が自己又は第三者のために株式会社と取引をしようとするとき。

③　株式会社が取締役の債務を保証することその他取締役以外の者との間において株式会社と当該取締役との利益が相反する取引をしようとするとき。

2　民法第108条の規定は，前項の承認を受けた同項第2号又は第3号の取引については，適用しない。

POINT

身《3》ご《5》ろ《6》にかくす相反利益

□1項柱書：株主総会の承認決議は普通決議（309条1項）。なお、取締役会設置会社では取締役会決議を要し、報告義務もあることに注意。cf.365項1・2項。

□1項1号：競業取引に関する規定。介入権は撤廃された。取締役の対会社責任発生。cf.423条2項。

□1項2号：利益相反取引（直接取引）に関する規定。取締役の対会社責任発生。cf.423条3項、428条。

□1項3号：利益相反取引（間接取引）に関する規定。取締役の対会社責任発生。cf.423条3項。

（取締役の報告義務）

第357条　取締役は，株式会社に著しい損害を及ぼすおそれのある事実があることを発見したときは，直ちに，当該事実を株主（監査役設置会社にあっては，監査役）に報告しなければならない。

2　監査役会設置会社における前項の規定の適用については，同項中「株主（監査役設置会社にあっては，監査役）」とあるのは，「監査役会」とする。

3　監査等委員会設置会社における第1項の規定の適用については，同項中「株主（監査役設置会社にあっては，監査役）」とあるのは，「監査等委員会」とする。

POINT

「会社の身《3》御《5》難《7》!」と取締役報告

□監査役非設置会社において株主に報告するのは、監査役に代わる監督機能が株主に期待されるため。指名委員会等設置会社の執行役につき同様の法文あり。cf.419条1項。

（業務の執行に関する検査役の選任）

第358条　株式会社の業務の執行に関し，不正の行為又は法令若しくは定款に違反する重大な事実があることを疑うに足りる事由があるときは，次に掲げる株主は，当該株式会社の業務及び財産の状況を調査させるため，裁判所に対し，検査役の選任の申立てをすることができる。

①　総株主（株主総会において決議をすることができる事項の全部につき議決権を行使することができない株主を除く。）の議決権の100分の3（これを下回る割合を定款で定めた場合にあっては，その割合）以上の議決権を有する株主

②　発行済株式（自己株式を除く。）の100分の3（これを下回る割合を定款で定めた場合にあっては，その割合）以上の数の株式を有する株主

2　前項の申立てがあった場合には，裁判所は，これを不適法として却下する場合を除き，検査役を選任しなければならない。

3　裁判所は，前項の検査役を選任した場合には，株式会社が当該検査役に対して支払う報酬の額を定めることができる。
4　第2項の検査役は，その職務を行うため必要があるときは，株式会社の子会社の業務及び財産の状況を調査することができる。
5　第2項の検査役は，必要な調査を行い，当該調査の結果を記載し，又は記録した書面又は電磁的記録（法務省令で定めるものに限る。）を裁判所に提供して報告をしなければならない。
6　裁判所は，前項の報告について，その内容を明瞭にし，又はその根拠を確認するため必要があると認めるときは，第2項の検査役に対し，更に前項の報告を求めることができる。
7　第2項の検査役は，第5項の報告をしたときは，株式会社及び検査役の選任の申立てをした株主に対し，同項の書面の写しを交付し，又は同項の電磁的記録に記録された事項を法務省令で定める方法により提供しなければならない。

POINT 未《3》婚《5》は《8》気になる**財産の検査**

□少数株主の業務・財産検査役選任請求権の規定。業務の執行を調査し、取締役の責任を追及する手段として重要。
□2・4・5項：株主自らが会社を調査するための会計帳簿閲覧請求（433条）では対象が限られるが、本条の検査役の調査対象には限定がなく、子会社にも及ぶ。5項の「法務省令」＝施規228条5号。
□3項：報酬額を裁判所が定め、会社がその額を支払う。
□7項：「法務省令」＝施規229条5号。

（裁判所による株主総会招集等の決定）
第359条　裁判所は，前条第5項の報告があった場合において，必要があると認めるときは，取締役に対し，次に掲げる措置の全部又は一部を命じなければならない。
①　一定の期間内に株主総会を招集すること。
②　前条第5項の調査の結果を株主に通知すること。
2　裁判所が前項第1号に掲げる措置を命じた場合には，取締役は，前条第5項の報告の内容を同号の株主総会において開示しなければならない。
3　前項に規定する場合には，取締役（監査役設置会社にあっては，取締役及び監査役）は，前条第5項の報告の内容を調査し，その結果を第1項第1号の株主総会に報告しなければならない。

POINT **検査役**の密《3》告《59》受けて**総会招集決定**す

□取締役が本条の命令に違反した場合、100万円以下の過料。cf.976条3・18号。

（株主による取締役の行為の差止め）
第360条　6箇月（これを下回る期間を定款で定めた場合にあっては，その期間）前から引き続き株式を有する株主は，取締役が株式会社の目的の範囲外の行為その他法令若しくは定款に違反する行為をし，又はこれらの行為をするおそれがある場合において，当該行為によって当該株式会社に著しい損害が生ずるおそれがあるときは，当該取締役に対し，当該行為をやめることを請求することができる。
2　公開会社でない株式会社における前項の規定の適用については，同項中「6箇月（これを下回る期間を定款で定めた場合にあっては，その期間）前から引き続き株式を有する株主」とあるのは，「株主」とする。
3　監査役設置会社，監査等委員会設置会社又は指名委員会等設置会社における第1項の規定の適用については，同項中「著しい損害」とあるのは，「回復することができない損害」とする。

POINT　**株主**三《3》六《6》〇《0》度見回し**行為差止め**

□株主の行為差止め請求権に関する規定。取締役の業務執行を株主が直接的に監督是正する権利。株主代表訴訟提起権が事後的に行使されるものであるのに対し、この権利は事前に行使されるものとして、より実効性がある。執行役については422条。
□1・2項：保有継続要件は公開会社では6ヶ月（1項）。ただし、短縮可能になった（1項かっこ書）。非公開会社ではこの保有要件は排除されている（2項）。

（取締役の報酬等）
第361条　取締役の報酬，賞与その他の職務執行の対価として株式会社から受ける財産上の利益（以下この章において「報酬等」という。）についての次に掲げる事項は，定款に当該事項を定めていないときは，株主総会の決議によって定める。
①　報酬等のうち額が確定しているものについては，その額
②　報酬等のうち額が確定していないものについては，その具体的な算定方法
③　報酬等のうち当該株式会社の募集株式（第199条第1項に規定する募集株式をいう。以下この項及び第409条第3項において同じ。）については，当該募集株式の数（種類株式発行会社にあっては，募集株式の種類及び種類ごとの数）の上限その他法務省令で定める事項
④　報酬等のうち当該株式会社の募集新株予約権（第238条第1項に規定する募集新株予約権をいう。以下この項及び第409条第3項において同じ。）については，当該募集新株予約権の数の上限その他法務省令で定める事項
⑤　報酬等のうち次のイ又はロに掲げるものと引換えにする払込みに充てるための金銭については，当該イ又はロに定める事項
イ　当該株式会社の募集株式　取締役が引き受ける当該募集株式の数（種類株式発行会社にあっては，募集株式の種類及び種類ごとの数）の上限その他法務省令で定める事項
ロ　当該株式会社の募集新株予約権　取締役が引き受ける当該募集新株予約権の数の上限その他法務省令で定める事項
⑥　報酬等のうち金銭でないもの（当該株式会社の募集株式及び募集新株予約権を除く。）については，その具体的な内容
2　監査等委員会設置会社においては，前項各号に掲げる事項は，監査等委員である取締役とそれ以外の取締役とを区別して定めなければならない。
3　監査等委員である各取締役の報酬等について定款の定め又は株主総会の決議がないときは，

当該報酬等は，第1項の報酬等の範囲内において，監査等委員である取締役の協議によって定める。
4　第1項各号に掲げる事項を定め，又はこれを改定する議案を株主総会に提出した取締役は，当該株主総会において，当該事項を相当とする理由を説明しなければならない。
5　監査等委員である取締役は，株主総会において，監査等委員である取締役の報酬等について意見を述べることができる。
6　監査等委員会が選定する監査等委員は，株主総会において，監査等委員である取締役以外の取締役の報酬等について監査等委員会の意見を述べることができる。
7　次に掲げる株式会社の取締役会は，取締役（監査等委員である取締役を除く。以下この項において同じ。）の報酬等の内容として定款又は株主総会の決議による第1項各号に掲げる事項についての定めがある場合には，当該定めに基づく取締役の個人別の報酬等の内容についての決定に関する方針として法務省令で定める事項を決定しなければならない。ただし，取締役の個人別の報酬等の内容が定款又は株主総会の決議により定められているときは，この限りでない。
①　監査役会設置会社（公開会社であり，かつ，大会社であるものに限る。）であって，金融商品取引法第24条第1項の規定によりその発行する株式について有価証券報告書を内閣総理大臣に提出しなければならないもの
②　監査等委員会設置会社

POINT

お寒《3 6》い《1》報酬、お手盛りなければ

□1項：「賞与」は従来、利益（剰余金）処分の一環として扱われてきたが、報酬に含まれることを明示した。株主総会の決議は普通決議。cf.309条1項。指名委員会等設置会社では報酬委員会が株主総会の決議を経ずに、しかも各個人別に取締役・執行役の報酬を決定する。cf.404条3項、409条。
□1項2号：「会社の営業利益の1%の額」というように営業成績に連動し、取締役の励み（動機付け）となる業績連動型報酬・インセンティブ報酬が典型。
□1項3～5号：令和元年新設。インセンティブ報酬を新株予約権の形（ストック・オプションと呼ばれることあり）や株式の形で支給する方法（併せてエクイティ報酬と総称）を整備することにより、日本企業の取締役がやる気を出して国際競争力に貢献することを狙う。「法務省令」（3・4・5号）は順に施規98条の2・98条の3・98条の4第1・2項。上場会社のみ、取締役は無償で受け取れる規定も新設。cf.202条の2、205条3～5項、445条6項。
□1項6号：社宅の無償貸与や社用車の便宜など（相当の確定額で有償貸借しているものは1号になるだろう）。金銭報酬を潜脱して事実上の報酬を受取ることを防止する趣旨。
□7項：従来、指名委員会等設置会社のみ、個人別の報酬額が報酬委員会により決定されるだけで（404条3項、409条）、それ以外は株主総会での最高限度額決議後、一任された取締役達が代表取締役に再一任するという不透明なケースが多かった。そこで本項1・2号のような取締役会の監督機能が働くであろう会社につき、個人別報酬額の決定手続を透明性のあるものとし、代表取締役への丸投げを規制。令和元年新設。「法務省令」＝施規98条5。監査等委員会設置会社の監査等委員については3項参照。

第5節　取締役会

第1款　権限等

（取締役会の権限等）

第362条　取締役会は，すべての取締役で組織する。

2　取締役会は，次に掲げる職務を行う。

①　取締役会設置会社の業務執行の決定

②　取締役の職務の執行の監督

③　代表取締役の選定及び解職

3　取締役会は，取締役の中から代表取締役を選定しなければならない。

4　取締役会は，次に掲げる事項その他の重要な業務執行の決定を取締役に委任することができない。

①　重要な財産の処分及び譲受け

②　多額の借財

③　支配人その他の重要な使用人の選任及び解任

④　支店その他の重要な組織の設置，変更及び廃止

⑤　第676条第1号に掲げる事項その他の社債を引き受ける者の募集に関する重要な事項として法務省令で定める事項

⑥　取締役の職務の執行が法令及び定款に適合することを確保するための体制その他株式会社の業務並びに当該株式会社及びその子会社から成る企業集団の業務の適正を確保するために必要なものとして法務省令で定める体制の整備

⑦　第426条第1項の規定による定款の定めに基づく第423条第1項の責任の免除

5　大会社である取締役会設置会社においては，取締役会は，前項第6号に掲げる事項を決定しなければならない。

POINT　サ《3》ロ《6》ンに《2》**集まる（取締）役会**メンバー

□取締役会は、公開会社、監査役会設置会社、委員会設置型の会社にとっては必要的機関（327条1項の**覚え方**参照）であり、それ以外の会社にとっては任意的機関。なお、指名委員会等設置会社の取締役会の権限については本条でなく416条。

□従来分散していた取締役会の意義・権限につき、整理して本条にまとめた。

□2項3号：選任、解任ではなく、選定、解職。選任は一定の法的地位に着任させることであるが、選定はすでに一定の法的地位に着任している者をさらに一定の職務権限者として定めること。解任、解職はその逆。

□3項：複数人を選定したとしても各自が代表。共同代表取締役制度は撤廃。cf.349条2項。

□4項1・2号：特別取締役による取締役会（373条。いわゆる常務会）の決議事項。

□4項5号：募集社債の総額（676条1号）と「法務省令」＝施規99条で定める事項については取締役会で決定しなければならないが、それ以外については代表取締役が決定できることを明記。これによりシリーズ発行（676条1号の解説を参照）が可能となった。

□4項6号・5項：いわゆる内部統制システムの整備が、大会社かつ取締役会設置会社においてその決定を義務づけられている。「法務省令」＝施規100条（取締役の職務の執行に係る情報の保存・管理体制等）。

（取締役会設置会社の取締役の権限）
第363条　次に掲げる取締役は，取締役会設置会社の業務を執行する。
①　代表取締役
②　代表取締役以外の取締役であって，取締役会の決議によって取締役会設置会社の業務を執行する取締役として選定されたもの
2　前項各号に掲げる取締役は，3箇月に1回以上，自己の職務の執行の状況を取締役会に報告しなければならない。

POINT サ《3》ロ《6》ン見《3》渡す**代取、業取**

□1項：各号の取締役を業務執行取締役という（2条15号かっこ書）。なお、2条15号かっこ書後段の業務執行取締役と区別するために、本項2号の取締役を「選定業務執行取締役」ということもある。
□2項：この報告は現に行い、省略してはならない。cf.372条2項。指名委員会等設置会社では執行役が報告する。cf.417条4項。

（取締役会設置会社と取締役との間の訴えにおける会社の代表）
第364条　第353条に規定する場合には，取締役会は，同条の規定による株主総会の定めがある場合を除き，同条の訴えについて取締役会設置会社を代表する者を定めることができる。

POINT 見《3》ろ《6》よ《4》**訴訟**の代表、**（取締）役会**が決めた!

□取締役会設置会社における場合。監査役会設置会社では386条、指名委員会等設置会社では408条、それ以外の会社では353条が適用される。

（競業及び取締役会設置会社との取引等の制限）
第365条　取締役会設置会社における第356条の規定の適用については，同条第1項中「株主総会」とあるのは，「取締役会」とする。
2　取締役会設置会社においては，第356条第1項各号の取引をした取締役は，当該取引後，遅滞なく，当該取引についての重要な事実を取締役会に報告しなければならない。

POINT サ《3》ロ《6》ンでご《5》っそり**相反利益**

□取締役会を設置しない会社では、株主総会決議を行う。cf.356条1項柱書。

□2項：取締役会非設置会社では承認後の重要取引の報告義務なし。なお、競業取引につき介入権が撤廃されたのは取締役会非設置会社と同じ。以上につき、356条の解説を参照のこと。

第2款　運営

（招集権者）

第366条　取締役会は，各取締役が招集する。ただし，取締役会を招集する取締役を定款又は取締役会で定めたときは，その取締役が招集する。

2　前項ただし書に規定する場合には，同項ただし書の規定により定められた取締役（以下この章において「招集権者」という。）以外の取締役は，招集権者に対し，取締役会の目的である事項を示して，取締役会の招集を請求することができる。

3　前項の規定による請求があった日から5日以内に，その請求があった日から2週間以内の日を取締役会の日とする取締役会の招集の通知が発せられない場合には，その請求をした取締役は，取締役会を招集することができる。

POINT サ《3》ロ《6》ンむ《6》なし、**招集**なければ

□指名委員会等設置会社の委員会の運営につき410条以下。取締役会の運営と同様の規定がある。

□2・3項：招集権者である取締役以外の取締役でも取締役会招集請求権がある。監査役設置会社では監査役にも取締役会招集請求権がある。cf.383条2・3項。監査役のいない非公開会社では、株主に招集請求権が認められている（次条）。

（株主による招集の請求）

第367条　取締役会設置会社（監査役設置会社，監査等委員会設置会社及び指名委員会等設置会社を除く。）の株主は，取締役が取締役会設置会社の目的の範囲外の行為その他法令若しくは定款に違反する行為をし，又はこれらの行為をするおそれがあると認めるときは，取締役会の招集を請求することができる。

2　前項の規定による請求は，取締役（前条第1項ただし書に規定する場合にあっては，招集権者）に対し，取締役会の目的である事項を示して行わなければならない。

3　前条第3項の規定は，第1項の規定による請求があった場合について準用する。

4　第1項の規定による請求を行った株主は，当該請求に基づき招集され，又は前項において準用する前条第3項の規定により招集した取締役会に出席し，意見を述べることができる。

POINT

サ《3》ロ《6》ンでな《7》に言う? **株主が(取締役会)集めて**

□1項かっこ書：取締役会設置会社で、監査役も委員会も設置しない会社とは、非公開かつ会計参与設置会社ということになる。このような会社では業務監査機関がないため、株主が自ら業務監査をする役割を担っているため。327条2項但書の解説を参照のこと。

□3項：前記のような株主の業務監査機能より、取締役会の招集通知が発せられないときは株主自身が取締役会を招集できる（監査役と同じ。cf.383条2・3項)。

□4項：株主は取締役会招集に関わるだけでなく自ら出席し、意見陳述ができる。

(招集手続)

第368条　取締役会を招集する者は，取締役会の日の1週間（これを下回る期間を定款で定めた場合にあっては，その期間）前までに，各取締役（監査役設置会社にあっては，各取締役及び各監査役）に対してその通知を発しなければならない。

2　前項の規定にかかわらず，取締役会は，取締役（監査役設置会社にあっては，取締役及び監査役）の全員の同意があるときは，招集の手続を経ることなく開催することができる。

POINT

サ《3》ロ《6》ン**は《8》じまるまで一週間**

□1項：1週間の期間は業務の迅速性の要請より短縮可能（1つ目のかっこ書)。株主総会招集のようなみなし到達の規定（126条2項）がないので、原則どおり到達主義となる。cf.民97条1項。招集する相手は、各取締役の他に監査役もいるときは各監査役にも通知を出さなければならないことに注意。監査役も出席義務があるから（2つ目のかっこ書。cf.383条1項)。なお、会計参与も計算書類関係承認のための会議には出席義務があるので通知必要。cf.376条1・2項。

□2項：全員の同意があれば招集手続を省略できるのは、株主総会の場合と同じ。cf.300条。会計参与の同意については376条3項。

□監査役会の招集手続も同様。cf.392条。

(取締役会の決議)

第369条　取締役会の決議は，議決に加わることができる取締役の過半数（これを上回る割合を定款で定めた場合にあっては，その割合以上）が出席し，その過半数（これを上回る割合を定款で定めた場合にあっては，その割合以上）をもって行う。

2　前項の決議について特別の利害関係を有する取締役は，議決に加わることができない。
3　取締役会の議事については，法務省令で定めるところにより，議事録を作成し，議事録が書面をもって作成されているときは，出席した取締役及び監査役は，これに署名し，又は記名押印しなければならない。
4　前項の議事録が電磁的記録をもって作成されている場合における当該電磁的記録に記録された事項については，法務省令で定める署名又は記名押印に代わる措置をとらなければならない。
5　取締役会の決議に参加した取締役であって第3項の議事録に異議をとどめないものは，その決議に賛成したものと推定する。

POINT

サ《3》ロ《6》ンでく《9》だ巻きゃ**そろそろ決議**

□1項：「決議に加わることができる取締役」とは、2項より、決議と特別利害関係をもたない取締役のこと。定足数も決議要件も、定款で半数以下に緩和することはできない（かっこ書）。
□3項：「法務省令」＝施規101条（書面または電磁的記録で作成し、日時、場所、議事の経過等を記す）。
□4項：「法務省令」＝施規225条1項6号（電子署名）。
□5項：賛成したと推定される取締役には、例えば利益相反取引につき会社に対する責任が生じる。cf.423条3項3号。指名委員会等設置会社の委員会につき同様の推定規定あり。cf.412条5項。

（取締役会の決議の省略）
第370条　取締役会設置会社は，取締役が取締役会の決議の目的である事項について提案をした場合において，当該提案につき取締役（当該事項について議決に加わることができるものに限る。）の全員が書面又は電磁的記録により同意の意思表示をしたとき（監査役設置会社にあっては，監査役が当該提案について異議を述べたときを除く。）は，当該提案を可決する旨の取締役会の決議があったものとみなす旨を定款で定めることができる。

POINT

見《3》慣《7》れ《0》た風景、**(取締)役会決議**は**持回り**

□株主総会でのみなし決議（319条1項）が取締役会でも認められるようになった。持回り決議、書面決議、決議省略の制度などともいう。経営の迅速化・国際化に伴い、取締役がテレビ会議に出席できない場合でも会社が意思決定を急ぐことがあるため。
□指名委員会等設置会社の委員会や特別取締役による取締役会では持回り決議は認められない。cf.412条、373条4項。

（議事録等）
第371条　取締役会設置会社は，取締役会の日（前条の規定により取締役会の決議があったものとみなされた日を含む。）から10年間，第369条第3項の議事録又は前条の意思表示を記載し，若しくは記録した書面若しくは電磁的記録（以下この条において「議事録等」という。）をその本店に備え置かなければならない。
2　株主は，その権利を行使するため必要があるときは，株式会社の営業時間内は，いつでも，次に掲げる請求をすることができる。
①　前項の議事録等が書面をもって作成されているときは，当該書面の閲覧又は謄写の請求
②　前項の議事録等が電磁的記録をもって作成されているときは，当該電磁的記録に記録された事項を法務省令で定める方法により表示したものの閲覧又は謄写の請求
3　監査役設置会社，監査等委員会設置会社又は指名委員会等設置会社における前項の規定の適用については，同項中「株式会社の営業時間内は，いつでも」とあるのは，「裁判所の許可を得て」とする。
4　取締役会設置会社の債権者は，役員又は執行役の責任を追及するため必要があるときは，裁判所の許可を得て，当該取締役会設置会社の議事録等について第2項各号に掲げる請求をすることができる。
5　前項の規定は，取締役会設置会社の親会社社員がその権利を行使するため必要があるときについて準用する。
6　裁判所は，第3項において読み替えて適用する第2項各号に掲げる請求又は第4項（前項において準用する場合を含む。以下この項において同じ。）の請求に係る閲覧又は謄写をすることにより，当該取締役会設置会社又はその親会社若しくは子会社に著しい損害を及ぼすおそれがあると認めるときは，第3項において読み替えて適用する第2項の許可又は第4項の許可をすることができない。

POINT

見《3》な《7》い《1》ね隠した？（取締）役会議事録

□2項：株主の取締役会議事録閲覧請求権を定めた規定。2号の「法務省令」＝施規226条19号（紙面か映像面で表示）。

□2・3項：監査役、監査委員会による業務監査機能が期待できない会社では株主は「いつでも」権利行使できるが、期待できる会社では「裁判所の許可を得て」というように、株主の権利行使に歯止めをかけている。歯止めをかけている。なお、許可については事実の疎明が必要。cf.869条。

□4項：「役員」は329条1項の役員＝取締役・会計参与・監査役。役員3つの覚え方は329条を参照のこと。なお、裁判所の許可による手続は、非訟事件手続として進められるが、審問期日の開催と陳述聴取が義務付けられている。cf.870条2項1号。

（取締役会への報告の省略）
第372条　取締役，会計参与，監査役又は会計監査人が取締役（監査役設置会社にあっては，取締役及び監査役）の全員に対して取締役会に報告すべき事項を通知したときは，当該事項を取締役会へ報告することを要しない。
2　前項の規定は，第363条第2項の規定による報告については，適用しない。
3　指名委員会等設置会社についての前2項の規定の適用については，第1項中「監査役又は会計監査人」とあるのは「会計監査人又は執行役」と，「取締役（監査役設置会社にあっては，取締役及び監査役）」とあるのは「取締役」と，前項中「第363条第2項」とあるのは「第417条第4項」とする。

POINT

み《3》んな《7》に《2》**通知、(取締)役会**で**告げず**

□1項：取締役会の決議省略を認めた（370条）のとあわせて報告も省略された。株主総会の報告省略（320条）と文言が若干異なり、通知を受けた者の同意の意思表示は不要。「報告すべき事項」の規定として競業取引等（365条2項）、監査役（指名委員会等設置会社では監査委員）による取締役の不正行為等（382・406条）がある。

□2項：3ヶ月に1回以上の代表取締役、業務取締役らによる報告が行われる取締役会（363条2項）は取締役会の形骸化を防ぐため、現に開催しなければならないということ。

（特別取締役による取締役会の決議）

第373条　第369条第1項の規定にかかわらず，取締役会設置会社（指名委員会等設置会社を除く。）が次に掲げる要件のいずれにも該当する場合（監査等委員会設置会社にあっては，第399条の13第5項に規定する場合又は同条第6項の規定による定款の定めがある場合を除く。）には，取締役会は，第362条第4項第1号及び第2号又は第399条の13第4項第1号及び第2号に掲げる事項についての取締役会の決議については，あらかじめ選定した3人以上の取締役（以下この章において「特別取締役」という。）のうち，議決に加わることができるものの過半数（これを上回る割合を取締役会で定めた場合にあっては，その割合以上）が出席し，その過半数（これを上回る割合を取締役会で定めた場合にあっては，その割合以上）をもって行うことができる旨を定めることができる。

①　取締役の数が6人以上であること。

②　取締役のうち1人以上が社外取締役であること。

2　前項の規定による特別取締役による議決の定めがある場合には，特別取締役以外の取締役は，第362条第4項第1号及び第2号又は第399条の13第4項第1号及び第2号に掲げる事項の決定をする取締役会に出席することを要しない。この場合における第366条第1項本文及び第368条の規定の適用については，第366条第1項本文中「各取締役」とあるのは「各特別取締役（第373条第1項に規定する特別取締役をいう。第368条において同じ。）」と，第368条第1項中「定款」とあるのは「取締役会」と，「各取締役」とあるのは「各特別取締役」と，同条第2項中「取締役（」とあるのは「特別取締役（」と，「取締役及び」とあるのは「特別取締役及び」とする。

3　特別取締役の互選によって定められた者は，前項の取締役会の決議後，遅滞なく，当該決議の内容を特別取締役以外の取締役に報告しなければならない。

4　第366条（第1項本文を除く。），第367条，第369条第1項，第370条及び第399条の14の規定は，第2項の取締役会については，適用しない。

POINT

常務会のみ《3》な《7》さ《3》ん、**特別取締役**となる

□1項：従来の重要財産委員会（いわゆる常務会）の制度を継承する規定。重要財産の処分、譲受け、多額の借財のみ（362条4項1・2号）を、特別取締役だけで集中して審議する。

□監査役は本条の取締役会に出席する義務も招集請求権も

ない。cf.383条4項。ただ、監査役が2人以上の場合、互選で特に定めた監査役が出席できる。cf.383条1項。

□4項：招集権者以外の取締役（366条）も株主（367条）も招集請求権なし。重要な業務執行に属する事項なので持回り決議（370条）もできない。

第6節 会計参与

（会計参与の権限）

第374条　会計参与は，取締役と共同して，計算書類（第435条第2項に規定する計算書類をいう。以下この章において同じ。）及びその附属明細書，臨時計算書類（第441条第1項に規定する臨時計算書類をいう。以下この章において同じ。）並びに連結計算書類（第444条第1項に規定する連結計算書類をいう。第396条第1項において同じ。）を作成する。この場合において，会計参与は，法務省令で定めるところにより，会計参与報告を作成しなければならない。

2　会計参与は，いつでも，次に掲げるものの閲覧及び謄写をし，又は取締役及び支配人その他の使用人に対して会計に関する報告を求めることができる。

①　会計帳簿又はこれに関する資料が書面をもって作成されているときは，当該書面

②　会計帳簿又はこれに関する資料が電磁的記録をもって作成されているときは，当該電磁的記録に記録された事項を法務省令で定める方法により表示したもの

3　会計参与は，その職務を行うため必要があるときは，会計参与設置会社の子会社に対して会計に関する報告を求め，又は会計参与設置会社若しくはその子会社の業務及び財産の状況の調査をすることができる。

4　前項の子会社は，正当な理由があるときは，同項の報告又は調査を拒むことができる。

5　会計参与は，その職務を行うに当たっては，第333条第3項第2号又は第3号に掲げる者を使用してはならない。

6　指名委員会等設置会社における第1項及び第2項の規定の適用については，第1項中「取締役」とあるのは「執行役」と，第2項中「取締役及び」とあるのは「執行役及び取締役並びに」とする。

POINT　仲間とみ《3》な《7》し《4》て**参与**も**共同（作成）**

□1項：会計監査人が取締役の作成した計算書類等を会社外部の機関として監査するのに対し、会計参与は内部の機関として取締役（指名委員会等設置会社では執行役）と「共同して」計算書類を作成する。取締役らと意見を異にする場合は、共同作成できないことになる。この場合は株主総会で意見陳述権あり。cf.377条1項。ただし、会計監査人のような意見陳述義務（398条2項）まではない。もう一つの職務として、計算の適正担保のための「会計参与報告の作成」がある。「法務省令」＝施規102条（合意事項の主なもの等）。

□2～4項：計算書類作成のための資料・情報収集権に関する規定。会計監査に監査範囲限定された監査役（389条4～6項）、会計監査人（396条2～4項）にも同様の法文あり。監査役については381条2～4項。2項2号の「法務省令」＝施規226条20号（紙面か映像面で表示）。

□6項：指名委員会等設置会社で計算書類を共同作成する者は取締役でなく執行役。

□会計参与の資格・任期については333・334条。また、会計参与は「役員」(329条1項)の1人として会社、第三者に責任を負い(423条1項、429条1・2項2号)、代表訴訟の対象となり(847条)、登記もされる(911条)。

(会計参与の報告義務)

第375条 会計参与は，その職務を行うに際して取締役の職務の執行に関し不正の行為又は法令若しくは定款に違反する重大な事実があることを発見したときは，遅滞なく，これを株主(監査役設置会社にあっては，監査役)に報告しなければならない。

2 監査役会設置会社における前項の規定の適用については，同項中「株主(監査役設置会社にあっては，監査役)」とあるのは，「監査役会」とする。

3 監査等委員会設置会社における第1項の規定の適用については，同項中「株主(監査役設置会社にあっては，監査役)」とあるのは，「監査等委員会」とする。

4 指名委員会等設置会社における第1項の規定の適用については，同項中「取締役」とあるのは「執行役又は取締役」と，「株主(監査役設置会社にあっては，監査役)」とあるのは「監査委員会」とする。

POINT

参《3》ちゃんな《7》ご《5》んで何でも報告

□1項：取締役の職務の不正などにつき、株主に対する会計参与の報告義務を定める規定。

□1～4項：株主以外に監査役(会)、監査(等)委員会が存在するなら、会計参与はそちらに報告する。存在しない会社では、株主が業務監査機関としての役割を担うので株主に報告する。監査役の報告義務につき382条、会計監査人の報告義務につき397条、監査委員の報告義務につき406条、監査等委員の報告義務につき399条の4参照。

(取締役会への出席)

第376条 取締役会設置会社の会計参与(会計参与が監査法人又は税理士法人である場合にあっては，その職務を行うべき社員。以下この条において同じ。)は，第436条第3項，第441条第3項又は第444条第5項の承認をする取締役会に出席しなければならない。この場合において，会計参与は，必要があると認めるときは，意見を述べなければならない。

2 会計参与設置会社において，前項の取締役会を招集する者は，当該取締役会の日の1週間(これを下回る期間を定款で定めた場合にあっては，その期間)前までに，各会計参与に対してその通知を発しなければならない。

3 会計参与設置会社において，第368条第2項の規定により第1項の取締役会を招集の手続を経ることなく開催するときは，会計参与の全員の同意を得なければならない。

POINT

参《3》ちゃん「ナ《7》ム《6》アミ!」
(取締)役会に出席

□1項：計算書類を取締役と共同作成した以上、その承認のための取締役会に限り、会計参与も出席する義務がある。必要があれば意見陳述義務もある。
□2・3項：取締役会招集手続とその省略につき同様の法文あり。cf.368条。

(株主総会における意見の陳述)
第377条　第374条第1項に規定する書類の作成に関する事項について会計参与が取締役と意見を異にするときは，会計参与（会計参与が監査法人又は税理士法人である場合にあっては，その職務を行うべき社員）は，株主総会において意見を述べることができる。
2　指名委員会等設置会社における前項の規定の適用については，同項中「取締役」とあるのは，「執行役」とする。

POINT

参《3》ちゃん長《7》々《7》と総会で意見

□1項：会計参与の株主総会での意見陳述権に関する規定。計算書類等の作成は会計参与と取締役とが共同で行うので双方の意見が合致しているはず。374条1項の解説を参照のこと。したがって、意見を異にする箇所は計算書類も未完成、株主総会での陳述は相当熱が入るはずである。この他に、株主総会で株主から質問された場合は説明義務がある。cf.314条。ただし、会計監査人のような、株主総会から求められた場合の出席・意見陳述義務（398条2項）はない。

(会計参与による計算書類等の備置き等)
第378条　会計参与は，次の各号に掲げるものを，当該各号に定める期間，法務省令で定めるところにより，当該会計参与が定めた場所に備え置かなければならない。
①　各事業年度に係る計算書類及びその附属明細書並びに会計参与報告　定時株主総会の日の1週間（取締役会設置会社にあっては，2週間）前の日（第319条第1項の場合にあっては，同項の提案があった日）から5年間
②　臨時計算書類及び会計参与報告　臨時計算書類を作成した日から5年間
2　会計参与設置会社の株主及び債権者は，会計参与設置会社の営業時間内（会計参与が請求に応ずることが困難な場合として法務省令で定める場合を除く。）は，いつでも，会計参与に対し，次に掲げる請求をすることができる。ただし，第2号又は第4号に掲げる請求をするには，当該会計参与の定めた費用を支払わなければならない。
①　前項各号に掲げるものが書面をもって作成されているときは，当該書面の閲覧の請求
②　前号の書面の謄本又は抄本の交付の請求
③　前項各号に掲げるものが電磁的記録をもって作成されているときは，当該電磁的記録に記録された事項を法務省令で定める方法により表示したものの閲覧の請求

④　前号の電磁的記録に記録された事項を電磁的方法であって会計参与の定めたものにより提供することの請求又はその事項を記載した書面の交付の請求

3　会計参与設置会社の親会社社員は，その権利を行使するため必要があるときは，裁判所の許可を得て，当該会計参与設置会社の第1項各号に掲げるものについて前項各号に掲げる請求をすることができる。ただし，同項第2号又は第4号に掲げる請求をするには，当該会計参与の定めた費用を支払わなければならない。

POINT **参**《3》ちゃん悩《78》まず**備え置け**

□会社の計算書類等の備置きと開示義務（442条）とは別に、会計参与自身も5年にわたる書類の保存義務、開示義務を定めた規定。会社債権者等が会社に遠慮せず安心して計算書類を閲覧できるようにするため、つまり、開示の実効性の担保が趣旨。会計参与の氏名（名称）計算書類の保存場所等は登記事項。cf.911条3項16号。

□1項：「法務省令」＝施規103条（会社と異なる会計士事務所、税理士事務所等）。

□2項3号：「法務省令」＝施規226条21号（紙面か映像面で表示）。

（会計参与の報酬等）

第379条　会計参与の報酬等は，定款にその額を定めていないときは，株主総会の決議によって定める。

2　会計参与が2人以上ある場合において，各会計参与の報酬等について定款の定め又は株主総会の決議がないときは，当該報酬等は，前項の報酬等の範囲内において，会計参与の協議によって定める。

3　会計参与（会計参与が監査法人又は税理士法人である場合にあっては，その職務を行うべき社員）は，株主総会において，会計参与の報酬等について意見を述べることができる。

POINT **参**《3》ちゃん泣《7》く《9》、**報酬**もらって

□会計参与の地位と職務の独立・公正の担保が趣旨。監査役につき同様の法文あり。cf.387条。

□1項：指名委員会等設置会社の会計参与と同じく、確定額を定め、不確定額や非金銭的報酬を定めてはならないと解される。cf.409条3項柱書但書。

（費用等の請求）

第380条　会計参与がその職務の執行について会計参与設置会社に対して次に掲げる請求をしたときは，当該会計参与設置会社は，当該請求に係る費用又は債務が当該会計参与の職務の執行に必要でないことを証明した場合を除き，これを拒むことができない。

①　費用の前払の請求

②　支出した費用及び支出の日以後におけるその利息の償還の請求

③　負担した債務の債権者に対する弁済（当該債務が弁済期にない場合にあっては，相当の担保の提供）の請求

POINT　**参《3》ちゃんヤ《8》レ《0》ヤレ、費用もらえる**

□経済的な不安なく十分に職務を遂行させる趣旨。支払いを取締役の判断に任せると独立性を損ねるので、不必要であることの証明をしない限り、会社は請求を拒めない。

第7節　監査役

（監査役の権限）

第381条　監査役は，取締役（会計参与設置会社にあっては，取締役及び会計参与）の職務の執行を監査する。この場合において，監査役は，法務省令で定めるところにより，監査報告を作成しなければならない。

2　監査役は，いつでも，取締役及び会計参与並びに支配人その他の使用人に対して事業の報告を求め，又は監査役設置会社の業務及び財産の状況の調査をすることができる。

3　監査役は，その職務を行うため必要があるときは，監査役設置会社の子会社に対して事業の報告を求め，又はその子会社の業務及び財産の状況の調査をすることができる。

4　前項の子会社は，正当な理由があるときは，同項の報告又は調査を拒むことができる。

POINT　**見《3》張《8》るぞ一《1》人で、（独任）監査役**

□436条とあわせ、監査役の業務監査権限・会計監査権限を定める規定。ただし、一定の会社では定款で会計監査に限定できることに注意。389条1項の解説を参照のこと。このような会社は監査役設置会社といわないことにも注意（2条9号）なお、業務監査につき適法性監査に限るか妥当性監査まで含むかの議論あり。

□1項：役員（役員3つの**覚え方**は329条を参照のこと）でありながら、他の役員を見張る。他の役員は業務執行機関であり、監査役だけが監査機関であるから。会計監査人に対してはその職務執行を見張るのではなく、協働・連携して会計監査を行う立場にある。cf.436条2項。もっとも、会計監査人の選・解任等議案の同意・提出権（344条）をもち、一定の場合には解任議案を出すまでもなく自ら解任できる（340条）という点では強大な権限をもっているといえる。なお、会計参与の会計参与報告作成義務と同様の監査報告作成義務あり。cf.374条1項。「法務省令」＝施規105条（意思疎通、情報交換等に努めるなど）。

□2～4項：業務監査、会計監査を十分に行うための調査権を定める規定。

（取締役への報告義務）

第382条　監査役は，取締役が不正の行為をし，若しくは当該行為をするおそれがあると認め

るとき，又は法令若しくは定款に違反する事実若しくは著しく不当な事実があると認めるときは，遅滞なく，その旨を取締役（取締役会設置会社にあっては，取締役会）に報告しなければならない。

POINT

見《3》張《8》って通《2》**報、(取締)役会**へ

□取締役（取締役会設置会社では取締役会）に対する監査役の報告義務を定める規定。
□監査役が逆に報告を受ける場合として、取締役からの会社に著しい損害を及ぼす恐れのある事実の報告（357条）、会計監査人からの取締役の不正行為等の報告（397条）がある。

（取締役会への出席義務等）
第383条　監査役は，取締役会に出席し，必要があると認めるときは，意見を述べなければならない。ただし，監査役が2人以上ある場合において，第373条第1項の規定による特別取締役による議決の定めがあるときは，監査役の互選によって，監査役の中から特に同条第2項の取締役会に出席する監査役を定めることができる。
2　監査役は，前条に規定する場合において，必要があると認めるときは，取締役（第366条第1項ただし書に規定する場合にあっては，招集権者）に対し，取締役会の招集を請求することができる。
3　前項の規定による請求があった日から5日以内に，その請求があった日から2週間以内の日を取締役会の日とする取締役会の招集の通知が発せられない場合は，その請求をした監査役は，取締役会を招集することができる。
4　前2項の規定は，第373条第2項の取締役会については，適用しない。

POINT

見《3》張《8》って**参《3》加、(取締)役会**に

□1項本文：監査役の取締役会出席義務を定める規定。
□1項但書：373条1項の重要財産に関する特別取締役による議決の定めがあるときは、取締役全員による取締役会ではないので、監査役がたとえ2人以上いても、全員出席の必要がないといえるため。
□2～4項：招集権をもたない取締役の取締役会招集請求権につき同様の法文あり。cf.366条2・3項。この場合の取締役会に特別取締役会は含まれない。

（株主総会に対する報告義務）
第384条　監査役は，取締役が株主総会に提出しようとする議案，書類その他法務省令で定めるものを調査しなければならない。この場合において，法令若しくは定款に違反し，又は著しく不当な事項があると認めるときは，その調査の結果を株主総会に報告しなければならない。

POINT

サ《3》バ《8》読《4》む**議案**ないか**監査役調査**

□「法務省令」＝施規106条（電磁的記録その他の資料含む）。
□不当な調査結果は株主総会に報告する義務あり。

（監査役による取締役の行為の差止め）
第385条　監査役は，取締役が監査役設置会社の目的の範囲外の行為その他法令若しくは定款に違反する行為をし，又はこれらの行為をするおそれがある場合において，当該行為によって当該監査役設置会社に著しい損害が生ずるおそれがあるときは，当該取締役に対し，当該行為をやめることを請求することができる。
2　前項の場合において，裁判所が仮処分をもって同項の取締役に対し，その行為をやめることを命ずるときは，担保を立てさせないものとする。

POINT
「利ざ《3》や《8》(取る)**行《5》為**発見!」**監査役**の**差止請求**

□監査役による取締役の行為差止請求権は取締役の行為によって「会社に著しい損害」が生じる恐れがあるときに行使できる。ちなみに、監査役設置会社での株主も差止請求権をもつが、行使は「会社に回復することができない損害」が生じる恐れがあるときに限定される。360条を参照のこと。

（監査役設置会社と取締役との間の訴えにおける会社の代表等）
第386条　第349条第4項，第353条及び第364条の規定にかかわらず，次の各号に掲げる場合には，当該各号の訴えについては，監査役が監査役設置会社を代表する。
①　監査役設置会社が取締役（取締役であった者を含む。以下この条において同じ。）に対し，又は取締役が監査役設置会社に対して訴えを提起する場合
②　株式交換等完全親会社（第849条第2項第1号に規定する株式交換等完全親会社をいう。次項第3号において同じ。）である監査役設置会社がその株式交換等完全子会社（第847条の2第1項に規定する株式交換等完全子会社をいう。次項第3号において同じ。）の取締役，執行役（執行役であった者を含む。以下この条において同じ。）又は清算人（清算人であった者を含む。以下この条において同じ。）の責任（第847条の2第1項各号に掲げる行為の効力が生じた時までにその原因となった事実が生じたものに限る。）を追及する訴えを提起する場合
③　最終完全親会社等（第847条の3第1項に規定する最終完全親会社等をいう。次項第4号において同じ。）である監査役設置会社がその完全子会社等（同条第2項第2号に規定する完全子会社等をいい，同条第3項の規定により当該完全子会社等とみなされるものを含む。次項第4号において同じ。）である株式会社の取締役，執行役又は清算人に対して特定責任追及の訴え（同条第1項に規定する特定責任追及の訴えをいう。）を提起する場合
2　第349条第4項の規定にかかわらず，次に掲げる場合には，監査役が監査役設置会社を代表する。
①　監査役設置会社が第847条第1項，第847条の2第1項若しくは第3項（同条第4項及び第5項において準用する場合を含む。）又は第847条の3第1項の規定による請求（取締役の責任を追及する訴えの提起の請求に限る。）を受ける場合
②　監査役設置会社が第849条第4項の訴訟告知（取締役の責任を追及する訴えに係るものに限る。）並びに第850条第2項の規定による通知及び催告（取締役の責任を追及する訴えに係る訴訟における和解に関するものに限る。）を受ける場合

③　株式交換等完全親会社である監査役設置会社が第847条第1項の規定による請求（前項第2号に規定する訴えの提起の請求に限る。）をする場合又は第849条第6項の規定による通知（その株式交換等完全子会社の取締役，執行役又は清算人の責任を追及する訴えに係るものに限る。）を受ける場合
④　最終完全親会社等である監査役設置会社が第847条第1項の規定による請求（前項第3号に規定する特定責任追及の訴えの提起の請求に限る。）をする場合又は第849条第7項の規定による通知（その完全子会社等である株式会社の取締役，執行役又は清算人の責任を追及する訴えに係るものに限る。）を受ける場合

POINT　さ《3》あ、や《8》ろ《6》う**訴訟**、**監査役**が**代表**だ

（監査役の報酬等）
第387条　監査役の報酬等は，定款にその額を定めていないときは，株主総会の決議によって定める。
2　監査役が2人以上ある場合において，各監査役の報酬等について定款の定め又は株主総会の決議がないときは，当該報酬等は，前項の報酬等の範囲内において，監査役の協議によって定める。
3　監査役は，株主総会において，監査役の報酬等について意見を述べることができる。

POINT　さ《3》、や《8》な《7》**監査役**でも**報酬**やるよ

□1項：株主総会の決議は普通決議。
□取締役の報酬については361条。会計参与の報酬につき同様の法文あり。cf.379条。

（費用等の請求）
第388条　監査役がその職務の執行について監査役設置会社（監査役の監査の範囲を会計に関するものに限定する旨の定款の定めがある株式会社を含む。）に対して次に掲げる請求をしたときは，当該監査役設置会社は，当該請求に係る費用又は債務が当該監査役の職務の執行に必要でないことを証明した場合を除き，これを拒むことができない。
①　費用の前払の請求
②　支出した費用及び支出の日以後におけるその利息の償還の請求
③　負担した債務の債権者に対する弁済（当該債務が弁済期にない場合にあっては，相当の担保の提供）の請求

POINT　さ《3》、早《88》くちょうだい**監査の費用**

□会計参与の費用請求につき同様の法文あり。cf.380条。趣旨についても380条の解説を参照のこと。

（定款の定めによる監査範囲の限定）

第389条　公開会社でない株式会社（監査役会設置会社及び会計監査人設置会社を除く。）は，第381条第1項の規定にかかわらず，その監査役の監査の範囲を会計に関するものに限定する旨を定款で定めることができる。

2　前項の規定による定款の定めがある株式会社の監査役は，法務省令で定めるところにより，監査報告を作成しなければならない。

3　前項の監査役は，取締役が株主総会に提出しようとする会計に関する議案，書類その他の法務省令で定めるものを調査し，その調査の結果を株主総会に報告しなければならない。

4　第2項の監査役は，いつでも，次に掲げるものの閲覧及び謄写をし，又は取締役及び会計参与並びに支配人その他の使用人に対して会計に関する報告を求めることができる。

①　会計帳簿又はこれに関する資料が書面をもって作成されているときは，当該書面

②　会計帳簿又はこれに関する資料が電磁的記録をもって作成されているときは，当該電磁的記録に記録された事項を法務省令で定める方法により表示したもの

5　第2項の監査役は，その職務を行うため必要があるときは，株式会社の子会社に対して会計に関する報告を求め，又は株式会社若しくはその子会社の業務及び財産の状況の調査をすることができる。

6　前項の子会社は，正当な理由があるときは，同項の規定による報告又は調査を拒むことができる。

7　第381条から第386条までの規定は，第1項の規定による定款の定めがある株式会社については，適用しない。

POINT

「みゃく《389》どころは**会計**」と**監査範囲限定**

□1項：①公開会社、②監査役会設置会社、③会計監査人設置会社以外の会社、つまり非公開の中小会社の監査役は業務監査をせず、会計監査のみを行うと定款で定めうる。平成26年改正より登記事項（911条3項17号）。①②③で業務監査が必ず行われる理由は、①では取締役会と監査役が強制され（327条1項1号、2項本文）、監査役が流動する株主の代わりに取締役の職務すなわち業務監査まで行うことが期待されているから。②では、常勤監査役、社外監査役などが選任されている以上（335条3項、390条3項）それらの者が業務監査をしないのでは不適切だから。③では会計監査人の取締役からの独立性を確保したり（344条）、取締役の職務の不正などの報告を会計監査人から受ける（397条）などの職責を負っている以上、業務監査を当然に行うと考えられるから。

□2項：「法務省令」＝施規107条（意思疎通、情報交換等に努める等）。監査範囲が会計に限定されても、監査報告の作成義務があるのは通常の監査役（381条1項後段）と同じ。

□3項：「法務省令」＝施規108条（計算関係書類等）。

□4項：会計参与・会計監査人の資料収集権につき同様の法文あり。cf.374条2項・396条2～4項。2号の「法務省令」＝施規226条22号（紙面か映像面で表示）。

第8節 監査役会

第1款　権限等

（監査役会の権限等）
第390条　監査役会は，すべての監査役で組織する。
2　監査役会は，次に掲げる職務を行う。ただし，第3号の決定は，監査役の権限の行使を妨げることはできない。
①　監査報告の作成
②　常勤の監査役の選定及び解職
③　監査の方針，監査役会設置会社の業務及び財産の状況の調査の方法その他の監査役の職務の執行に関する事項の決定
3　監査役会は，監査役の中から常勤の監査役を選定しなければならない。
4　監査役は，監査役会の求めがあるときは，いつでもその職務の執行の状況を監査役会に報告しなければならない。

POINT　「さ《3》あく《9》れ《0》、天下り先」官界（=**監・会**）の構造

□1項：監査役会の組織は335条3項についても注意。つまり、人数は3人以上でそのうち半数以上は社外監査役でなければならない。社外監査役は登記事項（911条3項18号）。
□2項柱書：監査役一人ひとりは独任であって監査役会から職務権限を侵されてはならない。その地位の独立性を害さないようにする趣旨。
□3項：昭和56年商法改正の際の大会社における監査役の地位と権限強化のための常勤監査制に由来。非常勤の監査役であっては監査機能が弱められる恐れがあるため。

第2款　運営

（招集権者）
第391条　監査役会は，各監査役が招集する。

POINT　見《3》く《9》び《1》られる官界（=**監・会**）てんでに**招集**

□取締役会のような特定の招集権者（366条1項但書）を定めない。

（招集手続）

第392条　監査役会を招集するには，監査役は，監査役会の日の1週間（これを下回る期間を定款で定めた場合にあっては，その期間）前までに，各監査役に対してその通知を発しなければならない。

2　前項の規定にかかわらず，監査役会は，監査役の全員の同意があるときは，招集の手続を経ることなく開催することができる。

POINT　さ《3》あ国《92》のため**集まれ**官界(=**監・会**)のメンバー

□取締役会の招集手続につき同様の法文あり。cf.368条。

（監査役会の決議）

第393条　監査役会の決議は，監査役の過半数をもって行う。

2　監査役会の議事については，法務省令で定めるところにより，議事録を作成し，議事録が書面をもって作成されているときは，出席した監査役は，これに署名し，又は記名押印しなければならない。

3　前項の議事録が電磁的記録をもって作成されている場合における当該電磁的記録に記録された事項については，法務省令で定める署名又は記名押印に代わる措置をとらなければならない。

4　監査役会の決議に参加した監査役であって第2項の議事録に異議をとどめないものは，その決議に賛成したものと推定する。

POINT　政策《39》み《3》んな官界(=**監・会**)で**決議**

□2項：「法務省令」＝施規109条（書面または電磁的記録をもって作成し、日時・場所・議事の経過の要領等を記す）。

□3項：「法務省令」＝施規225条1項7号（電子署名）。

（議事録）

第394条　監査役会設置会社は，監査役会の日から10年間，前条第2項の議事録をその本店に備え置かなければならない。

2　監査役会設置会社の株主は，その権利を行使するため必要があるときは，裁判所の許可を得て，次に掲げる請求をすることができる。

①　前項の議事録が書面をもって作成されているときは，当該書面の閲覧又は謄写の請求

②　前項の議事録が電磁的記録をもって作成されているときは，当該電磁的記録に記録された事項を法務省令で定める方法により表示したものの閲覧又は謄写の請求

3　前項の規定は，監査役会設置会社の債権者が役員の責任を追及するため必要があるとき及び親会社社員がその権利を行使するため必要があるときについて準用する。

4　裁判所は，第2項（前項において準用する場合を含む。以下この項において同じ。）の請求に係る閲覧又は謄写をすることにより，当該監査役会設置会社又はその親会社若しくは子会社に著しい損害を及ぼすおそれがあると認めるときは，第2項の許可をすることができない。

POINT 官界(=**監・会**)の作よ《394》、(国会)**議事録**見てね

□2項2号：「法務省令」＝施規226条23号（紙面か映像面で表示）。

□2・3項：裁判所の許可による手続は、非訟事件手続として進められるが、審問期日の開催と陳述聴取が義務付けられている。cf.870条2項1号。

（監査役会への報告の省略）

第395条　取締役，会計参与，監査役又は会計監査人が監査役の全員に対して監査役会に報告すべき事項を通知したときは，当該事項を監査役会へ報告することを要しない。

POINT 官界(=**監・会**)の錯誤《395》隠そう、**報告省略**!

□報告の省略のみ。決議の省略（＝みなし決議、持回り決議）は認められない。cf.取締役会の決議省略につき370条。

第9節　会計監査人

（会計監査人の権限等）

第396条　会計監査人は，次章の定めるところにより，株式会社の計算書類及びその附属明細書，臨時計算書類並びに連結計算書類を監査する。この場合において，会計監査人は，法務省令で定めるところにより，会計監査報告を作成しなければならない。

2　会計監査人は，いつでも，次に掲げるものの閲覧及び謄写をし，又は取締役及び会計参与並びに支配人その他の使用人に対し，会計に関する報告を求めることができる。

①　会計帳簿又はこれに関する資料が書面をもって作成されているときは，当該書面

②　会計帳簿又はこれに関する資料が電磁的記録をもって作成されているときは，当該電磁的記録に記録された事項を法務省令で定める方法により表示したもの

3　会計監査人は，その職務を行うため必要があるときは，会計監査人設置会社の子会社に対して会計に関する報告を求め，又は会計監査人設置会社若しくはその子会社の業務及び財産の状況の調査をすることができる。

4　前項の子会社は，正当な理由があるときは，同項の報告又は調査を拒むことができる。

5　会計監査人は，その職務を行うに当たっては，次のいずれかに該当する者を使用してはならない。

①　第337条第3項第1号又は第2号に掲げる者

②　会計監査人設置会社又はその子会社の取締役，会計参与，監査役若しくは執行役又は支配人その他の使用人である者

③　会計監査人設置会社又はその子会社から公認会計士又は監査法人の業務以外の業務により継続的な報酬を受けている者

6　指名委員会等設置会社における第2項の規定の適用については，同項中「取締役」とあるのは，「執行役，取締役」とする。

POINT さ《3》ー黒《96》字かな、**会計(監査)報告**

□1項：会計監査人の職務は、計算書類等の監査と会計監査報告を作成すること。会計参与の権限と比較せよ。cf.374条。「法務省令」＝施規110条（意思疎通、情報収集、監査環境整備に努める等）。

□2項2号：「法務省令」＝施規226条24号（紙面か映像面で表示）。

（監査役に対する報告）

第397条　会計監査人は，その職務を行うに際して取締役の職務の執行に関し不正の行為又は法令若しくは定款に違反する重大な事実があることを発見したときは，遅滞なく，これを監査役に報告しなければならない。

2　監査役は，その職務を行うため必要があるときは，会計監査人に対し，その監査に関する報告を求めることができる。

3　監査役会設置会社における第1項の規定の適用については，同項中「監査役」とあるのは，「監査役会」とする。

4　監査等委員会設置会社における第1項及び第2項の規定の適用については，第1項中「監査役」とあるのは「監査等委員会」と，第2項中「監査役」とあるのは「監査等委員会が選定した監査等委員」とする。

5　指名委員会等設置会社における第1項及び第2項の規定の適用については，第1項中「取締役」とあるのは「執行役又は取締役」と，「監査役」とあるのは「監査委員会」と，第2項中「監査役」とあるのは「監査委員会が選定した監査委員会の委員」とする。

POINT 気さ《3》く《9》な《7》**報告**、**会計(監査)人**から**監査役**へ

□会計監査人の監査役（会）、監査委員会に対する取締役の職務の不正の事実の報告義務。会計参与の株主（監査役（会）、委員会設置型の会社においては監査役、監査（等）委員）に対する報告義務（375条）と同様。監査役・監査（等）委員の取締役会への報告義務につき同様の法文あり。cf.382・399条の4・406条。

（定時株主総会における会計監査人の意見の陳述）

第398条　第396条第1項に規定する書類が法令又は定款に適合するかどうかについて会計監査人が監査役と意見を異にするときは，会計監査人（会計監査人が監査法人である場合にあっては，その職務を行うべき社員。次項において同じ。）は，定時株主総会に出席して意見を述べることができる。

2　定時株主総会において会計監査人の出席を求める決議があったときは，会計監査人は，定時株主総会に出席して意見を述べなければならない。

3　監査役会設置会社における第1項の規定の適用については，同項中「監査役」とあるのは，「監査役会又は監査役」とする。

4　監査等委員会設置会社における第1項の規定の適用については，同項中「監査役」とあるのは，「監査等委員会又は監査等委員」とする。

5　指名委員会等設置会社における第1項の規定の適用については，同項中「監査役」とあるのは，

「監査委員会又はその委員」とする。

POINT

昨《39》夜《8》眠れぬ**会計（監査）人、総会出席**

□1項：会計監査人の株主総会における意見陳述権に関する規定。会計参与の意見陳述権が「取締役と意見を異にするとき」（377条1項）であるのと比較せよ。

□2項：株主総会から会計監査人への出席を求めることもできる。これに対し、会計参与はこのような義務まではない。cf.377条。

（会計監査人の報酬等の決定に関する監査役の関与）

第399条　取締役は，会計監査人又は一時会計監査人の職務を行うべき者の報酬等を定める場合には，監査役（監査役が2人以上ある場合にあっては，その過半数）の同意を得なければならない。

2　監査役会設置会社における前項の規定の適用については，同項中「監査役（監査役が2人以上ある場合にあっては，その過半数）」とあるのは，「監査役会」とする。

3　監査等委員会設置会社における第1項の規定の適用については，同項中「監査役（監査役が2人以上ある場合にあっては，その過半数）」とあるのは，「監査等委員会」とする。

4　指名委員会等設置会社における第1項の規定の適用については，同項中「監査役（監査役が2人以上ある場合にあっては，その過半数）」とあるのは，「監査委員会」とする。

POINT

ザ《3》ック《9》リく《9》れた! **会計（監査）人の報酬、監査役**のおかげ

□会計監査人の独立を確保するため、監査役・監査（等）委員会の会計監査人選任・解任議案内容決定権限が344条、399条の2第3項2号、404条2項2号で認められている。そして本条により、報酬にも関与することで、会計監査人の取締役からの独立性が監査役を通じ、より強化される。ただし、報酬決定は財務に関わる業務なので内容決定権までは持たず、同意権にとどまる。

第9節の2　監査等委員会

第1款　権限等

（監査等委員会の権限等）
第399条の2　監査等委員会は，全ての監査等委員で組織する。
2　監査等委員は，取締役でなければならない。
3　監査等委員会は，次に掲げる職務を行う。
①　取締役（会計参与設置会社にあっては，取締役及び会計参与）の職務の執行の監査及び監査報告の作成
②　株主総会に提出する会計監査人の選任及び解任並びに会計監査人を再任しないことに関する議案の内容の決定
③　第342条の2第4項及び第361条第6項に規定する監査等委員会の意見の決定
4　監査等委員がその職務の執行（監査等委員会の職務の執行に関するものに限る。以下この項において同じ。）について監査等委員会設置会社に対して次に掲げる請求をしたときは，当該監査等委員会設置会社は，当該請求に係る費用又は債務が当該監査等委員の職務の執行に必要でないことを証明した場合を除き，これを拒むことができない。
①　費用の前払の請求
②　支出をした費用及び支出の日以後におけるその利息の償還の請求
③　負担した債務の債権者に対する弁済（当該債務が弁済期にない場合にあっては，相当の担保の提供）の請求

□3・4項：指名委員会等設置会社の監査委員会の権限（404条）と同様だが、3項3号で取締役の人事や報酬についても一定の監査権限（意見陳述権）を持つ点で異なる。監査「等」委員会と名付けられたのはこのため。

（監査等委員会による調査）
第399条の3　監査等委員会が選定する監査等委員は，いつでも，取締役（会計参与設置会社にあっては，取締役及び会計参与）及び支配人その他の使用人に対し，その職務の執行に関する事項の報告を求め，又は監査等委員会設置会社の業務及び財産の状況の調査をすることができる。
2　監査等委員会が選定する監査等委員は，監査等委員会の職務を執行するため必要があるときは，監査等委員会設置会社の子会社に対して事業の報告を求め，又はその子会社の業務及び財産の状況の調査をすることができる。
3　前項の子会社は，正当な理由があるときは，同項の報告又は調査を拒むことができる。
4　第1項及び第2項の監査等委員は，当該各項の報告の徴収又は調査に関する事項についての監査等委員会の決議があるときは，これに従わなければならない。
（取締役会への報告義務）
第399条の4　監査等委員は，取締役が不正の行為をし，若しくは当該行為をするおそれがあると認めるとき，又は法令若しくは定款に違反する事実若しくは著しく不当な事実があると認めるときは，遅滞なく，その旨を取締役会に報告しなければならない。
（株主総会に対する報告義務）

第399条の5　監査等委員は，取締役が株主総会に提出しようとする議案，書類その他法務省令で定めるものについて法令若しくは定款に違反し，又は著しく不当な事項があると認めるときは，その旨を株主総会に報告しなければならない。

□違法性や不当性などの問題は、本来、多数決で決められるものではないので、委員各自が他と意見を異にしても報告し、意見を述べる。cf.施規130条の2第1項柱書後段、計規128条の2第1項柱書後段。399条の4、399条の6についても同様。指名委員会設置会社の監査委員についても同じ規定あり。cf.406・407条。

（監査等委員による取締役の行為の差止め）
第399条の6　監査等委員は，取締役が監査等委員会設置会社の目的の範囲外の行為その他法令若しくは定款に違反する行為をし，又はこれらの行為をするおそれがある場合において，当該行為によって当該監査等委員会設置会社に著しい損害が生ずるおそれがあるときは，当該取締役に対し，当該行為をやめることを請求することができる。
2　前項の場合において，裁判所が仮処分をもって同項の取締役に対し，その行為をやめることを命ずるときは，担保を立てさせないものとする。

□委員各自の権限。前条のコメント参照。cf.407条。

（監査等委員会設置会社と取締役との間の訴えにおける会社の代表等）
第399条の7　第349条第4項，第353条及び第364条の規定にかかわらず，監査等委員会設置会社が取締役（取締役であった者を含む。以下この条において同じ。）に対し，又は取締役が監査等委員会設置会社に対して訴えを提起する場合には，当該訴えについては，次の各号に掲げる場合の区分に応じ，当該各号に定める者が監査等委員会設置会社を代表する。
①　監査等委員が当該訴えに係る訴訟の当事者である場合　取締役会が定める者（株主総会が当該訴えについて監査等委員会設置会社を代表する者を定めた場合にあっては，その者）
②　前号に掲げる場合以外の場合　監査等委員会が選定する監査等委員
2　前項の規定にかかわらず，取締役が監査等委員会設置会社に対して訴えを提起する場合には，監査等委員（当該訴えを提起する者であるものを除く。）に対してされた訴状の送達は，当該監査等委員会設置会社に対して効力を有する。
3　第349条第4項，第353条及び第364条の規定にかかわらず，次の各号に掲げる株式会社が監査等委員会設置会社である場合において，当該各号に定める訴えを提起するときは，当該訴えについては，監査等委員会が選定する監査等委員が当該監査等委員会設置会社を代表する。
①　株式交換等完全親会社（第849条第2項第1号に規定する株式交換等完全親会社をいう。次項第1号及び第5項第3号において同じ。）　その株式交換等完全子会社（第847条の2第1項に規定する株式交換等完全子会社をいう。第5項第3号において同じ。）の取締役，執行役（執行役であった者を含む。以下この条において同じ。）又は清算人（清算人であった者を含む。以下この条において同じ。）の責任（第847条の2第1項各号に掲げる行為の効力が生じた時までにその原因となった事実が生じたものに限る。）を追及する訴え
②　最終完全親会社等（第847条の3第1項に規定する最終完全親会社等をいう。次項第2号及び第5項第4号において同じ。）　その完全子会社等（同条第2項第2号に規定する完全子会社等をいい，同条第3項の規定により当該完全子会社等とみなされるものを含む。第5項第4号において同じ。）である株式会社の取締役，執行役又は清算人に対する特定責任追及の訴え（同

条第1項に規定する特定責任追及の訴えをいう。）

4　第349条第4項の規定にかかわらず，次の各号に掲げる株式会社が監査等委員会設置会社である場合において，当該各号に定める請求をするときは，監査等委員会が選定する監査等委員が当該監査等委員会設置会社を代表する。

①　株式交換等完全親会社　第847条第1項の規定による請求（前項第1号に規定する訴えの提起の請求に限る。）

②　最終完全親会社等　第847条第1項の規定による請求（前項第2号に規定する特定責任追及の訴えの提起の請求に限る。）

5　第349条第4項の規定にかかわらず，次に掲げる場合には，監査等委員が監査等委員会設置会社を代表する。

①　監査等委員会設置会社が第847条第1項，第847条の2第1項若しくは第3項（同条第4項及び第5項において準用する場合を含む。）又は第847条の3第1項の規定による請求（取締役の責任を追及する訴えの提起の請求に限る。）を受ける場合（当該監査等委員が当該訴えに係る訴訟の相手方となる場合を除く。）

②　監査等委員会設置会社が第849条第4項の訴訟告知（取締役の責任を追及する訴えに係るものに限る。）並びに第850条第2項の規定による通知及び催告（取締役の責任を追及する訴えに係る訴訟における和解に関するものに限る。）を受ける場合（当該監査等委員がこれらの訴えに係る訴訟の当事者である場合を除く。）

③　株式交換等完全親会社である監査等委員会設置会社が第849条第6項の規定による通知（その株式交換等完全子会社の取締役，執行役又は清算人の責任を追及する訴えに係るものに限る。）を受ける場合

④　最終完全親会社等である監査等委員会設置会社が第849条第7項の規定による通知（その完全子会社等である株式会社の取締役，執行役又は清算人の責任を追及する訴えに係るものに限る。）を受ける場合

第2款　運営

（招集権者）

第399条の8　監査等委員会は，各監査等委員が招集する。

（招集手続等）

第399条の9　監査等委員会を招集するには，監査等委員は，監査等委員会の日の1週間（これを下回る期間を定款で定めた場合にあっては，その期間）前までに，各監査等委員に対してその通知を発しなければならない。

2　前項の規定にかかわらず，監査等委員会は，監査等委員の全員の同意があるときは，招集の手続を経ることなく開催することができる。

3　取締役（会計参与設置会社にあっては，取締役及び会計参与）は，監査等委員会の要求があったときは，監査等委員会に出席し，監査等委員会が求めた事項について説明をしなければならない。

（監査等委員会の決議）

第399条の10　監査等委員会の決議は，議決に加わることができる監査等委員の過半数が出席し，その過半数をもって行う。

2　前項の決議について特別の利害関係を有する監査等委員は，議決に加わることができない。

3　監査等委員会の議事については，法務省令で定めるところにより，議事録を作成し，議事録が書面をもって作成されているときは，出席した監査等委員は，これに署名し，又は記名押印しなければならない。
4　前項の議事録が電磁的記録をもって作成されている場合における当該電磁的記録に記録された事項については，法務省令で定める署名又は記名押印に代わる措置をとらなければならない。
5　監査等委員会の決議に参加した監査等委員であって第3項の議事録に異議をとどめないものは，その決議に賛成したものと推定する。

（議事録）

第399条の11　監査等委員会設置会社は，監査等委員会の日から10年間，前条第3項の議事録をその本店に備え置かなければならない。
2　監査等委員会設置会社の株主は，その権利を行使するため必要があるときは，裁判所の許可を得て，次に掲げる請求をすることができる。
①　前項の議事録が書面をもって作成されているときは，当該書面の閲覧又は謄写の請求
②　前項の議事録が電磁的記録をもって作成されているときは，当該電磁的記録に記録された事項を法務省令で定める方法により表示したものの閲覧又は謄写の請求
3　前項の規定は，監査等委員会設置会社の債権者が取締役又は会計参与の責任を追及するため必要があるとき及び親会社社員がその権利を行使するため必要があるときについて準用する。
4　裁判所は，第2項（前項において準用する場合を含む。以下この項において同じ。）の請求に係る閲覧又は謄写をすることにより，当該監査等委員会設置会社又はその親会社若しくは子会社に著しい損害を及ぼすおそれがあると認めるときは，第2項の許可をすることができない。

□2項2号「法務省会」＝施規236条25号（紙面か映像面で表示）。

（監査等委員会への報告の省略）

第399条の12　取締役，会計参与又は会計監査人が監査等委員の全員に対して監査等委員会に報告すべき事項を通知したときは，当該事項を監査等委員会へ報告することを要しない。

第3款　監査等委員会設置会社の取締役会の権限等

（監査等委員会設置会社の取締役会の権限）

第399条の13　監査等委員会設置会社の取締役会は，第362条の規定にかかわらず，次に掲げる職務を行う。
①　次に掲げる事項その他監査等委員会設置会社の業務執行の決定
　イ　経営の基本方針
　ロ　監査等委員会の職務の執行のため必要なものとして法務省令で定める事項
　ハ　取締役の職務の執行が法令及び定款に適合することを確保するための体制その他株式会社の業務並びに当該株式会社及びその子会社から成る企業集団の業務の適正を確保するために必要なものとして法務省令で定める体制の整備
②　取締役の職務の執行の監督
③　代表取締役の選定及び解職
2　監査等委員会設置会社の取締役会は，前項第１号イからハまでに掲げる事項を決定しなけれ

ばならない。
3　監査等委員会設置会社の取締役会は，取締役（監査等委員である取締役を除く。）の中から代表取締役を選定しなければならない。
4　監査等委員会設置会社の取締役会は，次に掲げる事項その他の重要な業務執行の決定を取締役に委任することができない。
①　重要な財産の処分及び譲受け
②　多額の借財
③　支配人その他の重要な使用人の選任及び解任
④　支店その他の重要な組織の設置，変更及び廃止
⑤　第676条第1号に掲げる事項その他の社債を引き受ける者の募集に関する重要な事項として法務省令で定める事項
⑥　第426条第1項の規定による定款の定めに基づく第423条第1項の責任の免除
5　前項の規定にかかわらず，監査等委員会設置会社の取締役の過半数が社外取締役である場合には，当該監査等委員会設置会社の取締役会は，その決議によって，重要な業務執行の決定を取締役に委任することができる。ただし，次に掲げる事項については，この限りでない。
①　第136条又は第137条第1項の決定及び第140条第4項の規定による指定
②　第165条第3項において読み替えて適用する第156条第1項各号に掲げる事項の決定
③　第262条又は第263条第1項の決定
④　第298条第1項各号に掲げる事項の決定
⑤　株主総会に提出する議案（会計監査人の選任及び解任並びに会計監査人を再任しないことに関するものを除く。）の内容の決定
⑥　第348条の2第1項の規定による委託
⑦　第361条第7項の規定による同項の事項の決定
⑧　第365条第1項において読み替えて適用する第356条第1項の承認
⑨　第366条第1項ただし書の規定による取締役会を招集する取締役の決定
⑩　第399条の7第1項第1号の規定による監査等委員会設置会社を代表する者の決定
⑪　前項第6号に掲げる事項
⑫　補償契約（第430条の2第1項に規定する補償契約をいう。第416条第4項第14号において同じ。）の内容の決定
⑬　役員等賠償責任保険契約（第430条の3第1項に規定する役員等賠償責任保険契約をいう。第416条第4項第15号において同じ。）の内容の決定
⑭　第436条第3項，第441条第3項及び第444条第5項の承認
⑮　第454条第5項において読み替えて適用する同条第1項の規定により定めなければならないとされる事項の決定
⑯　第467条第1項各号に掲げる行為に係る契約（当該監査等委員会設置会社の株主総会の決議による承認を要しないものを除く。）の内容の決定
⑰　合併契約（当該監査等委員会設置会社の株主総会の決議による承認を要しないものを除く。）の内容の決定
⑱　吸収分割契約（当該監査等委員会設置会社の株主総会の決議による承認を要しないものを除く。）の内容の決定
⑲　新設分割計画（当該監査等委員会設置会社の株主総会の決議による承認を要しないものを除く。）の内容の決定
⑳　株式交換契約（当該監査等委員会設置会社の株主総会の決議による承認を要しないものを除く。）の内容の決定

㉑　株式移転計画の内容の決定
㉒　株式交付計画（当該監査等委員会設置会社の株主総会の決議による承認を要しないものを除く。）の内容の決定
6　前2項の規定にかかわらず，監査等委員会設置会社は，取締役会の決議によって重要な業務執行（前項各号に掲げる事項を除く。）の決定の全部又は一部を取締役に委任することができる旨を定款で定めることができる。

□1項1号・2項：委員会型の取締役会にモニタリング機能をできるだけ負わせようとする点で416条1項1号・2項と同趣旨。

□5・6項：指名委員会等設置会社の執行役と同様、モニタリング・モデルの下で業務執行取締役に大幅な権限を認めようとする趣旨。cf.418条。但し社外取締役が過半数存在しない場合も定款の定めさえあれば上記の権限を認める6項は、監査等委員会設置の導入政策のためとはいえ、行きすぎとの批判がある。

（監査等委員会による取締役会の招集）
第399条の14　監査等委員会設置会社においては，招集権者の定めがある場合であっても，監査等委員会が選定する監査等委員は，取締役会を招集することができる。

第10節　指名委員会等及び執行役

第1款　委員の選定、執行役の選任等

（委員の選定等）
第400条　指名委員会，監査委員会又は報酬委員会の各委員会（以下この条，次条及び第911条第3項第23号ロにおいて単に「各委員会」という。）は，委員3人以上で組織する。
2　各委員会の委員は，取締役の中から，取締役会の決議によって選定する。
3　各委員会の委員の過半数は，社外取締役でなければならない。
4　監査委員会の委員（以下「監査委員」という。）は，指名委員会等設置会社若しくはその子会社の執行役若しくは業務執行取締役又は指名委員会等設置会社の子会社の会計参与（会計参与が法人であるときは，その職務を行うべき社員）若しくは支配人その他の使用人を兼ねることができない。

POINT　**三人**寄《4》れ《0》れ《0》ば**委員会**できる

□委員会は指名、監査、報酬委員会の3つ。cf.2条12号（指名委員会等設置会社の定義）。指名委員会等設置会社は取締役会のもつ監督機能をさらに徹底強化する会社として設計されたものである。そのため、社外取締役が過半数を占める（3項）3つの委員会と業務執行を専任する執行役（402条）が置かれる。このように監督機能が強化される反面、これ

以上の監督機関は無駄な重複となるので監査役を置くことができない。327条4項の解説を参照のこと。

□2項：委員は取締役の中から「選定」する。選定と選任との違いについては362条2項3号の解説を参照のこと。

（委員の解職等）

第401条　各委員会の委員は，いつでも，取締役会の決議によって解職することができる。

2　前条第1項に規定する各委員会の委員の員数（定款で4人以上の員数を定めたときは，その員数）が欠けた場合には，任期の満了又は辞任により退任した委員は，新たに選定された委員（次項の一時委員の職務を行うべき者を含む。）が就任するまで，なお委員としての権利義務を有する。

3　前項に規定する場合において，裁判所は，必要があると認めるときは，利害関係人の申立てにより，一時委員の職務を行うべき者を選任することができる。

4　裁判所は，前項の一時委員の職務を行うべき者を選任した場合には，指名委員会等設置会社がその者に対して支払う報酬の額を定めることができる。

POINT　弱《4 0》い《1》**委員**はいつでも**解職**

□解職と解任との違いについては362条2項3号の解説を参照のこと。

□2～4項：執行役が欠けた場合については本項を準用。cf.403条3項。なお、役員の欠員につき同様の法文あり。cf.346条1～3項。特に一時役員（＝仮役員）につき346条2項を参照のこと。

（執行役の選任等）

第402条　指名委員会等設置会社には，1人又は2人以上の執行役を置かなければならない。

2　執行役は，取締役会の決議によって選任する。

3　指名委員会等設置会社と執行役との関係は，委任に関する規定に従う。

4　第331条第1項及び第331条の2の規定は，執行役について準用する。

5　株式会社は，執行役が株主でなければならない旨を定款で定めることができない。ただし，公開会社でない指名委員会等設置会社については，この限りでない。

6　執行役は，取締役を兼ねることができる。

7　執行役の任期は，選任後1年以内に終了する事業年度のうち最終のものに関する定時株主総会の終結後最初に招集される取締役会の終結の時までとする。ただし，定款によって，その任期を短縮することを妨げない。

8　前項の規定にかかわらず，指名委員会等設置会社が指名委員会等を置く旨の定款の定めを廃止する定款の変更をした場合には，執行役の任期は，当該定款の変更の効力が生じた時に満了する。

POINT　よ《4》っ!ゼ《0》ニ《2》稼ぐ**執行役選任**

□1・2項：取締役会は同時に執行役の中から代表執行役を必ず選ばなければならない。cf.420条1項。すべて登記事項（911条3項23号）。なお、解任については次条。

□3項：会社と役員・会計監査人との関係につき同様の法文あり。cf.330条。

□4項：取締役の欠格事由。成年被後見人等も可（令和元年改正）。

□5項：取締役につき同様の法文あり。cf.331条2項。

□6項：当初は、業務執行と監督の分離のために兼任禁止も考えられたが、社外取締役が過半数を占める指名委員会で取締役の選任議案を決定できるのだから監督機能の弱体化は避けうるとされ、本項のようになった経緯がある。ただし、取締役の身分では業務執行できないことに注意。cf.415条。

□7・8項：取締役の任期（1年）につき同様の法文あり。cf.332条6・7項。

（執行役の解任等）

第403条　執行役は，いつでも，取締役会の決議によって解任することができる。

2　前項の規定により解任された執行役は，その解任について正当な理由がある場合を除き，指名委員会等設置会社に対し，解任によって生じた損害の賠償を請求することができる。

3　第401条第2項から第4項までの規定は，執行役が欠けた場合又は定款で定めた執行役の員数が欠けた場合について準用する。

POINT　弱《40》み《3》ある**執行役**はいつでも**解任**

□1項：執行役同様、代表執行役もいつでもやめさせることができる。cf.420条2項。

□2項：正当理由は解任要件でなく損害賠償請求の要件であるのは、役員・会計監査人の場合と同様。cf.役員・会計監査人につき339条2項の所を参照せよ。

□3項：401条2〜4項は欠員、一時委員（仮委員）についての規定。これを執行役にも準用。

第2款　指名委員会等の権限等

（指名委員会等の権限等）

第404条　指名委員会は，株主総会に提出する取締役（会計参与設置会社にあっては，取締役及び会計参与）の選任及び解任に関する議案の内容を決定する。

2　監査委員会は，次に掲げる職務を行う。

①　執行役等（執行役及び取締役をいい，会計参与設置会社にあっては，執行役，取締役及び会計参与をいう。以下この節において同じ。）の職務の執行の監査及び監査報告の作成

②　株主総会に提出する会計監査人の選任及び解任並びに会計監査人を再任しないことに関する

議案の内容の決定
3　報酬委員会は，第361条第1項並びに第379条第1項及び第2項の規定にかかわらず，執行役等の個人別の報酬等の内容を決定する。執行役が指名委員会等設置会社の支配人その他の使用人を兼ねているときは，当該支配人その他の使用人の報酬等の内容についても，同様とする。
4　委員がその職務の執行（当該委員が所属する指名委員会等の職務の執行に関するものに限る。以下この項において同じ。）について指名委員会等設置会社に対して次に掲げる請求をしたときは，当該指名委員会等設置会社は，当該請求に係る費用又は債務が当該委員の職務の執行に必要でないことを証明した場合を除き，これを拒むことができない。
①　費用の前払の請求
②　支出をした費用及び支出の日以後におけるその利息の償還の請求
③　負担した債務の債権者に対する弁済（当該債務が弁済期にない場合にあっては，相当の担保の提供）の請求

POINT

寄れよ《404》、三つの委員会

□各委員会が決定権限をもつ事項についての規定。ここでの委員会の決定はどれも確定的であり、取締役会で否決・修正・変更を加えることはできない。

□1項：取締役の選･解任が株主総会の決議事項（329条1項、339条1項）であるのは他の会社と同じであるが、株主総会に提出する議案は取締役会でなく、社外取締役が過半数を占める指名委員会で決定する。ここに業務執行機関からの独立性が確保される。さらに会計参与設置会社でもある場合は、会計参与の選・解任議案についても決定する。なお、執行役の選任、各委員会の委員の選定は取締役会の決議による。cf.400条2項、402条2項。

□2項：監査委員会の職務に関する規定。このほか連結計算書類の監査（444条4項）を含む決算監査を担当する（436条2項1号）が、本来の任務は不正行為の差止め（407条1項）などを含む業務監査であり、しかも監査委員は同時に取締役会の構成員であるから、その監査権限は業務執行の妥当性にも及ぶものと解される。

□3項前段：取締役の報酬に関する361条、会計参与に関する379条の適用を排除。したがって、全体の報酬ではなく、個人別の報酬の内容を決定する権限があり、またこの決定を取締役会は覆すことができない。cf.409条2項。他のタイプの会社でも個人別報酬の内容決定を透明性のあるものに変える規定が令和元年新設された。cf.361条7項。

□3項後段：使用人兼務執行役の使用人分給与等についても決定することを明記。脱法を許さない趣旨。なお、旧商法時代は利益処分として役員賞与を出せないとの規定があったが、会社法は利益処分案そのものを削除した（435条2項）ので、利益処分としての役員賞与を事実上出せないということができよう。

（監査委員会による調査）
第405条　監査委員会が選定する監査委員は，いつでも，執行役等及び支配人その他の使用人に対し，その職務の執行に関する事項の報告を求め，又は指名委員会等設置会社の業務及び財産の状況の調査をすることができる。
2　監査委員会が選定する監査委員は，監査委員会の職務を執行するため必要があるときは，指名委員会等設置会社の子会社に対して事業の報告を求め，又はその子会社の業務及び財産の状況

の調査をすることができる。
3　前項の子会社は，正当な理由があるときは，同項の報告又は調査を拒むことができる。
4　第1項及び第2項の監査委員は，当該各項の報告の徴収又は調査に関する事項についての監査委員会の決議があるときは，これに従わなければならない。

POINT

弱腰《405》委員、選ばれ調査す

□情報収集のための報告徴収、調査権に関する規定。会計参与につき374条2～6項、監査役につき381条2～4項、会計監査人につき396条2～6項に同様の法文あり。ただし、独任制はとられていないので各監査委員の権限ではなく、監査委員会としての権限であることに注意。したがって、監査委員会が選定する監査委員だけが本条の権限を行使することになる。さらに本条4項参照。ただし次条参照。

□4項：監査委員会より選定された監査委員といえど、1～2項の報告徴収・調査に関する事項についての監査委員会の決議があるときは従わなければならない。独任制がとられていないことがここからもわかる。ただし、次条も参照のこと。

（取締役会への報告義務）
第406条　監査委員は，執行役又は取締役が不正の行為をし，若しくは当該行為をするおそれがあると認めるとき，又は法令若しくは定款に違反する事実若しくは著しく不当な事実があると認めるときは，遅滞なく，その旨を取締役会に報告しなければならない。

POINT

「知れろ《406》（取締）役会に!」執行役の不正、委員が知らせる

□執行役・取締役に不正行為等があった場合の、取締役会に対する監査委員の報告義務。前条と異なり、各監査委員に義務がある。不正行為等に対して迅速な処理がとれるようにする趣旨。次条も同趣旨。監査役の報告義務は382条、監査等委員会設置会社の監査等員の報告義務は399条の5、会計監査人・会計参与の報告義務は397条、375条。

（監査委員による執行役等の行為の差止め）
第407条　監査委員は，執行役又は取締役が指名委員会等設置会社の目的の範囲外の行為その他法令若しくは定款に違反する行為をし，又はこれらの行為をするおそれがある場合において，当該行為によって当該指名委員会等設置会社に著しい損害が生ずるおそれがあるときは，当該執行役又は取締役に対し，当該行為をやめることを請求することができる。
2　前項の場合において，裁判所が仮処分をもって同項の執行役又は取締役に対し，その行為をやめることを命ずるときは，担保を立てさせないものとする。

POINT

知《4》れ《0》な《7》いうちにと**委員**が**差止め**

□1項：執行役・取締役に違法行為等がある場合の、監査委員の差止請求権に関する規定。会社に損害をもたらさないようにするための迅速な処理がとれるよう、405条と異なり、各監査委員が権限を行使できる。前条と同趣旨。cf.399条の6。

（指名委員会等設置会社と執行役又は取締役との間の訴えにおける会社の代表等）

第408条　第420条第3項において準用する第349条第4項の規定並びに第353条及び第364条の規定にかかわらず，指名委員会等設置会社が執行役（執行役であった者を含む。以下この条において同じ。）若しくは取締役（取締役であった者を含む。以下この条において同じ。）に対し，又は執行役若しくは取締役が指名委員会等設置会社に対して訴えを提起する場合には，当該訴えについては，次の各号に掲げる場合の区分に応じ，当該各号に定める者が指名委員会等設置会社を代表する。

①　監査委員が当該訴えに係る訴訟の当事者である場合　取締役会が定める者（株主総会が当該訴えについて指名委員会等設置会社を代表する者を定めた場合にあっては，その者）

②　前号に掲げる場合以外の場合　監査委員会が選定する監査委員

2　前項の規定にかかわらず，執行役又は取締役が指名委員会等設置会社に対して訴えを提起する場合には，監査委員（当該訴えを提起する者であるものを除く。）に対してされた訴状の送達は，当該指名委員会等設置会社に対して効力を有する。

3　第420条第3項において準用する第349条第4項の規定並びに第353条及び第364条の規定にかかわらず，次の各号に掲げる株式会社が指名委員会等設置会社である場合において，当該各号に定める訴えを提起するときは，当該訴えについては，監査委員会が選定する監査委員が当該指名委員会等設置会社を代表する。

①　株式交換等完全親会社（第849条第2項第1号に規定する株式交換等完全親会社をいう。次項第1号及び第5項第3号において同じ。）　その株式交換等完全子会社（第847条の2第1項に規定する株式交換等完全子会社をいう。第5項第3号において同じ。）の取締役，執行役又は清算人（清算人であった者を含む。以下この条において同じ。）の責任（第847条の2第1項各号に掲げる行為の効力が生じた時までにその原因となった事実が生じたものに限る。）を追及する訴え

②　最終完全親会社等（第847条の3第1項に規定する最終完全親会社等をいう。次項第2号及び第5項第4号において同じ。）　その完全子会社等（同条第2項第2号に規定する完全子会社等をいい，同条第3項の規定により当該完全子会社等とみなされるものを含む。第5項第4号において同じ。）である株式会社の取締役，執行役又は清算人に対する特定責任追及の訴え（同条第1項に規定する特定責任追及の訴えをいう。）

4　第420条第3項において準用する第349条第4項の規定にかかわらず，次の各号に掲げる株式会社が指名委員会等設置会社である場合において，当該各号に定める請求をするときは，監査委員会が選定する監査委員が当該指名委員会等設置会社を代表する。

①　株式交換等完全親会社　第847条第1項の規定による請求（前項第1号に規定する訴えの提起の請求に限る。）

②　最終完全親会社等　第847条第1項の規定による請求（前項第2号に規定する特定責任追及の訴えの提起の請求に限る。）

5　第420条第3項において準用する第349条第4項の規定にかかわらず，次に掲げる場合には，監査委員が指名委員会等設置会社を代表する。

① 指名委員会等設置会社が第847条第1項，第847条の2第1項若しくは第3項（同条第4項及び第5項において準用する場合を含む。）又は第847条の3第1項の規定による請求（執行役又は取締役の責任を追及する訴えの提起の請求に限る。）を受ける場合（当該監査委員が当該訴えに係る訴訟の相手方となる場合を除く。）
② 指名委員会等設置会社が第849条第4項の訴訟告知（執行役又は取締役の責任を追及する訴えに係るものに限る。）並びに第850条第2項の規定による通知及び催告（執行役又は取締役の責任を追及する訴えに係る訴訟における和解に関するものに限る。）を受ける場合（当該監査委員がこれらの訴えに係る訴訟の当事者である場合を除く。）
③ 株式交換等完全親会社である指名委員会等設置会社が第849条第6項の規定による通知（その株式交換等完全子会社の取締役，執行役又は清算人の責任を追及する訴えに係るものに限る。）を受ける場合
④ 最終完全親会社等である指名委員会等設置会社が第849条第7項の規定による通知（その完全子会社等である株式会社の取締役，執行役又は清算人の責任を追及する訴えに係るものに限る。）を受ける場合

POINT

寄れば《408》**訴訟の話、監査委員**

（報酬委員会による報酬の決定の方法等）

第409条　報酬委員会は，執行役等の個人別の報酬等の内容に係る決定に関する方針を定めなければならない。

2　報酬委員会は，第404条第3項の規定による決定をするには，前項の方針に従わなければならない。

3　報酬委員会は，次の各号に掲げるものを執行役等の個人別の報酬等とする場合には，その内容として，当該各号に定める事項について決定しなければならない。ただし，会計参与の個人別の報酬等は，第1号に掲げるものでなければならない。
① 額が確定しているもの　個人別の額
② 額が確定していないもの　個人別の具体的な算定方法
③ 当該株式会社の募集株式　当該募集株式の数（種類株式発行会社にあっては，募集株式の種類及び種類ごとの数）その他法務省令で定める事項
④ 当該株式会社の募集新株予約権　当該募集新株予約権の数その他法務省令で定める事項
⑤ 次のイ又はロに掲げるものと引換えにする払込みに充てるための金銭　当該イ又はロに定める事項
　イ　当該株式会社の募集株式　執行役等が引き受ける当該募集株式の数（種類株式発行会社にあっては，募集株式の種類及び種類ごとの数）その他法務省令で定める事項
　ロ　当該株式会社の募集新株予約権　執行役等が引き受ける当該募集新株予約権の数その他法務省令で定める事項
⑥ 金銭でないもの（当該株式会社の募集株式及び募集新株予約権を除く。）　個人別の具体的な内容

POINT

「しわく《409》ちゃ紙幣で**報酬**」と**委員会決定**

□1項：執行役等とは執行役及び取締役（会計参与設置会社においては会計参与も）のこと。

cf.404条2項1号。

□3項柱書：取締役の報酬と異なり、個人別の額を決めなければならない。cf.404条3項。令和元年、個人別決定の趣旨を他のタイプの会社に広げた。361条7項。また、会計参与の報酬等は1号の確定額でなければならず不確定報酬や非金銭的報酬は認められない（但書）。これらの形式の報酬では、執行役と共同して計算書類を作成するという職務を経済的不安なく、独立の立場で行えないおそれがあるため。他のタイプの会社の会計参与でも株主総会で確定額を決めるべきだろう。cf.379条1項。

□3項3～5号：令和元年新設。361条1項3～5号と同様。「法務省令」（3・4・5号）は順に施規111条、111条の2、111条の3。

第3款　指名委員会等の運営

（招集権者）
第410条　指名委員会等は，当該指名委員会等の各委員が招集する。

POINT

し《4》じゅ《10》う招集、各委員

□取締役会の運営（366～372条）、監査役会の運営（391～395条）と比較せよ。例えば、特定の招集権者を定めない点で監査役会と同様であり（391条）、取締役会と異なる（366条1項）。また、取締役会の決議の場合（370条）のように省略はできないが、委員会への報告の省略は認められている（414条）。

（招集手続等）
第411条　指名委員会等を招集するには，その委員は，指名委員会等の日の1週間（これを下回る期間を取締役会で定めた場合にあっては，その期間）前までに，当該指名委員会等の各委員に対してその通知を発しなければならない。
2　前項の規定にかかわらず，指名委員会等は，当該指名委員会等の委員の全員の同意があるときは，招集の手続を経ることなく開催することができる。
3　執行役等は，指名委員会等の要求があったときは，当該指名委員会等に出席し，当該指名委員会等が求めた事項について説明をしなければならない。

POINT

じ《4》っと《1》一《1》週間待ち、委員会開催

□取締役会（368条）、監査役会（392条）につき同様の法文あり。

□1項かっこ書：委員会は取締役会の内部の機関だから、いちいち定款で定めない。cf.392条1項、399条の9第1項。

（指名委員会等の決議）

第412条　指名委員会等の決議は，議決に加わることができるその委員の過半数（これを上回る割合を取締役会で定めた場合にあっては，その割合以上）が出席し，その過半数（これを上回る割合を取締役会で定めた場合にあっては，その割合以上）をもって行う。

2　前項の決議について特別の利害関係を有する委員は，議決に加わることができない。

3　指名委員会等の議事については，法務省令で定めるところにより，議事録を作成し，議事録が書面をもって作成されているときは，出席した委員は，これに署名し，又は記名押印しなければならない。

4　前項の議事録が電磁的記録をもって作成されている場合における当該電磁的記録に記録された事項については，法務省令で定める署名又は記名押印に代わる措置をとらなければならない。

5　指名委員会等の決議に参加した委員であって第3項の議事録に異議をとどめないものは，その決議に賛成したものと推定する。

POINT　恣《4》意《1》に《2》流れぬ**委員会決議**

□3項：「法務省令」＝施規111条（書面または電磁的記録をもって作成し、日時・場所・議事の経過の要領等を記す）。

□4項：「法務省令」＝施規225条1項9号（電子署名）。

□取締役会につき同様の法文あり。cf.369条。

（議事録）

第413条　指名委員会等設置会社は，指名委員会等の日から10年間，前条第3項の議事録をその本店に備え置かなければならない。

2　指名委員会等設置会社の取締役は，次に掲げるものの閲覧及び謄写をすることができる。

①　前項の議事録が書面をもって作成されているときは，当該書面

②　前項の議事録が電磁的記録をもって作成されているときは，当該電磁的記録に記録された事項を法務省令で定める方法により表示したもの

3　指名委員会等設置会社の株主は，その権利を行使するため必要があるときは，裁判所の許可を得て，第1項の議事録について前項各号に掲げるものの閲覧又は謄写の請求をすることができる。

4　前項の規定は，指名委員会等設置会社の債権者が委員の責任を追及するため必要があるとき及び親会社社員がその権利を行使するため必要があるときについて準用する。

5　裁判所は，第3項（前項において準用する場合を含む。以下この項において同じ。）の請求に係る閲覧又は謄写をすることにより，当該指名委員会等設置会社又はその親会社若しくは子会社に著しい損害を及ぼすおそれがあると認めるときは，第3項の許可をすることができない。

POINT　じ《4》い《1》さ《3》んも見て**いいんかい**(＝**委員会**)？ **議事録**を

□取締役会議事録（371条）、監査役会議事録（394条）と比較せよ。

□2項：委員会議事録には取締役の閲覧謄写請求権あり。2号「法務省令」＝施規226条26号（紙面か映像面で表示）。

□3・4項：裁判所の許可による手続は、非訟事件手続として進められるが、審問期日の開催と陳述聴取が義務付けられている。cf.870条2項1号。

（指名委員会等への報告の省略）

第414条　執行役，取締役，会計参与又は会計監査人が委員の全員に対して指名委員会等に報告すべき事項を通知したときは，当該事項を指名委員会等へ報告することを要しない。

POINT

「よ《4》い《1》よ《4》」の同意で**報告省略、委員会**

□報告の省略のみ認められるのであって、決議の省略は認められていない点で監査役会と同様（395条）であり、取締役会と異なる（370条。取締役会への報告省略については372条）。

第4款　指名委員会等設置会社の取締役の権限等

（指名委員会等設置会社の取締役の権限）

第415条　指名委員会等設置会社の取締役は，この法律又はこの法律に基づく命令に別段の定めがある場合を除き，指名委員会等設置会社の業務を執行することができない。

POINT

よ《4》い《1》子《5》はシッコ（＝**執行**）
せず（**取り締る**だけ）

□指名委員会等設置会社の業務執行は取締役会の選任した執行役のみが行う。cf.402条2項、418条。もっとも、執行役は取締役を兼ねることができる（402条6項）ことに注意。

（指名委員会等設置会社の取締役会の権限）

第416条　指名委員会等設置会社の取締役会は，第362条の規定にかかわらず，次に掲げる職務を行う。

①　次に掲げる事項その他指名委員会等設置会社の業務執行の決定

イ　経営の基本方針

ロ　監査委員会の職務の執行のため必要なものとして法務省令で定める事項

ハ　執行役が2人以上ある場合における執行役の職務の分掌及び指揮命令の関係その他の執行役相互の関係に関する事項

ニ　次条第2項の規定による取締役会の招集の請求を受ける取締役

ホ　執行役の職務の執行が法令及び定款に適合することを確保するための体制その他株式会社の業務並びに当該株式会社及びその子会社から成る企業集団の業務の適正を確保するために必要なものとして法務省令で定める体制の整備

② 執行役等の職務の執行の監督
2 指名委員会等設置会社の取締役会は，前項第1号イからホまでに掲げる事項を決定しなければならない。
3 指名委員会等設置会社の取締役会は，第1項各号に掲げる職務の執行を取締役に委任することができない。
4 指名委員会等設置会社の取締役会は，その決議によって，指名委員会等設置会社の業務執行の決定を執行役に委任することができる。ただし，次に掲げる事項については，この限りでない。
① 第136条又は第137条第1項の決定及び第140条第4項の規定による指定
② 第165条第3項において読み替えて適用する第156条第1項各号に掲げる事項の決定
③ 第262条又は第263条第1項の決定
④ 第298条第1項各号に掲げる事項の決定
⑤ 株主総会に提出する議案（取締役，会計参与及び会計監査人の選任及び解任並びに会計監査人を再任しないことに関するものを除く。）の内容の決定
⑥ 第348条の2第2項の規定による委託
⑦ 第365条第1項において読み替えて適用する第356条第1項（第419条第2項において読み替えて準用する場合を含む。）の承認
⑧ 第366条第1項ただし書の規定による取締役会を招集する取締役の決定
⑨ 第400条第2項の規定による委員の選定及び第401条第1項の規定による委員の解職
⑩ 第402条第2項の規定による執行役の選任及び第403条第1項の規定による執行役の解任
⑪ 第408条第1項第1号の規定による指名委員会等設置会社を代表する者の決定
⑫ 第420条第1項前段の規定による代表執行役の選定及び同条第2項の規定による代表執行役の解職
⑬ 第426条第1項の規定による定款の定めに基づく第423条第1項の責任の免除
⑭ 補償契約の内容の決定
⑮ 役員等賠償責任保険契約の内容の決定
⑯ 第436条第3項，第441条第3項及び第444条第5項の承認
⑰ 第454条第5項において読み替えて適用する同条第1項の規定により定めなければならないとされる事項の決定
⑱ 第467条第1項各号に掲げる行為に係る契約（当該指名委員会等設置会社の株主総会の決議による承認を要しないものを除く。）の内容の決定
⑲ 合併契約（当該指名委員会等設置会社の株主総会の決議による承認を要しないものを除く。）の内容の決定
⑳ 吸収分割契約（当該指名委員会等設置会社の株主総会の決議による承認を要しないものを除く。）の内容の決定
㉑ 新設分割計画（当該指名委員会等設置会社の株主総会の決議による承認を要しないものを除く。）の内容の決定
㉒ 株式交換契約（当該指名委員会等設置会社の株主総会の決議による承認を要しないものを除く。）の内容の決定
㉓ 株式移転計画の内容の決定
㉔ 株式交付計画（当該指名委員会等設置会社の株主総会の決議による承認を要しないものを除く。）の内容の決定

POINT

(執行役の)恣《4》意《1》無《6》理さ、(**取締**)**役会の専権**はっきり示す

□1・2項：指名委員会等設置会社の取締役会は、①業務意思決定と②執行役等による業務執行の監督に専念することが明示されている。

□1項1号ロ：「法務省令」＝施規112条1項。

□1項1号ホ・2項：いわゆる内部統制システムを整備する義務が取締役会にある。取締役会設置会社のうち大会社も同様である（362条5項）が大会社以外の場合は義務を負わない（362条4項6号）。1号ホの「法務省令」＝施規112条2項（執行役の職務の執行に係る情報の保存・管理や損失の危険の管理に関する体制等）。

□3項：いずれの業務も取締役に委任できず、執行役の権限。

□4項1号：譲渡制限株式に関する承認、指定買取人の指定など。

□4項2号：市場取引による自己株式取得の決定。

□4項3号：譲渡制限新株予約権に関する承認、決定。

□4項4号：株主総会の招集決定。

□4項6号：競業・利益相反取引の承認。

□4項10号：会社と監査委員との訴訟における会社代表者の決定。

□4項13号：計算書類等の承認。

□4項14号：中間配当に関する事項決定。

□4項15号：事業譲渡の決定。

□4項各号以外の事項は決定も含めて執行役に委任できるので、新株発行や社債募集などの資金調達をはじめ、実際には業務決定の多くが執行役に委ねられることになる。

（指名委員会等設置会社の取締役会の運営）

第417条　指名委員会等設置会社においては，招集権者の定めがある場合であっても，指名委員会等がその委員の中から選定する者は，取締役会を招集することができる。

2　執行役は，前条第1項第1号ニの取締役に対し，取締役会の目的である事項を示して，取締役会の招集を請求することができる。この場合において，当該請求があった日から5日以内に，当該請求があった日から2週間以内の日を取締役会の日とする取締役会の招集の通知が発せられないときは，当該執行役は，取締役会を招集することができる。

3　指名委員会等がその委員の中から選定する者は，遅滞なく，当該指名委員会等の職務の執行の状況を取締役会に報告しなければならない。

4　執行役は，3箇月に1回以上，自己の職務の執行の状況を取締役会に報告しなければならない。この場合において，執行役は，代理人（他の執行役に限る。）により当該報告をすることができる。

5　執行役は，取締役会の要求があったときは，取締役会に出席し，取締役会が求めた事項について説明をしなければならない。

POINT

「よ《4》い《1》な《7》、集まれ」、**委員**が(**取締**)**役会招集**す

□1項：各委員会の監督機能を発揮できるようにする趣旨。ただし、各委員会が選定した委員に限る。

□2項：執行役が業務執行するにあたり、取締役会の決議を必要とする場合が多いであろうから執行役にも取締役会招集権限を認めた。

□3～5項：取締役会の情報収集権限。委員会・執行役の側からいえば、被選定委員および執行役の取締役会に対する職務執行状況報告義務、執行役の取締役会出席・説明義務。

第5款　執行役の権限等

（執行役の権限）

第418条　執行役は，次に掲げる職務を行う。

①　第416条第4項の規定による取締役会の決議によって委任を受けた指名委員会等設置会社の業務の執行の決定

②　指名委員会等設置会社の業務の執行

POINT　よ《4》い《1》ヤ《8》ツ! **執行役業務**頑張る

□業務執行権限は執行役にあり（2号）、取締役にはない（415条）。また、取締役会から委任を受ければ業務執行内容の決定もできる（1号）。この決定範囲は意外に広い。cf.416条4項。

（執行役の監査委員に対する報告義務等）

第419条　執行役は，指名委員会等設置会社に著しい損害を及ぼすおそれのある事実を発見したときは，直ちに，当該事実を監査委員に報告しなければならない。

2　第355条，第356条及び第365条第2項の規定は，執行役について準用する。この場合において，第356条第1項中「株主総会」とあるのは「取締役会」と，第365条第2項中「取締役会設置会社においては，第356条第1項各号」とあるのは「第356条第1項各号」と読み替えるものとする。

3　第357条の規定は，指名委員会等設置会社については，適用しない。

POINT　し《4》い《1》っく《9》りこなけりゃ**監査委員に報告**

□1・3項：指名委員会等設置会社では、執行役が業務執行をすることを考慮。もっとも、取締役も取締役会の構成員としての監査義務（416条1項2号）があることに注意。

□2項：会社に対する忠実義務（355条）、競業取引・利益相反取引につき取締役会の承認を受ける義務（356条）と競業取引・利益相反取引をした場合の取締役会への重要事実報告義務（365条2項）につき取締役と同様。業務執行機関としての執行役は、指名委員会等設置会社以外の会社の業務執行機関である取締役と似たような立場であるため。

（代表執行役）
第420条　取締役会は，執行役の中から代表執行役を選定しなければならない。この場合において，執行役が1人のときは，その者が代表執行役に選定されたものとする。
2　代表執行役は，いつでも，取締役会の決議によって解職することができる。
3　第349条第4項及び第5項の規定は代表執行役について，第352条の規定は民事保全法第56条 に規定する仮処分命令により選任された執行役又は代表執行役の職務を代行する者について，第401条第2項から第4項までの規定は代表執行役が欠けた場合又は定款で定めた代表執行役の員数が欠けた場合について，それぞれ準用する。

POINT 代筆（=**代・執**）とはし《4》つ《2》れ《0》いな! 自分で書いたぞ

□1項：執行役が2名以上の場合は取締役会が必ず選定しなければならない。選定の意味については362条2項3号解説を参照のこと。
□2項：解職の意味については362条2項3号解説を参照のこと。
□3項：代表取締役の包括的権限すなわち一切の裁判上または裁判外の行為をする権限（349条4項）を代表執行役も有する。

（表見代表執行役）
第421条　指名委員会等設置会社は，代表執行役以外の執行役に社長，副社長その他指名委員会等設置会社を代表する権限を有するものと認められる名称を付した場合には，当該執行役がした行為について，善意の第三者に対してその責任を負う。

POINT 権威失《4》墜《2 1》、ニセモノ（=**表見**）**代表執行役**

□表見代表取締役（354条の解説を参照のこと）と同様の規定。

（株主による執行役の行為の差止め）
第422条　6箇月（これを下回る期間を定款で定めた場合にあっては，その期間）前から引き続き株式を有する株主は，執行役が指名委員会等設置会社の目的の範囲外の行為その他法令若しくは定款に違反する行為をし，又はこれらの行為をするおそれがある場合において，当該行為によって当該指名委員会等設置会社に回復することができない損害が生ずるおそれがあるときは，当該執行役に対し，当該行為をやめることを請求することができる。
2　公開会社でない指名委員会等設置会社における前項の規定の適用については，同項中「6箇月（これを下回る期間を定款で定めた場合にあっては，その期間）前から引き続き株式を有する株主」とあるのは，「株主」とする。

POINT し《4》つ《2》づ《2》けた**執行役**の悪行、**株主**が**差止め**

□監査役設置会社での株主による取締役の行為差止めを認める規定と同様の文言あり（360条3項、「会社に回復することができない損害」）。なお、監査役非設置会社においては「会社に著しい損害」が生ずるおそれあるときに限定。cf.360条1項。

第11節 役員等の損害賠償責任

（役員等の株式会社に対する損害賠償責任）

第423条 取締役，会計参与，監査役，執行役又は会計監査人（以下この章において「役員等」という。）は，その任務を怠ったときは，株式会社に対し，これによって生じた損害を賠償する責任を負う。

2 取締役又は執行役が第356条第1項（第419条第2項において準用する場合を含む。以下この項において同じ。）の規定に違反して第356条第1項第1号の取引をしたときは，当該取引によって取締役，執行役又は第三者が得た利益の額は，前項の損害の額と推定する。

3 第356条第1項第2号又は第3号（これらの規定を第419条第2項において準用する場合を含む。）の取引によって株式会社に損害が生じたときは，次に掲げる取締役又は執行役は，その任務を怠ったものと推定する。

① 第356条第1項（第419条第2項において準用する場合を含む。）の取締役又は執行役

② 株式会社が当該取引をすることを決定した取締役又は執行役

③ 当該取引に関する取締役会の承認の決議に賛成した取締役（指名委員会等設置会社においては，当該取引が指名委員会等設置会社と取締役との間の取引又は指名委員会等設置会社と取締役との利益が相反する取引である場合に限る。）

4 前項の規定は，第356条第1項第2号又は第3号に掲げる場合において，同項の取締役（監査等委員であるものを除く。）が当該取引につき監査等委員会の承認を受けたときは，適用しない。

POINT 死《4》に《2》ざ《3》まで決まる**役員**の**対会社責任**

□会社との委任契約違反から生じる債務不履行の一般原則（民法415条）によって負う損害賠償責任とは別に、特に取締役の任務懈怠責任を一般原則以上に明確、厳格にする意味で本規定が設けられたと解される。本条以外にも、株主に利益供与を行った役員等の責任規定あり。cf.120条1項

□1項：本節の「役員等」とは第4章第2節の「役員」（取締役、会計参与、監査役。役員3つの**覚え方**は329条を参照）および執行役、会計監査人のこと。

損害賠償責任を負う「役員等」の覚え方：
「死の晩餐、**サン**（会計参《サン》与）**トリー**（取《トリ》締役）で**乾**杯（監《カン》査役）**開**（会《カイ》計監査人）**始っ**（執《シッ》行役）！」

□2項：競業取引（356条1項1号）をした場合の損害額の推定の規定。

□3項：利益相反取引（356条1項2・3号）をした場合の責任に関する規定。任務懈怠につき立証責任の転換。自己のために会社と取引した場合の過失の立証については428条参照。なお、3号の取締役には、決議に参加し、議事録に異議をとどめなかった者も含む。cf.369条5項。

（株式会社に対する損害賠償責任の免除）
第424条　前条第1項の責任は，総株主の同意がなければ，免除することができない。

POINT

死《4》に《2》装《4》束の**役員許す総株主**

□次条～427条によって責任の範囲を限定（一部免除）できることに注意。ただし自己のために会社と取引をした場合は一部免除の対象とならない（428条）。

（責任の一部免除）
第425条　前条の規定にかかわらず，第423条第1項の責任は，当該役員等が職務を行うにつき善意でかつ重大な過失がないときは，賠償の責任を負う額から次に掲げる額の合計額（第427条第1項において「最低責任限度額」という。）を控除して得た額を限度として，株主総会（株式会社に最終完全親会社等（第847条の3第1項に規定する最終完全親会社等をいう。以下この節において同じ。）がある場合において，当該責任が特定責任（第847条の3第4項に規定する特定責任をいう。以下この節において同じ。）であるときにあっては，当該株式会社及び当該最終完全親会社等の株主総会。以下この条において同じ。）の決議によって免除することができる。
①　当該役員等がその在職中に株式会社から職務執行の対価として受け，又は受けるべき財産上の利益の1年間当たりの額に相当する額として法務省令で定める方法により算定される額に，次のイからハまでに掲げる役員等の区分に応じ，当該イからハまでに定める数を乗じて得た額
　イ　代表取締役又は代表執行役　6
　ロ　代表取締役以外の取締役（業務執行取締役等であるものに限る。）又は代表執行役以外の執行役　4
　ハ　取締役（イ及びロに掲げるものを除く。），会計参与，監査役又は会計監査人　2
②　当該役員等が当該株式会社の新株予約権を引き受けた場合（第238条第3項各号に掲げる場合に限る。）における当該新株予約権に関する財産上の利益に相当する額として法務省令で定める方法により算定される額
2　前項の場合には，取締役（株式会社に最終完全親会社等がある場合において，同項の規定により免除しようとする責任が特定責任であるときにあっては，当該株式会社及び当該最終完全親会社等の取締役）は，同項の株主総会において次に掲げる事項を開示しなければならない。
①　責任の原因となった事実及び賠償の責任を負う額
②　前項の規定により免除することができる額の限度及びその算定の根拠
③　責任を免除すべき理由及び免除額
3　監査役設置会社，監査等委員会設置会社又は指名委員会等設置会社においては，取締役（これらの会社に最終完全親会社等がある場合において，第1項の規定により免除しようとする責任が特定責任であるときにあっては，当該会社及び当該最終完全親会社等の取締役）は，第423条第1項の責任の免除（取締役（監査等委員又は監査委員であるものを除く。）及び執行役の責任の免除に限る。）に関する議案を株主総会に提出するには，次の各号に掲げる株式会社の区分

に応じ，当該各号に定める者の同意を得なければならない。
① 監査役設置会社　監査役（監査役が2人以上ある場合にあっては，各監査役）
② 監査等委員会設置会社　各監査等委員
③ 指名委員会等設置会社　各監査委員
4　第1項の決議があった場合において，株式会社が当該決議後に同項の役員等に対し退職慰労金その他の法務省令で定める財産上の利益を与えるときは，株主総会の承認を受けなければならない。当該役員等が同項第2号の新株予約権を当該決議後に行使し，又は譲渡するときも同様とする。
5　第1項の決議があった場合において，当該役員等が前項の新株予約権を表示する新株予約権証券を所持するときは，当該役員等は，遅滞なく，当該新株予約権証券を株式会社に対し預託しなければならない。この場合において，当該役員等は，同項の譲渡について同項の承認を受けた後でなければ，当該新株予約権証券の返還を求めることができない。

POINT　死《4》に《2》急《5》ぐな**役員、責任限定決議**があるぞ

□株主総会決議方式による役員等の責任の一部免除の規定。多額の賠償責任を恐れる経営陣の萎縮防止の趣旨。会計参与も会計監査人も一部免除を受ける対象となった。これは株主代表訴訟の対象となったこととのバランスを配慮したため。
□1項：株主総会の決議は特別決議（309条2項8号）。1号の「法務省令」＝施規113条。2号の「法務省令」＝施規114条。
□3項：監査役、監査委員がいる会社ではその同意を必要とする。重過失の疑いがあるのに株主総会に責任軽減の議案が容易に提出されることがありうるので、それをチェックするため。
□4項：「法務省令」＝施規115条（使用人としての退職手当てのうち、役員を兼ねていた期間の職務執行の対価等）。施規84条の2（総会に提出する議案等）も参照。

（取締役等による免除に関する定款の定め）
第426条　第424条の規定にかかわらず，監査役設置会社（取締役が2人以上ある場合に限る。），監査等委員会設置会社又は指名委員会等設置会社は，第423条第1項の責任について，当該役員等が職務を行うにつき善意でかつ重大な過失がない場合において，責任の原因となった事実の内容，当該役員等の職務の執行の状況その他の事情を勘案して特に必要と認めるときは，前条第1項の規定により免除することができる額を限度として取締役（当該責任を負う取締役を除く。）の過半数の同意（取締役会設置会社にあっては，取締役会の決議）によって免除することができる旨を定款で定めることができる。
2　前条第3項の規定は，定款を変更して前項の規定による定款の定め（取締役（監査等委員又は監査委員であるものを除く。）及び執行役の責任を免除することができる旨の定めに限る。）を設ける議案を株主総会に提出する場合，同項の規定による定款の定めに基づく責任の免除（取締役（監査等委員又は監査委員であるものを除く。）及び執行役の責任の免除に限る。）についての取締役の同意を得る場合及び当該責任の免除に関する議案を取締役会に提出する場合について準用する。この場合において，同条第3項中「取締役（これらの会社に最終完全親会社等がある場合において，第1項の規定により免除しようとする責任が特定責任であるときにあっては，当該会社及び当該最終完全親会社等の取締役）」とあるのは，「取締役」と読み替えるものとする。

3　第1項の規定による定款の定めに基づいて役員等の責任を免除する旨の同意（取締役会設置会社にあっては，取締役会の決議）を行ったときは，取締役は，遅滞なく，前条第2項各号に掲げる事項及び責任を免除することに異議がある場合には一定の期間内に当該異議を述べるべき旨を公告し，又は株主に通知しなければならない。ただし，当該期間は，1箇月を下ることができない。
4　公開会社でない株式会社における前項の規定の適用については，同項中「公告し，又は株主に通知し」とあるのは，「株主に通知し」とする。
5　株式会社に最終完全親会社等がある場合において，第3項の規定による公告又は通知（特定責任の免除に係るものに限る。）がされたときは，当該最終完全親会社等の取締役は，遅滞なく，前条第2項各号に掲げる事項及び責任を免除することに異議がある場合には一定の期間内に当該異議を述べるべき旨を公告し，又は株主に通知しなければならない。ただし，当該期間は，1箇月を下ることができない。
6　公開会社でない最終完全親会社等における前項の規定の適用については，同項中「公告し，又は株主に通知し」とあるのは，「株主に通知し」とする。
7　総株主（第3項の責任を負う役員等であるものを除く。）の議決権の100分の3（これを下回る割合を定款で定めた場合にあっては，その割合）以上の議決権を有する株主が同項の期間内に同項の異議を述べたとき（株式会社に最終完全親会社等がある場合において，第1項の規定による定款の定めに基づき免除しようとする責任が特定責任であるときにあっては，当該株式会社の総株主（第3項の責任を負う役員等であるものを除く。）の議決権の100分の3（これを下回る割合を定款で定めた場合にあっては，その割合）以上の議決権を有する株主又は当該最終完全親会社等の総株主（第3項の責任を負う役員等であるものを除く。）の議決権の100分の3（これを下回る割合を定款で定めた場合にあっては，その割合）以上の議決権を有する株主が第3項又は第5項の期間内に当該各項の異議を述べたとき）は，株式会社は，第1項の規定による定款の定めに基づく免除をしてはならない。
8　前条第4項及び第5項の規定は，第1項の規定による定款の定めに基づき責任を免除した場合について準用する。

POINT　死《4》に《2》向《6》かうな**役員**、**責任限定**の**定款**あるぞ

□定款規定による授権方式に基づく役員等の責任の一部免除の規定。
□1項：監査役または監査委員のいる会社でないと適用されないほか、要件が厳しい。これは、いったん定款が設けられると、あとは広く取締役（取締役会設置会社では取締役会）の判断に任され安易に責任免除の方向に向かう恐れがあるため、それを防止する趣旨。

（責任限定契約）
第427条　第424条の規定にかかわらず，株式会社は，取締役（業務執行取締役等であるものを除く。），会計参与，監査役又は会計監査人（以下この条及び第911条第3項第25号において「非業務執行取締役等」という。）の第423条第1項の責任について，当該非業務執行取締役等が職務を行うにつき善意でかつ重大な過失がないときは，定款で定めた額の範囲内であらかじめ株式会社が定めた額と最低責任限度額とのいずれか高い額を限度とする旨の契約を非業務執行取締役等と締結することができる旨を定款で定めることができる。
2　前項の契約を締結した非業務執行取締役等が当該株式会社の業務執行取締役等に就任したと

きは，当該契約は，将来に向かってその効力を失う。
3　第425条第3項の規定は，定款を変更して第1項の規定による定款の定め（同項に規定する取締役（監査等委員又は監査委員であるものを除く。）と契約を締結することができる旨の定めに限る。）を設ける議案を株主総会に提出する場合について準用する。この場合において，同条第3項中「取締役（これらの会社に最終完全親会社等がある場合において，第1項の規定により免除しようとする責任が特定責任であるときにあっては，当該会社及び当該最終完全親会社等の取締役）」とあるのは，「取締役」と読み替えるものとする。
4　第1項の契約を締結した株式会社が，当該契約の相手方である非業務執行取締役等が任務を怠ったことにより損害を受けたことを知ったときは，その後最初に招集される株主総会（当該株式会社に最終完全親会社等がある場合において，当該損害が特定責任に係るものであるときにあっては，当該株式会社及び当該最終完全親会社等の株主総会）において次に掲げる事項を開示しなければならない。
①　第425条第2項第1号及び第2号に掲げる事項
②　当該契約の内容及び当該契約を締結した理由
③　第423条第1項の損害のうち，当該非業務執行取締役等が賠償する責任を負わないとされた額
5　第425条第4項及び第5項の規定は，非業務執行取締役等が第1項の契約によって同項に規定する限度を超える部分について損害を賠償する責任を負わないとされた場合について準用する。

POINT

死《4》に《2》たくな《7》い**社外人**には**（責任）限定契約**

□責任限定契約方式に基づく役員等の責任の一部免除の規定。特に社外から有能な人材を確保するのに、損害賠償責任からの救済が必要なため。
□平成26年、責任限定契約を締結できる対象者を従来の社外取締役から非業務執行取締役及び監査役へと拡げた。社外取締役・社外監査役の要件が厳格化されたこと（2条15・16号）に伴い、その要件を満たさなくなる者を救済する趣旨。

（取締役が自己のためにした取引に関する特則）
第428条　第356条第1項第2号（第419条第2項において準用する場合を含む。）の取引（自己のためにした取引に限る。）をした取締役又は執行役の第423条第1項の責任は，任務を怠ったことが当該取締役又は執行役の責めに帰することができない事由によるものであることをもって免れることができない。
2　前3条の規定は，前項の責任については，適用しない。

POINT

死《4》に《2》や《8》がれ、**自己取引**した**役員**め

□自己のために会社と取引した場合は、無過失でも責任は一部免除の対照とならない。取締役が会社の利益を犠牲にして自己の利益を図る行為は特に違法性が高いと考えられるので

責任が厳格化されたため。

(役員等の第三者に対する損害賠償責任)
第429条　役員等がその職務を行うについて悪意又は重大な過失があったときは，当該役員等は，これによって第三者に生じた損害を賠償する責任を負う。
2　次の各号に掲げる者が，当該各号に定める行為をしたときも，前項と同様とする。ただし，その者が当該行為をすることについて注意を怠らなかったことを証明したときは，この限りでない。
①　取締役及び執行役　次に掲げる行為
　イ　株式，新株予約権，社債若しくは新株予約権付社債を引き受ける者の募集をする際に通知しなければならない重要な事項についての虚偽の通知又は当該募集のための当該株式会社の事業その他の事項に関する説明に用いた資料についての虚偽の記載若しくは記録
　ロ　計算書類及び事業報告並びにこれらの附属明細書並びに臨時計算書類に記載し，又は記録すべき重要な事項についての虚偽の記載又は記録
　ハ　虚偽の登記
　ニ　虚偽の公告（第440条第3項に規定する措置を含む。）
②　会計参与　計算書類及びその附属明細書，臨時計算書類並びに会計参与報告に記載し，又は記録すべき重要な事項についての虚偽の記載又は記録
③　監査役，監査等委員及び監査委員　監査報告に記載し，又は記録すべき重要な事項についての虚偽の記載又は記録
④　会計監査人　会計監査報告に記載し，又は記録すべき重要な事項についての虚偽の記載又は記録

POINT
死《4》に《2》苦《9》しんでも負え、**役員の対第三者責任**

□2項但書：立証責任の転換された過失責任。

(役員等の連帯責任)
第430条　役員等が株式会社又は第三者に生じた損害を賠償する責任を負う場合において，他の役員等も当該損害を賠償する責任を負うときは，これらの者は，連帯債務者とする。

POINT
連帯のよ《4》さ《3》マル《0》払うとき、**役員の賠償責任**

第12節　補償契約及び役員等のために締結される保険契約

（補償契約）

第430条の2　株式会社が，役員等に対して次に掲げる費用等の全部又は一部を当該株式会社が補償することを約する契約（以下この条において「補償契約」という。）の内容の決定をするには，株主総会（取締役会設置会社にあっては，取締役会）の決議によらなければならない。

① 当該役員等が，その職務の執行に関し，法令の規定に違反したことが疑われ，又は責任の追及に係る請求を受けたことに対処するために支出する費用

② 当該役員等が，その職務の執行に関し，第三者に生じた損害を賠償する責任を負う場合における次に掲げる損失

イ　当該損害を当該役員等が賠償することにより生ずる損失

ロ　当該損害の賠償に関する紛争について当事者間に和解が成立したときは，当該役員等が当該和解に基づく金銭を支払うことにより生ずる損失

2　株式会社は，補償契約を締結している場合であっても，当該補償契約に基づき，次に掲げる費用等を補償することができない。

① 前項第1号に掲げる費用のうち通常要する費用の額を超える部分

② 当該株式会社が前項第2号の損害を賠償するとすれば当該役員等が当該株式会社に対して第423条第1項の責任を負う場合には，同号に掲げる損失のうち当該責任に係る部分

③ 役員等がその職務を行うにつき悪意又は重大な過失があったことにより前項第2号の責任を負う場合には，同号に掲げる損失の全部

3　補償契約に基づき第1項第1号に掲げる費用を補償した株式会社が，当該役員等が自己若しくは第三者の不正な利益を図り，又は当該株式会社に損害を加える目的で同号の職務を執行したことを知ったときは，当該役員等に対し，補償した金額に相当する金銭を返還することを請求することができる。

4　取締役会設置会社においては，補償契約に基づく補償をした取締役及び当該補償を受けた取締役は，遅滞なく，当該補償についての重要な事実を取締役会に報告しなければならない。

5　前項の規定は，執行役について準用する。この場合において，同項中「取締役会設置会社においては，補償契約」とあるのは，「補償契約」と読み替えるものとする。

6　第356条第1項及び第365条第2項（これらの規定を第419条第2項において準用する場合を含む。），第423条第3項並びに第428条第1項の規定は，株式会社と取締役又は執行役との間の補償契約については，適用しない。

7　民法第108条の規定は，第1項の決議によってその内容が定められた前項の補償契約の締結については，適用しない。

□前節で「役員等」（423条1項かっこ書き）が責任追及された場合、会社がそれに対処する争訟費用や賠償金を肩代わりするという実務界の慣行を正面から認めた規定。有能な経営人材確保のため、次条とともに令和元年新設されたが、実質的に役員等の任務懈怠責任の減免となりモラル・ハザードを起こすような会社=役員等間の補償契約とならないよう、バランスをとる。

（役員等のために締結される保険契約）

第430条の3　株式会社が，保険者との間で締結する保険契約のうち役員等がその職務の執行

に関し責任を負うこと又は当該責任の追及に係る請求を受けることによって生ずることのある損害を保険者が?補することを約するものであって，役員等を被保険者とするもの（当該保険契約を締結することにより被保険者である役員等の職務の執行の適正性が著しく損なわれるおそれがないものとして法務省令で定めるものを除く。第3項ただし書において「役員等賠償責任保険契約」という。）の内容の決定をするには，株主総会（取締役会設置会社にあっては，取締役会）の決議によらなければならない。

2　第356条第1項及び第365条第2項（これらの規定を第419条第2項において準用する場合を含む。）並びに第423条第3項の規定は，株式会社が保険者との間で締結する保険契約のうち役員等がその職務の執行に関し責任を負うこと又は当該責任の追及に係る請求を受けることによって生ずることのある損害を保険者が?補することを約するものであって，取締役又は執行役を被保険者とするものの締結については，適用しない。

3　民法第108条の規定は，前項の保険契約の締結については，適用しない。ただし，当該契約が役員等賠償責任保険契約である場合には，第1項の決議によってその内容が定められたときに限る。

□前節で責任追及されたことによる役員等の損害を保険会社にカバーしてもらうための、会社=保険会社間の保険契約（実務界ではD&O保険と呼ぶ）に関する規定。前条と同じ趣旨のもとに令和元年新設。

第5章　計算等

第1節　会計の原則

（会計の原則）
第431条　株式会社の会計は，一般に公正妥当と認められる企業会計の慣行に従うものとする。

POINT
会計の仔《4》細《31》は**慣行**に従え

□持分会社につき同様の法文あり。cf.614条。

第2節　会計帳簿等

第1款　会計帳簿

（会計帳簿の作成及び保存）
第432条　株式会社は，法務省令で定めるところにより，適時に，正確な会計帳簿を作成しなければならない。
2　株式会社は，会計帳簿の閉鎖の時から10年間，その会計帳簿及びその事業に関する重要な資料を保存しなければならない。

POINT
良《4》さ《3》に《2》驚く**正確**な**帳簿**

□1項：会計帳簿とは、会社の営業上生じる一切の取引を継続的かつ組織的に記録する帳簿（日記帳、仕訳帳、総勘定元帳など）のこと。貸借対照表などの計算書類（435条以下）は、会計帳簿に基づいて作成される（誘導法）ので、その意味からも会計帳簿は正確に作成されなければならない。計算書類については第2款（435条以下）参照。なお、会計帳簿と貸借対照表をあわせた商業帳簿の作成・保存・提出（旧商32条以下）は、会社については本条以下と435条以下で整理され、商人については現商19条に引き継がれた。「法務省令」＝施規116条1号、計規4条以下。記帳時の不正を防止し、株主、債権者等を保護するため、特に適時性、正確性が明示された。
□2項：計算書類の保存義務については435条4項（作成時より10年）。

（会計帳簿の閲覧等の請求）
第433条　総株主（株主総会において決議をすることができる事項の全部につき議決権を行使することができない株主を除く。）の議決権の100分の3（これを下回る割合を定款で定めた場合にあっては，その割合）以上の議決権を有する株主又は発行済株式（自己株式を除く。）の100分の3（これを下回る割合を定款で定めた場合にあっては，その割合）以上の数の株式を有する株主は，株式会社の営業時間内は，いつでも，次に掲げる請求をすることができる。この場合においては，当該請求の理由を明らかにしてしなければならない。
① 会計帳簿又はこれに関する資料が書面をもって作成されているときは，当該書面の閲覧又は謄写の請求
② 会計帳簿又はこれに関する資料が電磁的記録をもって作成されているときは，当該電磁的記録に記録された事項を法務省令で定める方法により表示したものの閲覧又は謄写の請求
2 前項の請求があったときは，株式会社は，次のいずれかに該当すると認められる場合を除き，これを拒むことができない。
① 当該請求を行う株主（以下この項において「請求者」という。）がその権利の確保又は行使に関する調査以外の目的で請求を行ったとき。
② 請求者が当該株式会社の業務の遂行を妨げ，株主の共同の利益を害する目的で請求を行ったとき。
③ 請求者が当該株式会社の業務と実質的に競争関係にある事業を営み，又はこれに従事するものであるとき。
④ 請求者が会計帳簿又はこれに関する資料の閲覧又は謄写によって知り得た事実を利益を得て第三者に通報するため請求したとき。
⑤ 請求者が，過去2年以内において，会計帳簿又はこれに関する資料の閲覧又は謄写によって知り得た事実を利益を得て第三者に通報したことがあるものであるとき。
3 株式会社の親会社社員は，その権利を行使するため必要があるときは，裁判所の許可を得て，会計帳簿又はこれに関する資料について第1項各号に掲げる請求をすることができる。この場合においては，当該請求の理由を明らかにしてしなければならない。
4 前項の親会社社員について第2項各号のいずれかに規定する事由があるときは，裁判所は，前項の許可をすることができない。

POINT 読《4》み《3》方未《3》熟じゃ（**帳簿**）**閲覧**意味なし

□株主の会計帳簿閲覧請求権を定める規定。濫用防止のため少数株主権となっている。
□1項：議決権基準だけでなく、株式数基準を採用したのは、議決権制限株式をもつ株主等にも会社の財産状況を知る利益があるため。なお、100分の3の要件を定款で緩和できることになった。「法務省令」＝施規226条27号（紙面か映像面で表示）。
□株主名簿閲覧請求権についても本条にあわせ、請求理由の明示および会社側の請求拒否事由を新設した。cf.125条2・3項参照。
□3項：裁判所の許可による手続は、非訟事件手続として進められるが、審問期日の開催と陳述聴取が義務付けられている。cf.870条2項1号。

（会計帳簿の提出命令）
第434条 裁判所は，申立てにより又は職権で，訴訟の当事者に対し，会計帳簿の全部又は一部の提出を命ずることができる。

POINT 職権の良《4》さ《3》よ《4》、**会計帳簿提出命**ず

□計算書類の提出命令につき同様の法文あり。cf.443条。

第2款　計算書類等

(計算書類等の作成及び保存)

第435条　株式会社は，法務省令で定めるところにより，その成立の日における貸借対照表を作成しなければならない。

2　株式会社は，法務省令で定めるところにより，各事業年度に係る計算書類（貸借対照表，損益計算書その他株式会社の財産及び損益の状況を示すために必要かつ適当なものとして法務省令で定めるものをいう。以下この章において同じ。）及び事業報告並びにこれらの附属明細書を作成しなければならない。

3　計算書類及び事業報告並びにこれらの附属明細書は，電磁的記録をもって作成することができる。

4　株式会社は，計算書類を作成した時から10年間，当該計算書類及びその附属明細書を保存しなければならない。

POINT 読《4》み《3》方ご《5》まかす(**計算**)**書類作成**

□1項：「法務省令」＝施規116条2号、計規58条（成立の日における会計帳簿に基づき作成）。

□2項：「法務省令」＝施規116条2号、計規59条3項（計算書類・附属明細書)、施規117以下（事業報告)。事業報告（従来の営業報告書）はビジネス状況を説明する文書にすぎないので、計算書類からはずされた。また、かっこ書で計算書類の定義を明記した。かっこ書内の「法務省令」で定めるものとは、株主資本等変動計算書（いわゆる株主持分変動計算書)・個別注記表のこと（計規59条1項)。なお、会社法制定以降、利益処分案・損失処理案は定時株主総会に提出するものでなくなり、各々の総会に出される剰余金配当（454条)、役員の賞与（361条1項)、資本の部の計数変動（448・450～452条）などの「議案」に分解されてしまったので、計算書類の分類からはずされ消滅した。

□会計帳簿等の保存義務については432条2項。その他、会計帳簿につき第1款（432～434条）参照。

(計算書類等の監査等)

第436条　監査役設置会社（監査役の監査の範囲を会計に関するものに限定する旨の定款の定めがある株式会社を含み，会計監査人設置会社を除く。）においては，前条第2項の計算書類及び事業報告並びにこれらの附属明細書は，法務省令で定めるところにより，監査役の監査を受けなければならない。

2　会計監査人設置会社においては，次の各号に掲げるものは，法務省令で定めるところにより，当該各号に定める者の監査を受けなければならない。
①　前条第2項の計算書類及びその附属明細書　監査役（監査等委員会設置会社にあっては監査等委員会，指名委員会等設置会社にあっては監査委員会）及び会計監査人
②　前条第2項の事業報告及びその附属明細書　監査役（監査等委員会設置会社にあっては監査等委員会，指名委員会等設置会社にあっては監査委員会）
3　取締役会設置会社においては，前条第2項の計算書類及び事業報告並びにこれらの附属明細書（第1項又は前項の規定の適用がある場合にあっては，第1項又は前項の監査を受けたもの）は，取締役会の承認を受けなければならない。

POINT　よ《4》う見《3》ろ《6》**監査**役、**計算書類**やで

□1項：かっこ書の「監査役の監査の範囲を会計に限定する・・会社」とは、非公開会社に限られることに注意。cf.389条1項。「法務省令」＝施規116条3号、117条2号、129条以下、計規121～132条。

□2項：「法務省令」＝施規116条3号、117条2号、計規121条以下。会計監査人設置会社では、計算書類とその付属明細書については会計監査人と監査役（会）（または監査委員会）双方が監査しなければならない（それ以外の書類については1項と同じ）。

□3項：取締役会設置会社では、計算書類等につき取締役会の承認が必要。この承認を受けた計算書類が株主に提供され（437条）、定時株主総会に提出される（438条）。監査役や会計監査人のいる会社では、承認の前に監査役、会計監査人による所定の監査（本条1・2項）を受けたものでなければならない。会計監査人設置会社では、この承認があれば株主総会の承認が不要となることに注意。cf.439条。なお、会計参与がいる場合、本項の取締役会につき会計参与は出席義務を負う。cf.376条1項。

（計算書類等の株主への提供）
第437条　取締役会設置会社においては，取締役は，定時株主総会の招集の通知に際して，法務省令で定めるところにより，株主に対し，前条第3項の承認を受けた計算書類及び事業報告（同条第1項又は第2項の規定の適用がある場合にあっては，監査報告又は会計監査報告を含む。）を提供しなければならない。

POINT　読《4》み《3》直《7》せ、**（総会招集）通知につけた計算書類**

□取締役会設置会社では、株主総会招集通知は書面（または電磁的方法）で発送される（299条2項2号3項）ため、前条の取締役会の承認を受けた計算書類等が、定時株主総会の招集通知に添付などの形で提供される。逆にいうと、取締役会非設置会社では本条の提供は不要ということになる。監査役設置会社では監査報告（381条1項、389条2項、施規105・107条）、会計監査人設置会社では、会計監査報告（396条、施規110条）も提供。「法務省令」＝施規116条4号、計規133条以下。

（計算書類等の定時株主総会への提出等）

第438条　次の各号に掲げる株式会社においては，取締役は，当該各号に定める計算書類及び事業報告を定時株主総会に提出し，又は提供しなければならない。

①　第436条第1項に規定する監査役設置会社（取締役会設置会社を除く。）　第436条第1項の監査を受けた計算書類及び事業報告

②　会計監査人設置会社（取締役会設置会社を除く。）　第436条第2項の監査を受けた計算書類及び事業報告

③　取締役会設置会社　第436条第3項の承認を受けた計算書類及び事業報告

④　前3号に掲げるもの以外の株式会社　第435条第2項の計算書類及び事業報告

2　前項の規定により提出され，又は提供された計算書類は，定時株主総会の承認を受けなければならない。

3　取締役は，第1項の規定により提出され，又は提供された事業報告の内容を定時株主総会に報告しなければならない。

POINT　読《4》み《3》や《8》すい**計算書類、総会に提出**

□1項：会社の形態ごとにそれぞれ機関の所定の監査、承認（436条）を受けた計算書類および事業報告が定時株主総会に提出・提供される。

□2項：株主総会での計算書類の承認は普通決議（309条1項）。いわゆる利益処分は本項の決議でなく、剰余金の配当の手続（453～460条）の中で決定されることに注意。会計監査人のいる取締役会設置会社では、本項の決議は不要となりうる。cf.次条。

□3項：事業報告は取締役による報告のみでよく、承認決議不要。

（会計監査人設置会社の特則）

第439条　会計監査人設置会社については，第436条第3項の承認を受けた計算書類が法令及び定款に従い株式会社の財産及び損益の状況を正しく表示しているものとして法務省令で定める要件に該当する場合には，前条第2項の規定は，適用しない。この場合においては，取締役は，当該計算書類の内容を定時株主総会に報告しなければならない。

POINT　会計（監査）人が読《4》み《3》く《9》だけ、**定時総会承認いらず**

□会計監査人の監査を受けた計算書類を取締役会が承認し（436条2・3項）、かつその内容が適正であるとの「法務省令」＝施規116条5号、計規135条で定める要件を満たす場合、定時株主総会の承認（前条2項）は不要。本条を承認特則規定という。ただし、取締役が総会で内容を報告することは必要。

（計算書類の公告）

第440条　株式会社は，法務省令で定めるところにより，定時株主総会の終結後遅滞なく，貸借対照表（大会社にあっては，貸借対照表及び損益計算書）を公告しなければならない。

2　前項の規定にかかわらず，その公告方法が第939条第1項第1号又は第2号に掲げる方法で

ある株式会社は，前項に規定する貸借対照表の要旨を公告することで足りる。
3　前項の株式会社は，法務省令で定めるところにより，定時株主総会の終結後遅滞なく，第1項に規定する貸借対照表の内容である情報を，定時株主総会の終結の日後5年を経過する日までの間，継続して電磁的方法により不特定多数の者が提供を受けることができる状態に置く措置をとることができる。この場合においては，前2項の規定は，適用しない。
4　金融商品取引法第24条第1項 の規定により有価証券報告書を内閣総理大臣に提出しなければならない株式会社については，前3項の規定は，適用しない。

POINT 腹よ《4》じ《4》れ《0》そうB／Sの広告（=**公告**）

□1項：定時株主総会後の、会社の貸借対照表（B／S。大会社では損益計算書P／Lも）の開示義務。「法務省令」＝施規116条6号、計規136条（各種注記や当期純損益金額）。
□2項：官報（939条1項1号）や日刊新聞（同条1項2号）のような紙による公告では要旨の掲載で足りる。掲載コストを考慮するため。要旨は計規137条以下。
□3項：公告方法が紙ベースの会社でも、株主総会終結後5年間ホームページなどのように継続して電磁的方法で公開できるなら、紙ベースの公告をしなくてよい。その代わりこの場合は要旨でなくすべての内容。掲載コストを考慮しなくてよいため。「法務省令」＝施規116条6号、計規147条。
□4項：証券取引法上の有価証券報告書に記載する情報のほうが詳細である上、その情報はEDINET（証券取引法に基づく有価証券報告書等の開示書類に関する電子開示システム）等で一般に公開されるため。

（臨時計算書類）
第441条　株式会社は，最終事業年度の直後の事業年度に属する一定の日（以下この項において「臨時決算日」という。）における当該株式会社の財産の状況を把握するため，法務省令で定めるところにより，次に掲げるもの（以下「臨時計算書類」という。）を作成することができる。
①　臨時決算日における貸借対照表
②　臨時決算日の属する事業年度の初日から臨時決算日までの期間に係る損益計算書
2　第436条第1項に規定する監査役設置会社又は会計監査人設置会社においては，臨時計算書類は，法務省令で定めるところにより，監査役又は会計監査人（監査等委員会設置会社にあっては監査等委員会及び会計監査人，指名委員会等設置会社にあっては監査委員会及び会計監査人）の監査を受けなければならない。
3　取締役会設置会社においては，臨時計算書類（前項の規定の適用がある場合にあっては，同項の監査を受けたもの）は，取締役会の承認を受けなければならない。
4　次の各号に掲げる株式会社においては，当該各号に定める臨時計算書類は，株主総会の承認を受けなければならない。ただし，臨時計算書類が法令及び定款に従い株式会社の財産及び損益の状況を正しく表示しているものとして法務省令で定める要件に該当する場合は，この限りでない。
①　第436条第1項に規定する監査役設置会社又は会計監査人設置会社（いずれも取締役会設置会社を除く。）第2項の監査を受けた臨時計算書類

② 取締役会設置会社　前項の承認を受けた臨時計算書類
③ 前2号に掲げるもの以外の株式会社　第1項の臨時計算書類

POINT よ《4》し《4》ひ《1》とつ臨時に配当!（**臨時**）**計算書類**作れ

□半期決算、四半期決算を導入する会社が増えるなかで、株主や会社債権者に対する適時、適切な財産状況の開示が必要であるため。通常の計算書類と同様の監査、取締役会、株主総会の承認を要する。cf.436～439条。

□1項：「法務省令」＝施規116条7号、計規2条2項17号。

□2項：「法務省令」＝施規116条7号、計規121条。

□4項：剰余金の分配可能額に影響する。cf.461条2項2・5号。「法務省令」＝施規116条7号、計規135条。

（計算書類等の備置き及び閲覧等）

第442条　株式会社は，次の各号に掲げるもの（以下この条において「計算書類等」という。）を，当該各号に定める期間，その本店に備え置かなければならない。

① 各事業年度に係る計算書類及び事業報告並びにこれらの附属明細書（第436条第1項又は第2項の規定の適用がある場合にあっては，監査報告又は会計監査報告を含む。）　定時株主総会の日の1週間（取締役会設置会社にあっては，2週間）前の日（第319条第1項の場合にあっては，同項の提案があった日）から5年間
② 臨時計算書類（前条第2項の規定の適用がある場合にあっては，監査報告又は会計監査報告を含む。）　臨時計算書類を作成した日から5年間

2　株式会社は，次の各号に掲げる計算書類等の写しを，当該各号に定める期間，その支店に備え置かなければならない。ただし，計算書類等が電磁的記録で作成されている場合であって，支店における次項第3号及び第4号に掲げる請求に応じることを可能とするための措置として法務省令で定めるものをとっているときは，この限りでない。

① 前項第1号に掲げる計算書類等　定時株主総会の日の1週間（取締役会設置会社にあっては，2週間）前の日（第319条第1項の場合にあっては，同項の提案があった日）から3年間
② 前項第2号に掲げる計算書類等　同号の臨時計算書類を作成した日から3年間

3　株主及び債権者は，株式会社の営業時間内は，いつでも，次に掲げる請求をすることができる。ただし，第2号又は第4号に掲げる請求をするには，当該株式会社の定めた費用を支払わなければならない。

① 計算書類等が書面をもって作成されているときは，当該書面又は当該書面の写しの閲覧の請求
② 前号の書面の謄本又は抄本の交付の請求
③ 計算書類等が電磁的記録をもって作成されているときは，当該電磁的記録に記録された事項を法務省令で定める方法により表示したものの閲覧の請求
④ 前号の電磁的記録に記録された事項を電磁的方法であって株式会社の定めたものにより提供することの請求又はその事項を記載した書面の交付の請求

4　株式会社の親会社社員は，その権利を行使するため必要があるときは，裁判所の許可を得て，当該株式会社の計算書類等について前項各号に掲げる請求をすることができる。ただし，同項第2号又は第4号に掲げる請求をするには，当該株式会社の定めた費用を支払わなければならない。

POINT

4《4》時《4》に《2》**閲覧**始め! **計算書類**

□計算書類（貸借対照表、損益計算書、株主資本等変動計算書）、事業報告およびこれらの付属明細書、臨時計算書類の備置き（1項）と閲覧請求権に関する規定（3項）。会計帳簿の閲覧については433条。

□2項：「法務省令」＝施規227条3号・232条18号。

□3項3号：「法務省令」＝施規226条28号（紙面か映像面で表示）。

□4項：裁判所の許可による手続は、非訟事件手続として進められるが、審問期日の開催と陳述聴取が義務付けられている。cf.870条2項1号。

（計算書類等の提出命令）

第443条　裁判所は，申立てにより又は職権で，訴訟の当事者に対し，計算書類及びその附属明細書の全部又は一部の提出を命ずることができる。

□会計帳簿の提出命令につき同様の法文あり。cf.434条。

第3款　連結計算書類

（連結計算書類）

第444条　会計監査人設置会社は，法務省令で定めるところにより，各事業年度に係る連結計算書類（当該会計監査人設置会社及びその子会社から成る企業集団の財産及び損益の状況を示すために必要かつ適当なものとして法務省令で定めるものをいう。以下同じ。）を作成することができる。

2　連結計算書類は，電磁的記録をもって作成することができる。

3　事業年度の末日において大会社であって金融商品取引法第24条第1項の規定により有価証券報告書を内閣総理大臣に提出しなければならないものは，当該事業年度に係る連結計算書類を作成しなければならない。

4　連結計算書類は，法務省令で定めるところにより，監査役（監査等委員会設置会社にあっては監査等委員会，指名委員会等設置会社にあっては監査委員会）及び会計監査人の監査を受けなければならない。

5　会計監査人設置会社が取締役会設置会社である場合には，前項の監査を受けた連結計算書類は，取締役会の承認を受けなければならない。

6　会計監査人設置会社が取締役会設置会社である場合には，取締役は，定時株主総会の招集の通知に際して，法務省令で定めるところにより，株主に対し，前項の承認を受けた連結計算書類を提供しなければならない。

7　次の各号に掲げる会計監査人設置会社においては，取締役は，当該各号に定める連結計算書類を定時株主総会に提出し，又は提供しなければならない。この場合においては，当該各号に定める連結計算書類の内容及び第4項の監査の結果を定時株主総会に報告しなければならない。

①　取締役会設置会社である会計監査人設置会社　第5項の承認を受けた連結計算書類

②　前号に掲げるもの以外の会計監査人設置会社　第4項の監査を受けた連結計算書類

![POINT]

よ《4》し《4》よ《4》し**連結**、明朗**計算**（**書類**）

□1項：1つ目「法務省令」＝施規116条8号、計規62〜69条以下。かっこ書は連結計算書類の定義。「子会社」の定義は2条3号。「法務省令」＝施規116条8号、計規2条2項19号、61条。会計監査人設置会社のみが作成できるとしたのは、企業集団の財務状況が株主等にとり重要な情報であることから、その情報を表す連結計算書類を信頼に足りるものとする趣旨。

□3項：一般の会計監査人設置会社は作成が許容されるにとどまるが、本項所定の大会社は作成義務があることに注意。

□4〜7項：計算書類と同様の監査、承認、株主総会提出が必要。cf.436〜438条。4項の「法務省令」＝施規116条8号、計規121条以下。

□6項：「法務省令」＝施規116条8号、計規134条（紙面か映像面で表示）。

第3節　資本金の額等

第1款　総則

（資本金の額及び準備金の額）

第445条　株式会社の資本金の額は，この法律に別段の定めがある場合を除き，設立又は株式の発行に際して株主となる者が当該株式会社に対して払込み又は給付をした財産の額とする。

2　前項の払込み又は給付に係る額の2分の1を超えない額は，資本金として計上しないことができる。

3　前項の規定により資本金として計上しないこととした額は，資本準備金として計上しなければならない。

4　剰余金の配当をする場合には，株式会社は，法務省令で定めるところにより，当該剰余金の配当により減少する剰余金の額に10分の1を乗じて得た額を資本準備金又は利益準備金（以下「準備金」と総称する。）として計上しなければならない。

5　合併，吸収分割，新設分割，株式交換，株式移転又は株式交付に際して資本金又は準備金として計上すべき額については，法務省令で定める。

6　定款又は株主総会の決議による第361条第1項第3号，第4号若しくは第5号ロに掲げる事項についての定め又は報酬委員会による第409条第3項第3号，第4号若しくは第5号ロに定める事項についての決定に基づく株式の発行により資本金又は準備金として計上すべき額については，法務省令で定める。

POINT

よ《4》し《4》こ《5》んなに**集まった資本金**

□資本制度は、資本の額に相当する財産を会社債権者のために実際に維持することを義務づけるものではないため、最低資本金制度は撤廃された。しかし、過去に株主から

拠出された財産に相当する額が資本金の額として計上され、現に会社に存在する財産と関係なく、この資本金の額を基準に、株主への剰余金分配が定められる（次条、453条）。この意味では、会社財産の流出が抑えられるのであるから、資本金の額は会社債権者保護のために機能しているといえる。

□1項：株式の発行価額でなく、現に払い込んだ（または給付した）額を基準とすることになった。

□4項：従来は、利益準備金とされていたが、資本準備金との区別を基本的になくした。「法務省令」＝施規116条9号、計規2条2項20号、4条、22条。

□5項：「法務省令」＝施規116条9号、計規4・35～52条以下。組織再編における今後の会計基準の変更に迅速に対応できるようにするため。

□6項：令和元年改正により、上場会社の取締役に無償の株式等が報酬として割り当てられるため、資本金の計算の手当ても新設。「法務省令」＝施規116条9号、計規4条。

（剰余金の額）

第446条　株式会社の剰余金の額は，第1号から第4号までに掲げる額の合計額から第5号から第7号までに掲げる額の合計額を減じて得た額とする。

① 最終事業年度の末日におけるイ及びロに掲げる額の合計額からハからホまでに掲げる額の合計額を減じて得た額

　イ　資産の額

　ロ　自己株式の帳簿価額の合計額

　ハ　負債の額

　ニ　資本金及び準備金の額の合計額

　ホ　ハ及びニに掲げるもののほか，法務省令で定める各勘定科目に計上した額の合計額

② 最終事業年度の末日後に自己株式の処分をした場合における当該自己株式の対価の額から当該自己株式の帳簿価額を控除して得た額

③ 最終事業年度の末日後に資本金の額の減少をした場合における当該減少額（次条第1項第2号の額を除く。）

④ 最終事業年度の末日後に準備金の額の減少をした場合における当該減少額（第448条第1項第2号の額を除く。）

⑤ 最終事業年度の末日後に第178条第1項の規定により自己株式の消却をした場合における当該自己株式の帳簿価額

⑥ 最終事業年度の末日後に剰余金の配当をした場合における次に掲げる額の合計額

　イ　第454条第1項第1号の配当財産の帳簿価額の総額（同条第4項第1号に規定する金銭分配請求権を行使した株主に割り当てた当該配当財産の帳簿価額を除く。）

　ロ　第454条第4項第1号に規定する金銭分配請求権を行使した株主に交付した金銭の額の合計額

　ハ　第456条に規定する基準未満株式の株主に支払った金銭の額の合計額

⑦ 前2号に掲げるもののほか，法務省令で定める各勘定科目に計上した額の合計額

POINT　よ《4》し《4》! 難《6》しい**剰余金計算**シンプルに

□自己株式取得解禁など剰余金を財源規制とする会社財産の払戻方法が多様化するなかで、統一的な財源規制のため、わかりやすい剰余金額の算定規定を設けた。基本的には純資産額と自己株式の帳簿価額の合計額から資本金と準備金および1号ホ「法務省令」＝施規116条10号、計規149条（各剰余金も減じる）の定める額の合計額を控除した額（1号)。そこに最終決算期後、分配を行うときまでの分配可能額の増減を反映させたもの（2号～7号)。7号「法務省令」＝施規116条10号、計規150条。

第2款　資本金の額の減少等

第1目　資本金の額の減少等

（資本金の額の減少）

第447条　株式会社は，資本金の額を減少することができる。この場合においては，株主総会の決議によって，次に掲げる事項を定めなければならない。

①　減少する資本金の額

②　減少する資本金の額の全部又は一部を準備金とするときは，その旨及び準備金とする額

③　資本金の額の減少がその効力を生ずる日

2　前項第1号の額は，同項第3号の日における資本金の額を超えてはならない。

3　株式会社が株式の発行と同時に資本金の額を減少する場合において，当該資本金の額の減少の効力が生ずる日後の資本金の額が当該日前の資本金の額を下回らないときにおける第1項の規定の適用については，同項中「株主総会の決議」とあるのは，「取締役の決定（取締役会設置会社にあっては，取締役会の決議)」とする。

POINT　よしな《447》、**資本**ゼロ円、**減少**しすぎ

□1項：株主総会の決議は原則として特別決議（309条2項9号)。実を言うと、資本金の額が減れば剰余金の分配可能性が高まるので株主にとり不利益はない（むしろ利益となる)。しかし、歴史的にみて資本金の額の減少は一部解散、清算の要素がある点で、会社にとり重大な決定とされ、特別決議が必要とされた。ただし、単なる欠損填補のための資本金減少は新たに分配可能な剰余金が生じるわけでなく、一部解散の要素もないので普通決議でよい（309条2項9号イ、ロ)。

□2項：資本金ゼロ円まで減少できるという意味。

□3項：取締役（取締役会設置会社では取締役会）の判断で資本金の額の減少ができる理由は、株式発行と同時に行うため実質的に資本金は減らないから。ただし、この場合でも債権者の保護は必要。cf.449条

□計規25条2項（資本金の額は本条の場合に限り減少)、26条1項1号（資本準備金の額は本条および448等の場合に増加)、27条1項1号（資本剰余金の額は本条等の場合に増加）も参照のこと。

（準備金の額の減少）

第448条　株式会社は，準備金の額を減少することができる。この場合においては，株主総会の決議によって，次に掲げる事項を定めなければならない。

①　減少する準備金の額

②　減少する準備金の額の全部又は一部を資本金とするときは，その旨及び資本金とする額

③　準備金の額の減少がその効力を生ずる日

2　前項第1号の額は，同項第3号の日における準備金の額を超えてはならない。

3　株式会社が株式の発行と同時に準備金の額を減少する場合において，当該準備金の額の減少の効力が生ずる日後の準備金の額が当該日前の準備金の額を下回らないときにおける第1項の規定の適用については，同項中「株主総会の決議」とあるのは，「取締役の決定（取締役会設置会社にあっては，取締役会の決議）」とする。

POINT　支《4》障《4》は《8》ないか?! **準備金減**っても

□減少後をどのように処理するかに関係なく、準備金の額の減少を包括的に定めた規定。従来のような資本金の4分の1に相当するまでの減少額の上限規制（旧商289条2項）は、会社債権者保護にとり意味がないので撤廃された。

□1項2号：従来は、準備金の資本組入れの規定が独立してあり取締役会の決定で足りるとされていた（旧商293条ノ3）が、株主への剰余金分配を困難にするため、やはり株主総会決議（普通決議、309条1項）が必要となった。しかし、債権者保護の必要はない。次条参照。

□2・3項：資本金の額の減少（447条2・3項）と同様の趣旨。

□計規25条1項1号（本条等による資本金額の増加）、26条2項（本条による資本準備金の額の減少）、27条1項2号（本条等による資本剰余金の額の増加）、28条2項（本条による利益準備金の額の減少）、29条1項1号（本条等による利益剰余金の額の減少）も参照のこと。

（債権者の異議）

第449条　株式会社が資本金又は準備金（以下この条において「資本金等」という。）の額を減少する場合（減少する準備金の額の全部を資本金とする場合を除く。）には，当該株式会社の債権者は，当該株式会社に対し，資本金等の額の減少について異議を述べることができる。ただし，準備金の額のみを減少する場合であって，次のいずれにも該当するときは，この限りでない。

①　定時株主総会において前条第1項各号に掲げる事項を定めること。

②　前条第1項第1号の額が前号の定時株主総会の日（第439条前段に規定する場合にあっては，第436条第3項の承認があった日）における欠損の額として法務省令で定める方法により算定される額を超えないこと。

2　前項の規定により株式会社の債権者が異議を述べることができる場合には，当該株式会社は，次に掲げる事項を官報に公告し，かつ，知れている債権者には，各別にこれを催告しなければならない。ただし，第3号の期間は，1箇月を下ることができない。

①　当該資本金等の額の減少の内容

② 当該株式会社の計算書類に関する事項として法務省令で定めるもの
③ 債権者が一定の期間内に異議を述べることができる旨
3 前項の規定にかかわらず，株式会社が同項の規定による公告を，官報のほか，第939条第1項の規定による定款の定めに従い，同項第2号又は第3号に掲げる公告方法によりするときは，前項の規定による各別の催告は，することを要しない。
4 債権者が第2項第3号の期間内に異議を述べなかったときは，当該債権者は，当該資本金等の額の減少について承認をしたものとみなす。
5 債権者が第2項第3号の期間内に異議を述べたときは，株式会社は，当該債権者に対し，弁済し，若しくは相当の担保を提供し，又は当該債権者に弁済を受けさせることを目的として信託会社等（信託会社及び信託業務を営む金融機関（金融機関の信託業務の兼営等に関する法律（昭和18年法律第43号）第1条第1項 の認可を受けた金融機関をいう。）をいう。以下同じ。）に相当の財産を信託しなければならない。ただし，当該資本金等の額の減少をしても当該債権者を害するおそれがないときは，この限りでない。
6 次の各号に掲げるものは，当該各号に定める日にその効力を生ずる。ただし，第2項から前項までの規定による手続が終了していないときは，この限りでない。
① 資本金の額の減少 第447条第1項第3号の日
② 準備金の額の減少 前条第1項第3号の日
7 株式会社は，前項各号に定める日前は，いつでも当該日を変更することができる。

POINT よ《4》し《4》組《9》み入れよう準備金、**債権者「異議**なし!」

□1項但書：準備金の資本金組入れ（かっこ書）は会社債権者に有利なので、また欠損填補（但書）は分配可能な剰余金が生じるわけではないので、いずれも債権者保護手続を要しない。
□1項2号：「法務省令」＝計規151条（ゼロまたはゼロから分配可能額を減じて得た額のいずれか大きい額）。
□2項2号：「法務省令」＝計規152条。
□2～7項：債権者が異議を述べうる場合の手続に関する規定。つまり、2項各号の事項を、1ヵ月以上異議を述べる期間を設けたうえで各別に催告し（2項）、その期間内に異議を述べなかったときは資本金等の額の減少について承認したものとみなし（4項）、異議を述べたときは、会社側は、その減少によってその債権者を害する恐れがないときを除き（5項但書）、弁済、担保提供または弁済を受けさせるための財産信託をしなければならない（5項）。なお、前述の債権者各別への催告は、会社が官報のほか日刊新聞に掲載または電子公告の方法で公告しているのであれば不要（3項）。資本金の額の減少、準備金の額の減少は上記債権者の異議手続が終了している限り、それぞれの効力発生日（447条1項3号の日、448条1項3号の日）に効力が生じる（6項）が、それより前は変更可能（7項）。

第2目 資本金の額の増加等

（資本金の額の増加）
第450条 株式会社は，剰余金の額を減少して，資本金の額を増加することができる。この場合においては，次に掲げる事項を定めなければならない。

① 減少する剰余金の額
② 資本金の額の増加がその効力を生ずる日
2 前項各号に掲げる事項の決定は，株主総会の決議によらなければならない。
3 第1項第1号の額は，同項第2号の日における剰余金の額を超えてはならない。

POINT

「よ《4》ご《5》れ《0》た**利益**」は**資本に組入れ**?!

□従来の利益（剰余金）の資本金組入れ（旧商293条の2）に相当する規定。
□2項：株主総会の決議は普通決議（309条1項）。定時総会でなくてもよい。
□計規25条1項2号（本条等による資本金の額の増加）、27条2項1号（本条等による資本剰余金の額の減少）も参照のこと。

（準備金の額の増加）
第451条 株式会社は，剰余金の額を減少して，準備金の額を増加することができる。この場合においては，次に掲げる事項を定めなければならない。
① 減少する剰余金の額
② 準備金の額の増加がその効力を生ずる日
2 前項各号に掲げる事項の決定は，株主総会の決議によらなければならない。
3 第1項第1号の額は，同項第2号の日における剰余金の額を超えてはならない。

POINT

し《4》ご《5》い《1》て得た**利益、準備（金）にまわす**

□従来は利益（剰余金）は資本金に組み入れるのみであった（旧商289・293条ノ3）が、準備金に組み入れることを否定する理由がないため、できることになった。
□2項：株主総会の決議は普通決議（309条1項）。
□計規26条1項2号（本条等による資本準備金の額の増加）、27条2項2号（本条等による資本剰余金の額の減少）、28条1項（本条による利益準備金の額の増加）、29条2項2号（本条等による利益剰余金の額の減少）も参照のこと。

第3目 剰余金についてのその他の処分

（剰余金についてのその他の処分）
第452条 株式会社は，株主総会の決議によって，損失の処理，任意積立金の積立てその他の剰余金の処分（前目に定めるもの及び剰余金の配当その他株式会社の財産を処分するものを除く。）をすることができる。この場合においては，当該剰余金の処分の額その他の法務省令で定める事項を定めなければならない。

POINT

毎総会の仕《4》事《5》に《2》なった**剰余金の処分**

□損失の処理も定時株主総会以外でできるようになった。435条2項の解説を参照のこと。
□例えば、本条と459条1項3号により任意積立金の取崩しを取締役会決議でできる。
□「法務省令」＝施規116条11号、計規153条。

第4節 剰余金の配当

（株主に対する剰余金の配当）
第453条 株式会社は，その株主（当該株式会社を除く。）に対し，剰余金の配当をすることができる。

POINT

よ《4》うご《5》ざ《3》んす、**何度も配当**

□従来の利益処分案（損失処理案）に盛り込まれる事項が分解され、決算の確定手続とは無関係に随時行うことができることとして整理されたため、一事業年度に何度でも剰余金配当できるようになった。435条2項の解説を参照のこと。
□かっこ書：自己株式に対しては剰余金の配当ができないことを明記。

（剰余金の配当に関する事項の決定）
第454条 株式会社は，前条の規定による剰余金の配当をしようとするときは，その都度，株主総会の決議によって，次に掲げる事項を定めなければならない。
① 配当財産の種類（当該株式会社の株式等を除く。）及び帳簿価額の総額
② 株主に対する配当財産の割当てに関する事項
③ 当該剰余金の配当がその効力を生ずる日
2 前項に規定する場合において，剰余金の配当について内容の異なる2以上の種類の株式を発行しているときは，株式会社は，当該種類の株式の内容に応じ，同項第2号に掲げる事項として，次に掲げる事項を定めることができる。
① ある種類の株式の株主に対して配当財産の割当てをしないこととするときは，その旨及び当該株式の種類
② 前号に掲げる事項のほか，配当財産の割当てについて株式の種類ごとに異なる取扱いを行うこととするときは，その旨及び当該異なる取扱いの内容
3 第1項第2号に掲げる事項についての定めは，株主（当該株式会社及び前項第1号の種類の株式の株主を除く。）の有する株式の数（前項第2号に掲げる事項についての定めがある場合にあっては，各種類の株式の数）に応じて配当財産を割り当てることを内容とするものでなければならない。
4 配当財産が金銭以外の財産であるときは，株式会社は，株主総会の決議によって，次に掲げる事項を定めることができる。ただし，第1号の期間の末日は，第1項第3号の日以前の日でなければならない。

① 株主に対して金銭分配請求権（当該配当財産に代えて金銭を交付することを株式会社に対して請求する権利をいう。以下この章において同じ。）を与えるときは，その旨及び金銭分配請求権を行使することができる期間

② 一定の数未満の数の株式を有する株主に対して配当財産の割当てをしないこととするときは，その旨及びその数

5 取締役会設置会社は，1事業年度の途中において1回に限り取締役会の決議によって剰余金の配当（配当財産が金銭であるものに限る。以下この項において「中間配当」という。）をすることができる旨を定款で定めることができる。この場合における中間配当についての第1項の規定の適用については，同項中「株主総会」とあるのは，「取締役会」とする。

POINT よ《4》ご《5》し《4》ちゃった製品、**現物配当**

□1項1号・4項：配当財産の定義は2条25号。現物配当を正面から認めた。ただし株式、社債、新株予約権は除く（1号かっこ書、107条2項2号ホかっこ書）。値打ちのない財産や特定物の配当は、全株主の同意があるならともかく、株主平等違反となる危険あり。株主総会の決議は普通決議（309条1項）であるが、金銭分配請求権（1号）を与えない場合は、特別決議（309条2項10号）となる。金銭分配請求権を与える場合の行使につき、次条も参照のこと。また、基準株式数を定めた場合（2号）については456条。

□1・5項：剰余金の配当は原則として株主総会の決議（普通決議309条1項）である（1項）。しかし、中間配当の定めがある取締役会設置会社では、取締役会の決議により中間配当が可能。また、中間配当でない通常の配当でも、一定の会計監査人設置会社では、取締役会に授権される。cf.459条1項4号。

（金銭分配請求権の行使）

第455条 前条第4項第1号に規定する場合には，株式会社は，同号の期間の末日の20日前までに，株主に対し，同号に掲げる事項を通知しなければならない。

2 株式会社は，金銭分配請求権を行使した株主に対し，当該株主が割当てを受けた配当財産に代えて，当該配当財産の価額に相当する金銭を支払わなければならない。この場合においては，次の各号に掲げる場合の区分に応じ，当該各号に定める額をもって当該配当財産の価額とする。

① 当該配当財産が市場価格のある財産である場合　当該配当財産の市場価格として法務省令で定める方法により算定される額

② 前号に掲げる場合以外の場合　株式会社の申立てにより裁判所が定める額

POINT カネ志《4》向《5》（＝**金銭分配請求**）の声《5》聞くため早めに**通知**

□金銭分配請求権を与えて現物配当を決議した場合（454条4項1号）の、その請求権行使に関する規定。

□2項1号：「法務省令」＝計規154条。

（基準株式数を定めた場合の処理）

第456条　第454条第4項第2号の数（以下この条において「基準株式数」という。）を定めた場合には，株式会社は，基準株式数に満たない数の株式（以下この条において「基準未満株式」という。）を有する株主に対し，前条第2項後段の規定の例により基準株式数の株式を有する株主が割当てを受けた配当財産の価額として定めた額に当該基準未満株式の数の基準株式数に対する割合を乗じて得た額に相当する金銭を支払わなければならない。

POINT

仕《4》込《5》む《6》（**基準**）**株式数**足りず、
現物もらえず

（配当財産の交付の方法等）

第457条　配当財産（第455条第2項の規定により支払う金銭及び前条の規定により支払う金銭を含む。以下この条において同じ。）は，株主名簿に記載し，又は記録した株主（登録株式質権者を含む。以下この条において同じ。）の住所又は株主が株式会社に通知した場所（第3項において「住所等」という。）において，これを交付しなければならない。

2　前項の規定による配当財産の交付に要する費用は，株式会社の負担とする。ただし，株主の責めに帰すべき事由によってその費用が増加したときは，その増加額は，株主の負担とする。

3　前2項の規定は，日本に住所等を有しない株主に対する配当財産の交付については，適用しない。

POINT

横《45》並《7》びに**交付、配当財産**

□弁済に関する民法の原則（民484・485条）を強行法的に定めた規定。

（適用除外）

第458条　第453条から前条までの規定は，株式会社の純資産額が300万円を下回る場合には，適用しない。

POINT

横《45》槍《8》入って**配当できず、三百万（円）**の壁

□有限会社の最低資本金額であった300万円（旧有9）が、配当の際の財源規制の基準額となった。剰余金（446条）があっても純資産額が300万円未満の会社は、本条により配当できない。

第5節　剰余金の配当等を決定する機関の特則

（剰余金の配当等を取締役会が決定する旨の定款の定め）

第459条　会計監査人設置会社（取締役（監査等委員会設置会社にあっては，監査等委員である取締役以外の取締役）の任期の末日が選任後1年以内に終了する事業年度のうち最終のものに関する定時株主総会の終結の日後の日であるもの及び監査役設置会社であって監査役会設置会社でないものを除く。）は，次に掲げる事項を取締役会（第2号に掲げる事項については第436条第3項の取締役会に限る。）が定めることができる旨を定款で定めることができる。

①　第160条第1項の規定による決定をする場合以外の場合における第156条第1項各号に掲げる事項

②　第449条第1項第2号に該当する場合における第448条第1項第1号及び第3号に掲げる事項

③　第452条後段の事項

④　第454条第1項各号及び同条第4項各号に掲げる事項。ただし，配当財産が金銭以外の財産であり，かつ，株主に対して金銭分配請求権を与えないこととする場合を除く。

2　前項の規定による定款の定めは，最終事業年度に係る計算書類が法令及び定款に従い株式会社の財産及び損益の状況を正しく表示しているものとして法務省令で定める要件に該当する場合に限り，その効力を有する。

3　第1項の規定による定款の定めがある場合における第449条第1項第1号の規定の適用については，同号中「定時株主総会」とあるのは，「定時株主総会又は第436条第3項の取締役会」とする。

POINT　至《4》極《59》当然と、**（取締）役会**が**配当**

□①会計監査人設置会社、監査役会設置会社または委員会設置会社、取締役の任期が1年の会社で、②計算書類が「法務省令」＝施規116条12号、計規155条の要件に該当するような適正なものである場合、取締役会が剰余金の取崩しや配当などできる。市場取引等による自己株式の買受け（特定の株主への払戻し）が期中いつでも取締役会決議のみで行うことが認められるのなら、株主にその持株数に応じて利益の分配を年2回に限定する合理性もないため。また、株主総会を待たずに機動的な配当などを行うことができるなら、株主にとって利益となる。取締役の任期が1年なのは、配当政策等に不満があれば株主が他の取締役を選任できるようにするため。会計監査人の存在および2項の要件が必要なのは、計算書類の正確性を確保するため。

（株主の権利の制限）

第460条　前条第1項の規定による定款の定めがある場合には，株式会社は，同項各号に掲げる事項を株主総会の決議によっては定めない旨を定款で定めることができる。

2　前項の規定による定款の定めは，最終事業年度に係る計算書類が法令及び定款に従い株式会社の財産及び損益の状況を正しく表示しているものとして法務省令で定める要件に該当する場合に限り，その効力を有する。

POINT

事《4》務《6》丸《0》投げ**総会、配当も任せる**

□1項により、株主の配当議題提案権を定款で否定する効果が生じると考えられる。
□2項：「法務省令」＝施規116条13号、計規155条。

第6節　剰余金の配当等に関する責任

（配当等の制限）
第461条　次に掲げる行為により株主に対して交付する金銭等（当該株式会社の株式を除く。以下この節において同じ。）の帳簿価額の総額は，当該行為がその効力を生ずる日における分配可能額を超えてはならない。
①　第138条第1号ハ又は第2号ハの請求に応じて行う当該株式会社の株式の買取り
②　第156条第1項の規定による決定に基づく当該株式会社の株式の取得（第163条に規定する場合又は第165条第1項に規定する場合における当該株式会社による株式の取得に限る。）
③　第157条第1項の規定による決定に基づく当該株式会社の株式の取得
④　第173条第1項の規定による当該株式会社の株式の取得
⑤　第176条第1項の規定による請求に基づく当該株式会社の株式の買取り
⑥　第197条第3項の規定による当該株式会社の株式の買取り
⑦　第234条第4項（第235条第2項において準用する場合を含む。）の規定による当該株式会社の株式の買取り
⑧　剰余金の配当
2　前項に規定する「分配可能額」とは，第1号及び第2号に掲げる額の合計額から第3号から第6号までに掲げる額の合計額を減じて得た額をいう（以下この節において同じ。）。
①　剰余金の額
②　臨時計算書類につき第441条第4項の承認（同項ただし書に規定する場合にあっては，同条第3項の承認）を受けた場合における次に掲げる額
イ　第441条第1項第2号の期間の利益の額として法務省令で定める各勘定科目に計上した額の合計額
ロ　第441条第1項第2号の期間内に自己株式を処分した場合における当該自己株式の対価の額
③　自己株式の帳簿価額
④　最終事業年度の末日後に自己株式を処分した場合における当該自己株式の対価の額
⑤　第2号に規定する場合における第441条第1項第2号の期間の損失の額として法務省令で定める各勘定科目に計上した額の合計額
⑥　前3号に掲げるもののほか，法務省令で定める各勘定科目に計上した額の合計額

POINT

よ《4》ろ《6》い《1》のような**財源規制**

□1項：剰余金配当（8号）以外に、自己株式取得による会社財産の払戻し（1～7号）もあわせた包括的な財源規制。本項以外にも、166条1項但書、170条5項など直接財源規制

をする規定がある。

□1項1号：譲渡承認をせず、会社が自己株式買取り。

□1項2号：子会社からの自己株式取得および市場取引等での自己株式取得。

□1項3号：株主との合意による自己株式取得。

□1項4号：全部取得条項付種類株式取得。

□1項5号：相続人等への売渡請求による自己株式取得。

□1項6号：所在不明株主からの買取り。

□1項7号：端数処理による会社の株式買取り。

□2項：従来は、純資産額から資本金などを単純に控除していたが（控除方式）、いまや、自己株式のような資本の部の控除項目や、純資産の中には配当原資とならない金融資産の評価益などがあるので複雑でわかりにくい。そこで、貸借対照表上の留保利益などを基準に、自己株式の簿価や当期に分配した金銭などの価額を控除して算出する方法（積み上げ方式）に変更。ただ、実質的な分配可能額は変わらない。分配可能額の算定基準時が分配時となった（3・4号）。しかも、臨時計算書類を作成すれば、そのときまでの期間損益も反映できる（2・5号）。2号イの「法務省令」＝施規116条14号、計規156条。5号の「法務省令」＝施規116条14号、計規157条。6号の「法務省令」＝施規116条14号、計規158条。

（剰余金の配当等に関する責任）

第462条　前条第1項の規定に違反して株式会社が同項各号に掲げる行為をした場合には，当該行為により金銭等の交付を受けた者並びに当該行為に関する職務を行った業務執行者（業務執行取締役（指名委員会等設置会社にあっては，執行役。以下この項において同じ。）その他当該業務執行取締役の行う業務の執行に職務上関与した者として法務省令で定めるものをいう。以下この節において同じ。）及び当該行為が次の各号に掲げるものである場合における当該各号に定める者は，当該株式会社に対し，連帯して，当該金銭等の交付を受けた者が交付を受けた金銭等の帳簿価額に相当する金銭を支払う義務を負う。

①　前条第1項第2号に掲げる行為　次に掲げる者

イ　第156条第1項の規定による決定に係る株主総会の決議があった場合（当該決議によって定められた同項第2号の金銭等の総額が当該決議の日における分配可能額を超える場合に限る。）における当該株主総会に係る総会議案提案取締役（当該株主総会に議案を提案した取締役として法務省令で定めるものをいう。以下この項において同じ。）

ロ　第156条第1項の規定による決定に係る取締役会の決議があった場合（当該決議によって定められた同項第2号の金銭等の総額が当該決議の日における分配可能額を超える場合に限る。）における当該取締役会に係る取締役会議案提案取締役（当該取締役会に議案を提案した取締役（指名委員会等設置会社にあっては，取締役又は執行役）として法務省令で定めるものをいう。以下この項において同じ。）

②　前条第1項第3号に掲げる行為　次に掲げる者

イ　第157条第1項の規定による決定に係る株主総会の決議があった場合（当該決議によって定められた同項第3号の総額が当該決議の日における分配可能額を超える場合に限る。）における当該株主総会に係る総会議案提案取締役

ロ　第157条第1項の規定による決定に係る取締役会の決議があった場合（当該決議によって

定められた同項第3号の総額が当該決議の日における分配可能額を超える場合に限る。）における当該取締役会に係る取締役会議案提案取締役

③　前条第1項第4号に掲げる行為　第171条第1項の株主総会（当該株主総会の決議によって定められた同項第1号に規定する取得対価の総額が当該決議の日における分配可能額を超える場合における当該株主総会に限る。）に係る総会議案提案取締役

④　前条第1項第6号に掲げる行為　次に掲げる者

イ　第197条第3項後段の規定による決定に係る株主総会の決議があった場合（当該決議によって定められた同項第2号の総額が当該決議の日における分配可能額を超える場合に限る。）における当該株主総会に係る総会議案提案取締役

ロ　第197条第3項後段の規定による決定に係る取締役会の決議があった場合（当該決議によって定められた同項第2号の総額が当該決議の日における分配可能額を超える場合に限る。）における当該取締役会に係る取締役会議案提案取締役

⑤　前条第1項第7号に掲げる行為　次に掲げる者

イ　第234条第4項後段（第235条第2項において準用する場合を含む。）の規定による決定に係る株主総会の決議があった場合（当該決議によって定められた第234条第4項第2号（第235条第2項において準用する場合を含む。）の総額が当該決議の日における分配可能額を超える場合に限る。）における当該株主総会に係る総会議案提案取締役

ロ　第234条第4項後段（第235条第2項において準用する場合を含む。）の規定による決定に係る取締役会の決議があった場合（当該決議によって定められた第234条第4項第2号（第235条第2項において準用する場合を含む。）の総額が当該決議の日における分配可能額を超える場合に限る。）における当該取締役会に係る取締役会議案提案取締役

⑥　前条第1項第8号に掲げる行為　次に掲げる者

イ　第454条第1項の規定による決定に係る株主総会の決議があった場合（当該決議によって定められた配当財産の帳簿価額が当該決議の日における分配可能額を超える場合に限る。）における当該株主総会に係る総会議案提案取締役

ロ　第454条第1項の規定による決定に係る取締役会の決議があった場合（当該決議によって定められた配当財産の帳簿価額が当該決議の日における分配可能額を超える場合に限る。）における当該取締役会に係る取締役会議案提案取締役

2　前項の規定にかかわらず，業務執行者及び同項各号に定める者は，その職務を行うについて注意を怠らなかったことを証明したときは，同項の義務を負わない。

3　第1項の規定により業務執行者及び同項各号に定める者の負う義務は，免除することができない。ただし，前条第1項各号に掲げる行為の時における分配可能額を限度として当該義務を免除することについて総株主の同意がある場合は，この限りでない。

POINT　心《4》労《6》に《2》なるぞ、**違法配当責任**は

□461条の財源規制に違反して剰余金の配当、自己株式取得があった場合の会社に対する責任規定。

□1項：金銭等を受け取った者および直接に職務を行った者（業務執行取締役や執行役等。「法務省令」＝施規116条15号、計規159条）は共通して責任を負う（柱書）。加えて各号で、財源規制違反行為の決議が株主総会、取締役会のいずれで行われたかに応じ、議案提案取締役が責任を負う。1号イの「法務省令」＝施規116条15号、計

規160条、1号ロの「法務省令」＝施規116条15号、計規161条。

□2項：立証責任の転換された過失責任。

□3項：分配可能額を超えた分については総株主の同意があっても免除されない。前条および本条の財源規制が、会社財産を守り、会社債権者を保護する趣旨であるため。

（株主に対する求償権の制限等）

第463条　前条第1項に規定する場合において，株式会社が第461条第1項各号に掲げる行為により株主に対して交付した金銭等の帳簿価額の総額が当該行為がその効力を生じた日における分配可能額を超えることにつき善意の株主は，当該株主が交付を受けた金銭等について，前条第1項の金銭を支払った業務執行者及び同項各号に定める者からの求償の請求に応ずる義務を負わない。

2　前条第1項に規定する場合には，株式会社の債権者は，同項の規定により義務を負う株主に対し，その交付を受けた金銭等の帳簿価額（当該額が当該債権者の株式会社に対して有する債権額を超える場合にあっては，当該債権額）に相当する金銭を支払わせることができる。

POINT

シ《4》ロ《6》さ《3》善意の**株主**は、**求償**応じず

□前条1項柱書により、金銭等の交付を受けた株主は善意・悪意問わず不当利得者（民903・904条）なので、会社債権者との関係では返済責任を負う（2項―債権者代位訴訟として位置づけ、配当額に相当する金銭または当該債権額のいずれか少ない方を支払う）。しかし、支払い義務を履行した業務執行者との関係では、従来どおり、善意の株主は求償に応じる義務がない（1項）。

（買取請求に応じて株式を取得した場合の責任）

第464条　株式会社が第116条第1項又は第182条の4第1項の規定による請求に応じて株式を取得する場合において，当該請求をした株主に対して支払った金銭の額が当該支払の日における分配可能額を超えるときは，当該株式の取得に関する職務を行った業務執行者は，株式会社に対し，連帯して，その超過額を支払う義務を負う。ただし，その者がその職務を行うについて注意を怠らなかったことを証明した場合は，この限りでない。

2　前項の義務は，総株主の同意がなければ，免除することができない。

POINT

よ《4》ろ《6》し《4》くない高値の（**株式**）**買取り、超過額払え**

□116条1項の株式買取請求に応じる場合のみ、本条により財源規制の対象となる。他の株式買取請求に応じる場合については会社が義務として買い受けるため、財源規制の対象でない。cf.192・469・785・797・806条。本条の責任は、立証責任の転換された過失責任。

（欠損が生じた場合の責任）

第465条　株式会社が次の各号に掲げる行為をした場合において，当該行為をした日の属する事業年度（その事業年度の直前の事業年度が最終事業年度でないときは，その事業年度の直前の事業年度）に係る計算書類につき第438条第2項の承認（第439条前段に規定する場合にあっては，第436条第3項の承認）を受けた時における第461条第2項第3号，第4号及び第6号に掲げる額の合計額が同項第1号に掲げる額を超えるときは，当該各号に掲げる行為に関する職務を行った業務執行者は，当該株式会社に対し，連帯して，その超過額（当該超過額が当該各号に定める額を超える場合にあっては，当該各号に定める額）を支払う義務を負う。ただし，当該業務執行者がその職務を行うについて注意を怠らなかったことを証明した場合は，この限りでない。

①　第138条第1号ハ又は第2号ハの請求に応じて行う当該株式会社の株式の買取り　当該株式の買取りにより株主に対して交付した金銭等の帳簿価額の総額

②　第156条第1項の規定による決定に基づく当該株式会社の株式の取得（第163条に規定する場合又は第165条第1項に規定する場合における当該株式会社による株式の取得に限る。）　当該株式の取得により株主に対して交付した金銭等の帳簿価額の総額

③　第157条第1項の規定による決定に基づく当該株式会社の株式の取得　当該株式の取得により株主に対して交付した金銭等の帳簿価額の総額

④　第167条第1項の規定による当該株式会社の株式の取得　当該株式の取得により株主に対して交付した金銭等の帳簿価額の総額

⑤　第170条第1項の規定による当該株式会社の株式の取得　当該株式の取得により株主に対して交付した金銭等の帳簿価額の総額

⑥　第173条第1項の規定による当該株式会社の株式の取得　当該株式の取得により株主に対して交付した金銭等の帳簿価額の総額

⑦　第176条第1項の規定による請求に基づく当該株式会社の株式の買取り　当該株式の買取りにより株主に対して交付した金銭等の帳簿価額の総額

⑧　第197条第3項の規定による当該株式会社の株式の買取り　当該株式の買取りにより株主に対して交付した金銭等の帳簿価額の総額

⑨　次のイ又はロに掲げる規定による当該株式会社の株式の買取り　当該株式の買取りにより当該イ又はロに定める者に対して交付した金銭等の帳簿価額の総額

イ　第234条第4項　同条第1項各号に定める者

ロ　第235条第2項において準用する第234条第4項　株主

⑩　剰余金の配当（次のイからハまでに掲げるものを除く。）　当該剰余金の配当についての第446条第6号イからハまでに掲げる額の合計額

イ　定時株主総会（第439条前段に規定する場合にあっては，定時株主総会又は第436条第3項の取締役会）において第454条第1項各号に掲げる事項を定める場合における剰余金の配当

ロ　第447条第1項各号に掲げる事項を定めるための株主総会において第454条第1項各号に掲げる事項を定める場合（同項第1号の額（第456条の規定により基準未満株式の株主に支払う金銭があるときは，その額を合算した額）が第447条第1項第1号の額を超えない場合であって，同項第2号に掲げる事項についての定めがない場合に限る。）における剰余金の配当

ハ　第448条第1項各号に掲げる事項を定めるための株主総会において第454条第1項各号に掲げる事項を定める場合（同項第1号の額（第456条の規定により基準未満株式の株主に支払う金銭があるときは，その額を合算した額）が第448条第1項第1号の額を超えない場合

であって，同項第2号に掲げる事項についての定めがない場合に限る。）における剰余金の配当
2　前項の義務は，総株主の同意がなければ，免除することができない。

POINT　よ《4》ろ《6》こ《5》んで**払おう欠損塡補**

□財源規制に違反する行為をした業務執行者の責任（462・464条）とは別に、一定の行為をした年度の計算書類につき欠損が生じた場合も、その欠損の塡補責任が課せられるとする規定。ただし、これも立証責任の転換された過失責任。
□1項1号：譲渡制限株式の買取り。
□1項2号：子会社からの自己株式取得および市場取引等による自己株式取得。
□1項3号：株主総会に基づく取締役（会）決定による自己株式取得。
□1項4号：取得請求権付株式取得。
□1項5号：取得条項付株式取得。
□1項6号：全部取得条項付種類株式取得。
□1項7号：相続人等に対する売渡請求による自己株式取得。
□1項8号：所在不明株主の持株の買取り。
□1項9号：端数処理による買取り。
□1項10号：剰余金の配当（定時株主総会決議に基づく配当および一定の要件を満たす資本金または準備金の額の減少を行うための総会決議に基づく配当を除く）

第6章　定款の変更

（定款の変更）
第466条　株式会社は，その成立後，株主総会の決議によって，定款を変更することができる。

POINT　針《4》路《6》無《6》理と**定款変更**

□株主総会の決議は特別決議（309条2項11号）。

第7章　事業の譲渡等

（事業譲渡等の承認等）
第467条　株式会社は，次に掲げる行為をする場合には，当該行為がその効力を生ずる日（以下この章において「効力発生日」という。）の前日までに，株主総会の決議によって，当該行為に係る契約の承認を受けなければならない。

① 事業の全部の譲渡

② 事業の重要な一部の譲渡（当該譲渡により譲り渡す資産の帳簿価額が当該株式会社の総資産額として法務省令で定める方法により算定される額の5分の1（これを下回る割合を定款で定めた場合にあっては，その割合）を超えないものを除く。）

②の2 その子会社の株式又は持分の全部又は一部の譲渡（次のいずれにも該当する場合における譲渡に限る。）

イ 当該譲渡により譲り渡す株式又は持分の帳簿価額が当該株式会社の総資産額として法務省令で定める方法により算定される額の5分の1（これを下回る割合を定款で定めた場合にあっては，その割合）を超えるとき。

ロ 当該株式会社が，効力発生日において当該子会社の議決権の総数の過半数の議決権を有しないとき。

③ 他の会社（外国会社その他の法人を含む。次条において同じ。）の事業の全部の譲受け

④ 事業の全部の賃貸，事業の全部の経営の委任，他人と事業上の損益の全部を共通にする契約その他これらに準ずる契約の締結，変更又は解約

⑤ 当該株式会社（第25条第1項各号に掲げる方法により設立したものに限る。以下この号において同じ。）の成立後2年以内におけるその成立前から存在する財産であってその事業のために継続して使用するものの取得。ただし，イに掲げる額のロに掲げる額に対する割合が5分の1（これを下回る割合を当該株式会社の定款で定めた場合にあっては，その割合）を超えない場合を除く。

イ 当該財産の対価として交付する財産の帳簿価額の合計額

ロ 当該株式会社の純資産額として法務省令で定める方法により算定される額

2 前項第3号に掲げる行為をする場合において，当該行為をする株式会社が譲り受ける資産に当該株式会社の株式が含まれるときは，取締役は，同項の株主総会において，当該株式に関する事項を説明しなければならない。

POINT

営業と読《4》む《6》な《7》**事業の譲渡**だ

□従来の営業の譲渡が事業の譲渡となった。会社以外の商人については「営業」、会社については「事業」の用語を用いることになったため。事業の譲渡については第1編総則に事業譲渡に伴う競業避止義務などについての規定（21～24条）が、本章で取締役（会）ではなく株主総会の承認を要する場合についての規定（467～470条）が分散して置かれていることに注意。

□1項柱書：株主総会の決議は特別決議（309条2項11号）。

□1項2号かっこ書：簡易事業譲渡のこと。譲渡する資産の帳簿価額が「法務省令」＝施規134条の方法で算定される会社の総資産額の5分の1以下の譲渡。これは株主総会の特別決議不要。

□1項2号の2：親会社による子会社の株式・持分の譲渡は単なる株式等の譲渡であり、事業譲渡とはいいにくい。しかし、子会社の支配権を手放し実質的には事業譲渡と異ならない影響が親会社にある。そこで、平成26年改正により、事業譲渡と同様の規制を設けた。イは2号と同様に、簡易事業譲渡と平仄を合わせる。

□1項3号：次条2項に注意。たとえ相手方会社の全部を譲受けるとしても「簡易事業譲受け」なら特別決議は不要。

□1項5号：事業譲渡とは無関係であるが、株主総会の承認を要する取引行為という点で共通する「事後設立」を本号にまとめて規定。最初のかっこ書は、組織再編（新設合併、新設分割、株式移転）により設立された会社でない、という意味。2つ目のかっこ書きは簡易事後設立。現物出資や財産引受けは500万円を超える財産につき検査役の調査が必要であるが、事後設立については経済界からの要望に応えて撤廃された。cf.33条10項1号。ロの「法務省令」＝施規135条。

□2項：許容される自己株式取得ではあるが（155条10号参照）、自己株式取得規制の脱法行為とならないようにするため、取締役に説明義務が課される。

（事業譲渡等の承認を要しない場合）

第468条　前条の規定は，同条第1項第1号から第4号までに掲げる行為（以下この章において「事業譲渡等」という。）に係る契約の相手方が当該事業譲渡等をする株式会社の特別支配会社（ある株式会社の総株主の議決権の10分の9（これを上回る割合を当該株式会社の定款で定めた場合にあっては，その割合）以上を他の会社及び当該他の会社が発行済株式の全部を有する株式会社その他これに準ずるものとして法務省令で定める法人が有している場合における当該他の会社をいう。以下同じ。）である場合には，適用しない。

2　前条の規定は，同条第1項第3号に掲げる行為をする場合において，第1号に掲げる額の第2号に掲げる額に対する割合が5分の1（これを下回る割合を定款で定めた場合にあっては，その割合）を超えないときは，適用しない。

①　当該他の会社の事業の全部の対価として交付する財産の帳簿価額の合計額

②　当該株式会社の純資産額として法務省令で定める方法により算定される額

3　前項に規定する場合において，法務省令で定める数の株式（前条第1項の株主総会において議決権を行使することができるものに限る。）を有する株主が次条第3項の規定による通知又は同条第4項の公告の日から2週間以内に前条第1項第3号に掲げる行為に反対する旨を当該行為をする株式会社に対し通知したときは，当該株式会社は，効力発生日の前日までに，株主総会の決議によって，当該行為に係る契約の承認を受けなければならない。

POINT

ヨ《4》ーロ《6》ッパ《8》で簡単（＝**簡易**）
略式ショッピング（＝**譲渡・譲受け**）

□1項：略式事業譲渡に関する規定。たとえ特別支配会社である親会社と子会社との間での事業譲渡に前条の総会特別決議を要求して規制したとしても、親会社が子会社の株主総会で議決権を行使すれば、当然に特別決議は成立するので、規制に意味がない。そこで時間とコスト削減のため、総会決議を不要とした。略式組織再編について784条1項の解説を参照のこと。「法務省令」＝施規136条（特別支配会社）。

□2項：簡易事業譲受けに関する規定。簡易の組織再編行為と同じ5分の1基準。簡易の略式組織再編について784条3項の解説を参照のこと。2号「法務省令」＝施規137条。

□3項：「法務省令」＝施規138条。

（反対株主の株式買取請求）

第469条　事業譲渡等をする場合（次に掲げる場合を除く。）には，反対株主は，事業譲渡等をする株式会社に対し，自己の有する株式を公正な価格で買い取ることを請求することができる。

①　第467条第1項第1号に掲げる行為をする場合において，同項の株主総会の決議と同時に第471条第3号の株主総会の決議がされたとき。

②　前条第2項に規定する場合（同条第3項に規定する場合を除く。）

2　前項に規定する「反対株主」とは，次の各号に掲げる場合における当該各号に定める株主をいう。

①　事業譲渡等をするために株主総会（種類株主総会を含む。）の決議を要する場合　次に掲げる株主

イ　当該株主総会に先立って当該事業譲渡等に反対する旨を当該株式会社に対し通知し，かつ，当該株主総会において当該事業譲渡等に反対した株主（当該株主総会において議決権を行使することができるものに限る。）

ロ　当該株主総会において議決権を行使することができない株主

②　前号に規定する場合以外の場合　全ての株主（前条第1項に規定する場合における当該特別支配会社を除く。）

3　事業譲渡等をしようとする株式会社は，効力発生日の20日前までに，その株主（前条第1項に規定する場合における当該特別支配会社を除く。）に対し，事業譲渡等をする旨（第467条第2項に規定する場合にあっては，同条第1項第3号に掲げる行為をする旨及び同条第2項の株式に関する事項）を通知しなければならない。

4　次に掲げる場合には，前項の規定による通知は，公告をもってこれに代えることができる。

①　事業譲渡等をする株式会社が公開会社である場合

②　事業譲渡等をする株式会社が第467条第1項の株主総会の決議によって事業譲渡等に係る契約の承認を受けた場合

5　第1項の規定による請求（以下この章において「株式買取請求」という。）は，効力発生日の20日前の日から効力発生日の前日までの間に，その株式買取請求に係る株式の数（種類株式発行会社にあっては，株式の種類及び種類ごとの数）を明らかにしてしなければならない。

6　株券が発行されている株式について株式買取請求をしようとするときは，当該株式の株主は，事業譲渡等をする株式会社に対し，当該株式に係る株券を提出しなければならない。ただし，当該株券について第223条の規定による請求をした者については，この限りでない。

7　株式買取請求をした株主は，事業譲渡等をする株式会社の承諾を得た場合に限り，その株式買取請求を撤回することができる。

8　事業譲渡等を中止したときは，株式買取請求は，その効力を失う。

9　第133条の規定は，株式買取請求に係る株式については，適用しない。

POINT

白く《469》旗めく「（事業）譲渡反対、株式買い取れ!」

□1項：従来は、買取価格は「決議がなければ有していたはずの価格」であったが、組織再編の際の相乗効果（シナジー効果）を考慮し「公正な価格」となったことに注意（組織再編につき785条1項の解説を参照のこと)。なお、本条では合併ほどにはシナジーの配分に相当するものはないと思われる。

□2項：議決権のない株主も含まれる（反対の意思表示は要件で

ない)。

□7項：請求後の撤回には会社の同意が必要。とりあえず権利を行使しておき、その後の株価の動向から市場で売却したほうが有利な場合に請求を撤回する、といった濫用的な場合を抑える趣旨。

(株式の価格の決定等)

第470条　株式買取請求があった場合において，株式の価格の決定について，株主と事業譲渡等をする株式会社との間に協議が調ったときは，当該株式会社は，効力発生日から60日以内にその支払をしなければならない。

2　株式の価格の決定について，効力発生日から30日以内に協議が調わないときは，株主又は前項の株式会社は，その期間の満了の日後30日以内に，裁判所に対し，価格の決定の申立てをすることができる。

3　前条第7項の規定にかかわらず，前項に規定する場合において，効力発生日から60日以内に同項の申立てがないときは，その期間の満了後は，株主は，いつでも，株式買取請求を撤回することができる。

4　第1項の株式会社は，裁判所の決定した価格に対する同項の期間の満了の日後の法定利率による利息をも支払わなければならない。

5　第1項の株式会社は，株式の価格の決定があるまでは，株主に対し，当該株式会社が公正な価格と認める額を支払うことができる。

6　株式買取請求に係る株式の買取りは，効力発生日に，その効力を生ずる。

7　株券発行会社は，株券が発行されている株式について株式買取請求があったときは，株券と引換えに，その株式買取請求に係る株式の代金を支払わなければならない。

POINT　世《4》慣《7》れ《0》た会社と**反対株主、買取価格**話し合う

□株式の内容に関する定款変更反対の株主の株式買取価格につき同様の法文あり。117条の解説を参照のこと。

□2項：申立てにより裁判所が行う価格決定の手続に審問期日の開催と陳述聴取が義務付けられたことにつき、117条コメント1つ目および870条2項2号を参照。

□5項：買取代金仮払い制。117条5項のコメント参照。

第8章　解散

(解散の事由)

第471条　株式会社は，次に掲げる事由によって解散する。

①　定款で定めた存続期間の満了

②　定款で定めた解散の事由の発生

③　株主総会の決議

④　合併（合併により当該株式会社が消滅する場合に限る。）

⑤　破産手続開始の決定

⑥　第824条第1項又は第833条第1項の規定による解散を命ずる裁判

POINT　し《4》な《7》い《1》で**解散**! したくない!

□解散とは、会社の法人格を消滅させる原因となる法律事実のこと。ただし、解散しても直ちに法人格は消滅せず、清算または破産の段階に入るので、清算の結了または破産の終結までは、その目的の範囲内でなお法人格を有する。cf.476条、破産35条。

□3号：株主総会の決議は特別決議（309条2項11号）。

□6号：公益を理由とする（824条1項）または少数株主の解散請求（833条1項）による解散を命じる裁判。

（休眠会社のみなし解散）

第472条　休眠会社（株式会社であって，当該株式会社に関する登記が最後にあった日から12年を経過したものをいう。以下この条において同じ。）は，法務大臣が休眠会社に対し2箇月以内に法務省令で定めるところによりその本店の所在地を管轄する登記所に事業を廃止していない旨の届出をすべき旨を官報に公告した場合において，その届出をしないときは，その2箇月の期間の満了の時に，解散したものとみなす。ただし，当該期間内に当該休眠会社に関する登記がされたときは，この限りでない。

2　登記所は，前項の規定による公告があったときは，休眠会社に対し，その旨の通知を発しなければならない。

POINT　インドシ《4》ナ《7》に《2》旅してのんびり**休眠**

□休眠会社を解散したとみなす理由は、実際に事業活動をしていない会社が存在し続けると他の会社の活動の妨げとなる等の弊害が生じうるため。また、従来は登記後12年でなく5年であったが、非公開会社の取締役の任期が10年になったこと（332条2項）との関係から、10年に1回は登記が行われるはずとして12年に延びた。「法務省令」＝施規139条（書面にて、本店、代表者の氏名、住所等を記載）。

（株式会社の継続）

第473条　株式会社は，第471条第1号から第3号までに掲げる事由によって解散した場合（前条第1項の規定により解散したものとみなされた場合を含む。）には，次章の規定による清算が結了するまで（同項の規定により解散したものとみなされた場合にあっては，解散したものとみなされた後3年以内に限る。），株主総会の決議によって，株式会社を継続することができる。

POINT 継続し《4》な《7》さ《3》い、**解散**いけない

□株主総会の決議は特別決議（309条2項11号）。

（解散した株式会社の合併等の制限）
第474条　株式会社が解散した場合には，当該株式会社は，次に掲げる行為をすることができない。
①　合併（合併により当該株式会社が存続する場合に限る。）
②　吸収分割による他の会社がその事業に関して有する権利義務の全部又は一部の承継

POINT 清算し《4》な《7》よ《4》、**合併するなよ解散後**

□要するに、他の会社を吸収して合併後存続したり、吸収分割によって承継会社となったりして存在し続けてはいけない、ということ。

第9章　清算

第1節　総則

第1款　清算の開始

（清算の開始原因）
第475条　株式会社は，次に掲げる場合には，この章の定めるところにより，清算をしなければならない。
①　解散した場合（第471条第4号に掲げる事由によって解散した場合及び破産手続開始の決定により解散した場合であって当該破産手続が終了していない場合を除く。）
②　設立の無効の訴えに係る請求を認容する判決が確定した場合
③　株式移転の無効の訴えに係る請求を認容する判決が確定した場合

POINT 米《47》子《5》で精算（=**清算**）、安来の旅

□必ず法定の手続によって清算をしなければならないとする、法定清算の規定。株主間の利害対立を防ぎ、会社債権者の利益を害さない趣旨。従来、清算を裁判所の監督下におくという厳格な手続規定（旧商418条以下）があった。しかし、特別清算（510条以下）と異なり通常の清算に裁判所が積極的に関与する必要は乏しく、実際、裁判所は提出された財

産目録等を保管するにすぎなかったので、それらの厳格な規定は撤廃された。

（清算株式会社の能力）
第476条　前条の規定により清算をする株式会社（以下「清算株式会社」という。）は，清算の目的の範囲内において，清算が結了するまではなお存続するものとみなす。

POINT **死《4》な《7》ん《6》**ぞわが社は、**清算中**

□清算の目的の範囲内であれば、新株や社債の発行、支店の新設もできることになった。481条の解説を参照のこと。

第2款　清算株式会社の機関

第1目　株主総会以外の機関の設置

（株主総会以外の機関の設置）
第477条　清算株式会社には，1人又は2人以上の清算人を置かなければならない。
2　清算株式会社は，定款の定めによって，清算人会，監査役又は監査役会を置くことができる。
3　監査役会を置く旨の定款の定めがある清算株式会社は，清算人会を置かなければならない。
4　第475条各号に掲げる場合に該当することとなった時において公開会社又は大会社であった清算株式会社は，監査役を置かなければならない。
5　第475条各号に掲げる場合に該当することとなった時において監査等委員会設置会社であった清算株式会社であって，前項の規定の適用があるものにおいては，監査等委員である取締役が監査役となる。
6　第475条各号に掲げる場合に該当することとなった時において指名委員会等設置会社であった清算株式会社であって，第4項の規定の適用があるものにおいては，監査委員が監査役となる。
7　第4章第2節の規定は，清算株式会社については，適用しない。

POINT まだ死《4》な《7》な《7》い、**清算人置く清算会社**

□清算会社の機関に関する規定。清算手続を迅速かつ低コストで進められるようにする趣旨で新設。
□2・3項：従来は、清算人会が必須であったが、監査役会設置会社以外は独任制の清算人で足りる（3項反対解釈）。定款で設置してもよい。
□4〜6項：公開会社、大会社では監査役、委員会設置型の会社では監査（等）委員が必要。任期の定めはない。
□7項：通常の株式会社の機関設置義務（第4章第2節：326〜328条）は清算会社では不要。したがって解散前の機関構成を引き継がない。

第2目　清算人の就任及び解任並びに監査役の退任

（清算人の就任）

第478条　次に掲げる者は，清算株式会社の清算人となる。

①　取締役（次号又は第3号に掲げる者がある場合を除く。）

②　定款で定める者

③　株主総会の決議によって選任された者

2　前項の規定により清算人となる者がないときは，裁判所は，利害関係人の申立てにより，清算人を選任する。

3　前2項の規定にかかわらず，第471条第6号に掲げる事由によって解散した清算株式会社については，裁判所は，利害関係人若しくは法務大臣の申立てにより又は職権で，清算人を選任する。

4　第1項及び第2項の規定にかかわらず，第475条第2号又は第3号に掲げる場合に該当することとなった清算株式会社については，裁判所は，利害関係人の申立てにより，清算人を選任する。

5　第475条各号に掲げる場合に該当することとなった時において監査等委員会設置会社であった清算株式会社における第1項第1号の規定の適用については，同号中「取締役」とあるのは，「監査等委員である取締役以外の取締役」とする。

6　第475条各号に掲げる場合に該当することとなった時において指名委員会等設置会社であった清算株式会社における第1項第1号の規定の適用については，同号中「取締役」とあるのは，「監査委員以外の取締役」とする。

7　第335条第3項の規定にかかわらず，第475条各号に掲げる場合に該当することとなった時において監査等委員会設置会社又は指名委員会等設置会社であった清算株式会社である監査役会設置会社においては，監査役は，3人以上で，そのうち半数以上は，次に掲げる要件のいずれにも該当するものでなければならない。

①　その就任の前10年間当該監査等委員会設置会社若しくは指名委員会等設置会社又はその子会社の取締役（社外取締役を除く。），会計参与（会計参与が法人であるときは，その職務を行うべき社員。次号において同じ。）若しくは執行役又は支配人その他の使用人であったことがないこと。

②　その就任の前10年内のいずれかの時において当該監査等委員会設置会社若しくは指名委員会等設置会社又はその子会社の社外取締役又は監査役であったことがある者にあっては，当該社外取締役又は監査役への就任の前10年間当該監査等委員会設置会社若しくは指名委員会等設置会社又はその子会社の取締役（社外取締役を除く。），会計参与若しくは執行役又は支配人その他の使用人であったことがないこと。

③　第2条第16号ハからホまでに掲げる要件

8　第330条，第331条第1項及び第331条の2の規定は清算人について，第331条第5項の規定は清算人会設置会社（清算人会を置く清算株式会社又はこの法律の規定により清算人会を置かなければならない清算株式会社をいう。以下同じ。）について，それぞれ準用する。この場合において，同項中「取締役は」とあるのは，「清算人は」と読み替えるものとする。

POINT　し《4》な《7》や《8》か**取締役、清算人**に変身!

□1項：原則として取締役が清算人となる。

□清算人・代表清算人（483条）の氏名・住所は登記事項。cf.928条1・3・4項。

□8項：330条（委任関係）、331条1項（取締役の欠格事由）、331条4項（取締役会の構成員は3人以上）を準用。

（清算人の解任）
第479条　清算人（前条第2項から第4項までの規定により裁判所が選任したものを除く。）は，いつでも，株主総会の決議によって解任することができる。
2　重要な事由があるときは，裁判所は，次に掲げる株主の申立てにより，清算人を解任することができる。
①　総株主（次に掲げる株主を除く。）の議決権の100分の3（これを下回る割合を定款で定めた場合にあっては，その割合）以上の議決権を6箇月（これを下回る期間を定款で定めた場合にあっては，その期間）前から引き続き有する株主（次に掲げる株主を除く。）
　イ　清算人を解任する旨の議案について議決権を行使することができない株主
　ロ　当該申立てに係る清算人である株主
②　発行済株式（次に掲げる株主の有する株式を除く。）の100分の3（これを下回る割合を定款で定めた場合にあっては，その割合）以上の数の株式を6箇月（これを下回る期間を定款で定めた場合にあっては，その期間）前から引き続き有する株主（次に掲げる株主を除く。）
　イ　当該清算株式会社である株主
　ロ　当該申立てに係る清算人である株主
3　公開会社でない清算株式会社における前項各号の規定の適用については，これらの規定中「6箇月（これを下回る期間を定款で定めた場合にあっては，その期間）前から引き続き有する」とあるのは，「有する」とする。
4　第346条第1項から第3項までの規定は，清算人について準用する。

POINT　清算し《4》な《7》く《9》なった**清算人を解任!**

□清算人に任期の定めなし。
□1項：株主総会の決議は普通決議（309条1項）。
□2項：株主の清算人解任請求規定。

（監査役の退任）
第480条　清算株式会社の監査役は，当該清算株式会社が次に掲げる定款の変更をした場合には，当該定款の変更の効力が生じた時に退任する。
①　監査役を置く旨の定款の定めを廃止する定款の変更
②　監査役の監査の範囲を会計に関するものに限定する旨の定款の定めを廃止する定款の変更
2　第336条の規定は，清算株式会社の監査役については，適用しない。

POINT　シ《4》ャ《8》レ《0》のわからぬ**監査役、清算途中で退任**す

□2項：監査役の任期に関する336条を適用しない。監査役の任期を画する決算期の概念が消滅しているから。

第3目　清算人の職務等

（清算人の職務）
第481条　清算人は，次に掲げる職務を行う。
①　現務の結了
②　債権の取立て及び債務の弁済
③　残余財産の分配

POINT　シャイ《481》な**清算人**三つだけ**職務**

□従来は、この3つの職務に限られるとして、会社の物的・人的拡大をもたらす新株発行や社債発行、営業をこれから行うことを前提とするような支店の設置等はできないと解されていた。しかし、清算の目的の範囲である限り行えるようになった。cf.482条3項2号、487条2項1号、489条6項4・5号。

（業務の執行）
第482条　清算人は，清算株式会社（清算人会設置会社を除く。以下この条において同じ。）の業務を執行する。
2　清算人が2人以上ある場合には，清算株式会社の業務は，定款に別段の定めがある場合を除き，清算人の過半数をもって決定する。
3　前項の場合には，清算人は，次に掲げる事項についての決定を各清算人に委任することができない。
①　支配人の選任及び解任
②　支店の設置，移転及び廃止
③　第298条第1項各号（第325条において準用する場合を含む。）に掲げる事項
④　清算人の職務の執行が法令及び定款に適合することを確保するための体制その他清算株式会社の業務の適正を確保するために必要なものとして法務省令で定める体制の整備
4　第353条から第357条（第3項を除く。）まで，第360条並びに第361条第1項及び第4項の規定は，清算人（同条の規定については，第478条第2項から第4項までの規定により裁判所が選任したものを除く。）について準用する。この場合において，第353条中「第349条第4項」とあるのは「第483条第6項において準用する第349条第4項」と，第354条中「代表取締役」とあるのは「代表清算人（第483条第1項に規定する代表清算人をいう。）」と，第360条第3項中「監査役設置会社，監査等委員会設置会社又は指名委員会等設置会社」とあるのは「監査役設置会社」と読み替えるものとする。

POINT　始発《482》から、精算（＝**清算**）**業務**、頑張るぞ

□1～3項：取締役の業務執行につきほぼ同様の法文あり。cf.348条1～3項。なお、支店の設置（3項2号）ができることに注意。前条の解説を参照のこと。

□3項4号：「法務省令」＝施規140条（情報の保存・管理、損失の危険管理の体制等）。

□4項：準用規定重要。353条＝会社・取締役間の訴えにおける会社の代表。354条＝表見代表取締役。355条＝取締役の忠実義務。357条＝株主（監査役（会））への報告義務。360条＝株主による取締役の行為差止め。361条＝取締役の報酬。

（清算株式会社の代表）

第483条　清算人は，清算株式会社を代表する。ただし，他に代表清算人（清算株式会社を代表する清算人をいう。以下同じ。）その他清算株式会社を代表する者を定めた場合は，この限りでない。

2　前項本文の清算人が2人以上ある場合には，清算人は，各自，清算株式会社を代表する。

3　清算株式会社（清算人会設置会社を除く。）は，定款，定款の定めに基づく清算人（第478条第2項から第4項までの規定により裁判所が選任したものを除く。以下この項において同じ。）の互選又は株主総会の決議によって，清算人の中から代表清算人を定めることができる。

4　第478条第1項第1号の規定により取締役が清算人となる場合において，代表取締役を定めていたときは，当該代表取締役が代表清算人となる。

5　裁判所は，第478条第2項から第4項までの規定により清算人を選任する場合には，その清算人の中から代表清算人を定めることができる。

6　第349条第4項及び第5項並びに第351条の規定は代表清算人について，第352条の規定は民事保全法第56条 に規定する仮処分命令により選任された清算人又は代表清算人の職務を代行する者について，それぞれ準用する。

POINT　失《4》敗《8》さ《3》せぬ!と**清算代表**

□1～3項：取締役につき同様の法文あり。cf.349条。

（清算株式会社についての破産手続の開始）

第484条　清算株式会社の財産がその債務を完済するのに足りないことが明らかになったときは，清算人は，直ちに破産手続開始の申立てをしなければならない。

2　清算人は，清算株式会社が破産手続開始の決定を受けた場合において，破産管財人にその事務を引き継いだときは，その任務を終了したものとする。

3　前項に規定する場合において，清算株式会社が既に債権者に支払い，又は株主に分配したものがあるときは，破産管財人は，これを取り戻すことができる。

POINT　し《4》ば《8》し《4》**清算人**考え、**破産手続決断**

□1項：清算人の破産手続開始申立て義務を定める規定。債務超過の疑いあるにとどまるときは特別清算開始を申し立てる。cf.511条2項。

（裁判所の選任する清算人の報酬）
第485条　裁判所は，第478条第2項から第4項までの規定により清算人を選任した場合には，清算株式会社が当該清算人に対して支払う報酬の額を定めることができる。

POINT　シ《4》ャ《8》コ《5》のにぎりで、**清算人**、**報酬**我慢

□裁判所が選任しなかった清算人の報酬については、482条4項で取締役の報酬に関する361条を準用。

（清算人の清算株式会社に対する損害賠償責任）
第486条　清算人は，その任務を怠ったときは，清算株式会社に対し，これによって生じた損害を賠償する責任を負う。
2　清算人が第482条第4項において準用する第356条第1項の規定に違反して同項第1号の取引をしたときは，当該取引により清算人又は第三者が得た利益の額は，前項の損害の額と推定する。
3　第482条第4項において準用する第356条第1項第2号又は第3号の取引によって清算株式会社に損害が生じたときは，次に掲げる清算人は，その任務を怠ったものと推定する。
①　第482条第4項において準用する第356条第1項の清算人
②　清算株式会社が当該取引をすることを決定した清算人
③　当該取引に関する清算人会の承認の決議に賛成した清算人
4　第424条及び第428条第1項の規定は，清算人の第1項の責任について準用する。この場合において，同条第1項中「第356条第1項第2号（第419条第2項において準用する場合を含む。）」とあるのは，「第482条第4項において準用する第356条第1項第2号」と読み替えるものとする。

POINT　し《4》ば《8》ろ《6》う**会社のため、怠慢清算人**

□役員等の対会社責任につき同様の法文あり。cf.423・428条1項。ただし、責任軽減制度なし。対第三者責任は次条。

（清算人の第三者に対する損害賠償責任）
第487条　清算人がその職務を行うについて悪意又は重大な過失があったときは，当該清算人は，これによって第三者に生じた損害を賠償する責任を負う。
2　清算人が，次に掲げる行為をしたときも，前項と同様とする。ただし，当該清算人が当該行為をすることについて注意を怠らなかったことを証明したときは，この限りでない。
①　株式，新株予約権，社債若しくは新株予約権付社債を引き受ける者の募集をする際に通知しなければならない重要な事項についての虚偽の通知又は当該募集のための当該清算株式会社の事業その他の事項に関する説明に用いた資料についての虚偽の記載若しくは記録
②　第492条第1項に規定する財産目録等並びに第494条第1項の貸借対照表及び事務報告並びにこれらの附属明細書に記載し，又は記録すべき重要な事項についての虚偽の記載又は記録
③　虚偽の登記

④　虚偽の公告

POINT

（ちゃんと）し《4》ば《8》ったな《7》第三者のためにも、悪い清算人

□前条に続き、清算人の責任規定。こちらは対第三者責任。役員等の対第三者責任につき同様の法文あり。cf.429条。ただし、虚偽記載・記録の対象は「計算書類、事業報告ならびにこれらの附属明細書ならびに臨時計算書類」（429条）でなく、492条1項の財産目録ならびに494条1項の貸借対照表および事務報告等（本条2項2号）となる。

□2項1号：清算の目的の範囲内である限り、新株発行等も行えるようになったことがわかる。481条の解説を参照のこと。

（清算人及び監査役の連帯責任）

第488条　清算人又は監査役が清算株式会社又は第三者に生じた損害を賠償する責任を負う場合において，他の清算人又は監査役も当該損害を賠償する責任を負うときは，これらの者は，連帯債務者とする。

2　前項の場合には，第430条の規定は，適用しない。

POINT

まとめてし《4》ば《8》れば《8》? 清算人と監査役

第4目　清算人会

（清算人会の権限等）

第489条　清算人会は，すべての清算人で組織する。

2　清算人会は，次に掲げる職務を行う。

①　清算人会設置会社の業務執行の決定

②　清算人の職務の執行の監督

③　代表清算人の選定及び解職

3　清算人会は，清算人の中から代表清算人を選定しなければならない。ただし，他に代表清算人があるときは，この限りでない。

4　清算人会は，その選定した代表清算人及び第483条第4項の規定により代表清算人となった者を解職することができる。

5　第483条第5項の規定により裁判所が代表清算人を定めたときは，清算人会は，代表清算人を選定し，又は解職することができない。

6　清算人会は，次に掲げる事項その他の重要な業務執行の決定を清算人に委任することができない。

①　重要な財産の処分及び譲受け

②　多額の借財

③　支配人その他の重要な使用人の選任及び解任

④　支店その他の重要な組織の設置，変更及び廃止

⑤　第676条第1号に掲げる事項その他の社債を引き受ける者の募集に関する重要な事項として

法務省令で定める事項
⑥　清算人の職務の執行が法令及び定款に適合することを確保するための体制その他清算株式会社の業務の適正を確保するために必要なものとして法務省令で定める体制の整備
7　次に掲げる清算人は，清算人会設置会社の業務を執行する。
①　代表清算人
②　代表清算人以外の清算人であって，清算人会の決議によって清算人会設置会社の業務を執行する清算人として選定されたもの
8　第363条第2項，第364条及び第365条の規定は，清算人会設置会社について準用する。この場合において，第363条第2項中「前項各号」とあるのは「第489条第7項各号」と，「取締役は」とあるのは「清算人は」と，「取締役会」とあるのは「清算人会」と，第364条中「第353条」とあるのは「第482条第4項において準用する第353条」と，「取締役会は」とあるのは「清算人会は」と，第365条第1項中「第356条」とあるのは「第482条第4項において準用する第356条」と，「「取締役会」とあるのは「「清算人会」と，同条第2項中「第356条第1項各号」とあるのは「第482条第4項において準用する第356条第1項各号」と，「取締役は」とあるのは「清算人は」と，「取締役会に」とあるのは「清算人会に」と読み替えるものとする。

POINT　よ《4》うや《8》く《9》結成**清算人会**

□取締役会の権限につき同様の法文あり。cf.362・363条。
□6項：清算の目的の範囲内である限り、支店の設置や社債の発行等、行えるようになったことがわかる。481条の解説を参照のこと。5号の「法務省令」＝施規141条。6号の「法務省令」＝施規142条（情報の保存・管理、損失の危険の管理の体制等）。

（清算人会の運営）
第490条　清算人会は，各清算人が招集する。ただし，清算人会を招集する清算人を定款又は清算人会で定めたときは，その清算人が招集する。
2　前項ただし書に規定する場合には，同項ただし書の規定により定められた清算人（以下この項において「招集権者」という。）以外の清算人は，招集権者に対し，清算人会の目的である事項を示して，清算人会の招集を請求することができる。
3　前項の規定による請求があった日から5日以内に，その請求があった日から2週間以内の日を清算人会の日とする清算人会の招集の通知が発せられない場合には，その請求をした清算人は，清算人会を招集することができる。
4　第367条及び第368条の規定は，清算人会設置会社における清算人会の招集について準用する。この場合において，第367条第1項中「監査役設置会社，監査等委員会設置会社及び指名委員会等設置会社」とあるのは「監査役設置会社」と，「取締役が」とあるのは「清算人が」と，同条第2項中「取締役（前条第1項ただし書に規定する場合にあっては，招集権者）」とあるのは「清算人（第490条第1項ただし書に規定する場合にあっては，同条第2項に規定する招集権者）」と，同条第3項及び第4項中「前条第3項」とあるのは「第490条第3項」と，第368条第1項中「各取締役」とあるのは「各清算人」と，同条第2項中「取締役（」とあるのは「清算人（」と，「取締役及び」とあるのは「清算人及び」と読み替えるものとする。
5　第369条から第371条までの規定は，清算人会設置会社における清算人会の決議について

準用する。この場合において，第369条第1項中「取締役の」とあるのは「清算人の」と，同条第2項中「取締役」とあるのは「清算人」と，同条第3項中「取締役及び」とあるのは「清算人及び」と，同条第5項中「取締役であって」とあるのは「清算人であって」と，第370条中「取締役が」とあるのは「清算人が」と，「取締役（」とあるのは「清算人（」と，第371条第3項中「監査役設置会社，監査等委員会設置会社又は指名委員会等設置会社」とあるのは「監査役設置会社」と，同条第4項中「役員又は執行役」とあるのは「清算人又は監査役」と読み替えるものとする。

6　第372条第1項及び第2項の規定は，清算人会設置会社における清算人会への報告について準用する。この場合において，同条第1項中「取締役，会計参与，監査役又は会計監査人」とあるのは「清算人又は監査役」と，「取締役（」とあるのは「清算人（」と，「取締役及び」とあるのは「清算人及び」と，同条第2項中「第363条第2項」とあるのは「第489条第8項において準用する第363条第2項」と読み替えるものとする。

POINT　よ《4》く《9》**例《0》会招集、清算人会**

□1～3項：取締役会につき同様の法文あり。cf.366条。

□4～6項：取締役会の招集請求、招集手続・決議とその省略、議事録、報告省略の規定（367～371条）を準用。cf.施規143条。

第5目　取締役等に関する規定の適用

（取締役等に関する規定の適用）

第491条　清算株式会社については，第2章（第155条を除く。），第3章，第4章第1節，第335条第2項，第343条第1項及び第2項，第345条第4項において準用する同条第3項，第359条，同章第7節及び第8節並びに第7章の規定中取締役，代表取締役，取締役会又は取締役会設置会社に関する規定は，それぞれ清算人，代表清算人，清算人会又は清算人会設置会社に関する規定として清算人，代表清算人，清算人会又は清算人会設置会社に適用があるものとする。

POINT　よ《4》く《9》言《1》うよ、**清算人と取締役**一緒だなんて

第3款　財産目録等

（財産目録等の作成等）

第492条　清算人（清算人会設置会社にあっては，第489条第7項各号に掲げる清算人）は，その就任後遅滞なく，清算株式会社の財産の現況を調査し，法務省令で定めるところにより，第475条各号に掲げる場合に該当することとなった日における財産目録及び貸借対照表（以下この条及び次条において「財産目録等」という。）を作成しなければならない。

2　清算人会設置会社においては，財産目録等は，清算人会の承認を受けなければならない。

3　清算人は，財産目録等（前項の規定の適用がある場合にあっては，同項の承認を受けたもの）を株主総会に提出し，又は提供し，その承認を受けなければならない。

4　清算株式会社は，財産目録等を作成した時からその本店の所在地における清算結了の登記の時までの間，当該財産目録等を保存しなければならない。

POINT

欲《49》に《2》かられず（**財産**）**目録作成**

□従来は、財産目録・貸借対照表を裁判所に提出しなければならなかったが、その義務は撤廃された。次条参照。なお、財産目録作成後、清算会社は原則として債権者集会を招集、結果を報告しなければならない。cf.562条。

□1項：「法務省令」＝財産目録につき施規144条、貸借対照表につき施規145条。

（財産目録等の提出命令）
第493条　裁判所は，申立てにより又は職権で，訴訟の当事者に対し，財産目録等の全部又は一部の提出を命ずることができる。

POINT

よ《4》く《9》**見《3》せなさい、財産目録**

□財産目録等を裁判所に提出する義務は撤廃され（前条参照）、申立てまたは職権による提出命令規定を新設。清算手続への裁判所の積極的関与を否定する趣旨。cf.475条の解説を参照のこと。

（貸借対照表等の作成及び保存）
第494条　清算株式会社は，法務省令で定めるところにより，各清算事務年度（第475条各号に掲げる場合に該当することとなった日の翌日又はその後毎年その日に応当する日（応当する日がない場合にあっては，その前日）から始まる各1年の期間をいう。）に係る貸借対照表及び事務報告並びにこれらの附属明細書を作成しなければならない。
2　前項の貸借対照表及び事務報告並びにこれらの附属明細書は，電磁的記録をもって作成することができる。
3　清算株式会社は，第1項の貸借対照表を作成した時からその本店の所在地における清算結了の登記の時までの間，当該貸借対照表及びその附属明細書を保存しなければならない。

POINT

し《4》く《9》じ《4》るな、**清算会社のB／S作り**

□1項「法務省令」＝貸借対照表につき施規146条、事務報告につき施規147条。

（貸借対照表等の監査等）
第495条　監査役設置会社（監査役の監査の範囲を会計に関するものに限定する旨の定款の定めがある株式会社を含む。）においては，前条第1項の貸借対照表及び事務報告並びにこれらの附属明細書は，法務省令で定めるところにより，監査役の監査を受けなければならない。

2　清算人会設置会社においては，前条第1項の貸借対照表及び事務報告並びにこれらの附属明細書（前項の規定の適用がある場合にあっては，同項の監査を受けたもの）は，清算人会の承認を受けなければならない。

POINT

「よ《4》く《9》ご《5》まかしたな**清算**（**会社の**）**B／S!**」**監査役チェック**

□1項：「法務省令」＝施規148条。

（貸借対照表等の備置き及び閲覧等）

第496条　清算株式会社は，第494条第1項に規定する各清算事務年度に係る貸借対照表及び事務報告並びにこれらの附属明細書（前条第1項の規定の適用がある場合にあっては，監査報告を含む。以下この条において「貸借対照表等」という。）を，定時株主総会の日の1週間前の日（第319条第1項の場合にあっては，同項の提案があった日）からその本店の所在地における清算結了の登記の時までの間，その本店に備え置かなければならない。

2　株主及び債権者は，清算株式会社の営業時間内は，いつでも，次に掲げる請求をすることができる。ただし，第2号又は第4号に掲げる請求をするには，当該清算株式会社の定めた費用を支払わなければならない。

①　貸借対照表等が書面をもって作成されているときは，当該書面の閲覧の請求

②　前号の書面の謄本又は抄本の交付の請求

③　貸借対照表等が電磁的記録をもって作成されているときは，当該電磁的記録に記録された事項を法務省令で定める方法により表示したものの閲覧の請求

④　前号の電磁的記録に記録された事項を電磁的方法であって清算株式会社の定めたものにより提供することの請求又はその事項を記載した書面の交付の請求

3　清算株式会社の親会社社員は，その権利を行使するため必要があるときは，裁判所の許可を得て，当該清算株式会社の貸借対照表等について前項各号に掲げる請求をすることができる。ただし，同項第2号又は第4号に掲げる請求をするには，当該清算株式会社の定めた費用を支払わなければならない。

POINT

し《4》く《9》む《6》**清算会社**、**閲覧**用の**B／S備える**

□通常の会社の計算書類等の備置き・閲覧につき同様の法文あり。cf.442条。

□2項3号：「法務省令」＝施規226条29号（紙面か映像面で表示）。

□3項：裁判所の許可による手続は、非訟事件手続として進められるが、審問期日の開催と陳述聴取が義務付けられている。cf.870条2項1号。

（貸借対照表等の定時株主総会への提出等）

第497条　次の各号に掲げる清算株式会社においては，清算人は，当該各号に定める貸借対照表及び事務報告を定時株主総会に提出し，又は提供しなければならない。

①　第495条第1項に規定する監査役設置会社（清算人会設置会社を除く。）　同項の監査を受けた貸借対照表及び事務報告

②　清算人会設置会社　第495条第2項の承認を受けた貸借対照表及び事務報告

③　前2号に掲げるもの以外の清算株式会社　第494条第1項の貸借対照表及び事務報告
2　前項の規定により提出され，又は提供された貸借対照表は，定時株主総会の承認を受けなければならない。
3　清算人は，第1項の規定により提出され，又は提供された事務報告の内容を定時株主総会に報告しなければならない。

POINT　「よ《4》く《9》な《7》った?」と**清算（会社の）B／S、総会に提出**

□通常の会社の計算書類等の定時株主総会への提出につき同様の法文あり。cf.438条。従来は、決算公告（440条参照）も必要であったが、撤廃された。通常の事業取引をすることのない清算会社が利害関係人に財務情報を開示する必要がないため。

（貸借対照表等の提出命令）
第498条　裁判所は，申立てにより又は職権で，訴訟の当事者に対し，第494条第1項の貸借対照表及びその附属明細書の全部又は一部の提出を命ずることができる。

POINT　至《4》急《9》発《8》令、**清算会社のB／S提出**

第4款　債務の弁済等

（債権者に対する公告等）
第499条　清算株式会社は，第475条各号に掲げる場合に該当することとなった後，遅滞なく，当該清算株式会社の債権者に対し，一定の期間内にその債権を申し出るべき旨を官報に公告し，かつ，知れている債権者には，各別にこれを催告しなければならない。ただし，当該期間は，2箇月を下ることができない。
2　前項の規定による公告には，当該債権者が当該期間内に申出をしないときは清算から除斥される旨を付記しなければならない。

POINT　至《4》急《9》、急《9》報! **債権者に告ぐ**、清算**公告**

□従来は、3回以上の公告を義務づけていた（旧商421条1項）が合理的でないとの批判あった。むしろ、迅速・簡素な清算実現のために、1回で足りることになった。
□2項：清算から除斥される旨については503条1項を参照のこと。

（債務の弁済の制限）
第500条　清算株式会社は，前条第1項の期間内は，債務の弁済をすることができない。この場合において，清算株式会社は，その債務の不履行によって生じた責任を免れることができない。
2　前項の規定にかかわらず，清算株式会社は，前条第1項の期間内であっても，裁判所の許可を得て，少額の債権，清算株式会社の財産につき存する担保権によって担保される債権その他これを弁済しても他の債権者を害するおそれがない債権に係る債務について，その弁済をすることができる。この場合において，当該許可の申立ては，清算人が2人以上あるときは，その全員の同意によってしなければならない。

POINT　こ《5》ま《0》る《0》ぜ**公告期間の弁済**、清算に支障

（条件付債権等に係る債務の弁済）

第501条　清算株式会社は，条件付債権，存続期間が不確定な債権その他その額が不確定な債権に係る債務を弁済することができる。この場合においては，これらの債権を評価させるため，裁判所に対し，鑑定人の選任の申立てをしなければならない。

2　前項の場合には，清算株式会社は，同項の鑑定人の評価に従い同項の債権に係る債務を弁済しなければならない。

3　第1項の鑑定人の選任の手続に関する費用は，清算株式会社の負担とする。当該鑑定人による鑑定のための呼出し及び質問に関する費用についても，同様とする。

POINT　コ《5》ワ《0》い《1》債権清算するな、**裁判所に評価依頼**

（債務の弁済前における残余財産の分配の制限）

第502条　清算株式会社は，当該清算株式会社の債務を弁済した後でなければ，その財産を株主に分配することができない。ただし，その存否又は額について争いのある債権に係る債務についてその弁済をするために必要と認められる財産を留保した場合は，この限りでない。

POINT　**弁済後《5》**、輪《0》に《2》なり**株主らで分配**

（清算からの除斥）

第503条　清算株式会社の債権者（知れている債権者を除く。）であって第499条第1項の期間内にその債権の申出をしなかったものは，清算から除斥される。

2　前項の規定により清算から除斥された債権者は，分配がされていない残余財産に対してのみ，弁済を請求することができる。

3　清算株式会社の残余財産を株主の一部に分配した場合には，当該株主の受けた分配と同一の割合の分配を当該株主以外の株主に対してするために必要な財産は，前項の残余財産から控除する。

POINT　こ《5》ま《0》る! **債《3》権申出なし清算から除斥**

第5款　残余財産の分配

（残余財産の分配に関する事項の決定）

第504条　清算株式会社は，残余財産の分配をしようとするときは，清算人の決定（清算人会設置会社にあっては，清算人会の決議）によって，次に掲げる事項を定めなければならない。

①　残余財産の種類

②　株主に対する残余財産の割当てに関する事項

2　前項に規定する場合において，残余財産の分配について内容の異なる2以上の種類の株式を発行しているときは，清算株式会社は，当該種類の株式の内容に応じ，同項第2号に掲げる事項として，次に掲げる事項を定めることができる。

①　ある種類の株式の株主に対して残余財産の割当てをしないこととするときは，その旨及び当該株式の種類

②　前号に掲げる事項のほか，残余財産の割当てについて株式の種類ごとに異なる取扱いを行うこととするときは，その旨及び当該異なる取扱いの内容

3　第1項第2号に掲げる事項についての定めは，株主（当該清算株式会社及び前項第1号の種類の株式の株主を除く。）の有する株式の数（前項第2号に掲げる事項についての定めがある場合にあっては，各種類の株式の数）に応じて残余財産を割り当てることを内容とするものでなければならない。

POINT

こ《5》ま《0》るよ《4》**清算人**、
残余財産分配（法）決めなきゃ

□1項1号：清算人が金銭以外の現物配当をするかどうか決める。
しかし次条により、株主は当然に金銭分配請求権を有する。

□3項：清算会社はその保有する自己株式につき残余財産分配請求権をもたないことが明記された。

（残余財産が金銭以外の財産である場合）

第505条　株主は，残余財産が金銭以外の財産であるときは，金銭分配請求権（当該残余財産に代えて金銭を交付することを清算株式会社に対して請求する権利をいう。以下この条において同じ。）を有する。この場合において，清算株式会社は，清算人の決定（清算人会設置会社にあっては，清算人会の決議）によって，次に掲げる事項を定めなければならない。

①　金銭分配請求権を行使することができる期間

②　一定の数未満の数の株式を有する株主に対して残余財産の割当てをしないこととするときは，その旨及びその数

2　前項に規定する場合には，清算株式会社は，同項第1号の期間の末日の20日前までに，株主に対し，同号に掲げる事項を通知しなければならない。

3　清算株式会社は，金銭分配請求権を行使した株主に対し，当該株主が割当てを受けた残余財産に代えて，当該残余財産の価額に相当する金銭を支払わなければならない。この場合においては，次の各号に掲げる場合の区分に応じ，当該各号に定める額をもって当該残余財産の価額とする。

①　当該残余財産が市場価格のある財産である場合　当該残余財産の市場価格として法務省令で

定める方法により算定される額
② 前号に掲げる場合以外の場合　清算株式会社の申立てにより裁判所が定める額

POINT
こ《5》ま《0》るこ《5》と多し、**残余財産**カネでなくっちゃ

□1項：解散前は株主総会の普通決議によって金銭分配請求権が認められ（454条4項、309条1項）、特別決議があれば金銭分配請求権が認められないことも可能である（309条2項10号かっこ書、454条4項）が、清算会社の株主は当然に金銭分配請求権が付与される。株主の換金が難しくなることが予想されるため。実質的な現物についての換価請求権を保障。

□2・3項：金銭分配請求の手続につき同様の法文あり。cf.455条。3項1号「法務省令」＝施規149条。

（基準株式数を定めた場合の処理）
第506条　前条第1項第2号の数（以下この条において「基準株式数」という。）を定めた場合には，清算株式会社は，基準株式数に満たない数の株式（以下この条において「基準未満株式」という。）を有する株主に対し，前条第3項後段の規定の例により基準株式数の株式を有する株主が割当てを受けた残余財産の価額として定めた額に当該基準未満株式の数の基準株式数に対する割合を乗じて得た額に相当する金銭を支払わなければならない。

POINT
「こ《5》ま《0》る無《6》理! **基準に満たない**!」カネで解決

□解散前の通常の配当で基準株式数を定めた場合につき同様の法文あり。cf.456条。

第6款　清算事務の終了等

（清算事務の終了等）
第507条　清算株式会社は，清算事務が終了したときは，遅滞なく，法務省令で定めるところにより，決算報告を作成しなければならない。
2　清算人会設置会社においては，決算報告は，清算人会の承認を受けなければならない。
3　清算人は，決算報告（前項の規定の適用がある場合にあっては，同項の承認を受けたもの）を株主総会に提出し，又は提供し，その承認を受けなければならない。
4　前項の承認があったときは，任務を怠ったことによる清算人の損害賠償の責任は，免除されたものとみなす。ただし，清算人の職務の執行に関し不正の行為があったときは，この限りでない。

POINT
こ《5》れ《0》でな《7》んとか**終了、清算事務**

□1項：「法務省令」＝施規150条（1項3号かっこ書は支払税額残ること認める）。

□3項：　株主総会の承認の日から2週間以内に清算結了の登記をする。cf.929条1号。商業登記法75条。

第7款　帳簿資料の保存

（帳簿資料の保存）
第508条　清算人（清算人会設置会社にあっては，第489条第7項各号に掲げる清算人）は，清算株式会社の本店の所在地における清算結了の登記の時から10年間，清算株式会社の帳簿並びにその事業及び清算に関する重要な資料（以下この条において「帳簿資料」という。）を保存しなければならない。
2　裁判所は，利害関係人の申立てにより，前項の清算人に代わって帳簿資料を保存する者を選任することができる。この場合においては，同項の規定は，適用しない。
3　前項の規定により選任された者は，清算株式会社の本店の所在地における清算結了の登記の時から10年間，帳簿資料を保存しなければならない。
4　第2項の規定による選任の手続に関する費用は，清算株式会社の負担とする。

POINT　これば《508》っかりは避けられぬ、**清算人の（資料）保存義務**

□1項：従来は裁判所が保存者を選任した（旧商429条）が、原則として清算人が保存義務を負うことになった。清算手続の裁判所の関与を減らす趣旨。
□清算人の保存義務に関する規定。清算結了の登記（前条参照）のときから10年間。

第8款　適用除外等

（適用除外等）
第509条　次に掲げる規定は，清算株式会社については，適用しない。
①　第155条
②　第5章第2節第2款（第435条第4項，第440条第3項，第442条及び第443条を除く。）及び第3款並びに第3節から第5節まで
③　第5編第4章及び第4章の2並びに同編第5章中株式交換，株式移転及び株式交付の手続に係る部分
2　第2章第4節の2の規定は，対象会社が清算株式会社である場合には，適用しない。
3　清算株式会社は，無償で取得する場合その他法務省令で定める場合に限り，当該清算株式会社の株式を取得することができる。

POINT　これく《509》らい覚えろ、**清算会社にできないこと**

□1項1号：自己株式取得。
□1項2号：計算書類作成、剰余金分配など

□1項3号：株式交換、株式移転などの企業再編。
□3項：無償の自己株式取得は可。「法務省令」＝施規151条。

第2節　特別清算

第1款　特別清算の開始

（特別清算開始の原因）
第510条　裁判所は，清算株式会社に次に掲げる事由があると認めるときは，第514条の規定に基づき，申立てにより，当該清算株式会社に対し特別清算の開始を命ずる。
①　清算の遂行に著しい支障を来すべき事情があること。
②　債務超過（清算株式会社の財産がその債務を完済するのに足りない状態をいう。次条第2項において同じ。）の疑いがあること。

POINT
コ《5》ート《10》の襟立て**特別**な恋の**清算**

□特別清算とは、清算中の株式会社に本条各号のような清算の遂行に支障がある場合、裁判所の監督と厳格な規制のもとに行われる、特別の清算手続のこと。
□2号：債務超過が明らかであれば、清算人は破産手続開始の申立てをしなければならない。cf.484条1項。つまり、特別清算は通常の清算と破産手続の中間的なものということができる。債務超過の疑いがある時も清算人に特別清算開始の申立義務発生。cf.次条2項。

（特別清算開始の申立て）
第511条　債権者，清算人，監査役又は株主は，特別清算開始の申立てをすることができる。
2　清算株式会社に債務超過の疑いがあるときは，清算人は，特別清算開始の申立てをしなければならない。

POINT
コ《5》ート《1》(＝裁判所)へ一《1》人、**特別清算申立て**に

□1項：申立てがあって初めて特別清算の開始の有無を裁判所が判断する。cf.514条。従来のような、裁判所による職権開始は認められなくなった。債権者または株主が申立人であるときは、特別清算開始原因等の疎明が必要。cf.510条各号、881・888条。なお、清算会社自体による申立ては認められない。
□2項：債務超過が明らかであれば、清算人は破産手続開始の申立てをしなければならない。cf.484条1項。次条2号も参照のこと。

（他の手続の中止命令等）

第512条　裁判所は，特別清算開始の申立てがあった場合において，必要があると認めるときは，債権者，清算人，監査役若しくは株主の申立てにより又は職権で，特別清算開始の申立てにつき決定があるまでの間，次に掲げる手続又は処分の中止を命ずることができる。ただし，第1号に掲げる破産手続については破産手続開始の決定がされていない場合に限り，第2号に掲げる手続又は第3号に掲げる処分についてはその手続の申立人である債権者又はその処分を行う者に不当な損害を及ぼすおそれがない場合に限る。

①　清算株式会社についての破産手続

②　清算株式会社の財産に対して既にされている強制執行，仮差押え又は仮処分の手続（一般の先取特権その他一般の優先権がある債権に基づくものを除く。）

③　清算株式会社の財産に対して既にされている共助対象外国租税（租税条約等の実施に伴う所得税法，法人税法及び地方税法の特例等に関する法律（昭和44年法律第46号。第518条の2及び第571条第4項において「租税条約等実施特例法」という。）第11条第1項に規定する共助対象外国租税をいう。以下同じ。）の請求権に基づき国税滞納処分の例によってする処分（第515条第1項において「外国租税滞納処分」という。）

2　特別清算開始の申立てを却下する決定に対して第890条第5項の即時抗告がされたときも，前項と同様とする。

POINT

特別（＝**特別清算**）な恋《51》に《2》
破（＝**破産**）れたら
チュウし（＝**中止**）て忘れよ

□特別清算開始の申立てがあった場合、裁判所は必要があると思えば、一定人の申立てか職権で現に行われている他の手続（破産手続、会社財産への強制執行、仮差押、仮処分手続）の一旦中止を命じる。その後、特別清算開始命令（514条）により完全に中止（515条）。

□裁判所は本条の中止命令を変更、取消し可。cf.889条。

（特別清算開始の申立ての取下げの制限）

第513条　特別清算開始の申立てをした者は，特別清算開始の命令前に限り，当該申立てを取り下げることができる。この場合において，前条の規定による中止の命令，第540条第2項の規定による保全処分又は第541条第2項の規定による処分がされた後は，裁判所の許可を得なければならない。

POINT

「**特別**な恋《51》さ《3》」と悲しく**申立て取り下げる**

（特別清算開始の命令）

第514条　裁判所は，特別清算開始の申立てがあった場合において，特別清算開始の原因となる事由があると認めるときは，次のいずれかに該当する場合を除き，特別清算開始の命令をする。

① 特別清算の手続の費用の予納がないとき。
② 特別清算によっても清算を結了する見込みがないことが明らかであるとき。
③ 特別清算によることが債権者の一般の利益に反することが明らかであるとき。
④ 不当な目的で特別清算開始の申立てがされたとき，その他申立てが誠実にされたものでないとき。

POINT

来《5》い《1》よ《4》**申立て**に、
特別清算命じてやるよ

□特別清算申立ての棄却事由に関する規定。通説を明文化した。
□開始命令の手続については890条参照。

（他の手続の中止等）
第515条 特別清算開始の命令があったときは，破産手続開始の申立て，清算株式会社の財産に対する強制執行，仮差押え，仮処分若しくは外国租税滞納処分又は財産開示手続（民事執行法（昭和54年法律第4号）第197条第1項の申立てによるものに限る。以下この項において同じ。）若しくは第三者からの情報取得手続（同法第205条第1項第1号，第206条第1項又は第207条第1項の申立てによるものに限る。以下この項において同じ。）の申立てはすることができず，破産手続（破産手続開始の決定がされていないものに限る。），清算株式会社の財産に対して既にされている強制執行，仮差押え及び仮処分の手続並びに外国租税滞納処分並びに財産開示手続及び第三者からの情報取得手続は中止する。ただし，一般の先取特権その他一般の優先権がある債権に基づく強制執行，仮差押え，仮処分又は財産開示手続若しくは第三者からの情報取得手続については，この限りでない。
2 特別清算開始の命令が確定したときは，前項の規定により中止した手続又は処分は，特別清算の手続の関係においては，その効力を失う。
3 特別清算開始の命令があったときは，清算株式会社の債権者の債権（一般の先取特権その他一般の優先権がある債権，特別清算の手続のために清算株式会社に対して生じた債権及び特別清算の手続に関する清算株式会社に対する費用請求権を除く。以下この節において「協定債権」という。）については，第938条第1項第2号又は第3号に規定する特別清算開始の取消しの登記又は特別清算終結の登記の日から2箇月を経過する日までの間は，時効は，完成しない。

POINT

特別（=**特別清算**）な恋《51》心《5》**完全**に**破**（=**破産**）れ、
チュウし（=**中止**）て忘れた

□512条で申立ての後で、中止していた手続を完全に中止する。
□1項但書：従来、優先権ある債権も特別清算手続の対象であったが、実体法上の優先関係を重視し、手続の短縮を考慮して、1項本文の手続からはずされることになった。

（担保権の実行の手続等の中止命令）
第516条 裁判所は，特別清算開始の命令があった場合において，債権者の一般の利益に適合し，かつ，担保権の実行の手続等（清算株式会社の財産につき存する担保権の実行の手続，企業担保権の実行の手続又は清算株式会社の財産に対して既にされている一般の先取特権その他一般の優先権がある債権に基づく強制執行の手続をいう。以下この条において同じ。）の申立人に不当な損害を及ぼすおそれがないものと認めるときは，清算人，監査役，債権者若しくは株主の申立てにより又は職権で，相当の期間を定めて，担保権の実行の手続等の中止を命ずることができる。

POINT

特別な恋《51》無《6》理、
湯たんぽ（＝**担保**）**やめてよ**

□担保権の実行は当然には中止されず、自由にできることとなったが、それでも事業譲渡や任意売却等で余剰価値の実現を期待できる場合もあるから、その実行手続の中止を命じることができる。
□申立て人の陳述を聞くなど、中止命令に関する手続については891条。

（相殺の禁止）
第517条　協定債権を有する債権者（以下この節において「協定債権者」という。）は，次に掲げる場合には，相殺をすることができない。
①　特別清算開始後に清算株式会社に対して債務を負担したとき。
②　支払不能（清算株式会社が，支払能力を欠くために，その債務のうち弁済期にあるものにつき，一般的かつ継続的に弁済することができない状態をいう。以下この款において同じ。）になった後に契約によって負担する債務を専ら協定債権をもってする相殺に供する目的で清算株式会社の財産の処分を内容とする契約を清算株式会社との間で締結し，又は清算株式会社に対して債務を負担する者の債務を引き受けることを内容とする契約を締結することにより清算株式会社に対して債務を負担した場合であって，当該契約の締結の当時，支払不能であったことを知っていたとき。
③　支払の停止があった後に清算株式会社に対して債務を負担した場合であって，その負担の当時，支払の停止があったことを知っていたとき。ただし，当該支払の停止があった時において支払不能でなかったときは，この限りでない。
④　特別清算開始の申立てがあった後に清算株式会社に対して債務を負担した場合であって，その負担の当時，特別清算開始の申立てがあったことを知っていたとき。
2　前項第2号から第4号までの規定は，これらの規定に規定する債務の負担が次に掲げる原因のいずれかに基づく場合には，適用しない。
①　法定の原因
②　支払不能であったこと又は支払の停止若しくは特別清算開始の申立てがあったことを協定債権者が知った時より前に生じた原因
③　特別清算開始の申立てがあった時より1年以上前に生じた原因

POINT

特別な恋《51》な《7》ら刺違え
（＝**相殺**）できる？

□特別清算開始後取得の債権・債務と相殺の制限に関する規定。基本的に破産法71・72条と同様。

（相殺の禁止・その2）

第518条　清算株式会社に対して債務を負担する者は，次に掲げる場合には，相殺をすることができない。

①　特別清算開始後に他人の協定債権を取得したとき。

②　支払不能になった後に協定債権を取得した場合であって，その取得の当時，支払不能であったことを知っていたとき。

③　支払の停止があった後に協定債権を取得した場合であって，その取得の当時，支払の停止があったことを知っていたとき。ただし，当該支払の停止があった時において支払不能でなかったときは，この限りでない。

④　特別清算開始の申立てがあった後に協定債権を取得した場合であって，その取得の当時，特別清算開始の申立てがあったことを知っていたとき。

2　前項第2号から第4号までの規定は，これらの規定に規定する協定債権の取得が次に掲げる原因のいずれかに基づく場合には，適用しない。

①　法定の原因

②　支払不能であったこと又は支払の停止若しくは特別清算開始の申立てがあったことを清算株式会社に対して債務を負担する者が知った時より前に生じた原因

③　特別清算開始の申立てがあった時より1年以上前に生じた原因

④　清算株式会社に対して債務を負担する者と清算株式会社との間の契約

POINT

特別な恋《51》や《8》で、刺違え（＝相殺）できる?

□前条を参照のこと。

（共助対象外国租税債権者の手続参加）

第518条の2　協定債権者は，共助対象外国租税の請求権をもって特別清算の手続に参加するには，租税条約等実施特例法第11条第1項に規定する共助実施決定を得なければならない。

第2款　裁判所による監督及び調査

（裁判所による監督）

第519条　特別清算開始の命令があったときは，清算株式会社の清算は，裁判所の監督に属する。

2　裁判所は，必要があると認めるときは，清算株式会社の業務を監督する官庁に対し，当該清算株式会社の特別清算の手続について意見の陳述を求め，又は調査を嘱託することができる。

3　前項の官庁は，裁判所に対し，当該清算株式会社の特別清算の手続について意見を述べることができる。

POINT

特別な恋《51》ぐ《9》ちゃぐちゃ、**裁判所が監督**

□2項：裁判所は調査を嘱託できる上、さらに自ら必要な調査（次条）や調査委員への調査命令もできる。cf.520～522条。

（裁判所による調査）
第520条　裁判所は，いつでも，清算株式会社に対し，清算事務及び財産の状況の報告を命じ，その他清算の監督上必要な調査をすることができる。

POINT

子《5》連《2》れ《0》で（**特別**に）
調査、裁判所

（裁判所への財産目録等の提出）
第521条　特別清算開始の命令があった場合には，清算株式会社は，第492条第3項の承認があった後遅滞なく，財産目録等（同項に規定する財産目録等をいう。以下この条において同じ。）を裁判所に提出しなければならない。ただし，財産目録等が電磁的記録をもって作成されているときは，当該電磁的記録に記録された事項を記載した書面を裁判所に提出しなければならない。

POINT

ご《5》つ《2》んとい《1》くぞ、（**特別**に）**財産目録提出**しなきゃ

（調査命令）
第522条　裁判所は，特別清算開始後において，清算株式会社の財産の状況を考慮して必要があると認めるときは，清算人，監査役，債権の申出をした債権者その他清算株式会社に知れている債権者の債権の総額の10分の1以上に当たる債権を有する債権者若しくは総株主（株主総会において決議をすることができる事項の全部につき議決権を行使することができない株主を除く。）の議決権の100分の3（これを下回る割合を定款で定めた場合にあっては，その割合）以上の議決権を6箇月（これを下回る期間を定款で定めた場合にあっては，その期間）前から引き続き有する株主若しくは発行済株式（自己株式を除く。）の100分の3（これを下回る割合を定款で定めた場合にあっては，その割合）以上の数の株式を6箇月（これを下回る期間を定款で定めた場合にあっては，その期間）前から引き続き有する株主の申立てにより又は職権で，次に掲げる事項について，調査委員による調査を命ずる処分（第533条において「調査命令」という。）をすることができる。
①　特別清算開始に至った事情
②　清算株式会社の業務及び財産の状況
③　第540条第1項の規定による保全処分をする必要があるかどうか。
④　第542条第1項の規定による保全処分をする必要があるかどうか。
⑤　第545条第1項に規定する役員等責任査定決定をする必要があるかどうか。
⑥　その他特別清算に必要な事項で裁判所の指定するもの

2　清算株式会社の財産につき担保権（特別の先取特権，質権，抵当権又はこの法律若しくは商法 の規定による留置権に限る。）を有する債権者がその担保権の行使によって弁済を受けることができる債権の額は，前項の債権の額に算入しない。
3　公開会社でない清算株式会社における第1項の規定の適用については，同項中「6箇月（これを下回る期間を定款で定めた場合にあっては，その期間）前から引き続き有する」とあるのは，「有する」とする。

POINT　こ《5》つ《2》ぶ《2》でも**特別**有能、**調査委員**

□調査命令に関する手続につき892条。

第3款　清算人

（清算人の公平誠実義務）
第523条　特別清算が開始された場合には，清算人は，債権者，清算株式会社及び株主に対し，公平かつ誠実に清算事務を行う義務を負う。

POINT　**特別（清算）**、通常（清算）、コ《5》ツ《2》み《3》な同じと**清算人**

□通常清算の清算人は、会社の機関として会社との間で委任関係に基づく義務を負うにすぎない（478条6項・330条、482条4項・355条）が、特別清算会社の清算人は、通常清算の清算人がそのまま就任するものの、特別清算の開始により裁判所から改めて特別清算手続の清算人に任命された者である。したがって、特別清算会社との関係は委任関係ではなく、直接本条の義務にしたがい、会社だけでなく株主および債権者に対しても公平誠実に清算事務を行う義務を負うと解される。

（清算人の解任等）
第524条　裁判所は，清算人が清算事務を適切に行っていないとき，その他重要な事由があるときは，債権者若しくは株主の申立てにより又は職権で，清算人を解任することができる。
2　清算人が欠けたときは，裁判所は，清算人を選任する。
3　清算人がある場合においても，裁判所は，必要があると認めるときは，更に清算人を選任することができる。

POINT　こ《5》ぶ《2》し《4》あげ、**清算人**を**特別**に**解任**

□特別清算中は株主総会に選任の権限なし。
□解任の手続につき893条参照。

（清算人代理）

第525条　清算人は，必要があるときは，その職務を行わせるため，自己の責任で1人又は2人以上の清算人代理を選任することができる。

2　前項の清算人代理の選任については，裁判所の許可を得なければならない。

POINT　**特別**なコ《5》ツ《2》、こ《5》の**清算人代理**にまかせろ

（清算人の報酬等）

第526条　清算人は，費用の前払及び裁判所が定める報酬を受けることができる。

2　前項の規定は，清算人代理について準用する。

第4款　監督委員

（監督委員の選任等）

第527条　裁判所は，1人又は2人以上の監督委員を選任し，当該監督委員に対し，第535条第1項の許可に代わる同意をする権限を付与することができる。

2　法人は，監督委員となることができる。

POINT　**特別**なコ《5》ツ《2》な《7》い、**監督**するだけ

□従来、債権者集会の選任する監査委員が100万円以上の財産の処分や借財につき同意を要する（旧商445条）とされていたが、実務上煩雑なので監督委員が設置されることになった。

□1項：一定額以上の財産の処分などを裁判所の許可が必要な事項と定め（535条1項）、監督委員はこの裁判所の許可に代わる同意をすることができる。

（監督委員に対する監督等）

第528条　監督委員は，裁判所が監督する。

2　裁判所は，監督委員が清算株式会社の業務及び財産の管理の監督を適切に行っていないとき，その他重要な事由があるときは，利害関係人の申立てにより又は職権で，監督委員を解任することができる。

POINT　コ《5》ツ《2》は《8》**監督の監督**、と**裁判所**

（2人以上の監督委員の職務執行）

第529条　監督委員が2人以上あるときは，共同してその職務を行う。ただし，裁判所の許可を得て，それぞれ単独にその職務を行い，又は職務を分掌することができる。

POINT

こ《5》に《2》く《9》らしい**監督委員**は**単独に**仕事

□原則として共同で職務を執行するが、裁判所の許可がある場合に限り、単独で行う。

（監督委員による調査等）

第530条　監督委員は，いつでも，清算株式会社の清算人及び監査役並びに支配人その他の使用人に対し，事業の報告を求め，又は清算株式会社の業務及び財産の状況を調査することができる。

2　監督委員は，その職務を行うため必要があるときは，清算株式会社の子会社に対し，事業の報告を求め，又はその子会社の業務及び財産の状況を調査することができる。

POINT

ゴ《5》ミ《3》丸《0》ごと**調べる監督委員**

（監督委員の注意義務）

第531条　監督委員は，善良な管理者の注意をもって，その職務を行わなければならない。

2　監督委員が前項の注意を怠ったときは，その監督委員は，利害関係人に対し，連帯して損害を賠償する責任を負う。

POINT

ゴ《5》ミ《3》一《1》人で**管理、善良**な**監督委員**

（監督委員の報酬等）

第532条　監督委員は，費用の前払及び裁判所が定める報酬を受けることができる。

2　監督委員は，その選任後，清算株式会社に対する債権又は清算株式会社の株式を譲り受け，又は譲り渡すには，裁判所の許可を得なければならない。

3　監督委員は，前項の許可を得ないで同項に規定する行為をしたときは，費用及び報酬の支払を受けることができない。

POINT

ゴ《5》ミ《3》に《2》**費用払え**と**監督委員**怒る

□監督委員の解任・報酬に関する手続につき894条。

第5款　調査委員

（調査委員の選任等）
第533条　裁判所は，調査命令をする場合には，当該調査命令において，1人又は2人以上の調査委員を選任し，調査委員が調査すべき事項及び裁判所に対して調査の結果の報告をすべき期間を定めなければならない。

POINT　ゴ《5》ミ《3》**見《3》る調査委員**も**必要**だ

□従来の検査役に代わるもの。裁判所が調査命令（522条1項）をする場合にのみ選任する。

（監督委員に関する規定の準用）
第534条　前款（第527条第1項及び第529条ただし書を除く。）の規定は，調査委員について準用する。

POINT　込《5》み《3》よ《4》、**調査**も**監督**と一緒

□調査委員も監督委員も特別清算会社の機関としての地位は似ているが、調査の対象（522条1項と530条を比較）、裁判所の許可に代わる監督委員の同意など（535条1項）、職務が異なる。
□手続につき895条。

第6款　清算株式会社の行為の制限等

（清算株式会社の行為の制限）
第535条　特別清算開始の命令があった場合には，清算株式会社が次に掲げる行為をするには，裁判所の許可を得なければならない。ただし，第527条第1項の規定により監督委員が選任されているときは，これに代わる監督委員の同意を得なければならない。
①　財産の処分（次条第1項各号に掲げる行為を除く。）
②　借財
③　訴えの提起
④　和解又は仲裁合意（仲裁法（平成15年法律第138号）第2条第1項 に規定する仲裁合意をいう。）
⑤　権利の放棄
⑥　その他裁判所の指定する行為
2　前項の規定にかかわらず，同項第1号から第5号までに掲げる行為については，次に掲げる場合には，同項の許可を要しない。
①　最高裁判所規則で定める額以下の価額を有するものに関するとき。
②　前号に掲げるもののほか，裁判所が前項の許可を要しないものとしたものに関するとき。
3　第1項の許可又はこれに代わる監督委員の同意を得ないでした行為は，無効とする。ただし，

これをもって善意の第三者に対抗することができない。

POINT

こ《5》のサン《3》ゴ《5》売ってよいと監督委員同意

□従来の監査委員制度（旧商445条）を撤廃し、監督委員が裁判所の許可に代わる同意をする。

（事業の譲渡の制限等）

第536条　特別清算開始の命令があった場合には，清算株式会社が次に掲げる行為をするには，裁判所の許可を得なければならない。

①　事業の全部の譲渡

②　事業の重要な一部の譲渡（当該譲渡により譲り渡す資産の帳簿価額が当該清算株式会社の総資産額として法務省令で定める方法により算定される額の5分の1（これを下回る割合を定款で定めた場合にあっては，その割合）を超えないものを除く。）

③　その子会社の株式又は持分の全部又は一部の譲渡（次のいずれにも該当する場合における譲渡に限る。）

イ　当該譲渡により譲り渡す株式又は持分の帳簿価額が当該清算株式会社の総資産額として法務省令で定める方法により算定される額の5分の1（これを下回る割合を定款で定めた場合にあっては，その割合）を超えるとき。

ロ　当該清算株式会社が，当該譲渡がその効力を生ずる日において当該子会社の議決権の総数の過半数の議決権を有しないとき。

2　前条第3項の規定は，前項の許可を得ないでした行為について準用する。

3　第7章（第467条第1項第5号を除く。）の規定は，特別清算の場合には，適用しない。

POINT

小《5》寒《36》い時の**特別**セール（＝**譲渡**）、
裁判所でやらせてもらう

□1項：各号にあるような特に重要な財産の処分については、裁判所の許可を得なければならず、それに代わる監督委員の同意は許されない。cf.535条1項1号かっこ書。

□1項2号：「法務省令」＝施規152条（貸借対照表の資産の部に計上した額）。

□許可に関する手続につき896条。

（債務の弁済の制限）

第537条　特別清算開始の命令があった場合には，清算株式会社は，協定債権者に対して，その債権額の割合に応じて弁済をしなければならない。

2　前項の規定にかかわらず，清算株式会社は，裁判所の許可を得て，少額の協定債権，清算株式会社の財産につき存する担保権によって担保される協定債権その他これを弁済しても他の債権者を害するおそれがない協定債権に係る債務について，債権額の割合を超えて弁済をすることができる。

POINT 混《5》み《3》合うな《7》ら**協定債権の弁済、按分**で

□従来は、割合的弁済の対象となる債権は限定されていなかったが、協定債権（515条3項かっこ書）だけが割合的弁済の対象になった。協定により債権者の権利を変更する場合につき563条以下参照。

（換価の方法）
第538条　清算株式会社は，民事執行法 その他強制執行の手続に関する法令の規定により，その財産の換価をすることができる。この場合においては，第535条第1項第1号の規定は，適用しない。
2　清算株式会社は，民事執行法 その他強制執行の手続に関する法令の規定により，第522条第2項に規定する担保権（以下この条及び次条において単に「担保権」という。）の目的である財産の換価をすることができる。この場合においては，当該担保権を有する者（以下この条及び次条において「担保権者」という。）は，その換価を拒むことができない。
3　前2項の場合には，民事執行法第63条 及び第129条（これらの規定を同法 その他強制執行の手続に関する法令において準用する場合を含む。）の規定は，適用しない。
4　第2項の場合において，担保権者が受けるべき金額がまだ確定していないときは，清算株式会社は、代金を別に寄託しなければならない。この場合においては、担保権は、寄託された代金につき存する。

POINT こ《5》ざ《3》っぱ《8》り、**特別**な**財産**もきれいに**換金**

（担保権者が処分をすべき期間の指定）
第539条　担保権者が法律に定められた方法によらないで担保権の目的である財産の処分をする権利を有するときは，裁判所は，清算株式会社の申立てにより，担保権者がその処分をすべき期間を定めることができる。
2　担保権者は，前項の期間内に処分をしないときは，同項の権利を失う。

POINT コ《5》サ《3》ック《9》のような**担保権者**の襲撃、**期間定めよ**

□手続につき897条。

第7款　清算の監督上必要な処分等

（清算株式会社の財産に関する保全処分）
第540条　裁判所は，特別清算開始の命令があった場合において，清算の監督上必要があると認めるときは，債権者，清算人，監査役若しくは株主の申立てにより又は職権で，清算株式会社の財産に関し，その財産の処分禁止の仮処分その他の必要な保全処分を命ずることができる。
2　裁判所は，特別清算開始の申立てがあった時から当該申立てについての決定があるまでの間においても，必要があると認めるときは，債権者，清算人，監査役若しくは株主の申立てにより又は職権で，前項の規定による保全処分をすることができる。特別清算開始の申立てを却下する決定に対して第890条第5項の即時抗告がされたときも，同様とする。
3　裁判所が前2項の規定により清算株式会社が債権者に対して弁済その他の債務を消滅させる行為をすることを禁止する旨の保全処分を命じた場合には，債権者は，特別清算の関係においては，当該保全処分に反してされた弁済その他の債務を消滅させる行為の効力を主張することができない。ただし，債権者が，その行為の当時，当該保全処分がされたことを知っていたときに限る。

POINT
後《5》陣《4》ゼロ《0》とならぬよう**特別**に**財産保全**

□保全処分の手続につき898条。

（株主名簿の記載等の禁止）
第541条　裁判所は，特別清算開始の命令があった場合において，清算の監督上必要があると認めるときは，債権者，清算人，監査役若しくは株主の申立てにより又は職権で，清算株式会社が株主名簿記載事項を株主名簿に記載し，又は記録することを禁止することができる。
2　裁判所は，特別清算開始の申立てがあった時から当該申立てについての決定があるまでの間においても，必要があると認めるときは，債権者，清算人，監査役若しくは株主の申立てにより又は職権で，前項の規定による処分をすることができる。特別清算開始の申立てを却下する決定に対して第890条第5項の即時抗告がされたときも，同様とする。

POINT
こ《5》よ《4》い《1》から（**名簿**）**記載禁止**、
特別なこと書くな

（役員等の財産に対する保全処分）
第542条　裁判所は，特別清算開始の命令があった場合において，清算の監督上必要があると認めるときは，清算株式会社の申立てにより又は職権で，発起人，設立時取締役，設立時監査役，第423条第1項に規定する役員等又は清算人（以下この款において「対象役員等」という。）の責任に基づく損害賠償請求権につき，当該対象役員等の財産に対する保全処分をすることができる。
2　裁判所は，特別清算開始の申立てがあった時から当該申立てについての決定があるまでの間においても，緊急の必要があると認めるときは，清算株式会社の申立てにより又は職権で，前項の規定による保全処分をすることができる。特別清算開始の申立てを却下する決定に対して第890条第5項の即時抗告がされたときも，同様とする。

POINT
塀越《5》し《4》に《2》**保全**、**役員の財産**

（役員等の責任の免除の禁止）
第543条　裁判所は，特別清算開始の命令があった場合において，清算の監督上必要があると認めるときは，債権者，清算人，監査役若しくは株主の申立てにより又は職権で，対象役員等の責任の免除の禁止の処分をすることができる。

POINT
こ《5》よ《4》み《3》に記す**責任免除**、今日から**ダメ**と

（役員等の責任の免除の取消し）
第544条　特別清算開始の命令があったときは，清算株式会社は，特別清算開始の申立てがあった後又はその前1年以内にした対象役員等の責任の免除を取り消すことができる。不正の目的によってした対象役員等の責任の免除についても，同様とする。
2　前項の規定による取消権は，訴え又は抗弁によって，行使する。
3　第1項の規定による取消権は，特別清算開始の命令があった日から2年を経過したときは，行使することができない。当該対象役員等の責任の免除の日から20年を経過したときも，同様とする。

POINT
仲良しこ《5》よ《4》し《4》の**役員**だけ**責任免除**?! **取消**せ!

□1項：特別清算では破産手続等と異なり、特別清算開始後も会社財産の管理処分をする者が変わらないため役員等の責任免除が安易に行われる可能性があるため。
□2項：管轄の特別清算裁判所に訴える。cf.857条。

（役員等責任査定決定）
第545条　裁判所は，特別清算開始の命令があった場合において，必要があると認めるときは，

清算株式会社の申立てにより又は職権で，対象役員等の責任に基づく損害賠償請求権の査定の裁判（以下この条において「役員等責任査定決定」という。）をすることができる。
2　裁判所は，職権で役員等責任査定決定の手続を開始する場合には，その旨の決定をしなければならない。
3　第1項の申立て又は前項の決定があったときは，時効の完成猶予及び更新に関しては，裁判上の請求があったものとみなす。
4　役員等責任査定決定の手続（役員等責任査定決定があった後のものを除く。）は，特別清算が終了したときは，終了する。

POINT　ゴ《5》シ《4》ゴ《5》シ洗い出せ、**役員の責任査定**

□1項：不服のある者は異議の訴えを提起できる。cf.858条。他の手続につき899条。

第8款　債権者集会

（債権者集会の招集）
第546条　債権者集会は，特別清算の実行上必要がある場合には，いつでも，招集することができる。
2　債権者集会は，次条第3項の規定により招集する場合を除き，清算株式会社が招集する。

POINT　小《5》次《4》郎《6》（**債権者**）**集会招集**、早々と待つ

□通常の株主総会の招集についての296条と比較せよ。

（債権者による招集の請求）
第547条　債権の申出をした協定債権者その他清算株式会社に知れている協定債権者の協定債権の総額の10分の1以上に当たる協定債権を有する協定債権者は，清算株式会社に対し，債権者集会の目的である事項及び招集の理由を示して，債権者集会の招集を請求することができる。
2　清算株式会社の財産につき第522条第2項に規定する担保権を有する協定債権者がその担保権の行使によって弁済を受けることができる協定債権の額は，前項の協定債権の額に算入しない。
3　次に掲げる場合には，第1項の規定による請求をした協定債権者は，裁判所の許可を得て，債権者集会を招集することができる。
①　第1項の規定による請求の後遅滞なく招集の手続が行われない場合
②　第1項の規定による請求があった日から6週間以内の日を債権者集会の日とする債権者集会の招集の通知が発せられない場合

□株主による通常の株主総会についての297条と比較せよ。
□許可の申立てについての裁判につき900条。

（債権者集会の招集等の決定）

第548条　債権者集会を招集する者（以下この款において「招集者」という。）は，債権者集会を招集する場合には，次に掲げる事項を定めなければならない。

①　債権者集会の日時及び場所

②　債権者集会の目的である事項

③　債権者集会に出席しない協定債権者が電磁的方法によって議決権を行使することができることとするときは，その旨

④　前3号に掲げるもののほか，法務省令で定める事項

2　清算株式会社が債権者集会を招集する場合には，当該清算株式会社は，各協定債権について債権者集会における議決権の行使の許否及びその額を定めなければならない。

3　清算株式会社以外の者が債権者集会を招集する場合には，その招集者は，清算株式会社に対し，前項に規定する事項を定めることを請求しなければならない。この場合において，その請求があったときは，清算株式会社は，同項に規定する事項を定めなければならない。

4　清算株式会社の財産につき第522条第2項に規定する担保権を有する協定債権者は，その担保権の行使によって弁済を受けることができる協定債権の額については，議決権を有しない。

5　協定債権者は，共助対象外国租税の請求権については，議決権を有しない。

□通常の株主総会の招集の決定につき298条。

□1項4号：「法務省令」＝施規153条。

□2・3項：各協定債権者の議決権の有無や額は会社が決め、参考書類に記載する（550条1項）が、これに対し、協定債権者の異議があれば裁判所が決定（553条）する。施規154条を参照のこと。

（債権者集会の招集の通知）

第549条　債権者集会を招集するには，招集者は，債権者集会の日の2週間前までに，債権の申出をした協定債権者その他清算株式会社に知れている協定債権者及び清算株式会社に対して，書面をもってその通知を発しなければならない。

2　招集者は，前項の書面による通知の発出に代えて，政令で定めるところにより，同項の通知を受けるべき者の承諾を得て，電磁的方法により通知を発することができる。この場合において，当該招集者は，同項の書面による通知を発したものとみなす。

3　前2項の通知には，前条第1項各号に掲げる事項を記載し，又は記録しなければならない。

4　前3項の規定は，債権の申出をした債権者その他清算株式会社に知れている債権者であって一般の先取特権その他一般の優先権がある債権，特別清算の手続のために清算株式会社に対して生じた債権又は特別清算の手続に関する清算株式会社に対する費用請求権を有するものについて準用する。

□通常の株主総会の招集の通知についての299条と比較せよ。

□2項：政令＝施令2条1項3号、施規230条により電子メールの受信や磁気ディスク等の交付に代わりうる。

（債権者集会参考書類及び議決権行使書面の交付等）

第550条　招集者は，前条第1項の通知に際しては，法務省令で定めるところにより，債権の

申出をした協定債権者その他清算株式会社に知れている協定債権者に対し，当該協定債権者が有する協定債権について第548条第2項又は第3項の規定により定められた事項及び議決権の行使について参考となるべき事項を記載した書類（次項において「債権者集会参考書類」という。）並びに協定債権者が議決権を行使するための書面（以下この款において「議決権行使書面」という。）を交付しなければならない。
2　招集者は，前条第2項の承諾をした協定債権者に対し同項の電磁的方法による通知を発するときは，前項の規定による債権者集会参考書類及び議決権行使書面の交付に代えて，これらの書類に記載すべき事項を電磁的方法により提供することができる。ただし，協定債権者の請求があったときは，これらの書類を当該協定債権者に交付しなければならない。

□通常の株主総会参考書類および議決権書面の交付等と比較せよ（301条）。
□1項：「法務省令」＝施規155条。参考書類については施規154条。

（債権者集会参考書類及び議決権行使書面の交付等・その2）
第551条　招集者は，第548条第1項第3号に掲げる事項を定めた場合には，第549条第2項の承諾をした協定債権者に対する電磁的方法による通知に際して，法務省令で定めるところにより，協定債権者に対し，議決権行使書面に記載すべき事項を当該電磁的方法により提供しなければならない。
2　招集者は，第548条第1項第3号に掲げる事項を定めた場合において，第549条第2項の承諾をしていない協定債権者から債権者集会の日の1週間前までに議決権行使書面に記載すべき事項の電磁的方法による提供の請求があったときは，法務省令で定めるところにより，直ちに，当該協定債権者に対し，当該事項を電磁的方法により提供しなければならない。

□通常の株主総会での電子投票制度採用の場合につき302条。
□1・2項：「法務省令」＝施規155条。

（債権者集会の指揮等）
第552条　債権者集会は，裁判所が指揮する。
2　債権者集会を招集しようとするときは，招集者は，あらかじめ，第548条第1項各号に掲げる事項及び同条第2項又は第3項の規定により定められた事項を裁判所に届け出なければならない。

POINT　**こ《5》こ《5》に《2》指揮**する**債権者集会**

（異議を述べられた議決権の取扱い）
第553条　債権者集会において，第548条第2項又は第3項の規定により各協定債権について定められた事項について，当該協定債権を有する者又は他の協定債権者が異議を述べたときは，

裁判所がこれを定める。

POINT こ《5》こ《5》見《3》ろおかしいと**協定債権者異議**

□各協定債権者の議決権の有無およびその額につき、原則として会社が定め（548条2・3項）参考書類に記載（550条1項）。

（債権者集会の決議）
第554条 債権者集会において決議をする事項を可決するには，次に掲げる同意のいずれもがなければならない。
① 出席した議決権者（議決権を行使することができる協定債権者をいう。以下この款及び次款において同じ。）の過半数の同意
② 出席した議決権者の議決権の総額の2分の1を超える議決権を有する者の同意
2 第558条第1項の規定によりその有する議決権の一部のみを前項の事項に同意するものとして行使した議決権者（その余の議決権を行使しなかったものを除く。）があるときの同項第1号の規定の適用については，当該議決権者1人につき，出席した議決権者の数に1を，同意をした議決権者の数に2分の1を，それぞれ加算するものとする。
3 債権者集会は，第548条第1項第2号に掲げる事項以外の事項については，決議をすることができない。

□通常の株主総会の決議についての309条と比較せよ。

（議決権の代理行使）
第555条 協定債権者は，代理人によってその議決権を行使することができる。この場合においては，当該協定債権者又は代理人は，代理権を証明する書面を招集者に提出しなければならない。
2 前項の代理権の授与は，債権者集会ごとにしなければならない。
3 第1項の協定債権者又は代理人は，代理権を証明する書面の提出に代えて，政令で定めるところにより，招集者の承諾を得て，当該書面に記載すべき事項を電磁的方法により提供することができる。この場合において，当該協定債権者又は代理人は，当該書面を提出したものとみなす。
4 協定債権者が第549条第2項の承諾をした者である場合には，招集者は，正当な理由がなければ，前項の承諾をすることを拒んではならない。

□通常の株主総会での議決権の代理行使につき同様の法文あり。cf.310条1～4項。
□3項：「政令」＝施令1条1項8号。

（書面による議決権の行使）
第556条 債権者集会に出席しない協定債権者は，書面によって議決権を行使することができる。
2 書面による議決権の行使は，議決権行使書面に必要な事項を記載し，法務省令で定める時までに当該記載をした議決権行使書面を招集者に提出して行う。

3　前項の規定により書面によって議決権を行使した議決権者は，第554条第1項及び第567条第1項の規定の適用については，債権者集会に出席したものとみなす。

□通常の株主総会での書面による議決権の行使につき同様の法文あり。cf.311条1・2項。
□2項：「法務省令」＝施規156条。

（電磁的方法による議決権の行使）
第557条　電磁的方法による議決権の行使は，政令で定めるところにより，招集者の承諾を得て，法務省令で定める時までに議決権行使書面に記載すべき事項を，電磁的方法により当該招集者に提供して行う。
2　協定債権者が第549条第2項の承諾をした者である場合には，招集者は，正当な理由がなければ，前項の承諾をすることを拒んではならない。
3　第1項の規定により電磁的方法によって議決権を行使した議決権者は，第554条第1項及び第567条第1項の規定の適用については，債権者集会に出席したものとみなす。

□通常の株主総会での電磁的方法による議決権の行使につき同様の法文あり。cf.312条1～3項。
□1項：「政令」＝施令1条1項9号。「法務省令」＝施規157条。

（議決権の不統一行使）
第558条　協定債権者は，その有する議決権を統一しないで行使することができる。この場合においては，債権者集会の日の3日前までに，招集者に対してその旨及びその理由を通知しなければならない。
2　招集者は，前項の協定債権者が他人のために協定債権を有する者でないときは，当該協定債権者が同項の規定によりその有する議決権を統一しないで行使することを拒むことができる。

□通常の株主総会につき同様の法文あり。cf.313条1～3項。

（担保権を有する債権者等の出席等）
第559条　債権者集会又は招集者は，次に掲げる債権者の出席を求め，その意見を聴くことができる。この場合において，債権者集会にあっては，これをする旨の決議を経なければならない。
①　第522条第2項に規定する担保権を有する債権者
②　一般の先取特権その他一般の優先権がある債権，特別清算の手続のために清算株式会社に対して生じた債権又は特別清算の手続に関する清算株式会社に対する費用請求権を有する債権者

POINT　午《5》後《5》来《9》るぞ**担保権者**、**（債権者）集会**に

（延期又は続行の決議）
第560条　債権者集会においてその延期又は続行について決議があった場合には，第548条（第4項を除く。）及び第549条の規定は，適用しない。

□通常の株主総会につき同様の法文あり。cf.317条。

（議事録）
第561条　債権者集会の議事については，招集者は，法務省令で定めるところにより，議事録を作成しなければならない。

□通常の株主総会につき同様の法文あり。cf.318条1項。
□「法務省令」＝施規158条。

（清算人の調査結果等の債権者集会に対する報告）
第562条　特別清算開始の命令があった場合において，第492条第1項に規定する清算人が清算株式会社の財産の現況についての調査を終了して財産目録等（同項に規定する財産目録等をいう。以下この条において同じ。）を作成したときは，清算株式会社は，遅滞なく，債権者集会を招集し，当該債権者集会に対して，清算株式会社の業務及び財産の状況の調査の結果並びに財産目録等の要旨を報告するとともに，清算の実行の方針及び見込みに関して意見を述べなければならない。ただし，債権者集会に対する報告及び意見の陳述以外の方法によりその報告すべき事項及び当該意見の内容を債権者に周知させることが適当であると認めるときは，この限りでない。

POINT　結果出たこ《5》ろ《6》に《2》開け、**債権者集会**

□従来、財産目録等の作成（492条）の後、債権者集会の開催が義務づけられていたが、税務対策型の特別清算事件では債権者数が少数にとどまる上、会社の業務・財産の状況をすでに熟知していて、改めて債権者集会を開催して結果を報告し、清算方針などの意見を陳述する意義が乏しい。このような実務の状況より、債権者集会以外の方法で報告および意見内容を債権者に知らせることが適当な場合、債権者集会の開催を省略できる。例えば、報告内容と意見の要旨を書面で各債権者に送付する方法など。

第9款　協定

（協定の申出）
第563条　清算株式会社は，債権者集会に対し，協定の申出をすることができる。

POINT　**協定**するこ《5》ろ《6》さ《3》、**債権者集会**

□特別清算は破産手続と異なり、会社の債務全額の解消を最終目的とする。したがって本条以下のように、関係人の自治を基本とし、手続も簡易迅速なものとする。

（協定の条項）
第564条　協定においては，協定債権者の権利（第522条第2項に規定する担保権を除く。）の全部又は一部の変更に関する条項を定めなければならない。
2　協定債権者の権利の全部又は一部を変更する条項においては，債務の減免，期限の猶予その他の権利の変更の一般的基準を定めなければならない。

POINT　折り合うこ《5》ろ《6》よ《4》、**協定債権変更**

（協定による権利の変更）
第565条　協定による権利の変更の内容は，協定債権者の間では平等でなければならない。ただし，不利益を受ける協定債権者の同意がある場合又は少額の協定債権について別段の定めをしても衡平を害しない場合その他協定債権者の間に差を設けても衡平を害しない場合は，この限りでない。

□関係人の自治が基本とされるため。

（担保権を有する債権者等の参加）
第566条　清算株式会社は，協定案の作成に当たり必要があると認めるときは，次に掲げる債権者の参加を求めることができる。
①　第522条第2項に規定する担保権を有する債権者
②　一般の先取特権その他一般の優先権がある債権を有する債権者

POINT　口《5》論《6》無《6》理な労働者、
協定（案）作りに参加する

□2号：労働者の給料債権など有する債権者は、担保権者と同じく協定案の作成に参加できる。

（協定の可決の要件）
第567条　第554条第1項の規定にかかわらず，債権者集会において協定を可決するには，次に掲げる同意のいずれもがなければならない。
①　出席した議決権者の過半数の同意
②　議決権者の議決権の総額の3分の2以上の議決権を有する者の同意
2　第554条第2項の規定は，前項第1号の規定の適用について準用する。

POINT　すご《5》む《6》な《7》ら**協定**通る（＝**可決**）よ、**過半数**おどせ

□1項：債権者集会の決議（554条1項2号）と1号は同様であるが、2号は議決権の総額の過半数でなく3分の2以上の議決権を有する者の同意。もっとも従来の4分の3以上から緩

和されたことになる。

（協定の認可の申立て）
第568条　協定が可決されたときは，清算株式会社は，遅滞なく，裁判所に対し，協定の認可の申立てをしなければならない。

POINT　**可決**のこ《5》ろ《6》は《8》（**協定**）**認可**のころ

□利害関係人の意見陳述等手続につき901条1・3項。

（協定の認可又は不認可の決定）
第569条　前条の申立てがあった場合には，裁判所は，次項の場合を除き，協定の認可の決定をする。
2　裁判所は，次のいずれかに該当する場合には，協定の不認可の決定をする。
①　特別清算の手続又は協定が法律の規定に違反し，かつ，その不備を補正することができないものであるとき。ただし，特別清算の手続が法律の規定に違反する場合において，当該違反の程度が軽微であるときは，この限りでない。
②　協定が遂行される見込みがないとき。
③　協定が不正の方法によって成立するに至ったとき。
④　協定が債権者の一般の利益に反するとき。

□1項：決定の公告につき901条2項。
□2項：従来明記されていなかった不認可事由を明記。cf.民事再生法174条。

（協定の効力発生の時期）
第570条　協定は，認可の決定の確定により，その効力を生ずる。

POINT　こ《5》うな《7》れ《0》ば**協定**いよいよ**発効**だ

□清算会社と協定債権者全員に対して効力を生じる。cf.次条1項。

（協定の効力範囲）
第571条　協定は，清算株式会社及びすべての協定債権者のために，かつ，それらの者に対して効力を有する。
2　協定は，第522条第2項に規定する債権者が有する同項に規定する担保権，協定債権者が清算株式会社の保証人その他清算株式会社と共に債務を負担する者に対して有する権利及び清算株式会社以外の者が協定債権者のために提供した担保に影響を及ぼさない。
3　協定の認可の決定が確定したときは，協定債権者の権利は，協定の定めに従い，変更される。
4　前項の規定にかかわらず，共助対象外国租税の請求権についての協定による権利の変更の効力は，租税条約等実施特例法第11条第1項の規定による共助との関係においてのみ主張することができる。

POINT
文句こ《5》な《7》い《1》ぞ、**皆協定**に満足さ

（協定の内容の変更）
第572条　協定の実行上必要があるときは，協定の内容を変更することができる。この場合においては，第563条から前条までの規定を準用する。

POINT
後《5》難《7》に《2》備え、**協定変更**

□手続につき901条4項。

第10款　特別清算の終了

（特別清算終結の決定）
第573条　裁判所は，特別清算開始後，次に掲げる場合には，清算人，監査役，債権者，株主又は調査委員の申立てにより，特別清算終結の決定をする。
①　特別清算が結了したとき。
②　特別清算の必要がなくなったとき。

POINT
こ《5》うな《7》りゃ最《3》後、**特別清算終結決定**

□1項2号：特別清算の必要がなくなったときとは、特別清算開始後に債務超過の疑いがなくなる、または始めからその疑いがなかったことが判明したようなときなどをいう。
□裁判所の公告につき902条。登記につき938条1項3号。

（破産手続開始の決定）
第574条　裁判所は，特別清算開始後，次に掲げる場合において，清算株式会社に破産手続開始の原因となる事実があると認めるときは，職権で，破産法 に従い，破産手続開始の決定をしなければならない。
①　協定の見込みがないとき。
②　協定の実行の見込みがないとき。
③　特別清算によることが債権者の一般の利益に反するとき。
2　裁判所は，特別清算開始後，次に掲げる場合において，清算株式会社に破産手続開始の原因となる事実があると認めるときは，職権で，破産法 に従い，破産手続開始の決定をすることができる。
①　協定が否決されたとき。
②　協定の不認可の決定が確定したとき。

3　前2項の規定により破産手続開始の決定があった場合における破産法第71条第1項第4号 並びに第2項第2号 及び第3号，第72条第1項第4号並びに第2項第2号及び第3号，第160条（第1項第1号を除く。），第162条（第1項第2号を除く。），第163条第2項，第164条第1項（同条第2項において準用する場合を含む。），第166条並びに第167条第2項（同法第170条第2項 において準用する場合を含む。）の規定の適用については，次の各号に掲げる区分に応じ，当該各号に定める申立てがあった時に破産手続開始の申立てがあったものとみなす。

①　特別清算開始の申立ての前に特別清算開始の命令の確定によって効力を失った破産手続における破産手続開始の申立てがある場合　当該破産手続開始の申立て

②　前号に掲げる場合以外の場合　特別清算開始の申立て

4　第1項又は第2項の規定により破産手続開始の決定があったときは，特別清算の手続のために清算株式会社に対して生じた債権及び特別清算の手続に関する清算株式会社に対する費用請求権は，財団債権とする。

POINT　こ《5》な《7》し《4》ていこう、（**特別**）**清算**から**破産の開始**へ

第3編 持分会社

第1章　設立

（定款の作成）

第575条　合名会社，合資会社又は合同会社（以下「持分会社」と総称する。）を設立するには，その社員になろうとする者が定款を作成し，その全員がこれに署名し，又は記名押印しなければならない。

2　前項の定款は，電磁的記録をもって作成することができる。この場合において，当該電磁的記録に記録された情報については，法務省令で定める署名又は記名押印に代わる措置をとらなければならない。

POINT

こ《5》な《7》ご《5》な自尊心、
持分会社出向に諦観（＝**定款**）

□1項：持分会社は、合名会社、合資会社、合同会社の総称。合同会社は、有限責任社員だけからなる新たな会社類型として新設された。cf.2条1号、次条4項。株式会社の定款作成につきほぼ同様の法文あり。cf.26条。ただし、持分会社の定款作成者は株式会社のように「発起人」でなく「社員になろうとする者」。利害関係人の多くない持分会社の設立企画者をわざわざ発起人と呼ぶ必要がないため。株式会社の発起人に関する25条の解説を参照のこと。また、持分会社では法人でも社員になれる。cf.598条。

□2項：「法務省令」＝施規225条1項10号（電子署名）。

（定款の記載又は記録事項）

第576条　持分会社の定款には，次に掲げる事項を記載し，又は記録しなければならない。

①　目的

②　商号

③　本店の所在地

④　社員の氏名又は名称及び住所

⑤　社員が無限責任社員又は有限責任社員のいずれであるかの別

⑥　社員の出資の目的（有限責任社員にあっては，金銭等に限る。）及びその価額又は評価の標準

2　設立しようとする持分会社が合名会社である場合には，前項第5号に掲げる事項として，その社員の全部を無限責任社員とする旨を記載し，又は記録しなければならない。

3　設立しようとする持分会社が合資会社である場合には，第1項第5号に掲げる事項として，その社員の一部を無限責任社員とし，その他の社員を有限責任社員とする旨を記載し，又は記録しなければならない。

4　設立しようとする持分会社が合同会社である場合には，第1項第5号に掲げる事項として，その社員の全部を有限責任社員とする旨を記載し，又は記録しなければならない。

POINT **こ《5》うな《7》る《6》定款! 持分会社**

□株式会社の定款記載事項につきほぼ同様の法文あり。cf.27条。

□1項4号：従来は法人が無限責任社員となることを禁止していたが、法人社員も認められるようになり、その場合は「名称」を定款に記載する。法人社員の実際の業務執行については598条を参照のこと。また、社員1名による設立が認められるようになったと解される。cf.641条4号の文言。なお、合同会社の社員は、合名会社や合資会社と異なり会社債権者に責任を負わないため、業務執行社員や代表社員以外は登記事項ではない。その代わり資本金が登記事項。cf.914条5～8号。

□1項6号：無限責任社員は労務、信用の出資でもよいが、有限責任社員はそのような出資はできない。かっこ書の「金銭等」とは金銭その他の財産（151条柱書）であって、信用・労務などは含まれないということ。27条4号に比べて記載要件がやや詳細であるのは、持分会社における野放図になりがちな現物出資に金銭以外の出資財産の「評価の標準」を要求することで、一定の歯止めをかける趣旨。

（定款の記載又は記録事項・その2）
第577条　前条に規定するもののほか，持分会社の定款には，この法律の規定により定款の定めがなければその効力を生じない事項及びその他の事項でこの法律の規定に違反しないものを記載し，又は記録することができる。

POINT **語《5》、何《7》な《7》りと記載、持（分会）社の定款**

□定款の任意的記載事項につき明記された。株式会社においても同様の法文あり。cf.29条。

（合同会社の設立時の出資の履行）
第578条　設立しようとする持分会社が合同会社である場合には，当該合同会社の社員になろうとする者は，定款の作成後，合同会社の設立の登記をする時までに，その出資に係る金銭の全額を払い込み，又はその出資に係る金銭以外の財産の全部を給付しなければならない。ただし，合同会社の社員になろうとする者全員の同意があるときは，登記，登録その他権利の設定又は移転を第三者に対抗するために必要な行為は，合同会社の成立後にすることを妨げない。

POINT **合《5》同な《7》らは《8》じめに全額払え**

□合同会社における全額払込み・給付主義の規定。新たな社員の加入に関する604条3項も参照のこと。合同会社の社員はすべて有限責任社員（576条4項）なので、社員の出資は金銭等に限られ（576条1項6号）、資本金は登記事項となる。cf.914条5号。これに対し、合名、合資会社の社員は設立の際に全額払込み・給付をする必要はなく、履行時期、方法等定款で自由に定めうる。

（持分会社の成立）
第579条　持分会社は，その本店の所在地において設立の登記をすることによって成立する。

POINT **登記**後《5》泣《7》く《9》、**持分会社成立**パーティ

□株式会社の成立につき同様の法文あり。cf.49条。

第2章　社員

第1節　社員の責任等

（社員の責任）
第580条　社員は，次に掲げる場合には，連帯して，持分会社の債務を弁済する責任を負う。
①　当該持分会社の財産をもってその債務を完済することができない場合
②　当該持分会社の財産に対する強制執行がその効を奏しなかった場合（社員が，当該持分会社に弁済をする資力があり，かつ，強制執行が容易であることを証明した場合を除く。）
2　有限責任社員は，その出資の価額（既に持分会社に対し履行した出資の価額を除く。）を限度として，持分会社の債務を弁済する責任を負う。

POINT 今《5》夜《8》丸《0》ごと**弁済せよ、社員たち**

□2項：合資会社の有限責任社員のうち出資未払いの者に対する規定。かっこ書は既払い社員に対しての文言。合同会社の社員は全額出資済みのはずなので、関係なし（間接有限責任）。合同会社社員の全額出資に関する578条の解説を参照のこと。

（社員の抗弁）
第581条　社員が持分会社の債務を弁済する責任を負う場合には，社員は，持分会社が主張することができる抗弁をもって当該持分会社の債権者に対抗することができる。
2　前項に規定する場合において，持分会社がその債権者に対して相殺権，取消権又は解除権を有するときは，これらの権利の行使によって持分会社がその債務を免れるべき限度において，社員は，当該債権者に対して債務の履行を拒むことができる。

POINT

五《5》倍《81》にして言い返す（**社員**）、**会社の抗弁**使って

（社員の出資に係る責任）

第582条　社員が金銭を出資の目的とした場合において，その出資をすることを怠ったときは，当該社員は，その利息を支払うほか，損害の賠償をしなければならない。

2　社員が債権を出資の目的とした場合において，当該債権の債務者が弁済期に弁済をしなかったときは，当該社員は，その弁済をする責任を負う。この場合においては，当該社員は，その利息を支払うほか，損害の賠償をしなければならない。

POINT

小《5》屋《8》に《2》閉じ込め**未出資社員**への
ペナルティ（＝**利息・損害賠償**）

□出資の目的にかかわらず社員が出資義務を履行しない場合は、除名の訴えの対象となる。cf.859条1号。

（社員の責任を変更した場合の特則）

第583条　有限責任社員が無限責任社員となった場合には，当該無限責任社員となった者は，その者が無限責任社員となる前に生じた持分会社の債務についても，無限責任社員としてこれを弁済する責任を負う。

2　有限責任社員（合同会社の社員を除く。）が出資の価額を減少した場合であっても，当該有限責任社員は，その旨の登記をする前に生じた持分会社の債務については，従前の責任の範囲内でこれを弁済する責任を負う。

3　無限責任社員が有限責任社員となった場合であっても，当該有限責任社員となった者は，その旨の登記をする前に生じた持分会社の債務については，無限責任社員として当該債務を弁済する責任を負う。

4　前2項の責任は，前2項の登記後2年以内に請求又は請求の予告をしない持分会社の債権者に対しては，当該登記後2年を経過した時に消滅する。

POINT

責任もご《5》破《8》算《3》？ **責任変更社員**どうなる？

□社員の責任変更があった持分会社の会社債権者を保護する趣旨。

□3項：合名会社から合同会社に変更するような場合（組織変更ではなく定款変更の手続をとる。cf.638条1項3号）に、合名会社から株式会社への変更（こちらは組織変更）で必要とされるような会社債権者への催告、公告といった債権者保護手続（781条2項、779条2項）がない。そこで、本項により登記前の社員から弁済を受けうるようにして会社債権者を保護している。変更登記も早期に済まされてしまった場合、会社債権者としては、無限責任社員と誤認させる行為が登記後の（有限責任）社員にあったとして、無限責任を追及する（588条）しか方法がないであろう。

（無限責任社員となることを許された未成年者の行為能力）

第584条　持分会社の無限責任社員となることを許された未成年者は，社員の資格に基づく行為に関しては，行為能力者とみなす。

POINT

小《5》走《84》り丁稚も**能力**ある**社員**

第2節　持分の譲渡等

（持分の譲渡）

第585条　社員は，他の社員の全員の承諾がなければ，その持分の全部又は一部を他人に譲渡することができない。

2　前項の規定にかかわらず，業務を執行しない有限責任社員は，業務を執行する社員の全員の承諾があるときは，その持分の全部又は一部を他人に譲渡することができる。

3　第637条の規定にかかわらず，業務を執行しない有限責任社員の持分の譲渡に伴い定款の変更を生ずるときは，その持分の譲渡による定款の変更は，業務を執行する社員の全員の同意によってすることができる。

4　前3項の規定は，定款で別段の定めをすることを妨げない。

POINT

こ《5》りゃ《8》こ《5》りゃ、**持分**、勝手に**譲るな**

□「他人」への譲渡であって「社員以外の者」と限定しているわけではないので、社員間の譲渡にも本条の規制が及ぶ。

□2項：有限責任社員でも原則として業務執行権が認められ、そうでない場合は定款で別段の定めをすることになったので（590条1項）、持分の譲渡については当該社員に業務執行権があるかないかで区別することとなった。業務を執行しない有限責任社員の持分譲渡についてだけ、1項が排除されることに注意。

□3項：持分譲渡により、定款の社員の氏名、住所等（576条1項4号）を書き換えなくてはならない、つまり、定款変更として本来は総社員の同意が必要（637条）なはずであるが、2項と平仄を合わせている。さらに定款で別段の定めもできる（次項）。したがって定款変更が持分譲渡に対する重大な制約とはならない。

（持分の全部の譲渡をした社員の責任）

第586条　持分の全部を他人に譲渡した社員は，その旨の登記をする前に生じた持分会社の債務について，従前の責任の範囲内でこれを弁済する責任を負う。

2　前項の責任は，同項の登記後2年以内に請求又は請求の予告をしない持分会社の債権者に対しては，当該登記後2年を経過した時に消滅する。

POINT 「こ《5》ば《8》む《6》**登記後の弁済!**」もう、**社員じゃない**ぞ

> **第587条**　持分会社は，その持分の全部又は一部を譲り受けることができない。
> 2　持分会社が当該持分会社の持分を取得した場合には，当該持分は，当該持分会社がこれを取得した時に，消滅する。

POINT 小《5》判《8》な《7》らい買い取る、
自社持分は**買い取れない**けど

□株式会社における株式と異なり持分を会社から独立した経済的価値を有するものと認識し難く、もし持分会社自身が自社の持分（自己持分）を取得した場合は、原則どおり混同により消滅することを明記。

第3節　誤認行為の責任

> **（無限責任社員であると誤認させる行為等をした有限責任社員の責任）**
> **第588条**　合資会社の有限責任社員が自己を無限責任社員であると誤認させる行為をしたときは，当該有限責任社員は，その誤認に基づいて合資会社と取引をした者に対し，無限責任社員と同一の責任を負う。
> 2　合資会社又は合同会社の有限責任社員がその責任の限度を誤認させる行為（前項の行為を除く。）をしたときは，当該有限責任社員は，その誤認に基づいて合資会社又は合同会社と取引をした者に対し，その誤認させた責任の範囲内で当該合資会社又は合同会社の債務を弁済する責任を負う。

POINT こ《5》んば《8》んは《8》、**社員**ですと**誤認**させ

□責任を偽った有限責任社員の責任規定。次条の擬似社員の責任とあわせて禁反言の法理に基づく。

> **（社員であると誤認させる行為をした者の責任）**
> **第589条**　合名会社又は合資会社の社員でない者が自己を無限責任社員であると誤認させる行為をしたときは，当該社員でない者は，その誤認に基づいて合名会社又は合資会社と取引をした者に対し，無限責任社員と同一の責任を負う。

2　合資会社又は合同会社の社員でない者が自己を有限責任社員であると誤認させる行為をしたときは，当該社員でない者は，その誤認に基づいて合資会社又は合同会社と取引をした者に対し，その誤認させた責任の範囲内で当該合資会社又は合同会社の債務を弁済する責任を負う。

POINT　ニセの婚約《589》、**ニセ社員**

□前条は責任を偽った有限責任社員に関する規定であるのに対し、本条では、そもそも持分会社の社員でないのに社員と偽った擬似社員の、禁反言の法理に基づく規定。

第3章　管理

第1節　総則

（業務の執行）

第590条　社員は，定款に別段の定めがある場合を除き，持分会社の業務を執行する。

2　社員が2人以上ある場合には，持分会社の業務は，定款に別段の定めがある場合を除き，社員の過半数をもって決定する。

3　前項の規定にかかわらず，持分会社の常務は，各社員が単独で行うことができる。ただし，その完了前に他の社員が異議を述べた場合は，この限りでない。

POINT　漕《5》ぐ《9》全《0》員で**業務**の海へ

□1項：597条とあわせ、社員の業務執行権に関する規定。従来、合資会社の有限責任社員に認められなかった業務執行権であるが（旧商156条）、それが認められることになった。同時に競業避止義務を負う。cf.594条。なお、持分会社では所有と経営が分離していない会社形態であり、定款の定めをもっても社員でない者は業務執行担当者にはなれないと考えられる。cf.株式会社につき331条2項、402条5項。

□2項：社員の業務意思決定に関する規定。定款に別段の定めを設けうる。1項とあわせ、定款自治を広く認める趣旨。

（業務を執行する社員を定款で定めた場合）

第591条　業務を執行する社員を定款で定めた場合において，業務を執行する社員が2人以上あるときは，持分会社の業務は，定款に別段の定めがある場合を除き，業務を執行する社員の過半数をもって決定する。この場合における前条第3項の規定の適用については，同項中「社員」とあるのは，「業務を執行する社員」とする。

2　前項の規定にかかわらず，同項に規定する場合には，支配人の選任及び解任は，社員の過半数をもって決定する。ただし，定款で別段の定めをすることを妨げない。
3　業務を執行する社員を定款で定めた場合において，その業務を執行する社員の全員が退社したときは，当該定款の定めは，その効力を失う。
4　業務を執行する社員を定款で定めた場合には，その業務を執行する社員は，正当な事由がなければ，辞任することができない。
5　前項の業務を執行する社員は，正当な事由がある場合に限り，他の社員の一致によって解任することができる。
6　前2項の規定は，定款で別段の定めをすることを妨げない。

POINT　ご《5》く《9》一《1》部の**社員**で**業務執行**

（社員の持分会社の業務及び財産状況に関する調査）
第592条　業務を執行する社員を定款で定めた場合には，各社員は，持分会社の業務を執行する権利を有しないときであっても，その業務及び財産の状況を調査することができる。
2　前項の規定は，定款で別段の定めをすることを妨げない。ただし，定款によっても，社員が事業年度の終了時又は重要な事由があるときに同項の規定による調査をすることを制限する旨を定めることができない。

POINT　漕《5》ぐ《9》に《2》は下手すぎると**他の社員が調査**

□業務執行権のない社員のいわゆる「監視権」を定めた規定。
□業務を執行する社員を定款で定めた場合の業務執行社員の執行状況については591条参照。

第2節　業務を執行する社員

（業務を執行する社員と持分会社との関係）
第593条　業務を執行する社員は，善良な管理者の注意をもって，その職務を行う義務を負う。
2　業務を執行する社員は，法令及び定款を遵守し，持分会社のため忠実にその職務を行わなければならない。
3　業務を執行する社員は，持分会社又は他の社員の請求があるときは，いつでもその職務の執行の状況を報告し，その職務が終了した後は，遅滞なくその経過及び結果を報告しなければならない。
4　民法第646条から第650条までの規定は，業務を執行する社員と持分会社との関係について準用する。この場合において，同法第646条第1項，第648条第2項，第648条の2，第649条及び第650条中「委任事務」とあるのは「その職務」と，同法第648条第3項第1号中「委任事務」とあり，及び同項第2号中「委任」とあるのは「前項の職務」と読み替えるものとする。
5　前2項の規定は，定款で別段の定めをすることを妨げない。

POINT 酷《59》さ《3》**業務執行善良（忠実）**にやれとは!

□善管注意義務（1項）、忠実義務（2項）やその他株式会社の取締役が会社に対して負う委任契約上の義務などを持分会社の業務執行社員も会社に対して負うことを明記した。持分会社の業務執行社員は取締役と類似の地位にあるため。なお、5項反対解釈により、1・2項の2つの義務については、定款によっても変えられない強行法規と解される。

□株式会社では、業務執行者の義務に関する規定は分散している。委任に関する規定（330条402条3項）忠実義務（355条、419条2項）。

（競業の禁止）

第594条　業務を執行する社員は，当該社員以外の社員の全員の承認を受けなければ，次に掲げる行為をしてはならない。ただし，定款に別段の定めがある場合は，この限りでない。

①　自己又は第三者のために持分会社の事業の部類に属する取引をすること。

②　持分会社の事業と同種の事業を目的とする会社の取締役，執行役又は業務を執行する社員となること。

2　業務を執行する社員が前項の規定に違反して同項第1号に掲げる行為をしたときは，当該行為によって当該業務を執行する社員又は第三者が得た利益の額は，持分会社に生じた損害の額と推定する。

POINT 酷《59》使《4》され、**競業会社**に移りたい?!

□業務執行者の競業避止義務を定める規定。持分会社の業務執行社員は株式会社における取締役と類似の地位にあるので、その地位を利用して会社の利益を害することのないように防止する趣旨。競業取引を行うのに他の社員全員の承認が必要な点で、次条の利益相反取引承認の他の社員の過半数という要件と異なることに注意。ただし、定款で別段の定めを設けうる。

□違反すると除名の請求がなされうる。cf.859条2号。

（利益相反取引の制限）

第595条　業務を執行する社員は，次に掲げる場合には，当該取引について当該社員以外の社員の過半数の承認を受けなければならない。ただし，定款に別段の定めがある場合は，この限りでない。

①　業務を執行する社員が自己又は第三者のために持分会社と取引をしようとするとき。

②　持分会社が業務を執行する社員の債務を保証することその他社員でない者との間において持分会社と当該社員との利益が相反する取引をしようとするとき。

2　民法第108条の規定は，前項の承認を受けた同項各号の取引については，適用しない。

POINT **相反**（そうはん）? 相反（あいはん）? 国《59》語《5》の問題

□業務執行社員の利益相反取引規制の規定。他の社員の過半数の承認が必要な点で、前条の競業取引承認の要件と異なることに注意。

（業務を執行する社員の持分会社に対する損害賠償責任）
第596条　業務を執行する社員は，その任務を怠ったときは，持分会社に対し，連帯して，これによって生じた損害を賠償する責任を負う。

POINT
ご《5》苦《9》労《6》**社員**よ、**対会社責任**

□持分会社の業務執行社員も株式会社の役員等と同じ責任（423条1項）を会社に対して負うことを明記した。ただし、持分会社では、責任の減免につき特別の規定がなく、会社の自治に任されたものと考えられる。もっとも忠実義務等が593条により明記されたことからすると、これに違反した場合まで免除できるとは解されないであろう。

（業務を執行する有限責任社員の第三者に対する損害賠償責任）
第597条　業務を執行する有限責任社員がその職務を行うについて悪意又は重大な過失があったときは，当該有限責任社員は，連帯して，これによって第三者に生じた損害を賠償する責任を負う。

POINT
有限（社員）に酷《59》な《7》**対第三者責任**

□無限責任社員が第三者に責任を負うのは当然であるが、持分会社の業務執行社員は有限責任であっても株式会社の役員等と同じ責任（429条1項）を第三者に対して負うことを明記した。第三者に対する会社の責任についても規定がある。cf.600条。

（法人が業務を執行する社員である場合の特則）
第598条　法人が業務を執行する社員である場合には，当該法人は，当該業務を執行する社員の職務を行うべき者を選任し，その者の氏名及び住所を他の社員に通知しなければならない。
2　第593条から前条までの規定は，前項の規定により選任された社員の職務を行うべき者について準用する。

POINT
呼《5》吸《9》は《8》しない、**法人社員**

□従来、法人は無限責任社員になれなかったが、本条の新設および576条1項4号「名称」の文言より法人社員が認められることが明確になった。
□実際に職務を執行する者の氏名と住所は登記事項である。cf.912条7号、913条9号、914条8号。

（持分会社の代表）
第599条　業務を執行する社員は，持分会社を代表する。ただし，他に持分会社を代表する社員その他持分会社を代表する者を定めた場合は，この限りでない。
2　前項本文の業務を執行する社員が2人以上ある場合には，業務を執行する社員は，各自，持分会社を代表する。
3　持分会社は，定款又は定款の定めに基づく社員の互選によって，業務を執行する社員の中から持分会社を代表する社員を定めることができる。
4　持分会社を代表する社員は，持分会社の業務に関する一切の裁判上又は裁判外の行為をする権限を有する。
5　前項の権限に加えた制限は，善意の第三者に対抗することができない。

POINT　高《5》給《9》く《9》れなくても**代表社員になる**ぞ

□株式会社の代表につき同様の法文あり。cf.349条。株式会社と同様、共同代表の制度は撤廃された。

（持分会社を代表する社員等の行為についての損害賠償責任）
第600条　持分会社は，持分会社を代表する社員その他の代表者がその職務を行うについて第三者に加えた損害を賠償する責任を負う。

□従来は、法人の不法行為能力に関する民法44条を準用していたが、準用をやめ、本条で明記することになった。

（持分会社と社員との間の訴えにおける会社の代表）
第601条　第599条第4項の規定にかかわらず，持分会社が社員に対し，又は社員が持分会社に対して訴えを提起する場合において，当該訴えについて持分会社を代表する者（当該社員を除く。）が存しないときは，当該社員以外の社員の過半数をもって，当該訴えについて持分会社を代表する者を定めることができる。

□株式会社と取締役との間の訴えにつき同様の法文あり。cf.353条。取締役会設置会社については364条、監査役設置会社については386条。

（持分会社と社員との間の訴えにおける会社の代表・その2）
第602条　第599条第1項の規定にかかわらず，社員が持分会社に対して社員の責任を追及する訴えの提起を請求した場合において，持分会社が当該請求の日から60日以内に当該訴えを提起しないときは，当該請求をした社員は，当該訴えについて持分会社を代表することができる。ただし，当該訴えが当該社員若しくは第三者の不正な利益を図り又は当該持分会社に損害を加えることを目的とする場合は，この限りでない。

POINT

社員の群れに《602》
「私が**代表**で**訴える**!」と宣言

□持分会社における社員の代表訴訟権が明記された。株式会社における株主代表訴訟につき同様の法文あり。cf.847条1・3項。

第3節 業務を執行する社員の職務を代行する者

(業務を執行する社員の職務代行者)
第603条 民事保全法第56条 に規定する仮処分命令により選任された業務を執行する社員又は持分会社を代表する社員の職務を代行する者は，仮処分命令に別段の定めがある場合を除き，持分会社の常務に属しない行為をするには，裁判所の許可を得なければならない。
2 前項の規定に違反して行った業務を執行する社員又は持分会社を代表する社員の職務を代行する者の行為は，無効とする。ただし，持分会社は，これをもって善意の第三者に対抗することができない。

POINT

群れ騒《603》いで**職務代行者**に、でも常務だけ

□株式会社における取締役の職務代行者の権限につき同様の法文あり。cf.352条。

第4章 社員の加入及び退社

第1節 社員の加入

(社員の加入)
第604条 持分会社は，新たに社員を加入させることができる。
2 持分会社の社員の加入は，当該社員に係る定款の変更をした時に，その効力を生ずる。
3 前項の規定にかかわらず，合同会社が新たに社員を加入させる場合において，新たに社員となろうとする者が同項の定款の変更をした時にその出資に係る払込み又は給付の全部又は一部を履行していないときは，その者は，当該払込み又は給付を完了した時に，合同会社の社員となる。

POINT

群れよ《604》、**新たに社員**の**加入**

□持分譲渡による社員の加入ではなく、新規に社員を増やすことが可能か従来議論があったが、可能であると明記されることになった。

□2項：社員の氏名・住所を定款に記載・記録しなければならないので（576条1項4号）ので、社員の加入には定款変更が必要。すなわち原則として総社員の同意が必要（637条）ということになる。
□3項：合同会社の場合は全額払込主義が採用されているため。

（加入した社員の責任）
第605条　持分会社の成立後に加入した社員は，その加入前に生じた持分会社の債務についても，これを弁済する責任を負う。

POINT　ム《6》ッ! 前《0》後《5》する**債務、加入社員負担**?!

□合同会社では、出資の払込み完了が加入の要件となっている（604条3項）以上、社員が本条のような追加的な責任を負うことはありえないと考えられる。

第2節　社員の退社

（任意退社）
第606条　持分会社の存続期間を定款で定めなかった場合又はある社員の終身の間持分会社が存続することを定款で定めた場合には，各社員は，事業年度の終了の時において退社をすることができる。この場合においては，各社員は，6箇月前までに持分会社に退社の予告をしなければならない。
2　前項の規定は，定款で別段の定めをすることを妨げない。
3　前2項の規定にかかわらず，各社員は，やむを得ない事由があるときは，いつでも退社することができる。

POINT　群《6》れ《0》、**六《6》ヶ月前から退きたい**

□合同会社社員も社員の個性に重要性があり、また、持分譲渡が容易ではないので任意退社が認められる。
□2項：定款で別段の定めができることになったので、退社事由を自由に設けることが可能であろう。

（法定退社）
第607条　社員は，前条，第609条第1項，第642条第2項及び第845条の場合のほか，次に掲げる事由によって退社する。
①　定款で定めた事由の発生
②　総社員の同意
③　死亡

④　合併（合併により当該法人である社員が消滅する場合に限る。）
⑤　破産手続開始の決定
⑥　解散（前2号に掲げる事由によるものを除く。）
⑦　後見開始の審判を受けたこと。
⑧　除名
2　持分会社は，その社員が前項第5号から第7号までに掲げる事由の全部又は一部によっては退社しない旨を定めることができる。

POINT **群《6》れ《0》るな《7》金輪際! 法定退社**

□1項4号：法人が持分会社の社員となることが認められるようになった（576条1項4号・598条）ため、合併に伴う社員消滅という退社事由も規定されることになった。
□1項8号：除名の訴えにつき859条。

（相続及び合併の場合の特則）
第608条　持分会社は，その社員が死亡した場合又は合併により消滅した場合における当該社員の相続人その他の一般承継人が当該社員の持分を承継する旨を定款で定めることができる。
2　第604条第2項の規定にかかわらず，前項の規定による定款の定めがある場合には，同項の一般承継人（社員以外のものに限る。）は，同項の持分を承継した時に，当該持分を有する社員となる。
3　第1項の定款の定めがある場合には，持分会社は，同項の一般承継人が持分を承継した時に，当該一般承継人に係る定款の変更をしたものとみなす。
4　第1項の一般承継人（相続により持分を承継したものであって，出資に係る払込み又は給付の全部又は一部を履行していないものに限る。）が2人以上ある場合には，各一般承継人は，連帯して当該出資に係る払込み又は給付の履行をする責任を負う。
5　第1項の一般承継人（相続により持分を承継したものに限る。）が2人以上ある場合には，各一般承継人は，承継した持分についての権利を行使する者1人を定めなければ，当該持分についての権利を行使することができない。ただし，持分会社が当該権利を行使することに同意した場合は，この限りでない。

POINT **群《6》れ《0》、は《8》いっていいぞ、相続人**

□従来、有限責任社員の相続人は当然に社員となる（旧商161条1項）が、無限責任社員については規定がなかった。本条で判例・多数説が明記された。また、法人が持分会社の社員となることが認められるようになった（576条1項4号・598条）ため、死亡に加えて合併による消滅も併記されることになった。なお、株式会社の一般承継人に対しては、売渡請求の定めを定款に設ける必要あり。cf.174条。

（持分の差押債権者による退社）
第609条　社員の持分を差し押さえた債権者は，事業年度の終了時において当該社員を退社させることができる。この場合においては，当該債権者は，6箇月前までに持分会社及び当該社員にその予告をしなければならない。
2　前項後段の予告は，同項の社員が，同項の債権者に対し，弁済し，又は相当の担保を提供したときは，その効力を失う。
3　第1項後段の予告をした同項の債権者は，裁判所に対し，持分の払戻しの請求権の保全に関し必要な処分をすることを申し立てることができる。

POINT 群《6》れ《0》来《9》る**差押債権者、退社**をせまる

□3項：社員の持分を差し押さえ、退社をさせる予告をした1項の債権者のために、持分払戻請求権保全の手当ての規定を設けた。

（退社に伴う定款のみなし変更）
第610条　第606条，第607条第1項，前条第1項又は第642条第2項の規定により社員が退社した場合（第845条の規定により社員が退社したものとみなされる場合を含む。）には，持分会社は，当該社員が退社した時に，当該社員に係る定款の定めを廃止する定款の変更をしたものとみなす。

POINT ム《6》ード《10》なき**退社**、機械的に**定款変更**

（退社に伴う持分の払戻し）
第611条　退社した社員は，その出資の種類を問わず，その持分の払戻しを受けることができる。ただし，第608条第1項及び第2項の規定により当該社員の一般承継人が社員となった場合は，この限りでない。
2　退社した社員と持分会社との間の計算は，退社の時における持分会社の財産の状況に従ってしなければならない。
3　退社した社員の持分は，その出資の種類を問わず，金銭で払い戻すことができる。
4　退社の時にまだ完了していない事項については，その完了後に計算をすることができる。
5　社員が除名により退社した場合における第2項及び前項の規定の適用については，これらの規定中「退社の時」とあるのは，「除名の訴えを提起した時」とする。
6　前項に規定する場合には，持分会社は，除名の訴えを提起した日後の法定利率による利息をも支払わなければならない。
7　社員の持分の差押えは，持分の払戻しを請求する権利に対しても，その効力を有する。

POINT 「ム《6》ヒ《1》ヒ《1》」と**退社、払戻し受ける**

□持分の払戻しは退社（606・607条）の効果、すなわち社員たる地位の払戻しであって、出資の払戻しと異なることに注意。持分の払戻しは会社の現財産に対する持分なので、その時点

での会社の資力によって変化してくる。これに対し、出資の払戻しはすでに出資した金銭等（同額。財産であれば同等の価額の金銭でもよい）が交付される。cf.624条。

□2項：計算時を退社の時に統一するのは、社員間の公平を図るためであり、合名会社、合資会社では会社債権者保護を考える必要はない。しかし、合同会社では、会社債権者保護の観点より債権者異議の特則あり。cf.635条。

（退社した社員の責任）
第612条　退社した社員は，その登記をする前に生じた持分会社の債務について，従前の責任の範囲内でこれを弁済する責任を負う。
2　前項の責任は，同項の登記後2年以内に請求又は請求の予告をしない持分会社の債権者に対しては，当該登記後2年を経過した時に消滅する。

POINT　無《6》一《1》文《2》になるな、**退社**登記まで**責任**あるぞ

（商号変更の請求）
第613条　持分会社がその商号中に退社した社員の氏若しくは氏名又は名称を用いているときは，当該退社した社員は，当該持分会社に対し，その氏若しくは氏名又は名称の使用をやめることを請求することができる。

POINT　無《6》意《1》味《3》な**名**でも**商号に使うな**

第5章　計算等

第1節　会計の原則

（会計慣行）
第614条　持分会社の会計は，一般に公正妥当と認められる企業会計の慣行に従うものとする。

POINT　無《6》意《1》識《4》に**持分会社**も**従う**（**会計**）**慣行**

□株式会社につき同様の法文あり。cf.431条。

第2節 会計帳簿

（会計帳簿の作成及び保存）
第615条　持分会社は，法務省令で定めるところにより，適時に，正確な会計帳簿を作成しなければならない。
2　持分会社は，会計帳簿の閉鎖の時から10年間，その会計帳簿及びその事業に関する重要な資料を保存しなければならない。

POINT　浪《6》費《1》ご《5》まかさない**（持分会社の）正確帳簿**

□1項：「法務省令」＝施規159条1号、計規4条以下。
□株式会社の会計帳簿作成・保存につき同様の法文あり。cf.432条。

（会計帳簿の提出命令）
第616条　裁判所は，申立てにより又は職権で，訴訟の当事者に対し，会計帳簿の全部又は一部の提出を命ずることができる。

□株式会社につき同様の法文あり。cf.434条。

第3節 計算書類

（計算書類の作成及び保存）
第617条　持分会社は，法務省令で定めるところにより，その成立の日における貸借対照表を作成しなければならない。
2　持分会社は，法務省令で定めるところにより，各事業年度に係る計算書類（貸借対照表その他持分会社の財産の状況を示すために必要かつ適切なものとして法務省令で定めるものをいう。以下この章において同じ。）を作成しなければならない。
3　計算書類は，電磁的記録をもって作成することができる。
4　持分会社は，計算書類を作成した時から10年間，これを保存しなければならない。

POINT　無《6》比《1》な《7》**B／S持（分会）社**でも**作る**

□1項：「法務省令」＝施規159条2号、計規70条（持分会社の成立の日における会計帳簿に基づき作成）。
□2項：1つ目の「法務省令」＝施規159条2号、計規70条。2つ目の「法務省令」＝施規159条2号、計規71条3項。
□株式会社につき同様の法文あり。cf.435条。ただし、株式会社では計算書類以外に事業報告、付属明細書の作成、さらに決算公告が必要（435条2項、440条）であるが、持分会社では必要でない。無限責任社員のいる合名、合資会社については問題はないが合同会社についても決算公告が不要とされるのは、会社債権者の計算書類閲覧請求権が認められている（625条）ことで足りると考えられたため。

（計算書類の閲覧等）

第618条　持分会社の社員は，当該持分会社の営業時間内は，いつでも，次に掲げる請求をすることができる。

①　計算書類が書面をもって作成されているときは，当該書面の閲覧又は謄写の請求

②　計算書類が電磁的記録をもって作成されているときは，当該電磁的記録に記録された事項を法務省令で定める方法により表示したものの閲覧又は謄写の請求

2　前項の規定は，定款で別段の定めをすることを妨げない。ただし，定款によっても，社員が事業年度の終了時に同項各号に掲げる請求をすることを制限する旨を定めることができない。

POINT

浪《6》費《1》は《8》承知、B／S閲覧する社員

□株式会社での計算書類の閲覧につきほぼ同様の法文あり。cf.442条3項1〜3号。ただし、持分会社では定款で計算書類の閲覧請求権を制限できることに注意（本条2項）。

□合同会社では、債権者保護の観点より債権者に対しても本条の閲覧請求権が認められる。cf.625条参照。

□1項2号：「法務省令」＝施規226条30号（紙面か映像面で表示）。

（計算書類の提出命令）

第619条　裁判所は，申立てにより又は職権で，訴訟の当事者に対し，計算書類の全部又は一部の提出を命ずることができる。

POINT

浪《6》費《1》糾《9》弾、B／Sを出せ

□株式会社での計算書類の提出命令につき同様の法文あり。cf.443条。

第4節　資本金の額の減少

（減資）

第620条　持分会社は，損失のてん補のために，その資本金の額を減少することができる。

2　前項の規定により減少する資本金の額は，損失の額として法務省令で定める方法により算定される額を超えることができない。

無《6》痛《2》?! ゼロ《0》への**減資**も社員平気

□1項：損失の塡補のために資本金の額を減少できる。持分会社ではそれ以外にも退社に伴う持分の払戻し（611条、合同会社は635条）、出資の払戻し（624条、合同会社は632条）の際に資本金が減少することに注意。特に、合名・合資会社では無限責任社員がいるので資本金の額は重要でない。なお、合同会社では資本金の額は合名・合資会社と異なり登記事項なので（914条5号）、資本金の額の減少があれば変更登記をしなければならない。

□2項：「法務省令」＝施規159条3号、計規162条。

第5節 利益の配当

（利益の配当）
第621条 社員は，持分会社に対し，利益の配当を請求することができる。
2 持分会社は，利益の配当を請求する方法その他の利益の配当に関する事項を定款で定めることができる。
3 社員の持分の差押えは，利益の配当を請求する権利に対しても，その効力を有する。

無《6》に《2》等《1》しい**利益**でも**社員に配当**

□持分会社社員の利益配当請求権を定めた規定。

□合同会社では、有限責任社員しかいないので会社債権者保護の観点から特則あり。cf.628条以下。

（社員の損益分配の割合）
第622条 損益分配の割合について定款の定めがないときは，その割合は，各社員の出資の価額に応じて定める。
2 利益又は損失の一方についてのみ分配の割合についての定めを定款で定めたときは，その割合は，利益及び損失の分配に共通であるものと推定する。

無《6》風《2》に《2》決まるか、**損益分配**

（有限責任社員の利益の配当に関する責任）
第623条 持分会社が利益の配当により有限責任社員に対して交付した金銭等の帳簿価額（以下この項において「配当額」という。）が当該利益の配当をする日における利益額（持分会社の利益の額として法務省令で定める方法により算定される額をいう。以下この章において同じ。）を超える場合には，当該利益の配当を受けた有限責任社員は，当該持分会社に対し，連帯して，当該配当額に相当する金銭を支払う義務を負う。
2　前項に規定する場合における同項の利益の配当を受けた有限責任社員についての第580条第2項の規定の適用については，同項中「を限度として」とあるのは，「及び第623条第1項の配当額が同項の利益額を超過する額（同項の義務を履行した額を除く。）の合計額を限度として」とする。

POINT

無《6》に《2》さ《3》せたな**会社財産、有限責任社員は返せ**

□1項：利益額を上回る配当を受けても、無限責任社員であれば最終的には自分に跳ね返ってくるが、有限責任社員はそうではないため。利益額につき「法務省令」＝施規159条4号、計規163条。
□2項：合同会社の社員には適用しない。cf.630条3項。

第6節　出資の払戻し

（出資の払戻しの請求）
第624条　社員は，持分会社に対し，既に出資として払込み又は給付をした金銭等の払戻し（以下この編において「出資の払戻し」という。）を請求することができる。この場合において，当該金銭等が金銭以外の財産であるときは，当該財産の価額に相当する金銭の払戻しを請求することを妨げない。
2　持分会社は，出資の払戻しを請求する方法その他の出資の払戻しに関する事項を定款で定めることができる。
3　社員の持分の差押えは，出資の払戻しを請求する権利に対しても，その効力を有する。

POINT

無《6》痛《2》よ《4》、**出資の払戻しも持（分会）社**平気!

□持分会社社員の出資払戻請求権を定めた規定。社員が無限責任を負う会社では、出資払戻し請求を認めても会社に影響がないため。なお、持分の払戻しと混同しないよう注意。611条の解説を参照のこと。
□合同会社では、有限責任社員しかいないので、会社債権者保護の観点から特則あり。cf.632条以下。

第7節 合同会社の計算等に関する特則

第1款 計算書類の閲覧に関する特則

（会社債権者の書類閲覧等請求権）
第625条 合同会社の債権者は，当該合同会社の営業時間内は，いつでも，その計算書類（作成した日から5年以内のものに限る。）について第618条第1項各号に掲げる請求をすることができる。

POINT

B／Sむ《6》っつ《2》り**ご《5》覧になる**
合同会社の債権者

□合同会社では、会社債権者保護の観点から社員の計算書類閲覧請求権（618条1項）を会社債権者にも認めた。合名、合資会社と同様に合同会社でも決算公告不要であるが、本条はそのことが許容される根拠となろう。617の解説を参照のこと。なお、本節（625～636条）は合同会社のみに対する特則であることに注意。

第2款 資本金の額の減少に関する特則

（出資の払戻し又は持分の払戻しを行う場合の資本金の額の減少）
第626条 合同会社は，第620条第1項の場合のほか，出資の払戻し又は持分の払戻しのために，その資本金の額を減少することができる。
2 前項の規定により出資の払戻しのために減少する資本金の額は，第632条第2項に規定する出資払戻額から出資の払戻しをする日における剰余金額を控除して得た額を超えてはならない。
3 第1項の規定により持分の払戻しのために減少する資本金の額は，第635条第1項に規定する持分払戻額から持分の払戻しをする日における剰余金額を控除して得た額を超えてはならない。
4 前2項に規定する「剰余金額」とは，第1号に掲げる額から第2号から第4号までに掲げる額の合計額を減じて得た額をいう（第4款及び第5款において同じ。）。
① 資産の額
② 負債の額
③ 資本金の額
④ 前2号に掲げるもののほか，法務省令で定める各勘定科目に計上した額の合計額

POINT

無《6》痛《2》無《6》理に決まってる、**合同会社**で（**出資**）**払い戻**せば

□合同会社の資本金の額の減少における、会社債権者保護の規定。

□2・4項：無限責任社員のいる合名会社では剰余金の概念は不要であるが、合同会社では会社債権者保護のため剰余金の概念が導入されている。つまり、資産の額から負債の額、資本金の額および「法務省令」＝施規159条5号、計規164条で定める各勘定科目に計上した額の合計額を控除した額のこと。

（債権者の異議）

第627条　合同会社が資本金の額を減少する場合には，当該合同会社の債権者は，当該合同会社に対し，資本金の額の減少について異議を述べることができる。

2　前項に規定する場合には，合同会社は，次に掲げる事項を官報に公告し，かつ，知れている債権者には，各別にこれを催告しなければならない。ただし，第2号の期間は，1箇月を下ることができない。

①　当該資本金の額の減少の内容

②　債権者が一定の期間内に異議を述べることができる旨

3　前項の規定にかかわらず，合同会社が同項の規定による公告を，官報のほか，第939条第1項の規定による定款の定めに従い，同項第2号又は第3号に掲げる公告方法によりするときは，前項の規定による各別の催告は，することを要しない。

4　債権者が第2項第2号の期間内に異議を述べなかったときは，当該債権者は，当該資本金の額の減少について承認をしたものとみなす。

5　債権者が第2項第2号の期間内に異議を述べたときは，合同会社は，当該債権者に対し，弁済し，若しくは相当の担保を提供し，又は当該債権者に弁済を受けさせることを目的として信託会社等に相当の財産を信託しなければならない。ただし，当該資本金の額の減少をしても当該債権者を害するおそれがないときは，この限りでない。

6　資本金の額の減少は，前各項の手続が終了した日に，その効力を生ずる。

POINT　「無《6》に《2》な《7》る？ **困る！ 資本減少**」と**合同会社の債権者**

□有限責任社員しかいない合同会社の債権者保護の趣旨。株式会社における資本金の額の減少についての債権者の異議につき同様の法文あり。cf.449条1～6項。

第3款　利益の配当に関する特則

（利益の配当の制限）

第628条　合同会社は，利益の配当により社員に対して交付する金銭等の帳簿価額（以下この款において「配当額」という。）が当該利益の配当をする日における利益額を超える場合には，当該利益の配当をすることができない。この場合においては，合同会社は，第621条第1項の規定による請求を拒むことができる。

POINT
ろく《6》に《2》や《8》らない**合同会社の利益配当**

□持分会社での利益配当（621条）の合同会社に対する制限。有限責任社員しかいない合同会社の債権者保護の趣旨。なお、配当を受けた社員は会社にその分の支払義務を負う。cf.623条。株式会社での配当規制につき461条参照。

（利益の配当に関する責任）
第629条　合同会社が前条の規定に違反して利益の配当をした場合には，当該利益の配当に関する業務を執行した社員は，当該合同会社に対し，当該利益の配当を受けた社員と連帯して，当該配当額に相当する金銭を支払う義務を負う。ただし，当該業務を執行した社員がその職務を行うについて注意を怠らなかったことを証明した場合は，この限りでない。
2　前項の義務は，免除することができない。ただし，利益の配当をした日における利益額を限度として当該義務を免除することについて総社員の同意がある場合は，この限りでない。

POINT
ロ《6》ッ《2》ク《9》かけろ**合同**で（**違法**）**配当関係社員**の金庫に

□前条の合同会社での配当規制に違反した関係社員の金銭支払義務に関する規定。有限責任社員しかいない合同会社の債権者保護の趣旨。株式会社で違法配当をした業務執行取締役（または執行役）に関する責任につき462条参照。

（社員に対する求償権の制限等）
第630条　前条第1項に規定する場合において，利益の配当を受けた社員は，配当額が利益の配当をした日における利益額を超えることにつき善意であるときは，当該配当額について，当該利益の配当に関する業務を執行した社員からの求償の請求に応ずる義務を負わない。
2　前条第1項に規定する場合には，合同会社の債権者は，利益の配当を受けた社員に対し，配当額（当該配当額が当該債権者の合同会社に対して有する債権額を超える場合にあっては，当該債権額）に相当する金銭を支払わせることができる。
3　第623条第2項の規定は，合同会社の社員については，適用しない。

POINT
無《6》理さ《3》善《0》意の（**合同**）**社員**に**求償**するのは

□合同会社において、違法配当業務執行社員から善意で配当を受けた社員への求償を制限する規定。2項は有限責任社員しかいない合同会社の債権者保護の趣旨。合同会社における違法な出資の払戻しについての求償制限についても同様の規定あり。cf.634条。株式会社における求償権の制限に関する463条の解説を参照のこと。

（欠損が生じた場合の責任）
第631条　合同会社が利益の配当をした場合において，当該利益の配当をした日の属する事業年度の末日に欠損額（合同会社の欠損の額として法務省令で定める方法により算定される額をいう。以下この項において同じ。）が生じたときは，当該利益の配当に関する業務を執行した社員は，当該合同会社に対し，当該利益の配当を受けた社員と連帯して，その欠損額（当該欠損額が配当額を超えるときは，当該配当額）を支払う義務を負う。ただし，当該業務を執行した社員がその職務を行うについて注意を怠らなかったことを証明した場合は，この限りでない。
2　前項の義務は，総社員の同意がなければ，免除することができない。

POINT　無《6》残《3》、ひ《1》どい**欠損生じた責任**、**（合同会社）社員**も**塡補**

□利益配当を行った合同会社で欠損が出た場合の関係社員の責任。有限責任社員しかいない合同会社の債権者保護の趣旨。株式会社における欠損額支払義務につき同様の法文あり。cf.465条。
□1項：「法務省令」＝施規159条6号、計規165条（欠損額の計算方法）。

第4款　出資の払戻しに関する特則

（出資の払戻しの制限）
第632条　第624条第1項の規定にかかわらず，合同会社の社員は，定款を変更してその出資の価額を減少する場合を除き，同項前段の規定による請求をすることができない。
2　合同会社が出資の払戻しにより社員に対して交付する金銭等の帳簿価額（以下この款において「出資払戻額」という。）が，第624条第1項前段の規定による請求をした日における剰余金額（第626条第1項の資本金の額の減少をした場合にあっては，その減少をした後の剰余金額。以下この款において同じ。）又は前項の出資の価額を減少した額のいずれか少ない額を超える場合には，当該出資の払戻しをすることができない。この場合においては，合同会社は，第624条第1項前段の規定による請求を拒むことができる。

POINT　無《6》残《3》に《2》なるから**出資金返さない**（と**合同会社**）

□持分会社社員の出資払戻し請求権（624条1項）が合同会社において制限されている規定。有限責任社員しかいない合同会社の債権者保護の趣旨。合同会社の社員が会社より出資を払戻してもらいたければ、定款を変更して（576条1項6号、637条）その出資の額を減少しなければならず（1項）、かつ払戻額が余剰金額を超えてはならない（2項）。

（出資の払戻しに関する社員の責任）
第633条　合同会社が前条の規定に違反して出資の払戻しをした場合には，当該出資の払戻しに関する業務を執行した社員は，当該合同会社に対し，当該出資の払戻しを受けた社員と連帯して，当該出資払戻額に相当する金銭を支払う義務を負う。ただし，当該業務を執行した社員がその職務を行うについて注意を怠らなかったことを証明した場合は，この限りでない。
2　前項の義務は，免除することができない。ただし，出資の払戻しをした日における剰余金額を限度として当該義務を免除することについて総社員の同意がある場合は，この限りでない。

POINT 無《6》残《3》さ《3》**合同会社**、**払戻し**の**責任**とれよ

□有限責任社員しかいない合同会社の債権者保護の趣旨。

（社員に対する求償権の制限等）

第634条　前条第1項に規定する場合において，出資の払戻しを受けた社員は，出資払戻額が出資の払戻しをした日における剰余金額を超えることにつき善意であるときは，当該出資払戻額について，当該出資の払戻しに関する業務を執行した社員からの求償の請求に応ずる義務を負わない。

2　前条第1項に規定する場合には，合同会社の債権者は，出資の払戻しを受けた社員に対し，出資払戻額（当該出資払戻額が当該債権者の合同会社に対して有する債権額を超える場合にあっては，当該債権額）に相当する金銭を支払わせることができる。

POINT 無《6》理さ《3》**知**《4》**らない社員**に**求償**するのは

□合同会社において、財源規制を超える出資の払戻業務を執行した社員から善意で出資の払戻しを受けた社員への求償を制限する規定。違法配当についての求償制限につき同様の法文あり。cf.630条。

第5款　退社に伴う持分の払戻しに関する特則

（債権者の異議）

第635条　合同会社が持分の払戻しにより社員に対して交付する金銭等の帳簿価額（以下この款において「持分払戻額」という。）が当該持分の払戻しをする日における剰余金額を超える場合には，当該合同会社の債権者は，当該合同会社に対し，持分の払戻しについて異議を述べることができる。

2　前項に規定する場合には，合同会社は，次に掲げる事項を官報に公告し，かつ，知れている債権者には，各別にこれを催告しなければならない。ただし，第2号の期間は，1箇月（持分払戻額が当該合同会社の純資産額として法務省令で定める方法により算定される額を超える場合にあっては，2箇月）を下ることができない。

①　当該剰余金額を超える持分の払戻しの内容

②　債権者が一定の期間内に異議を述べることができる旨

3　前項の規定にかかわらず，合同会社が同項の規定による公告を，官報のほか，第939条第1項の規定による定款の定めに従い，同項第2号又は第3号に掲げる公告方法によりするときは，前項の規定による各別の催告は，することを要しない。ただし，持分払戻額が当該合同会社の純資産額として法務省令で定める方法により算定される額を超える場合は，この限りでない。

4　債権者が第2項第2号の期間内に異議を述べなかったときは，当該債権者は，当該持分の払戻しについて承認をしたものとみなす。

5　債権者が第2項第2号の期間内に異議を述べたときは，合同会社は，当該債権者に対し，弁済し，若しくは相当の担保を提供し，又は当該債権者に弁済を受けさせることを目的として信託

会社等に相当の財産を信託しなければならない。ただし，持分払戻額が当該合同会社の純資産額として法務省令で定める方法により算定される額を超えない場合において，当該持分の払戻しをしても当該債権者を害するおそれがないときは，この限りでない。

POINT **論《6》、見《3》事《5》な債権者異議「退社反対!」**

□1項：有限責任社員しかいない合同会社の債権者保護の趣旨。合同会社において、持分払戻額が剰余金額（626条3項）を超える場合に持分払戻しをしてはならないわけではなく（606条により退社は自由）、ただ本条により債権者保護手続をふまなければならないという点に注意。この点で、利益配当（628条）や出資の払戻し（632条2項）と異なる。
□2・3・5項「法務省令」＝施規159条7号、計規166条。

（業務を執行する社員の責任）
第636条　合同会社が前条の規定に違反して持分の払戻しをした場合には，当該持分の払戻しに関する業務を執行した社員は，当該合同会社に対し，当該持分の払戻しを受けた社員と連帯して，当該持分払戻額に相当する金銭を支払う義務を負う。ただし，持分の払戻しに関する業務を執行した社員がその職務を行うについて注意を怠らなかったことを証明した場合は，この限りでない。
2　前項の義務は，免除することができない。ただし，持分の払戻しをした時における剰余金額を限度として当該義務を免除することについて総社員の同意がある場合は，この限りでない。

POINT **む《6》ざ《3》む《6》ざ退社員に払うな、責任発生**

□有限責任社員しかいない合同会社の債権者保護の趣旨。違法配当（629条）、違法出資払戻し（633条）の場合の責任と同様。

第6章　定款の変更

（定款の変更）
第637条　持分会社は，定款に別段の定めがある場合を除き，総社員の同意によって，定款の変更をすることができる。

POINT　無《6》理、**み《3》んな《7》で**しなくちゃ**定款変更**

□有限責任社員、業務執行をしない社員、社員の種類にかかわらず、総社員の同意が必要。ただし、定款に別段の定めを設けて、総社員でなくてもよいようにすることができるので注意。
□業務を執行しない社員が持分を譲渡する場合に例外あり。cf.585条3項。
□持分の一般承継を認める定款の定めがある場合、社員が退社した場合、合資会社の有限責任社員の退社、無限責任社員の退社の場合に定款のみなし変更規定あり。cf.608条3項、610条、639条。

（定款の変更による持分会社の種類の変更）
第638条　合名会社は，次の各号に掲げる定款の変更をすることにより，当該各号に定める種類の持分会社となる。
①　有限責任社員を加入させる定款の変更　合資会社
②　その社員の一部を有限責任社員とする定款の変更　合資会社
③　その社員の全部を有限責任社員とする定款の変更　合同会社
2　合資会社は，次の各号に掲げる定款の変更をすることにより，当該各号に定める種類の持分会社となる。
①　その社員の全部を無限責任社員とする定款の変更　合名会社
②　その社員の全部を有限責任社員とする定款の変更　合同会社
3　合同会社は，次の各号に掲げる定款の変更をすることにより，当該各号に定める種類の持分会社となる。
①　その社員の全部を無限責任社員とする定款の変更　合名会社
②　無限責任社員を加入させる定款の変更　合資会社
③　その社員の一部を無限責任社員とする定款の変更　合資会社

POINT　無《6》味《3》! 八《8》通りの**種類変更、定款**で

□持分会社の種類の変更は定款変更によるのであって、組織変更とはならないことに注意。従来、株式会社と有限責任との間の変更を組織変更とよんでいたが、新たに株式会社と持分会社との間の変更を「組織変更」と定義（2条26号）した。しかし、持分会社間での種類の変更は社員の責任の態様の変更にすぎないとして、単に「定款変更」の問題となった。

□種類変更の登記は、変更前の持分会社の解散登記と変更後の持分会社の設立登記の両方をする。cf.919条。

（合資会社の社員の退社による定款のみなし変更）
第639条　合資会社の有限責任社員が退社したことにより当該合資会社の社員が無限責任社員のみとなった場合には，当該合資会社は，合名会社となる定款の変更をしたものとみなす。
2　合資会社の無限責任社員が退社したことにより当該合資会社の社員が有限責任社員のみとなった場合には，当該合資会社は，合同会社となる定款の変更をしたものとみなす。

POINT
む《6》さ《3》苦《9》しい**合資会社**をすっきり**変更、合名**か**合同**

（定款の変更時の出資の履行）
第640条　第638条第1項第3号又は第2項第2号に掲げる定款の変更をする場合において，当該定款の変更をする持分会社の社員が当該定款の変更後の合同会社に対する出資に係る払込み又は給付の全部又は一部を履行していないときは，当該定款の変更は，当該払込み及び給付が完了した日に，その効力を生ずる。
2　前条第2項の規定により合同会社となる定款の変更をしたものとみなされた場合において，社員がその出資に係る払込み又は給付の全部又は一部を履行していないときは，当該定款の変更をしたものとみなされた日から1箇月以内に，当該払込み又は給付を完了しなければならない。ただし，当該期間内に，合名会社又は合資会社となる定款の変更をした場合は，この限りでない。

POINT
む《6》し《4》(り取)れ《0》**払込金、合同会社に変えた**きゃ

□合名会社が合同会社に（638条1項3号）、合資会社が合同会社に（638条2項2号）に変更する場合、有限責任社員しかいなくなるため、会社債権者を保護する趣旨。

第7章　解散

（解散の事由）

第641条　持分会社は，次に掲げる事由によって解散する。

① 定款で定めた存続期間の満了

② 定款で定めた解散の事由の発生

③ 総社員の同意

④ 社員が欠けたこと。

⑤ 合併（合併により当該持分会社が消滅する場合に限る。）

⑥ 破産手続開始の決定

⑦ 第824条第1項又は第833条第2項の規定による解散を命ずる裁判

POINT　無《6》事《4》! 1《1》人でも**解散**免れる

□4号：従来、社員が1人となることが解散事由であった（旧商94条4号）が、本号によって社員がゼロにならない限り、解散しなくてよくなった。本号より社員が1名の持分会社の設立・存続が可能であると解釈されるので本号を根拠の1つとして会社の社団性が放棄されたとする学説もあるが、立法担当者は社員が複数となりうるため株式会社と同様一人持分会社も社団性に反するとはいえないと説明。

□株式会社の解散事由と比較すると、本条3・4号に相当する規定がない。cf.471条。

（持分会社の継続）

第642条　持分会社は，前条第1号から第3号までに掲げる事由によって解散した場合には，次章の規定による清算が結了するまで，社員の全部又は一部の同意によって，持分会社を継続することができる。

2　前項の場合には，持分会社を継続することについて同意しなかった社員は，持分会社が継続することとなった日に，退社する。

POINT　無《6》心《4》に《2》**継続**祈る**持分（会社）社員**

□株式会社の継続につきほぼ同様の法文あり。cf.473条。

（解散した持分会社の合併等の制限）

第643条　持分会社が解散した場合には，当該持分会社は，次に掲げる行為をすることができない。

① 合併（合併により当該持分会社が存続する場合に限る。）

② 吸収分割による他の会社がその事業に関して有する権利義務の全部又は一部の承継

POINT

無《6》用《4》さ《3》、**解散後の合併**なんか

□株式会社につき同様の法文あり。cf.474条。

第8章　清算

第1節　清算の開始

(清算の開始原因)

第644条　持分会社は，次に掲げる場合には，この章の定めるところにより，清算をしなければならない。

① 解散した場合（第641条第5号に掲げる事由によって解散した場合及び破産手続開始の決定により解散した場合であって当該破産手続が終了していない場合を除く。）

② 設立の無効の訴えに係る請求を認容する判決が確定した場合

③ 設立の取消しの訴えに係る請求を認容する判決が確定した場合

POINT

「無《6》視《4》よ《4》さよなら」**清算**して**持分**ちょうだい

□株式会社の清算開始原因につきほぼ同様であるが（475条）、本条3号（設立取消しの訴えに基づく判決確定）のような開始原因は株式会社にはない。cf.832条（持分会社の設立の取消しの訴え）。

(清算持分会社の能力)

第645条　前条の規定により清算をする持分会社（以下「清算持分会社」という。）は，清算の目的の範囲内において，清算が結了するまではなお存続するものとみなす。

POINT

無《6》事《4》故《5》の有能(=**能力**)運転手、生産(=**清算**)したモチ(=**持分**)運ぶ

□清算株式会社の能力につき同様の法文あり。cf.476条。

第2節　清算人

(清算人の設置)

第646条　清算持分会社には、1人又は2人以上の清算人を置かなければならない。

POINT

蒸《6》し《4》蒸《6》しする中、蒸しモチ
（=**持分**）生産（=**清算**）

□清算株式会社の清算人につき同様の法文あり。cf.477条1項。

（清算人の就任）
第647条　次に掲げる者は，清算持分会社の清算人となる。
①　業務を執行する社員（次号又は第3号に掲げる者がある場合を除く。）
②　定款で定める者
③　社員（業務を執行する社員を定款で定めた場合にあっては，その社員）の過半数の同意によって定める者
2　前項の規定により清算人となる者がないときは，裁判所は，利害関係人の申立てにより，清算人を選任する。
3　前2項の規定にかかわらず，第641条第4号又は第7号に掲げる事由によって解散した清算持分会社については，裁判所は，利害関係人若しくは法務大臣の申立てにより又は職権で，清算人を選任する。
4　第1項及び第2項の規定にかかわらず，第644条第2号又は第3号に掲げる場合に該当することとなった清算持分会社については，裁判所は，利害関係人の申立てにより，清算人を選任する。

持分会社

POINT

ム《6》ジ《4》ナ《7》**社員、清算人に**変身!

□清算人株式会社の清算人につきほぼ同様の法文あり。
cf.478条。

（清算人の解任）
第648条　清算人（前条第2項から第4項までの規定により裁判所が選任したものを除く。）は，いつでも，解任することができる。
2　前項の規定による解任は，定款に別段の定めがある場合を除き，社員の過半数をもって決定する。
3　重要な事由があるときは，裁判所は，社員その他利害関係人の申立てにより，清算人を解任することができる。

POINT

うじ虫《64》野《8》郎の**清算社員、解任**す

□清算株式会社の清算人の解任につきほぼ同様の法文あり。株式会社では株主総会の決議による。cf.479条。

（清算人の職務）
第649条　清算人は，次に掲げる職務を行う。
① 現務の結了
② 債権の取立て及び債務の弁済
③ 残余財産の分配

POINT　虫《64》食《9》い許さん、**清算職務**三つともやれ

□清算株式会社の清算人の職務につき同様の法文あり。cf.481条。

（業務の執行）
第650条　清算人は，清算持分会社の業務を執行する。
2　清算人が2人以上ある場合には，清算持分会社の業務は，定款に別段の定めがある場合を除き，清算人の過半数をもって決定する。
3　前項の規定にかかわらず，社員が2人以上ある場合には，清算持分会社の事業の全部又は一部の譲渡は，社員の過半数をもって決定する。

□清算株式会社の清算人につき同様の法文あり。cf.482条1・2項。

（清算人と清算持分会社との関係）
第651条　清算持分会社と清算人との関係は，委任に関する規定に従う。
2　第593条第2項，第594条及び第595条の規定は，清算人について準用する。この場合において，第594条第1項及び第595条第1項中「当該社員以外の社員」とあるのは，「社員（当該清算人が社員である場合にあっては，当該清算人以外の社員）」と読み替えるものとする。

POINT　む《6》ご《5》い《1》**関係、清算人**と**持分会社**

□2項：準用規定重要。593条2項は持分会社における業務執行社員の忠実義務、594条は持分会社における業務執行社員の競業禁止、595条は持分会社における業務執行社員の利益相反取引規制に関する規定。
□清算株式会社の清算人につき同様の法文あり。cf.482条4項。

（清算人の清算持分会社に対する損害賠償責任）
第652条　清算人は，その任務を怠ったときは，清算持分会社に対し，連帯して，これによって生じた損害を賠償する責任を負う。

□清算株式会社の清算人の対会社責任につき同様の法文あり。cf.486条1項。

（清算人の第三者に対する損害賠償責任）
第653条　清算人がその職務を行うについて悪意又は重大な過失があったときは，当該清算人は，連帯して，これによって第三者に生じた損害を賠償する責任を負う。

□清算株式会社の清算人の対第三者責任につき同様の法文あり。cf.487条1項。

（法人が清算人である場合の特則）
第654条　法人が清算人である場合には，当該法人は，当該清算人の職務を行うべき者を選任し，その者の氏名及び住所を社員に通知しなければならない。
2　前3条の規定は，前項の規定により選任された清算人の職務を行うべき者について準用する。

POINT

ム《6》コ《5》よ《4》**清算**に行ってくれ、
法人のために

□法人が持分会社社員になれるようになった（576条1項4号、598条）ため、清算人にもなれる。その場合の規定。

（清算持分会社の代表）
第655条　清算人は，清算持分会社を代表する。ただし，他に清算持分会社を代表する清算人その他清算持分会社を代表する者を定めた場合は，この限りでない。
2　前項本文の清算人が2人以上ある場合には，清算人は，各自，清算持分会社を代表する。
3　清算持分会社は，定款又は定款の定めに基づく清算人（第647条第2項から第4項までの規定により裁判所が選任したものを除く。以下この項において同じ。）の互選によって，清算人の中から清算持分会社を代表する清算人を定めることができる。
4　第647条第1項第1号の規定により業務を執行する社員が清算人となる場合において，持分会社を代表する社員を定めていたときは，当該持分会社を代表する社員が清算持分会社を代表する清算人となる。
5　裁判所は，第647条第2項から第4項までの規定により清算人を選任する場合には，その清算人の中から清算持分会社を代表する清算人を定めることができる。
6　第599条第4項及び第5項の規定は清算持分会社を代表する清算人について，第603条の規定は民事保全法第56条 に規定する仮処分命令により選任された清算人又は清算持分会社を代表する清算人の職務を代行する者について，それぞれ準用する。

□清算株式会社の代表につき同様の法文あり。cf.483条。

（清算持分会社についての破産手続の開始）
第656条　清算持分会社の財産がその債務を完済するのに足りないことが明らかになったときは，清算人は，直ちに破産手続開始の申立てをしなければならない。
2　清算人は，清算持分会社が破産手続開始の決定を受けた場合において，破産管財人にその事務を引き継いだときは，その任務を終了したものとする。
3　前項に規定する場合において，清算持分会社が既に債権者に支払い，又は社員に分配したものがあるときは，破産管財人は，これを取り戻すことができる。

（裁判所の選任する清算人の報酬）
第657条　裁判所は，第647条第2項から第4項までの規定により清算人を選任した場合には，清算持分会社が当該清算人に対して支払う報酬の額を定めることができる。

□657条：清算株式会社につき同様の法文あり。cf.485条。

第3節　財産目録等

（財産目録等の作成等）
第658条　清算人は，その就任後遅滞なく，清算持分会社の財産の現況を調査し，法務省令で定めるところにより，第644条各号に掲げる場合に該当することとなった日における財産目録及び貸借対照表（以下この節において「財産目録等」という。）を作成し，各社員にその内容を通知しなければならない。
2　清算持分会社は，財産目録等を作成した時からその本店の所在地における清算結了の登記の時までの間，当該財産目録等を保存しなければならない。
3　清算持分会社は，社員の請求により，毎月清算の状況を報告しなければならない。

POINT　ム《6》コ《5》は《8》**清算人、財産目録**作るの上手

□1項：「法務省令」＝財産目録につき施規160条、貸借対照表につき施規161条。
□清算株式会社の財産目録につきほぼ同様の法文あり。cf.492条1・4項。

（財産目録等の提出命令）
第659条　裁判所は，申立てにより又は職権で，訴訟の当事者に対し，財産目録等の全部又は一部の提出を命ずることができる。

POINT　論《6》告《59》受ける前に**財産目録出して**おけ

□清算株式会社の財産目録提出につき同様の法文あり。cf.493条。

第4節　債務の弁済等

（債権者に対する公告等）

第660条　清算持分会社（合同会社に限る。以下この項及び次条において同じ。）は，第644条各号に掲げる場合に該当することとなった後，遅滞なく，当該清算持分会社の債権者に対し，一定の期間内にその債権を申し出るべき旨を官報に公告し，かつ，知れている債権者には，各別にこれを催告しなければならない。ただし，当該期間は，2箇月を下ることができない。

2　前項の規定による公告には，当該債権者が当該期間内に申出をしないときは清算から除斥される旨を付記しなければならない。

POINT　ろ《6》くろ《6》くわ《0》からぬ**債権者たちに（合同会社）官報で公告**

□清算手続開始後の債務弁済のための債権者に対する公告・催告に関する規定。次条・665条とあわせ、合同会社にのみ適用されることに注意。有限責任社員のみの合同会社では、株式会社同様会社債権者を公平に保護する手続が必要であるため。

□清算株式会社につき同様の法文あり。cf.499条。

（債務の弁済の制限）

第661条　清算持分会社は，前条第1項の期間内は，債務の弁済をすることができない。この場合において，清算持分会社は，その債務の不履行によって生じた責任を免れることができない。

2　前項の規定にかかわらず，清算持分会社は，前条第1項の期間内であっても，裁判所の許可を得て，少額の債権，清算持分会社の財産につき存する担保権によって担保される債権その他これを弁済しても他の債権者を害するおそれがない債権に係る債務について，その弁済をすることができる。この場合において，当該許可の申立ては，清算人が2人以上あるときは，その全員の同意によってしなければならない。

POINT　ム《6》ム《6》?!一《1》人たりとも**弁済**するな**合同会社債権者**には

□清算持分会社の債権者に対する公告期間中の弁済を制限する規定。前条・665条と合わせ、合同会社にのみ適用されることに注意。有限責任社員のみの合同会社では、株式会社同様、会社債権者を公平に保護する手続が必要であるため。

□清算株式会社につき同様の法文あり。cf.500条。

（条件付債権等に係る債務の弁済）

第662条　清算持分会社は，条件付債権，存続期間が不確定な債権その他その額が不確定な債権に係る債務を弁済することができる。この場合においては，これらの債権を評価させるため，裁判所に対し，鑑定人の選任の申立てをしなければならない。

2　前項の場合には，清算持分会社は，同項の鑑定人の評価に従い同項の債権に係る債務を弁済しなければならない。
3　第1項の鑑定人の選任の手続に関する費用は，清算持分会社の負担とする。当該鑑定人による鑑定のための呼出し及び質問に関する費用についても，同様とする。

□清算株式会社に対する条件付債権等の評価のための鑑定人選任につき同様の法文あり。cf.501条。

（出資の履行の請求）
第663条　清算持分会社に現存する財産がその債務を完済するのに足りない場合において，その出資の全部又は一部を履行していない社員があるときは，当該出資に係る定款の定めにかかわらず，当該清算持分会社は，当該社員に出資させることができる。

POINT　ろく《6》ろく《6》貢《3》がなかった**社員に清算時出資させる**

□合同会社社員は設立時までに全額の出資義務を履行しているはず（578条）なので、本条はそれ以外の持分会社社員に適用される。

（債務の弁済前における残余財産の分配の制限）
第664条　清算持分会社は，当該清算持分会社の債務を弁済した後でなければ，その財産を社員に分配することができない。ただし，その存否又は額について争いのある債権に係る債務についてその弁済をするために必要と認められる財産を留保した場合は，この限りでない。

□清算株式会社における株主への残余財産分配の制限につき同様の法文あり。cf.502条。

（清算からの除斥）
第665条　清算持分会社（合同会社に限る。以下この条において同じ。）の債権者（知れている債権者を除く。）であって第660条第1項の期間内にその債権の申出をしなかったものは，清算から除斥される。
2　前項の規定により清算から除斥された債権者は，分配がされていない残余財産に対してのみ，弁済を請求することができる。
3　清算持分会社の残余財産を社員の一部に分配した場合には，当該社員の受けた分配と同一の割合の分配を当該社員以外の社員に対してするために必要な財産は，前項の残余財産から控除する。

□清算持分会社において、申し出がない債権を清算から除斥する規定。660・661条と合わせ、合同会社にのみ適用されることに注意。有限責任社員のみの合同会社では、株式会社同様会社債権者を公平に保護する手続が必要であるため。
□清算株式会社につき同様の法文あり。cf.503条。

第5節　残余財産の分配

（残余財産の分配の割合）
第666条　残余財産の分配の割合について定款の定めがないときは，その割合は，各社員の出資の価額に応じて定める。

□清算株式会社の株主への残余財産分配につきほぼ同様の法文あり。cf.504条3項。
□定款において別段の定めを置いていれば、出資額と無関係に残余財産を分配できることになる。この点、公開株式会社では株主平等の原則が働くが、非公開会社では株主ごとに異なる扱いを行う定款を定めることができる。cf.109条2項。

第6節　清算事務の終了等

（清算に係る計算）
第667条　清算持分会社は，清算事務が終了したときは，遅滞なく，清算に係る計算をして，社員の承認を受けなければならない。
2　社員が1箇月以内に前項の計算について異議を述べなかったときは，社員は，当該計算の承認をしたものとみなす。ただし，清算人の職務の執行に不正の行為があったときは，この限りでない。

□清算株式会社につき同様の法文あり。cf.507条。
□社員の承認の日より2週間内に清算結了の登記を行う。cf.929条2・3号。

第7節　任意清算

（財産の処分の方法）
第668条　持分会社（合名会社及び合資会社に限る。以下この節において同じ。）は，定款又は総社員の同意によって，当該持分会社が第641条第1号から第3号までに掲げる事由によって解散した場合における当該持分会社の財産の処分の方法を定めることができる。
2　第2節から前節までの規定は，前項の財産の処分の方法を定めた持分会社については，適用しない。

POINT

ろく《6》ろく《6》や《8》らず、債権者保護？
任意清算で処分しちゃえ

□任意清算とは、①定款で定めた存続期間の満了、②定款で定めた解散事由の発生、③総社員の同意によって解散した合名・合資会社において、定款または総社員の同意をもって会社財産の処分方法を定めて行う清算のこと。社員間に信頼関係があり、無限責任社員が債権者に直接責任を負い、また利害関係人が少なく対立も複雑でないことが多いので認められる。清算人は選任されず、自由に定められた方法で会社財産が処分されるため、会社債権者を保護する手続が次条以下の規定にある。なお、任意清算が完了すれば会社は清算結了の登記を行う。cf.929条。

□2項：本節の任意清算に対し、第2節～前節の方法による清算を「法定清算」という。

（財産目録等の作成）

第669条　前条第1項の財産の処分の方法を定めた持分会社が第641条第1号から第3号までに掲げる事由によって解散した場合には，清算持分会社（合名会社及び合資会社に限る。以下この節において同じ。）は，解散の日から2週間以内に，法務省令で定めるところにより，解散の日における財産目録及び貸借対照表を作成しなければならない。

2　前条第1項の財産の処分の方法を定めていない持分会社が第641条第1号から第3号までに掲げる事由によって解散した場合において，解散後に同項の財産の処分の方法を定めたときは，清算持分会社は，当該財産の処分の方法を定めた日から2週間以内に，法務省令で定めるところにより，解散の日における財産目録及び貸借対照表を作成しなければならない。

POINT　無《6》論《6》苦《9》しい**合名・合資（会社）**の**目録作り**

□合名、合資会社における任意清算（cf.前条）の手続規定。法定清算であれば、清算人が作成した財産目録および貸借対照表につき、清算人の各社員への内容通知義務、清算会社の保存義務がある。cf.658条。

□1・2項：「法務省令」＝財産目録につき施規160条、貸借対照表につき施規161条。

（債権者の異議）

第670条　持分会社が第668条第1項の財産の処分の方法を定めた場合には，その解散後の清算持分会社の債権者は，当該清算持分会社に対し，当該財産の処分の方法について異議を述べることができる。

2　前項に規定する場合には，清算持分会社は，解散の日（前条第2項に規定する場合にあっては，当該財産の処分の方法を定めた日）から2週間以内に，次に掲げる事項を官報に公告し，かつ，知れている債権者には，各別にこれを催告しなければならない。ただし，第2号の期間は，1箇月を下ることができない。

①　第668条第1項の財産の処分の方法に従い清算をする旨

②　債権者が一定の期間内に異議を述べることができる旨

3　前項の規定にかかわらず，清算持分会社が同項の規定による公告を，官報のほか，第939条第1項の規定による定款の定めに従い，同項第2号又は第3号に掲げる公告方法によりするときは，前項の規定による各別の催告は，することを要しない。

4　債権者が第2項第2号の期間内に異議を述べなかったときは，当該債権者は，当該財産の処分の方法について承認をしたものとみなす。

5　債権者が第2項第2号の期間内に異議を述べたときは，清算持分会社は，当該債権者に対し，弁済し，若しくは相当の担保を提供し，又は当該債権者に弁済を受けさせることを目的として信託会社等に相当の財産を信託しなければならない。

POINT 「ろ《6》く《7》な《0》分け方じゃない**任意清算!**」と**債権者怒る**

□合名、合資会社における任意清算（668条）の債権者保護手続に関する規定。本条に違反して財産を処分した場合、会社債権者はその処分取消しの訴えを起こすことができる。cf.863条1項1号。

（持分の差押債権者の同意等）

第671条　持分会社が第668条第1項の財産の処分の方法を定めた場合において，社員の持分を差し押さえた債権者があるときは，その解散後の清算持分会社がその財産の処分をするには，その債権者の同意を得なければならない。

2　前項の清算持分会社が同項の規定に違反してその財産の処分をしたときは，社員の持分を差し押さえた債権者は，当該清算持分会社に対し，その持分に相当する金額の支払を請求することができる。

POINT 無《6》難《7》、一《1》番に**差押えた者の同意得るのが**

□合名、合資会社における任意清算（668条）の手続規定。

□2項：本条に違反して財産を処分した場合、差押え債権者は会社に対して、その持分に相当する金額の支払を請求することができる。さらに、会社債権者として処分取消しの訴えを起こすことができる。cf.863条1項2号。

第8節　帳簿資料の保存

（帳簿等重要な資料の保存）

第672条　清算人（第668条第1項の財産の処分の方法を定めた場合にあっては，清算持分会社を代表する社員）は，清算持分会社の本店の所在地における清算結了の登記の時から10年間，清算持分会社の帳簿並びにその事業及び清算に関する重要な資料（以下この条において「帳簿資料」という。）を保存しなければならない。

2　前項の規定にかかわらず，定款で又は社員の過半数をもって帳簿資料を保存する者を定めた場合には，その者は，清算持分会社の本店の所在地における清算結了の登記の時から10年間，帳簿資料を保存しなければならない。

3　裁判所は，利害関係人の申立てにより，第1項の清算人又は前項の規定により帳簿資料を保存する者に代わって帳簿資料を保存する者を選任することができる。この場合においては，前2項の規定は，適用しない。

4　前項の規定により選任された者は，清算持分会社の本店の所在地における清算結了の登記の時から10年間，帳簿資料を保存しなければならない。
5　第3項の規定による選任の手続に関する費用は，清算持分会社の負担とする。

POINT　無《6》難《7》に《2》**十年保存、持（分会）社の清算資料**

□1項：清算結了の登記（929条2・3号）より10年。
□清算株式会社につき同様の法文あり。cf.508条。

第9節　社員の責任の消滅時効

（社員の責任の消滅時効）
第673条　第580条に規定する社員の責任は，清算持分会社の本店の所在地における解散の登記をした後5年以内に請求又は請求の予告をしない清算持分会社の債権者に対しては，その登記後5年を経過した時に消滅する。
2　前項の期間の経過後であっても，社員に分配していない残余財産があるときは，清算持分会社の債権者は，清算持分会社に対して弁済を請求することができる。

POINT　胸《6》騒《7》ぎ《3》の**五年、解散後の社員の責任**

□解散の登記（926条）から5年間、清算の進行と無関係に社員の責任が存続することに注意。5年内であれば、清算が結了しても残っている会社債務につき社員は責任を負う。逆に、清算が終わっていなくても解散登記5年経過後であれば社員の責任は消滅している。

第10節　適用除外等

（適用除外）
第674条　次に掲げる規定は，清算持分会社については，適用しない。
①　第4章第1節
②　第606条，第607条第1項（第3号及び第4号を除く。）及び第609条
③　第5章第3節（第617条第4項，第618条及び第619条を除く。）から第6節まで及び第7節第2款
④　第638条第1項第3号及び第2項第2号

POINT　適用む《6》な《7》し《4》、**清算持（分会）社の適用除外**

（相続及び合併による退社の特則）

第675条　清算持分会社の社員が死亡した場合又は合併により消滅した場合には，第608条第1項の定款の定めがないときであっても，当該社員の相続人その他の一般承継人は，当該社員の持分を承継する。この場合においては，同条第4項及び第5項の規定を準用する。

POINT

ろ《6》くな《7》こ《5》となし、**清算**中の**社員相続**

第4編 社債

第1章　総則

（募集社債に関する事項の決定）

第676条　会社は，その発行する社債を引き受ける者の募集をしようとするときは，その都度，募集社債（当該募集に応じて当該社債の引受けの申込みをした者に対して割り当てる社債をいう。以下この編において同じ。）について次に掲げる事項を定めなければならない。

①　募集社債の総額

②　各募集社債の金額

③　募集社債の利率

④　募集社債の償還の方法及び期限

⑤　利息支払の方法及び期限

⑥　社債券を発行するときは，その旨

⑦　社債権者が第698条の規定による請求の全部又は一部をすることができないこととするときは，その旨

⑦の2　社債管理者を定めないこととするときは，その旨

⑧　社債管理者が社債権者集会の決議によらずに第706条第1項第2号に掲げる行為をすることができることとするときは，その旨

⑧の2　社債管理補助者を定めることとするときは，その旨

⑨　各募集社債の払込金額（各募集社債と引換えに払い込む金銭の額をいう。以下この章において同じ。）若しくはその最低金額又はこれらの算定方法

⑩　募集社債と引換えにする金銭の払込みの期日

⑪　一定の日までに募集社債の総額について割当てを受ける者を定めていない場合において，募集社債の全部を発行しないこととするときは，その旨及びその一定の日

⑫　前各号に掲げるもののほか，法務省令で定める事項

POINT　労《6》な《7》きロ《6》ーンだ**社債発行**

□社債の定義につき2条23号参照。

□株式会社、持分会社問わず、社債を発行でき、そのため条文の配列も、第2編「株式会社」、第3編「持分会社」の次に第4編「社債」となっている。持分会社でもベンチャー事業を起こし資金調達をしやすくする趣旨。

□1号：取締役会設置会社では本号の事項は取締役会で決定しなければならない（取締役会の決議事項に関する362条4項5号を参照のこと）。本号の事項以外は（代表）取締役に委任できる。このことによって、いわゆるシリーズ発行、つまり取締役会決議で発行する社債の総額等を定めておき、具体的な発行は複数回に分けて代表取締役が決定する形式の社

債の発行ができることになった。

□6号：株券不発行（214条）と同様、社債券も不発行が原則となった。発行しなければならない特段の要請もないため。

□7号：実務では無記名式社債券を記名式社債券に転換できない旨を定めておくことが多い。

□8号：社債管理委託契約（702条）の一内容として、社債全部に関する訴訟行為等や倒産法制手続行為（706条1項2号）ができると締結しておく。迅速な事務処理実現のため。

□11号：打切発行にしない場合はその旨定めなければならないことから、打切発行が原則となったことがわかる。募集株式発行とのバランスを図る趣旨。

□12号：「法務省令」＝施規162条。

□新株予約権付社債につき、本条～680条の適用なし。募集に関しては新株予約権の規定が適用されるため。新株予約権に関する248条の解説を参照のこと。

□3～8号：これらの事項（およびそれに関連する施規165条の事項）をあわせて社債の「種類」という。cf.681条1号の解説を参照せよ。

（募集社債の申込み）

第677条　会社は，前条の募集に応じて募集社債の引受けの申込みをしようとする者に対し，次に掲げる事項を通知しなければならない。

①　会社の商号

②　当該募集に係る前条各号に掲げる事項

③　前2号に掲げるもののほか，法務省令で定める事項

2　前条の募集に応じて募集社債の引受けの申込みをする者は，次に掲げる事項を記載した書面を会社に交付しなければならない。

①　申込みをする者の氏名又は名称及び住所

②　引き受けようとする募集社債の金額及び金額ごとの数

③　会社が前条第9号の最低金額を定めたときは，希望する払込金額

3　前項の申込みをする者は，同項の書面の交付に代えて，政令で定めるところにより，会社の承諾を得て，同項の書面に記載すべき事項を電磁的方法により提供することができる。この場合において，当該申込みをした者は，同項の書面を交付したものとみなす。

4　第1項の規定は，会社が同項各号に掲げる事項を記載した金融商品取引法第2条第10項 に規定する目論見書を第1項 の申込みをしようとする者に対して交付している場合その他募集社債の引受けの申込みをしようとする者の保護に欠けるおそれがないものとして法務省令で定める場合には，適用しない。

5　会社は，第1項各号に掲げる事項について変更があったときは，直ちに，その旨及び当該変更があった事項を第2項の申込みをした者（以下この章において「申込者」という。）に通知しなければならない。

6　会社が申込者に対してする通知又は催告は，第2項第1号の住所（当該申込者が別に通知又は催告を受ける場所又は連絡先を当該会社に通知した場合にあっては，その場所又は連絡先）にあてて発すれば足りる。

7　前項の通知又は催告は，その通知又は催告が通常到達すべきであった時に，到達したものとみなす。

POINT

ろく《6》な《7》名《7》ないね、**社債申込者**

□1項3号：「法務省令」＝施規163条（社債管理者、社債原簿管理人の名称等）。

□3項：「政令」＝施令1条1項10号。

□4項：金融商品取引法等による投資家保護が十分なら、あえて会社からの通知を求める必要はないと思われるため。「法務省令」＝施規164条。

□募集株式の申込みにつき同様の法文あり。cf.203条。

（募集社債の割当て）

第678条　会社は，申込者の中から募集社債の割当てを受ける者を定め，かつ，その者に割り当てる募集社債の金額及び金額ごとの数を定めなければならない。この場合において，会社は，当該申込者に割り当てる募集社債の金額ごとの数を，前条第2項第2号の数よりも減少することができる。

2　会社は，第676条第10号の期日の前日までに，申込者に対し，当該申込者に割り当てる募集社債の金額及び金額ごとの数を通知しなければならない。

POINT

ろく《6》な《7》ヤ《8》ツに**割当て**できず、**募集社債**

□1項：会社は申込者の申し出た数よりも割当てを減少させうると明記。

□2項：申込者としては1項により数が減らされる場合もあるので、会社は払い込み期日の前日までに申込者に割当分を通知してやらなければならない。

□募集株式の割当てにつき同様の法文あり。cf.204条1・3項。

（募集社債の申込み及び割当てに関する特則）

第679条　前2条の規定は，募集社債を引き受けようとする者がその総額の引受けを行う契約を締結する場合には，適用しない。

POINT

胸《67》ク《9》ソ悪い証券会社が**社債総額引受**ける

□総額引受けとは、会社との契約により証券会社など特定の者が社債発行の際にすべて引き受けること。通常、この特定の者は引受けた社債を一般投資家に分売する。このような分売目的で行う社債の引受けは、証券業として規制される。cf.金融2条8項4号。

□募集株式数の引受けにつき同様の法文あり（総株引受け）。cf.61（設立時）・205（設立後）条。

（募集社債の社債権者）

第680条　次の各号に掲げる者は，当該各号に定める募集社債の社債権者となる。

①　申込者　会社の割り当てた募集社債

②　前条の契約により募集社債の総額を引き受けた者　その者が引き受けた募集社債

POINT

老《6》婆《8》も**割《0》当**て受け**社債権者**

□募集株式につきほぼ同様の法文あり。cf.206条。ただし、募集株式の場合は引受人となるにとどまるが、本条では社債権者となる。

（社債原簿）

第681条　会社は，社債を発行した日以後遅滞なく，社債原簿を作成し，これに次に掲げる事項（以下この章において「社債原簿記載事項」という。）を記載し，又は記録しなければならない。

①　第676条第3号から第8号の2までに掲げる事項その他の社債の内容を特定するものとして法務省令で定める事項（以下この編において「種類」という。）

②　種類ごとの社債の総額及び各社債の金額

③　各社債と引換えに払い込まれた金銭の額及び払込みの日

④　社債権者（無記名社債（無記名式の社債券が発行されている社債をいう。以下この編において同じ。）の社債権者を除く。）の氏名又は名称及び住所

⑤　前号の社債権者が各社債を取得した日

⑥　社債券を発行したときは，社債券の番号，発行の日，社債券が記名式か，又は無記名式かの別及び無記名式の社債券の数

⑦　前各号に掲げるもののほか，法務省令で定める事項

POINT

老《6》婆《8》一《1》人ずつ**原簿に記載**

□社債原簿とは、社債および社債権者に関する事項を記載・記録した社債発行会社の帳簿のこと。

□1号：「法務省令」＝施規165条。同じ「種類」で発行日等が異なる社債を一種類の社債として取り扱うことを「銘柄統合」といい、従来はこの銘柄統合が認められるかどうか不明であった。本号により銘柄統合は認められることになった。銘柄統合の効果として704条1項、715条を参照のこと。

□7号：「法務省令」＝施規166条。

□株主名簿につき同様の法文あり。cf.121条。

（社債原簿記載事項を記載した書面の交付等）

第682条　社債権者（無記名社債の社債権者を除く。）は，社債を発行した会社（以下この編において「社債発行会社」という。）に対し，当該社債権者についての社債原簿に記載され，若しくは記録された社債原簿記載事項を記載した書面の交付又は当該社債原簿記載事項を記録した電磁的記録の提供を請求することができる。

2　前項の書面には，社債発行会社の代表者が署名し，又は記名押印しなければならない。

3　第1項の電磁的記録には，社債発行会社の代表者が法務省令で定める署名又は記名押印に代わる措置をとらなければならない。

4　前3項の規定は，当該社債について社債券を発行する旨の定めがある場合には，適用しない。

POINT

老《6》婆《8》に《2》教えろ**社債原簿**に**記載**あり

□登録質権者にも社債原簿事項を記載した書面の交付請求権あり。cf.695条。
□株主の株主名簿記載事項に関する請求につき同様の法文あり。cf.122条。
□3項：「法務省令」＝施規225条1項11号（電子署名）。

（社債原簿管理人）
第683条　会社は，社債原簿管理人（会社に代わって社債原簿の作成及び備置きその他の社債原簿に関する事務を行う者をいう。以下同じ。）を定め，当該事務を行うことを委託することができる。

POINT

む《6》や《8》み《3》に託すな**社債原簿管理人**

□株主名簿管理人につき同様の法文あり。cf.123条。ただし、株主名簿管理人を設置した場合、会社は定款に定めなければならないが、一方、社債原簿管理人は株主と直接関わる事務を行うわけではないので、定款で定めることなく、代表取締役等など会社を代表する者が自ら判断して委託、設置することとなる。

（社債原簿の備置き及び閲覧等）
第684条　社債発行会社は，社債原簿をその本店（社債原簿管理人がある場合にあっては，その営業所）に備え置かなければならない。
2　社債権者その他の法務省令で定める者は，社債発行会社の営業時間内は，いつでも，次に掲げる請求をすることができる。この場合においては，当該請求の理由を明らかにしてしなければならない。
①　社債原簿が書面をもって作成されているときは，当該書面の閲覧又は謄写の請求
②　社債原簿が電磁的記録をもって作成されているときは，当該電磁的記録に記録された事項を法務省令で定める方法により表示したものの閲覧又は謄写の請求
3　社債発行会社は，前項の請求があったときは，次のいずれかに該当する場合を除き，これを拒むことができない。
①　当該請求を行う者がその権利の確保又は行使に関する調査以外の目的で請求を行ったとき。
②　当該請求を行う者が社債原簿の閲覧又は謄写によって知り得た事実を利益を得て第三者に通報するため請求を行ったとき。
③　当該請求を行う者が，過去2年以内において，社債原簿の閲覧又は謄写によって知り得た事実を利益を得て第三者に通報したことがあるものであるとき。
4　社債発行会社が株式会社である場合には，当該社債発行会社の親会社社員は，その権利を行使するため必要があるときは，裁判所の許可を得て，当該社債発行会社の社債原簿について第2項各号に掲げる請求をすることができる。この場合においては，当該請求の理由を明らかにしてしなければならない。

5　前項の親会社社員について第3項各号のいずれかに規定する事由があるときは，裁判所は，前項の許可をすることができない。

POINT

老《6》婆《8》も読《4》みたい**社債原簿**

□2項：柱書の「法務省令」＝施規167条によると、債権者、株主、社員が請求できる者であり、株主名簿閲覧請求権と変わりない。2号の「法務省令」＝施規226条31号（紙面か映像面で表示）。

□3項：閲覧・謄写拒否事由として株主名簿では事務妨害等目的や競業者によるものが挙げられているが（125条3項2・3号）、社債原簿ではそのような拒否事由はない。会社の支配に関わる株主の情報と異なり、社債原簿は金銭債権者にすぎない社債権者についての情報であるため。

□4項：裁判所の許可による手続は、非訟事件手続として進められるが、審問期日の開催と陳述聴取が義務付けられている。cf.870条2項1号。

□上記以外においては株主名簿につき同様の法文あり。cf.125条。

（社債権者に対する通知等）

第685条　社債発行会社が社債権者に対してする通知又は催告は，社債原簿に記載し，又は記録した当該社債権者の住所（当該社債権者が別に通知又は催告を受ける場所又は連絡先を当該社債発行会社に通知した場合にあっては，その場所又は連絡先）にあてて発すれば足りる。

2　前項の通知又は催告は，その通知又は催告が通常到達すべきであった時に，到達したものとみなす。

3　社債が2以上の者の共有に属するときは，共有者は，社債発行会社が社債権者に対してする通知又は催告を受領する者1人を定め，当該社債発行会社に対し，その者の氏名又は名称を通知しなければならない。この場合においては，その者を社債権者とみなして，前2項の規定を適用する。

4　前項の規定による共有者の通知がない場合には，社債発行会社が社債の共有者に対してする通知又は催告は，そのうちの1人に対してすれば足りる。

5　前各項の規定は，第720条第1項の通知に際して社債権者に書面を交付し，又は当該書面に記載すべき事項を電磁的方法により提供する場合について準用する。この場合において，第2項中「到達したもの」とあるのは，「当該書面の交付又は当該事項の電磁的方法による提供があったもの」と読み替えるものとする。

POINT

老《6》婆《8》のご《5》**連絡先**に**通知**出します

□株主に対する通知につき同様の法文あり。cf.126条。

（共有者による権利の行使）

第686条　社債が2以上の者の共有に属するときは，共有者は，当該社債についての権利を行使する者1人を定め，会社に対し，その者の氏名又は名称を通知しなければ，当該社債についての権利を行使することができない。ただし，会社が当該権利を行使することに同意した場合は，この限りでない。

□株式の共有者の権利行使につき同様の法文あり。cf.106条。

（社債券を発行する場合の社債の譲渡）
第687条　社債券を発行する旨の定めがある社債の譲渡は，当該社債に係る社債券を交付しなければ，その効力を生じない。

POINT　老《6》婆《8》内《7》緒で**社債譲渡し、券交付**

□社債券の交付が社債譲渡の効力発生要件となる。社債の質入れについても同様（692条）。また、株券発行会社の株式の譲渡につきほぼ同様の法文あり。cf.128条本文。

（社債の譲渡の対抗要件）
第688条　社債の譲渡は，その社債を取得した者の氏名又は名称及び住所を社債原簿に記載し，又は記録しなければ，社債発行会社その他の第三者に対抗することができない。
2　当該社債について社債券を発行する旨の定めがある場合における前項の規定の適用については，同項中「社債発行会社その他の第三者」とあるのは，「社債発行会社」とする。
3　前2項の規定は，無記名社債については，適用しない。

POINT　老《6》婆《8》晴《8》れて**社債原簿に名が載り対抗**

□株式譲渡の対抗要件につき同様の法文あり。cf.130条。

（権利の推定等）
第689条　社債券の占有者は，当該社債券に係る社債についての権利を適法に有するものと推定する。
2　社債券の交付を受けた者は，当該社債券に係る社債についての権利を取得する。ただし，その者に悪意又は重大な過失があるときは，この限りでない。

POINT　老《6》婆《8》からく《9》すねた**社債券占有**

□1項：社債券占有の推定的効力。
□2項：社債の善意取得。
□株券占有の推定的効力につき同様の法文あり。cf.131条。

（社債権者の請求によらない社債原簿記載事項の記載又は記録）

第690条　社債発行会社は，次の各号に掲げる場合には，当該各号の社債の社債権者に係る社債原簿記載事項を社債原簿に記載し，又は記録しなければならない。

①　当該社債発行会社の社債を取得した場合

②　当該社債発行会社が有する自己の社債を処分した場合

2　前項の規定は，無記名社債については，適用しない。

POINT

むくれ《690》ず自社で処理せよ**自己社債の原簿記載**

□会社が行う株主名簿事項の記載につきほぼ同様の法文あり。cf.132条。

（社債権者の請求による社債原簿記載事項の記載又は記録）

第691条　社債を社債発行会社以外の者から取得した者（当該社債発行会社を除く。）は，当該社債発行会社に対し，当該社債に係る社債原簿記載事項を社債原簿に記載し，又は記録することを請求することができる。

2　前項の規定による請求は，利害関係人の利益を害するおそれがないものとして法務省令で定める場合を除き，その取得した社債の社債権者として社債原簿に記載され，若しくは記録された者又はその相続人その他の一般承継人と共同してしなければならない。

3　前2項の規定は，無記名社債については，適用しない。

POINT

報い《691》なきよう**社債取得者（名義）書換え**しておけ

□社債原簿の名義書換えをして対抗要件を備えておかなければ（688条）怠慢の報いが来るかもしれない。

□2項：「法務省令」＝施規168条。

□株式取得者の請求につき同様の法文あり。cf.133条。

（社債券を発行する場合の社債の質入れ）

第692条　社債券を発行する旨の定めがある社債の質入れは，当該社債に係る社債券を交付しなければ，その効力を生じない。

POINT

ろくに《692》**社債券も渡さず質入れできるか!**

□社債券発行会社では社債券の交付が質入れの効力発生要件となる（記名社債、無記名社債どちらも）。株式の質入れにつき同様の法文あり。cf.146条。対抗要件は社債券の占有。cf.次条。

（社債の質入れの対抗要件）

第693条　社債の質入れは，その質権者の氏名又は名称及び住所を社債原簿に記載し，又は記録しなければ，社債発行会社その他の第三者に対抗することができない。
2　前項の規定にかかわらず，社債券を発行する旨の定めがある社債の質権者は，継続して当該社債に係る社債券を占有しなければ，その質権をもって社債発行会社その他の第三者に対抗することができない。

POINT　労《6》苦《9》さ《3》、**社債の質入れ対抗**するのは

□株式の質入れ（登録質、略式質）の対抗要件につき同様の法文あり。cf.147条。なお、社債については登録質、略式質という用語はない。

（質権に関する社債原簿の記載等）
第694条　社債に質権を設定した者は，社債発行会社に対し，次に掲げる事項を社債原簿に記載し，又は記録することを請求することができる。
①　質権者の氏名又は名称及び住所
②　質権の目的である社債
2　前項の規定は，社債券を発行する旨の定めがある場合には，適用しない。

POINT　無《6》垢《9》よ《4》! **社債原簿、質権者名**で汚すなんて

□1項：株式の登録質と同様。質権設定者が社債原簿への記載・記録を請求する。
□株主名簿の記載・記録につき同様の法文あり。cf.148条。

（質権に関する社債原簿の記載事項を記載した書面の交付等）
第695条　前条第1項各号に掲げる事項が社債原簿に記載され，又は記録された質権者は，社債発行会社に対し，当該質権者についての社債原簿に記載され，若しくは記録された同項各号に掲げる事項を記載した書面の交付又は当該事項を記録した電磁的記録の提供を請求することができる。
2　前項の書面には，社債発行会社の代表者が署名し，又は記名押印しなければならない。
3　第1項の電磁的記録には，社債発行会社の代表者が法務省令で定める署名又は記名押印に代わる措置をとらなければならない。

POINT　記録《69》ご《5》覧になりたいと**社債質権者請求**

□登録株式質権者の請求につき同様の法文あり。cf.149条。
□3項：「法務省令」＝施規225条1項12号（電子署名）。

（信託財産に属する社債についての対抗要件等）
第695条の2　社債については，当該社債が信託財産に属する旨を社債原簿に記載し，又は記録しなければ，当該社債が信託財産に属することを社債発行会社その他の第三者に対抗すること

ができない。
2　第681条第4号の社債権者は，その有する社債が信託財産に属するときは，社債発行会社に対し，その旨を社債原簿に記載し，又は記録することを請求することができる。
3　社債原簿に前項の規定による記載又は記録がされた場合における第682条第1項及び第690条第1項の規定の適用については，第682条第1項中「記録された社債原簿記載事項」とあるのは「記録された社債原簿記載事項（当該社債権者の有する社債が信託財産に属する旨を含む。）」と，第690条第1項中「社債原簿記載事項」とあるのは「社債原簿記載事項（当該社債権者の有する社債が信託財産に属する旨を含む。）」とする。
4　前3項の規定は，社債券を発行する旨の定めがある社債については，適用しない。

（社債券の発行）
第696条　社債発行会社は，社債券を発行する旨の定めがある社債を発行した日以後遅滞なく，当該社債に係る社債券を発行しなければならない。

POINT　む《6》く《9》む《6》顔で**社債券発行**、早朝から

□株券発行につき同様の法文あり。cf.215条1項。

（社債券の記載事項）
第697条　社債券には，次に掲げる事項及びその番号を記載し，社債発行会社の代表者がこれに署名し，又は記名押印しなければならない。
①　社債発行会社の商号
②　当該社債券に係る社債の金額
③　当該社債券に係る社債の種類
2　社債券には，利札を付することができる。

POINT　無《6》垢《9》な《7》**社債券**に**署名**する

□1項：2号の券面額は均一でなくてよいと解されている。cf.723条。株券記載事項（216条）と比較せよ。
□2項：利札（りさつと読むが実務ではりふだと呼ばれる）とは、各支払期における利息の支払請求権を表章する無記名式の有価証券のこと。利札だけ社債券から切り離され別個に流通することもあるので、償還期限前に利札が欠けているときは利札に表示された利息の金額を償還額から控除して償還する。cf.700条1項。

（記名式と無記名式との間の転換）
第698条　社債券が発行されている社債の社債権者は，第676条第7号に掲げる事項についての定めによりすることができないこととされている場合を除き，いつでも，その記名式の社債券

を無記名式とし，又はその無記名式の社債券を記名式とすることを請求することができる。

POINT
ロ《6》ック《9》は《8》イヤと演歌に**転換**、
きめ(=**記名**)細かく歌う

□社債券上に社債権者の氏名の記載があるかどうかで記名式社債券と無記名式社債券とに分けられるが、実務上は主にコスト上の理由から無記名式社債が圧倒的に多く、しかも記名式に転換できないとの定め（676条7号）を置くことが多い。無記名式の場合は社債権者氏名・住所を社債原簿に記載しないこととなる。cf.681条4号。

（社債券の喪失）
第699条　社債券は，非訟事件手続法第100条に規定する公示催告手続によって無効とすることができる。
2　社債券を喪失した者は，非訟事件手続法第106条第1項に規定する除権決定を得た後でなければ，その再発行を請求することができない。

POINT
無《6》休《9》で(探し)苦《9》しむ**社債券喪失**者に**除権決定**

□株式につき喪失登録制度（221条）が置かれているのと異なる理由は、株式はその持主に、株主名簿に基づき議決権等の共益権を行使させる必要があるのに対し、社債が会社にとって金銭債権にすぎないため。新株予約権証券も同様。cf.291条。

（利札が欠けている場合における社債の償還）
第700条　社債発行会社は，社債券が発行されている社債をその償還の期限前に償還する場合において，これに付された利札が欠けているときは，当該利札に表示される社債の利息の請求権の額を償還額から控除しなければならない。ただし，当該請求権が弁済期にある場合は，この限りでない。
2　前項の利札の所持人は，いつでも，社債発行会社に対し，これと引換えに同項の規定により控除しなければならない額の支払を請求することができる。

POINT
な《7》ぜ《0》割《0》り引くの? **利札欠けると**

□利札については697条2項の解説を参照のこと。

（社債の償還請求権等の消滅時効）
第701条　社債の償還請求権は，これを行使することができる時から10年間行使しないときは，時効によって消滅する。
2　社債の利息の請求権及び前条第2項の規定による請求権は，これらを行使することができる時から5年間行使しないときは，時効によって消滅する。

POINT な《7》ぜ《0》急《1》がなかった（**請求**）、**社債の時効**

第2章　社債管理者

（社債管理者の設置）

第702条　会社は，社債を発行する場合には，社債管理者を定め，社債権者のために，弁済の受領，債権の保全その他の社債の管理を行うことを委託しなければならない。ただし，各社債の金額が1億円以上である場合その他社債権者の保護に欠けるおそれがないものとして法務省令で定める場合は，この限りでない。

POINT 泥《70》縄《2》にならぬよう、**社債管理者に委託**しておけ

□本文：社債管理者とは条文にあるように、社債権者のために弁済の受領、債権の保全その他の社債の管理を行うことを社債管理委託契約により会社から委託された者のこと。社債が債務不履行状態となったとき現実には小口の債権者にとり権利の実行手続をふむのは難しいので、社債権者保護のために、社債の管理にあたる者を社債発行時から発行会社に設置させる。

□設置義務に違反すると過料（976条33号）に処せられるが、社債自体が無効になるわけではない。

□但書：各社債が1億円以上である場合に加え、「法務省令」＝施規169条に定める場合（社債の総額÷社債の最低額＜50）は発行会社に社債管理者設置義務なし。本項本文で予定するような多数の小口社債権者が存在しないため。しかし、あえて但書に該当するような形態の社債にして、社債管理者を設置しない方策をとる会社が、その後管理者なきまま債務不履行となり混乱するケースがあった。そこで、社債管理補助者の制度が令和元年新設された。cf.714条の2。

□辞任事由を社債管理委託契約で定めていれば、その契約にしたがい辞任できる。cf.711条2項。

（社債管理者の資格）

第703条　社債管理者は，次に掲げる者でなければならない。

① 銀行

② 信託会社

③ 前2号に掲げるもののほか，これらに準ずるものとして法務省令で定める者

POINT 馴《7》れ《0》合いみ《3》たいな**社債管理者**ダメ! **資格**必要

□3号：社債管理者は平成5年より導入された社債管理会社と同じ役割であるが、「法務省令」＝施規170条により、信用金庫、保険会社、農林中央金庫など、株式会社やそれ以外の会社でない者も就任する余地が生じたので、社債管理会社から社債管理者へと呼び名が変更された。

（社債管理者の義務）
第704条　社債管理者は，社債権者のために，公平かつ誠実に社債の管理を行わなければならない。
2　社債管理者は，社債権者に対し，善良な管理者の注意をもって社債の管理を行わなければならない。

POINT **誠実**にな《7》れ《0》よ《4》**社債管理者**

□社債管理者は社債発行会社と、委任契約である社債管理委託契約を締結するので、善管注意義務（民644条）を会社に対しては負うが、社債権者とは契約関係にないので何の義務ももたない。その上、社債管理者自身も社債発行会社に貸金債権などをもっているため、社債権者との利益相反が先鋭化する事態に陥ることが問題視されてきたほどである。そこで、本条により社債管理者は社債権者に対し、公平誠実義務（1項）および善管注意義務（2項）を負うことを定めた。これらの義務を負う「社債の管理」とは、次条の法定権限だけでなく上記の社債管理委託契約により与えられている約定権限（例えば、会社が社債以外の債務のために担保を提供することを制限し、社債管理者からの請求があればその財産を社債の担保として提供する義務を会社に負わせる）を含むものと解される。社債管理者が、自身の貸金債権を先に実行することのないようにするため。社債管理者が本条の義務に違反した場合の責任につき、710条参照。
□1項：例えば、社債が同一種類（681条1号）であれば平等に取り扱うべきである。

（社債管理者の権限等）
第705条　社債管理者は，社債権者のために社債に係る債権の弁済を受け，又は社債に係る債権の実現を保全するために必要な一切の裁判上又は裁判外の行為をする権限を有する。
2　社債管理者が前項の弁済を受けた場合には，社債権者は，その社債管理者に対し，社債の償還額及び利息の支払を請求することができる。この場合において，社債券を発行する旨の定めがあるときは，社債権者は，社債券と引換えに当該償還額の支払を，利札と引換えに当該利息の支払を請求しなければならない。
3　前項前段の規定による請求権は，これを行使することができる時から10年間行使しないときは，時効によって消滅する。
4　社債管理者は，その管理の委託を受けた社債につき第1項の行為をするために必要があるときは，裁判所の許可を得て，社債発行会社の業務及び財産の状況を調査することができる。

POINT 慣《7》れ《0》っこ《5》**社債管理者**、**権限**駆使して

□1項：社債権者の利益となる限り、社債管理者に包括的権限あり。社債権者の不利益となる恐れのある場合は、社債権者集会の決議が必要。cf.次条1項2号。社債管理補助者の権限が限定されていることと対比せよ。cf.714条の4。

（社債管理者の権限等・その2）

第706条　社債管理者は，社債権者集会の決議によらなければ，次に掲げる行為をしてはならない。ただし，第2号に掲げる行為については，第676条第8号に掲げる事項についての定めがあるときは，この限りでない。

1　当該社債の全部についてするその支払の猶予，その債務若しくはその債務の不履行によって生じた責任の免除又は和解（次号に掲げる行為を除く。）

2　当該社債の全部についてする訴訟行為又は破産手続，再生手続，更生手続若しくは特別清算に関する手続に属する行為（前条第1項の行為を除く。）

2　社債管理者は，前項ただし書の規定により社債権者集会の決議によらずに同項第2号に掲げる行為をしたときは，遅滞なく，その旨を公告し，かつ，知れている社債権者には，各別にこれを通知しなければならない。

3　前項の規定による公告は，社債発行会社における公告の方法によりしなければならない。ただし，その方法が電子公告であるときは，その公告は，官報に掲載する方法でしなければならない。

4　社債管理者は，その管理の委託を受けた社債につき第1項各号に掲げる行為をするために必要があるときは，裁判所の許可を得て，社債発行会社の業務及び財産の状況を調査することができる。

POINT 慣《7》れ《0》ろ《6》**社債管理者**、**決議**の要否

□1項：社債管理者は前条1項により包括的権限をもつが、1項に列挙されるような社債権の処分に関する行為は社債権者の不利益となる恐れがあるため、社債権者集会の決議が必要。ただし、2号の訴訟行為や手続は、迅速処理の必要があるので、社債管理委託契約の定めがあるときのみ（676条8号）決議不要。そのときでも社債権者への公告・通知が必要。

□3項：訴訟行為や破産手続などの公告を会社のホームページで行うのは適切でないため。

（特別代理人の選任）

第707条　社債権者と社債管理者との利益が相反する場合において，社債権者のために裁判上又は裁判外の行為をする必要があるときは，裁判所は，社債権者集会の申立てにより，特別代理人を選任しなければならない。

POINT

馴《7》れ《0》馴《7》れしい**社債管理者**ダメ、(**特別**)**代理人**呼べ

□特別代理人の規定。

(社債管理者等の行為の方式)

第708条 社債管理者又は前条の特別代理人が社債権者のために裁判上又は裁判外の行為をするときは、個別の社債権者を表示することを要しない。

POINT

個別の名《7》、ゼロ《0》でや《8》れる**社債権者の**ための**行為**

(2以上の社債管理者がある場合の特則)

第709条 2以上の社債管理者があるときは，これらの者が共同してその権限に属する行為をしなければならない。

2 前項に規定する場合において，社債管理者が第705条第1項の弁済を受けたときは，社債管理者は，社債権者に対し，連帯して，当該弁済の額を支払う義務を負う。

POINT

な《7》ぜ《0》窮《9》屈な思いして**共同の社債管理**?

(社債管理者の責任)

第710条 社債管理者は，この法律又は社債権者集会の決議に違反する行為をしたときは，社債権者に対し，連帯して，これによって生じた損害を賠償する責任を負う。

2 社債管理者は，社債発行会社が社債の償還若しくは利息の支払を怠り，若しくは社債発行会社について支払の停止があった後又はその前3箇月以内に，次に掲げる行為をしたときは，社債権者に対し，損害を賠償する責任を負う。ただし，当該社債管理者が誠実にすべき社債の管理を怠らなかったこと又は当該損害が当該行為によって生じたものでないことを証明したときは，この限りでない。

① 当該社債管理者の債権に係る債務について社債発行会社から担保の供与又は債務の消滅に関する行為を受けること。

② 当該社債管理者と法務省令で定める特別の関係がある者に対して当該社債管理者の債権を譲り渡すこと（当該特別の関係がある者が当該債権に係る債務について社債発行会社から担保の供与又は債務の消滅に関する行為を受けた場合に限る。)。

③ 当該社債管理者が社債発行会社に対する債権を有する場合において，契約によって負担する債務を専ら当該債権をもってする相殺に供する目的で社債発行会社の財産の処分を内容とする契約を社債発行会社との間で締結し，又は社債発行会社に対して債務を負担する者の債務を引き受けることを内容とする契約を締結し，かつ，これにより社債発行会社に対し負担した債務と当該債権とを相殺すること。

④ 当該社債管理者が社債発行会社に対して債務を負担する場合において，社債発行会社に対する債権を譲り受け，かつ，当該債務と当該債権とを相殺すること。

POINT
な《7》んと《10》重い**社債管理者責任**

□2項柱書：従来は支払い停止前3ヶ月であったが、社債管理者が社債発行会社に対し貸付債権等の債権を有する場合、社債管理者と社債権者の利益の対立が先鋭化する。支払停止後でも利益相反行為の可能性があるので支払停止前後3ヶ月となった。

□2項各号：誠実義務違反の推定が生じる場合を明記した。2号「法務省令」＝施規171条（法人とその議決権の過半数を有する支配社員）。

（社債管理者の辞任）
第711条　社債管理者は，社債発行会社及び社債権者集会の同意を得て辞任することができる。この場合において，他に社債管理者がないときは，当該社債管理者は，あらかじめ，事務を承継する社債管理者を定めなければならない。
2　前項の規定にかかわらず，社債管理者は，第702条の規定による委託に係る契約に定めた事由があるときは，辞任することができる。ただし，当該契約に事務を承継する社債管理者に関する定めがないときは，この限りでない。
3　第1項の規定にかかわらず，社債管理者は，やむを得ない事由があるときは，裁判所の許可を得て，辞任することができる。

POINT
泣《7》い《1》てい《1》とま乞い、**社債管理者辞任**

□2項：例えば、社債発行会社が支払停止となり、会社に対して債権を有する社債管理者との間で利害の対立が先鋭化した場合に適切な社債管理者の交代を促進する趣旨。あらかじめ、社債管理委託契約（702条本文）で辞任について定めておく。あらかじめ定めがないなら辞任は認められない（本項但書）。

（社債管理者が辞任した場合の責任）
第712条　第710条第2項の規定は，社債発行会社が社債の償還若しくは利息の支払を怠り，若しくは社債発行会社について支払の停止があった後又はその前3箇月以内に前条第2項の規定により辞任した社債管理者について準用する。

POINT
泣《7》い《1》て**二《2》項責任**負う**辞任管理者**

□前条2項の社債管理委託契約を口実にして、社債管理者が損害賠償責任を免れるために不当に辞任するのを防ぎ、もって社債権者の利益を守る趣旨。

（社債管理者の解任）
第713条　裁判所は，社債管理者がその義務に違反したとき，その事務処理に不適任であるときその他正当な理由があるときは，社債発行会社又は社債権者集会の申立てにより，当該社債管理者を解任することができる。

POINT な《7》い《1》さ《3》ほかには、こんな**社債管理者解任**!

(社債管理者の事務の承継)

第714条　社債管理者が次のいずれかに該当することとなった場合において，他に社債管理者がないときは，社債発行会社は，事務を承継する社債管理者を定め，社債権者のために，社債の管理を行うことを委託しなければならない。この場合においては，社債発行会社は，社債権者集会の同意を得るため，遅滞なく，これを招集し，かつ，その同意を得ることができなかったときは，その同意に代わる裁判所の許可の申立てをしなければならない。

① 第703条各号に掲げる者でなくなったとき。

② 第711条第3項の規定により辞任したとき。

③ 前条の規定により解任されたとき。

④ 解散したとき。

2　社債発行会社は，前項前段に規定する場合において，同項各号のいずれかに該当することとなった日後2箇月以内に，同項後段の規定による招集をせず，又は同項後段の申立てをしなかったときは，当該社債の総額について期限の利益を喪失する。

3　第1項前段に規定する場合において，やむを得ない事由があるときは，利害関係人は，裁判所に対し，事務を承継する社債管理者の選任の申立てをすることができる。

4　社債発行会社は，第1項前段の規定により事務を承継する社債管理者を定めた場合（社債権者集会の同意を得た場合を除く。）又は前項の規定による事務を承継する社債管理者の選任があった場合には，遅滞なく，その旨を公告し，かつ，知れている社債権者には，各別にこれを通知しなければならない。

POINT 他にな《7》い《1》よ《4》、**承継社債管理者**探せ

□社債管理者が存在しないという事態を避ける趣旨。

第2章の2　社債管理補助者

(社債管理補助者の設置)

第714条の2　会社は，第702条ただし書に規定する場合には，社債管理補助者を定め，社債権者のために，社債の管理の補助を行うことを委託することができる。ただし，当該社債が担保付社債である場合は，この限りでない。

POINT 内《71》心《4の2》つらいが、**社債管理補助者**だけ置いとこう

□社債管理者のようなコストのかかる専門家でなく、最低限の事務を任せられる者を望む実

務界のニーズを受け、令和元年新設。

□但書：担保付社債については、担保付社債信託法（担信法）の規制の下で信託会社が担保も社債の管理も行うため（担信法2条2項・35条が会社法702条に優先）、社債管理者不要となるから。

（社債管理補助者の資格）
第714条の3　社債管理補助者は，第703条各号に掲げる者その他法務省令で定める者でなければならない。

（社債管理補助者の権限等）
第714条の4　社債管理補助者は，社債権者のために次に掲げる行為をする権限を有する。
①　破産手続参加，再生手続参加又は更生手続参加
②　強制執行又は担保権の実行の手続における配当要求
③　第499条第1項の期間内に債権の申出をすること。
2　社債管理補助者は，第714条の2の規定による委託に係る契約に定める範囲内において，社債権者のために次に掲げる行為をする権限を有する。
①　社債に係る債権の弁済を受けること。
②　第705条第1項の行為（前項各号及び前号に掲げる行為を除く。）
③　第706条第1項各号に掲げる行為
④　社債発行会社が社債の総額について期限の利益を喪失することとなる行為
3　前項の場合において，社債管理補助者は，社債権者集会の決議によらなければ，次に掲げる行為をしてはならない。
①　前項第2号に掲げる行為であって，次に掲げるもの
イ　当該社債の全部についてするその支払の請求
ロ　当該社債の全部に係る債権に基づく強制執行，仮差押え又は仮処分
ハ　当該社債の全部についてする訴訟行為又は破産手続，再生手続，更生手続若しくは特別清算に関する手続に属する行為（イ及びロに掲げる行為を除く。）
②　前項第3号及び第4号に掲げる行為
4　社債管理補助者は，第714条の2の規定による委託に係る契約に従い，社債の管理に関する事項を社債権者に報告し，又は社債権者がこれを知ることができるようにする措置をとらなければならない。
5　第705条第2項及び第3項の規定は，第2項第1号に掲げる行為をする権限を有する社債管理補助者について準用する。

□包括的権限を持つ社債管理者（705条1項）と異なり、社債管理補助者は最低限の事務を任せる存在なので、その権限は限定される。

□1項：契約がなくても社債管理補助者に認められる権限（法定権限）。裁量の余地が狭い。

□2項：委託契約により認められる権限（約定権限）。1項さらに社債管理者の権限（705・706・739条）とも対比せよ。

（2以上の社債管理補助者がある場合の特則）
第714条の5　2以上の社債管理補助者があるときは，社債管理補助者は，各自，その権限に属する行為をしなければならない。
2　社債管理補助者が社債権者に生じた損害を賠償する責任を負う場合において，他の社債管理補助者も当該損害を賠償する責任を負うときは，これらの者は，連帯債務者とする。
（社債管理者等との関係）
第714条の6　第702条の規定による委託に係る契約又は担保付社債信託法（明治38年法律第52号）第2条第1項に規定する信託契約の効力が生じた場合には，第714条の2の規定による委託に係る契約は，終了する。
（社債管理者に関する規定の準用）
第714条の7　第704条，第707条，第708条，第710条第1項，第711条，第713条及び第714条の規定は，社債管理補助者について準用する。この場合において，第704条中「社債の管理」とあるのは「社債の管理の補助」と，同項中「社債権者に対し，連帯して」とあるのは「社債権者に対し」と，第711条第1項中「において，他に社債管理者がないときは」とあるのは「において」と，同条第2項中「第702条」とあるのは「第714条の2」と，第714条第1項中「において，他に社債管理者がないときは」とあるのは「には」と，「社債の管理」とあるのは「社債の管理の補助」と，「第703条各号に掲げる」とあるのは「第714条の3に規定する」と，「解散した」とあるのは「死亡し，又は解散した」と読み替えるものとする。

第3章　社債権者集会

（社債権者集会の構成）
第715条　社債権者は，社債の種類ごとに社債権者集会を組織する。

POINT
内《71》向《5》的な人も集まれ**社債権者集会**

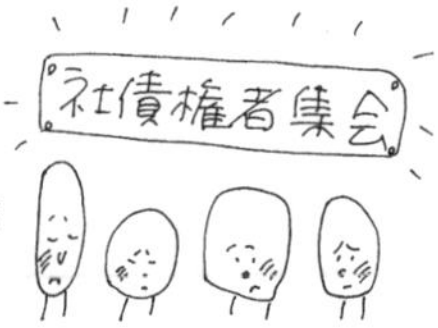

□「種類」については681条1号（つまり676条3〜8号および施規165条）参照。
□種類ごととするのは、共通の利害をもつ者が団結するほうが会社と交渉しやすいと考えられるため。社債発行会社としても、社債権者集会により集団的な処理が容易になる。

（社債権者集会の権限）
第716条　社債権者集会は，この法律に規定する事項及び社債権者の利害に関する事項について決議をすることができる。

POINT
七《7》色《16》の事項、（**社債権者**）**集会**が決める

□「法律に規定する事項」には、社債全部の支払い猶予など処分行為（706条1項）、社債管理者の事務承継者の選任に対する同意、代表社債権者の選任など社債に関する者の選任・辞任・解任（711・713・714・736・737・738条）、社債権者集会決議事項の執行者指定（737条1項但書）、利息支払い等を怠った場合の期限の利益の喪失（739条1項）、社債権者の異議手続（740条）など。「社債権者の利害に関する事項」には、元利金の支払猶予や利率の引下げなど。

□株主総会の権限（295条）等、株主総会と類似する点は少なくないが、社債権者集会は、定時に開かれるものではない点で異なる。cf.次条。

（社債権者集会の招集）

第717条　社債権者集会は，必要がある場合には，いつでも，招集することができる。

2　社債権者集会は，次項又は次条第3項の規定により招集する場合を除き，社債発行会社又は社債管理者が招集する。

3　次に掲げる場合には，社債管理補助者は，社債権者集会を招集することができる。

①　次条第1項の規定による請求があった場合

②　第714条の7において準用する第711条第1項の社債権者集会の同意を得るため必要がある場合

POINT　**定時**じゃないな《717》、**（社債権者）集会招集**

□定時株主総会は定時に招集される。cf.296条1項。

□3項：令和元年新設。社債管理補助者も社債権者集会を招集できるが最低限の事務を行う者なので、ここでも招集場面が限定される。cf.714条の4。

（社債権者による招集の請求）

第718条　ある種類の社債の総額（償還済みの額を除く。）の10分の1以上に当たる社債を有する社債権者は，社債発行会社，社債管理者又は社債管理補助者に対し，社債権者集会の目的である事項及び招集の理由を示して，社債権者集会の招集を請求することができる。

2　社債発行会社が有する自己の当該種類の社債の金額の合計額は，前項に規定する社債の総額に算入しない。

3　次に掲げる場合には，第1項の規定による請求をした社債権者は，裁判所の許可を得て，社債権者集会を招集することができる。

①　第1項の規定による請求の後遅滞なく招集の手続が行われない場合

②　第1項の規定による請求があった日から8週間以内の日を社債権者集会の日とする社債権者集会の招集の通知が発せられない場合

4　第1項の規定による請求又は前項の規定による招集をしようとする無記名社債の社債権者は，その社債券を社債発行会社，社債管理者又は社債管理補助者に提示しなければならない。

POINT　元気ないは《718》ずの**社債権者**自ら**招集請求**

□4項：無記名社債では、自らが社債権者であることを社債券をもって示す必要があるため。なお、従来は社債券の供託が必要であったが、社債管理者または社債管理補助者への提示だけでよくなった。

□株主総会招集の請求につきほぼ同様の法文あり。cf.297条。

（社債権者集会の招集の決定）

第719条　社債権者集会を招集する者（以下この章において「招集者」という。）は，社債権者集会を招集する場合には，次に掲げる事項を定めなければならない。

①　社債権者集会の日時及び場所

②　社債権者集会の目的である事項

③　社債権者集会に出席しない社債権者が電磁的方法によって議決権を行使することができることとするときは，その旨

④　前3号に掲げるもののほか，法務省令で定める事項

POINT

どこへなびく《719》**社債権者、**
集会場所決めたのに

□株主総会につきほぼ同様の法文あり。cf.298条。

□4号：「法務省令」＝施規172条（参考書類記載事項等）。

（社債権者集会の招集の通知）

第720条　社債権者集会を招集するには，招集者は，社債権者集会の日の2週間前までに，知れている社債権者及び社債発行会社並びに社債管理者又は社債管理補助者がある場合にあっては社債管理者又は社債管理補助者に対して，書面をもってその通知を発しなければならない。

2　招集者は，前項の書面による通知の発出に代えて，政令で定めるところにより，同項の通知を受けるべき者の承諾を得て，電磁的方法により通知を発することができる。この場合において，当該招集者は，同項の書面による通知を発したものとみなす。

3　前2項の通知には，前条各号に掲げる事項を記載し，又は記録しなければならない。

4　社債発行会社が無記名式の社債券を発行している場合において，社債権者集会を招集するには，招集者は，社債権者集会の日の3週間前までに，社債権者集会を招集する旨及び前条各号に掲げる事項を公告しなければならない。

5　前項の規定による公告は，社債発行会社における公告の方法によりしなければならない。ただし，招集者が社債発行会社以外の者である場合において，その方法が電子公告であるときは，その公告は，官報に掲載する方法でしなければならない。

POINT

なにを《720》おいても**書面で招集、社債権者集会**

□株主総会の招集通知につきほぼ同様の法文あり。cf.299条。社債権者集会においては一定の場合のみ書面で通知する。

□2項：政令＝施令2条1項4号、施規230条により電子メールの受信や磁気ディスク等の交付に代わりうる。

（社債権者集会参考書類及び議決権行使書面の交付等）

第721条　招集者は，前条第1項の通知に際しては，法務省令で定めるところにより，知れている社債権者に対し，議決権の行使について参考となるべき事項を記載した書類（以下この条において「社債権者集会参考書類」という。）及び社債権者が議決権を行使するための書面（以下この章において「議決権行使書面」という。）を交付しなければならない。

2　招集者は，前条第2項の承諾をした社債権者に対し同項の電磁的方法による通知を発するときは，前項の規定による社債権者集会参考書類及び議決権行使書面の交付に代えて，これらの書類に記載すべき事項を電磁的方法により提供することができる。ただし，社債権者の請求があったときは，これらの書類を当該社債権者に交付しなければならない。

3　招集者は，前条第4項の規定による公告をした場合において，社債権者集会の日の1週間前までに無記名社債の社債権者の請求があったときは，直ちに，社債権者集会参考書類及び議決権行使書面を当該社債権者に交付しなければならない。

4　招集者は，前項の規定による社債権者集会参考書類及び議決権行使書面の交付に代えて，政令で定めるところにより，社債権者の承諾を得て，これらの書類に記載すべき事項を電磁的方法により提供することができる。この場合において，当該招集者は，同項の規定によるこれらの書類の交付をしたものとみなす。

POINT　なにい《721》?! **書面投票**で**（社債権者）集会**すます?!

□社債権者の数が著しく多数の場合も多いので、書面投票や電子投票だけですますべきという見解もあるが、社債権者集会の開催省略そのものが認められていない。株主総会における議決権行使書面交付につき同様の法文あり。cf.301条。1項の「法務省令」＝施規174条（各議案の賛否等）。参考書類記載事項につき施規173条参照。4項の「政令」＝施令1条1項11号。

（社債権者集会参考書類及び議決権行使書面の交付等・その2）

第722条　招集者は，第719条第3号に掲げる事項を定めた場合には，第720条第2項の承諾をした社債権者に対する電磁的方法による通知に際して，法務省令で定めるところにより，社債権者に対し，議決権行使書面に記載すべき事項を当該電磁的方法により提供しなければならない。

2　招集者は，第719条第3号に掲げる事項を定めた場合において，第720条第2項の承諾をしていない社債権者から社債権者集会の日の1週間前までに議決権行使書面に記載すべき事項の電磁的方法による提供の請求があったときは，法務省令で定めるところにより，直ちに，当該社債権者に対し，当該事項を電磁的方法により提供しなければならない。

POINT　なに使《722》って案内? **社債権者**に**メール**で**案内**

□株主総会における電子投票につき同様の法文あり。cf.302条3・4項。

□1・2項の「法務省令」＝両方とも施規174条。

（議決権の額等）

第723条　社債権者は，社債権者集会において，その有する当該種類の社債の金額の合計額（償還済みの額を除く。）に応じて，議決権を有する。

2　前項の規定にかかわらず，社債発行会社は，その有する自己の社債については，議決権を有しない。

3　議決権を行使しようとする無記名社債の社債権者は，社債権者集会の日の1週間前までに，その社債券を招集者に提示しなければならない。

POINT　な《7》に《2》さ《3》基準は、**社債権者**の**議決権**数

□1項：従来は社債の最低券面額ごとに1個の議決権が与えられていたが、保有する未償還額に応じて有することになった（実質的な改正ではないが）。本項を根拠に券面額（697条1項2号）は均一でなくてよいと解される。

□株式の場合は1株1議決権。cf.308条1項。

（社債権者集会の決議）

第724条　社債権者集会において決議をする事項を可決するには，出席した議決権者（議決権を行使することができる社債権者をいう。以下この章において同じ。）の議決権の総額の2分の1を超える議決権を有する者の同意がなければならない。

2　前項の規定にかかわらず，社債権者集会において次に掲げる事項を可決するには，議決権者の議決権の総額の5分の1以上で，かつ，出席した議決権者の議決権の総額の3分の2以上の議決権を有する者の同意がなければならない。

①　第706条第1項各号に掲げる行為に関する事項

②　第706条第1項，第714条の4第3項（同条第2項第3号に掲げる行為に係る部分に限る。），第736条第1項，第737条第1項ただし書及び第738条の規定により社債権者集会の決議を必要とする事項

3　社債権者集会は，第719条第2号に掲げる事項以外の事項については，決議をすることができない。

POINT　な《7》に《2》よ《4》**社債権者集会可決の要件**

□1項：出席した議決権者だけでよいとするのは、社債権者集会の成立を容易にし、迅速な手続実現のため。

□2項：従来、議決権の3分の1以上を定足数としたが撤廃した。公募社債の大半を占める無記名社債の社債権者を把握することが容易でなく、またそのうち社債権者集会に大きな関心をもつ者は多くなく定足数を満たすことは困難であるため。成立要件も緩和。

□株主総会の可決要件については309条参照。

（議決権の代理行使）

第725条　社債権者は，代理人によってその議決権を行使することができる。この場合におい

では，当該社債権者又は代理人は，代理権を証明する書面を招集者に提出しなければならない。
2　前項の代理権の授与は，社債権者集会ごとにしなければならない。
3　第1項の社債権者又は代理人は，代理権を証明する書面の提出に代えて，政令で定めるところにより，招集者の承諾を得て，当該書面に記載すべき事項を電磁的方法により提供することができる。この場合において，当該社債権者又は代理人は，当該書面を提出したものとみなす。
4　社債権者が第720条第2項の承諾をした者である場合には，招集者は，正当な理由がなければ，前項の承諾をすることを拒んではならない。

POINT　な《7》に《2》こ《5》れ**代理証明**? **社債権者集会**で**提出**

□株主総会での代理人につき同様の法文あり。cf.310条。
□3項：「政令」＝施令1条1項12号。

(書面による議決権の行使)
第726条　社債権者集会に出席しない社債権者は，書面によって議決権を行使することができる。
2　書面による議決権の行使は，議決権行使書面に必要な事項を記載し，法務省令で定める時までに当該記載をした議決権行使書面を招集者に提出して行う。
3　前項の規定により書面によって行使した議決権の額は，出席した議決権者の議決権の額に算入する。

POINT　な《7》に《2》? ロ《6》ーマ字で**書面投票**?!

□2項：「法務省令」＝施規175条。
□株主総会における書面による議決権行使につき同様の法文あり。cf.311条1・2項。

(電磁的方法による議決権の行使)
第727条　電磁的方法による議決権の行使は，政令で定めるところにより，招集者の承諾を得て，法務省令で定める時までに議決権行使書面に記載すべき事項を，電磁的方法により当該招集者に提供して行う。
2　社債権者が第720条第2項の承諾をした者である場合には，招集者は，正当な理由がなければ，前項の承諾をすることを拒んではならない。
3　第1項の規定により電磁的方法によって行使した議決権の額は，出席した議決権者の議決権の額に算入する。

POINT　な《7》に《2》な《7》に? (**社債権者**)**集会**行かず**メールで投票**?

□1項：「政令」＝施令1条1項13号。「法務省令」＝施規176条。
□株主総会における電磁的方法による議決権行使につきほぼ同様の法文あり。cf.312条1～3項。

（議決権の不統一行使）
第728条　社債権者は，その有する議決権を統一しないで行使することができる。この場合においては，社債権者集会の日の3日前までに，招集者に対してその旨及びその理由を通知しなければならない。
2　招集者は，前項の社債権者が他人のために社債を有する者でないときは，当該社債権者が同項の規定によりその有する議決権を統一しないで行使することを拒むことができる。

POINT
な《7》に《2》や《8》ら**不統一**な**社債権者集会**

□株主総会における議決権の不統一行使につき同様の法文あり。cf.313条。

（社債発行会社の代表者の出席等）
第729条　社債発行会社，社債管理者又は社債管理補助者は，その代表者若しくは代理人を社債権者集会に出席させ，又は書面により意見を述べることができる。ただし，社債管理者又は社債管理補助者にあっては，その社債権者集会が第707条（第714条の7において準用する場合を含む。）の特別代理人の選任について招集されたものであるときは，この限りでない。
2　社債権者集会又は招集者は，必要があると認めるときは，社債発行会社に対し，その代表者又は代理人の出席を求めることができる。この場合において，社債権者集会にあっては，これをする旨の決議を経なければならない。

POINT
な《7》に《2》食《9》わぬ顔で、**会社の代表**、**（社債権者）集会出席**

（延期又は続行の決議）
第730条　社債権者集会においてその延期又は続行について決議があった場合には，第719条及び第720条の規定は，適用しない。

POINT
「何《7》だ!」とさ《3》わ《0》ぎ、**（社債権者）集会延期**

□株主総会延期・続行につき同様の法文あり。cf.317条。

（議事録）
第731条　社債権者集会の議事については，招集者は，法務省令で定めるところにより，議事録を作成しなければならない。
2　社債発行会社は，社債権者集会の日から10年間，前項の議事録をその本店に備え置かなければならない。
3　社債管理者，社債管理補助者及び社債権者は，社債発行会社の営業時間内は，いつでも，次に掲げる請求をすることができる。
①　第1項の議事録が書面をもって作成されているときは，当該書面の閲覧又は謄写の請求
②　第1項の議事録が電磁的記録をもって作成されているときは，当該電磁的記録に記録された

事項を法務省令で定める方法により表示したものの閲覧又は謄写の請求

POINT

閲覧な《7》さ《3》い《1》、(**社債権者**)**集会議事録**

□1項：「法務省令」＝施規177条。

□株主総会の議事録につき同様の法文あり。cf.318条1・2・4項。

□3項2号：「法務省令」＝施規226条32号（紙面か映像面で表示）。

（社債権者集会の決議の認可の申立て）

第732条　社債権者集会の決議があったときは，招集者は，当該決議があった日から1週間以内に，裁判所に対し，当該決議の認可の申立てをしなければならない。

POINT

並《7》み《3》の認《2》可でない、(**社債権者**)**集会決議後出す認可**

□従来は裁判所による社債権者集会決議前の許可と決議後の認可の制度があったが、二重の審査は過剰な規制なので、認可制度のみにして多数決の濫用の弊害防止のための審査として一本化した。

（社債権者集会の決議の不認可）

第733条　裁判所は，次のいずれかに該当する場合には，社債権者集会の決議の認可をすることができない。

①　社債権者集会の招集の手続又はその決議の方法が法令又は第676条の募集のための当該社債発行会社の事業その他の事項に関する説明に用いた資料に記載され，若しくは記録された事項に違反するとき。

②　決議が不正の方法によって成立するに至ったとき。

③　決議が著しく不公正であるとき。

④　決議が社債権者の一般の利益に反するとき。

POINT

涙《73》見《3》せ「(**社債権者**)**集会決議認可しない!**」

（社債権者集会の決議の効力）

第734条　社債権者集会の決議は，裁判所の認可を受けなければ，その効力を生じない。

2　社債権者集会の決議は，当該種類の社債を有するすべての社債権者に対してその効力を有する。

POINT

名《7》指《3》し《4》で認可、
（社債権者）集会決議発効だ!

□決議前の許可と決議後の認可が一本化されたことにつき732条の解説を参照のこと。

（社債権者集会の決議の認可又は不認可の決定の公告）
第735条　社債発行会社は，社債権者集会の決議の認可又は不認可の決定があった場合には，遅滞なく，その旨を公告しなければならない。

POINT

涙《73》で「困《5》った、**決議**の**認可公告**せねば」

（社債権者集会の決議の省略）
第735条の2　社債発行会社，社債管理者，社債管理補助者又は社債権者が社債権者集会の目的である事項について（社債管理補助者にあっては，第714条の7において準用する第711条第1項の社債権者集会の同意をすることについて）提案をした場合において，当該提案につき議決権者の全員が書面又は電磁的記録により同意の意思表示をしたときは，当該提案を可決する旨の社債権者集会の決議があったものとみなす。
2　社債発行会社は，前項の規定により社債権者集会の決議があったものとみなされた日から10年間，同項の書面又は電磁的記録をその本店に備え置かなければならない。
3　社債管理者，社債管理補助者及び社債権者は，社債発行会社の営業時間内は，いつでも，次に掲げる請求をすることができる。
①　前項の書面の閲覧又は謄写の請求
②　前項の電磁的記録に記録された事項を法務省令で定める方法により表示したものの閲覧又は謄写の請求
4　第1項の規定により社債権者集会の決議があったものとみなされる場合には，第732条から前条まで（第734条第2項を除く。）の規定は，適用しない。

□社債権者集会決議は強行法規であると解されてきたので（706条参照）、株主総会のようにみなし決議（書面決議）が可能か疑義があったが、令和元年、本条により可能であることを明記。cf.319条1項。

（代表社債権者の選任等）
第736条　社債権者集会においては，その決議によって，当該種類の社債の総額（償還済みの額を除く。）の1000分の1以上に当たる社債を有する社債権者の中から，1人又は2人以上の代表社債権者を選任し，これに社債権者集会において決議をする事項についての決定を委任することができる。
2　第718条第2項の規定は，前項に規定する社債の総額について準用する。
3　代表社債権者が2人以上ある場合において，社債権者集会において別段の定めを行わなかったときは，第1項に規定する事項についての決定は，その過半数をもって行う。

POINT　並《7》み《3》ム《6》リ、**代表**（**社債権者**）は優秀でなくちゃ

□多数の社債権者が集まって頻繁に決議するのが困難なことが多い。また、細かいことを決定するにも、多勢で決議するより代表債権者が決定するほうが適切な場合も多いため。いつでも解任できる。cf.738条。

（社債権者集会の決議の執行）

第737条　社債権者集会の決議は，次の各号に掲げる場合の区分に応じ，当該各号に定める者が執行する。ただし，社債権者集会の決議によって別に社債権者集会の決議を執行する者を定めたときは，この限りでない。

①　社債管理者がある場合　社債管理者

②　社債管理補助者がある場合において，社債管理補助者の権限に属する行為に関する事項を可決する旨の社債権者集会の決議があったとき　社債管理補助者

③　前2号に掲げる場合以外の場合　代表社債権者

2　第705条第1項から第3項まで，第708条及び第709条の規定は，代表社債権者又は前項ただし書の規定により定められた社債権者集会の決議を執行する者（以下この章において「決議執行者」という。）が社債権者集会の決議を執行する場合について準用する。

POINT　な《7》み《3》な《7》みと酒盛り、
（**社債権者**）**集会決議を執行**！

□社債権者集会では決議したことを実際に執行しなければならないことが多い。そこで社債管理者、社債管理補助者または代表社債権者以外にも執行内容によっては、集会決議で適当な執行者である決議執行者を定めることができるとした。

（代表社債権者等の解任等）

第738条　社債権者集会においては，その決議によって，いつでも，代表社債権者若しくは決議執行者を解任し，又はこれらの者に委任した事項を変更することができる。

POINT　並《7》み《3》は《8》ダメだと（**社債権者集会で**）**代表解任**

□選任につき736条。

（社債の利息の支払等を怠ったことによる期限の利益の喪失）

第739条　社債発行会社が社債の利息の支払を怠ったとき，又は定期に社債の一部を償還しなければならない場合においてその償還を怠ったときは，社債権者集会の決議に基づき，当該決議を執行する者は，社債発行会社に対し，一定の期間内にその弁済をしなければならない旨及び当該期間内にその弁済をしないときは当該社債の総額について期限の利益を喪失する旨を書面により通知することができる。ただし，当該期間は，2箇月を下ることができない。

2　前項の決議を執行する者は，同項の規定による書面による通知に代えて，政令で定めるところにより，社債発行会社の承諾を得て，同項の規定により通知する事項を電磁的方法により提供することができる。この場合において，当該決議を執行する者は，当該書面による通知をしたものとみなす。
3　社債発行会社は，第1項の期間内に同項の弁済をしなかったときは，当該社債の総額について期限の利益を喪失する。

POINT

な《7》さ《3》って下《9》さい**支払い**を、
期限の**利益失います**わよ

□2項「政令」＝施令1条1項14号。

（債権者の異議手続の特則）
第740条　第449条，第627条，第635条，第670条，第779条（第781条第2項において準用する場合を含む。），第789条（第793条第2項において準用する場合を含む。），第799条（第802条第2項において準用する場合を含む。），第810条（第813条第2項において準用する場合を含む。）又は第816条の8の規定により社債権者が異議を述べるには，社債権者集会の決議によらなければならない。この場合においては，裁判所は，利害関係人の申立てにより，社債権者のために異議を述べることができる期間を伸長することができる。
2　前項の規定にかかわらず，社債管理者は，社債権者のために，異議を述べることができる。ただし，第702条の規定による委託に係る契約に別段の定めがある場合は，この限りでない。
3　社債発行会社における第449条第2項，第627条第2項，第635条第2項，第670条第2項，第779条第2項（第781条第2項において準用する場合を含む。以下この項において同じ。），第789条第2項（第793条第2項において準用する場合を含む。以下この項において同じ。），第799条第2項（第802条第2項において準用する場合を含む。以下この項において同じ。），第810条第2項（第813条第2項において準用する場合を含む。以下この項において同じ。）及び第816条の8第2項の規定の適用については，第449条第2項，第627条第2項，第635条第2項，第670条第2項，第779条第2項，第799条第2項及び第816条の8第2項中「知れている債権者」とあるのは「知れている債権者（社債管理者又は社債管理補助者がある場合にあっては，当該社債管理者又は社債管理補助者を含む。）」と，第789条第2項及び第810条第2項中「知れている債権者（同項の規定により異議を述べることができるものに限る。）」とあるのは「知れている債権者（同項の規定により異議を述べることができるものに限り，社債管理者又は社債管理補助者がある場合にあっては当該社債管理者又は社債管理補助者を含む。）」とする。

POINT

な《7》じ《4》れ《0》**異議**ありゃ（**債権者**）**集会**で

□社債権者が異議を述べるには、原則として社債権者集会の開催が必要であるが（1項）、費用がかかるのであまり開かれない。そこで、社債管理者は社債管理契約に別段の定めなき限り、社債権者のために社債権者集会を経ずに異議を申し立てることができることとする（2項）。社債管理補助者も3項の債権者異議申述催告を受けられるが、2項の意義申立権はない。

□2項：1項の社債権者集会の決議は実現しにくいので、社債権者の利益保護のために社債管理者の異議申述権が認められた。

□3項：令和元年新設の社債管理補助者も社債管理者と同様、債権者異議についての催告を受ける権限はあるが、2項の異議申述権まではないことに注意。

（社債管理者等の報酬等）

第741条　社債管理者，代表社債権者又は決議執行者に対して与えるべき報酬，その事務処理のために要する費用及びその支出の日以後における利息並びにその事務処理のために自己の過失なくして受けた損害の賠償額は，社債発行会社との契約に定めがある場合を除き，裁判所の許可を得て，社債発行会社の負担とすることができる。

2　前項の許可の申立ては，社債管理者，代表社債権者又は決議執行者がする。

3　社債管理者，代表社債権者又は決議執行者は，第1項の報酬，費用及び利息並びに損害の賠償額に関し，第705条第1項（第737条第2項において準用する場合を含む。）の弁済を受けた額について，社債権者に先立って弁済を受ける権利を有する。

POINT

ナ《7》シ《4》ー《1》個が**報酬**？ **社債管理者**、**会社**に怒る

□令和元年、社債管理補助者が追加された。

（社債権者集会等の費用の負担）

第742条　社債管理者，社債管理補助者，代表社債権者又は決議執行者に対して与えるべき報酬，その事務処理のために要する費用及びその支出の日以後における利息並びにその事務処理のために自己の過失なくして受けた損害の賠償額は，社債発行会社との契約に定めがある場合を除き，裁判所の許可を得て，社債発行会社の負担とすることができる。

2　前項の許可の申立ては，社債管理者，社債管理補助者，代表社債権者又は決議執行者がする。

3　社債管理者，社債管理補助者，代表社債権者又は決議執行者は，第1項の報酬，費用及び利息並びに損害の賠償額に関し，第705条第1項（第737条第2項において準用する場合を含む。）又は第714条の4第2項第1号の弁済を受けた額について，社債権者に先立って弁済を受ける権利を有する。

POINT

無《7》し《4》に《2》なったぞ（**債権者**）**集会費用**、**会社**よ**払え**

第5編 組織変更，合併，会社分割，株式交換，株式移転及び株式交付

第1章　組織変更

第1節　通則

（組織変更計画の作成）
第743条　会社は，組織変更をすることができる。この場合においては，組織変更計画を作成しなければならない。

POINT　「馴《7》染《4》み《3》薄い持分イヤ」組織変更、反対の株主

□組織変更とは、株式会社が持分会社になり、またはその逆になること。組織変更の定義につき2条26号。持分会社間での変更である限り、異なる種類への変更であっても組織変更といわないことに注意。単に定款変更をして行うだけ。cf.638条、計規7・9条。

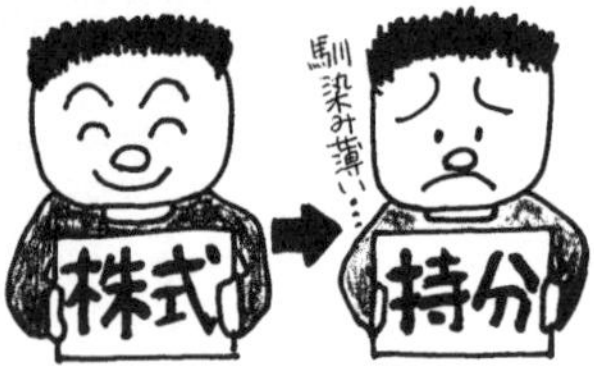

第2節　株式会社の組織変更

（株式会社の組織変更計画）
第744条　株式会社が組織変更をする場合には，当該株式会社は，組織変更計画において，次に掲げる事項を定めなければならない。
①　組織変更後の持分会社（以下この編において「組織変更後持分会社」という。）が合名会社，合資会社又は合同会社のいずれであるかの別
②　組織変更後持分会社の目的，商号及び本店の所在地
③　組織変更後持分会社の社員についての次に掲げる事項
　イ　当該社員の氏名又は名称及び住所
　ロ　当該社員が無限責任社員又は有限責任社員のいずれであるかの別
　ハ　当該社員の出資の価額
④　前2号に掲げるもののほか，組織変更後持分会社の定款で定める事項
⑤　組織変更後持分会社が組織変更に際して組織変更をする株式会社の株主に対してその株式に代わる金銭等（組織変更後持分会社の持分を除く。以下この号及び次号において同じ。）を交付するときは，当該金銭等についての次に掲げる事項
　イ　当該金銭等が組織変更後持分会社の社債であるときは，当該社債の種類（第107条第2項第2号ロに規定する社債の種類をいう。以下この編において同じ。）及び種類ごとの各社債の金額の合計額又はその算定方法

ロ　当該金銭等が組織変更後持分会社の社債以外の財産であるときは，当該財産の内容及び数若しくは額又はこれらの算定方法

⑥　前号に規定する場合には，組織変更をする株式会社の株主（組織変更をする株式会社を除く。）に対する同号の金銭等の割当てに関する事項

⑦　組織変更をする株式会社が新株予約権を発行しているときは，組織変更後持分会社が組織変更に際して当該新株予約権の新株予約権者に対して交付する当該新株予約権に代わる金銭の額又はその算定方法

⑧　前号に規定する場合には，組織変更をする株式会社の新株予約権の新株予約権者に対する同号の金銭の割当てに関する事項

⑨　組織変更がその効力を生ずる日（以下この章において「効力発生日」という。）

2　組織変更後持分会社が合名会社であるときは，前項第3号ロに掲げる事項として，その社員の全部を無限責任社員とする旨を定めなければならない。

3　組織変更後持分会社が合資会社であるときは，第1項第3号ロに掲げる事項として，その社員の一部を無限責任社員とし，その他の社員を有限責任社員とする旨を定めなければならない。

4　組織変更後持分会社が合同会社であるときは，第1項第3号ロに掲げる事項として，その社員の全部を有限責任社員とする旨を定めなければならない。

POINT な《7》し《4》よ《4》**株式、持（分会）社に変更**

□1項5号イ：対価の柔軟化（749条1項2号参照）に加え、持分会社も社債を発行できるようになった（676条の解説を参照のこと）ので、組織変更の対価として、社債を交付できる。

□1項7・8号：新株予約権の処理を規定しているのは、持分会社には新株予約権の発行が認められておらず、組織変更効力発生日に消滅してしまう（次条5項）ため。新株予約権者の権利を剥奪することになるので、さらに新株予約権買取請求権も認められている。cf.777条。

（株式会社の組織変更の効力の発生等）

第745条　組織変更をする株式会社は，効力発生日に，持分会社となる。

2　組織変更をする株式会社は，効力発生日に，前条第1項第2号から第4号までに掲げる事項についての定めに従い，当該事項に係る定款の変更をしたものとみなす。

3　組織変更をする株式会社の株主は，効力発生日に，前条第1項第3号に掲げる事項についての定めに従い，組織変更後持分会社の社員となる。

4　前条第1項第5号イに掲げる事項についての定めがある場合には，組織変更をする株式会社の株主は，効力発生日に，同項第6号に掲げる事項についての定めに従い，同項第5号イの社債の社債権者となる。

5　組織変更をする株式会社の新株予約権は，効力発生日に，消滅する。

6　前各項の規定は，第779条の規定による手続が終了していない場合又は組織変更を中止した場合には，適用しない。

POINT

な《7》じ《4》ってもこ《5》の日、
株(式会)社から持(分会)社へ

□1・5項：効力発生日は前条1項9号。組織変更登記は効力発生要件ではない。債権者保護手続あり。cf.779条。なお、持分会社間での変更には債権者保護手続はない。583条の解説を参照のこと。
□5項：新株予約権が消滅するのでその手当てをしなければならない。cf.前条1項7・8号
□効力発生日から2週間以内に、その本店の所在地で株式会社の解散登記と持分会社の設立登記をしなければならない。cf.920条。支店についても3週間以内に登記が必要。cf.930条3項。

第3節 持分会社の組織変更

（持分会社の組織変更計画）
第746条　持分会社が組織変更をする場合には，当該持分会社は，組織変更計画において，次に掲げる事項を定めなければならない。
①　組織変更後の株式会社（以下この条において「組織変更後株式会社」という。）の目的，商号，本店の所在地及び発行可能株式総数
②　前号に掲げるもののほか，組織変更後株式会社の定款で定める事項
③　組織変更後株式会社の取締役の氏名
④　次のイからハまでに掲げる場合の区分に応じ，当該イからハまでに定める事項
イ　組織変更後株式会社が会計参与設置会社である場合　組織変更後株式会社の会計参与の氏名又は名称
ロ　組織変更後株式会社が監査役設置会社（監査役の監査の範囲を会計に関するものに限定する旨の定款の定めがある株式会社を含む。）である場合　組織変更後株式会社の監査役の氏名
ハ　組織変更後株式会社が会計監査人設置会社である場合　組織変更後株式会社の会計監査人の氏名又は名称
⑤　組織変更をする持分会社の社員が組織変更に際して取得する組織変更後株式会社の株式の数（種類株式発行会社にあっては，株式の種類及び種類ごとの数）又はその数の算定方法
⑥　組織変更をする持分会社の社員に対する前号の株式の割当てに関する事項
⑦　組織変更後株式会社が組織変更に際して組織変更をする持分会社の社員に対してその持分に代わる金銭等（組織変更後株式会社の株式を除く。以下この号及び次号において同じ。）を交付するときは，当該金銭等についての次に掲げる事項
イ　当該金銭等が組織変更後株式会社の社債（新株予約権付社債についてのものを除く。）であるときは，当該社債の種類及び種類ごとの各社債の金額の合計額又はその算定方法
ロ　当該金銭等が組織変更後株式会社の新株予約権（新株予約権付社債に付されたものを除く。）であるときは，当該新株予約権の内容及び数又はその算定方法
ハ　当該金銭等が組織変更後株式会社の新株予約権付社債であるときは，当該新株予約権付社債についてのイに規定する事項及び当該新株予約権付社債に付された新株予約権についてのロに規定する事項
ニ　当該金銭等が組織変更後株式会社の社債等（社債及び新株予約権をいう。以下この編にお

いて同じ。）以外の財産であるときは，当該財産の内容及び数若しくは額又はこれらの算定方法
⑧　前号に規定する場合には，組織変更をする持分会社の社員に対する同号の金銭等の割当てに関する事項
⑨　効力発生日
2　組織変更後株式会社が監査等委員会設置会社である場合には，前項第3号に掲げる事項は，監査等委員である取締役とそれ以外の取締役とを区別して定めなければならない。

POINT　な《7》し《4》て無《6》理する? **株(式会)社**への**変更**

（持分会社の組織変更の効力の発生等）
第747条　組織変更をする持分会社は，効力発生日に，株式会社となる。
2　組織変更をする持分会社は，効力発生日に，前条第1項第1号及び第2号に掲げる事項についての定めに従い，当該事項に係る定款の変更をしたものとみなす。
3　組織変更をする持分会社の社員は，効力発生日に，前条第1項第6号に掲げる事項についての定めに従い，同項第5号の株式の株主となる。
4　次の各号に掲げる場合には，組織変更をする持分会社の社員は，効力発生日に，前条第1項第8号に掲げる事項についての定めに従い，当該各号に定める者となる。
①　前条第1項第7号イに掲げる事項についての定めがある場合　同号イの社債の社債権者
②　前条第1項第7号ロに掲げる事項についての定めがある場合　同号ロの新株予約権の新株予約権者
③　前条第1項第7号ハに掲げる事項についての定めがある場合　同号ハの新株予約権付社債についての社債の社債権者及び当該新株予約権付社債に付された新株予約権の新株予約権者
5　前各項の規定は，第781条第2項において準用する第779条（第2項第2号を除く。）の規定による手続が終了していない場合又は組織変更を中止した場合には，適用しない。

POINT　な《7》よ《4》な《7》よするな、今日から**株(式会)社**!

□1項：組織変更登記は効力発生要件ではない。なお、債権者保護手続あり。cf.781条2項、779条2項。これに対し、持分会社間での変更には合名会社から合同会社への組織変更であっても、債権者保護手続はないことに注意。583条の解説を参照のこと。
□効力発生日から2週間以内に、その本店の所在地で、持分会社の解散登記と株式会社設立登記をしなければならない。cf.920条。支店についても3週間以内に登記が必要。cf.930条3項。

第2章　合併

第1節　通則

（合併契約の締結）
第748条　会社は，他の会社と合併をすることができる。この場合においては，合併をする会社は，合併契約を締結しなければならない。

POINT　な《7》し《4》や《8》**合併**、**契約**なければ

□合併とは、複数の会社が1つになる組織再編行為のこと。合併には吸収合併と新設合併とがある。それぞれの定義は2条27、28号。合併では、消滅会社は清算手続をとることなく当然に解散し、存続会社や新設会社は消滅会社の権利義務の全てを包括的に承継するのが特徴。この点で事業譲渡が個別承継であるのと異なる。ただし、従来は人的にも包括移転するといわれていたが、対価の柔軟化の方針より、金銭をはじめ株式以外の様々な対価が交付できるようになったので、人的な承継は合併の重要な要素ではなくなった。また、従来、株式会社と持分会社との合併につき制約があったが、そのような制約はなくなり、合併契約さえ締結すれば、どの種類の会社とでも合併できる（合併自由の原則）。さらに、株式会社が合併して持分会社となることも可能。cf.748条、751条、755条、783条2項。

第2節　吸収合併

第1款　株式会社が存続する吸収合併

（株式会社が存続する吸収合併契約）
第749条　会社が吸収合併をする場合において，吸収合併後存続する会社（以下この編において「吸収合併存続会社」という。）が株式会社であるときは，吸収合併契約において，次に掲げる事項を定めなければならない。
① 株式会社である吸収合併存続会社（以下この編において「吸収合併存続株式会社」という。）及び吸収合併により消滅する会社（以下この編において「吸収合併消滅会社」という。）の商号及び住所
② 吸収合併存続株式会社が吸収合併に際して株式会社である吸収合併消滅会社（以下この編において「吸収合併消滅株式会社」という。）の株主又は持分会社である吸収合併消滅会社（以下この編において「吸収合併消滅持分会社」という。）の社員に対してその株式又は持分に代わる金銭等を交付するときは，当該金銭等についての次に掲げる事項
　イ　当該金銭等が吸収合併存続株式会社の株式であるときは，当該株式の数（種類株式発行会社にあっては，株式の種類及び種類ごとの数）又はその数の算定方法並びに当該吸収合併存続株式会社の資本金及び準備金の額に関する事項

ロ　当該金銭等が吸収合併存続株式会社の社債（新株予約権付社債についてのものを除く。）であるときは，当該社債の種類及び種類ごとの各社債の金額の合計額又はその算定方法
ハ　当該金銭等が吸収合併存続株式会社の新株予約権（新株予約権付社債に付されたものを除く。）であるときは，当該新株予約権の内容及び数又はその算定方法
ニ　当該金銭等が吸収合併存続株式会社の新株予約権付社債であるときは，当該新株予約権付社債についてのロに規定する事項及び当該新株予約権付社債に付された新株予約権についてのハに規定する事項
ホ　当該金銭等が吸収合併存続株式会社の株式等以外の財産であるときは，当該財産の内容及び数若しくは額又はこれらの算定方法
③　前号に規定する場合には，吸収合併消滅株式会社の株主（吸収合併消滅株式会社及び吸収合併存続株式会社を除く。）又は吸収合併消滅持分会社の社員（吸収合併存続株式会社を除く。）に対する同号の金銭等の割当てに関する事項
④　吸収合併消滅株式会社が新株予約権を発行しているときは，吸収合併存続株式会社が吸収合併に際して当該新株予約権の新株予約権者に対して交付する当該新株予約権に代わる当該吸収合併存続株式会社の新株予約権又は金銭についての次に掲げる事項
イ　当該吸収合併消滅株式会社の新株予約権の新株予約権者に対して吸収合併存続株式会社の新株予約権を交付するときは，当該新株予約権の内容及び数又はその算定方法
ロ　イに規定する場合において，イの吸収合併消滅株式会社の新株予約権が新株予約権付社債に付された新株予約権であるときは，吸収合併存続株式会社が当該新株予約権付社債についての社債に係る債務を承継する旨並びにその承継に係る社債の種類及び種類ごとの各社債の金額の合計額又はその算定方法
ハ　当該吸収合併消滅株式会社の新株予約権の新株予約権者に対して金銭を交付するときは，当該金銭の額又はその算定方法
⑤　前号に規定する場合には，吸収合併消滅株式会社の新株予約権の新株予約権者に対する同号の吸収合併存続株式会社の新株予約権又は金銭の割当てに関する事項
⑥　吸収合併がその効力を生ずる日（以下この節において「効力発生日」という。）
2　前項に規定する場合において，吸収合併消滅株式会社が種類株式発行会社であるときは，吸収合併存続株式会社及び吸収合併消滅株式会社は，吸収合併消滅株式会社の発行する種類の株式の内容に応じ，同項第3号に掲げる事項として次に掲げる事項を定めることができる。
①　ある種類の株式の株主に対して金銭等の割当てをしないこととするときは，その旨及び当該株式の種類
②　前号に掲げる事項のほか，金銭等の割当てについて株式の種類ごとに異なる取扱いを行うこととするときは，その旨及び当該異なる取扱いの内容
3　第1項に規定する場合には，同項第3号に掲げる事項についての定めは，吸収合併消滅株式会社の株主（吸収合併消滅株式会社及び吸収合併存続株式会社並びに前項第1号の種類の株式の株主を除く。）の有する株式の数（前項第2号に掲げる事項についての定めがある場合にあっては，各種類の株式の数）に応じて金銭等を交付することを内容とするものでなければならない。

POINT

な《7》し《4》く《9》ずしの**吸収**（**合併**）に
存続会社バンザイ！

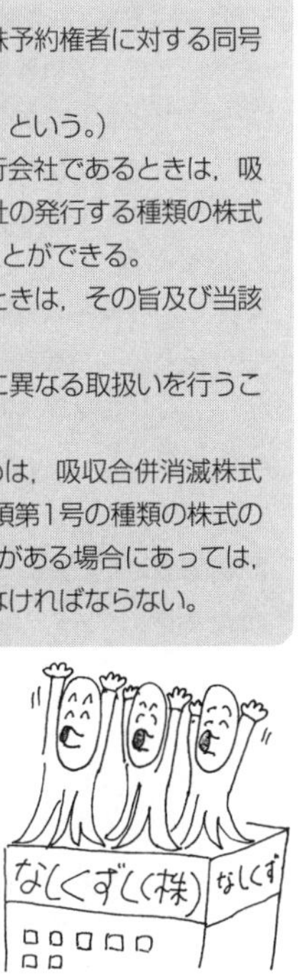

□吸収合併の定義につき2条27号参照。新設合併（定義は2条28号・第3節753条以下）もあるが、実務ではコストの面などから

あまり利用されない。
□1項2号：合併対価が「金銭等」つまり金銭に限らず、何でもよい（合併対価の柔軟化という）。
□1項2号イ：従来のような、消滅会社の利益準備金などを留保利益として承継するといった剰余金の引継制度を撤廃、その代わりに資本金または準備金が増加すべきところを（合併と同時に減少させるものと見て）増加させず、処分可能な剰余金に計上することを認めた。資本金や準備金の減少と同様に債権者保護手続がとられるから、このような措置を認めてもよいと考えられる。組織再編の際の計上すべき資本金の額、準備金の額については445条5項を参照のこと。
□1項2号イかっこ書：種類株主総会の特別決議が必要。cf.795条4項1号。
□消滅会社が株券発行会社の場合、従来のように、株券提出手続をとる旨を合併契約に記載する必要なし。株券提出手続をとることが当然に必要となったため。cf.219条1項6号。
□1項3号かっこ書：消滅会社が有する自己株式および存続会社が有する消滅会社株式のどちらに対しても存続会社が合併新株などの対価の割当てをしないことを明記した。自己株式には自益権を認めないことの現れ。cf.795条3項。
□1項4・5号：消滅会社の新株予約権は合併効力発生日に消滅するので（750条4項）、代わりに存続会社の新株予約権か金銭を交付することを、あらかじめ明らかにさせている。そもそも新株予約権発行の際に、このような合併があることを想定しておかなければならない。cf.236条1項8号。これ以外の条件であれば、新株予約権者に不測の損害を与えることになるので、新株予約権買取請求が認められる。cf.787条1項1号。
□1項6号：従来のような合併期日の概念を撤廃し、さらに、合併の登記を、合併の効力発生要件とせず対抗要件とした。つまり、実質的、経済的意味での合併の日と法的な意味での合併の日を、合併の「効力発生日」として統一した。cf.効力発生の内容につき次条。なお、効力発生日を合意により変更できる。cf.790条。
□3項：株主平等原則の現れ。ただし、消滅会社自身、存続会社自身、種類株式の株主は例外。cf.本条2項。
□従来は、存続会社が合併に伴い新株発行を行うなどの事情により定款を変更するときは、定款変更の内容を合併契約で定める必要があったが、定款変更の内容は法定記載事項でなくなった。したがってこのような場合は存続会社で別に定款変更手続（466条）をとることになる。

（株式会社が存続する吸収合併の効力の発生等）

第750条　吸収合併存続株式会社は，効力発生日に，吸収合併消滅会社の権利義務を承継する。

2　吸収合併消滅会社の吸収合併による解散は，吸収合併の登記の後でなければ，これをもって第三者に対抗することができない。

3　次の各号に掲げる場合には，吸収合併消滅株式会社の株主又は吸収合併消滅持分会社の社員は，効力発生日に，前条第1項第3号に掲げる事項についての定めに従い，当該各号に定める者となる。

①　前条第1項第2号イに掲げる事項についての定めがある場合　同号イの株式の株主

②　前条第1項第2号ロに掲げる事項についての定めがある場合　同号ロの社債の社債権者

③　前条第1項第2号ハに掲げる事項についての定めがある場合　同号ハの新株予約権の新株予約権者
④　前条第1項第2号ニに掲げる事項についての定めがある場合　同号ニの新株予約権付社債についての社債の社債権者及び当該新株予約権付社債に付された新株予約権の新株予約権者
4　吸収合併消滅株式会社の新株予約権は，効力発生日に，消滅する。
5　前条第1項第4号イに規定する場合には，吸収合併消滅株式会社の新株予約権の新株予約権者は，効力発生日に，同項第5号に掲げる事項についての定めに従い，同項第4号イの吸収合併存続株式会社の新株予約権の新株予約権者となる。
6　前各項の規定は，第789条（第1項第3号及び第2項第3号を除き，第793条第2項において準用する場合を含む。）若しくは第799条の規定による手続が終了していない場合又は吸収合併を中止した場合には，適用しない。

POINT　泣《7》こ《5》うぜ《0》**吸収（合併）、効力発生日**に

□合併契約で定めた効力発生日（前条1項6号）に吸収合併の効力が発生するのであって、従来のような登記の日ではない。登記は第三者への対抗要件（2項）。前条1項6号の所も参照のこと。
□効力発生日に権利義務の承継が生じ（1項）、消滅会社の株主は株主、社債権者、新株予約権者等になる（3・5項）。
□6項：789・799条1項は債権者保護手続が終了していない場合。これらの場合には吸収合併は効力発生日に効力を生じない。吸収合併契約で定めた日に合併の効力が発生するとしても（前条1項6号）、会社債権者の保護を考える必要があるという趣旨。本項の文言は、従来のように承認決議後2週間といった時期の制限を示していないため、債権者保護手続は決議前から開始できると解される。

第2款　持分会社が存続する吸収合併

（持分会社が存続する吸収合併契約）
第751条　会社が吸収合併をする場合において，吸収合併存続会社が持分会社であるときは，吸収合併契約において，次に掲げる事項を定めなければならない。
①　持分会社である吸収合併存続会社（以下この節において「吸収合併存続持分会社」という。）及び吸収合併消滅会社の商号及び住所
②　吸収合併消滅株式会社の株主又は吸収合併消滅持分会社の社員が吸収合併に際して吸収合併存続持分会社の社員となるときは，次のイからハまでに掲げる吸収合併存続持分会社の区分に応じ，当該イからハまでに定める事項
イ　合名会社　当該社員の氏名又は名称及び住所並びに出資の価額
ロ　合資会社　当該社員の氏名又は名称及び住所，当該社員が無限責任社員又は有限責任社員のいずれであるかの別並びに当該社員の出資の価額
ハ　合同会社　当該社員の氏名又は名称及び住所並びに出資の価額
③　吸収合併存続持分会社が吸収合併に際して吸収合併消滅株式会社の株主又は吸収合併消滅持分会社の社員に対してその株式又は持分に代わる金銭等（吸収合併存続持分会社の持分を除

く。）を交付するときは，当該金銭等についての次に掲げる事項

イ　当該金銭等が吸収合併存続持分会社の社債であるときは，当該社債の種類及び種類ごとの各社債の金額の合計額又はその算定方法

ロ　当該金銭等が吸収合併存続持分会社の社債以外の財産であるときは，当該財産の内容及び数若しくは額又はこれらの算定方法

④　前号に規定する場合には，吸収合併消滅株式会社の株主（吸収合併消滅株式会社及び吸収合併存続持分会社を除く。）又は吸収合併消滅持分会社の社員（吸収合併存続持分会社を除く。）に対する同号の金銭等の割当てに関する事項

⑤　吸収合併消滅株式会社が新株予約権を発行しているときは，吸収合併存続持分会社が吸収合併に際して当該新株予約権の新株予約権者に対して交付する当該新株予約権に代わる金銭の額又はその算定方法

⑥　前号に規定する場合には，吸収合併消滅株式会社の新株予約権の新株予約権者に対する同号の金銭の割当てに関する事項

⑦　効力発生日

2　前項に規定する場合において，吸収合併消滅株式会社が種類株式発行会社であるときは，吸収合併存続持分会社及び吸収合併消滅株式会社は，吸収合併消滅株式会社の発行する種類の株式の内容に応じ，同項第4号に掲げる事項として次に掲げる事項を定めることができる。

①　ある種類の株式の株主に対して金銭等の割当てをしないこととするときは，その旨及び当該株式の種類

②　前号に掲げる事項のほか，金銭等の割当てについて株式の種類ごとに異なる取扱いを行うこととするときは，その旨及び当該異なる取扱いの内容

3　第1項に規定する場合には，同項第4号に掲げる事項についての定めは，吸収合併消滅株式会社の株主（吸収合併消滅株式会社及び吸収合併存続持分会社並びに前項第1号の種類の株式の株主を除く。）の有する株式の数（前項第2号に掲げる事項についての定めがある場合にあっては，各種類の株式の数）に応じて金銭等を交付することを内容とするものでなければならない。

POINT　**持（分会）社**の名《7》恋《5》し《1》、**（吸収）合併**後も**存続**させろ

□株式会社が存続する場合と考え方は基本的に同じ。cf.749条。

□1項3号：対価の柔軟化。

（持分会社が存続する吸収合併の効力の発生等）

第752条　吸収合併存続持分会社は，効力発生日に，吸収合併消滅会社の権利義務を承継する。

2　吸収合併消滅会社の吸収合併による解散は，吸収合併の登記の後でなければ，これをもって第三者に対抗することができない。

3　前条第1項第2号に規定する場合には，吸収合併消滅株式会社の株主又は吸収合併消滅持分会社の社員は，効力発生日に，同号に掲げる事項についての定めに従い，吸収合併存続持分会社の社員となる。この場合においては，吸収合併存続持分会社は，効力発生日に，同号の社員に係る定款の変更をしたものとみなす。

4　前条第1項第3号イに掲げる事項についての定めがある場合には，吸収合併消滅株式会社の株主又は吸収合併消滅持分会社の社員は，効力発生日に，同項第4号に掲げる事項についての定めに従い，同項第3号イの社債の社債権者となる。

5　吸収合併消滅株式会社の新株予約権は，効力発生日に，消滅する。

6　前各項の規定は，第789条（第1項第3号及び第2項第3号を除き，第793条第2項において準用する場合を含む。）若しくは第802条第2項において準用する第799条（第2項第3号を除く。）の規定による手続が終了していない場合又は吸収合併を中止した場合には，適用しない。

POINT

持（分会）社の名《7》、今《5》日《2》（＝**効力発生日**）をもって**存続、吸収合併**で

□株式会社が存続する場合と考え方は基本的に同じ。cf.750条。

第3節　新設合併

第1款　株式会社を設立する新設合併

（株式会社を設立する新設合併契約）

第753条　2以上の会社が新設合併をする場合において，新設合併により設立する会社（以下この編において「新設合併設立会社」という。）が株式会社であるときは，新設合併契約において，次に掲げる事項を定めなければならない。

① 新設合併により消滅する会社（以下この編において「新設合併消滅会社」という。）の商号及び住所

② 株式会社である新設合併設立会社（以下この編において「新設合併設立株式会社」という。）の目的，商号，本店の所在地及び発行可能株式総数

③ 前号に掲げるもののほか，新設合併設立株式会社の定款で定める事項

④ 新設合併設立株式会社の設立時取締役の氏名

⑤ 次のイからハまでに掲げる場合の区分に応じ，当該イからハまでに定める事項

イ　新設合併設立株式会社が会計参与設置会社である場合　新設合併設立株式会社の設立時会計参与の氏名又は名称

ロ　新設合併設立株式会社が監査役設置会社（監査役の監査の範囲を会計に関するものに限定する旨の定款の定めがある株式会社を含む。）である場合　新設合併設立株式会社の設立時監査役の氏名

ハ　新設合併設立株式会社が会計監査人設置会社である場合　新設合併設立株式会社の設立時会計監査人の氏名又は名称

⑥ 新設合併設立株式会社が新設合併に際して株式会社である新設合併消滅会社（以下この編において「新設合併消滅株式会社」という。）の株主又は持分会社である新設合併消滅会社（以下この編において「新設合併消滅持分会社」という。）の社員に対して交付するその株式又は持分に代わる当該新設合併設立株式会社の株式の数（種類株式発行会社にあっては，株式の種類及び種類ごとの数）又はその数の算定方法並びに当該新設合併設立株式会社の資本金及び準備金の額に関する事項

⑦ 新設合併消滅株式会社の株主（新設合併消滅株式会社を除く。）又は新設合併消滅持分会社の社員に対する前号の株式の割当てに関する事項

⑧ 新設合併設立株式会社が新設合併に際して新設合併消滅株式会社の株主又は新設合併消滅持分会社の社員に対してその株式又は持分に代わる当該新設合併設立株式会社の社債等を交付す

るときは，当該社債等についての次に掲げる事項
イ　当該社債等が新設合併設立株式会社の社債（新株予約権付社債についてのものを除く。）であるときは，当該社債の種類及び種類ごとの各社債の金額の合計額又はその算定方法
ロ　当該社債等が新設合併設立株式会社の新株予約権（新株予約権付社債に付されたものを除く。）であるときは，当該新株予約権の内容及び数又はその算定方法
ハ　当該社債等が新設合併設立株式会社の新株予約権付社債であるときは，当該新株予約権付社債についてのイに規定する事項及び当該新株予約権付社債に付された新株予約権についてのロに規定する事項
⑨　前号に規定する場合には，新設合併消滅株式会社の株主（新設合併消滅株式会社を除く。）又は新設合併消滅持分会社の社員に対する同号の社債等の割当てに関する事項
⑩　新設合併消滅株式会社が新株予約権を発行しているときは，新設合併設立株式会社が新設合併に際して当該新株予約権の新株予約権者に対して交付する当該新株予約権に代わる当該新設合併設立株式会社の新株予約権又は金銭についての次に掲げる事項
イ　当該新設合併消滅株式会社の新株予約権の新株予約権者に対して新設合併設立株式会社の新株予約権を交付するときは，当該新株予約権の内容及び数又はその算定方法
ロ　イに規定する場合において，イの新設合併消滅株式会社の新株予約権が新株予約権付社債に付された新株予約権であるときは，新設合併設立株式会社が当該新株予約権付社債についての社債に係る債務を承継する旨並びにその承継に係る社債の種類及び種類ごとの各社債の金額の合計額又はその算定方法
ハ　当該新設合併消滅株式会社の新株予約権の新株予約権者に対して金銭を交付するときは，当該金銭の額又はその算定方法
⑪　前号に規定する場合には，新設合併消滅株式会社の新株予約権の新株予約権者に対する同号の新設合併設立株式会社の新株予約権又は金銭の割当てに関する事項

2　新設合併設立株式会社が監査等委員会設置会社である場合には，前項第4号に掲げる事項は，設立時監査等委員である設立時取締役とそれ以外の設立時取締役とを区別して定めなければならない。

3　第1項に規定する場合において，新設合併消滅株式会社の全部又は一部が種類株式発行会社であるときは，新設合併消滅会社は，新設合併消滅株式会社の発行する種類の株式の内容に応じ，同項第7号に掲げる事項（新設合併消滅株式会社の株主に係る事項に限る。次項において同じ。）として次に掲げる事項を定めることができる。
①　ある種類の株式の株主に対して新設合併設立株式会社の株式の割当てをしないこととするときは，その旨及び当該株式の種類
②　前号に掲げる事項のほか，新設合併設立株式会社の株式の割当てについて株式の種類ごとに異なる取扱いを行うこととするときは，その旨及び当該異なる取扱いの内容

4　第1項に規定する場合には，同項第7号に掲げる事項についての定めは，新設合併消滅株式会社の株主（新設合併消滅会社及び前項第1号の種類の株式の株主を除く。）の有する株式の数（前項第2号に掲げる事項についての定めがある場合にあっては，各種類の株式の数）に応じて新設合併設立株式会社の株式を交付することを内容とするものでなければならない。

5　前2項の規定は，第1項第9号に掲げる事項について準用する。この場合において，前2項中「新設合併設立株式会社の株式」とあるのは，「新設合併設立株式会社の社債等」と読み替えるものとする。

POINT

な《7》ご《5》み《3》の新雪(=新設)
合わせて(=合併)株(式会社)製作

□新設合併の定義につき2条28号。吸収合併（2条27号）については749条。持分会社が消滅会社となる株式会社新設合併も可能（1項6～9号の文言等や922条1項2号より）。ただ、実務ではあまり利用されていない。会社を新設するだけでもコストがかかる上、新たに新株を発行したり事業の免許を取得したり取得や大企業では上場手続をとったりと、手間も多いため。

□1項2～5号：新設される会社の事項に関するものであり、吸収合併にはない規定。

□1項6・7号：吸収合併と異なり、新設会社の株式を消滅会社株主または社員に交付することが当然に予定されており、合併により会社が新設される手続である以上、合併に際して株式を発行するしか選択肢がない（株式を発行しなければ新設会社の株主がいないという事態が生じてしまう）。その意味で、対価の柔軟化規定8・9号にも限界があり、株式プラスその他の対価ということになろう。なお、株式を交付された者は新設会社成立の日に新設会社の株主となる。cf.754条2項。

□1項8・9号：対価の柔軟化の方針の現れ。金銭交付はない。それ以外は吸収合併と同様。cf.749条1項10・11号：新株予約権対策のために手続を明確にする規定。吸収合併にも同様の法文あり。cf.749条1項4・5号。

□3・4項：吸収合併と同様。cf.749条2・3項。

（株式会社を設立する新設合併の効力の発生等）

第754条　新設合併設立株式会社は，その成立の日に，新設合併消滅会社の権利義務を承継する。

2　前条第1項に規定する場合には，新設合併消滅株式会社の株主又は新設合併消滅持分会社の社員は，新設合併設立株式会社の成立の日に，同項第7号に掲げる事項についての定めに従い，同項第6号の株式の株主となる。

3　次の各号に掲げる場合には，新設合併消滅株式会社の株主又は新設合併消滅持分会社の社員は，新設合併設立株式会社の成立の日に，前条第1項第9号に掲げる事項についての定めに従い，当該各号に定める者となる。

①　前条第1項第8号イに掲げる事項についての定めがある場合　同号イの社債の社債権者

②　前条第1項第8号ロに掲げる事項についての定めがある場合　同号ロの新株予約権の新株予約権者

③　前条第1項第8号ハに掲げる事項についての定めがある場合　同号ハの新株予約権付社債についての社債の社債権者及び当該新株予約権付社債に付された新株予約権の新株予約権者

4　新設合併消滅株式会社の新株予約権は，新設合併設立株式会社の成立の日に，消滅する。

5　前条第1項第10号イに規定する場合には，新設合併消滅株式会社の新株予約権の新株予約権者は，新設合併設立株式会社の成立の日に，同項第11号に掲げる事項についての定めに従い，同項第10号イの新設合併設立株式会社の新株予約権の新株予約権者となる。

POINT

泣《7》こ《5》うよ《4》新雪(=**新設**)
合わせて(=**合併**)**株**(**式会社**)完成

□新設された会社は設立登記により成立する（49条）ので、新設会社設立登記の日に新設合併の効力を生じることとなり、消滅会社の権利義務が承継される。吸収合併の場合は、吸収合併契約で定めた効力発生日。cf.750条1項。

第2款　持分会社を設立する新設合併

（持分会社を設立する新設合併契約）

第755条　2以上の会社が新設合併をする場合において，新設合併設立会社が持分会社であるときは，新設合併契約において，次に掲げる事項を定めなければならない。

① 新設合併消滅会社の商号及び住所

② 持分会社である新設合併設立会社（以下この編において「新設合併設立持分会社」という。）が合名会社，合資会社又は合同会社のいずれであるかの別

③ 新設合併設立持分会社の目的，商号及び本店の所在地

④ 新設合併設立持分会社の社員についての次に掲げる事項

イ　当該社員の氏名又は名称及び住所

ロ　当該社員が無限責任社員又は有限責任社員のいずれであるかの別

ハ　当該社員の出資の価額

⑤ 前2号に掲げるもののほか，新設合併設立持分会社の定款で定める事項

⑥ 新設合併設立持分会社が新設合併に際して新設合併消滅株式会社の株主又は新設合併消滅持分会社の社員に対してその株式又は持分に代わる当該新設合併設立持分会社の社債を交付するときは，当該社債の種類及び種類ごとの各社債の金額の合計額又はその算定方法

⑦ 前号に規定する場合には，新設合併消滅株式会社の株主（新設合併消滅株式会社を除く。）又は新設合併消滅持分会社の社員に対する同号の社債の割当てに関する事項

⑧ 新設合併消滅株式会社が新株予約権を発行しているときは，新設合併設立持分会社が新設合併に際して当該新株予約権の新株予約権者に対して交付する当該新株予約権に代わる金銭の額又はその算定方法

⑨ 前号に規定する場合には，新設合併消滅株式会社の新株予約権の新株予約権者に対する同号の金銭の割当てに関する事項

2　新設合併設立持分会社が合名会社であるときは，前項第4号ロに掲げる事項として，その社員の全部を無限責任社員とする旨を定めなければならない。

3　新設合併設立持分会社が合資会社であるときは，第1項第4号ロに掲げる事項として，その社員の一部を無限責任社員とし，その他の社員を有限責任社員とする旨を定めなければならない。

4　新設合併設立持分会社が合同会社であるときは，第1項第4号ロに掲げる事項として，その社員の全部を有限責任社員とする旨を定めなければならない。

□株式会社を設立する場合と基本的に同じ。cf.753条。

□1項6号：対価の柔軟化。

（持分会社を設立する新設合併の効力の発生等）
第756条　新設合併設立持分会社は，その成立の日に，新設合併消滅会社の権利義務を承継する。
2　前条第1項に規定する場合には，新設合併消滅株式会社の株主又は新設合併消滅持分会社の社員は，新設合併設立持分会社の成立の日に，同項第4号に掲げる事項についての定めに従い，当該新設合併設立持分会社の社員となる。
3　前条第1項第6号に掲げる事項についての定めがある場合には，新設合併消滅株式会社の株主又は新設合併消滅持分会社の社員は，新設合併設立持分会社の成立の日に，同項第7号に掲げる事項についての定めに従い，同項第6号の社債の社債権者となる。
4　新設合併消滅株式会社の新株予約権は，新設合併設立持分会社の成立の日に，消滅する。

□株式会社を設立する場合と基本的に同じ。cf.754条。

第3章　会社分割

第1節　吸収分割

第1款　通則

（吸収分割契約の締結）
第757条　会社（株式会社又は合同会社に限る。）は，吸収分割をすることができる。この場合においては，当該会社がその事業に関して有する権利義務の全部又は一部を当該会社から承継する会社（以下この編において「吸収分割承継会社」という。）との間で，吸収分割契約を締結しなければならない。

POINT
軟《7》膏《5》な《7》ら分（＝**分割**）けてあげる、
蚊に吸（＝**吸収**）われたら

□吸収分割の定義につき2条29号。新設分割（2条30号）については762条以下。「吸収分割をする」とは事業に関する権利義務を他の会社に承継させることであって、承継することではないことに注意。吸収分割をする側は、株式会社と合同会社のみ（かっこ書1つ目）であるが、吸収分割承継会社の側は限定がない。cf.758・760条。
□2つ以上の会社が分割会社として、存続する会社に事業を承継させる、いわゆる共同吸収分割につき明記されていないが（共同新設分割には規定あり。cf.762条2項)、それを禁止する趣旨ではないと解される。複数の会社が、同じ会社を承継会社とする吸収分割契約を、互いにその実行を停止条件として行うことが可能であるから。
□会社分割は、権利義務の個別的な移転手続を不要とする点で、合併と似ている。しかし、権利義務のすべてを承継させるわけでない点や既存の会社が消滅するわけではない点が異なる。また、事業譲渡や現物出資と違って、債務引受けにおける債権者の個別の同意や検査役の調査（33条）が不要。譲渡課税対象となることを免れるなど税務上のメリットもあり、グループ内再編や他の会社との事業統合手段としても活用しやすい。

第2款　株式会社に権利義務を承継させる吸収分割

（株式会社に権利義務を承継させる吸収分割契約）

第758条　会社が吸収分割をする場合において，吸収分割承継会社が株式会社であるときは，吸収分割契約において，次に掲げる事項を定めなければならない。

①　吸収分割をする会社（以下この編において「吸収分割会社」という。）及び株式会社である吸収分割承継会社（以下この編において「吸収分割承継株式会社」という。）の商号及び住所

②　吸収分割承継株式会社が吸収分割により吸収分割会社から承継する資産，債務，雇用契約その他の権利義務（株式会社である吸収分割会社（以下この編において「吸収分割株式会社」という。）及び吸収分割承継株式会社の株式並びに吸収分割株式会社の新株予約権に係る義務を除く。）に関する事項

③　吸収分割により吸収分割株式会社又は吸収分割承継株式会社の株式を吸収分割承継株式会社に承継させるときは，当該株式に関する事項

④　吸収分割承継株式会社が吸収分割に際して吸収分割会社に対してその事業に関する権利義務の全部又は一部に代わる金銭等を交付するときは，当該金銭等についての次に掲げる事項

イ　当該金銭等が吸収分割承継株式会社の株式であるときは，当該株式の数（種類株式発行会社にあっては，株式の種類及び種類ごとの数）又はその数の算定方法並びに当該吸収分割承継株式会社の資本金及び準備金の額に関する事項

ロ　当該金銭等が吸収分割承継株式会社の社債（新株予約権付社債についてのものを除く。）であるときは，当該社債の種類及び種類ごとの各社債の金額の合計額又はその算定方法

ハ　当該金銭等が吸収分割承継株式会社の新株予約権（新株予約権付社債に付されたものを除く。）であるときは，当該新株予約権の内容及び数又はその算定方法

ニ　当該金銭等が吸収分割承継株式会社の新株予約権付社債であるときは，当該新株予約権付社債についてのロに規定する事項及び当該新株予約権付社債に付された新株予約権についてのハに規定する事項

ホ　当該金銭等が吸収分割承継株式会社の株式等以外の財産であるときは，当該財産の内容及び数若しくは額又はこれらの算定方法

⑤　吸収分割承継株式会社が吸収分割に際して吸収分割株式会社の新株予約権の新株予約権者に対して当該新株予約権に代わる当該吸収分割承継株式会社の新株予約権を交付するときは，当該新株予約権についての次に掲げる事項

イ　当該吸収分割承継株式会社の新株予約権の交付を受ける吸収分割株式会社の新株予約権の新株予約権者の有する新株予約権（以下この編において「吸収分割契約新株予約権」という。）の内容

ロ　吸収分割契約新株予約権の新株予約権者に対して交付する吸収分割承継株式会社の新株予約権の内容及び数又はその算定方法

ハ　吸収分割契約新株予約権が新株予約権付社債に付された新株予約権であるときは，吸収分割承継株式会社が当該新株予約権付社債についての社債に係る債務を承継する旨並びにその承継に係る社債の種類及び種類ごとの各社債の金額の合計額又はその算定方法

⑥　前号に規定する場合には，吸収分割契約新株予約権の新株予約権者に対する同号の吸収分割

承継株式会社の新株予約権の割当てに関する事項
⑦　吸収分割がその効力を生ずる日（以下この節において「効力発生日」という。）
⑧　吸収分割株式会社が効力発生日に次に掲げる行為をするときは，その旨
イ　第171条第1項の規定による株式の取得（同項第1号に規定する取得対価が吸収分割承継株式会社の株式（吸収分割株式会社が吸収分割をする前から有するものを除き，吸収分割承継株式会社の株式に準ずるものとして法務省令で定めるものを含む。ロにおいて同じ。）のみであるものに限る。）
ロ　剰余金の配当（配当財産が吸収分割承継株式会社の株式のみであるものに限る。）

POINT

名古屋《758》では旧聞(=**吸**収**分**割)だぎゃあ、
吸(収)分(割)契約

□吸収合併契約につき同様の法文あり。cf.749条。
□3号：吸収分割契約書にその旨の記載をすれば、吸収分割会社がその自己株式を承継させる場合、従来必要であったような自己株式処分の手続（旧商211条）をとらずに、承継会社に承継させうることが明確になった。また、承継会社の株式を承継させるときは承継会社側の自己株式取得規制に抵触せず、財源規制にも服さないことが明確になったと解される。cf.795条3項。
□4号：対価の柔軟化。
□4号イ：従来のような剰余金の引継制度（旧商374条ノ17第2項3号）を撤廃したことに関し、吸収合併と同様の法文あり。cf.749条1項2号イの解説を参照のこと。
□4号イかっこ書：種類株主総会の特別決議が必要。cf.795条4項2号。
□5・6号：吸収合併の際の、新株予約権交付の手続の明確化につき同様の法文あり。cf.749条1項4・5号の解説を参照のこと。また236条1項8号ロも参照。
□7号：効力発生の内容については次条参照。
□8号：従来の人的分割（承継会社が、分割会社でなく分割会社の株主に対して分割に際して発行する新株を割り当てる）を撤廃したが、それと同じ効果を実現できる規定。つまり、物的分割（承継会社が分割会社に株式を割り当てる）をいったん行った上で、分割会社が剰余金の配当として承継会社の株式を株主に配分（現物配当）する形に整理した。その場合は、スムーズに株式配分を行うため、剰余金の配当等規制の適用はない。cf.792条2号。
□8号イ：「法務省令」＝施規178条。

（株式会社に権利義務を承継させる吸収分割の効力の発生等）
第759条　吸収分割承継株式会社は，効力発生日に，吸収分割契約の定めに従い，吸収分割会社の権利義務を承継する。
2　前項の規定にかかわらず，第789条第1項第2号（第793条第2項において準用する場合を含む。次項において同じ。）の規定により異議を述べることができる吸収分割会社の債権者であって，第789条第2項（第3号を除き，第793条第2項において準用する場合を含む。次項において同じ。）の各別の催告を受けなかったもの（第789条第3項（第793条第2項において準用する場合を含む。）に規定する場合にあっては，不法行為によって生じた債務の債権者であるもの

に限る。次項において同じ。）は，吸収分割契約において吸収分割後に吸収分割会社に対して債務の履行を請求することができないものとされているときであっても，吸収分割会社に対して，吸収分割会社が効力発生日に有していた財産の価額を限度として，当該債務の履行を請求することができる。
3　第1項の規定にかかわらず，第789条第1項第2号の規定により異議を述べることができる吸収分割会社の債権者であって，同条第2項の各別の催告を受けなかったものは，吸収分割契約において吸収分割後に吸収分割承継株式会社に対して債務の履行を請求することができないものとされているときであっても，吸収分割承継株式会社に対して，承継した財産の価額を限度として，当該債務の履行を請求することができる。
4　第1項の規定にかかわらず，吸収分割会社が吸収分割承継株式会社に承継されない債務の債権者（以下この条において「残存債権者」という。）を害することを知って吸収分割をした場合には，残存債権者は，吸収分割承継株式会社に対して，承継した財産の価額を限度として，当該債務の履行を請求することができる。ただし，吸収分割承継株式会社が吸収分割の効力が生じた時において残存債権者を害することを知らなかったときは，この限りでない。
5　前項の規定は，前条第8号に掲げる事項についての定めがある場合には，適用しない。
6　吸収分割承継株式会社が第4項の規定により同項の債務を履行する責任を負う場合には，当該責任は，吸収分割会社が残存債権者を害することを知って吸収分割をしたことを知った時から2年以内に請求又は請求の予告をしない残存債権者に対しては，その期間を経過した時に消滅する。効力発生日から10年を経過したときも，同様とする。
7　吸収分割会社について破産手続開始の決定，再生手続開始の決定又は更生手続開始の決定があったときは，残存債権者は，吸収分割承継株式会社に対して第4項の規定による請求をする権利を行使することができない。
8　次の各号に掲げる場合には，吸収分割会社は，効力発生日に，吸収分割契約の定めに従い，当該各号に定める者となる。
①　前条第4号イに掲げる事項についての定めがある場合　同号イの株式の株主
②　前条第4号ロに掲げる事項についての定めがある場合　同号ロの社債の社債権者
③　前条第4号ハに掲げる事項についての定めがある場合　同号ハの新株予約権の新株予約権者
④　前条第4号ニに掲げる事項についての定めがある場合　同号ニの新株予約権付社債についての社債の社債権者及び当該新株予約権付社債に付された新株予約権の新株予約権者
9　前条第5号に規定する場合には，効力発生日に，吸収分割契約新株予約権は，消滅し，当該吸収分割契約新株予約権の新株予約権者は，同条第6号に掲げる事項についての定めに従い，同条第5号ロの吸収分割承継株式会社の新株予約権の新株予約権者となる。
10　前各項の規定は，第789条（第1項第3号及び第2項第3号を除き，第793条第2項において準用する場合を含む。）若しくは第799条の規定による手続が終了していない場合又は吸収分割を中止した場合には，適用しない。

POINT

南国《759》では旧聞（＝**吸**収**分**割）
でごわす、とっくに**発生**

□吸収合併の効力の発生につき同様の法文あり。cf.750条。
□1項：効力発生日は、吸収分割契約（前条1項7号）で定める。効力発生日につき749条1項6号、750条1項を参照のこと。新設分割の場合と異なるので注意。cf.764条1項。

□2・3項：債権者への催告を徹底することによって債権者を保護する趣旨。なお、個別催告を要する債権者は限定されるはずであり、異議を述べることができる債権者（789条）に限定されることが本項により明記されることになった。

□4〜7項：平成26年改正により新設された、詐害的な会社分割があった場合における残存債権者保護規定。cf.23条の2（詐害的な事業譲渡）。新設分割については764条4〜7項。

□10項：債権者保護の趣旨より、債権者保護手続（789・799条）が終了していない場合は、吸収分割は効力発生日に効力を発生しない。吸収合併に関する750条6項の解説を参照のこと。

第3款　持分会社に権利義務を承継させる吸収分割

（持分会社に権利義務を承継させる吸収分割契約）

第760条　会社が吸収分割をする場合において，吸収分割承継会社が持分会社であるときは，吸収分割契約において，次に掲げる事項を定めなければならない。

① 吸収分割会社及び持分会社である吸収分割承継会社（以下この節において「吸収分割承継持分会社」という。）の商号及び住所

② 吸収分割承継持分会社が吸収分割により吸収分割会社から承継する資産，債務，雇用契約その他の権利義務（吸収分割株式会社の株式及び新株予約権に係る義務を除く。）に関する事項

③ 吸収分割により吸収分割株式会社の株式を吸収分割承継持分会社に承継させるときは，当該株式に関する事項

④ 吸収分割会社が吸収分割に際して吸収分割承継持分会社の社員となるときは，次のイからハまでに掲げる吸収分割承継持分会社の区分に応じ，当該イからハまでに定める事項

イ　合名会社　当該社員の氏名又は名称及び住所並びに出資の価額

ロ　合資会社　当該社員の氏名又は名称及び住所，当該社員が無限責任社員又は有限責任社員のいずれであるかの別並びに当該社員の出資の価額

ハ　合同会社　当該社員の氏名又は名称及び住所並びに出資の価額

⑤ 吸収分割承継持分会社が吸収分割に際して吸収分割会社に対してその事業に関する権利義務の全部又は一部に代わる金銭等（吸収分割承継持分会社の持分を除く。）を交付するときは，当該金銭等についての次に掲げる事項

イ　当該金銭等が吸収分割承継持分会社の社債であるときは，当該社債の種類及び種類ごとの各社債の金額の合計額又はその算定方法

ロ　当該金銭等が吸収分割承継持分会社の社債以外の財産であるときは，当該財産の内容及び数若しくは額又はこれらの算定方法

⑥ 効力発生日

⑦ 吸収分割株式会社が効力発生日に次に掲げる行為をするときは，その旨

イ　第171条第1項の規定による株式の取得（同項第1号に規定する取得対価が吸収分割承継持分会社の持分（吸収分割株式会社が吸収分割をする前から有するものを除き，吸収分割承継持分会社の持分に準ずるものとして法務省令で定めるものを含む。ロにおいて同じ。）のみであるものに限る。）

ロ　剰余金の配当（配当財産が吸収分割承継持分会社の持分のみであるものに限る。）

□株式会社が承継する場合と基本的に同じ。cf.758条。異なる点は、①本条4号が758条

にはない点、②対価の柔軟化の方針の現れである5号で「金銭等」は社債または社債以外の財産として整理されている点。

□7号イ：「法務省令」＝施規178条。

（持分会社に権利義務を承継させる吸収分割の効力の発生等）

第761条 吸収分割承継持分会社は，効力発生日に，吸収分割契約の定めに従い，吸収分割会社の権利義務を承継する。

2 前項の規定にかかわらず，第789条第1項第2号（第793条第2項において準用する場合を含む。次項において同じ。）の規定により異議を述べることができる吸収分割会社の債権者であって，第789条第2項（第3号を除き，第793条第2項において準用する場合を含む。次項において同じ。）の各別の催告を受けなかったもの（第789条第3項（第793条第2項において準用する場合を含む。）に規定する場合にあっては，不法行為によって生じた債務の債権者であるものに限る。次項において同じ。）は，吸収分割契約において吸収分割後に吸収分割会社に対して債務の履行を請求することができないものとされているときであっても，吸収分割会社に対して，吸収分割会社が効力発生日に有していた財産の価額を限度として，当該債務の履行を請求することができる。

3 第1項の規定にかかわらず，第789条第1項第2号の規定により異議を述べることができる吸収分割会社の債権者であって，同条第2項の各別の催告を受けなかったものは，吸収分割契約において吸収分割後に吸収分割承継持分会社に対して債務の履行を請求することができないものとされているときであっても，吸収分割承継持分会社に対して，承継した財産の価額を限度として，当該債務の履行を請求することができる。

4 第1項の規定にかかわらず，吸収分割会社が吸収分割承継持分会社に承継されない債務の債権者（以下この条において「残存債権者」という。）を害することを知って吸収分割をした場合には，残存債権者は，吸収分割承継持分会社に対して，承継した財産の価額を限度として，当該債務の履行を請求することができる。ただし，吸収分割承継持分会社が吸収分割の効力が生じた時において残存債権者を害することを知らなかったときは，この限りでない。

5 前項の規定は，前条第7号に掲げる事項についての定めがある場合には，適用しない。

6 吸収分割承継持分会社が第4項の規定により同項の債務を履行する責任を負う場合には，当該責任は，吸収分割会社が残存債権者を害することを知って吸収分割をしたことを知った時から2年以内に請求又は請求の予告をしない残存債権者に対しては，その期間を経過した時に消滅する。効力発生日から10年を経過したときも，同様とする。

7 吸収分割会社について破産手続開始の決定，再生手続開始の決定又は更生手続開始の決定があったときは，残存債権者は，吸収分割承継持分会社に対して第4項の規定による請求をする権利を行使することができない。

8 前条第4号に規定する場合には，吸収分割会社は，効力発生日に，同号に掲げる事項についての定めに従い，吸収分割承継持分会社の社員となる。この場合においては，吸収分割承継持分会社は，効力発生日に，同号の社員に係る定款の変更をしたものとみなす。

9 前条第5号イに掲げる事項についての定めがある場合には，吸収分割会社は，効力発生日に，吸収分割契約の定めに従い，同号イの社債の社債権者となる。

10 前各項の規定は，第789条（第1項第3号及び第2項第3号を除き，第793条第2項において準用する場合を含む。）若しくは第802条第2項において準用する第799条（第2項第3号を除く。）の規定による手続が終了していない場合又は吸収分割を中止した場合には，適用しない。

□株式会社が承継する場合と基本的に同じ。cf.759条。

□4～7項：詐害的な会社分割があった場合における残存債権者保護規定。新設分割については766条4～7項。株式会社の場合は759条4～7項。

第2節 新設分割

第1款 通則

（新設分割計画の作成）

第762条　1又は2以上の株式会社又は合同会社は，新設分割をすることができる。この場合においては，新設分割計画を作成しなければならない。

2　2以上の株式会社又は合同会社が共同して新設分割をする場合には，当該2以上の株式会社又は合同会社は，共同して新設分割計画を作成しなければならない。

POINT

新（＝**新設**）しくな《7》ろ《6》っ《2》と、
分（＝**分割**）かれたあとは

□1項：新設分割の定義につき2条30号。

□2項：いわゆる共同新設分割の規定。従来は、分割会社各々が分割計画を作成し、その中で他の分割会社の計画との共同性に触れるなどしていたが、本項の明記により共同で1つの新設分割計画を作成すればよくなった。なお、共同吸収分割については明文の規定がないが、それを排除する趣旨ではないと解される。cf.757条。

第2款 株式会社を設立する新設分割

（株式会社を設立する新設分割計画）

第763条　1又は2以上の株式会社又は合同会社が新設分割をする場合において，新設分割により設立する会社（以下この編において「新設分割設立会社」という。）が株式会社であるときは，新設分割計画において，次に掲げる事項を定めなければならない。

①　株式会社である新設分割設立会社（以下この編において「新設分割設立株式会社」という。）の目的，商号，本店の所在地及び発行可能株式総数

②　前号に掲げるもののほか，新設分割設立株式会社の定款で定める事項

③　新設分割設立株式会社の設立時取締役の氏名

④　次のイからハまでに掲げる場合の区分に応じ，当該イからハまでに定める事項

イ　新設分割設立株式会社が会計参与設置会社である場合　新設分割設立株式会社の設立時会計参与の氏名又は名称

ロ　新設分割設立株式会社が監査役設置会社（監査役の監査の範囲を会計に関するものに限定する旨の定款の定めがある株式会社を含む。）である場合　新設分割設立株式会社の設立時監査役の氏名

ハ　新設分割設立株式会社が会計監査人設置会社である場合　新設分割設立株式会社の設立時会計監査人の氏名又は名称

⑤　新設分割設立株式会社が新設分割により新設分割をする会社（以下この編において「新設分割会社」という。）から承継する資産，債務，雇用契約その他の権利義務（株式会社である新設分割会社（以下この編において「新設分割株式会社」という。）の株式及び新株予約権に係る義務を除く。）に関する事項

⑥　新設分割設立株式会社が新設分割に際して新設分割会社に対して交付するその事業に関する権利義務の全部又は一部に代わる当該新設分割設立株式会社の株式の数（種類株式発行会社にあっては，株式の種類及び種類ごとの数）又はその数の算定方法並びに当該新設分割設立株式会社の資本金及び準備金の額に関する事項

⑦　2以上の株式会社又は合同会社が共同して新設分割をするときは，新設分割会社に対する前号の株式の割当てに関する事項

⑧　新設分割設立株式会社が新設分割に際して新設分割会社に対してその事業に関する権利義務の全部又は一部に代わる当該新設分割設立株式会社の社債等を交付するときは，当該社債等についての次に掲げる事項

イ　当該社債等が新設分割設立株式会社の社債（新株予約権付社債についてのものを除く。）であるときは，当該社債の種類及び種類ごとの各社債の金額の合計額又はその算定方法

ロ　当該社債等が新設分割設立株式会社の新株予約権（新株予約権付社債に付されたものを除く。）であるときは，当該新株予約権の内容及び数又はその算定方法

ハ　当該社債等が新設分割設立株式会社の新株予約権付社債であるときは，当該新株予約権付社債についてのイに規定する事項及び当該新株予約権付社債に付された新株予約権についてのロに規定する事項

⑨　前号に規定する場合において，2以上の株式会社又は合同会社が共同して新設分割をするときは，新設分割会社に対する同号の社債等の割当てに関する事項

⑩　新設分割設立株式会社が新設分割に際して新設分割株式会社の新株予約権の新株予約権者に対して当該新株予約権に代わる当該新設分割設立株式会社の新株予約権を交付するときは，当該新株予約権についての次に掲げる事項

イ　当該新設分割設立株式会社の新株予約権の交付を受ける新設分割株式会社の新株予約権の新株予約権者の有する新株予約権（以下この編において「新設分割計画新株予約権」という。）の内容

ロ　新設分割計画新株予約権の新株予約権者に対して交付する新設分割設立株式会社の新株予約権の内容及び数又はその算定方法

ハ　新設分割計画新株予約権が新株予約権付社債に付された新株予約権であるときは，新設分割設立株式会社が当該新株予約権付社債についての社債に係る債務を承継する旨並びにその承継に係る社債の種類及び種類ごとの各社債の金額の合計額又はその算定方法

⑪　前号に規定する場合には，新設分割計画新株予約権の新株予約権者に対する同号の新設分割設立株式会社の新株予約権の割当てに関する事項

⑫　新設分割株式会社が新設分割設立株式会社の成立の日に次に掲げる行為をするときは，その旨

イ　第171条第1項の規定による株式の取得（同項第1号に規定する取得対価が新設分割設立株式会社の株式（これに準ずるものとして法務省令で定めるものを含む。ロにおいて同じ。）のみであるものに限る。）

ロ　剰余金の配当（配当財産が新設分割設立株式会社の株式のみであるものに限る。）

2　新設分割設立株式会社が監査等委員会設置会社である場合には，前項第3号に掲げる事項は，

設立時監査等委員である設立時取締役とそれ以外の設立時取締役とを区別して定めなければならない。

POINT

新(=**新設**)しくな《7》ろ《6》うさ《3》、
分(=**分割**)かれの**計画**

□新設合併につき同様の法文あり。cf.753条。
□分割会社の自己株式の承継に関する規定がない、つまり承継できないことに注意。cf.758条3号。
□1項1～4号：新設会社の組織に関する事項。
□1項5～12号：吸収分割契約に関する規定と基本的に同じ。cf.758条。
□1項6号：吸収分割と異なり、新設会社の株式を消滅会社株主または社員に交付することが当然に予定されており、分割により会社が新設される手続である以上、分割に際して株式を発行するしか選択肢がない（株式を発行しなければ新設会社の株主がいないという事態が生じてしまう）。その意味で対価の柔軟化規定8・9号にも限界があり、株式プラスその他の対価ということになろう。
□1項12号イ：「法務省令」＝施規179条。
□1項12号ロ：従来の人的分割（旧商374条ノ7参照）と同様の効果をスムーズに実現するため、剰余金配当規制なし。cf.812条2号。

（株式会社を設立する新設分割の効力の発生等）
第764条　新設分割設立株式会社は，その成立の日に，新設分割計画の定めに従い，新設分割会社の権利義務を承継する。
2　前項の規定にかかわらず，第810条第1項第2号（第813条第2項において準用する場合を含む。次項において同じ。）の規定により異議を述べることができる新設分割会社の債権者であって，第810条第2項（第3号を除き，第813条第2項において準用する場合を含む。次項において同じ。）の各別の催告を受けなかったもの（第810条第3項（第813条第2項において準用する場合を含む。）に規定する場合にあっては，不法行為によって生じた債務の債権者であるものに限る。次項において同じ。）は，新設分割計画において新設分割後に新設分割会社に対して債務の履行を請求することができないものとされているときであっても，新設分割会社に対して，新設分割会社が新設分割設立株式会社の成立の日に有していた財産の価額を限度として，当該債務の履行を請求することができる。
3　第1項の規定にかかわらず，第810条第1項第2号の規定により異議を述べることができる新設分割会社の債権者であって，同条第2項の各別の催告を受けなかったものは，新設分割計画において新設分割後に新設分割設立株式会社に対して債務の履行を請求することができないものとされているときであっても，新設分割設立株式会社に対して，承継した財産の価額を限度として，当該債務の履行を請求することができる。
4　第1項の規定にかかわらず，新設分割会社が新設分割設立株式会社に承継されない債務の債権者（以下この条において「残存債権者」という。）を害することを知って新設分割をした場合には，残存債権者は，新設分割設立株式会社に対して，承継した財産の価額を限度として，当該債務の履行を請求することができる。

5　前項の規定は，前条第1項第12号に掲げる事項についての定めがある場合には，適用しない。
6　新設分割設立株式会社が第4項の規定により同項の債務を履行する責任を負う場合には，当該責任は，新設分割会社が残存債権者を害することを知って新設分割をしたことを知った時から2年以内に請求又は請求の予告をしない残存債権者に対しては，その期間を経過した時に消滅する。新設分割設立株式会社の成立の日から10年を経過したときも，同様とする。
7　新設分割会社について破産手続開始の決定，再生手続開始の決定又は更生手続開始の決定があったときは，残存債権者は，新設分割設立株式会社に対して第4項の規定による請求をする権利を行使することができない。
8　前条第1項に規定する場合には，新設分割会社は，新設分割設立株式会社の成立の日に，新設分割計画の定めに従い，同項第6号の株式の株主となる。
9　次の各号に掲げる場合には，新設分割会社は，新設分割設立株式会社の成立の日に，新設分割計画の定めに従い，当該各号に定める者となる。
①　前条第1項第8号イに掲げる事項についての定めがある場合　同号イの社債の社債権者
②　前条第1項第8号ロに掲げる事項についての定めがある場合　同号ロの新株予約権の新株予約権者
③　前条第1項第8号ハに掲げる事項についての定めがある場合　同号ハの新株予約権付社債についての社債の社債権者及び当該新株予約権付社債に付された新株予約権の新株予約権者
10　2以上の株式会社又は合同会社が共同して新設分割をする場合における前2項の規定の適用については，第8項中「新設分割計画の定め」とあるのは「同項第7号に掲げる事項についての定め」と，前項中「新設分割計画の定め」とあるのは「前条第1項第9号に掲げる事項についての定め」とする。
11　前条第1項第10号に規定する場合には，新設分割設立株式会社の成立の日に，新設分割計画新株予約権は，消滅し，当該新設分割計画新株予約権の新株予約権者は，同項第11号に掲げる事項についての定めに従い，同項第10号ロの新設分割設立株式会社の新株予約権の新株予約権者となる。

POINT　新(=**新設**)しくな《7》ろ《6》うよ《4》、分(=**分割**)かれ話**成立**

□新設合併につきほぼ同様の法文あり。cf.754条。
□1項：新設された会社は設立登記により成立する（49条）ので、従来どおり、新設会社設立登記の日に新設分割の効力を生じることとなる。吸収分割の場合につき759条1項参照。
□4～7項：平成26年改正により新設された、詐害的な新設分割があった場合における残存債権者保護規定。新設分割の善意・悪意は問題とならないことに注意。cf.759条4～7項。

第3款　持分会社を設立する新設分割

（持分会社を設立する新設分割計画）
第765条　1又は2以上の株式会社又は合同会社が新設分割をする場合において，新設分割設立会社が持分会社であるときは，新設分割計画において，次に掲げる事項を定めなければならない。
①　持分会社である新設分割設立会社（以下この編において「新設分割設立持分会社」という。）が合名会社，合資会社又は合同会社のいずれであるかの別
②　新設分割設立持分会社の目的，商号及び本店の所在地
③　新設分割設立持分会社の社員についての次に掲げる事項

イ　当該社員の名称及び住所
ロ　当該社員が無限責任社員又は有限責任社員のいずれであるかの別
ハ　当該社員の出資の価額
④　前2号に掲げるもののほか，新設分割設立持分会社の定款で定める事項
⑤　新設分割設立持分会社が新設分割により新設分割会社から承継する資産，債務，雇用契約その他の権利義務（新設分割株式会社の株式及び新株予約権に係る義務を除く。）に関する事項
⑥　新設分割設立持分会社が新設分割に際して新設分割会社に対してその事業に関する権利義務の全部又は一部に代わる当該新設分割設立持分会社の社債を交付するときは，当該社債の種類及び種類ごとの各社債の金額の合計額又はその算定方法
⑦　前号に規定する場合において，2以上の株式会社又は合同会社が共同して新設分割をするときは，新設分割会社に対する同号の社債の割当てに関する事項
⑧　新設分割株式会社が新設分割設立持分会社の成立の日に次に掲げる行為をするときは，その旨
イ　第171条第1項の規定による株式の取得（同項第1号に規定する取得対価が新設分割設立持分会社の持分（これに準ずるものとして法務省令で定めるものを含む。ロにおいて同じ。）のみであるものに限る。）
ロ　剰余金の配当（配当財産が新設分割設立持分会社の持分のみであるものに限る。）
2　新設分割設立持分会社が合名会社であるときは，前項第3号ロに掲げる事項として，その社員の全部を無限責任社員とする旨を定めなければならない。
3　新設分割設立持分会社が合資会社であるときは，第1項第3号ロに掲げる事項として，その社員の一部を無限責任社員とし，その他の社員を有限責任社員とする旨を定めなければならない。
4　新設分割設立持分会社が合同会社であるときは，第1項第3号ロに掲げる事項として，その社員の全部を有限責任社員とする旨を定めなければならない。

□株式会社を設立する場合と基本的に同じ。cf.763条。
□1項8号イ：「法務省令」＝施規179条。

（持分会社を設立する新設分割の効力の発生等）
第766条　新設分割設立持分会社は，その成立の日に，新設分割計画の定めに従い，新設分割会社の権利義務を承継する。
2　前項の規定にかかわらず，第810条第1項第2号（第813条第2項において準用する場合を含む。次項において同じ。）の規定により異議を述べることができる新設分割会社の債権者であって，第810条第2項（第3号を除き，第813条第2項において準用する場合を含む。次項において同じ。）の各別の催告を受けなかったもの（第810条第3項（第813条第2項において準用する場合を含む。）に規定する場合にあっては，不法行為によって生じた債務の債権者であるものに限る。次項において同じ。）は，新設分割計画において新設分割後に新設分割会社に対して債務の履行を請求することができないものとされているときであっても，新設分割会社に対して，新設分割会社が新設分割設立持分会社の成立の日に有していた財産の価額を限度として，当該債務の履行を請求することができる。
3　第1項の規定にかかわらず，第810条第1項第2号の規定により異議を述べることができる新設分割会社の債権者であって，同条第2項の各別の催告を受けなかったものは，新設分割計画において新設分割後に新設分割設立持分会社に対して債務の履行を請求することができないものとされているときであっても，新設分割設立持分会社に対して，承継した財産の価額を限度とし

て，当該債務の履行を請求することができる。
4　第1項の規定にかかわらず，新設分割会社が新設分割設立持分会社に承継されない債務の債権者（以下この条において「残存債権者」という。）を害することを知って新設分割をした場合には，残存債権者は，新設分割設立持分会社に対して，承継した財産の価額を限度として，当該債務の履行を請求することができる。
5　前項の規定は，前条第1項第8号に掲げる事項についての定めがある場合には，適用しない。
6　新設分割設立持分会社が第4項の規定により同項の債務を履行する責任を負う場合には，当該責任は，新設分割会社が残存債権者を害することを知って新設分割をしたことを知った時から2年以内に請求又は請求の予告をしない残存債権者に対しては，その期間を経過した時に消滅する。新設分割設立持分会社の成立の日から10年を経過したときも，同様とする。
7　新設分割会社について破産手続開始の決定，再生手続開始の決定又は更生手続開始の決定があったときは，残存債権者は，新設分割設立持分会社に対して第4項の規定による請求をする権利を行使することができない。
8　前条第1項に規定する場合には，新設分割会社は，新設分割設立持分会社の成立の日に，同項第3号に掲げる事項についての定めに従い，当該新設分割設立持分会社の社員となる。
9　前条第1項第6号に掲げる事項についての定めがある場合には，新設分割会社は，新設分割設立持分会社の成立の日に，新設分割計画の定めに従い，同号の社債の社債権者となる。
10　2以上の株式会社又は合同会社が共同して新設分割をする場合における前項の規定の適用については，同項中「新設分割計画の定めに従い，同号」とあるのは，「同項第7号に掲げる事項についての定めに従い，同項第6号」とする。

□株式会社を設立する場合と基本的に同じ。cf.764条。
□4〜7項：詐害的な会社分割があった場合における残存債権者保護規定。株式会社の場合は761条4〜7項。

第4章　株式交換及び株式移転

第1節　株式交換

第1款　通則

（株式交換契約の締結）
第767条　株式会社は，株式交換をすることができる。この場合においては，当該株式会社の発行済株式の全部を取得する会社（株式会社又は合同会社に限る。以下この編において「株式交換完全親会社」という。）との間で，株式交換契約を締結しなければならない。

POINT
「親子にな《7》ろ《6》うな《7》**株式交換**で」とフジ迫る

□株式交換の定義につき2条31号。完全親会社となるA社が完全子会社となるB社の全株主に株式を現物出資させ、新株を発行して交付して

も同じだが、現物出資だと検査役の調査などが必要であり、迅速・機動的な組織再編ができない。B社株主が多数の場合も困難。そこで、本条のような規定が置かれた。株式交換によれば、株主総会の多数決による承認を得れば、反対する株主の株式も含めすべてB社株式がA社により取得される。cf.783条1項、795条1項。フジテレビは、本条の株式交換によってニッポン放送を完全子会社化した。135条の解説を参照のこと。

□かっこ書：完全親会社になれるのは、株式会社、合同会社だけ。ちなみに完全子会社となるのは株式会社だけ。

第2款　株式会社に発行済株式を取得させる株式交換

（株式会社に発行済株式を取得させる株式交換契約）

第768条　株式会社が株式交換をする場合において，株式交換完全親会社が株式会社であるときは，株式交換契約において，次に掲げる事項を定めなければならない。

①　株式交換をする株式会社（以下この編において「株式交換完全子会社」という。）及び株式会社である株式交換完全親会社（以下この編において「株式交換完全親株式会社」という。）の商号及び住所

②　株式交換完全親株式会社が株式交換に際して株式交換完全子会社の株主に対してその株式に代わる金銭等を交付するときは，当該金銭等についての次に掲げる事項

イ　当該金銭等が株式交換完全親株式会社の株式であるときは，当該株式の数（種類株式発行会社にあっては，株式の種類及び種類ごとの数）又はその数の算定方法並びに当該株式交換完全親株式会社の資本金及び準備金の額に関する事項

ロ　当該金銭等が株式交換完全親株式会社の社債（新株予約権付社債についてのものを除く。）であるときは，当該社債の種類及び種類ごとの各社債の金額の合計額又はその算定方法

ハ　当該金銭等が株式交換完全親株式会社の新株予約権（新株予約権付社債に付されたものを除く。）であるときは，当該新株予約権の内容及び数又はその算定方法

ニ　当該金銭等が株式交換完全親株式会社の新株予約権付社債であるときは，当該新株予約権付社債についてのロに規定する事項及び当該新株予約権付社債に付された新株予約権についてのハに規定する事項

ホ　当該金銭等が株式交換完全親株式会社の株式等以外の財産であるときは，当該財産の内容及び数若しくは額又はこれらの算定方法

③　前号に規定する場合には，株式交換完全子会社の株主（株式交換完全親株式会社を除く。）に対する同号の金銭等の割当てに関する事項

④　株式交換完全親株式会社が株式交換に際して株式交換完全子会社の新株予約権の新株予約権者に対して当該新株予約権に代わる当該株式交換完全親株式会社の新株予約権を交付するときは，当該新株予約権についての次に掲げる事項

イ　当該株式交換完全親株式会社の新株予約権の交付を受ける株式交換完全子会社の新株予約権の新株予約権者の有する新株予約権（以下この編において「株式交換契約新株予約権」という。）の内容

ロ　株式交換契約新株予約権の新株予約権者に対して交付する株式交換完全親株式会社の新株予約権の内容及び数又はその算定方法

ハ　株式交換契約新株予約権が新株予約権付社債に付された新株予約権であるときは，株式交換完全親株式会社が当該新株予約権付社債についての社債に係る債務を承継する旨並びにそ

の承継に係る社債の種類及び種類ごとの各社債の金額の合計額又はその算定方法

⑤　前号に規定する場合には，株式交換契約新株予約権の新株予約権者に対する同号の株式交換完全親株式会社の新株予約権の割当てに関する事項

⑥　株式交換がその効力を生ずる日（以下この節において「効力発生日」という。）

2　前項に規定する場合において，株式交換完全子会社が種類株式発行会社であるときは，株式交換完全子会社及び株式交換完全親株式会社は，株式交換完全子会社の発行する種類の株式の内容に応じ，同項第3号に掲げる事項として次に掲げる事項を定めることができる。

①　ある種類の株式の株主に対して金銭等の割当てをしないこととするときは，その旨及び当該株式の種類

②　前号に掲げる事項のほか，金銭等の割当てについて株式の種類ごとに異なる取扱いを行うこととするときは，その旨及び当該異なる取扱いの内容

3　第1項に規定する場合には，同項第3号に掲げる事項についての定めは，株式交換完全子会社の株主（株式交換完全親株式会社及び前項第1号の種類の株式の株主を除く。）の有する株式の数（前項第2号に掲げる事項についての定めがある場合にあっては，各種類の株式の数）に応じて金銭等を交付することを内容とするものでなければならない。

POINT

「親子にな《7》ろ《6》うや《8》**株式交換**で」とフジ**契約**進める

□1項2号イかっこ書：種類株主総会の特別決議が必要。795条4項3号を参照のこと。

□吸収合併（749条）や吸収分割（758条）につきほぼ同様の法文あり。

□1項4号：新株予約権に関する手続を明確にした規定。効力発生日に、新株予約権者は株式交換完全親会社の新株予約権者となる（次条4項）。

□1項4号ハ：従来、新株予約権付社債の承継が認められていなかったが、実質的に承継を認めた。これにともない、社債権者や承継する会社の債権者を保護する手続規定が置かれた。cf.789条1項3号、799条1項3号。

□新株予約権の買取請求につき787条1項3号。

（株式会社に発行済株式を取得させる株式交換の効力の発生等）

第769条　株式交換完全親株式会社は，効力発生日に，株式交換完全子会社の発行済株式（株式交換完全親株式会社の有する株式交換完全子会社の株式を除く。）の全部を取得する。

2　前項の場合には，株式交換完全親株式会社が株式交換完全子会社の株式（譲渡制限株式に限り，当該株式交換完全親株式会社が効力発生日前から有するものを除く。）を取得したことについて，当該株式交換完全子会社が第137条第1項の承認をしたものとみなす。

3　次の各号に掲げる場合には，株式交換完全子会社の株主は，効力発生日に，前条第1項第3号に掲げる事項についての定めに従い，当該各号に定める者となる。

①　前条第1項第2号イに掲げる事項についての定めがある場合　同号イの株式の株主

②　前条第1項第2号ロに掲げる事項についての定めがある場合　同号ロの社債の社債権者

③　前条第1項第2号ハに掲げる事項についての定めがある場合　同号ハの新株予約権の新株予約権者

④　前条第1項第2号ニに掲げる事項についての定めがある場合　同号ニの新株予約権付社債についての社債の社債権者及び当該新株予約権付社債に付された新株予約権の新株予約権者

4　前条第1項第4号に規定する場合には，効力発生日に，株式交換契約新株予約権は，消滅し，

当該株式交換契約新株予約権の新株予約権者は，同項第5号に掲げる事項についての定めに従い，同項第4号ロの株式交換完全親株式会社の新株予約権の新株予約権者となる。
5　前条第1項第4号ハに規定する場合には，株式交換完全親株式会社は，効力発生日に，同号ハの新株予約権付社債についての社債に係る債務を承継する。
6　前各項の規定は，第789条若しくは第799条の規定による手続が終了していない場合又は株式交換を中止した場合には，適用しない。

POINT

「親子にな《7》ろ《6》う」キ《9》ューッと盃、
その日（＝**効力発生日**）に**交換**

□1項：株式交換をする側の会社（株式交換完全子会社）の株式が譲渡制限株式である場合、あくまでも株式を「取得」する以上、譲渡承認手続（137条1項）を経なければならないはずである。本項はそのためのみなし規定。
□1・3項：吸収合併（750条）や吸収分割（759条）につき同様の法文あり。ただし、効力発生日に生じる効力とは権利義務の承継ではなく、完全子会社の株式が完全親会社に移転（1項）、そして完全子会社の株主は完全親会社の株主となる（3項）。
□4・5項：新株予約権付き社債の新株予約権については、完全親会社の新株予約権が交付されるが（4項）、社債部分については、完全子会社の社債を完全親会社がそのまま引き継ぐ（5項）。

第3款　合同会社に発行済株式を取得させる株式交換

（合同会社に発行済株式を取得させる株式交換契約）
第770条　株式会社が株式交換をする場合において，株式交換完全親会社が合同会社であるときは，株式交換契約において，次に掲げる事項を定めなければならない。
①　株式交換完全子会社及び合同会社である株式交換完全親会社（以下この編において「株式交換完全親合同会社」という。）の商号及び住所
②　株式交換完全子会社の株主が株式交換に際して株式交換完全親合同会社の社員となるときは，当該社員の氏名又は名称及び住所並びに出資の価額
③　株式交換完全親合同会社が株式交換に際して株式交換完全子会社の株主に対してその株式に代わる金銭等（株式交換完全親合同会社の持分を除く。）を交付するときは，当該金銭等についての次に掲げる事項
イ　当該金銭等が当該株式交換完全親合同会社の社債であるときは，当該社債の種類及び種類ごとの各社債の金額の合計額又はその算定方法
ロ　当該金銭等が当該株式交換完全親合同会社の社債以外の財産であるときは，当該財産の内容及び数若しくは額又はこれらの算定方法
④　前号に規定する場合には，株式交換完全子会社の株主（株式交換完全親合同会社を除く。）に対する同号の金銭等の割当てに関する事項
⑤　効力発生日
2　前項に規定する場合において，株式交換完全子会社が種類株式発行会社であるときは，株式

交換完全子会社及び株式交換完全親合同会社は，株式交換完全子会社の発行する種類の株式の内容に応じ，同項第4号に掲げる事項として次に掲げる事項を定めることができる。
① ある種類の株式の株主に対して金銭等の割当てをしないこととするときは，その旨及び当該株式の種類
② 前号に掲げる事項のほか，金銭等の割当てについて株式の種類ごとに異なる取扱いを行うこととするときは，その旨及び当該異なる取扱いの内容
3 第1項に規定する場合には，同項第4号に掲げる事項についての定めは，株式交換完全子会社の株主（株式交換完全親合同会社及び前項第1号の種類の株式の株主を除く。）の有する株式の数（前項第2号に掲げる事項についての定めがある場合にあっては，各種類の株式の数）に応じて金銭等を交付することを内容とするものでなければならない。

POINT
な《7》、な《7》れ《0》るの親に?! 合同会社が株式交換

□合同会社が株式交換完全親会社になれることが明記された。

（合同会社に発行済株式を取得させる株式交換の効力の発生等）
第771条 株式交換完全親合同会社は，効力発生日に，株式交換完全子会社の発行済株式（株式交換完全親合同会社の有する株式交換完全子会社の株式を除く。）の全部を取得する。
2 前項の場合には，株式交換完全親合同会社が株式交換完全子会社の株式（譲渡制限株式に限り，当該株式交換完全親合同会社が効力発生日前から有するものを除く。）を取得したことについて，当該株式交換完全子会社が第137条第1項の承認をしたものとみなす。
3 前条第1項第2号に規定する場合には，株式交換完全子会社の株主は，効力発生日に，同号に掲げる事項についての定めに従い，株式交換完全親合同会社の社員となる。この場合においては，株式交換完全親合同会社は，効力発生日に，同号の社員に係る定款の変更をしたものとみなす。
4 前条第1項第3号イに掲げる事項についての定めがある場合には，株式交換完全子会社の株主は，効力発生日に，同項第4号に掲げる事項についての定めに従い，同項第3号イの社債の社債権者となる。
5 前各項の規定は，第802条第2項において準用する第799条（第2項第3号を除く。）の規定による手続が終了していない場合又は株式交換を中止した場合には，適用しない。

POINT
難《7》な《7》い《1》、合同会社が株式交換しても

第2節 株式移転

（株式移転計画の作成）
第772条 1又は2以上の株式会社は，株式移転をすることができる。この場合においては，株式移転計画を作成しなければならない。
2 2以上の株式会社が共同して株式移転をする場合には，当該2以上の株式会社は，共同して

株式移転計画を作成しなければならない。

POINT な《7》、な《7》に《2》?! ヨーカ堂**株(式)**、セブンに**移転**?!

□株式移転の定義につき2条32項。株式移転できる会社も新設される親会社も、株式会社に限られる。株式を現物出資することで完全親会社を設立するのではなく、株式交換と同様、迅速・機動的な組織再編を行うための方法。株式交換が吸収型の完全親会社化のための株式取得であるのに対し、株式移転は新設型の株式取得といえる。767条の所を参照せよ。なお、イトーヨーカ堂やセブン=イレブンジャパンは、株式移転により、新設のセブン&アイホールディングス(持株会社)の完全子会社となった。ホールディングスと名のつく会社の多くは、株式移転により新設された会社である。

(株式移転計画)

第773条 1又は2以上の株式会社が株式移転をする場合には,株式移転計画において,次に掲げる事項を定めなければならない。

① 株式移転により設立する株式会社(以下この編において「株式移転設立完全親会社」という。)の目的,商号,本店の所在地及び発行可能株式総数

② 前号に掲げるもののほか,株式移転設立完全親会社の定款で定める事項

③ 株式移転設立完全親会社の設立時取締役の氏名

④ 次のイからハまでに掲げる場合の区分に応じ,当該イからハまでに定める事項

イ 株式移転設立完全親会社が会計参与設置会社である場合 株式移転設立完全親会社の設立時会計参与の氏名又は名称

ロ 株式移転設立完全親会社が監査役設置会社(監査役の監査の範囲を会計に関するものに限定する旨の定款の定めがある株式会社を含む。)である場合 株式移転設立完全親会社の設立時監査役の氏名

ハ 株式移転設立完全親会社が会計監査人設置会社である場合 株式移転設立完全親会社の設立時会計監査人の氏名又は名称

⑤ 株式移転設立完全親会社が株式移転に際して株式移転をする株式会社(以下この編において「株式移転完全子会社」という。)の株主に対して交付するその株式に代わる当該株式移転設立完全親会社の株式の数(種類株式発行会社にあっては,株式の種類及び種類ごとの数)又はその数の算定方法並びに当該株式移転設立完全親会社の資本金及び準備金の額に関する事項

⑥ 株式移転完全子会社の株主に対する前号の株式の割当てに関する事項

⑦ 株式移転設立完全親会社が株式移転に際して株式移転完全子会社の株主に対してその株式に代わる当該株式移転設立完全親会社の社債等を交付するときは,当該社債等についての次に掲げる事項

イ 当該社債等が株式移転設立完全親会社の社債(新株予約権付社債についてのものを除く。)であるときは,当該社債の種類及び種類ごとの各社債の金額の合計額又はその算定方法

ロ 当該社債等が株式移転設立完全親会社の新株予約権(新株予約権付社債に付されたものを除く。)であるときは,当該新株予約権の内容及び数又はその算定方法

ハ 当該社債等が株式移転設立完全親会社の新株予約権付社債であるときは,当該新株予約権付社債についてのイに規定する事項及び当該新株予約権付社債に付された新株予約権についてのロに規定する事項

⑧　前号に規定する場合には，株式移転完全子会社の株主に対する同号の社債等の割当てに関する事項
⑨　株式移転設立完全親会社が株式移転に際して株式移転完全子会社の新株予約権の新株予約権者に対して当該新株予約権に代わる当該株式移転設立完全親会社の新株予約権を交付するときは，当該新株予約権についての次に掲げる事項
イ　当該株式移転設立完全親会社の新株予約権の交付を受ける株式移転完全子会社の新株予約権の新株予約権者の有する新株予約権（以下この編において「株式移転計画新株予約権」という。）の内容
ロ　株式移転計画新株予約権の新株予約権者に対して交付する株式移転設立完全親会社の新株予約権の内容及び数又はその算定方法
ハ　株式移転計画新株予約権が新株予約権付社債に付された新株予約権であるときは，株式移転設立完全親会社が当該新株予約権付社債についての社債に係る債務を承継する旨並びにその承継に係る社債の種類及び種類ごとの各社債の金額の合計額又はその算定方法
⑩　前号に規定する場合には，株式移転計画新株予約権の新株予約権者に対する同号の株式移転設立完全親会社の新株予約権の割当てに関する事項
2　株式移転設立完全親会社が監査等委員会設置会社である場合には，前項第3号に掲げる事項は，設立時監査等委員である設立時取締役とそれ以外の設立時取締役とを区別して定めなければならない。
3　第1項に規定する場合において，株式移転完全子会社が種類株式発行会社であるときは，株式移転完全子会社は，その発行する種類の株式の内容に応じ，同項第6号に掲げる事項として次に掲げる事項を定めることができる。
①　ある種類の株式の株主に対して株式移転設立完全親会社の株式の割当てをしないこととするときは，その旨及び当該株式の種類
②　前号に掲げる事項のほか，株式移転設立完全親会社の株式の割当てについて株式の種類ごとに異なる取扱いを行うこととするときは，その旨及び当該異なる取扱いの内容
4　第1項に規定する場合には，同項第6号に掲げる事項についての定めは，株式移転完全子会社の株主（前項第1号の種類の株式の株主を除く。）の有する株式の数（前項第2号に掲げる事項についての定めがある場合にあっては，各種類の株式の数）に応じて株式移転設立完全親会社の株式を交付することを内容とするものでなければならない。
5　前2項の規定は，第1項第8号に掲げる事項について準用する。この場合において，前2項中「株式移転設立完全親会社の株式」とあるのは，「株式移転設立完全親会社の社債等」と読み替えるものとする。

POINT　**難《7》度、並《73》でなかった（株式）移転計画**

□新設合併（753条）、新設分割（763条）につき同様の法文あり。

（株式移転の効力の発生等）
第774条　株式移転設立完全親会社は，その成立の日に，株式移転完全子会社の発行済株式の全部を取得する。
2　株式移転完全子会社の株主は，株式移転設立完全親会社の成立の日に，前条第1項第6号に掲げる事項についての定めに従い，同項第5号の株式の株主となる。

3　次の各号に掲げる場合には，株式移転完全子会社の株主は，株式移転設立完全親会社の成立の日に，前条第1項第8号に掲げる事項についての定めに従い，当該各号に定める者となる。
① 前条第1項第7号イに掲げる事項についての定めがある場合　同号イの社債の社債権者
② 前条第1項第7号ロに掲げる事項についての定めがある場合　同号ロの新株予約権の新株予約権者
③ 前条第1項第7号ハに掲げる事項についての定めがある場合　同号ハの新株予約権付社債についての社債の社債権者及び当該新株予約権付社債に付された新株予約権の新株予約権者
4　前条第1項第9号に規定する場合には，株式移転設立完全親会社の成立の日に，株式移転計画新株予約権は，消滅し，当該株式移転計画新株予約権の新株予約権者は，同項第10号に掲げる事項についての定めに従い，同項第9号ロの株式移転設立完全親会社の新株予約権の新株予約権者となる。
5　前条第1項第9号ハに規定する場合には，株式移転設立完全親会社は，その成立の日に，同号ハの新株予約権付社債についての社債に係る債務を承継する。

POINT　名《7》な《7》し《4》会社も（**株式**）**移転**で立派な持株会社

□効力発生日でなく、株式移転設立完全親会社の成立の日に完全親会社は子会社の全株式を取得する点で、株式交換と異なる（769条）。新設合併（754条）、新設分割（764条）と基本的に同じ。

第4章の2　株式交付

（株式交付計画の作成）
第774条の2　株式会社は，株式交付をすることができる。この場合においては，株式交付計画を作成しなければならない。

□「株式交付」の定義につき2条32号の2。A社がB社を子会社化する組織再編の方法に株式交換（2条31号）があるが、これはA社がB社株式を100%取得（完全子会社化）しなければならず、単なる過半数支配による子会社化のニーズには合わなかった。そこで令和元年、新たな吸収型組織再編として本制度を新設。実態は部分的株式交換だが「株式交付」の名称となったのは、株式交換ならA社の交換の相手はB社であるが、こちらはB社でなくB社の株主個人であるなど異なる点があるので、あえて株式交換の名称を使うことを避けたため。なお、株式交付も株式交換と同様、現物出資規制なし。cf.767条。
□ここでの「計画」は、新設会社を立ち上げることを前提とする新設合併計画・新設分割計画・株式移転計画と性質が異なるが、親会社となる会社が単独で作成するという意味で共通するのでその用語法に従っている。
□株式交付の組織再編上の手続きについては816条の2以下参照。

（株式交付計画）

第774条の3　株式会社が株式交付をする場合には，株式交付計画において，次に掲げる事項を定めなければならない。
① 株式交付子会社（株式交付親会社（株式交付をする株式会社をいう。以下同じ。）が株式交付に際して譲り受ける株式を発行する株式会社をいう。以下同じ。）の商号及び住所
② 株式交付親会社が株式交付に際して譲り受ける株式交付子会社の株式の数（株式交付子会社が種類株式発行会社である場合にあっては，株式の種類及び種類ごとの数）の下限
③ 株式交付親会社が株式交付に際して株式交付子会社の株式の譲渡人に対して当該株式の対価として交付する株式交付親会社の株式の数（種類株式発行会社にあっては，株式の種類及び種類ごとの数）又はその数の算定方法並びに当該株式交付親会社の資本金及び準備金の額に関する事項
④ 株式交付子会社の株式の譲渡人に対する前号の株式交付親会社の株式の割当てに関する事項
⑤ 株式交付親会社が株式交付に際して株式交付子会社の株式の譲渡人に対して当該株式の対価として金銭等（株式交付親会社の株式を除く。以下この号及び次号において同じ。）を交付するときは，当該金銭等についての次に掲げる事項
イ　当該金銭等が株式交付親会社の社債（新株予約権付社債についてのものを除く。）であるときは，当該社債の種類及び種類ごとの各社債の金額の合計額又はその算定方法
ロ　当該金銭等が株式交付親会社の新株予約権（新株予約権付社債に付されたものを除く。）であるときは，当該新株予約権の内容及び数又はその算定方法
ハ　当該金銭等が株式交付親会社の新株予約権付社債であるときは，当該新株予約権付社債についてのイに規定する事項及び当該新株予約権付社債に付された新株予約権についてのロに規定する事項
ニ　当該金銭等が株式交付親会社の社債及び新株予約権以外の財産であるときは，当該財産の内容及び数若しくは額又はこれらの算定方法
⑥ 前号に規定する場合には，株式交付子会社の株式の譲渡人に対する同号の金銭等の割当てに関する事項
⑦ 株式交付親会社が株式交付に際して株式交付子会社の株式と併せて株式交付子会社の新株予約権（新株予約権付社債に付されたものを除く。）又は新株予約権付社債（以下「新株予約権等」と総称する。）を譲り受けるときは，当該新株予約権等の内容及び数又はその算定方法
⑧ 前号に規定する場合において，株式交付親会社が株式交付に際して株式交付子会社の新株予約権等の譲渡人に対して当該新株予約権等の対価として金銭等を交付するときは，当該金銭等についての次に掲げる事項
イ　当該金銭等が株式交付親会社の株式であるときは，当該株式の数（種類株式発行会社にあっては，株式の種類及び種類ごとの数）又はその数の算定方法並びに当該株式交付親会社の資本金及び準備金の額に関する事項
ロ　当該金銭等が株式交付親会社の社債（新株予約権付社債についてのものを除く。）であるときは，当該社債の種類及び種類ごとの各社債の金額の合計額又はその算定方法
ハ　当該金銭等が株式交付親会社の新株予約権（新株予約権付社債に付されたものを除く。）であるときは，当該新株予約権の内容及び数又はその算定方法
ニ　当該金銭等が株式交付親会社の新株予約権付社債であるときは，当該新株予約権付社債についてのロに規定する事項及び当該新株予約権付社債に付された新株予約権についてのハに規定する事項
ホ　当該金銭等が株式交付親会社の株式等以外の財産であるときは，当該財産の内容及び数若しくは額又はこれらの算定方法
⑨ 前号に規定する場合には，株式交付子会社の新株予約権等の譲渡人に対する同号の金銭等の

割当てに関する事項
⑩　株式交付子会社の株式及び新株予約権等の譲渡しの申込みの期日
⑪　株式交付がその効力を生ずる日（以下この章において「効力発生日」という。）
2　前項に規定する場合には，同項第2号に掲げる事項についての定めは，株式交付子会社が効力発生日において株式交付親会社の子会社となる数を内容とするものでなければならない。
3　第1項に規定する場合において，株式交付子会社が種類株式発行会社であるときは，株式交付親会社は，株式交付子会社の発行する種類の株式の内容に応じ，同項第4号に掲げる事項として次に掲げる事項を定めることができる。
①　ある種類の株式の譲渡人に対して株式交付親会社の株式の割当てをしないこととするときは，その旨及び当該株式の種類
②　前号に掲げる事項のほか，株式交付親会社の株式の割当てについて株式の種類ごとに異なる取扱いを行うこととするときは，その旨及び当該異なる取扱いの内容
4　第1項に規定する場合には，同項第4号に掲げる事項についての定めは，株式交付子会社の株式の譲渡人（前項第1号の種類の株式の譲渡人を除く。）が株式交付親会社に譲り渡す株式交付子会社の株式の数（前項第2号に掲げる事項についての定めがある場合にあっては，各種類の株式の数）に応じて株式交付親会社の株式を交付することを内容とするものでなければならない。
5　前2項の規定は，第1項第6号に掲げる事項について準用する。この場合において，前2項中「株式交付親会社の株式」とあるのは，「金銭等（株式交付親会社の株式を除く。）」と読み替えるものとする。

□1項1号：株式交換では親会社・子会社両方の商号等を記す必要があるが、こちらは株式交付子会社のみの記載。株式交付計画を閲覧できるのは親会社の株主・債権者なので（816条の2第3項）親会社自身の情報は記載するまでもないから。cf.768条1項。

□1項2号：子会社の議決権の過半数が必要。cf.2条32号の2、施規4条の2。

□1項3・5号：株式交付では、親会社側の株式を必ず交付し（3号）、その上で、対価の柔軟化（多様性）が認められる（5号）。株式交換では完全に柔軟化されている。cf.767条2号。

□1項4号：株式交換と同じ。cf.768条3号。

□作成された株式交付計画は株主総会の特別決議で承認される。cf.816条の3、309条2項12号。

（株式交付子会社の株式の譲渡しの申込み）
第774条の4　株式交付親会社は，株式交付子会社の株式の譲渡しの申込みをしようとする者に対し，次に掲げる事項を通知しなければならない。
①　株式交付親会社の商号
②　株式交付計画の内容
③　前2号に掲げるもののほか，法務省令で定める事項
2　株式交付子会社の株式の譲渡しの申込みをする者は，前条第1項第10号の期日までに，次に掲げる事項を記載した書面を株式交付親会社に交付しなければならない。
①　申込みをする者の氏名又は名称及び住所
②　譲り渡そうとする株式交付子会社の株式の数（株式交付子会社が種類株式発行会社である場合にあっては，株式の種類及び種類ごとの数）

3　前項の申込みをする者は，同項の書面の交付に代えて，政令で定めるところにより，株式交付親会社の承諾を得て，同項の書面に記載すべき事項を電磁的方法により提供することができる。この場合において，当該申込みをした者は，同項の書面を交付したものとみなす。
4　第1項の規定は，株式交付親会社が同項各号に掲げる事項を記載した金融商品取引法第2条第10項に規定する目論見書を第1項の申込みをしようとする者に対して交付している場合その他株式交付子会社の株式の譲渡しの申込みをしようとする者の保護に欠けるおそれがないものとして法務省令で定める場合には，適用しない。
5　株式交付親会社は，第1項各号に掲げる事項について変更があったとき（第816条の9第1項の規定により効力発生日を変更したとき及び同条第5項の規定により前条第1項第10号の期日を変更したときを含む。）は，直ちに，その旨及び当該変更があった事項を第2項の申込みをした者（以下この章において「申込者」という。）に通知しなければならない。
6　株式交付親会社が申込者に対してする通知又は催告は，第2項第1号の住所（当該申込者が別に通知又は催告を受ける場所又は連絡先を当該株式交付親会社に通知した場合にあっては，その場所又は連絡先）に宛てて発すれば足りる。
7　前項の通知又は催告は，その通知又は催告が通常到達すべきであった時に，到達したものとみなす。

□1項3号：「法務省令」＝施規179条の2。
□4項：「法務省令」＝施規179条の3。

（株式交付親会社が譲り受ける株式交付子会社の株式の割当て）
第774条の5　株式交付親会社は，申込者の中から当該株式交付親会社が株式交付子会社の株式を譲り受ける者を定め，かつ，その者に割り当てる当該株式交付親会社が譲り受ける株式交付子会社の株式の数（株式交付子会社が種類株式発行会社である場合にあっては，株式の種類ごとの数。以下この条において同じ。）を定めなければならない。この場合において，株式交付親会社は，申込者に割り当てる当該株式の数の合計が第774条の3第1項第2号の下限の数を下回らない範囲内で，当該株式の数を，前条第2項第2号の数よりも減少することができる。
2　株式交付親会社は，効力発生日の前日までに，申込者に対し，当該申込者から当該株式交付親会社が譲り受ける株式交付子会社の株式の数を通知しなければならない。

□株式交付計画の割当事項（774条の3第4・9号）の範囲内で割当自由。cf.204条。ただし、上場会社は按分比例の規制有り。金商27条の2第1項第1・2号・27条の13第5項。

（株式交付子会社の株式の譲渡しの申込み及び株式交付親会社が譲り受ける株式交付子会社の株式の割当てに関する特則）
第774条の6　前2条の規定は，株式交付子会社の株式を譲り渡そうとする者が，株式交付親会社が株式交付に際して譲り受ける株式交付子会社の株式の総数の譲渡しを行う契約を締結する場合には，適用しない。

□総数譲渡契約。cf.205条。

（株式交付子会社の株式の譲渡し）

第774条の7　次の各号に掲げる者は，当該各号に定める株式交付子会社の株式の数について株式交付における株式交付子会社の株式の譲渡人となる。

①　申込者　第774条の5第2項の規定により通知を受けた株式交付子会社の株式の数

②　前条の契約により株式交付親会社が株式交付に際して譲り受ける株式交付子会社の株式の総数を譲り渡すことを約した者　その者が譲り渡すことを約した株式交付子会社の株式の数

2　前項各号の規定により株式交付子会社の株式の譲渡人となった者は，効力発生日に，それぞれ当該各号に定める数の株式交付子会社の株式を株式交付親会社に給付しなければならない。

□1項：206条に準じる規定だが、こちらは子会社株主から親会社への株式譲渡であり、現物出資ではない。

（株式交付子会社の株式の譲渡しの無効又は取消しの制限）

第774条の8　民法第93条第1項ただし書及び第94条第1項の規定は，第774条の4第2項の申込み，第774条の5第1項の規定による割当て及び第774条の6の契約に係る意思表示については，適用しない。

2　株式交付における株式交付子会社の株式の譲渡人は，第774条の11第2項の規定により株式交付親会社の株式の株主となった日から1年を経過した後又はその株式について権利を行使した後は，錯誤，詐欺又は強迫を理由として株式交付子会社の株式の譲渡しの取消しをすることができない。

（株式交付子会社の株式の譲渡しに関する規定の準用）

第774条の9　第774条の4から前条までの規定は，第774条の3第1項第7号に規定する場合における株式交付子会社の新株予約権等の譲渡しについて準用する。この場合において，第774条の4第2項第2号中「数（株式交付子会社が種類株式発行会社である場合にあっては，株式の種類及び種類ごとの数）」とあるのは「内容及び数」と，第774条の5第1項中「数（株式交付子会社が種類株式発行会社である場合にあっては，株式の種類ごとの数。以下この条において同じ。）」とあるのは「数」と，「申込者に割り当てる当該株式の数の合計が第774条の3第1項第2号の下限の数を下回らない範囲内で，当該株式」とあるのは「当該新株予約権等」と，前条第2項中「第774条の11第2項」とあるのは「第774条の11第4項第1号」と読み替えるものとする。

（申込みがあった株式交付子会社の株式の数が下限の数に満たない場合）

第774条の10　第774条の5及び第774条の7（第1項第2号に係る部分を除く。）（これらの規定を前条において準用する場合を含む。）の規定は，第774条の3第1項第10号の期日において，申込者が譲渡しの申込みをした株式交付子会社の株式の総数が同項第2号の下限の数に満たない場合には，適用しない。この場合においては，株式交付親会社は，申込者に対し，遅滞なく，株式交付をしない旨を通知しなければならない。

（株式交付の効力の発生等）

第774条の11　株式交付親会社は，効力発生日に，第774条の7第2項（第774条の9において準用する場合を含む。）の規定による給付を受けた株式交付子会社の株式及び新株予約権等を譲り受ける。

2　第774条の7第2項の規定による給付をした株式交付子会社の株式の譲渡人は，効力発生日に，第774条の3第1項第4号に掲げる事項についての定めに従い，同項第3号の株式交付親会社の株式の株主となる。

3　次の各号に掲げる場合には，第774条の7第2項の規定による給付をした株式交付子会社の株式の譲渡人は，効力発生日に，第774条の3第1項第6号に掲げる事項についての定めに従い，当該各号に定める者となる。

①　第774条の3第1項第5号イに掲げる事項についての定めがある場合　同号イの社債の社債権者

②　第774条の3第1項第5号ロに掲げる事項についての定めがある場合　同号ロの新株予約権の新株予約権者

③　第774条の3第1項第5号ハに掲げる事項についての定めがある場合　同号ハの新株予約権付社債についての社債の社債権者及び当該新株予約権付社債に付された新株予約権の新株予約権者

4　次の各号に掲げる場合には，第774条の9において準用する第774条の7第2項の規定による給付をした株式交付子会社の新株予約権等の譲渡人は，効力発生日に，第774条の3第1項第9号に掲げる事項についての定めに従い，当該各号に定める者となる。

①　第774条の3第1項第8号イに掲げる事項についての定めがある場合　同号イの株式の株主

②　第774条の3第1項第8号ロに掲げる事項についての定めがある場合　同号ロの社債の社債権者

③　第774条の3第1項第8号ハに掲げる事項についての定めがある場合　同号ハの新株予約権の新株予約権者

④　第774条の3第1項第8号ニに掲げる事項についての定めがある場合　同号ニの新株予約権付社債についての社債の社債権者及び当該新株予約権付社債に付された新株予約権の新株予約権者

5　前各項の規定は，次に掲げる場合には，適用しない。

①　効力発生日において第816条の8の規定による手続が終了していない場合

②　株式交付を中止した場合

③　効力発生日において株式交付親会社が第774条の7第2項の規定による給付を受けた株式交付子会社の株式の総数が第774条の3第1項第2号の下限の数に満たない場合

④　効力発生日において第2項の規定により第774条の3第1項第3号の株式交付親会社の株式の株主となる者がない場合

6　前項各号に掲げる場合には，株式交付親会社は，第774条の7第1項各号（第774条の9において準用する場合を含む。）に掲げる者に対し，遅滞なく，株式交付をしない旨を通知しなければならない。この場合において，第774条の7第2項（第774条の9において準用する場合を含む。）の規定による給付を受けた株式交付子会社の株式又は新株予約権等があるときは，株式交付親会社は，遅滞なく，これらをその譲渡人に返還しなければならない。

第5章　組織変更，合併，会社分割，株式交換，株式移転及び株式交付の手続

第1節　組織変更の手続

第1款　株式会社の手続

（組織変更計画に関する書面等の備置き及び閲覧等）

第775条　組織変更をする株式会社は，組織変更計画備置開始日から組織変更がその効力を生ずる日（以下この節において「効力発生日」という。）までの間，組織変更計画の内容その他法務省令で定める事項を記載し，又は記録した書面又は電磁的記録をその本店に備え置かなければならない。

2　前項に規定する「組織変更計画備置開始日」とは，次に掲げる日のいずれか早い日をいう。

①　組織変更計画について組織変更をする株式会社の総株主の同意を得た日

②　組織変更をする株式会社が新株予約権を発行しているときは，第777条第3項の規定による通知の日又は同条第4項の公告の日のいずれか早い日

③　第779条第2項の規定による公告の日又は同項の規定による催告の日のいずれか早い日

3　組織変更をする株式会社の株主及び債権者は，当該株式会社に対して，その営業時間内は，いつでも，次に掲げる請求をすることができる。ただし，第2号又は第4号に掲げる請求をするには，当該株式会社の定めた費用を支払わなければならない。

①　第1項の書面の閲覧の請求

②　第1項の書面の謄本又は抄本の交付の請求

③　第1項の電磁的記録に記録された事項を法務省令で定める方法により表示したものの閲覧の請求

④　第1項の電磁的記録に記録された事項を電磁的方法であって株式会社の定めたものにより提供することの請求又はその事項を記載した書面の交付の請求

POINT

泣《7》き泣《7》き公《5》示、
持（分会）社への変更備え置く

□株式会社の株主、債権者に向けて組織変更の事実を周知させ、必要な権利保護の手続をとらせる趣旨。なお、本条の規定は持分会社の株式会社への組織変更には準用されていない。781条の解説を参照のこと。

□1項：「法務省令」＝施規180条。

□3項3号：「法務省令」＝施規226条33号（紙面か映像面で表示）。

（株式会社の組織変更計画の承認等）

第776条　組織変更をする株式会社は，効力発生日の前日までに，組織変更計画について当該株式会社の総株主の同意を得なければならない。

2　組織変更をする株式会社は，効力発生日の20日前までに，その登録株式質権者及び登録新

株予約権質権者に対し，組織変更をする旨を通知しなければならない。
3　前項の規定による通知は，公告をもってこれに代えることができる。

POINT 泣《7》き泣《7》きむ《6》せび、**持（分会）社への変更、同意得る**

□1項：多数決でなく総株主の同意が必要。持分会社から株式会社への組織変更と異なり、定款の定めをもって緩和することもできないと解される。cf.781条1項但書。

（新株予約権買取請求）
第777条　株式会社が組織変更をする場合には，組織変更をする株式会社の新株予約権の新株予約権者は，当該株式会社に対し，自己の有する新株予約権を公正な価格で買い取ることを請求することができる。
2　新株予約権付社債に付された新株予約権の新株予約権者は，前項の規定による請求（以下この款において「新株予約権買取請求」という。）をするときは，併せて，新株予約権付社債についての社債を買い取ることを請求しなければならない。ただし，当該新株予約権付社債に付された新株予約権について別段の定めがある場合は，この限りでない。
3　組織変更をしようとする株式会社は，効力発生日の20日前までに，その新株予約権の新株予約権者に対し，組織変更をする旨を通知しなければならない。
4　前項の規定による通知は，公告をもってこれに代えることができる。
5　新株予約権買取請求は，効力発生日の20日前の日から効力発生日の前日までの間に，その新株予約権買取請求に係る新株予約権の内容及び数を明らかにしてしなければならない。
6　新株予約権証券が発行されている新株予約権について新株予約権買取請求をしようとするときは，当該新株予約権の新株予約権者は，組織変更をする株式会社に対し，その新株予約権証券を提出しなければならない。ただし，当該新株予約権証券について非訟事件手続法第114条に規定する公示催告の申立てをした者については，この限りでない。
7　新株予約権付社債券が発行されている新株予約権付社債に付された新株予約権について新株予約権買取請求をしようとするときは，当該新株予約権の新株予約権者は，組織変更をする株式会社に対し，その新株予約権付社債券を提出しなければならない。ただし，当該新株予約権付社債券について非訟事件手続法第114条に規定する公示催告の申立てをした者については，この限りでない。
8　新株予約権買取請求をした新株予約権者は，組織変更をする株式会社の承諾を得た場合に限り，その新株予約権買取請求を撤回することができる。
9　組織変更を中止したときは，新株予約権買取請求は，その効力を失う。
10　第260条の規定は，新株予約権買取請求に係る新株予約権については，適用しない。

POINT な《7》、な《7》、な《7》んと**組織変更**?! 消える
（新株）予約権買い取れ

□1項：新株予約権者は新株予約権を行使しなくても持分会社から支払いを受ける。cf.744条1項7号、745条5項。
□2項：新株予約権と社債の不可分一体性を示す規定。但書の「別段の定め」については、238条1項7号を参照。

（新株予約権の価格の決定等）

第778条　新株予約権買取請求があった場合において，新株予約権（当該新株予約権が新株予約権付社債に付されたものである場合において，当該新株予約権付社債についての社債の買取りの請求があったときは，当該社債を含む。以下この条において同じ。）の価格の決定について，新株予約権者と組織変更をする株式会社（効力発生日後にあっては，組織変更後持分会社。以下この条において同じ。）との間に協議が調ったときは，当該株式会社は，効力発生日から60日以内にその支払をしなければならない。

2　新株予約権の価格の決定について，効力発生日から30日以内に協議が調わないときは，新株予約権者又は組織変更後持分会社は，その期間の満了の日後30日以内に，裁判所に対し，価格の決定の申立てをすることができる。

3　前条第8項の規定にかかわらず，前項に規定する場合において，効力発生日から60日以内に同項の申立てがないときは，その期間の満了後は，新株予約権者は，いつでも，新株予約権買取請求を撤回することができる。

4　組織変更後持分会社は，裁判所の決定した価格に対する第1項の期間の満了の日後の法定利率による利息をも支払わなければならない。

5　組織変更をする株式会社は，新株予約権の価格の決定があるまでは，新株予約権者に対し，当該株式会社が公正な価格と認める額を支払うことができる。

6　新株予約権買取請求に係る新株予約権の買取りは，効力発生日に，その効力を生ずる。

7　組織変更をする株式会社は，新株予約権証券が発行されている新株予約権について新株予約権買取請求があったときは，新株予約権証券と引換えに，その新株予約権買取請求に係る新株予約権の代金を支払わなければならない。

8　組織変更をする株式会社は，新株予約権付社債券が発行されている新株予約権付社債に付された新株予約権について新株予約権買取請求があったときは，新株予約権付社債券と引換えに，その新株予約権買取請求に係る新株予約権の代金を支払わなければならない。

POINT

泣《7》き泣《7》きや《8》めた**価格の協議**、どうせ変更で
消(=**消滅**)える(**新株**)**予約権**

□2項：申立てにより裁判所が行う価格決定の手続に審問期日の開催と陳述聴取が義務付けられることにつき、117条コメント1つ目および870条2項2号を参照。

□5項：買取代金仮払い制。117条5項のコメント参照。

（債権者の異議）

第779条　組織変更をする株式会社の債権者は，当該株式会社に対し，組織変更について異議を述べることができる。

2　組織変更をする株式会社は，次に掲げる事項を官報に公告し，かつ，知れている債権者には，各別にこれを催告しなければならない。ただし，第3号の期間は，1箇月を下ることができない。

①　組織変更をする旨

②　組織変更をする株式会社の計算書類（第435条第2項に規定する計算書類をいう。以下この章において同じ。）に関する事項として法務省令で定めるもの

③　債権者が一定の期間内に異議を述べることができる旨

3　前項の規定にかかわらず，組織変更をする株式会社が同項の規定による公告を，官報のほか，

第939条第1項の規定による定款の定めに従い，同項第2号又は第3号に掲げる公告方法によりするときは，前項の規定による各別の催告は，することを要しない。
4　債権者が第2項第3号の期間内に異議を述べなかったときは，当該債権者は，当該組織変更について承認をしたものとみなす。
5　債権者が第2項第3号の期間内に異議を述べたときは，組織変更をする株式会社は，当該債権者に対し，弁済し，若しくは相当の担保を提供し，又は当該債権者に弁済を受けさせることを目的として信託会社等に相当の財産を信託しなければならない。ただし，当該組織変更をしても当該債権者を害するおそれがないときは，この限りでない。

POINT　「難《7》な《7》く《9》**持（分会）社に変更**許さん!」**債権者怒る**

□2項2号：「法務省令」＝施規181条、計規137～142条。
□株式会社から持分会社への組織変更は会社債権者を害さないように思えるが、合名・合資会社の社員が有限責任社員のみからなる株式会社のみで構成されることも考えられること（576条1項4号、598条）、利益配当額の制限（625条）、債権者の計算書類閲覧請求権（628条）がないこと、合同会社に組織変更した場合でも、機関設置上の規制がなくなること等より、会社債権者の保護を必要とすることに合理性があると考えられる。

（組織変更の効力発生日の変更）
第780条　組織変更をする株式会社は，効力発生日を変更することができる。
2　前項の場合には，組織変更をする株式会社は，変更前の効力発生日（変更後の効力発生日が変更前の効力発生日前の日である場合にあっては，当該変更後の効力発生日）の前日までに，変更後の効力発生日を公告しなければならない。
3　第1項の規定により効力発生日を変更したときは，変更後の効力発生日を効力発生日とみなして，この款及び第745条の規定を適用する。

POINT　変えな《7》は《8》れ《0》、**変更効力発生日**

第2款　持分会社の手続

（組織変更計画についての同意）
第781条　組織変更をする持分会社は，効力発生日の前日までに，組織変更計画について当該持分会社の総社員の同意を得なければならない。ただし，定款に別段の定めがある場合は，この限りでない。
2　第779条（第2項第2号を除く。）及び前条の規定は，組織変更をする持分会社について準用する。この場合において，第779条第3項中「組織変更をする株式会社」とあるのは「組織変更をする持分会社（合同会社に限る。）」と，前条第3項中「及び第745条」とあるのは「並びに第747条及び次条第1項」と読み替えるものとする。

POINT

納《7》屋《8》一《1》杯の**総社員、組織変更同意**する

□1項但書：株式会社の持分会社への組織変更と異なり、定款の定めによって要件を緩和することができる。cf.776条1項。なお、株式会社の持分会社への組織変更において組織変更計画の備置義務を定める775条を準用していないことに注意。したがって、本条により原則として社員は組織変更を知りうるものの、会社債権者は閲覧できないこととなる。

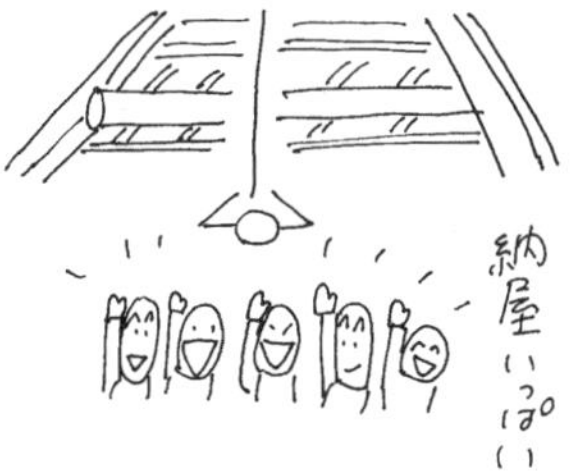

第2節　吸収合併等の手続

第1款　吸収合併消滅会社、吸収分割会社及び株式交換完全子会社の手続

第1目　株式会社の手続

（吸収合併契約等に関する書面等の備置き及び閲覧等）

第782条　次の各号に掲げる株式会社（以下この目において「消滅株式会社等」という。）は，吸収合併契約等備置開始日から吸収合併，吸収分割又は株式交換（以下この節において「吸収合併等」という。）がその効力を生ずる日（以下この節において「効力発生日」という。）後6箇月を経過する日（吸収合併消滅株式会社にあっては，効力発生日）までの間，当該各号に定めるもの（以下この節において「吸収合併契約等」という。）の内容その他法務省令で定める事項を記載し，又は記録した書面又は電磁的記録をその本店に備え置かなければならない。

①　吸収合併消滅株式会社　吸収合併契約

②　吸収分割株式会社　吸収分割契約

③　株式交換完全子会社　株式交換契約

2　前項に規定する「吸収合併契約等備置開始日」とは，次に掲げる日のいずれか早い日をいう。

①　吸収合併契約等について株主総会（種類株主総会を含む。）の決議によってその承認を受けなければならないときは，当該株主総会の日の2週間前の日（第319条第1項の場合にあっては，同項の提案があった日）

②　第785条第3項の規定による通知を受けるべき株主があるときは，同項の規定による通知の日又は同条第4項の公告の日のいずれか早い日

③　第787条第3項の規定による通知を受けるべき新株予約権者があるときは，同項の規定による通知の日又は同条第4項の公告の日のいずれか早い日

④　第789条の規定による手続をしなければならないときは，同条第2項の規定による公告の日又は同項の規定による催告の日のいずれか早い日

⑤　前各号に規定する場合以外の場合には，吸収分割契約又は株式交換契約の締結の日から2週間を経過した日

3　消滅株式会社等の株主及び債権者（株式交換完全子会社にあっては，株主及び新株予約権者）は，消滅株式会社等に対して，その営業時間内は，いつでも，次に掲げる請求をすることができる。ただし，第2号又は第4号に掲げる請求をするには，当該消滅株式会社等の定めた費用を支

払わなければならない。

① 第1項の書面の閲覧の請求

② 第1項の書面の謄本又は抄本の交付の請求

③ 第1項の電磁的記録に記録された事項を法務省令で定める方法により表示したものの閲覧の請求

④ 第1項の電磁的記録に記録された事項を電磁的方法であって消滅株式会社等の定めたものにより提供することの請求又はその事項を記載した書面の交付の請求

POINT

那《7》覇《8》に《2》消(=**消滅**)えたはずの**契約書**、
九州(=**吸収**)に**備え置**かれる

□吸収合併等とあるのは、吸収型の組織再編行為すべてのこと。本条以下816条まで組織再編行為の手続を共通項にまとめて、整理している。組織再編行為につき整合的な規制をするため。

□本条は、合併等により吸収される側の会社の株主および債権者に重大な影響を与える可能性があるため、事前の情報開示を会社に行わせる規定。存続会社側については794条、事後の情報開示については791条を参照のこと。

□1項:「法務省令」=吸収合併消滅会社につき施規182条、吸収分割株式会社につき施規183条、株式交換完全子会社につき施規184条。なお、吸収合併契約等備置開始日の内容については2項に規定。

□3項3号:「法務省令」=施規226条34号(紙面か映像面で表示)。

□吸収合併無効の訴えにつき828条1項7号2項7号。被告は吸収合併後存続する会社。cf.834条7号。

(吸収合併契約等の承認等)

第783条 消滅株式会社等は,効力発生日の前日までに,株主総会の決議によって,吸収合併契約等の承認を受けなければならない。

2 前項の規定にかかわらず,吸収合併消滅株式会社又は株式交換完全子会社が種類株式発行会社でない場合において,吸収合併消滅株式会社又は株式交換完全子会社の株主に対して交付する金銭等(以下この条及び次条第1項において「合併対価等」という。)の全部又は一部が持分等(持分会社の持分その他これに準ずるものとして法務省令で定めるものをいう。以下この条において同じ。)であるときは,吸収合併契約又は株式交換契約について吸収合併消滅株式会社又は株式交換完全子会社の総株主の同意を得なければならない。

3 吸収合併消滅株式会社又は株式交換完全子会社が種類株式発行会社である場合において,合併対価等の全部又は一部が譲渡制限株式等(譲渡制限株式その他これに準ずるものとして法務省令で定めるものをいう。以下この章において同じ。)であるときは,吸収合併又は株式交換は,当該譲渡制限株式等の割当てを受ける種類の株式(譲渡制限株式を除く。)の種類株主を構成員とする種類株主総会(当該種類株主に係る株式の種類が2以上ある場合にあっては,当該2以上の株式の種類別に区分された種類株主を構成員とする各種類株主総会)の決議がなければ,その効力を生じない。ただし,当該種類株主総会において議決権を行使することができる株主が存しない場合は,この限りでない。

4　吸収合併消滅株式会社又は株式交換完全子会社が種類株式発行会社である場合において，合併対価等の全部又は一部が持分等であるときは，吸収合併又は株式交換は，当該持分等の割当てを受ける種類の株主の全員の同意がなければ，その効力を生じない。
5　消滅株式会社等は，効力発生日の20日前までに，その登録株式質権者（次条第2項に規定する場合における登録株式質権者を除く。）及び第787条第3項各号に定める新株予約権の登録新株予約権質権者に対し，吸収合併等をする旨を通知しなければならない。
6　前項の規定による通知は，公告をもってこれに代えることができる。

POINT

那《7》覇《8》で見《3》た証人（＝承認）消（＝消滅）され、九州（＝吸収）で発見

□1項：株主総会の決議要件は原則として特別決議（309条2項12号）。しかし、対価の柔軟化により総会特別決議だけでは株主の利益を十分に保護できない場合もあるので、さらに特別な保護手当てをしている。cf.309条3項2号。
□2項：吸収合併消滅会社、株式交換完全子会社に、持分会社の持分や「法務省令」＝施規185条で定める、権利の移転・行使に、債務者その他第三者の承諾を要するものが交付されるときは、あまりに株主の利益が害されるので、総株主の同意が必要。したがって株式買取請求を認める必要がない。cf.785条1項1号
□3項：消滅会社が種類株式発行会社で、譲渡制限つきでない種類株式の株主に譲渡制限株式等を交付する場合の規定。譲渡制限株式を交付されるその種類株主らは不利益を被ることになるので、種類株主総会の決議を要する。しかもその決議は特殊決議（324条3項2号）となる。「法務省令」＝施規186条。
□4項：2項と同様の趣旨。cf.776条。
□略式合併の場合、株主総会の決議が不要（次条1項参照）。

（吸収合併契約等の承認を要しない場合）

第784条　前条第1項の規定は，吸収合併存続会社，吸収分割承継会社又は株式交換完全親会社（以下この目において「存続会社等」という。）が消滅株式会社等の特別支配会社である場合には，適用しない。ただし，吸収合併又は株式交換における合併対価等の全部又は一部が譲渡制限株式等である場合であって，消滅株式会社等が公開会社であり，かつ，種類株式発行会社でないときは，この限りでない。
2　前条の規定は，吸収分割により吸収分割承継会社に承継させる資産の帳簿価額の合計額が吸収分割株式会社の総資産額として法務省令で定める方法により算定される額の5分の1（これを下回る割合を吸収分割株式会社の定款で定めた場合にあっては，その割合）を超えない場合には，適用しない。

POINT

那《7》覇《8》の夜《4》は灯り消(=**消滅**)し、
カジュアル(=**略式・簡易**)にパーティ

□1項本文：略式組織再編に関する規定。

吸収合併等の存続会社等が消滅会社等の特別支配会社である場合、その吸収合併契約等につき消滅会社の株主総会の承認を要しないとする規定。特別支配会社が議決権を行使すれば、特別決議は当然に成立する。わざわざ総会を開催しても結果において変わらない以上コストを削減し迅速な手続を迅速するほうが得策であるため。略式事業譲渡におけると同様。cf.468条1項。「特別支配会社」の定義および本項の趣旨につき468条1項の解説を参照のこと。

□1項但書：「消滅会社が公開会社であり、かつ、種類株式発行会社でない」ということは消滅会社の株式に譲渡制限が一切ないということになるので、それに対する合併対価が譲渡制限株式であるとなると、消滅会社株主は不利益を被る。したがって、この場合は例外として株主総会決議が必要。

□2項：簡易吸収分割会社に関する規定。簡易事業譲渡と同様、切り離す資産の額が全体の5分の1以下であれば吸収分割会社にとって重大な影響がないため。従来は20分の1であったが、株主総会決議不要の組織再編行為を拡大することによって、会社のもつ経営資源を効率的に再配分する趣旨より、5分の1に緩和された。簡易分割の要件を満たす場合、分割会社の株主には差止請求権なし。また、株式買取請求権もない。影響が軽微なため。cf.次条1項2号。「法務省令」＝施規187条。

□存続会社側の略式組織再編、簡易組織再編については796条参照。

(吸収合併等をやめることの請求)

第784条の2　次に掲げる場合において，消滅株式会社等の株主が不利益を受けるおそれがあるときは，消滅株式会社等の株主は，消滅株式会社等に対し，吸収合併等をやめることを請求することができる。ただし，前条第2項に規定する場合は，この限りでない。

① 当該吸収合併等が法令又は定款に違反する場合

② 前条第1項本文に規定する場合において，第749条第1項第2号若しくは第3号，第751条第1項第3号若しくは第4号，第758条第4号，第760条第4号若しくは第5号，第768条第1項第2号若しくは第3号又は第770条第1項第3号若しくは第4号に掲げる事項が消滅株式会社等又は存続会社等の財産の状況その他の事情に照らして著しく不当であるとき。

□組織再編全般において消滅会社等の株主が不利益を受けないよう、事前の救済手段として株主の差止請求を認めた。平成26年新設。

(反対株主の株式買取請求)

第785条　吸収合併等をする場合（次に掲げる場合を除く。）には，反対株主は，消滅株式会社等に対し，自己の有する株式を公正な価格で買い取ることを請求することができる。

① 第783条第2項に規定する場合
② 第784条第2項に規定する場合
2 前項に規定する「反対株主」とは，次の各号に掲げる場合における当該各号に定める株主（第783条第4項に規定する場合における同項に規定する持分等の割当てを受ける株主を除く。）をいう。
① 吸収合併等をするために株主総会（種類株主総会を含む。）の決議を要する場合 次に掲げる株主
イ 当該株主総会に先立って当該吸収合併等に反対する旨を当該消滅株式会社等に対し通知し，かつ，当該株主総会において当該吸収合併等に反対した株主（当該株主総会において議決権を行使することができるものに限る。）
ロ 当該株主総会において議決権を行使することができない株主
② 前号に規定する場合以外の場合 全ての株主（第784条第1項本文に規定する場合における当該特別支配会社を除く。）
3 消滅株式会社等は，効力発生日の20日前までに，その株主（第783条第4項に規定する場合における同項に規定する持分等の割当てを受ける株主及び第784条第1項本文に規定する場合における当該特別支配会社を除く。）に対し，吸収合併等をする旨並びに存続会社等の商号及び住所を通知しなければならない。ただし，第1項各号に掲げる場合は，この限りでない。
4 次に掲げる場合には，前項の規定による通知は，公告をもってこれに代えることができる。
① 消滅株式会社等が公開会社である場合
② 消滅株式会社等が第783条第1項の株主総会の決議によって吸収合併契約等の承認を受けた場合
5 第1項の規定による請求（以下この目において「株式買取請求」という。）は，効力発生日の20日前の日から効力発生日の前日までの間に，その株式買取請求に係る株式の数（種類株式発行会社にあっては，株式の種類及び種類ごとの数）を明らかにしてしなければならない。
6 株券が発行されている株式について株式買取請求をしようとするときは，当該株式の株主は，消滅株式会社等に対し，当該株式に係る株券を提出しなければならない。ただし，当該株券について第223条の規定による請求をした者については，この限りでない。
7 株式買取請求をした株主は，消滅株式会社等の承諾を得た場合に限り，その株式買取請求を撤回することができる。
8 吸収合併等を中止したときは，株式買取請求は，その効力を失う。
9 第133条の規定は，株式買取請求に係る株式については，適用しない。

POINT

那《7》覇《8》ツアー買取後《5》消滅か?! 九州(=**吸収**)の客、嵐を心配

□1項柱書：従来のような「決議なかりせば価格」でなく、単に「公正な価格」となった。これは、合併そのものに反対なのではないが、合併比率が不公正であると反対する株主をも考慮した文言。つまり、合併そのものに反対の株主に対してであれば決議がなかったときの市場価格が公正な価格となるが、合併比率が不公正であると主張する反対株主に対しては合併によるシナジー（相乗効果分）を改めて算定し直したものが公正

な価格ということになる。このような場合にも柔軟に対応するため。

□1項各号：消滅会社側にのみ定められる例外規定。存続会社側にはない。cf.797条。

□2項：議論のあった反対株主の内容が、明確に定められた。株主総会の決議に反対しなくても、反対株主となる場合がある。つまり、議決権制限株式の株主（1号ロ）と合併のために株主総会決議を要しない場合の全株主（2号）。略式組織再編では特別支配会社に買取請求を認める合理的理由なし（2号かっこ書）

□3・4項：株主に吸収合併等の差止請求および株式買取請求の機会を確保する趣旨。

□7項：撤回できる場合を本項と次条3項に限っている。射幸的な請求権行使を抑える趣旨。

（株式の価格の決定等）

第786条　株式買取請求があった場合において，株式の価格の決定について，株主と消滅株式会社等（吸収合併をする場合における効力発生日後にあっては，吸収合併存続会社。以下この条において同じ。）との間に協議が調ったときは，消滅株式会社等は，効力発生日から60日以内にその支払をしなければならない。

2　株式の価格の決定について，効力発生日から30日以内に協議が調わないときは，株主又は消滅株式会社等は，その期間の満了の日後30日以内に，裁判所に対し，価格の決定の申立てをすることができる。

3　前条第7項の規定にかかわらず，前項に規定する場合において，効力発生日から60日以内に同項の申立てがないときは，その期間の満了後は，株主は，いつでも，株式買取請求を撤回することができる。

4　消滅株式会社等は，裁判所の決定した価格に対する第1項の期間の満了の日後の法定利率による利息をも支払わなければならない。

5　消滅株式会社等は，株式の価格の決定があるまでは，株主に対し，当該消滅株式会社等が公正な価格と認める額を支払うことができる。

6　株式買取請求に係る株式の買取りは，効力発生日に，その効力を生ずる。

7　株券発行会社は，株券が発行されている株式について株式買取請求があったときは，株券と引換えに，その株式買取請求に係る株式の代金を支払わなければならない。

POINT　那《7》覇《8》ム《6》リせず行ける、手頃な（**買取**）**価格**で

□2項：株主だけでなく、会社側も価格決定の申立てができるようになった。価格の決定の申立てにより裁判所が行う価格決定の手続に審問期日の開催と陳述聴取が義務付けられたことにつき、117条コメント1つ目および870条2項2号を参照。

□3項：請求を撤回できる場合を本項と前条6項に限っている。射幸的な請求権行使を抑える趣旨。

□5項：買取代金仮払い制。117条5項のコメント参照。

□6項：効力発生日に買い取られた株式は消滅会社の自己株式となり、自己に合併対価を割り当てることはないので（749条1項3号かっこ書）そのまま消滅すると考えられる。これに対し、吸収分割の場合（本項かっこ書）、会社が消滅してしまうわけではないので、存続会社の場合と同様の規定が適用される。cf.798条5項。

（新株予約権買取請求）

第787条　次の各号に掲げる行為をする場合には，当該各号に定める消滅株式会社等の新株予約権の新株予約権者は，消滅株式会社等に対し，自己の有する新株予約権を公正な価格で買い取ることを請求することができる。

①　吸収合併　第749条第1項第4号又は第5号に掲げる事項についての定めが第236条第1項第8号の条件（同号イに関するものに限る。）に合致する新株予約権以外の新株予約権

②　吸収分割（吸収分割承継会社が株式会社である場合に限る。）　次に掲げる新株予約権のうち，第758条第5号又は第6号に掲げる事項についての定めが第236条第1項第8号の条件（同号ロに関するものに限る。）に合致する新株予約権以外の新株予約権

イ　吸収分割契約新株予約権

ロ　吸収分割契約新株予約権以外の新株予約権であって，吸収分割をする場合において当該新株予約権の新株予約権者に吸収分割承継株式会社の新株予約権を交付することとする旨の定めがあるもの

③　株式交換（株式交換完全親会社が株式会社である場合に限る。）　次に掲げる新株予約権のうち，第768条第1項第4号又は第5号に掲げる事項についての定めが第236条第1項第8号の条件（同号ニに関するものに限る。）に合致する新株予約権以外の新株予約権

イ　株式交換契約新株予約権

ロ　株式交換契約新株予約権以外の新株予約権であって，株式交換をする場合において当該新株予約権の新株予約権者に株式交換完全親株式会社の新株予約権を交付することとする旨の定めがあるもの

2　新株予約権付社債に付された新株予約権の新株予約権者は，前項の規定による請求（以下この目において「新株予約権買取請求」という。）をするときは，併せて，新株予約権付社債についての社債を買い取ることを請求しなければならない。ただし，当該新株予約権付社債に付された新株予約権について別段の定めがある場合は，この限りでない。

3　次の各号に掲げる消滅株式会社等は，効力発生日の20日前までに，当該各号に定める新株予約権の新株予約権者に対し，吸収合併等をする旨並びに存続会社等の商号及び住所を通知しなければならない。

①　吸収合併消滅株式会社　全部の新株予約権

②　吸収分割承継会社が株式会社である場合における吸収分割株式会社　次に掲げる新株予約権

イ　吸収分割契約新株予約権

ロ　吸収分割契約新株予約権以外の新株予約権であって，吸収分割をする場合において当該新株予約権の新株予約権者に吸収分割承継株式会社の新株予約権を交付することとする旨の定めがあるもの

③　株式交換完全親会社が株式会社である場合における株式交換完全子会社　次に掲げる新株予約権

イ　株式交換契約新株予約権

ロ　株式交換契約新株予約権以外の新株予約権であって，株式交換をする場合において当該新株予約権の新株予約権者に株式交換完全親株式会社の新株予約権を交付することとする旨の定めがあるもの

4　前項の規定による通知は，公告をもってこれに代えることができる。

5　新株予約権買取請求は，効力発生日の20日前の日から効力発生日の前日までの間に，その新株予約権買取請求に係る新株予約権の内容及び数を明らかにしてしなければならない。

6　新株予約権証券が発行されている新株予約権について新株予約権買取請求をしようとするときは，当該新株予約権の新株予約権者は，消滅株式会社等に対し，その新株予約権証券を提出し

なければならない。ただし，当該新株予約権証券について非訟事件手続法第114条に規定する公示催告の申立てをした者については，この限りでない。
7　新株予約権付社債券が発行されている新株予約権付社債に付された新株予約権について新株予約権買取請求をしようとするときは，当該新株予約権の新株予約権者は，消滅株式会社等に対し，その新株予約権付社債券を提出しなければならない。ただし，当該新株予約権付社債券について非訟事件手続法第114条に規定する公示催告の申立てをした者については，この限りでない。
8　新株予約権買取請求をした新株予約権者は，消滅株式会社等の承諾を得た場合に限り，その新株予約権買取請求を撤回することができる。
9　吸収合併等を中止したときは，新株予約権買取請求は，その効力を失う。
10　第260条の規定は，新株予約権買取請求に係る新株予約権については，適用しない。

POINT　那《7》覇《8》でな《7》んなら**予約券**（=**予約権**）も**買**っちゃう?

□組織再編を機動的、自由に行えるようにするための新株予約権対策の一環。236条1項8号、749条1項4・5号の解説を参照のこと。組織再編による新株予約権交付の条件が当初のものと異なるという不測の事態が生じた場合に、新株予約権の買取請求を認め、新株予約権者の保護を図る趣旨。なお、当然のことながら存続会社の新株予約権者には買取請求権はない。
□2項：新株予約権と社債の不可分一体性を示す規定。但書の「別段の定め」は、238条1項7号を参照。
□3～10項：手続は反対株主の株式買取請求手続と同様。cf.785条3～9項。

（新株予約権の価格の決定等）
第788条　新株予約権買取請求があった場合において，新株予約権（当該新株予約権が新株予約権付社債に付されたものである場合において，当該新株予約権付社債についての社債の買取りの請求があったときは，当該社債を含む。以下この条において同じ。）の価格の決定について，新株予約権者と消滅株式会社等（吸収合併をする場合における効力発生日後にあっては，吸収合併存続会社。以下この条において同じ。）との間に協議が調ったときは，消滅株式会社等は，効力発生日から60日以内にその支払をしなければならない。
2　新株予約権の価格の決定について，効力発生日から30日以内に協議が調わないときは，新株予約権者又は消滅株式会社等は，その期間の満了の日後30日以内に，裁判所に対し，価格の決定の申立てをすることができる。
3　前条第8項の規定にかかわらず，前項に規定する場合において，効力発生日から60日以内に同項の申立てがないときは，その期間の満了後は，新株予約権者は，いつでも，新株予約権買取請求を撤回することができる。
4　消滅株式会社等は，裁判所の決定した価格に対する第1項の期間の満了の日後の法定利率による利息をも支払わなければならない。
5　消滅株式会社等は，新株予約権の価格の決定があるまでは，新株予約権者に対し，当該消滅株式会社等が公正な価格と認める額を支払うことができる。
6　新株予約権買取請求に係る新株予約権の買取りは，効力発生日に，その効力を生ずる。
7　消滅株式会社等は，新株予約権証券が発行されている新株予約権について新株予約権買取請求があったときは，新株予約権証券と引換えに，その新株予約権買取請求に係る新株予約権の代金を支払わなければならない。
8　消滅株式会社等は，新株予約権付社債券が発行されている新株予約権付社債に付された新株予約権について新株予約権買取請求があったときは，新株予約権付社債券と引換えに，その新株予約権買取請求に係る新株予約権の代金を支払わなければならない。

POINT　那《7》覇《8》は《8》予約券（＝**予約権**）**価格**安すぎる

□反対株主の株式買取価格決定手続につき同様の法文あり。cf.786条。
□2項：申立てにより裁判所が行う価格決定の手続に審問期日の開催と陳述聴取が義務付けられることにつき、117条コメント1つ目および870条2項2号を参照。

（債権者の異議）
第789条　次の各号に掲げる場合には，当該各号に定める債権者は，消滅株式会社等に対し，吸収合併等について異議を述べることができる。
①　吸収合併をする場合　吸収合併消滅株式会社の債権者
②　吸収分割をする場合　吸収分割後吸収分割株式会社に対して債務の履行（当該債務の保証人として吸収分割承継会社と連帯して負担する保証債務の履行を含む。）を請求することができない吸収分割株式会社の債権者（第758条第8号又は第760条第7号に掲げる事項についての定めがある場合にあっては，吸収分割株式会社の債権者）
③　株式交換契約新株予約権が新株予約権付社債に付された新株予約権である場合　当該新株予約権付社債についての社債権者
2　前項の規定により消滅株式会社等の債権者の全部又は一部が異議を述べることができる場合には，消滅株式会社等は，次に掲げる事項を官報に公告し，かつ，知れている債権者（同項の規定により異議を述べることができるものに限る。）には，各別にこれを催告しなければならない。ただし，第4号の期間は，1箇月を下ることができない。
①　吸収合併等をする旨
②　存続会社等の商号及び住所
③　消滅株式会社等及び存続会社等（株式会社に限る。）の計算書類に関する事項として法務省令で定めるもの
④　債権者が一定の期間内に異議を述べることができる旨
3　前項の規定にかかわらず，消滅株式会社等が同項の規定による公告を，官報のほか，第939条第1項の規定による定款の定めに従い，同項第2号又は第3号に掲げる公告方法によりするときは，前項の規定による各別の催告（吸収分割をする場合における不法行為によって生じた吸収分割株式会社の債務の債権者に対するものを除く。）は，することを要しない。
4　債権者が第2項第4号の期間内に異議を述べなかったときは，当該債権者は，当該吸収合併等について承認をしたものとみなす。
5　債権者が第2項第4号の期間内に異議を述べたときは，消滅株式会社等は，当該債権者に対し，弁済し，若しくは相当の担保を提供し，又は当該債権者に弁済を受けさせることを目的として信託会社等に相当の財産を信託しなければならない。ただし，当該吸収合併等をしても当該債権者を害するおそれがないときは，この限りでない。

POINT

那《7》覇《8》で狂《9》う、意義（＝異議）ある
九州（＝吸収）債権者のツアー

□債務者の合併は債務の返済可能性に重大な影響を与えることがありうるため、消滅会社の債権者に異議を述べさせ、所定の保護を受けさせる趣旨。

□1項2号1つ目かっこ書：従来と異なり、分割会社が連帯保証する保証債務の場合でも「債務の履行」に含まれると明記された。つまりこの場合は、債権者は異議を述べることができない。

□1項2号2つ目かっこ書：実質的な人的分割を行う場合。これらの場合、すべての債権者は異議を述べうる。

□1項3号：従来、株式交換・株式移転では、債権者保護規定が置かれていなかった。なぜなら完全子会社となる会社の債権者にとれば株式交換は株主が変更するだけで特に不利益がないと考えられたから。しかし、新株予約権付社債が承継されることになって（768条1項4号ハ）社債権者保護の必要があるので異議手続が認められる。株式移転については810条1項3号。また、完全親会社の債権者の保護規定につき799条1項3号。

□2項本文：異議を述べうる債権者が存在しないなら、債権者保護手続をとる必要がないことを明示（「債権者の全部又は一部が異議を述べることができる場合には」）。

□2項3号：「法務省令」＝施規188条。

□3項：日刊新聞紙または電子公告（939条1項2・3号）で公告する場合は各別に催告（2項）しなくてよい。株主の多い会社では、こちらのほうがより多く選択されるであろう。

□3項かっこ書：不法行為の被害者（いわゆる非任意債権者）が知らないうちに、加害会社が会社分割により損害賠償債務を承継会社に移転させ、責任を免れてしまうという事態が発生するのを防ぐ趣旨。

（吸収合併等の効力発生日の変更）

第790条　消滅株式会社等は，存続会社等との合意により，効力発生日を変更することができる。

2　前項の場合には，消滅株式会社等は，変更前の効力発生日（変更後の効力発生日が変更前の効力発生日前の日である場合にあっては，当該変更後の効力発生日）の前日までに，変更後の効力発生日を公告しなければならない。

3　第1項の規定により効力発生日を変更したときは，変更後の効力発生日を効力発生日とみなして，この節並びに第750条，第752条，第759条，第761条，第769条及び第771条の規定を適用する。

POINT

泣《7》く《9》ぜ《0》、九州（＝吸収）で出発日（＝効力発生日）変更

□従来は、実質的意味の合併は合併期日に行われるが、法的には合併登記の日に合併の効力が発生するとされていたが、合併契約で定める効力発生日に両者を統一し、合併期日の概念を撤廃した。契約で定めるのであるから、変更も当事会社の合意でできる。cf.749条1項6号、750条1・2項。

（吸収分割又は株式交換に関する書面等の備置き及び閲覧等）

第791条　吸収分割株式会社又は株式交換完全子会社は，効力発生日後遅滞なく，吸収分割承継会社又は株式交換完全親会社と共同して，次の各号に掲げる区分に応じ，当該各号に定めるものを作成しなければならない。

①　吸収分割株式会社　吸収分割により吸収分割承継会社が承継した吸収分割株式会社の権利義務その他の吸収分割に関する事項として法務省令で定める事項を記載し，又は記録した書面又は電磁的記録

②　株式交換完全子会社　株式交換により株式交換完全親会社が取得した株式交換完全子会社の株式の数その他の株式交換に関する事項として法務省令で定める事項を記載し，又は記録した書面又は電磁的記録

2　吸収分割株式会社又は株式交換完全子会社は，効力発生日から6箇月間，前項各号の書面又は電磁的記録をその本店に備え置かなければならない。

3　吸収分割株式会社の株主，債権者その他の利害関係人は，吸収分割株式会社に対して，その営業時間内は，いつでも，次に掲げる請求をすることができる。ただし，第2号又は第4号に掲げる請求をするには，当該吸収分割株式会社の定めた費用を支払わなければならない。

①　前項の書面の閲覧の請求

②　前項の書面の謄本又は抄本の交付の請求

③　前項の電磁的記録に記録された事項を法務省令で定める方法により表示したものの閲覧の請求

④　前項の電磁的記録に記録された事項を電磁的方法であって吸収分割株式会社の定めたものにより提供することの請求又はその事項を記載した書面の交付の請求

4　前項の規定は，株式交換完全子会社について準用する。この場合において，同項中「吸収分割株式会社の株主，債権者その他の利害関係人」とあるのは，「効力発生日に株式交換完全子会社の株主又は新株予約権者であった者」と読み替えるものとする。

POINT

泣《7》く《9》人《1》と、九州（＝**吸収**）で分（＝**分割**）かれ、
交換（＝**株式交換**）の、
書（＝**書面**）をのちにこそ、さめざめ**閲覧**

□吸収分割、株式交換に関する事後の開示のため。なお、事前の開示については782・794条。

□1項1号：「法務省令」＝施規189条。

□1項2号：「法務省令」＝施規190条。

□3項3号：「法務省令」＝施規226条35号（紙面か映像面で表示）。

（剰余金の配当等に関する特則）

第792条　第445条第4項，第458条及び第2編第5章第6節の規定は，次に掲げる行為につい

ては，適用しない。
① 第758条第8号イ又は第760条第7号イの株式の取得
② 第758条第8号ロ又は第760条第7号ロの剰余金の配当

POINT 泣《7》く《9》に《2》およばず、**人的分割自由**にできる

□分割後に分配可能限度額がなくなると分割会社の株主に財産を分配できなくなってしまうため、特則を設けた。458条は純資産額300万円未満の場合の財源規制規定。第2編第5章第6節（461～465条）は配当規制の規定。

第2目　持分会社の手続

（吸収合併契約等についての同意）
第793条　次に掲げる行為をする持分会社は，効力発生日の前日までに，吸収合併契約等について当該持分会社の総社員の同意を得なければならない。ただし，定款に別段の定めがある場合は，この限りでない。
① 吸収合併（吸収合併により当該持分会社が消滅する場合に限る。）
② 吸収分割（当該持分会社（合同会社に限る。）がその事業に関して有する権利義務の全部を他の会社に承継させる場合に限る。）
2　第789条（第1項第3号及び第2項第3号を除く。）及び第790条の規定は，吸収合併消滅持分会社又は合同会社である吸収分割会社（以下この節において「吸収分割合同会社」という。）について準用する。この場合において，第789条第1項第2号中「債権者（第758条第8号又は第760条第7号に掲げる事項についての定めがある場合にあっては，吸収分割株式会社の債権者）」とあるのは「債権者」と，同条第3項中「消滅株式会社等」とあるのは「吸収合併消滅持分会社（吸収合併存続会社が株式会社又は合同会社である場合にあっては，合同会社に限る。）又は吸収分割合同会社」と読み替えるものとする。

POINT 七《7》草《93》がゆで新年の**（吸収）合併**祝う、**（持分会社の）総社員**

第2款　吸収合併存続会社、吸収分割承継会社及び株式交換完全親会社の手続

第1目　株式会社の手続

（吸収合併契約等に関する書面等の備置き及び閲覧等）
第794条　吸収合併存続株式会社，吸収分割承継株式会社又は株式交換完全親株式会社（以下この目において「存続株式会社等」という。）は，吸収合併契約等備置開始日から効力発生日後6箇月を経過する日までの間，吸収合併契約等の内容その他法務省令で定める事項を記載し，又は記録した書面又は電磁的記録をその本店に備え置かなければならない。
2　前項に規定する「吸収合併契約等備置開始日」とは，次に掲げる日のいずれか早い日をいう。
① 吸収合併契約等について株主総会（種類株主総会を含む。）の決議によってその承認を受け

なければならないときは，当該株主総会の日の2週間前の日（第319条第1項の場合にあっては，同項の提案があった日）
② 第797条第3項の規定による通知の日又は同条第4項の公告の日のいずれか早い日
③ 第799条の規定による手続をしなければならないときは，同条第2項の規定による公告の日又は同項の規定による催告の日のいずれか早い日
3 存続株式会社等の株主及び債権者（株式交換完全子会社の株主に対して交付する金銭等が株式交換完全親株式会社の株式その他これに準ずるものとして法務省令で定めるもののみである場合（第768条第1項第4号ハに規定する場合を除く。）にあっては，株主）は，存続株式会社等に対して，その営業時間内は，いつでも，次に掲げる請求をすることができる。ただし，第2号又は第4号に掲げる請求をするには，当該存続株式会社等の定めた費用を支払わなければならない。
① 第1項の書面の閲覧の請求
② 第1項の書面の謄本又は抄本の交付の請求
③ 第1項の電磁的記録に記録された事項を法務省令で定める方法により表示したものの閲覧の請求
④ 第1項の電磁的記録に記録された事項を電磁的方法であって存続株式会社等の定めたものにより提供することの請求又はその事項を記載した書面の交付の請求

POINT

九州(=**吸収**)で、亡くし《794》た尊属(=**存続**)の
遺書(=**書面**)墓前に供(=**備**)える

□合併消滅会社での事前の情報開示につき同様の法文あり。cf.782条。
□1項：吸収合併契約等備置開始日の内容は2項に規定。「法務省令」＝吸収合併存続会社につき施規191条、吸収分割承継会社につき施規192条、株式交換完全親会社につき施規193条。
□3項：柱書の「法務省令」＝施規194条、3号「法務省令」＝施規226条36号（紙面か映像面で表示）。

（吸収合併契約等の承認等）
第795条 存続株式会社等は，効力発生日の前日までに，株主総会の決議によって，吸収合併契約等の承認を受けなければならない。
2 次に掲げる場合には，取締役は，前項の株主総会において，その旨を説明しなければならない。
① 吸収合併存続株式会社又は吸収分割承継株式会社が承継する吸収合併消滅会社又は吸収分割会社の債務の額として法務省令で定める額（次号において「承継債務額」という。）が吸収合併存続株式会社又は吸収分割承継株式会社が承継する吸収合併消滅会社又は吸収分割会社の資産の額として法務省令で定める額（同号において「承継資産額」という。）を超える場合
② 吸収合併存続株式会社又は吸収分割承継株式会社が吸収合併消滅株式会社の株主，吸収合併消滅持分会社の社員又は吸収分割会社に対して交付する金銭等（吸収合併存続株式会社又は吸収分割承継株式会社の株式等を除く。）の帳簿価額が承継資産額から承継債務額を控除して得た額を超える場合
③ 株式交換完全親株式会社が株式交換完全子会社の株主に対して交付する金銭等（株式交換完

全親株式会社の株式等を除く。）の帳簿価額が株式交換完全親株式会社が取得する株式交換完全子会社の株式の額として法務省令で定める額を超える場合

3　承継する吸収合併消滅会社又は吸収分割会社の資産に吸収合併存続株式会社又は吸収分割承継株式会社の株式が含まれる場合には，取締役は，第1項の株主総会において，当該株式に関する事項を説明しなければならない。

4　存続株式会社等が種類株式発行会社である場合において，次の各号に掲げる場合には，吸収合併等は，当該各号に定める種類の株式（譲渡制限株式であって，第199条第4項の定款の定めがないものに限る。）の種類株主を構成員とする種類株主総会（当該種類株主に係る株式の種類が2以上ある場合にあっては，当該2以上の株式の種類別に区分された種類株主を構成員とする各種類株主総会）の決議がなければ，その効力を生じない。ただし，当該種類株主総会において議決権を行使することができる株主が存しない場合は，この限りでない。

①　吸収合併消滅株式会社の株主又は吸収合併消滅持分会社の社員に対して交付する金銭等が吸収合併存続株式会社の株式である場合　第749条第1項第2号イの種類の株式

②　吸収分割会社に対して交付する金銭等が吸収分割承継株式会社の株式である場合　第758条第4号イの種類の株式

③　株式交換完全子会社の株主に対して交付する金銭等が株式交換完全親株式会社の株式である場合　第768条第1項第2号イの種類の株式

POINT

泣《7》く《9》子《5》の尊属（=**存続**）、
実は九州（=**吸収**）の偉い上人（=**承認**）

□1項：株主総会の決議は特別決議（309条2項12号）か特殊決議（309条3項2号）。

□2項：差損の出る場合の存続会社側取締役の株主総会における説明義務を定めた規定。企業結合会計基準が厳格化されたため、差損の発生が不可避となってしまう。そこで差損が生じる組織再編行為を認めた上で適切な開示を行わせ、株主総会の承認を得ることを求めることにした。本項1・3号の「法務省令」＝施規195条。

□3項：従来明文のなかった存続会社の合併に伴う自己株式取得の場合に、自己株式取得の手続（156条2項、155条11・12号）をとる必要がなく、財源規制（461条）もないことを明記するとともに、その代わり、株主総会での適切な開示（取締役の説明）を義務づけた規定。

□4項：各号とも種類株主総会の特別決議が必要。cf.324条2項6号、324条2項4号、322条1項7～9号11・12号。

（吸収合併契約等の承認を要しない場合等）

第796条　前条第1項から第3項までの規定は，吸収合併消滅会社，吸収分割会社又は株式交換完全子会社（以下この目において「消滅会社等」という。）が存続株式会社等の特別支配会社である場合には，適用しない。ただし，吸収合併消滅株式会社若しくは株式交換完全子会社の株主，吸収合併消滅持分会社の社員又は吸収分割会社に対して交付する金銭等の全部又は一部が存続株式会社等の譲渡制限株式である場合であって，存続株式会社等が公開会社でないときは，この限

りでない。

2　前条第1項から第3項までの規定は，第1号に掲げる額の第2号に掲げる額に対する割合が5分の1（これを下回る割合を存続株式会社等の定款で定めた場合にあっては，その割合）を超えない場合には，適用しない。ただし，同条第2項各号に掲げる場合又は前項ただし書に規定する場合は，この限りでない。

①　次に掲げる額の合計額

イ　吸収合併消滅株式会社若しくは株式交換完全子会社の株主，吸収合併消滅持分会社の社員又は吸収分割会社（以下この号において「消滅会社等の株主等」という。）に対して交付する存続株式会社等の株式の数に1株当たり純資産額を乗じて得た額

ロ　消滅会社等の株主等に対して交付する存続株式会社等の社債，新株予約権又は新株予約権付社債の帳簿価額の合計額

ハ　消滅会社等の株主等に対して交付する存続株式会社等の株式等以外の財産の帳簿価額の合計額

②　存続株式会社等の純資産額として法務省令で定める方法により算定される額

3　前項本文に規定する場合において，法務省令で定める数の株式（前条第1項の株主総会において議決権を行使することができるものに限る。）を有する株主が第797条第3項の規定による通知又は同条第4項の公告の日から2週間以内に吸収合併等に反対する旨を存続株式会社等に対し通知したときは，当該存続株式会社等は，効力発生日の前日までに，株主総会の決議によって，吸収合併契約等の承認を受けなければならない。

POINT

殴《79》ろ《6》う九州（＝**吸収**）の尊属（＝**存続**）に
カジュアル（**簡易・略式**）な口きくなら

□1項：略式組織再編の規定。784条1項と逆に、消滅会社等の側が存続会社等の特別支配会社である場合の、存続会社における手続規定。この場合でもやはり株主総会特別決議は当然に成立するから総会を開催する必要がないため。略式事業譲渡（受）とも同じ趣旨。468条1項の解説を参照のこと。消滅会社等の側の略式組織再編、簡易組織再編について784条参照。

□1項但書：存続会社の株式に譲渡制限がある場合、その譲渡制限株式を交付することによって存続会社における既存の株主の利益を害する恐れがあるので、例外として株主総会決議が必要。

□2項柱書：簡易組織再編に関する規定。株主総会決議を必要としない資産の基準が従来は20分の1基準であったが、5分の1に緩和された（本文）。ただし、差損（前条2項各号）が生じる場合または消滅会社等の株主に存続会社等の譲渡制限株式が交付される場合には総会決議を省略できない（但書）。

□2項1号イ：1株あたりの純資産額の内容は141条2項、施規25条を参照。

□2項2号：「法務省令」＝施規196条。

□3項：株主に対する通知・公告（797条3・4項）の日から2週間以内に「法務省令」＝施規197条で定める数の株式を有する株主が反対の旨を通知したとき総会決議が必要となる。株主総会決議が省略される場合でも、反対株主の買取請求権あり。cf.797条。

（吸収合併等をやめることの請求）

第796条の2　次に掲げる場合において，存続株式会社等の株主が不利益を受けるおそれがあるときは，存続株式会社等の株主は，存続株式会社等に対し，吸収合併等をやめることを請求することができる。ただし，前条第2項本文に規定する場合（第795条第2項各号に掲げる場合及び前条第1項ただし書又は第3項に規定する場合を除く。）は，この限りでない。

① 当該吸収合併等が法令又は定款に違反する場合

② 前条第1項本文に規定する場合において，第749条第1項第2号若しくは第3号，第758条第4号又は第768条第1項第2号若しくは第3号に掲げる事項が存続株式会社等又は消滅会社等の財産の状況その他の事情に照らして著しく不当であるとき。

□平成26年改正。組織再編全般における存続会社等の株主の差止請求規定。cf.784条の2。

（反対株主の株式買取請求）

第797条　第797条　吸収合併等をする場合には，反対株主は，存続株式会社等に対し，自己の有する株式を公正な価格で買い取ることを請求することができる。ただし，第796条第2項本文に規定する場合（第795条第2項各号に掲げる場合及び第796条第1項ただし書又は第3項に規定する場合を除く。）は，この限りでない。

2　前項に規定する「反対株主」とは，次の各号に掲げる場合における当該各号に定める株主をいう。

① 吸収合併等をするために株主総会（種類株主総会を含む。）の決議を要する場合　次に掲げる株主

イ　当該株主総会に先立って当該吸収合併等に反対する旨を当該存続株式会社等に対し通知し，かつ，当該株主総会において当該吸収合併等に反対した株主（当該株主総会において議決権を行使することができるものに限る。）

ロ　当該株主総会において議決権を行使することができない株主

② 前号に規定する場合以外の場合　全ての株主（第796条第1項本文に規定する場合における当該特別支配会社を除く。）

3　存続株式会社等は，効力発生日の20日前までに，その株主（第796条第1項本文に規定する場合における当該特別支配会社を除く。）に対し，吸収合併等をする旨並びに消滅会社等の商号及び住所（第795条第3項に規定する場合にあっては，吸収合併等をする旨，消滅会社等の商号及び住所並びに同項の株式に関する事項）を通知しなければならない。

4　次に掲げる場合には，前項の規定による通知は，公告をもってこれに代えることができる。

① 存続株式会社等が公開会社である場合

② 存続株式会社等が第795条第1項の株主総会の決議によって吸収合併契約等の承認を受けた場合

5　第1項の規定による請求（以下この目において「株式買取請求」という。）は，効力発生日の20日前の日から効力発生日の前日までの間に，その株式買取請求に係る株式の数（種類株式発行会社にあっては，株式の種類及び種類ごとの数）を明らかにしてしなければならない。

6　株券が発行されている株式について株式買取請求をしようとするときは，当該株式の株主は，存続株式会社等に対し，当該株式に係る株券を提出しなければならない。ただし，当該株券について第223条の規定による請求をした者については，この限りでない。

7　株式買取請求をした株主は，存続株式会社等の承諾を得た場合に限り，その株式買取請求を撤回することができる。

8　吸収合併等を中止したときは，株式買取請求は，その効力を失う。

9　第133条の規定は，株式買取請求に係る株式については，適用しない。

POINT

泣《7》く《9》な《7》孫よ、九州（＝**吸収**）みやげ
尊属（＝**存続**）**買**ってやる

□消滅会社側反対株主の買取請求につき同様の法文あり。cf.785条。

□1項：「公正な価格」につき785条1項を参照のこと。

（株式の価格の決定等）

第798条　株式買取請求があった場合において，株式の価格の決定について，株主と存続株式会社等との間に協議が調ったときは，存続株式会社等は，効力発生日から60日以内にその支払をしなければならない。

2　株式の価格の決定について，効力発生日から30日以内に協議が調わないときは，株主又は存続株式会社等は，その期間の満了の日後30日以内に，裁判所に対し，価格の決定の申立てをすることができる。

3　前条第7項の規定にかかわらず，前項に規定する場合において，効力発生日から60日以内に同項の申立てがないときは，その期間の満了後は，株主は，いつでも，株式買取請求を撤回することができる。

4　存続株式会社等は，裁判所の決定した価格に対する第1項の期間の満了の日後の年6分の利率により算定した利息をも支払わなければならない。

5　存続株式会社等は，株式の価格の決定があるまでは，株主に対し，当該存続株式会社等が公正な価格と認める額を支払うことができる。

6　株式買取請求に係る株式の買取りは，効力発生日に，その効力を生ずる。

7　株券発行会社は，株券が発行されている株式について株式買取請求があったときは，株券と引換えに，その株式買取請求に係る株式の代金を支払わなければならない。

POINT

泣《7》く《9》ば《8》かりの孫あやし、九州（＝**吸収**）みやげの**価格**、
尊属（＝**存続**）が交渉

□消滅会社につき同様の法文あり。cf.786条（ただし5項を除く）。

□2項：申立てにより裁判所が行う価格決定の手続に審問期日の開催と陳述聴取が義務付けられたことにつき、117条コメント1つ目および870条2項2号を参照。

□5項：買取代金仮払い制。117条5項のコメント参照。

（債権者の異議）

第799条　次の各号に掲げる場合には，当該各号に定める債権者は，存続株式会社等に対し，吸収合併等について異議を述べることができる。

①　吸収合併をする場合　吸収合併存続株式会社の債権者

②　吸収分割をする場合　吸収分割承継株式会社の債権者

③　株式交換をする場合において，株式交換完全子会社の株主に対して交付する金銭等が株式交

換完全親株式会社の株式その他これに準ずるものとして法務省令で定めるもののみである場合以外の場合又は第768条第1項第4号ハに規定する場合　株式交換完全親株式会社の債権者

2　前項の規定により存続株式会社等の債権者が異議を述べることができる場合には，存続株式会社等は，次に掲げる事項を官報に公告し，かつ，知れている債権者には，各別にこれを催告しなければならない。ただし，第4号の期間は，1箇月を下ることができない。

①　吸収合併等をする旨

②　消滅会社等の商号及び住所

③　存続株式会社等及び消滅会社等（株式会社に限る。）の計算書類に関する事項として法務省令で定めるもの

④　債権者が一定の期間内に異議を述べることができる旨

3　前項の規定にかかわらず，存続株式会社等が同項の規定による公告を，官報のほか，第939条第1項の規定による定款の定めに従い，同項第2号又は第3号に掲げる公告方法によりするときは，前項の規定による各別の催告は，することを要しない。

4　債権者が第2項第4号の期間内に異議を述べなかったときは，当該債権者は，当該吸収合併等について承認をしたものとみなす。

5　債権者が第2項第4号の期間内に異議を述べたときは，存続株式会社等は，当該債権者に対し，弁済し，若しくは相当の担保を提供し，又は当該債権者に弁済を受けさせることを目的として信託会社等に相当の財産を信託しなければならない。ただし，当該吸収合併等をしても当該債権者を害するおそれがないときは，この限りでない。

POINT

「殴《79》ってく《9》れたな孫を!」と抗議（＝**異議**）、
九州（＝**吸収**）の尊属（＝**存続**）

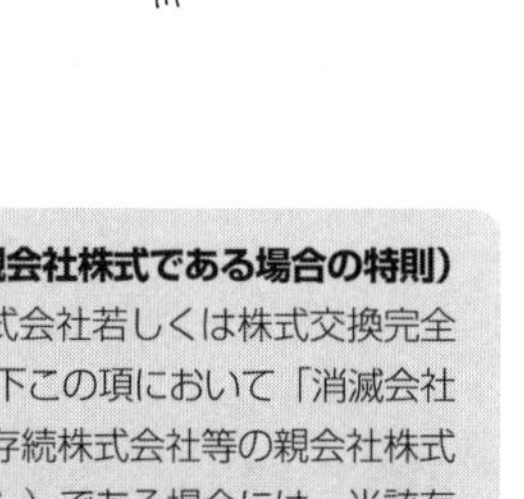

□1項3号：「株式交換完全子会社の株主に交付する金銭等が完全親会社の株式その他これに準じるものとして法務省令＝施規198条で定めるもののみである場合」は資産流出や負債流入がなく、完全親会社の債権者を害する恐れがない。それ以外の場合には債権者を害する恐れがあるので保護手続が定められた。新株予約権付社債を完全親会社が承継する場合（768条1項4号ハ）も同様。

□2項3号：「法務省令」＝施規199条。

（消滅会社等の株主等に対して交付する金銭等が存続株式会社等の親会社株式である場合の特則）

第800条　第135条第1項の規定にかかわらず，吸収合併消滅株式会社若しくは株式交換完全子会社の株主，吸収合併消滅持分会社の社員又は吸収分割会社（以下この項において「消滅会社等の株主等」という。）に対して交付する金銭等の全部又は一部が存続株式会社等の親会社株式（同条第1項に規定する親会社株式をいう。以下この条において同じ。）である場合には，当該存続株式会社等は，吸収合併等に際して消滅会社等の株主等に対して交付する当該親会社株式の総数を超えない範囲において当該親会社株式を取得することができる。

2　第135条第3項の規定にかかわらず，前項の存続株式会社等は，効力発生日までの間は，存続株式会社等の親会社株式を保有することができる。ただし，吸収合併等を中止したときは，この限りでない。

POINT

晴れ渡《800》る九州（=**吸収**）で、
尊属（=**存続**）
三角（=**三角合併**）おむすびの**用意**

（吸収合併等に関する書面等の備置き及び閲覧等）

第801条　吸収合併存続株式会社は，効力発生日後遅滞なく，吸収合併により吸収合併存続株式会社が承継した吸収合併消滅会社の権利義務その他の吸収合併に関する事項として法務省令で定める事項を記載し，又は記録した書面又は電磁的記録を作成しなければならない。

2　吸収分割承継株式会社（合同会社が吸収分割をする場合における当該吸収分割承継株式会社に限る。）は，効力発生日後遅滞なく，吸収分割合同会社と共同して，吸収分割により吸収分割承継株式会社が承継した吸収分割合同会社の権利義務その他の吸収分割に関する事項として法務省令で定める事項を記載し，又は記録した書面又は電磁的記録を作成しなければならない。

3　次の各号に掲げる存続株式会社等は，効力発生日から6箇月間，当該各号に定めるものをその本店に備え置かなければならない。

①　吸収合併存続株式会社　第1項の書面又は電磁的記録

②　吸収分割承継株式会社　前項又は第791条第1項第1号の書面又は電磁的記録

③　株式交換完全親株式会社　第791条第1項第2号の書面又は電磁的記録

4　吸収合併存続株式会社の株主及び債権者は，吸収合併存続株式会社に対して，その営業時間内は，いつでも，次に掲げる請求をすることができる。ただし，第2号又は第4号に掲げる請求をするには，当該吸収合併存続株式会社の定めた費用を支払わなければならない。

①　前項第1号の書面の閲覧の請求

②　前項第1号の書面の謄本又は抄本の交付の請求

③　前項第1号の電磁的記録に記録された事項を法務省令で定める方法により表示したものの閲覧の請求

④　前項第1号の電磁的記録に記録された事項を電磁的方法であって吸収合併存続株式会社の定めたものにより提供することの請求又はその事項を記載した書面の交付の請求

5　前項の規定は，吸収分割承継株式会社について準用する。この場合において，同項中「株主及び債権者」とあるのは「株主，債権者その他の利害関係人」と，同項各号中「前項第1号」とあるのは「前項第2号」と読み替えるものとする。

6　第4項の規定は，株式交換完全親株式会社について準用する。この場合において，同項中「株主及び債権者」とあるのは「株主及び債権者（株式交換完全子会社の株主に対して交付する金銭等が株式交換完全親株式会社の株式その他これに準ずるものとして法務省令で定めるもののみである場合（第768条第1項第4号ハに規定する場合を除く。）にあっては，株式交換完全親株式会社の株主）」と，同項各号中「前項第1号」とあるのは「前項第3号」と読み替えるものとする。

POINT

ハワイ《801》で**事後**さめざめ**閲覧**、
九州（=**吸収**）の尊属（=**存続**）**の書**

□合併等を争おうとする株主や債権者に判断材料を提供させる趣旨。吸収分割会社等につき同様の法文あり。cf.791条（どちらも事後開示の規定）。

□吸収合併無効の訴えにつき828条1項7号2項7号。被告は吸収合併後存続する会社。cf.834条7号）
□1項：「法務省令」＝施規200条。
□2項：「法務省令」＝施規201条。
□4項3号：「法務省令」＝施規226条37号（紙面か映像面で表示）。
□6項：「法務省令」＝施規202条。

第2目　持分会社の手続

（吸収合併契約等についての同意）
第802条　次の各号に掲げる行為をする持分会社（以下この条において「存続持分会社等」という。）は，当該各号に定める場合には，効力発生日の前日までに，吸収合併契約等について存続持分会社等の総社員の同意を得なければならない。ただし，定款に別段の定めがある場合は，この限りでない。
①　吸収合併（吸収合併により当該持分会社が存続する場合に限る。）　第751条第1項第2号に規定する場合
②　吸収分割による他の会社がその事業に関して有する権利義務の全部又は一部の承継　第760条第4号に規定する場合
③　株式交換による株式会社の発行済株式の全部の取得　第770条第1項第2号に規定する場合
2　第799条（第2項第3号を除く。）及び第800条の規定は，存続持分会社等について準用する。この場合において，第799条第1項第3号中「株式交換完全親株式会社の株式」とあるのは「株式交換完全親合同会社の持分」と，「場合又は第768条第1項第4号ハに規定する場合」とあるのは「場合」と読み替えるものとする。

□2項：準用する799条1項3号の「法務省令」＝施規203条。

第3節　新設合併等の手続

第1款　新設合併消滅会社、新設分割会社及び株式移転完全子会社の手続

第1目　株式会社の手続

（新設合併契約等に関する書面等の備置き及び閲覧等）
第803条　次の各号に掲げる株式会社（以下この目において「消滅株式会社等」という。）は，新設合併契約等備置開始日から新設合併設立会社，新設分割設立会社又は株式移転設立完全親会社（以下この目において「設立会社」という。）の成立の日後6箇月を経過する日（新設合併消滅株式会社にあっては，新設合併設立会社の成立の日）までの間，当該各号に定めるもの（以下この節において「新設合併契約等」という。）の内容その他法務省令で定める事項を記載し，又は記録した書面又は電磁的記録をその本店に備え置かなければならない。
①　新設合併消滅株式会社　新設合併契約
②　新設分割株式会社　新設分割計画

③　株式移転完全子会社　株式移転計画
2　前項に規定する「新設合併契約等備置開始日」とは，次に掲げる日のいずれか早い日をいう。
①　新設合併契約等について株主総会（種類株主総会を含む。）の決議によってその承認を受けなければならないときは，当該株主総会の日の2週間前の日（第319条第1項の場合にあっては，同項の提案があった日）
②　第806条第3項の規定による通知を受けるべき株主があるときは，同項の規定による通知の日又は同条第4項の公告の日のいずれか早い日
③　第808条第3項の規定による通知を受けるべき新株予約権者があるときは，同項の規定による通知の日又は同条第4項の公告の日のいずれか早い日
④　第810条の規定による手続をしなければならないときは，同条第2項の規定による公告の日又は同項の規定による催告の日のいずれか早い日
⑤　前各号に規定する場合以外の場合には，新設分割計画の作成の日から2週間を経過した日
3　消滅株式会社等の株主及び債権者（株式移転完全子会社にあっては，株主及び新株予約権者）は，消滅株式会社等に対して，その営業時間内は，いつでも，次に掲げる請求をすることができる。ただし，第2号又は第4号に掲げる請求をするには，当該消滅株式会社等の定めた費用を支払わなければならない。
①　第1項の書面の閲覧の請求
②　第1項の書面の謄本又は抄本の交付の請求
③　第1項の電磁的記録に記録された事項を法務省令で定める方法により表示したものの閲覧の請求
④　第1項の電磁的記録に記録された事項を電磁的方法であって消滅株式会社等の定めたものにより提供することの請求又はその事項を記載した書面の交付の請求

POINT

晴《8》れ《0》てさ《3》っと消(=**消滅**)え**閲覧**ムリ、
新雪(=**新設**)に書いた**契約書**

□1項：新設合併契約等備置き開始日の内容は2項に規定。「法務省令」＝1号の会社につき施規204条、2号の会社につき施規205条、3号の会社につき施規206条。
□3項3号：「法務省令」＝施規226条38号（紙面か映像面で表示）。

（新設合併契約等の承認）
第804条　消滅株式会社等は，株主総会の決議によって，新設合併契約等の承認を受けなければならない。
2　前項の規定にかかわらず，新設合併設立会社が持分会社である場合には，新設合併契約について新設合併消滅株式会社の総株主の同意を得なければならない。
3　新設合併消滅株式会社又は株式移転完全子会社が種類株式発行会社である場合において，新設合併消滅株式会社又は株式移転完全子会社の株主に対して交付する新設合併設立株式会社又は株式移転設立完全親会社の株式等の全部又は一部が譲渡制限株式等であるときは，当該新設合併又は株式移転は，当該譲渡制限株式等の割当てを受ける種類の株式（譲渡制限株式を除く。）の種類株主を構成員とする種類株主総会（当該種類株主に係る株式の種類が2以上ある場合にあっては，当該2以上の株式の種類別に区分された種類株主を構成員とする各種類株主総会）の決議

がなければ，その効力を生じない。ただし，当該種類株主総会において議決権を行使することができる株主が存しない場合は，この限りでない。
4　消滅株式会社等は，第1項の株主総会の決議の日（第2項に規定する場合にあっては，同項の総株主の同意を得た日）から2週間以内に，その登録株式質権者（次条に規定する場合における登録株式質権者を除く。）及び第808条第3項各号に定める新株予約権の登録新株予約権質権者に対し，新設合併，新設分割又は株式移転（以下この節において「新設合併等」という。）をする旨を通知しなければならない。
5　前項の規定による通知は，公告をもってこれに代えることができる。

POINT

は《8》まる《0》よ《4》新雪(=**新設**)に!
ケツ(=**決議**)から消(=**消滅**)える

□1項：株主総会の決議は特別決議または特殊決議（309条2項12号・同条3項）。
□3項：種類株主総会の決議は特殊決議。cf.324条3項2号。

（新設分割計画の承認を要しない場合）
第805条　前条第1項の規定は，新設分割により新設分割設立会社に承継させる資産の帳簿価額の合計額が新設分割株式会社の総資産額として法務省令で定める方法により算定される額の5分の1（これを下回る割合を新設分割株式会社の定款で定めた場合にあっては，その割合）を超えない場合には，適用しない。

POINT

新雪(=**新設**)には《8》まる《0》も五《5》分の一だけ、
簡易(=**簡易吸収合併等**)
スキーのおかげでね

□簡易吸収合併等につき同様の法文あり。cf.784条3項。
□「法務省令」＝施規207条。

（新設合併等をやめることの請求）
第805条の2　新設合併等が法令又は定款に違反する場合において，消滅株式会社等の株主が不利益を受けるおそれがあるときは，消滅株式会社等の株主は，消滅株式会社等に対し，当該新設合併等をやめることを請求することができる。ただし，前条に規定する場合は，この限りでない。

□本文：新設合併・新設分割・株式移転における消滅会社等の株主による差止請求規定（平成26年改正）。略式組織再編に関する制度が存在しないので784条の2第2号や796条の2第2号のように対価の不当性を要件としない。
□但書：簡易新設分割では株主への影響が軽微なため。

（反対株主の株式買取請求）

第806条　新設合併等をする場合（次に掲げる場合を除く。）には，反対株主は，消滅株式会社等に対し，自己の有する株式を公正な価格で買い取ることを請求することができる。

①　第804条第2項に規定する場合

②　第805条に規定する場合

2　前項に規定する「反対株主」とは，次に掲げる株主をいう。

①　第804条第1項の株主総会（新設合併等をするために種類株主総会の決議を要する場合にあっては，当該種類株主総会を含む。）に先立って当該新設合併等に反対する旨を当該消滅株式会社等に対し通知し，かつ，当該株主総会において当該新設合併等に反対した株主（当該株主総会において議決権を行使することができるものに限る。）

②　当該株主総会において議決権を行使することができない株主

3　消滅株式会社等は，第804条第1項の株主総会の決議の日から2週間以内に，その株主に対し，新設合併等をする旨並びに他の新設合併消滅会社，新設分割会社又は株式移転完全子会社（以下この節において「消滅会社等」という。）及び設立会社の商号及び住所を通知しなければならない。ただし，第1項各号に掲げる場合は，この限りでない。

4　前項の規定による通知は，公告をもってこれに代えることができる。

5　第1項の規定による請求（以下この目において「株式買取請求」という。）は，第3項の規定による通知又は前項の公告をした日から20日以内に，その株式買取請求に係る株式の数（種類株式発行会社にあっては，株式の種類及び種類ごとの数）を明らかにしてしなければならない。

6　株券が発行されている株式について株式買取請求をしようとするときは，当該株式の株主は，消滅株式会社等に対し，当該株式に係る株券を提出しなければならない。ただし，当該株券について第223条の規定による請求をした者については，この限りでない。

7　株式買取請求をした株主は，消滅株式会社等の承諾を得た場合に限り，その株式買取請求を撤回することができる。

8　新設合併等を中止したときは，株式買取請求は，その効力を失う。

9　第133条の規定は，株式買取請求に係る株式については，適用しない。

POINT

や《8》れ《0》向《6》こうの新雪（＝**新設**）から**株**出たぞ、
滅びる（＝**消滅**）前に**買い取れ**

□吸収合併等につき同様の法文あり。cf.785条。

□1項柱書き：「公正な価格」につき785条1項の解説を参照のこと。

（株式の価格の決定等）

第807条　株式買取請求があった場合において，株式の価格の決定について，株主と消滅株式会社等（新設合併をする場合における新設合併設立会社の成立の日後にあっては，新設合併設立会社。以下この条において同じ。）との間に協議が調ったときは，消滅株式会社等は，設立会社の成立の日から60日以内にその支払をしなければならない。

2　株式の価格の決定について，設立会社の成立の日から30日以内に協議が調わないときは，株主又は消滅株式会社等は，その期間の満了の日後30日以内に，裁判所に対し，価格の決定の申立てをすることができる。

3　前条第7項の規定にかかわらず，前項に規定する場合において，設立会社の成立の日から60日以内に同項の申立てがないときは，その期間の満了後は，株主は，いつでも，株式買取請求を撤回することができる。
4　消滅株式会社等は，裁判所の決定した価格に対する第1項の期間の満了の日後の年6分の利率により算定した利息をも支払わなければならない。
5　消滅株式会社等は，株式の価格の決定があるまでは，株主に対し，当該消滅株式会社等が公正な価格と認める額を支払うことができる。
6　株式買取請求に係る株式の買取りは，設立会社の成立の日に，その効力を生ずる。
7　株券発行会社は，株券が発行されている株式について株式買取請求があったときは，株券と引換えに，その株式買取請求に係る株式の代金を支払わなければならない。

POINT

晴《8》れ《0》な《7》ら新雪（＝新設）消（＝消滅）え、
競技（＝協議）もスムーズ

□2項：申立てにより裁判所が行う価格決定の手続に審問期日の開催と陳述聴取が義務付けられたことにつき、117条コメント1つ目および870条2項2号を参照。
□5項：買取代金仮払い制。117条5項のコメント参照。

（新株予約権買取請求）
第808条　次の各号に掲げる行為をする場合には，当該各号に定める消滅株式会社等の新株予約権の新株予約権者は，消滅株式会社等に対し，自己の有する新株予約権を公正な価格で買い取ることを請求することができる。
①　新設合併　第753条第1項第10号又は第11号に掲げる事項についての定めが第236条第1項第8号の条件（同号イに関するものに限る。）に合致する新株予約権以外の新株予約権
②　新設分割（新設分割設立会社が株式会社である場合に限る。）　次に掲げる新株予約権のうち，第763条第1項第10号又は第11号に掲げる事項についての定めが第236条第1項第8号の条件（同号ハに関するものに限る。）に合致する新株予約権以外の新株予約権
　イ　新設分割計画新株予約権
　ロ　新設分割計画新株予約権以外の新株予約権であって，新設分割をする場合において当該新株予約権の新株予約権者に新設分割設立株式会社の新株予約権を交付することとする旨の定めがあるもの
③　株式移転　次に掲げる新株予約権のうち，第773条第1項第9号又は第10号に掲げる事項についての定めが第236条第1項第8号の条件（同号ホに関するものに限る。）に合致する新株予約権以外の新株予約権
　イ　株式移転計画新株予約権
　ロ　株式移転計画新株予約権以外の新株予約権であって，株式移転をする場合において当該新株予約権の新株予約権者に株式移転設立完全親会社の新株予約権を交付することとする旨の定めがあるもの
2　新株予約権付社債に付された新株予約権の新株予約権者は，前項の規定による請求（以下この目において「新株予約権買取請求」という。）をするときは，併せて，新株予約権付社債についての社債を買い取ることを請求しなければならない。ただし，当該新株予約権付社債に付され

た新株予約権について別段の定めがある場合は，この限りでない。
3　次の各号に掲げる消滅株式会社等は，第804条第1項の株主総会の決議の日（同条第2項に規定する場合にあっては同項の総株主の同意を得た日，第805条に規定する場合にあっては新設分割計画の作成の日）から2週間以内に，当該各号に定める新株予約権の新株予約権者に対し，新設合併等をする旨並びに他の消滅会社等及び設立会社の商号及び住所を通知しなければならない。
①　新設合併消滅株式会社　全部の新株予約権
②　新設分割設立会社が株式会社である場合における新設分割株式会社　次に掲げる新株予約権
　イ　新設分割計画新株予約権
　ロ　新設分割計画新株予約権以外の新株予約権であって，新設分割をする場合において当該新株予約権の新株予約権者に新設分割設立株式会社の新株予約権を交付することとする旨の定めがあるもの
③　株式移転完全子会社　次に掲げる新株予約権
　イ　株式移転計画新株予約権
　ロ　株式移転計画新株予約権以外の新株予約権であって，株式移転をする場合において当該新株予約権の新株予約権者に株式移転設立完全親会社の新株予約権を交付することとする旨の定めがあるもの
4　前項の規定による通知は，公告をもってこれに代えることができる。
5　新株予約権買取請求は，第3項の規定による通知又は前項の公告をした日から20日以内に，その新株予約権買取請求に係る新株予約権の内容及び数を明らかにしてしなければならない。
6　新株予約権証券が発行されている新株予約権について新株予約権買取請求をしようとするときは，当該新株予約権の新株予約権者は，消滅株式会社等に対し，その新株予約権証券を提出しなければならない。ただし，当該新株予約権証券について非訟事件手続法第114条に規定する公示催告の申立てをした者については，この限りでない。
7　新株予約権付社債券が発行されている新株予約権付社債に付された新株予約権について新株予約権買取請求をしようとするときは，当該新株予約権の新株予約権者は，消滅株式会社等に対し，その新株予約権付社債券を提出しなければならない。ただし，当該新株予約権付社債券について非訟事件手続法第114条に規定する公示催告の申立てをした者については，この限りでない。
8　新株予約権買取請求をした新株予約権者は，消滅株式会社等の承諾を得た場合に限り，その新株予約権買取請求を撤回することができる。
9　新設合併等を中止したときは，新株予約権買取請求は，その効力を失う。
10　第260条の規定は，新株予約権買取請求に係る新株予約権については，適用しない。

POINT

や《8》れ《0》や《8》れ、新雪（＝**新設**）に
消（＝**消滅**）えた予約券（＝**予約権**）
でも**買い取って**くれる!

□吸収合併、消滅会社等の株主の新株予約権買取請求につき同様の法文あり。cf.787条。

（新株予約権の価格の決定等）

第809条　新株予約権買取請求があった場合において，新株予約権（当該新株予約権が新株予約権付社債に付されたものである場合において，当該新株予約権付社債についての社債の買取りの請求があったときは，当該社債を含む。以下この条において同じ。）の価格の決定について，新株予約権者と消滅株式会社等（新設合併をする場合における新設合併設立会社の成立の日後にあっては，新設合併設立会社。以下この条において同じ。）との間に協議が調ったときは，消滅株式会社等は，設立会社の成立の日から60日以内にその支払をしなければならない。

2　新株予約権の価格の決定について，設立会社の成立の日から30日以内に協議が調わないときは，新株予約権者又は消滅株式会社等は，その期間の満了の日後30日以内に，裁判所に対し，価格の決定の申立てをすることができる。

3　前条第8項の規定にかかわらず，前項に規定する場合において，設立会社の成立の日から60日以内に同項の申立てがないときは，その期間の満了後は，新株予約権者は，いつでも，新株予約権買取請求を撤回することができる。

4　消滅株式会社等は，裁判所の決定した価格に対する第1項の期間の満了の日後の法定利率による利息をも支払わなければならない。

5　消滅株式会社等は，新株予約権の価格の決定があるまでは，新株予約権者に対し，当該消滅株式会社等が公正な価格と認める額を支払うことができる。

6　新株予約権買取請求に係る新株予約権の買取りは，設立会社の成立の日に，その効力を生ずる。

7　消滅株式会社等は，新株予約権証券が発行されている新株予約権について新株予約権買取請求があったときは，新株予約権証券と引換えに，その新株予約権買取請求に係る新株予約権の代金を支払わなければならない。

8　消滅株式会社等は，新株予約権付社債券が発行されている新株予約権付社債に付された新株予約権について新株予約権買取請求があったときは，新株予約権付社債券と引換えに，その新株予約権買取請求に係る新株予約権の代金を支払わなければならない。

POINT

晴《8》れ《0》てく《9》れ! 予約券(＝**予約権**)で
競技(＝**協議**)見にいく

□2項：申立てにより裁判所が行う価格決定の手続に審問期日の開催と陳述聴取が義務付けられることにつき、117条コメント1つ目および870条2項2号を参照。

（債権者の異議）

第810条　次の各号に掲げる場合には，当該各号に定める債権者は，消滅株式会社等に対し，新設合併等について異議を述べることができる。

①　新設合併をする場合　新設合併消滅株式会社の債権者

②　新設分割をする場合　新設分割後新設分割株式会社に対して債務の履行（当該債務の保証人として新設分割設立会社と連帯して負担する保証債務の履行を含む。）を請求することができない新設分割株式会社の債権者（第763条第1項第12号又は第765条第1項第8号に掲げる事項についての定めがある場合にあっては，新設分割株式会社の債権者）

③　株式移転計画新株予約権が新株予約権付社債に付された新株予約権である場合　当該新株予約権付社債についての社債権者

2　前項の規定により消滅株式会社等の債権者の全部又は一部が異議を述べることができる場合には，消滅株式会社等は，次に掲げる事項を官報に公告し，かつ，知れている債権者（同項の規定により異議を述べることができるものに限る。）には，各別にこれを催告しなければならない。ただし，第4号の期間は，1箇月を下ることができない。
①　新設合併等をする旨
②　他の消滅会社等及び設立会社の商号及び住所
③　消滅株式会社等の計算書類に関する事項として法務省令で定めるもの
④　債権者が一定の期間内に異議を述べることができる旨
3　前項の規定にかかわらず，消滅株式会社等が同項の規定による公告を，官報のほか，第939条第1項の規定による定款の定めに従い，同項第2号又は第3号に掲げる公告方法によりするときは，前項の規定による各別の催告（新設分割をする場合における不法行為によって生じた新設分割株式会社の債務の債権者に対するものを除く。）は，することを要しない。
4　債権者が第2項第4号の期間内に異議を述べなかったときは，当該債権者は，当該新設合併等について承認をしたものとみなす。
5　債権者が第2項第4号の期間内に異議を述べたときは，消滅株式会社等は，当該債権者に対し，弁済し，若しくは相当の担保を提供し，又は当該債権者に弁済を受けさせることを目的として信託会社等に相当の財産を信託しなければならない。ただし，当該新設合併等をしても当該債権者を害するおそれがないときは，この限りでない。

POINT

や《8》っと《10》新雪(＝**新設**)消(＝**消滅**)え、
意義(＝**異議**)ある発見

□吸収合併消滅会社等の債権者の異議につき同様の法文あり。789条の解説を参照のこと。
□2項3号：「法務省令」＝施規208条、計規137〜142条。

（新設分割又は株式移転に関する書面等の備置き及び閲覧等）
第811条　新設分割株式会社又は株式移転完全子会社は，新設分割設立会社又は株式移転設立完全親会社の成立の日後遅滞なく，新設分割設立会社又は株式移転設立完全親会社と共同して，次の各号に掲げる区分に応じ，当該各号に定めるものを作成しなければならない。
①　新設分割株式会社　新設分割により新設分割設立会社が承継した新設分割株式会社の権利義務その他の新設分割に関する事項として法務省令で定める事項を記載し，又は記録した書面又は電磁的記録
②　株式移転完全子会社　株式移転により株式移転設立完全親会社が取得した株式移転完全子会社の株式の数その他の株式移転に関する事項として法務省令で定める事項を記載し，又は記録した書面又は電磁的記録
2　新設分割株式会社又は株式移転完全子会社は，新設分割設立会社又は株式移転設立完全親会社の成立の日から6箇月間，前項各号の書面又は電磁的記録をその本店に備え置かなければならない。
3　新設分割株式会社の株主，債権者その他の利害関係人は，新設分割株式会社に対して，その営業時間内は，いつでも，次に掲げる請求をすることができる。ただし，第2号又は第4号に掲げる請求をするには，当該新設分割株式会社の定めた費用を支払わなければならない。

① 前項の書面の閲覧の請求
② 前項の書面の謄本又は抄本の交付の請求
③ 前項の電磁的記録に記録された事項を法務省令で定める方法により表示したものの閲覧の請求
④ 前項の電磁的記録に記録された事項を電磁的方法であって新設分割株式会社の定めたものにより提供することの請求又はその事項を記載した書面の交付の請求
4 前項の規定は，株式移転完全子会社について準用する。この場合において，同項中「新設分割株式会社の株主，債権者その他の利害関係人」とあるのは，「株式移転設立完全親会社の成立の日に株式移転完全子会社の株主又は新株予約権者であった者」と読み替えるものとする。

POINT
焼《8》い《1》て行《1》け、新雪(＝**新設**)で
閲覧した分(＝**分割**)かれの手紙

□吸収分割、株式交換につきほぼ同様の法文あり。cf.791条。
ただし本条では新設会社成立の日から6ヶ月間の備置き（2項）。
□1項1号：「法務省令」＝施規209条。
□1項2号：「法務省令」＝施規210条。
□3項3号：「法務省令」＝施規226条39号（紙面か映像面で表示）。

（剰余金の配当等に関する特則）
第812条 第445条第4項，第458条及び第2編第5章第6節の規定は，次に掲げる行為については，適用しない。
① 第763条第1項第12号イ又は第765条第1項第8号イの株式の取得
② 第763条第1項第12号ロ又は第765条第1項第8号ロの剰余金の配当

POINT
ハ《8》イ《1》に《2》なる! **人的分割**に**規制ない**とは!

□763条1項12号イ、765条1項8号イは、株式会社、持分会社における、全部取得条項付種類株式の対価に分割新株（持分）を交付する場合、763条1項12号ロ、765条1項8号イは、株式会社・持分会社における、いわゆる人的分割。これらの行為には、配当規制が適用されない。

第2目　持分会社の手続

（剰余金の配当等に関する特則・その2）
第813条 次に掲げる行為をする持分会社は，新設合併契約等について当該持分会社の総社員の同意を得なければならない。ただし，定款に別段の定めがある場合は，この限りでない。
① 新設合併
② 新設分割（当該持分会社（合同会社に限る。）がその事業に関して有する権利義務の全部を他の会社に承継させる場合に限る。）

2　第810条（第1項第3号及び第2項第3号を除く。）の規定は，新設合併消滅持分会社又は合同会社である新設分割会社（以下この節において「新設分割合同会社」という。）について準用する。この場合において，同条第1項第2号中「債権者（第763条第1項第12号又は第765条第1項第8号に掲げる事項についての定めがある場合にあっては，新設分割株式会社の債権者）」とあるのは「債権者」と，同条第3項中「消滅株式会社等」とあるのは「新設合併消滅持分会社（新設合併設立会社が株式会社又は合同会社である場合にあっては，合同会社に限る。）又は新設分割合同会社」と読み替えるものとする。

POINT
ハ《8》イ《1》さ《3》よなら古い**持**（**分会**）**社**よ、**総社員同意**で、**新設合併**

第2款　新設合併設立会社、新設分割設立会社及び株式移転設立完全親会社の手続

第1目　株式会社の手続

（株式会社の設立の特則）
第814条　第2編第1章（第27条（第4号及び第5号を除く。），第29条，第31条，第37条第3項，第39条，第6節及び第49条を除く。）の規定は，新設合併設立株式会社，新設分割設立株式会社又は株式移転設立完全親会社（以下この目において「設立株式会社」という。）の設立については，適用しない。
2　設立株式会社の定款は，消滅会社等が作成する。

POINT
は《8》い《1》よ《4》、会社**新設**の特別（=**特則**）マニュアル

□新設合併、新設分割、株式移転により新設される会社は、その成立の日に消滅会社の権利義務を承継するのであり、設立に関する規定は適用されない（1項）。定款も消滅会社が作成せざるをえないこととなる（2項）。

（新設合併契約等に関する書面等の備置き及び閲覧等）
第815条　新設合併設立株式会社は，その成立の日後遅滞なく，新設合併により新設合併設立株式会社が承継した新設合併消滅会社の権利義務その他の新設合併に関する事項として法務省令で定める事項を記載し，又は記録した書面又は電磁的記録を作成しなければならない。
2　新設分割設立株式会社（1又は2以上の合同会社のみが新設分割をする場合における当該新設分割設立株式会社に限る。）は，その成立の日後遅滞なく，新設分割合同会社と共同して，新設分割により新設分割設立株式会社が承継した新設分割合同会社の権利義務その他の新設分割に関する事項として法務省令で定める事項を記載し，又は記録した書面又は電磁的記録を作成しなければならない。
3　次の各号に掲げる設立株式会社は，その成立の日から6箇月間，当該各号に定めるものをその本店に備え置かなければならない。
①　新設合併設立株式会社　第1項の書面又は電磁的記録及び新設合併契約の内容その他法務省令で定める事項を記載し，又は記録した書面又は電磁的記録

② 新設分割設立株式会社 前項又は第811条第1項第1号の書面又は電磁的記録
③ 株式移転設立完全親会社 第811条第1項第2号の書面又は電磁的記録
4 新設合併設立株式会社の株主及び債権者は，新設合併設立株式会社に対して，その営業時間内は，いつでも，次に掲げる請求をすることができる。ただし，第2号又は第4号に掲げる請求をするには，当該新設合併設立株式会社の定めた費用を支払わなければならない。
① 前項第1号の書面の閲覧の請求
② 前項第1号の書面の謄本又は抄本の交付の請求
③ 前項第1号の電磁的記録に記録された事項を法務省令で定める方法により表示したものの閲覧の請求
④ 前項第1号の電磁的記録に記録された事項を電磁的方法であって新設合併設立株式会社の定めたものにより提供することの請求又はその事項を記載した書面の交付の請求
5 前項の規定は，新設分割設立株式会社について準用する。この場合において，同項中「株主及び債権者」とあるのは「株主，債権者その他の利害関係人」と，同項各号中「前項第1号」とあるのは「前項第2号」と読み替えるものとする。
6 第4項の規定は，株式移転設立完全親会社について準用する。この場合において，同項中「株主及び債権者」とあるのは「株主及び新株予約権者」と，同項各号中「前項第1号」とあるのは「前項第3号」と読み替えるものとする。

POINT

新雪(=**新設**)の配《81》合《5》見せて(=**閲覧**)くれ

□吸収合併存続会社等につきほぼ同様の法文あり。cf.801条。ただし、本条では新設会社成立の日から6ヶ月間備置き必要（2項)。cf.811条2項。
□1項：「法務省令」＝施規211条。
□2項：「法務省令」＝施規212条。
□3項1号：「法務省令」＝施規213条。
□4項3号：「法務省令」＝施規226条40号（紙面か映像面で表示)。

第2目 持分会社の手続

(持分会社の設立の特則)

第816条 第575条及び第578条の規定は，新設合併設立持分会社又は新設分割設立持分会社(次項において「設立持分会社」という。)の設立については，適用しない。
2 設立持分会社の定款は，消滅会社等が作成する。

第4節　株式交付の手続

（株式交付計画に関する書面等の備置き及び閲覧等）

第816条の2　株式交付親会社は，株式交付計画備置開始日から株式交付がその効力を生ずる日（以下この節において「効力発生日」という。）後6箇月を経過する日までの間，株式交付計画の内容その他法務省令で定める事項を記載し，又は記録した書面又は電磁的記録をその本店に備え置かなければならない。

2　前項に規定する「株式交付計画備置開始日」とは，次に掲げる日のいずれか早い日をいう。

①　株式交付計画について株主総会（種類株主総会を含む。）の決議によってその承認を受けなければならないときは，当該株主総会の日の2週間前の日（第319条第1項の場合にあっては，同項の提案があった日）

②　第816条の6第3項の規定による通知の日又は同条第4項の公告の日のいずれか早い日

③　第816条の8の規定による手続をしなければならないときは，同条第2項の規定による公告の日又は同項の規定による催告の日のいずれか早い日

3　株式交付親会社の株主（株式交付に際して株式交付子会社の株式及び新株予約権等の譲渡人に対して交付する金銭等（株式交付親会社の株式を除く。）が株式交付親会社の株式に準ずるものとして法務省令で定めるもののみである場合以外の場合にあっては，株主及び債権者）は，株式交付親会社に対して，その営業時間内は，いつでも，次に掲げる請求をすることができる。ただし，第2号又は第4号に掲げる請求をするには，当該株式交付親会社の定めた費用を支払わなければならない。

①　第1項の書面の閲覧の請求

②　第1項の書面の謄本又は抄本の交付の請求

③　第1項の電磁的記録に記録された事項を法務省令で定める方法により表示したものの閲覧の請求

④　第1項の電磁的記録に記録された事項を電磁的方法であって株式交付親会社の定めたものにより提供することの請求又はその事項を記載した書面の交付の請求

□株式交付に関する吸収型組織再編手続の規定。本条以下、株式交換手続に準じる。

□1項：「法務省令」＝施規213条の2。

□3項柱書き：「法務省令」＝施規213条の3。

□3項3号：「法務省令」＝施規226条42号。

（株式交付計画の承認等）

第816条の3　株式交付親会社は，効力発生日の前日までに，株主総会の決議によって，株式交付計画の承認を受けなければならない。

2　株式交付親会社が株式交付子会社の株式及び新株予約権等の譲渡人に対して交付する金銭等（株式交付親会社の株式等を除く。）の帳簿価額が株式交付親会社が譲り受ける株式交付子会社の株式及び新株予約権等の額として法務省令で定める額を超える場合には，取締役は，前項の株主総会において，その旨を説明しなければならない。

3　株式交付親会社が種類株式発行会社である場合において，次の各号に掲げるときは，株式交付は，当該各号に定める種類の株式（譲渡制限株式であって，第199条第4項の定款の定めがないものに限る。）の種類株主を構成員とする種類株主総会（当該種類株主に係る株式の種類が2

以上ある場合にあっては，当該2以上の株式の種類別に区分された種類株主を構成員とする各種類株主総会）の決議がなければ，その効力を生じない。ただし，当該種類株主総会において議決権を行使することができる株主が存しない場合は，この限りでない。
① 株式交付子会社の株式の譲渡人に対して交付する金銭等が株式交付親会社の株式であるとき 第774条の3第1項第3号の種類の株式
② 株式交付子会社の新株予約権等の譲渡人に対して交付する金銭等が株式交付親会社の株式であるとき 第774条の3第1項第8号イの種類の株式

□2項：「法務省令」＝施規213条の4。

（株式交付計画の承認を要しない場合等）
第816条の4 前条第1項及び第2項の規定は，第1号に掲げる額の第2号に掲げる額に対する割合が5分の1（これを下回る割合を株式交付親会社の定款で定めた場合にあっては，その割合）を超えない場合には，適用しない。ただし，同項に規定する場合又は株式交付親会社が公開会社でない場合は，この限りでない。
① 次に掲げる額の合計額
イ 株式交付子会社の株式及び新株予約権等の譲渡人に対して交付する株式交付親会社の株式の数に1株当たり純資産額を乗じて得た額
ロ 株式交付子会社の株式及び新株予約権等の譲渡人に対して交付する株式交付親会社の社債，新株予約権又は新株予約権付社債の帳簿価額の合計額
ハ 株式交付子会社の株式及び新株予約権等の譲渡人に対して交付する株式交付親会社の株式等以外の財産の帳簿価額の合計額
② 株式交付親会社の純資産額として法務省令で定める方法により算定される額
2 前項本文に規定する場合において，法務省令で定める数の株式（前条第1項の株主総会において議決権を行使することができるものに限る。）を有する株主が第816条の6第3項の規定による通知又は同条第4項の公告の日から2週間以内に株式交付に反対する旨を株式交付親会社に対し通知したときは，当該株式交付親会社は，効力発生日の前日までに，株主総会の決議によって，株式交付計画の承認を受けなければならない。

□1項2号：「法務省令」＝施規213条の5。
□2項：「法務省令」＝施規213条の6。

（株式交付をやめることの請求）
第816条の5 株式交付が法令又は定款に違反する場合において，株式交付親会社の株主が不利益を受けるおそれがあるときは，株式交付親会社の株主は，株式交付親会社に対し，株式交付をやめることを請求することができる。ただし，前条第1項本文に規定する場合（同項ただし書又は同条第2項に規定する場合を除く。）は，この限りでない。

（反対株主の株式買取請求）
第816条の6 株式交付をする場合には，反対株主は，株式交付親会社に対し，自己の有する株式を公正な価格で買い取ることを請求することができる。ただし，第816条の4第1項本文に規定する場合（同項ただし書又は同条第2項に規定する場合を除く。）は，この限りでない。

2　前項に規定する「反対株主」とは，次の各号に掲げる場合における当該各号に定める株主をいう。
①　株式交付をするために株主総会（種類株主総会を含む。）の決議を要する場合　次に掲げる株主
イ　当該株主総会に先立って当該株式交付に反対する旨を当該株式交付親会社に対し通知し，かつ，当該株主総会において当該株式交付に反対した株主（当該株主総会において議決権を行使することができるものに限る。）
ロ　当該株主総会において議決権を行使することができない株主
②　前号に掲げる場合以外の場合　全ての株主
3　株式交付親会社は，効力発生日の20日前までに，その株主に対し，株式交付をする旨並びに株式交付子会社の商号及び住所を通知しなければならない。
4　次に掲げる場合には，前項の規定による通知は，公告をもってこれに代えることができる。
①　株式交付親会社が公開会社である場合
②　株式交付親会社が第816条の3第1項の株主総会の決議によって株式交付計画の承認を受けた場合
5　第1項の規定による請求（以下この節において「株式買取請求」という。）は，効力発生日の20日前の日から効力発生日の前日までの間に，その株式買取請求に係る株式の数（種類株式発行会社にあっては，株式の種類及び種類ごとの数）を明らかにしてしなければならない。
6　株券が発行されている株式について株式買取請求をしようとするときは，当該株式の株主は，株式交付親会社に対し，当該株式に係る株券を提出しなければならない。ただし，当該株券について第223条の規定による請求をした者については，この限りでない。
7　株式買取請求をした株主は，株式交付親会社の承諾を得た場合に限り，その株式買取請求を撤回することができる。
8　株式交付を中止したときは，株式買取請求は，その効力を失う。
9　第133条の規定は，株式買取請求に係る株式については，適用しない。

（株式の価格の決定等）
第816条の7　株式買取請求があった場合において，株式の価格の決定について，株主と株式交付親会社との間に協議が調ったときは，株式交付親会社は，効力発生日から60日以内にその支払をしなければならない。
2　株式の価格の決定について，効力発生日から30日以内に協議が調わないときは，株主又は株式交付親会社は，その期間の満了の日後30日以内に，裁判所に対し，価格の決定の申立てをすることができる。
3　前条第7項の規定にかかわらず，前項に規定する場合において，効力発生日から60日以内に同項の申立てがないときは，その期間の満了後は，株主は，いつでも，株式買取請求を撤回することができる。
4　株式交付親会社は，裁判所の決定した価格に対する第1項の期間の満了の日後の法定利率による利息をも支払わなければならない。
5　株式交付親会社は，株式の価格の決定があるまでは，株主に対し，当該株式交付親会社が公正な価格と認める額を支払うことができる。
6　株式買取請求に係る株式の買取りは，効力発生日に，その効力を生ずる。
7　株券発行会社は，株券が発行されている株式について株式買取請求があったときは，株券と引換えに，その株式買取請求に係る株式の代金を支払わなければならない。

（債権者の異議）

第816条の8　株式交付に際して株式交付子会社の株式及び新株予約権等の譲渡人に対して交付する金銭等（株式交付親会社の株式を除く。）が株式交付親会社の株式に準ずるものとして法務省令で定めるもののみである場合以外の場合には，株式交付親会社の債権者は，株式交付親会社に対し，株式交付について異議を述べることができる。

2　前項の規定により株式交付親会社の債権者が異議を述べることができる場合には，株式交付親会社は，次に掲げる事項を官報に公告し，かつ，知れている債権者には，各別にこれを催告しなければならない。ただし，第4号の期間は，1箇月を下ることができない。

①　株式交付をする旨

②　株式交付子会社の商号及び住所

③　株式交付親会社及び株式交付子会社の計算書類に関する事項として法務省令で定めるもの

④　債権者が一定の期間内に異議を述べることができる旨

3　前項の規定にかかわらず，株式交付親会社が同項の規定による公告を，官報のほか，第939条第1項の規定による定款の定めに従い，同項第2号又は第3号に掲げる公告方法によりするときは，前項の規定による各別の催告は，することを要しない。

4　債権者が第2項第4号の期間内に異議を述べなかったときは，当該債権者は，当該株式交付について承認をしたものとみなす。

5　債権者が第2項第4号の期間内に異議を述べたときは，株式交付親会社は，当該債権者に対し，弁済し，若しくは相当の担保を提供し，又は当該債権者に弁済を受けさせることを目的として信託会社等に相当の財産を信託しなければならない。ただし，当該株式交付をしても当該債権者を害するおそれがないときは，この限りでない。

□2項3号：「法務省令」＝施規213条の8。

（株式交付の効力発生日の変更）

第816条の9　株式交付親会社は，効力発生日を変更することができる。

2　前項の規定による変更後の効力発生日は，株式交付計画において定めた当初の効力発生日から3箇月以内の日でなければならない。

3　第1項の場合には，株式交付親会社は，変更前の効力発生日（変更後の効力発生日が変更前の効力発生日前の日である場合にあっては，当該変更後の効力発生日）の前日までに，変更後の効力発生日を公告しなければならない。

4　第1項の規定により効力発生日を変更したときは，変更後の効力発生日を効力発生日とみなして，この節（第2項を除く。）及び前章（第774条の3第1項第11号を除く。）の規定を適用する。

5　株式交付親会社は，第1項の規定による効力発生日の変更をする場合には，当該変更と同時に第774条の3第1項第10号の期日を変更することができる。

6　第3項及び第4項の規定は，前項の規定による第774条の3第1項第10号の期日の変更について準用する。この場合において，第4項中「この節（第2項を除く。）及び前章（第774条の3第1項第11号を除く。）」とあるのは，「第774条の4，第774条の10及び前項」と読み替えるものとする。

（株式交付に関する書面等の備置き及び閲覧等）

第816条の10　株式交付親会社は，効力発生日後遅滞なく，株式交付に際して株式交付親会社が譲り受けた株式交付子会社の株式の数その他の株式交付に関する事項として法務省令で定める事項を記載し，又は記録した書面又は電磁的記録を作成しなければならない。

2　株式交付親会社は，効力発生日から6箇月間，前項の書面又は電磁的記録をその本店に備え置かなければならない。

3　株式交付親会社の株主（株式交付に際して株式交付子会社の株式及び新株予約権等の譲渡人に対して交付する金銭等（株式交付親会社の株式を除く。）が株式交付親会社の株式に準ずるものとして法務省令で定めるもののみである場合以外の場合にあっては，株主及び債権者）は，株式交付親会社に対して，その営業時間内は，いつでも，次に掲げる請求をすることができる。ただし，第2号又は第4号に掲げる請求をするには，当該株式交付親会社の定めた費用を支払わなければならない。

①　前項の書面の閲覧の請求

②　前項の書面の謄本又は抄本の交付の請求

③　前項の電磁的記録に記録された事項を法務省令で定める方法により表示したものの閲覧の請求

④　前項の電磁的記録に記録された事項を電磁的方法であって株式交付親会社の定めたものにより提供することの請求又はその事項を記載した書面の交付の請求

□1項：「法務省令」＝施規213条の9。

□3項柱書き：「法務省令」＝施規213条の10。

□3項3号：「法務省令」＝施規226条43号。

第6編 外国会社

（外国会社の日本における代表者）

第817条　外国会社は，日本において取引を継続してしようとするときは，日本における代表者を定めなければならない。この場合において，その日本における代表者のうち1人以上は，日本に住所を有する者でなければならない。

2　外国会社の日本における代表者は，当該外国会社の日本における業務に関する一切の裁判上又は裁判外の行為をする権限を有する。

3　前項の権限に加えた制限は，善意の第三者に対抗することができない。

4　外国会社は，その日本における代表者がその職務を行うについて第三者に加えた損害を賠償する責任を負う。

POINT　ハ《8》イ《1》な《7》**外国人ひとり、日本**に**住む**

□外国会社の定義につき2条2号。外国会社に日本の会社法は適用されないが、取引相手である日本国内の債権者を保護するため、本編で内国会社と同程度の規制を行う。なお、外資系会社と呼ばれているものの多くは、外国会社の日本における子会社として日本法に基づき設立されているため、法的には内国会社であり、本条の外国会社ではないことに注意。

□1項：代表者のうち1人が日本に住所を有すれば足りる。日本の会社（内国会社）の代表者がそのように取り扱われると解されていることとのバランスをとるため。

□外国会社の登記や代表者の登記については933条以下。

□外国会社に対する取引継続禁止または営業所閉鎖の命令規定あり。cf.827条。

（登記前の継続取引の禁止等）

第818条　外国会社は，外国会社の登記をするまでは，日本において取引を継続してすることができない。

2　前項の規定に違反して取引をした者は，相手方に対し，外国会社と連帯して，当該取引によって生じた債務を弁済する責任を負う。

POINT　ハ《8》イ《1》ハ《8》イ、**登記マデハ日本デ**、ビジネス**ヤリマセン**

□1項：外国会社の登記につき933条。

（貸借対照表に相当するものの公告）

第819条　外国会社の登記をした外国会社（日本における同種の会社又は最も類似する会社が株式会社であるものに限る。）は，法務省令で定めるところにより，第438条第2項の承認と同種の手続又はこれに類似する手続の終結後遅滞なく，貸借対照表に相当するものを日本において公告しなければならない。

2　前項の規定にかかわらず，その公告方法が第939条第1項第1号又は第2号に掲げる方法である外国会社は，前項に規定する貸借対照表に相当するものの要旨を公告することで足りる。

3　前項の外国会社は，法務省令で定めるところにより，第1項の手続の終結後遅滞なく，同項に規定する貸借対照表に相当するものの内容である情報を，当該手続の終結の日後5年を経過する日までの間，継続して電磁的方法により日本において不特定多数の者が提供を受けることができる状態に置く措置をとることができる。この場合においては，前2項の規定は，適用しない。

4　金融商品取引法第24条第1項 の規定により有価証券報告書を内閣総理大臣に提出しなければならない外国会社については，前3項の規定は，適用しない。

POINT　俳句《819》で**公告**、**外国**のB／S

□内国債権者保護の趣旨。

□1項：日本でも株式会社だけがB／S（貸借対照表）の公告義務を負うことと、整合性をもたせている。かっこ書の「法務省令」＝施規214条。

□3項：「法務省令」＝施規215条。

（日本に住所を有する日本における代表者の退任）

第820条　外国会社の登記をした外国会社は，日本における代表者（日本に住所を有するものに限る。）の全員が退任しようとするときは，当該外国会社の債権者に対し異議があれば一定の期間内にこれを述べることができる旨を官報に公告し，かつ，知れている債権者には，各別にこれを催告しなければならない。ただし，当該期間は，1箇月を下ることができない。

2　債権者が前項の期間内に異議を述べたときは，同項の外国会社は，当該債権者に対し，弁済し，若しくは相当の担保を提供し，又は当該債権者に弁済を受けさせることを目的として信託会社等に相当の財産を信託しなければならない。ただし，同項の退任をしても当該債権者を害するおそれがないときは，この限りでない。

3　第1項の退任は，前2項の手続が終了した後にその登記をすることによって，その効力を生ずる。

POINT　やにわ《820》に**辞める**な**外国代表者**

□1項：資本金減少規定と同様、債権者保護の趣旨をもつ債権者の異議の規定。cf.449条2・5項。

（擬似外国会社）

第821条　日本に本店を置き，又は日本において事業を行うことを主たる目的とする外国会社は，日本において取引を継続してすることができない。

2　前項の規定に違反して取引をした者は，相手方に対し，外国会社と連帯して，当該取引によって生じた債務を弁済する責任を負う。

POINT　「ハ《8》ニ《2》イ《1》!」と呼べど、ニセ（=**擬似**）**外国人**、**取引**できず

□日本法の適用を逃れるためにあえて外国法に基づき会社を設立し、事業活動は日本でするという脱法行為を防止する趣旨。

□1項：「主たる目的」「継続」に絞りをかけて解釈したとしても、日本政府の奨励で擬似外国会社のような形態で事業を行ってきた外資系金融会社や、資産流動化等を目的としてケイマン島などで設立した会社にとり、影響が大きい。そこで見直しが検討されることの附帯決議がなされた。cf.附帯決議15，16。

（日本にある外国会社の財産についての清算）

第822条　裁判所は，次に掲げる場合には，利害関係人の申立てにより又は職権で，日本にある外国会社の財産の全部について清算の開始を命ずることができる。

①　外国会社が第827条第1項の規定による命令を受けた場合

②　外国会社が日本において取引を継続してすることをやめた場合

2　前項の場合には，裁判所は，清算人を選任する。

3　第476条，第2編第9章第1節第2款，第492条，同節第4款及び第508条の規定並びに同章第2節（第510条，第511条及び第514条を除く。）の規定は，その性質上許されないものを除き，第1項の規定による日本にある外国会社の財産についての清算について準用する。

4　第820条の規定は，外国会社が第1項の清算の開始を命じられた場合において，当該外国会社の日本における代表者（日本に住所を有するものに限る。）の全員が退任しようとするときは，適用しない。

（他の法律の適用関係）

第823条　外国会社は，他の法律の適用については，日本における同種の会社又は最も類似する会社とみなす。ただし，他の法律に別段の定めがあるときは，この限りでない。

第7編 雑則

第1章　会社の解散命令等

第1節 会社の解散命令

（会社の解散命令）

第824条　裁判所は，次に掲げる場合において，公益を確保するため会社の存立を許すことができないと認めるときは，法務大臣又は株主，社員，債権者その他の利害関係人の申立てにより，会社の解散を命ずることができる。

①　会社の設立が不法な目的に基づいてされたとき。

②　会社が正当な理由がないのにその成立の日から1年以内にその事業を開始せず，又は引き続き1年以上その事業を休止したとき。

③　業務執行取締役，執行役又は業務を執行する社員が，法令若しくは定款で定める会社の権限を逸脱し若しくは濫用する行為又は刑罰法令に触れる行為をした場合において，法務大臣から書面による警告を受けたにもかかわらず，なお継続的に又は反覆して当該行為をしたとき。

2　株主，社員，債権者その他の利害関係人が前項の申立てをしたときは，裁判所は，会社の申立てにより，同項の申立てをした者に対し，相当の担保を立てるべきことを命ずることができる。

3　会社は，前項の規定による申立てをするには，第1項の申立てが悪意によるものであることを疎明しなければならない。

4　民事訴訟法（平成8年法律第109号）第75条第5項 及び第7項 並びに第76条 から第80条までの規定は，第2項の規定により第1項の申立てについて立てるべき担保について準用する。

POINT　や《8》っつ《2》けよ《4》う、ダニ**会社**に**解散命令**!

□解散命令は、会社の解散事由（471条）のうちの1つ（471条6項）。会社非訟事件手続きに基づく裁判所の決定という点で、会社が自治的運営能力を喪失したときの株主・社員の訴えによる会社の解散判決（833条）と異なることに注意。会社制度の濫用を抑止して、会社設立の準則主義の弊害を是正する趣旨。

□1項：非訟裁判において会社の陳述権あり（870条13号）。

□手続に関する特則につき、本編第三章第五節（904～906条）。

（会社の財産に関する保全処分）

第825条　裁判所は，前条第1項の申立てがあった場合には，法務大臣若しくは株主，社員，債権者その他の利害関係人の申立てにより又は職権で，同項の申立てにつき決定があるまでの間，会社の財産に関し，管理人による管理を命ずる処分（次項において「管理命令」という。）その他の必要な保全処分を命ずることができる。

2　裁判所は，管理命令をする場合には，当該管理命令において，管理人を選任しなければならない。
3　裁判所は，法務大臣若しくは株主，社員，債権者その他の利害関係人の申立てにより又は職権で，前項の管理人を解任することができる。
4　裁判所は，第2項の管理人を選任した場合には，会社が当該管理人に対して支払う報酬の額を定めることができる。
5　第2項の管理人は，裁判所が監督する。
6　裁判所は，第2項の管理人に対し，会社の財産の状況の報告をし，かつ，その管理の計算をすることを命ずることができる。
7　民法第644条，第646条，第647条及び第650条の規定は，第2項の管理人について準用する。この場合において，同法第646条，第647条及び第650条中「委任者」とあるのは，「会社」と読み替えるものとする。

（官庁等の法務大臣に対する通知義務）

第826条　裁判所その他の官庁，検察官又は吏員は，その職務上第824条第1項の申立て又は同項第3号の警告をすべき事由があることを知ったときは，法務大臣にその旨を通知しなければならない。

第2節　外国会社の取引継続禁止又は営業所閉鎖の命令

（取引継続禁止・営業所閉鎖の命令）

第827条　裁判所は，次に掲げる場合には，法務大臣又は株主，社員，債権者その他の利害関係人の申立てにより，外国会社が日本において取引を継続してすることの禁止又はその日本に設けられた営業所の閉鎖を命ずることができる。
①　外国会社の事業が不法な目的に基づいて行われたとき。
②　外国会社が正当な理由がないのに外国会社の登記の日から1年以内にその事業を開始せず，又は引き続き1年以上その事業を休止したとき。
③　外国会社が正当な理由がないのに支払を停止したとき。
④　外国会社の日本における代表者その他その業務を執行する者が，法令で定める外国会社の権限を逸脱し若しくは濫用する行為又は刑罰法令に触れる行為をした場合において，法務大臣から書面による警告を受けたにもかかわらず，なお継続的に又は反覆して当該行為をしたとき。
2　第824条第2項から第4項まで及び前2条の規定は，前項の場合について準用する。この場合において，第824条第2項中「前項」とあり，同条第3項及び第4項中「第1項」とあり，並びに第825条第1項中「前条第1項」とあるのは「第827条第1項」と，前条中「第824条第1項」とあるのは「次条第1項」と，「同項第3号」とあるのは「同項第4号」と読み替えるものとする。

POINT　や《8》に《2》な《7》った**外国会社**、突然の**営業所閉鎖**

□1項柱書：裁判所の命令に違反した場合過料の制裁あり（976条34項）。

第2章　訴訟

第1節　会社の組織に関する訴え

（会社の組織に関する行為の無効の訴え）

第828条　次の各号に掲げる行為の無効は，当該各号に定める期間に，訴えをもってのみ主張することができる。

① 会社の設立　会社の成立の日から2年以内

② 株式会社の成立後における株式の発行　株式の発行の効力が生じた日から6箇月以内（公開会社でない株式会社にあっては，株式の発行の効力が生じた日から1年以内）

③ 自己株式の処分　自己株式の処分の効力が生じた日から6箇月以内（公開会社でない株式会社にあっては，自己株式の処分の効力が生じた日から1年以内）

④ 新株予約権（当該新株予約権が新株予約権付社債に付されたものである場合にあっては，当該新株予約権付社債についての社債を含む。以下この章において同じ。）の発行　新株予約権の発行の効力が生じた日から6箇月以内（公開会社でない株式会社にあっては，新株予約権の発行の効力が生じた日から1年以内）

⑤ 株式会社における資本金の額の減少　資本金の額の減少の効力が生じた日から6箇月以内

⑥ 会社の組織変更　組織変更の効力が生じた日から6箇月以内

⑦ 会社の吸収合併　吸収合併の効力が生じた日から6箇月以内

⑧ 会社の新設合併　新設合併の効力が生じた日から6箇月以内

⑨ 会社の吸収分割　吸収分割の効力が生じた日から6箇月以内

⑩ 会社の新設分割　新設分割の効力が生じた日から6箇月以内

⑪ 株式会社の株式交換　株式交換の効力が生じた日から6箇月以内

⑫ 株式会社の株式移転　株式移転の効力が生じた日から6箇月以内

⑬ 株式会社の株式交付　株式交付の効力が生じた日から6箇月以内

2　次の各号に掲げる行為の無効の訴えは，当該各号に定める者に限り，提起することができる。

① 前項第1号に掲げる行為　設立する株式会社の株主等（株主，取締役又は清算人（監査役設置会社にあっては株主，取締役，監査役又は清算人，指名委員会等設置会社にあっては株主，取締役，執行役又は清算人）をいう。以下この節において同じ。）又は設立する持分会社の社員等（社員又は清算人をいう。以下この項において同じ。）

② 前項第2号に掲げる行為　当該株式会社の株主等

③ 前項第3号に掲げる行為　当該株式会社の株主等

④ 前項第4号に掲げる行為　当該株式会社の株主等又は新株予約権者

⑤ 前項第5号に掲げる行為　当該株式会社の株主等，破産管財人又は資本金の額の減少について承認をしなかった債権者

⑥ 前項第6号に掲げる行為　当該行為の効力が生じた日において組織変更をする会社の株主等若しくは社員等であった者又は組織変更後の会社の株主等，社員等，破産管財人若しくは組織変更について承認をしなかった債権者

⑦ 前項第7号に掲げる行為　当該行為の効力が生じた日において吸収合併をする会社の株主等若しくは社員等であった者又は吸収合併後存続する会社の株主等，社員等，破産管財人若しくは吸収合併について承認をしなかった債権者

⑧ 前項第8号に掲げる行為　当該行為の効力が生じた日において新設合併をする会社の株主等

雑則

若しくは社員等であった者又は新設合併により設立する会社の株主等，社員等，破産管財人若しくは新設合併について承認をしなかった債権者

⑨　前項第9号に掲げる行為　当該行為の効力が生じた日において吸収分割契約をした会社の株主等若しくは社員等であった者又は吸収分割契約をした会社の株主等，社員等，破産管財人若しくは吸収分割について承認をしなかった債権者

⑩　前項第10号に掲げる行為　当該行為の効力が生じた日において新設分割をする会社の株主等若しくは社員等であった者又は新設分割をする会社若しくは新設分割により設立する会社の株主等，社員等，破産管財人若しくは新設分割について承認をしなかった債権者

⑪　前項第11号に掲げる行為　当該行為の効力が生じた日において株式交換契約をした会社の株主等若しくは社員等であった者又は株式交換契約をした会社の株主等，社員等，破産管財人若しくは株式交換について承認をしなかった債権者

⑫　前項第12号に掲げる行為　当該行為の効力が生じた日において株式移転をする株式会社の株主等であった者又は株式移転により設立する株式会社の株主等，破産管財人若しくは株式移転について承認をしなかった債権者

⑬　前項第13号に掲げる行為　当該行為の効力が生じた日において株式交付親会社の株主等であった者，株式交付に際して株式交付親会社に株式交付子会社の株式若しくは新株予約権等を譲り渡した者又は株式交付親会社の株主等，破産管財人若しくは株式交付について承認をしなかった債権者

POINT

「歯《8》に《2》は《8》歯!」と**組織**の**無効**を**訴える**

□提訴方法の制限（1項柱書）、提訴期間の制限（1項各号）、提訴権者の制限（2項）に関する規定。法律関係の画一的処理と取引の安全を図る趣旨。

□1項各号かっこ書：公開会社でない会社では具体的な募集（株式）事項の通知・公告が省略される（201条3・4項）ため、募集株式発行の事実が明らかになるのは株主総会（199条2項）開催時となってしまう。そこで、株主の提訴の機会を実質的に保障するため、従来半年であったのを1年に延長した。

□1項2～4号：不存在確認の訴えも新たに明記された。cf.829条。

□1項4号：新株予約権に基づき新株が発行されると議決権に影響してくるため、原告勝訴の判決が確定した場合、対世効がある。cf.838条。

（新株発行等の不存在の確認の訴え）

第829条　次に掲げる行為については，当該行為が存在しないことの確認を，訴えをもって請求することができる。

①　株式会社の成立後における株式の発行

②　自己株式の処分

③　新株予約権の発行

POINT

や《8》ぶ《2》く《9》ぞ**新株**、ほら**不存在**

□従来、判例・学説上でのみ認められていたものを明文化し

た。cf.最判平成9・1・28。提訴期間の制限がないことにつき最判平成15・3・27。なお、もともと新株発行が存在しなかったことを確認するものであり形成訴訟ではないので、将来効（839条）の適用はない。

□嘱託登記事項となる（937条1項1号ホ）。

（株主総会等の決議の不存在又は無効の確認の訴え）

第830条　株主総会若しくは種類株主総会又は創立総会若しくは種類創立総会（以下この節及び第937条第1項第1号トにおいて「株主総会等」という。）の決議については，決議が存在しないことの確認を，訴えをもって請求することができる。

2　株主総会等の決議については，決議の内容が法令に違反することを理由として，決議が無効であることの確認を，訴えをもって請求することができる。

POINT

は《8》さ《3》ま《0》る決議、
「**不存在**」と「**無効**」のすきま

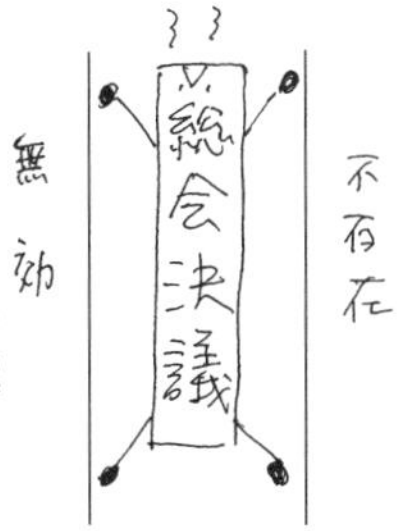

□株主総会決議に利害関係ある者も多いので、一般原則によらず法律関係を画一的に処理し、法的安定性を図る趣旨。次条も同様。

（株主総会等の決議の取消しの訴え）

第831条　次の各号に掲げる場合には，株主等（当該各号の株主総会等が創立総会又は種類創立総会である場合にあっては，株主等，設立時株主，設立時取締役又は設立時監査役）は，株主総会等の決議の日から3箇月以内に，訴えをもって当該決議の取消しを請求することができる。当該決議の取消しにより株主（当該決議が創立総会の決議である場合にあっては，設立時株主）又は取締役（監査等委員会設置会社にあっては，監査等委員である取締役又はそれ以外の取締役。以下この項において同じ。），監査役若しくは清算人（当該決議が株主総会又は種類株主総会の決議である場合にあっては第346条第1項（第479条第4項において準用する場合を含む。）の規定により取締役，監査役又は清算人としての権利義務を有する者を含み，当該決議が創立総会又は種類創立総会の決議である場合にあっては設立時取締役（設立しようとする株式会社が監査等委員会設置会社である場合にあっては，設立時監査等委員である設立時取締役又はそれ以外の設立時取締役）又は設立時監査役を含む。）となる者も，同様とする。

①　株主総会等の招集の手続又は決議の方法が法令若しくは定款に違反し，又は著しく不公正なとき。

②　株主総会等の決議の内容が定款に違反するとき。

③　株主総会等の決議について特別の利害関係を有する者が議決権を行使したことによって，著しく不当な決議がされたとき。

2　前項の訴えの提起があった場合において，株主総会等の招集の手続又は決議の方法が法令又は定款に違反するときであっても，裁判所は，その違反する事実が重大でなく，かつ，決議に影響を及ぼさないものであると認めるときは，同項の規定による請求を棄却することができる。

POINT

ヤ《8》ミ《3》で一《1》番に**取り消し**たい**決議**

□趣旨は前条参照。

□1項柱書：株主等の内容については828条2項1号。

□2項：裁判所の裁量棄却の規定。

（持分会社の設立の取消しの訴え）

第832条　次の各号に掲げる場合には，当該各号に定める者は，持分会社の成立の日から2年以内に，訴えをもって持分会社の設立の取消しを請求することができる。

①　社員が民法 その他の法律の規定により設立に係る意思表示を取り消すことができるとき　当該社員

②　社員がその債権者を害することを知って持分会社を設立したとき　当該債権者

POINT

ヤ《8》ミ《3》に《2》葬れ**持（分会）社**の**誕生**

□株式会社につき設立取消しの訴えは認められていない。

（会社の解散の訴え）

第833条　次に掲げる場合において，やむを得ない事由があるときは，総株主（株主総会において決議をすることができる事項の全部につき議決権を行使することができない株主を除く。）の議決権の10分の1（これを下回る割合を定款で定めた場合にあっては，その割合）以上の議決権を有する株主又は発行済株式（自己株式を除く。）の10分の1（これを下回る割合を定款で定めた場合にあっては，その割合）以上の数の株式を有する株主は，訴えをもって株式会社の解散を請求することができる。

①　株式会社が業務の執行において著しく困難な状況に至り，当該株式会社に回復することができない損害が生じ，又は生ずるおそれがあるとき。

②　株式会社の財産の管理又は処分が著しく失当で，当該株式会社の存立を危うくするとき。

2　やむを得ない事由がある場合には，持分会社の社員は，訴えをもって持分会社の解散を請求することができる。

POINT

ヤ《8》ミ《3》さ《3》わが**社**は、**解散しろ**と言われる始末

□1項柱書：最終的でしかもドラスティックな手段なので「やむを得ない事由があるとき」に限定し、少数株主権とする。

□2項：「やむを得ない事由」とは例えば非公開会社でデッドロック状態となり、両派閥が共同して経営することが期待できない行き詰まった事情。東京地判平成1・7・18参照。

（被告）

第834条　次の各号に掲げる訴え（以下この節において「会社の組織に関する訴え」と総称する。）については，当該各号に定める者を被告とする。

①　会社の設立の無効の訴え　設立する会社

②　株式会社の成立後における株式の発行の無効の訴え（第840条第1項において「新株発行の無効の訴え」という。）　株式の発行をした株式会社

③　自己株式の処分の無効の訴え　自己株式の処分をした株式会社

④　新株予約権の発行の無効の訴え　新株予約権の発行をした株式会社

⑤　株式会社における資本金の額の減少の無効の訴え　当該株式会社

⑥　会社の組織変更の無効の訴え　組織変更後の会社

⑦　会社の吸収合併の無効の訴え　吸収合併後存続する会社

⑧　会社の新設合併の無効の訴え　新設合併により設立する会社

⑨　会社の吸収分割の無効の訴え　吸収分割契約をした会社

⑩　会社の新設分割の無効の訴え　新設分割をする会社及び新設分割により設立する会社

⑪　株式会社の株式交換の無効の訴え　株式交換契約をした会社

⑫　株式会社の株式移転の無効の訴え　株式移転をする株式会社及び株式移転により設立する株式会社

⑫の2　株式会社の株式交付の無効の訴え　株式交付親会社

⑬　株式会社の成立後における株式の発行が存在しないことの確認の訴え　株式の発行をした株式会社

⑭　自己株式の処分が存在しないことの確認の訴え　自己株式の処分をした株式会社

⑮　新株予約権の発行が存在しないことの確認の訴え　新株予約権の発行をした株式会社

⑯　株主総会等の決議が存在しないこと又は株主総会等の決議の内容が法令に違反することを理由として当該決議が無効であることの確認の訴え　当該株式会社

⑰　株主総会等の決議の取消しの訴え　当該株式会社

⑱　第832条第1号の規定による持分会社の設立の取消しの訴え　当該持分会社

⑲　第832条第2号の規定による持分会社の設立の取消しの訴え　当該持分会社及び同号の社員

⑳　株式会社の解散の訴え　当該株式会社

㉑　持分会社の解散の訴え　当該持分会社

POINT

や《8》さ《3》し《4》い**会社**ほど**被告**にされる

雑則

（訴えの管轄及び移送）

第835条　会社の組織に関する訴えは，被告となる会社の本店の所在地を管轄する地方裁判所の管轄に専属する。

2　前条第9号から第12号までの規定により2以上の地方裁判所が管轄権を有するときは，当該各号に掲げる訴えは，先に訴えの提起があった地方裁判所が管轄する。

3　前項の場合には，裁判所は，当該訴えに係る訴訟がその管轄に属する場合においても，著しい損害又は遅滞を避けるため必要があると認めるときは，申立てにより又は職権で，訴訟を他の管轄裁判所に移送することができる。

POINT

訴えは《8》さ《3》ぁこ《5》こでと**本店の地裁**

□1項：従来、株式交換・株式移転無効の訴えの土地管轄は完全親会社の本店所在地のみであったが、利害関係者の保護のため、完全子会社となる会社の本店所在地でもよいことになった。cf.834条11・12号。

（担保提供命令）

第836条　会社の組織に関する訴えであって，株主又は設立時株主が提起することができるものについては，裁判所は，被告の申立てにより，当該会社の組織に関する訴えを提起した株主又は設立時株主に対し，相当の担保を立てるべきことを命ずることができる。ただし，当該株主が取締役，監査役，執行役若しくは清算人であるとき，又は当該設立時株主が設立時取締役若しくは設立時監査役であるときは，この限りでない。

2　前項の規定は，会社の組織に関する訴えであって，債権者又は株式交付に際して株式交付親会社に株式交付子会社の株式若しくは新株予約権等を譲り渡した者が提起することができるものについて準用する。

3　被告は，第1項（前項において準用する場合を含む。）の申立てをするには，原告の訴えの提起が悪意によるものであることを疎明しなければならない。

POINT

担保は《8》さ《3》ん《6》で**訴**状出す

□従来、組織に関する訴えに担保提供命令の規定はなかったが、濫訴防止のため新たに規定された。

（弁論等の必要的併合）

第837条　同一の請求を目的とする会社の組織に関する訴えに係る訴訟が数個同時に係属するときは，その弁論及び裁判は，併合してしなければならない。

□訴えを効率的に処理し、判断の統一を図る趣旨。従来はこの趣旨より、さらに6ヶ月の提訴期間の口頭弁論開始を禁じていた（旧商105条2項）。しかし、訴訟の迅速な進行のために撤廃。

（認容判決の効力が及ぶ者の範囲）

第838条　会社の組織に関する訴えに係る請求を認容する確定判決は，第三者に対してもその効力を有する。

POINT

ヤ《8》ミ《3》や《8》この世は!（**対**）**世**に光（=**効**）あれ!

□訴訟当事者間だけに及ぶはずの判決効（民訴115条1項）を修正し、対世的効力を認める規定。法的安定性を図る趣旨。

（無効又は取消しの判決の効力）

第839条　会社の組織に関する訴え（第834条第1号から第12号の2まで，第18号及び第19号に掲げる訴えに限る。）に係る請求を認容する判決が確定したときは，当該判決において無効とされ，又は取り消された行為（当該行為によって会社が設立された場合にあっては当該設立を含み，当該行為に際して株式又は新株予約権が交付された場合にあっては当該株式又は新株予約権を含む。）は，将来に向かってその効力を失う。

POINT　ハ《8》ミ《3》ング《9》明るく**将来効**

□会社設立や組織再編が有効に行われたとの外観を尊重し、法的安定性をできるだけ図る趣旨。

□1つ目かっこ書：資本金の額の減少無効（834条5号）についても従来と異なり、将来効（＝遡及効の否定）となった。なお、834条13～17号、20・21号は含まないことに注意。いつでも誰でも不存在を主張できることとの一貫性より。

□2つ目かっこ書：組織再編行為の無効が確定した場合、交付された自己株式、自己新株予約権も無効となることが明確となった。

（新株発行の無効判決の効力）

第840条　新株発行の無効の訴えに係る請求を認容する判決が確定したときは，当該株式会社は，当該判決の確定時における当該株式に係る株主に対し，払込みを受けた金額又は給付を受けた財産の給付の時における価額に相当する金銭を支払わなければならない。この場合において，当該株式会社が株券発行会社であるときは，当該株式会社は，当該株主に対し，当該金銭の支払をするのと引換えに，当該株式に係る旧株券（前条の規定により効力を失った株式に係る株券をいう。以下この節において同じ。）を返還することを請求することができる。

2　前項の金銭の金額が同項の判決が確定した時における会社財産の状況に照らして著しく不相当であるときは，裁判所は，同項前段の株式会社又は株主の申立てにより，当該金額の増減を命ずることができる。

3　前項の申立ては，同項の判決が確定した日から6箇月以内にしなければならない。

4　第1項前段に規定する場合には，同項前段の株式を目的とする質権は，同項の金銭について存在する。

5　第1項前段に規定する場合には，前項の質権の登録株式質権者は，第1項前段の株式会社から同項の金銭を受領し，他の債権者に先立って自己の債権の弁済に充てることができる。

6　前項の債権の弁済期が到来していないときは，同項の登録株式質権者は，第1項前段の株式会社に同項の金銭に相当する金額を供託させることができる。この場合において，質権は，その供託金について存在する。

POINT　走《84》ってマル《0》返せ、**無効の新株代金**

□1項：従来、現物出資には規定がなく無効判決後の処理が困難であったが、本条により、金銭を返還すればよいことが明記された。

□2項：返還する金額の増減の申立てに係る事件が複数同時に係属するときは、審問等は併合され（877条)、裁判の効力は総株主に生じる（878条)。

（自己株式の処分の無効判決の効力）

第841条　自己株式の処分の無効の訴えに係る請求を認容する判決が確定したときは，当該株式会社は，当該判決の確定時における当該自己株式に係る株主に対し，払込みを受けた金額又は給付を受けた財産の給付の時における価額に相当する金銭を支払わなければならない。この場合において，当該株式会社が株券発行会社であるときは，当該株式会社は，当該株主に対し，当該金銭の支払をするのと引換えに，当該自己株式に係る旧株券を返還することを請求することができる。

2　前条第2項から第6項までの規定は，前項の場合について準用する。この場合において，同条第4項中「株式」とあるのは，「自己株式」と読み替えるものとする。

□1項：現物出資者に対して、前条と同様金銭を返還すればよいことになった。cf.840条1項。

（新株予約権発行の無効判決の効力）

第842条　新株予約権の発行の無効の訴えに係る請求を認容する判決が確定したときは，当該株式会社は，当該判決の確定時における当該新株予約権に係る新株予約権者に対し，払込みを受けた金額又は給付を受けた財産の給付の時における価額に相当する金銭を支払わなければならない。この場合において，当該新株予約権に係る新株予約権証券（当該新株予約権が新株予約権付社債に付されたものである場合にあっては，当該新株予約権付社債に係る新株予約権付社債券。以下この項において同じ。）を発行しているときは，当該株式会社は，当該新株予約権者に対し，当該金銭の支払をするのと引換えに，第839条の規定により効力を失った新株予約権に係る新株予約権証券を返還することを請求することができる。

2　第840条第2項から第6項までの規定は，前項の場合について準用する。この場合において，同条第2項中「株主」とあるのは「新株予約権者」と，同条第4項中「株式」とあるのは「新株予約権」と，同条第5項及び第6項中「登録株式質権者」とあるのは「登録新株予約権質権者」と読み替えるものとする。

□現物出資者に対して金銭を返還すればよいことになった。840条1項参照。

□複数個の申立てのある場合の審問等の併合と総株主に対する裁判の効力については新株の場合と同じ。cf.840条2項、877・878条2項。

（合併又は会社分割の無効判決の効力）

第843条　次の各号に掲げる行為の無効の訴えに係る請求を認容する判決が確定したときは，当該行為をした会社は，当該行為の効力が生じた日後に当該各号に定める会社が負担した債務について，連帯して弁済する責任を負う。

①　会社の吸収合併　吸収合併後存続する会社

②　会社の新設合併　新設合併により設立する会社

③　会社の吸収分割　吸収分割をする会社がその事業に関して有する権利義務の全部又は一部を当該会社から承継する会社

④　会社の新設分割　新設分割により設立する会社
2　前項に規定する場合には，同項各号に掲げる行為の効力が生じた日後に当該各号に定める会社が取得した財産は，当該行為をした会社の共有に属する。ただし，同項第4号に掲げる行為を1の会社がした場合には，同号に定める会社が取得した財産は，当該行為をした1の会社に属する。
3　第1項及び前項本文に規定する場合には，各会社の第1項の債務の負担部分及び前項本文の財産の共有持分は，各会社の協議によって定める。
4　各会社の第1項の債務の負担部分又は第2項本文の財産の共有持分について，前項の協議が調わないときは，裁判所は，各会社の申立てにより，第1項各号に掲げる行為の効力が生じた時における各会社の財産の額その他一切の事情を考慮して，これを定める。

□4項：この申立てによる裁判は、非訟事件手続として進められるが、審問期日の開催と陳述聴取が義務付けられている。cf.870条2項5号。

（株式交換又は株式移転の無効判決の効力）
第844条　株式会社の株式交換又は株式移転の無効の訴えに係る請求を認容する判決が確定した場合において，株式交換又は株式移転をする株式会社（以下この条において「旧完全子会社」という。）の発行済株式の全部を取得する株式会社（以下この条において「旧完全親会社」という。）が当該株式交換又は株式移転に際して当該旧完全親会社の株式（以下この条において「旧完全親会社株式」という。）を交付したときは，当該旧完全親会社は，当該判決の確定時における当該旧完全親会社株式に係る株主に対し，当該株式交換又は株式移転の際に当該旧完全親会社株式の交付を受けた者が有していた旧完全子会社の株式（以下この条において「旧完全子会社株式」という。）を交付しなければならない。この場合において，旧完全親会社が株券発行会社であるときは，当該旧完全親会社は，当該株主に対し，当該旧完全子会社株式を交付するのと引換えに，当該旧完全親会社株式に係る旧株券を返還することを請求することができる。
2　前項前段に規定する場合には，旧完全親会社株式を目的とする質権は，旧完全子会社株式について存在する。
3　前項の質権の質権者が登録株式質権者であるときは，旧完全親会社は，第1項の判決の確定後遅滞なく，旧完全子会社に対し，当該登録株式質権者についての第148条各号に掲げる事項を通知しなければならない。
4　前項の規定による通知を受けた旧完全子会社は，その株主名簿に同項の登録株式質権者の質権の目的である株式に係る株主名簿記載事項を記載し，又は記録した場合には，直ちに，当該株主名簿に当該登録株式質権者についての第148条各号に掲げる事項を記載し，又は記録しなければならない。
5　第3項に規定する場合において，同項の旧完全子会社が株券発行会社であるときは，旧完全親会社は，登録株式質権者に対し，第2項の旧完全子会社株式に係る株券を引き渡さなければならない。ただし，第1項前段の株主が旧完全子会社株式の交付を受けるために旧完全親会社株式に係る旧株券を提出しなければならない場合において，旧株券の提出があるまでの間は，この限りでない。

（株式交付の無効判決の効力）
第844条の2　株式会社の株式交付の無効の訴えに係る請求を認容する判決が確定した場合に

おいて，株式交付親会社が当該株式交付に際して当該株式交付親会社の株式（以下この条において「旧株式交付親会社株式」という。）を交付したときは，当該株式交付親会社は，当該判決の確定時における当該旧株式交付親会社株式に係る株主に対し，当該株式交付の際に当該旧株式交付親会社株式の交付を受けた者から給付を受けた株式交付子会社の株式及び新株予約権等（以下この条において「旧株式交付子会社株式等」という。）を返還しなければならない。この場合において，株式交付親会社が株券発行会社であるときは，当該株式交付親会社は，当該株主に対し，当該旧株式交付子会社株式等を返還するのと引換えに，当該旧株式交付親会社株式に係る旧株券を返還することを請求することができる。
2　前項前段に規定する場合には，旧株式交付親会社株式を目的とする質権は，旧株式交付子会社株式等について存在する。

（持分会社の設立の無効又は取消しの判決の効力）
第845条　持分会社の設立の無効又は取消しの訴えに係る請求を認容する判決が確定した場合において，その無効又は取消しの原因が一部の社員のみにあるときは，他の社員の全員の同意によって，当該持分会社を継続することができる。この場合においては，当該原因がある社員は，退社したものとみなす。

POINT
ハ《8》シ《4》ゴ《5》掛け、**設立継続、持分会社**

（原告が敗訴した場合の損害賠償責任）
第846条　会社の組織に関する訴えを提起した原告が敗訴した場合において，原告に悪意又は重大な過失があったときは，原告は，被告に対し，連帯して損害を賠償する責任を負う。

POINT
半《8》分シ《4》ロ《6》でも白は白、
白い**会社に賠償すべし**

第1節の2　売渡株式等の取得の無効の訴え

（売渡株式等の取得の無効の訴え）
第846条の2　株式等売渡請求に係る売渡株式等の全部の取得の無効は，取得日（第179条の2第1項第5号に規定する取得日をいう。以下この条において同じ。）から6箇月以内（対象会社が公開会社でない場合にあっては，当該取得日から1年以内）に，訴えをもってのみ主張することができる。
2　前項の訴え（以下この節において「売渡株式等の取得の無効の訴え」という。）は，次に掲げる者に限り，提起することができる。
①　取得日において売渡株主（株式売渡請求に併せて新株予約権売渡請求がされた場合にあって

は，売渡株主又は売渡新株予約権者。第846条の5第1項において同じ。）であった者
② 取得日において対象会社の取締役（監査役設置会社にあっては取締役又は監査役，指名委員会等設置会社にあっては取締役又は執行役。以下この号において同じ。）であった者又は対象会社の取締役若しくは清算人

□売渡株式等の取得は、特別支配株主と売渡株主等との売買取引だが、売渡株主等は一般に多数であることが想定されるため、その効力の争いは会社の組織に関する行為に類するものとして同様の規定を置いた。

（被告）
第846条の3 売渡株式等の取得の無効の訴えについては，特別支配株主を被告とする。
（訴えの管轄）
第846条の4 売渡株式等の取得の無効の訴えは，対象会社の本店の所在地を管轄する地方裁判所の管轄に専属する。
（担保提供命令）
第846条の5 売渡株式等の取得の無効の訴えについては，裁判所は，被告の申立てにより，当該売渡株式等の取得の無効の訴えを提起した売渡株主に対し，相当の担保を立てるべきことを命ずることができる。ただし，当該売渡株主が対象会社の取締役，監査役，執行役又は清算人であるときは，この限りでない。
2 被告は，前項の申立てをするには，原告の訴えの提起が悪意によるものであることを疎明しなければならない。
（弁論等の必要的併合）
第846条の6 同一の請求を目的とする売渡株式等の取得の無効の訴えに係る訴訟が数個同時に係属するときは，その弁論及び裁判は，併合してしなければならない。
（認容判決の効力が及ぶ者の範囲）
第846条の7 売渡株式等の取得の無効の訴えに係る請求を認容する確定判決は，第三者に対してもその効力を有する。
（無効の判決の効力）
第846条の8 売渡株式等の取得の無効の訴えに係る請求を認容する判決が確定したときは，当該判決において無効とされた売渡株式等の全部の取得は，将来に向かってその効力を失う。
（原告が敗訴した場合の損害賠償責任）
第846条の9 売渡株式等の取得の無効の訴えを提起した原告が敗訴した場合において，原告に悪意又は重大な過失があったときは，原告は，被告に対し，連帯して損害を賠償する責任を負う。

第2節 株式会社における責任追及等の訴え

（株主による責任追及等の訴え）
第847条 6箇月（これを下回る期間を定款で定めた場合にあっては，その期間）前から引き続き株式を有する株主（第189条第2項の定款の定めによりその権利を行使することができない単元未満株主を除く。）は，株式会社に対し，書面その他の法務省令で定める方法により，発起人，

設立時取締役，設立時監査役，役員等（第423条第1項に規定する役員等をいう。）若しくは清算人（以下この節において「発起人等」という。）の責任を追及する訴え，第102条の2第1項，第212条第1項若しくは第285条第1項の規定による支払を求める訴え，第120条第3項の利益の返還を求める訴え又は第213条の2第1項若しくは第286条の2第1項の規定による支払若しくは給付を求める訴え（以下この節において「責任追及等の訴え」という。）の提起を請求することができる。ただし，責任追及等の訴えが当該株主若しくは第三者の不正な利益を図り又は当該株式会社に損害を加えることを目的とする場合は，この限りでない。
2　公開会社でない株式会社における前項の規定の適用については，同項中「6箇月（これを下回る期間を定款で定めた場合にあっては，その期間）前から引き続き株式を有する株主」とあるのは，「株主」とする。
3　株式会社が第1項の規定による請求の日から60日以内に責任追及等の訴えを提起しないときは，当該請求をした株主は，株式会社のために，責任追及等の訴えを提起することができる。
4　株式会社は，第1項の規定による請求の日から60日以内に責任追及等の訴えを提起しない場合において，当該請求をした株主又は同項の発起人等から請求を受けたときは，当該請求をした者に対し，遅滞なく，責任追及等の訴えを提起しない理由を書面その他の法務省令で定める方法により通知しなければならない。
5　第1項及び第3項の規定にかかわらず，同項の期間の経過により株式会社に回復することができない損害が生ずるおそれがある場合には，第1項の株主は，株式会社のために，直ちに責任追及等の訴えを提起することができる。ただし，同項ただし書に規定する場合は，この限りでない。

POINT　恥《8》じ《4》な《7》き**役員**に**代表訴訟**!

□株主代表訴訟の規定。

□1項本文：株主代表訴訟の責任追及対象に会計監査人が新たに加えられた。cf.423条1項。責任追及等の訴えは、①役員らの責任を追及する訴え、②株主の権利行使に関する利益供与を受けた者への利益の返還を求める訴え（120条3項）、③不公正な払込金額による株式引受人の支払いを求める訴え（212条1項）、④不公正な払込金額による新株予約権の引受人の支払いを求める訴え（285条1項）。「法務省令」＝施規217条。

□1項但書：濫用的な代表訴訟を防止する趣旨。従来、訴権の濫用とされていたものの一部を類型化し、明示的に規定した。

□2項：公開会社でない場合、株主の監督機能を十全にするため、6ヶ月の保有期間の要件は不要。なお、公開会社でも定款で保有期間を短縮できる（1項1つ目かっこ書）。

□4項：訴訟資料充実化の趣旨より不提訴理由は書面で通知することになった。「法務省令」＝施規218条

（旧株主による責任追及等の訴え）

第847条の2　次の各号に掲げる行為の効力が生じた日の6箇月（これを下回る期間を定款で定めた場合にあっては，その期間）前から当該日まで引き続き株式会社の株主であった者（第189条第2項の定款の定めによりその権利を行使することができない単元未満株主であった者を

除く。以下この条において「旧株主」という。）は，当該株式会社の株主でなくなった場合であっても，当該各号に定めるときは，当該株式会社（第2号に定める場合にあっては，同号の吸収合併後存続する株式会社。以下この節において「株式交換等完全子会社」という。）に対し，書面その他の法務省令で定める方法により，責任追及等の訴え（次の各号に掲げる行為の効力が生じた時までにその原因となった事実が生じた責任又は義務に係るものに限る。以下この条において同じ。）の提起を請求することができる。ただし，責任追及等の訴えが当該旧株主若しくは第三者の不正な利益を図り又は当該株式交換等完全子会社若しくは次の各号の完全親会社（特定の株式会社の発行済株式の全部を有する株式会社その他これと同等のものとして法務省令で定める株式会社をいう。以下この節において同じ。）に損害を加えることを目的とする場合は，この限りでない。

① 当該株式会社の株式交換又は株式移転　当該株式交換又は株式移転により当該株式会社の完全親会社の株式を取得し，引き続き当該株式を有するとき。

② 当該株式会社が吸収合併により消滅する会社となる吸収合併　当該吸収合併により，吸収合併後存続する株式会社の完全親会社の株式を取得し，引き続き当該株式を有するとき。

2 公開会社でない株式会社における前項の規定の適用については，同項中「次の各号に掲げる行為の効力が生じた日の6箇月（これを下回る期間を定款で定めた場合にあっては，その期間）前から当該日まで引き続き」とあるのは，「次の各号に掲げる行為の効力が生じた日において」とする。

3 旧株主は，第1項各号の完全親会社の株主でなくなった場合であっても，次に掲げるときは，株式交換等完全子会社に対し，書面その他の法務省令で定める方法により，責任追及等の訴えの提起を請求することができる。ただし，責任追及等の訴えが当該旧株主若しくは第三者の不正な利益を図り又は当該株式交換等完全子会社若しくは次の各号の株式を発行している株式会社に損害を加えることを目的とする場合は，この限りでない。

① 当該完全親会社の株式交換又は株式移転により当該完全親会社の完全親会社の株式を取得し，引き続き当該株式を有するとき。

② 当該完全親会社が合併により消滅する会社となる合併により，合併により設立する株式会社又は合併後存続する株式会社若しくはその完全親会社の株式を取得し，引き続き当該株式を有するとき。

4 前項の規定は，同項第1号（この項又は次項において準用する場合を含む。以下この項において同じ。）に掲げる場合において，旧株主が同号の株式の株主でなくなったときについて準用する。

5 第3項の規定は，同項第2号（前項又はこの項において準用する場合を含む。以下この項において同じ。）に掲げる場合において，旧株主が同号の株式の株主でなくなったときについて準用する。この場合において，第3項（前項又はこの項において準用する場合を含む。）中「当該完全親会社」とあるのは，「合併により設立する株式会社又は合併後存続する株式会社若しくはその完全親会社」と読み替えるものとする。

6 株式交換等完全子会社が第1項又は第3項（前2項において準用する場合を含む。以下この条において同じ。）の規定による請求（以下この条において「提訴請求」という。）の日から60日以内に責任追及等の訴えを提起しないときは，当該提訴請求をした旧株主は，株式交換等完全子会社のために，責任追及等の訴えを提起することができる。

7 株式交換等完全子会社は，提訴請求の日から60日以内に責任追及等の訴えを提起しない場合において，当該提訴請求をした旧株主又は当該提訴請求に係る責任追及等の訴えの被告となることとなる発起人等から請求を受けたときは，当該請求をした者に対し，遅滞なく，責任追及等の訴えを提起しない理由を書面その他の法務省令で定める方法により通知しなければならない。

8　第1項，第3項及び第6項の規定にかかわらず，同項の期間の経過により株式交換等完全子会社に回復することができない損害が生ずるおそれがある場合には，提訴請求をすることができる旧株主は，株式交換等完全子会社のために，直ちに責任追及等の訴えを提起することができる。
9　株式交換等完全子会社に係る適格旧株主（第1項本文又は第3項本文の規定によれば提訴請求をすることができることとなる旧株主をいう。以下この節において同じ。）がある場合において，第1項各号に掲げる行為の効力が生じた時までにその原因となった事実が生じた責任又は義務を免除するときにおける第55条，第102条の2第2項，第103条第3項，第120条第5項，第213条の2第2項，第286条の2第2項，第424条（第486条第4項において準用する場合を含む。），第462条第3項ただし書，第464条第2項及び第465条第2項の規定の適用については，これらの規定中「総株主」とあるのは，「総株主及び第847条の2第9項に規定する適格旧株主の全員」とする。

□代表訴訟を提起する前に株式交換等で親会社の株主になった旧株主も子会社の役員等に対し代表訴訟を起こせる。cf.851条。
□1項本文・3項：「法務省令」＝施規218条の2。
□1項但書：「法務省令」＝施規218条の3。
□7項：「法務省令」＝施規218条の4。

（最終完全親会社等の株主による特定責任追及の訴え）
第847条の3　6箇月（これを下回る期間を定款で定めた場合にあっては，その期間）前から引き続き株式会社の最終完全親会社等（当該株式会社の完全親会社等であって，その完全親会社等がないものをいう。以下この節において同じ。）の総株主（株主総会において決議をすることができる事項の全部につき議決権を行使することができない株主を除く。）の議決権の100分の1（これを下回る割合を定款で定めた場合にあっては，その割合）以上の議決権を有する株主又は当該最終完全親会社等の発行済株式（自己株式を除く。）の100分の1（これを下回る割合を定款で定めた場合にあっては，その割合）以上の数の株式を有する株主は，当該株式会社に対し，書面その他の法務省令で定める方法により，特定責任に係る責任追及等の訴え（以下この節において「特定責任追及の訴え」という。）の提起を請求することができる。ただし，次のいずれかに該当する場合は，この限りでない。
①　特定責任追及の訴えが当該株主若しくは第三者の不正な利益を図り又は当該株式会社若しくは当該最終完全親会社等に損害を加えることを目的とする場合
②　当該特定責任の原因となった事実によって当該最終完全親会社等に損害が生じていない場合
2　前項に規定する「完全親会社等」とは，次に掲げる株式会社をいう。
①　完全親会社
②　株式会社の発行済株式の全部を他の株式会社及びその完全子会社等（株式会社がその株式又は持分の全部を有する法人をいう。以下この条及び第849条第3項において同じ。）又は他の株式会社の完全子会社等が有する場合における当該他の株式会社（完全親会社を除く。）
3　前項第2号の場合において，同号の他の株式会社及びその完全子会社等又は同号の他の株式会社の完全子会社等が他の法人の株式又は持分の全部を有する場合における当該他の法人は，当該他の株式会社の完全子会社等とみなす。
4　第1項に規定する「特定責任」とは，当該株式会社の発起人等の責任の原因となった事実が生じた日において最終完全親会社等及びその完全子会社等（前項の規定により当該完全子会社等とみなされるものを含む。次項及び第849条第3項において同じ。）における当該株式会社の株式の帳簿価額が当該最終完全親会社等の総資産額として法務省令で定める方法により算定される額の5分の1（これを下回る割合を定款で定めた場合にあっては，その割合）を超える場合における当該発起人等の責任をいう（第10項及び同条第7項において同じ。）。
5　最終完全親会社等が，発起人等の責任の原因となった事実が生じた日において最終完全親会社等であった株式会社をその完全子会社等としたものである場合には，前項の規定の適用については，当該最終完全親会社等であった株式会社を同項の最終完全親会社等とみなす。
6　公開会社でない最終完全親会社等における第1項の規定の適用については，同項中「6箇月（これを下回る期間を定款で定めた場合にあっては，その期間）前から引き続き株式会社」とあるのは，「株式会社」とする。
7　株式会社が第1項の規定による請求の日から60日以内に特定責任追及の訴えを提起しないときは，当該請求をした最終完全親会社等の株主は，株式会社のために，特定責任追及の訴えを提起することができる。
8　株式会社は，第1項の規定による請求の日から60日以内に特定責任追及の訴えを提起しない場合において，当該請求をした最終完全親会社等の株主又は当該請求に係る特定責任追及の訴えの被告となることとなる発起人等から請求を受けたときは，当該請求をした者に対し，遅滞なく，特定責任追及の訴えを提起しない理由を書面その他の法務省令で定める方法により通知しなければならない。
9　第1項及び第7項の規定にかかわらず，同項の期間の経過により株式会社に回復することができない損害が生ずるおそれがある場合には，第1項に規定する株主は，株式会社のために，直ちに特定責任追及の訴えを提起することができる。ただし，同項ただし書に規定する場合は，この限りでない。
10　株式会社に最終完全親会社等がある場合において，特定責任を免除するときにおける第55条，第103条第3項，第120条第5項，第424条（第486条第4項において準用する場合を含む。），第462条第3項ただし書，第464条第2項及び第465条第2項の規定の適用については，これらの規定中「総株主」とあるのは，「総株主及び株式会社の第847条の3第1項に規定する最終完全親会社等の総株主」とする。

POINT　恥《8》じ《4》な《7》き《の》三《3》等子会社の役員も（**多重代表**）**訴訟**の対象!

□いわゆる多重代表訴訟に関する規定。持株会社が急速に増える中、持株会社（親会社）による子会社の監督機能が疑問視され、親会社株主の子会社（孫会社）取締役等に対する責任追及手段が望まれていた。平成26年創設。株主代表訴訟制度を基礎に制度設計されている。cf.847条。

□1項：847条1項と同様。「法務省令」＝施規218条の5。

□4項：「法務省令」＝施規218条の6。親会社の財産の5分の1を超えるような規模の子会社に限定。それ以下の小規模な会社の取締役など、親会社からすると実質上従業員にすぎず、そのような者を責任追及の対象とするのは適当でないから。

□7項：847条3項と同様。

□8項：847条4項と同様。「法務省令」＝施規218条の7。

□9項：847条5項と同様。

（責任追及等の訴えに係る訴訟費用等）

第847条の4　第847条第3項若しくは第5項，第847条の2第6項若しくは第8項又は前条第7項若しくは第9項の責任追及等の訴えは，訴訟の目的の価額の算定については，財産権上の請求でない請求に係る訴えとみなす。

2　株主等（株主，適格旧株主又は最終完全親会社等の株主をいう。以下この節において同じ。）が責任追及等の訴えを提起したときは，裁判所は，被告の申立てにより，当該株主等に対し，相当の担保を立てるべきことを命ずることができる。

3　被告が前項の申立てをするには，責任追及等の訴えの提起が悪意によるものであることを疎明しなければならない。

（訴えの管轄）

第848条　責任追及等の訴えは，株式会社又は株式交換等完全子会社（以下この節において「株式会社等」という。）の本店の所在地を管轄する地方裁判所の管轄に専属する。

POINT

ハ《8》ジ《4》は《8》**本店の地裁**でかけ!

（訴訟参加）

第849条　株主等又は株式会社等は，共同訴訟人として，又は当事者の一方を補助するため，責任追及等の訴え（適格旧株主にあっては第847条の2第1項各号に掲げる行為の効力が生じた時までにその原因となった事実が生じた責任又は義務に係るものに限り，最終完全親会社等の株主にあっては特定責任追及の訴えに限る。）に係る訴訟に参加することができる。ただし，不当に訴訟手続を遅延させることとなるとき，又は裁判所に対し過大な事務負担を及ぼすこととなるときは，この限りでない。

2　次の各号に掲げる者は，株式会社等の株主でない場合であっても，当事者の一方を補助するため，当該各号に定める者が提起した責任追及等の訴えに係る訴訟に参加することができる。ただし，前項ただし書に規定するときは，この限りでない。

①　株式交換等完全親会社（第847条の2第1項各号に定める場合又は同条第3項第1号（同条第4項及び第5項において準用する場合を含む。以下この号において同じ。）若しくは第2号（同条第4項及び第5項において準用する場合を含む。以下この号において同じ。）に掲げる場合における株式交換等完全子会社の完全親会社（同条第1項各号に掲げる行為又は同条第3項第1号の株式交換若しくは株式移転若しくは同項第2号の合併の効力が生じた時においてその完全親会社があるものを除く。）であって，当該完全親会社の株式交換若しくは株式移転又は当該完全親会社が合併により消滅する会社となる合併によりその完全親会社となった株式会社がないものをいう。以下この条において同じ。）　適格旧株主

②　最終完全親会社等　当該最終完全親会社等の株主

3　株式会社等，株式交換等完全親会社又は最終完全親会社等が，当該株式会社等，当該株式交換等完全親会社の株式交換等完全子会社又は当該最終完全親会社等の完全子会社等である株式会社の取締役（監査等委員及び監査委員を除く。），執行役及び清算人並びにこれらの者であった者を補助するため，責任追及等の訴えに係る訴訟に参加するには，次の各号に掲げる株式会社の区分に応じ，当該各号に定める者の同意を得なければならない。

①　監査役設置会社　監査役（監査役が2人以上ある場合にあっては，各監査役）

② 監査等委員会設置会社 各監査等委員
③ 指名委員会等設置会社 各監査委員
4 株主等は，責任追及等の訴えを提起したときは，遅滞なく，当該株式会社等に対し，訴訟告知をしなければならない。
5 株式会社等は，責任追及等の訴えを提起したとき，又は前項の訴訟告知を受けたときは，遅滞なく，その旨を公告し，又は株主に通知しなければならない。
6 株式会社等に株式交換等完全親会社がある場合であって，前項の責任追及等の訴え又は訴訟告知が第847条の2第1項各号に掲げる行為の効力が生じた時までにその原因となった事実が生じた責任又は義務に係るものであるときは，当該株式会社等は，前項の規定による公告又は通知のほか，当該株式交換等完全親会社に対し，遅滞なく，当該責任追及等の訴えを提起し，又は当該訴訟告知を受けた旨を通知しなければならない。
7 株式会社等に最終完全親会社等がある場合であって，第5項の責任追及等の訴え又は訴訟告知が特定責任に係るものであるときは，当該株式会社等は，同項の規定による公告又は通知のほか，当該最終完全親会社等に対し，遅滞なく，当該責任追及等の訴えを提起し，又は当該訴訟告知を受けた旨を通知しなければならない。
8 第6項の株式交換等完全親会社が株式交換等完全子会社の発行済株式の全部を有する場合における同項の規定及び前項の最終完全親会社等が株式会社の発行済株式の全部を有する場合における同項の規定の適用については，これらの規定中「のほか」とあるのは，「に代えて」とする。
9 公開会社でない株式会社等における第5項から第7項までの規定の適用については，第5項中「公告し，又は株主に通知し」とあるのは「株主に通知し」と，第6項及び第7項中「公告又は通知」とあるのは「通知」とする。
10 次の各号に掲げる場合には，当該各号に規定する株式会社は，遅滞なく，その旨を公告し，又は当該各号に定める者に通知しなければならない。
① 株式交換等完全親会社が第6項の規定による通知を受けた場合 適格旧株主
② 最終完全親会社等が第7項の規定による通知を受けた場合 当該最終完全親会社等の株主
11 前項各号に規定する株式会社が公開会社でない場合における同項の規定の適用については，同項中「公告し，又は当該各号に定める者に通知し」とあるのは，「当該各号に定める者に通知し」とする。

POINT

走《84》ってく《9》ぞ、**訴訟参加**するために

□1項：原告株主が、被告たる役員らと馴れ合いで代表訴訟を遂行して株主側敗訴となった場合でも、判決の効果が会社に及び、重ねて訴えを提起できなくなるから。会社の保護を図る趣旨。
□3項：会社が濫用的な代表訴訟に対処するため被告取締役側を補助する訴訟参加を認める。ただし、被告取締役側に不当に有利とならないよう、一定の者の同意を必要とする。
□5項：株主代表訴訟でなく、会社が取締役の責任を追及する訴えを提起する場合でも、和解が株主にとり不利に行われる恐れがあるので、それを防止する趣旨。役員等に対する責任追及訴訟が係属していることを株主に伝え、訴訟参加の機会を保障する。
□9項：非公開会社の小人数の株主に情報伝達を徹底し、訴訟の機会の保障をより強固にするため。
□10項2号：多重代表訴訟では最終完全親会社等はもちろん、その他の株主も訴訟参加の機

会を得るために公告・通知を受ける。cf.本条5・7・9・11項。

（和解）

第849条の2　株式会社等が，当該株式会社等の取締役（監査等委員及び監査委員を除く。），執行役及び清算人並びにこれらの者であった者の責任を追及する訴えに係る訴訟における和解をするには，次の各号に掲げる株式会社の区分に応じ，当該各号に定める者の同意を得なければならない。

① 監査役設置会社　監査役（監査役が2人以上ある場合にあっては，各監査役）

② 監査等委員会設置会社　各監査等委員

③ 指名委員会等設置会社　各監査委員

（和解その2）

第850条　民事訴訟法第267条の規定は，株式会社等が責任追及等の訴えに係る訴訟における和解の当事者でない場合には，当該訴訟における訴訟の目的については，適用しない。ただし，当該株式会社等の承認がある場合は，この限りでない。

2　前項に規定する場合において，裁判所は，株式会社等に対し，和解の内容を通知し，かつ，当該和解に異議があるときは2週間以内に異議を述べるべき旨を催告しなければならない。

3　株式会社等が前項の期間内に書面により異議を述べなかったときは，同項の規定による通知の内容で株主等が和解をすることを承認したものとみなす。

4　第55条，第102条の2第2項，第103条第3項，第120条第5項，第213条の2第2項，第286条の2第2項，第424条（第486条第4項において準用する場合を含む。），第462条第3項（同項ただし書に規定する分配可能額を超えない部分について負う義務に係る部分に限る。），第464条第2項及び第465条第2項の規定は，責任追及等の訴えに係る訴訟における和解をする場合には，適用しない。

POINT　ハ《8》ンコ《5》押《0》して**和解**？ 共謀の恐れ

□4項：責任免除に総株主の同意を要する規定を排除。訴訟参加の機会が株主に保障されていることを前提として（前条）、訴訟に参加すれば和解を阻止できたのに、あえて訴訟参加しなかったのであれば、原告株主が処分権限を行使して和解を実行し責任免除したとしても、それに消極的ながら同意を与えたととれるため。

□共謀による和解があった場合も、再審請求（853条）できると解すべきであろう。

（株主でなくなった者の訴訟追行）

第851条　責任追及等の訴えを提起した株主又は第849条第1項の規定により共同訴訟人として当該責任追及等の訴えに係る訴訟に参加した株主が当該訴訟の係属中に株主でなくなった場合であっても，次に掲げるときは，その者が，訴訟を追行することができる。

① その者が当該株式会社の株式交換又は株式移転により当該株式会社の完全親会社の株式を取得したとき。

② その者が当該株式会社が合併により消滅する会社となる合併により，合併により設立する株式会社又は合併後存続する株式会社若しくはその完全親会社の株式を取得したとき。
2 前項の規定は，同項第1号（この項又は次項において準用する場合を含む。）に掲げる場合において，前項の株主が同項の訴訟の係属中に当該株式会社の完全親会社の株式の株主でなくなったときについて準用する。この場合において，同項（この項又は次項において準用する場合を含む。）中「当該株式会社」とあるのは，「当該完全親会社」と読み替えるものとする。
3 第1項の規定は，同項第2号（前項又はこの項において準用する場合を含む。）に掲げる場合において，第1項の株主が同項の訴訟の係属中に合併により設立する株式会社又は合併後存続する株式会社若しくはその完全親会社の株式の株主でなくなったときについて準用する。この場合において，同項（前項又はこの項において準用する場合を含む。）中「当該株式会社」とあるのは，「合併により設立する株式会社又は合併後存続する株式会社若しくはその完全親会社」と読み替えるものとする。

POINT **訴え**にや《8》って来い《51》! **持株会社の株主**たちよ

□会社の行う組織再編行為により、完全親会社の株主となってしまい会社の株主たる地位を失う場合の救済規定が設けられた。訴訟前に子会社の株主でなくなった場合については847条の2（平成26年新設）。

（費用等の請求）
第852条 責任追及等の訴えを提起した株主等が勝訴（一部勝訴を含む。）した場合において，当該責任追及等の訴えに係る訴訟に関し，必要な費用（訴訟費用を除く。）を支出したとき又は弁護士，弁護士法人若しくは弁護士・外国法事務弁護士共同法人に報酬を支払うべきときは，当該株式会社等に対し，その費用の額の範囲内又はその報酬額の範囲内で相当と認められる額の支払を請求することができる。
2 責任追及等の訴えを提起した株主等が敗訴した場合であっても，悪意があったときを除き，当該株主等は，当該株式会社等に対し，これによって生じた損害を賠償する義務を負わない。
3 前2項の規定は，第849条第1項の規定により同項の訴訟に参加した株主等について準用する。

（再審の訴え）
第853条 責任追及等の訴えが提起された場合において，原告及び被告が共謀して責任追及等の訴えに係る訴訟の目的である株式会社等の権利を害する目的をもって判決をさせたときは，次の各号に掲げる者は，当該各号に定める訴えに係る確定した終局判決に対し，再審の訴えをもって，不服を申し立てることができる。
① 株主又は株式会社等 責任追及等の訴え
② 適格旧株主 責任追及等の訴え（第847条の2第1項各号に掲げる行為の効力が生じた時までにその原因となった事実が生じた責任又は義務に係るものに限る。）
③ 最終完全親会社等の株主 特定責任追及の訴え
2 前条の規定は，前項の再審の訴えについて準用する。

POINT 野《8》合《5》み《3》たいな**共謀**許さぬ**再審の訴え**

□原告株主と被告役員とが共謀して会社や他の株主の利益を損なう場合の救済規定。

第3節 株式会社の役員の解任の訴え

（株式会社の役員の解任の訴え）

第854条 役員（第329条第1項に規定する役員をいう。以下この節において同じ。）の職務の執行に関し不正の行為又は法令若しくは定款に違反する重大な事実があったにもかかわらず，当該役員を解任する旨の議案が株主総会において否決されたとき又は当該役員を解任する旨の株主総会の決議が第323条の規定によりその効力を生じないときは，次に掲げる株主は，当該株主総会の日から30日以内に，訴えをもって当該役員の解任を請求することができる。

① 総株主（次に掲げる株主を除く。）の議決権の100分の3（これを下回る割合を定款で定めた場合にあっては，その割合）以上の議決権を6箇月（これを下回る期間を定款で定めた場合にあっては，その期間）前から引き続き有する株主（次に掲げる株主を除く。）

　イ 当該役員を解任する旨の議案について議決権を行使することができない株主

　ロ 当該請求に係る役員である株主

② 発行済株式（次に掲げる株主の有する株式を除く。）の100分の3（これを下回る割合を定款で定めた場合にあっては，その割合）以上の数の株式を6箇月（これを下回る期間を定款で定めた場合にあっては，その期間）前から引き続き有する株主（次に掲げる株主を除く。）

　イ 当該株式会社である株主

　ロ 当該請求に係る役員である株主

2 公開会社でない株式会社における前項各号の規定の適用については，これらの規定中「6箇月（これを下回る期間を定款で定めた場合にあっては，その期間）前から引き続き有する」とあるのは，「有する」とする。

3 第108条第1項第9号に掲げる事項（取締役（監査等委員会設置会社にあっては，監査等委員である取締役又はそれ以外の取締役）に関するものに限る。）についての定めがある種類の株式を発行している場合における第1項の規定の適用については，同項中「株主総会」とあるのは，「株主総会（第347条第1項の規定により読み替えて適用する第339条第1項の種類株主総会を含む。）」とする。

4 第108条第1項第9号に掲げる事項（監査役に関するものに限る。）についての定めがある種類の株式を発行している場合における第1項の規定の適用については，同項中「株主総会」とあるのは，「株主総会（第347条第2項の規定により読み替えて適用する第339条第1項の種類株主総会を含む。）」とする。

POINT や《8》やこ《5》し《4》い説明する**役員**、**株主**が**解任**

□株主の役員解任請求の規定。

□1項：対象となる「役員」は、取締役、監査役、会計参与（329条1項の**覚え方**参照）。対会社責任を負う「役員等」ではない。

つまり、執行役、会計監査人は含まれないことに注意。

□1・2項：一定の保有期間、保有株式数が必要。少数株主権。ただし、非公開会社では保有期間要件不要。議決権基準だけでなく、持株基準も導入された（1項2号）。

（被告）
第855条　前条第1項の訴え（次条及び第937条第1項第1号ヌにおいて「株式会社の役員の解任の訴え」という。）については，当該株式会社及び前条第1項の役員を被告とする。

POINT　や《8》あ、こ《5》こ《5》では**会社、役員、ともに被告**

□被告を誰にするか従来明文がなく争いがあったが、判例と同様、取締役と会社の双方と考える（固有必要的共同訴訟説）ことを明記した。

（訴えの管轄）
第856条　株式会社の役員の解任の訴えは，当該株式会社の本店の所在地を管轄する地方裁判所の管轄に専属する。

第4節　特別清算に関する訴え

（役員等の責任の免除の取消しの訴えの管轄）
第857条　第544条第2項の訴えは，特別清算裁判所（第880条第1項に規定する特別清算裁判所をいう。次条第3項において同じ。）の管轄に専属する。

（役員等責任査定決定に対する異議の訴え）
第858条　役員等責任査定決定（第545条第1項に規定する役員等責任査定決定をいう。以下この条において同じ。）に不服がある者は，第899条第4項の規定による送達を受けた日から1箇月の不変期間内に，異議の訴えを提起することができる。
2　前項の訴えは，これを提起する者が，対象役員等（第542条第1項に規定する対象役員等をいう。以下この項において同じ。）であるときは清算株式会社を，清算株式会社であるときは対象役員等を，それぞれ被告としなければならない。
3　第1項の訴えは，特別清算裁判所の管轄に専属する。
4　第1項の訴えについての判決においては，訴えを不適法として却下する場合を除き，役員等責任査定決定を認可し，変更し，又は取り消す。
5　役員等責任査定決定を認可し，又は変更した判決は，強制執行に関しては，給付を命ずる判決と同一の効力を有する。
6　役員等責任査定決定を認可し，又は変更した判決については，受訴裁判所は，民事訴訟法第259条第1項 の定めるところにより，仮執行の宣言をすることができる。

第5節 持分会社の社員の除名の訴え等

（持分会社の社員の除名の訴え）

第859条　持分会社の社員（以下この条及び第861条第1号において「対象社員」という。）について次に掲げる事由があるときは，当該持分会社は，対象社員以外の社員の過半数の決議に基づき，訴えをもって対象社員の除名を請求することができる。

①　出資の義務を履行しないこと。

②　第594条第1項（第598条第2項において準用する場合を含む。）の規定に違反したこと。

③　業務を執行するに当たって不正の行為をし，又は業務を執行する権利がないのに業務の執行に関与したこと。

④　持分会社を代表するに当たって不正の行為をし，又は代表権がないのに持分会社を代表して行為をしたこと。

⑤　前各号に掲げるもののほか，重要な義務を尽くさないこと。

POINT　犯《8》行《5》く《9》り返す**社員**に**除名請求**

（持分会社の業務を執行する社員の業務執行権又は代表権の消滅の訴え）

第860条　持分会社の業務を執行する社員（以下この条及び次条第2号において「対象業務執行社員」という。）について次に掲げる事由があるときは，当該持分会社は，対象業務執行社員以外の社員の過半数の決議に基づき，訴えをもって対象業務執行社員の業務を執行する権利又は代表権の消滅を請求することができる。

①　前条各号に掲げる事由があるとき。

②　持分会社の業務を執行し，又は持分会社を代表することに著しく不適任なとき。

POINT　野《8》郎《6》! ワ《0》ル**社員**だ**業務させるな**

（被告）

第861条　次の各号に掲げる訴えについては，当該各号に定める者を被告とする。

①　第859条の訴え（次条及び第937条第1項第1号ルにおいて「持分会社の社員の除名の訴え」という。）　対象社員

②　前条の訴え（次条及び第937条第1項第1号ヲにおいて「持分会社の業務を執行する社員の業務執行権又は代表権の消滅の訴え」という。）　対象業務執行社員

（訴えの管轄）

第862条　持分会社の社員の除名の訴え及び持分会社の業務を執行する社員の業務執行権又は代表権の消滅の訴えは，当該持分会社の本店の所在地を管轄する地方裁判所の管轄に専属する。

第6節 清算持分会社の財産処分の取消しの訴え

（清算持分会社の財産処分の取消しの訴え）

第863条　清算持分会社（合名会社及び合資会社に限る。以下この項において同じ。）が次の各号に掲げる行為をしたときは，当該各号に定める者は，訴えをもって当該行為の取消しを請求することができる。ただし，当該行為がその者を害しないものであるときは，この限りでない。

① 第670条の規定に違反して行った清算持分会社の財産の処分　清算持分会社の債権者

② 第671条第1項の規定に違反して行った清算持分会社の財産の処分　清算持分会社の社員の持分を差し押さえた債権者

2 民法第424条第1項ただし書，第424条の5，第424条の7第2項及び第425条から第426条までの規定は，前項の場合について準用する。この場合において，同法第424条第1項ただし書中「その行為によって」とあるのは「会社法（平成17年法律第86号）第863条第1項各号に掲げる行為によって」と，同法第424条の5第1号中「債務者」とあるのは「清算持分会社（会社法第645条に規定する清算持分会社をいい，合名会社及び合資会社に限る。以下同じ。）」と，同条第2号並びに同法第424条の7第2項及び第425条から第426条までの規定中「債務者」とあるのは「清算持分会社」と読み替えるものとする。

（被告）

第864条　前条第1項の訴えについては，同項各号に掲げる行為の相手方又は転得者を被告とする。

第7節 社債発行会社の弁済等の取消しの訴え

（社債発行会社の弁済等の取消しの訴え）

第865条　社債を発行した会社が社債権者に対してした弁済，社債権者との間でした和解その他の社債権者に対してし，又は社債権者との間でした行為が著しく不公正であるときは，社債管理者は，訴えをもって当該行為の取消しを請求することができる。

2 前項の訴えは，社債管理者が同項の行為の取消しの原因となる事実を知った時から6箇月を経過したときは，提起することができない。同項の行為の時から1年を経過したときも，同様とする。

3 第1項に規定する場合において，社債権者集会の決議があるときは，代表社債権者又は決議執行者（第737条第2項に規定する決議執行者をいう。）も，訴えをもって第1項の行為の取消しを請求することができる。ただし，同項の行為の時から1年を経過したときは，この限りでない。

4 民法第424条第1項ただし書，第424条の5，第424条の7第2項及び第425条から第425条の4までの規定は，第1項及び前項本文の場合について準用する。この場合において，同法第424条第1項ただし書中「その行為によって」とあるのは「会社法第865条第1項に規定する行為によって」と，「債権者を害すること」とあるのは「その行為が著しく不公正であること」と，同法第424条の5各号中「債権者を害すること」とあるのは「著しく不公正であること」と，同法第425条中「債権者」とあるのは「社債権者」と読み替えるものとする。

POINT や《8》る《6》こ《5》とやるね**社債管理者**、「**会社**の**弁済取り消**すぞ」

（被告）

第866条　前条第1項又は第3項の訴えについては，同条第1項の行為の相手方又は転得者を被告とする。

（訴えの管轄）

第867条　第865条第1項又は第3項の訴えは，社債を発行した会社の本店の所在地を管轄する地方裁判所の管轄に専属する。

第3章　非訟

第1節　総則

（非訟事件の管轄）

第868条　この法律の規定による非訟事件（次項から第6項までに規定する事件を除く。）は，会社の本店の所在地を管轄する地方裁判所の管轄に属する。

2　親会社社員（会社である親会社の株主又は社員に限る。）によるこの法律の規定により株式会社が作成し，又は備え置いた書面又は電磁的記録についての次に掲げる閲覧等（閲覧，謄写，謄本若しくは抄本の交付，事項の提供又は事項を記載した書面の交付をいう。第870条第2項第1号において同じ。）の許可の申立てに係る事件は，当該株式会社の本店の所在地を管轄する地方裁判所の管轄に属する。

①　当該書面の閲覧若しくは謄写又はその謄本若しくは抄本の交付

②　当該電磁的記録に記録された事項を表示したものの閲覧若しくは謄写又は電磁的方法による当該事項の提供若しくは当該事項を記載した書面の交付

3　第179条の8第1項の規定による売渡株式等の売買価格の決定の申立てに係る事件は，対象会社の本店の所在地を管轄する地方裁判所の管轄に属する。

4　第705条第4項及び第706条第4項の規定，第707条，第711条第3項，第713条並びに第714条第1項及び第3項（これらの規定を第714条の7において準用する場合を含む。）の規定並びに第718条第3項，第732条，第740条第1項及び第741条第1項の規定による裁判の申立てに係る事件は，社債を発行した会社の本店の所在地を管轄する地方裁判所の管轄に属する。

5　第822条第1項の規定による外国会社の清算に係る事件並びに第827条第1項の規定による裁判及び同条第2項において準用する第825条第1項の規定による保全処分に係る事件は，当該外国会社の日本における営業所の所在地（日本に営業所を設けていない場合にあっては，日本における代表者の住所地）を管轄する地方裁判所の管轄に属する。

6　第843条第4項の申立てに係る事件は，同条第1項各号に掲げる行為の無効の訴えの第1審の受訴裁判所の管轄に属する。

POINT

ハ《8》ロ《6》ーは《8》**省略**、挨拶抜きの**非訟事件**

（疎明）

第869条　この法律の規定による許可の申立てをする場合には，その原因となる事実を疎明しなければならない。

（陳述の聴取）

第870条　裁判所は，この法律の規定（第2編第9章第2節を除く。）による非訟事件についての裁判のうち，次の各号に掲げる裁判をする場合には，当該各号に定める者の陳述を聴かなければならない。ただし，不適法又は理由がないことが明らかであるとして申立てを却下する裁判をするときは，この限りでない。

① 第346条第2項，第351条第2項若しくは第401条第3項（第403条第3項及び第420条第3項において準用する場合を含む。）の規定により選任された一時取締役（監査等委員会設置会社にあっては，監査等委員である取締役又はそれ以外の取締役），会計参与，監査役，代表取締役，委員（指名委員会，監査委員会又は報酬委員会の委員をいう。第874条第1号において同じ。），執行役若しくは代表執行役の職務を行うべき者，清算人，第479条第4項において準用する第346条第2項若しくは第483条第6項において準用する第351条第2項の規定により選任された一時清算人若しくは代表清算人の職務を行うべき者，検査役又は第825条第2項（第827条第2項において準用する場合を含む。）の管理人の報酬の額の決定　当該会社（第827条第2項において準用する第825条第2項の管理人の報酬の額の決定にあっては，当該外国会社）及び報酬を受ける者

② 清算人，社債管理者又は社債管理補助者の解任についての裁判　当該清算人，社債管理者又は社債管理補助者

③ 第33条第7項の規定による裁判　設立時取締役，第28条第1号の金銭以外の財産を出資する者及び同条第2号の譲渡人

④ 第207条第7項又は第284条第7項の規定による裁判　当該株式会社及び第199条第1項第3号又は第236条第1項第3号の規定により金銭以外の財産を出資する者

⑤ 第455条第2項第2号又は第505条第3項第2号の規定による裁判　当該株主

⑥ 第456条又は第506条の規定による裁判　当該株主

⑦ 第732条の規定による裁判　利害関係人

⑧ 第740条第1項の規定による申立てを認容する裁判　社債を発行した会社

⑨ 第741条第1項の許可の申立てについての裁判　社債を発行した会社

⑩ 第824条第1項の規定による裁判　当該会社

⑪ 第827条第1項の規定による裁判　当該外国会社

2　裁判所は，次の各号に掲げる裁判をする場合には，審問の期日を開いて，申立人及び当該各号に定める者の陳述を聴かなければならない。ただし，不適法又は理由がないことが明らかであるとして申立てを却下する裁判をするときは，この限りでない。

① この法律の規定により株式会社が作成し，又は備え置いた書面又は電磁的記録についての閲覧等の許可の申立てについての裁判　当該株式会社

② 第117条第2項，第119条第2項，第182条の5第2項，第193条第2項（第194条第4項において準用する場合を含む。），第470条第2項，第778条第2項，第786条第2項，第788条第2項，第798条第2項，第807条第2項，第809条第2項又は第816条の7第2項の

規定による株式又は新株予約権（当該新株予約権が新株予約権付社債に付されたものである場合において，当該新株予約権付社債についての社債の買取りの請求があったときは，当該社債を含む。）の価格の決定　価格の決定の申立てをすることができる者（申立人を除く。）
③　第144条第2項（同条第7項において準用する場合を含む。）又は第177条第2項の規定による株式の売買価格の決定　売買価格の決定の申立てをすることができる者（申立人を除く。）
④　第172条第1項の規定による株式の価格の決定　当該株式会社
⑤　第179条の8第1項の規定による売渡株式等の売買価格の決定　特別支配株主
⑥　第843条第4項の申立てについての裁判　同項に規定する行為をした会社

POINT
はなれ《870》で陳述、非訟事件

□1項1号：仮役員（346条2項）、仮代表取締役（351条2項）、仮委員（401条3項）らの報酬決定の裁判には理由不要。cf.871条1号。即時抗告をしても、執行停止の効力なし。cf.873条。

□2項：裁判所は閲覧許可に関する申立て（1号）、価格決定に関する申立て（2〜5号）、合併、分割無効の際の共有財産に関する申立て（6号）につき、非訟事件手続法および家事事件手続法の施行に伴う法律の整備等に関する法律（平成23年法律第53号）に基づき、原則として、審問期日を開き、申立人と会社の陳述を聴くことが義務付けられる。

（申立書の写しの送付等）
第870条の2　裁判所は，前条第2項各号に掲げる裁判の申立てがあったときは，当該各号に定める者に対し，申立書の写しを送付しなければならない。
2　前項の規定により申立書の写しを送付することができない場合には，裁判長は，相当の期間を定め，その期間内に不備を補正すべきことを命じなければならない。申立書の写しの送付に必要な費用を予納しない場合も，同様とする。
3　前項の場合において，申立人が不備を補正しないときは，裁判長は，命令で，申立書を却下しなければならない。
4　前項の命令に対しては，即時抗告をすることができる。
5　裁判所は，第1項の申立てがあった場合において，当該申立てについての裁判をするときは，相当の猶予期間を置いて，審理を終結する日を定め，申立人及び前条第2項各号に定める者に告知しなければならない。ただし，これらの者が立ち会うことができる期日においては，直ちに審理を終結する旨を宣言することができる。
6　裁判所は，前項の規定により審理を終結したときは，裁判をする日を定め，これを同項の者に告知しなければならない。
7　裁判所は，第1項の申立てが不適法であるとき，又は申立てに理由がないことが明らかなときは，同項及び前2項の規定にかかわらず，直ちに申立てを却下することができる。
8　前項の規定は，前条第2項各号に掲げる裁判の申立てがあった裁判所が民事訴訟費用等に関する法律（昭和46年法律第40号）の規定に従い当該各号に定める者に対する期日の呼出しに必要な費用の予納を相当の期間を定めて申立人に命じた場合において，その予納がないときについて準用する。

（理由の付記）

第871条　この法律の規定による非訟事件についての裁判には，理由を付さなければならない。ただし，次に掲げる裁判については，この限りでない。

①　第870条第1項第1号に掲げる裁判

②　第874条各号に掲げる裁判

POINT　や《8》な《7》言《1》い訳（＝**理由**）でも**付記**しなさい

（即時抗告）

第872条　次の各号に掲げる裁判に対しては，当該各号に定める者に限り，即時抗告をすることができる。

①　第609条第3項又は第825条第1項（第827条第2項において準用する場合を含む。）の規定による保全処分についての裁判　利害関係人

②　第840条第2項（第841条第2項において準用する場合を含む。）の規定による申立てについての裁判　申立人，株主及び株式会社

③　第842条第2項において準用する第840条第2項の規定による申立てについての裁判　申立人，新株予約権者及び株式会社

④　第870条第1項各号に掲げる裁判　申立人及び当該各号に定める者（同項第1号，第3号及び第4号に掲げる裁判にあっては，当該各号に定める者）

⑤　第870条第2項各号に掲げる裁判　申立人及び当該各号に定める者

POINT　鼻《87》に《2》ついたら**即時**に**抗告**

（抗告状の写しの送付等）

第872条の2　裁判所は，第870条第2項各号に掲げる裁判に対する即時抗告があったときは，申立人及び当該各号に定める者（抗告人を除く。）に対し，抗告状の写しを送付しなければならない。この場合においては，第870条の2第2項及び第3項の規定を準用する。

2　第870条の2第5項から第8項までの規定は，前項の即時抗告があった場合について準用する。

（原裁判の執行停止）

第873条　第872条の即時抗告は，執行停止の効力を有する。ただし，第870条第1項第1号から第4号まで及び第8号に掲げる裁判に対するものについては，この限りでない。

POINT　花《87》見《3》**停止**せよ、と**即時抗告**

（不服申立ての制限）

第874条　次に掲げる裁判に対しては，不服を申し立てることができない。

1　第870条第1項第1号に規定する一時取締役，会計参与，監査役，代表取締役，委員，執行役若しくは代表執行役の職務を行うべき者，清算人，代表清算人，清算持分会社を代表する清算人，同号に規定する一時清算人若しくは代表清算人の職務を行うべき者，検査役，第501条第1項（第822条第3項において準用する場合を含む。）若しくは第662条第1項の鑑定人，第508条第2項（第822条第3項において準用する場合を含む。）若しくは第672条第3項の帳簿資料の保存をする者，社債管理者若しくは社債管理補助者の特別代理人又は第714条第3項（第714条の7において準用する場合を含む。）の事務を承継する社債管理者若しくは社債管理補助者の選任又は選定の裁判

2　第825条第2項（第827条第2項において準用する場合を含む。）の管理人の選任又は解任についての裁判

3　第825条第6項（第827条第2項において準用する場合を含む。）の規定による裁判

4　この法律の規定による許可の申立てを認容する裁判（第870条第1項第9号及び第2項第1号に掲げる裁判を除く。）

POINT

は《8》な《7》し《4》にならない**不服申立て**、**制限**す

（非訟事件手続法 の規定の適用除外）

第875条　この法律の規定による非訟事件については，非訟事件手続法第40条及び第57条第2項第2号の規定は，適用しない。

（最高裁判所規則）

第876条　この法律に定めるもののほか，この法律の規定による非訟事件の手続に関し必要な事項は，最高裁判所規則で定める。

第2節　新株発行の無効判決後の払戻金増減の手続に関する特則

（審問等の必要的併合）

第877条　第840条第2項（第841条第2項及び第842条第2項において準用する場合を含む。）の申立てに係る事件が数個同時に係属するときは，審問及び裁判は，併合してしなければならない。

（裁判の効力）

第878条　第840条第2項（第841条第2項において準用する場合を含む。）の申立てについての裁判は，総株主に対してその効力を生ずる。

2　第842条第2項において準用する第840条第2項の申立てについての裁判は，総新株予約権者に対してその効力を生ずる。

第3節　特別清算の手続に関する特則

第1款　通則

（特別清算事件の管轄）

第879条　第868条第1項の規定にかかわらず，法人が株式会社の総株主（株主総会において決議をすることができる事項の全部につき議決権を行使することができない株主を除く。次項において同じ。）の議決権の過半数を有する場合には，当該法人（以下この条において「親法人」という。）について特別清算事件，破産事件，再生事件又は更生事件（以下この条において「特別清算事件等」という。）が係属しているときにおける当該株式会社についての特別清算開始の申立ては，親法人の特別清算事件等が係属している地方裁判所にもすることができる。

2　前項に規定する株式会社又は親法人及び同項に規定する株式会社が他の株式会社の総株主の議決権の過半数を有する場合には，当該他の株式会社についての特別清算開始の申立ては，親法人の特別清算事件等が係属している地方裁判所にもすることができる。

3　前2項の規定の適用については，第308条第1項の法務省令で定める株主は，その有する株式について，議決権を有するものとみなす。

4　第868条第1項の規定にかかわらず，株式会社が最終事業年度について第444条の規定により当該株式会社及び他の株式会社に係る連結計算書類を作成し，かつ，当該株式会社の定時株主総会においてその内容が報告された場合には，当該株式会社について特別清算事件等が係属しているときにおける当該他の株式会社についての特別清算開始の申立ては，当該株式会社の特別清算事件等が係属している地方裁判所にもすることができる。

POINT　ハ《8》ナ《7》ク《9》ソほじって**特別清算**を**管轄**

□親会社が倒産手続にあるときにその係属裁判所に子会社の特別清算事件の管轄を認めることで統一的な処理を可能にする趣旨。868条は非訟事件は本店所在地の地方裁判所が管轄となる規定。

□3項：「法務省令」＝施規67条（4分の1基準を満たす株主）。

（特別清算開始後の通常清算事件の管轄及び移送）

第880条　第868条第1項の規定にかかわらず，清算株式会社について特別清算開始の命令があったときは，当該清算株式会社についての第2編第9章第1節（第508条を除く。）の規定による申立てに係る事件（次項において「通常清算事件」という。）は，当該清算株式会社の特別清算事件が係属する地方裁判所（以下この節において「特別清算裁判所」という。）が管轄する。

2　通常清算事件が係属する地方裁判所以外の地方裁判所に同一の清算株式会社について特別清算事件が係属し，かつ，特別清算開始の命令があった場合において，当該通常清算事件を処理するために相当と認めるときは，裁判所（通常清算事件を取り扱う1人の裁判官又は裁判官の合議体をいう。）は，職権で，当該通常清算事件を特別清算裁判所に移送することができる。

□前条の管轄の特例が認められることに伴い、以後の清算に関する事件の管轄、すでに係属

している通常清算事件を

（疎明）

第881条　第2編第9章第2節（第547条第3項を除く。）の規定による許可の申立てについては，第869条の規定は，適用しない。

（理由の付記）

第882条　特別清算の手続に関する決定で即時抗告をすることができるものには，理由を付さなければならない。ただし，第526条第1項（同条第2項において準用する場合を含む。）及び第532条第1項（第534条において準用する場合を含む。）の規定による決定については，この限りでない。

2　特別清算の手続に関する決定については，第871条の規定は，適用しない。

（裁判書の送達）

第883条　この節の規定による裁判書の送達については，民事訴訟法第1編第5章第4節（第104条を除く。）の規定を準用する。

（不服申立て）

第884条　特別清算の手続に関する裁判につき利害関係を有する者は，この節に特別の定めがある場合に限り，当該裁判に対し即時抗告をすることができる。

2　前項の即時抗告は，この節に特別の定めがある場合を除き，執行停止の効力を有する。

POINT

申立て早《88》し《4》、**特別清算**やめさせる

（公告）

第885条　この節の規定による公告は，官報に掲載してする。

2　前項の公告は，掲載があった日の翌日に，その効力を生ずる。

POINT

や《8》や《8》こ《5》しい**特別清算**、**官報**で**公告**

（事件に関する文書の閲覧等）

第886条　利害関係人は，裁判所書記官に対し，第2編第9章第2節若しくはこの節又は非訟事件手続法第2編（特別清算開始の命令があった場合にあっては，同章第1節若しくは第2節若しくは第1節（同章第1節の規定による申立てに係る事件に係る部分に限る。）若しくはこの節又は非訟事件手続法第2編）の規定（これらの規定において準用するこの法律その他の法律の規定を含む。）に基づき，裁判所に提出され，又は裁判所が作成した文書その他の物件（以下この条及び次条第1項において「文書等」という。）の閲覧を請求することができる。

2　利害関係人は，裁判所書記官に対し，文書等の謄写，その正本，謄本若しくは抄本の交付又は事件に関する事項の証明書の交付を請求することができる。

3　前項の規定は，文書等のうち録音テープ又はビデオテープ（これらに準ずる方法により一定の事項を記録した物を含む。）に関しては，適用しない。この場合において，これらの物につい

て利害関係人の請求があるときは，裁判所書記官は，その複製を許さなければならない。
4　前3項の規定にかかわらず，次の各号に掲げる者は，当該各号に定める命令，保全処分，処分又は裁判のいずれかがあるまでの間は，前3項の規定による請求をすることができない。ただし，当該者が特別清算開始の申立人である場合は，この限りでない。
①　清算株式会社以外の利害関係人　第512条の規定による中止の命令，第540条第2項の規定による保全処分，第541条第2項の規定による処分又は特別清算開始の申立てについての裁判
②　清算株式会社　特別清算開始の申立てに関する清算株式会社を呼び出す審問の期日の指定の裁判又は前号に定める命令，保全処分，処分若しくは裁判
5　非訟事件手続法第32条第1項から第4項までの規定は，特別清算の手続には，適用しない。

（支障部分の閲覧等の制限）
第887条　次に掲げる文書等について，利害関係人がその閲覧若しくは謄写，その正本，謄本若しくは抄本の交付又はその複製（以下この条において「閲覧等」という。）を行うことにより，清算株式会社の清算の遂行に著しい支障を生ずるおそれがある部分（以下この条において「支障部分」という。）があることにつき疎明があった場合には，裁判所は，当該文書等を提出した清算株式会社又は調査委員の申立てにより，支障部分の閲覧等の請求をすることができる者を，当該申立てをした者及び清算株式会社に限ることができる。
①　第520条の規定による報告又は第522条第1項に規定する調査の結果の報告に係る文書等
②　第535条第1項又は第536条第1項の許可を得るために裁判所に提出された文書等
2　前項の申立てがあったときは，その申立てについての裁判が確定するまで，利害関係人（同項の申立てをした者及び清算株式会社を除く。次項において同じ。）は，支障部分の閲覧等の請求をすることができない。
3　支障部分の閲覧等の請求をしようとする利害関係人は，特別清算裁判所に対し，第1項に規定する要件を欠くこと又はこれを欠くに至ったことを理由として，同項の規定による決定の取消しの申立てをすることができる。
4　第1項の申立てを却下する決定及び前項の申立てについての裁判に対しては，即時抗告をすることができる。
5　第1項の規定による決定を取り消す決定は，確定しなければその効力を生じない。

第2款　特別清算の開始の手続に関する特則

（特別清算開始の申立て）
第888条　債権者又は株主が特別清算開始の申立てをするときは，特別清算開始の原因となる事由を疎明しなければならない。
2　債権者が特別清算開始の申立てをするときは，その有する債権の存在をも疎明しなければならない。
3　特別清算開始の申立てをするときは，申立人は，第514条第1号に規定する特別清算の手続の費用として裁判所の定める金額を予納しなければならない。
4　前項の費用の予納に関する決定に対しては，即時抗告をすることができる。

POINT　ハ《8》ハ《8》ハ《8》と笑い**特別清算申立て**

雑則

（他の手続の中止命令）

第889条　裁判所は，第512条の規定による中止の命令を変更し，又は取り消すことができる。

2　前項の中止の命令及び同項の規定による決定に対しては，即時抗告をすることができる。

3　前項の即時抗告は，執行停止の効力を有しない。

4　第2項に規定する裁判及び同項の即時抗告についての裁判があった場合には，その裁判書を当事者に送達しなければならない。

（特別清算開始の命令）

第890条　裁判所は，特別清算開始の命令をしたときは，直ちに，その旨を公告し，かつ，特別清算開始の命令の裁判書を清算株式会社に送達しなければならない。

2　特別清算開始の命令は，清算株式会社に対する裁判書の送達がされた時から，効力を生ずる。

3　特別清算開始の命令があったときは，特別清算の手続の費用は，清算株式会社の負担とする。

4　特別清算開始の命令に対しては，清算株式会社に限り，即時抗告をすることができる。

5　特別清算開始の申立てを却下した裁判に対しては，申立人に限り，即時抗告をすることができる。

6　特別清算開始の命令をした裁判所は，第4項の即時抗告があった場合において，当該命令を取り消す決定が確定したときは，直ちに，その旨を公告しなければならない。

（担保権の実行の手続等の中止命令）

第891条　裁判所は，第516条の規定による中止の命令を発する場合には，同条に規定する担保権の実行の手続等の申立人の陳述を聴かなければならない。

2　裁判所は，前項の中止の命令を変更し，又は取り消すことができる。

3　第1項の中止の命令及び前項の規定による変更の決定に対しては，第1項の申立人に限り，即時抗告をすることができる。

4　前項の即時抗告は，執行停止の効力を有しない。

5　第3項に規定する裁判及び同項の即時抗告についての裁判があった場合には，その裁判書を当事者に送達しなければならない。

第3款　特別清算の実行の手続に関する特則

（調査命令）

第892条　裁判所は，調査命令（第522条第1項に規定する調査命令をいう。次項において同じ。）を変更し，又は取り消すことができる。

2　調査命令及び前項の規定による決定に対しては，即時抗告をすることができる。

3　前項の即時抗告は，執行停止の効力を有しない。

4　第2項に規定する裁判及び同項の即時抗告についての裁判があった場合には，その裁判書を当事者に送達しなければならない。

POINT　役《89》に《2》立つかな**調査命令**

（清算人の解任及び報酬等）

第893条　裁判所は，第524条第1項の規定により清算人を解任する場合には，当該清算人の陳述を聴かなければならない。

2　第524条第1項の規定による解任の裁判に対しては，即時抗告をすることができる。
3　前項の即時抗告は，執行停止の効力を有しない。
4　第526条第1項（同条第2項において準用する場合を含む。）の規定による決定に対しては，即時抗告をすることができる。

（監督委員の解任及び報酬等）
第894条　裁判所は，監督委員を解任する場合には，当該監督委員の陳述を聴かなければならない。
2　第532条第1項の規定による決定に対しては，即時抗告をすることができる。

POINT　白紙《894》で**聴こう、監督委員**の**陳述**

（調査委員の解任及び報酬等）
第895条　前条の規定は，調査委員について準用する。
（事業の譲渡の許可の申立て）
第896条　清算人は，第536条第1項の許可の申立てをする場合には，知れている債権者の意見を聴き，その内容を裁判所に報告しなければならない。
2　裁判所は，第536条第1項の許可をする場合には，労働組合等（清算株式会社の使用人その他の従業者の過半数で組織する労働組合があるときはその労働組合，清算株式会社の使用人その他の従業者の過半数で組織する労働組合がないときは清算株式会社の使用人その他の従業者の過半数を代表する者をいう。）の意見を聴かなければならない。
（担保権者が処分をすべき期間の指定）
第897条　第539条第1項の申立てについての裁判に対しては，即時抗告をすることができる。
2　前項の裁判及び同項の即時抗告についての裁判があった場合には，その裁判書を当事者に送達しなければならない。
（清算株式会社の財産に関する保全処分等）
第898条　裁判所は，次に掲げる裁判を変更し，又は取り消すことができる。
①　第540条第1項又は第2項の規定による保全処分
②　第541条第1項又は第2項の規定による処分
③　第542条第1項又は第2項の規定による保全処分
④　第543条の規定による処分
2　前項各号に掲げる裁判及び同項の規定による決定に対しては，即時抗告をすることができる。
3　前項の即時抗告は，執行停止の効力を有しない。
4　第2項に規定する裁判及び同項の即時抗告についての裁判があった場合には，その裁判書を当事者に送達しなければならない。
5　裁判所は，第1項第2号に掲げる裁判をしたときは，直ちに，その旨を公告しなければならない。当該裁判を変更し，又は取り消す決定があったときも，同様とする。
（役員等責任査定決定）
第899条　清算株式会社は，第545条第1項の申立てをするときは，その原因となる事実を疎明しなければならない。
2　役員等責任査定決定（第545条第1項に規定する役員等責任査定決定をいう。以下この条において同じ。）及び前項の申立てを却下する決定には，理由を付さなければならない。
3　裁判所は，前項に規定する裁判をする場合には，対象役員等（第542条第1項に規定する対象役員等をいう。）の陳述を聴かなければならない。
4　役員等責任査定決定があった場合には，その裁判書を当事者に送達しなければならない。
5　第858条第1項の訴えが，同項の期間内に提起されなかったとき，又は却下されたときは，役員等責任査定決定は，給付を命ずる確定判決と同一の効力を有する。

（債権者集会の招集の許可の申立てについての裁判）

第900条　第547条第3項の許可の申立てを却下する決定に対しては，即時抗告をすることができる。

（協定の認可又は不認可の決定）

第901条　利害関係人は，第568条の申立てに係る協定を認可すべきかどうかについて，意見を述べることができる。
2　共助対象外国租税の請求権について，協定において減免その他権利に影響を及ぼす定めをする場合には，徴収の権限を有する者の意見を聴かなければならない。
3　第569条第1項の協定の認可の決定をしたときは，裁判所は，直ちに，その旨を公告しなければならない。
4　第568条の申立てについての裁判に対しては，即時抗告をすることができる。この場合において，前項の協定の認可の決定に対する即時抗告の期間は，同項の規定による公告が効力を生じた日から起算して2週間とする。
5　前各項の規定は，第572条の規定により協定の内容を変更する場合について準用する。

第4款　特別清算の終了の手続に関する特則

（特別清算終結の申立てについての裁判）

第902条　特別清算終結の決定をしたときは，裁判所は，直ちに，その旨を公告しなければならない。
2　特別清算終結の申立てについての裁判に対しては，即時抗告をすることができる。この場合において，特別清算終結の決定に対する即時抗告の期間は，前項の規定による公告が効力を生じた日から起算して2週間とする。
3　特別清算終結の決定は，確定しなければその効力を生じない。
4　特別清算終結の決定をした裁判所は，第2項の即時抗告があった場合において，当該決定を取り消す決定が確定したときは，直ちに，その旨を公告しなければならない。

POINT　暮《9》れ《0》に《2》**決定、特別清算の終了**

第4節　外国会社の清算の手続に関する特則

（特別清算の手続に関する規定の準用）

第903条　前節の規定は，その性質上許されないものを除き，第822条第1項の規定による日本にある外国会社の財産についての清算について準用する。

第5節 会社の解散命令等の手続に関する特則

(法務大臣の関与)

第904条 裁判所は，第824条第1項又は第827条第1項の申立てについての裁判をする場合には，法務大臣に対し，意見を求めなければならない。

2 法務大臣は，裁判所が前項の申立てに係る事件について審問をするときは，当該審問に立ち会うことができる。

3 裁判所は，法務大臣に対し，第1項の申立てに係る事件が係属したこと及び前項の審問の期日を通知しなければならない。

4 第1項の申立てを却下する裁判に対しては，第872条第4号に定める者のほか，法務大臣も，即時抗告をすることができる。

POINT

意見をくれよ《904》**法務大臣、解散命令**出す前に

(会社の財産に関する保全処分についての特則)

第905条 裁判所が第825条第1項（第827条第2項において準用する場合を含む。）の保全処分をした場合には，非訟事件の手続の費用は，会社又は外国会社の負担とする。当該保全処分について必要な費用も，同様とする。

2 前項の保全処分又は第825条第1項（第827条第2項において準用する場合を含む。）の規定による申立てを却下する裁判に対して即時抗告があった場合において，抗告裁判所が当該即時抗告を理由があると認めて原裁判を取り消したときは，その抗告審における手続に要する裁判費用及び抗告人が負担した前審における手続に要する裁判費用は，会社又は外国会社の負担とする。

(会社の財産に関する保全処分についての特則・その2)

第906条 利害関係人は，裁判所書記官に対し，第825条第6項（第827条第2項において準用する場合を含む。）の報告又は計算に関する資料の閲覧を請求することができる。

2 利害関係人は，裁判所書記官に対し，前項の資料の謄写又はその正本，謄本若しくは抄本の交付を請求することができる。

3 前項の規定は，第1項の資料のうち録音テープ又はビデオテープ（これらに準ずる方法により一定の事項を記録した物を含む。）に関しては，適用しない。この場合において，これらの物について利害関係人の請求があるときは，裁判所書記官は，その複製を許さなければならない。

4 法務大臣は，裁判所書記官に対し，第1項の資料の閲覧を請求することができる。

5 民事訴訟法第91条第5項 の規定は，第1項の資料について準用する。

第4章 登記

第1節 総則

（通則）
第907条　この法律の規定により登記すべき事項（第938条第3項の保全処分の登記に係る事項を除く。）は，当事者の申請又は裁判所書記官の嘱託により，商業登記法（昭和38年法律第125号）の定めるところに従い，商業登記簿にこれを登記する。

POINT **登記**してくれな《907》い？ **商業登記簿**に

（登記の効力）
第908条　この法律の規定により登記すべき事項は，登記の後でなければ，これをもって善意の第三者に対抗することができない。登記の後であっても，第三者が正当な事由によってその登記があることを知らなかったときは，同様とする。
2　故意又は過失によって不実の事項を登記した者は，その事項が不実であることをもって善意の第三者に対抗することができない。

POINT **登記**してくれや《908》、**対抗力**あるぞ

（変更の登記及び消滅の登記）
第909条　この法律の規定により登記した事項に変更が生じ，又はその事項が消滅したときは，当事者は，遅滞なく，変更の登記又は消滅の登記をしなければならない。

POINT **登記**してくれく《909》れ、**変更生じた**！

（登記の期間）
第910条　この法律の規定により登記すべき事項のうち官庁の許可を要するものの登記の期間については，その許可書の到達した日から起算する。

第2節　会社の登記

（株式会社の設立の登記）
第911条　株式会社の設立の登記は，その本店の所在地において，次に掲げる日のいずれか遅い日から2週間以内にしなければならない。
①　第46条第1項の規定による調査が終了した日（設立しようとする株式会社が指名委員会等設置会社である場合にあっては，設立時代表執行役が同条第3項の規定による通知を受けた日）
②　発起人が定めた日
2　前項の規定にかかわらず，第57条第1項の募集をする場合には，前項の登記は，次に掲げる

日のいずれか遅い日から2週間以内にしなければならない。
① 創立総会の終結の日
② 第84条の種類創立総会の決議をしたときは，当該決議の日
③ 第97条の創立総会の決議をしたときは，当該決議の日から2週間を経過した日
④ 第100条第1項の種類創立総会の決議をしたときは，当該決議の日から2週間を経過した日
⑤ 第101条第1項の種類創立総会の決議をしたときは，当該決議の日
3 第1項の登記においては，次に掲げる事項を登記しなければならない。
① 目的
② 商号
③ 本店及び支店の所在場所
④ 株式会社の存続期間又は解散の事由についての定款の定めがあるときは，その定め
⑤ 資本金の額
⑥ 発行可能株式総数
⑦ 発行する株式の内容（種類株式発行会社にあっては，発行可能種類株式総数及び発行する各種類の株式の内容）
⑧ 単元株式数についての定款の定めがあるときは，その単元株式数
⑨ 発行済株式の総数並びにその種類及び種類ごとの数
⑩ 株券発行会社であるときは，その旨
⑪ 株主名簿管理人を置いたときは，その氏名又は名称及び住所並びに営業所
⑫ 新株予約権を発行したときは，次に掲げる事項
イ 新株予約権の数
ロ 第236条第1項第1号から第4号まで（ハに規定する場合にあっては，第2号を除く。）に掲げる事項
ハ 第236条第3項各号に掲げる事項を定めたときは，その定め
ニ ロ及びハに掲げる事項のほか，新株予約権の行使の条件を定めたときは，その条件
ホ 第236条第1項第7号及び第238条第1項第2号に掲げる事項
ヘ 第238条第1項第3号に掲げる事項を定めたときは，募集新株予約権（同項に規定する募集新株予約権をいう。以下ヘにおいて同じ。）の払込金額（同号に規定する払込金額をいう。以下ヘにおいて同じ。）（同号に掲げる事項として募集新株予約権の払込金額の算定方法を定めた場合において，登記の申請の時までに募集新株予約権の払込金額が確定していないときは，当該算定方法）
⑫の2 第325条の2の規定による電子提供措置をとる旨の定款の定めがあるときは，その定め
⑬ 取締役（監査等委員会設置会社の取締役を除く。）の氏名
⑭ 代表取締役の氏名及び住所（第23号に規定する場合を除く。）
⑮ 取締役会設置会社であるときは，その旨
⑯ 会計参与設置会社であるときは，その旨並びに会計参与の氏名又は名称及び第378条第1項の場所
⑰ 監査役設置会社（監査役の監査の範囲を会計に関するものに限定する旨の定款の定めがある株式会社を含む。）であるときは，その旨及び次に掲げる事項
イ 監査役の監査の範囲を会計に関するものに限定する旨の定款の定めがある株式会社であるときは，その旨
ロ 監査役の氏名
⑱ 監査役会設置会社であるときは，その旨及び監査役のうち社外監査役であるものについて社外監査役である旨

⑲　会計監査人設置会社であるときは，その旨及び会計監査人の氏名又は名称
⑳　第346条第4項の規定により選任された一時会計監査人の職務を行うべき者を置いたときは，その氏名又は名称
㉑　第373条第1項の規定による特別取締役による議決の定めがあるときは，次に掲げる事項
　イ　第373条第1項の規定による特別取締役による議決の定めがある旨
　ロ　特別取締役の氏名
　ハ　取締役のうち社外取締役であるものについて，社外取締役である旨
㉒　監査等委員会設置会社であるときは，その旨及び次に掲げる事項
　イ　監査等委員である取締役及びそれ以外の取締役の氏名
　ロ　取締役のうち社外取締役であるものについて，社外取締役である旨
　ハ　第399条の13第6項の規定による重要な業務執行の決定の取締役への委任についての定款の定めがあるときは，その旨
㉓　指名委員会等設置会社であるときは，その旨及び次に掲げる事項
　イ　取締役のうち社外取締役であるものについて，社外取締役である旨
　ロ　各委員会の委員及び執行役の氏名
　ハ　代表執行役の氏名及び住所
㉔　第426条第1項の規定による取締役，会計参与，監査役，執行役又は会計監査人の責任の免除についての定款の定めがあるときは，その定め
㉕　第427条第1項の規定による非業務執行取締役等が負う責任の限度に関する契約の締結についての定款の定めがあるときは，その定め
㉖　第440条第3項の規定による措置をとることとするときは，同条第1項に規定する貸借対照表の内容である情報について不特定多数の者がその提供を受けるために必要な事項であって法務省令で定めるもの
㉗　第939条第1項の規定による公告方法についての定款の定めがあるときは，その定め
㉘　前号の定款の定めが電子公告を公告方法とする旨のものであるときは，次に掲げる事項
　イ　電子公告により公告すべき内容である情報について不特定多数の者がその提供を受けるために必要な事項であって法務省令で定めるもの
　ロ　第939条第3項後段の規定による定款の定めがあるときは，その定め
㉙　第27号の定款の定めがないときは，第939条第4項の規定により官報に掲載する方法を公告方法とする旨

POINT　食《9》い《1》入《1》る目で**株（式会）社の設立登記**見る

□1項7号：株式譲渡制限の定めは独立の登記事項でなく、種類株式（譲渡制限種類株式）の内容として記載する。
□3項10号：株券不発行が原則、発行が例外なので、株券を発行する会社だけが登記する。
□3項11号：株主名簿管理人につき123条。
□3項12号の2：令和元年新設の電子提供措置をとる会社は定款に記載（325条の2）の上、本号により登記も必要。上場会社は一斉に定款変更決議（466条）をしたとみなされるため（振替・附則10条2項）、本号の義務を当然に負う。
□3項15～22号：機関設計関係事項が登記事項となった。

□3項17号かっこ書：監査役の監査の範囲が会計に限定されている会社（389条1項）も監査役設置会社として登記する。定義の2条9号と異なることに注意。

□3項19号：会計監査人の氏名・名称が登記事項となった。

□3項21号ハ・22号ロ・23号イ：平成26年改正により、新要件（2条15号参照）に基づき社外取締役である旨の登記を行う。社外監査役（2条16号）についても同じ（本条3項18号）。

□3項26号：「法務省令」＝施規220条1項1号（ホームページによる計算書類の公告）。

□3項27～29号：公告に関する事項についても登記事項。

□3項28号イ：「法務省令」＝施規220条1項2号。

（合名会社の設立の登記）

第912条　合名会社の設立の登記は，その本店の所在地において，次に掲げる事項を登記してしなければならない。

①　目的

②　商号

③　本店及び支店の所在場所

④　合名会社の存続期間又は解散の事由についての定款の定めがあるときは，その定め

⑤　社員の氏名又は名称及び住所

⑥　合名会社を代表する社員の氏名又は名称（合名会社を代表しない社員がある場合に限る。）

⑦　合名会社を代表する社員が法人であるときは，当該社員の職務を行うべき者の氏名及び住所

⑧　第939条第1項の規定による公告方法についての定款の定めがあるときは，その定め

⑨　前号の定款の定めが電子公告を公告方法とする旨のものであるときは，次に掲げる事項

　イ　電子公告により公告すべき内容である情報について不特定多数の者がその提供を受けるために必要な事項であって法務省令で定めるもの

　ロ　第939条第3項後段の規定による定款の定めがあるときは，その定め

⑩　第8号の定款の定めがないときは，第939条第4項の規定により官報に掲載する方法を公告方法とする旨

POINT

登記簿に食《9》い《1》つ《2》きゴウメン(=**合名**)ね

□合資会社と同様、資本金の額がないことに注意。cf.前条3項5号、914条5号。

□9号イ：「法務省令」＝施規220条1項3号。

雑則

（合資会社の設立の登記）

第913条　合資会社の設立の登記は，その本店の所在地において，次に掲げる事項を登記してしなければならない。

①　目的

②　商号

③　本店及び支店の所在場所

④　合資会社の存続期間又は解散の事由についての定款の定めがあるときは，その定め

⑤　社員の氏名又は名称及び住所

⑥ 社員が有限責任社員又は無限責任社員のいずれであるかの別
⑦ 有限責任社員の出資の目的及びその価額並びに既に履行した出資の価額
⑧ 合資会社を代表する社員の氏名又は名称（合資会社を代表しない社員がある場合に限る。）
⑨ 合資会社を代表する社員が法人であるときは，当該社員の職務を行うべき者の氏名及び住所
⑩ 第939条第1項の規定による公告方法についての定款の定めがあるときは，その定め
⑪ 前号の定款の定めが電子公告を公告方法とする旨のものであるときは，次に掲げる事項
イ 電子公告により公告すべき内容である情報について不特定多数の者がその提供を受けるために必要な事項であって法務省令で定めるもの
ロ 第939条第3項後段の規定による定款の定めがあるときは，その定め
⑫ 第10号の定款の定めがないときは，第939条第4項の規定により官報に掲載する方法を公告方法とする旨

POINT

ゴーシゴーシ(=**合資**)と食《9》い《1》下《3》がる
冬季(=**登記**)カーリング選手

□合名会社と同様、資本金の額がないことに注意。cf.911条3項5号、次条5号。
□6号：合資会社に特有の特記事項。
□11号イ：「法務省令」＝施規220条1項4号。

（合同会社の設立の登記）
第914条 合同会社の設立の登記は，その本店の所在地において，次に掲げる事項を登記してしなければならない。
① 目的
② 商号
③ 本店及び支店の所在場所
④ 合同会社の存続期間又は解散の事由についての定款の定めがあるときは，その定め
⑤ 資本金の額
⑥ 合同会社の業務を執行する社員の氏名又は名称
⑦ 合同会社を代表する社員の氏名又は名称及び住所
⑧ 合同会社を代表する社員が法人であるときは，当該社員の職務を行うべき者の氏名及び住所
⑨ 第939条第1項の規定による公告方法についての定款の定めがあるときは，その定め
⑩ 前号の定款の定めが電子公告を公告方法とする旨のものであるときは，次に掲げる事項
イ 電子公告により公告すべき内容である情報について不特定多数の者がその提供を受けるために必要な事項であって法務省令で定めるもの
ロ 第939条第3項後段の規定による定款の定めがあるときは，その定め
⑪ 第9号の定款の定めがないときは，第939条第4項の規定により官報に掲載する方法を公告方法とする旨

POINT

歯食《9》い《1》し《4》ばり寒い冬季（=**登記**）も
合同で頑張る

□5号：合名会社、合資会社では登記事項でないことに注意。
□6号：5号に同じ。
□10号：「法務省令」＝施規220条1項5号。

（変更の登記）
第915条　会社において第911条第3項各号又は前3条各号に掲げる事項に変更が生じたときは，2週間以内に，その本店の所在地において，変更の登記をしなければならない。
2　前項の規定にかかわらず，第199条第1項第4号の期間を定めた場合における株式の発行による変更の登記は，当該期間の末日現在により，当該末日から2週間以内にすれば足りる。
3　第1項の規定にかかわらず，次に掲げる事由による変更の登記は，毎月末日現在により，当該末日から2週間以内にすれば足りる。
①　新株予約権の行使
②　第166条第1項の規定による請求（株式の内容として第107条第2項第2号ハ若しくは二又は第108条第2項第5号ロに掲げる事項についての定めがある場合に限る。）

POINT

食《9》い《1》込《5》まぬよう**二週間、変更登記**はお早目に

（他の登記所の管轄区域内への本店の移転の登記）
第916条　会社がその本店を他の登記所の管轄区域内に移転したときは，2週間以内に，旧所在地においては移転の登記をし，新所在地においては次の各号に掲げる会社の区分に応じ当該各号に定める事項を登記しなければならない。
①　株式会社　第911条第3項各号に掲げる事項
②　合名会社　第912条各号に掲げる事項
③　合資会社　第913条各号に掲げる事項
④　合同会社　第914条各号に掲げる事項

（職務執行停止の仮処分等の登記）
第917条　次の各号に掲げる会社の区分に応じ，当該各号に定める者の職務の執行を停止し，若しくはその職務を代行する者を選任する仮処分命令又はその仮処分命令を変更し，若しくは取り消す決定がされたときは，その本店の所在地において，その登記をしなければならない。
①　株式会社　取締役（監査等委員会設置会社にあっては，監査等委員である取締役又はそれ以外の取締役），会計参与，監査役，代表取締役，委員（指名委員会，監査委員会又は報酬委員会の委員をいう。），執行役又は代表執行役
②　合名会社　社員
③　合資会社　社員
④　合同会社　業務を執行する社員

POINT

悔《9》い《1》な《7》し、**職務執行やめさせ登記**

（支配人の登記）
第918条　会社が支配人を選任し，又はその代理権が消滅したときは，その本店の所在地において，その登記をしなければならない。

POINT

ク《9》ビ《1》や《8》で**支配人**! 選任、解任、みな**登記**

（持分会社の種類の変更の登記）
第919条　持分会社が第638条の規定により他の種類の持分会社となったときは，同条に規定する定款の変更の効力が生じた日から2週間以内に，その本店の所在地において，種類の変更前の持分会社については解散の登記をし，種類の変更後の持分会社については設立の登記をしなければならない。

POINT

ク《9》イ《1》ック《9》**登記**、**持**（**分会**）**社間**なら

（組織変更の登記）
第920条　会社が組織変更をしたときは，その効力が生じた日から2週間以内に，その本店の所在地において，組織変更前の会社については解散の登記をし，組織変更後の会社については設立の登記をしなければならない。

POINT

組織く《9》づ《2》（ず）れ《0》て**変更登記**

□組織変更前の会社の解散の登記と変更後の会社の設立の登記との、両方の手続をふまなければならないことに注意。株式会社から持分会社への組織変更につき745条、持分会社から株式会社への組織変更につき747条を参照のこと。

（吸収合併の登記）
第921条　会社が吸収合併をしたときは，その効力が生じた日から2週間以内に，その本店の所在地において，吸収合併により消滅する会社については解散の登記をし，吸収合併後存続する会社については変更の登記をしなければならない。

POINT

「急《9》に《2》一《1》番!」と**吸収合併**喜び**登記**

（新設合併の登記）

第922条　2以上の会社が新設合併をする場合において，新設合併により設立する会社が株式会社であるときは，次の各号に掲げる場合の区分に応じ，当該各号に定める日から2週間以内に，その本店の所在地において，新設合併により消滅する会社については解散の登記をし，新設合併により設立する会社については設立の登記をしなければならない。

①　新設合併により消滅する会社が株式会社のみである場合　次に掲げる日のいずれか遅い日

イ　第804条第1項の株主総会の決議の日

ロ　新設合併をするために種類株主総会の決議を要するときは，当該決議の日

ハ　第806条第3項の規定による通知又は同条第4項の公告をした日から20日を経過した日

ニ　新設合併により消滅する会社が新株予約権を発行しているときは，第808条第3項の規定による通知又は同条第4項の公告をした日から20日を経過した日

ホ　第810条の規定による手続が終了した日

ヘ　新設合併により消滅する会社が合意により定めた日

②　新設合併により消滅する会社が持分会社のみである場合　次に掲げる日のいずれか遅い日

イ　第813条第1項の総社員の同意を得た日（同項ただし書に規定する場合にあっては，定款の定めによる手続を終了した日）

ロ　第813条第2項において準用する第810条の規定による手続が終了した日

ハ　新設合併により消滅する会社が合意により定めた日

③　新設合併により消滅する会社が株式会社及び持分会社である場合　前2号に定める日のいずれか遅い日

2　2以上の会社が新設合併をする場合において，新設合併により設立する会社が持分会社であるときは，次の各号に掲げる場合の区分に応じ，当該各号に定める日から2週間以内に，その本店の所在地において，新設合併により消滅する会社については解散の登記をし，新設合併により設立する会社については設立の登記をしなければならない。

①　新設合併により消滅する会社が株式会社のみである場合　次に掲げる日のいずれか遅い日

イ　第804条第2項の総株主の同意を得た日

ロ　新設合併により消滅する会社が新株予約権を発行しているときは，第808条第3項の規定による通知又は同条第4項の公告をした日から20日を経過した日

ハ　第810条の規定による手続が終了した日

ニ　新設合併により消滅する会社が合意により定めた日

②　新設合併により消滅する会社が持分会社のみである場合　次に掲げる日のいずれか遅い日

イ　第813条第1項の総社員の同意を得た日（同項ただし書に規定する場合にあっては，定款の定めによる手続を終了した日）

ロ　第813条第2項において準用する第810条の規定による手続が終了した日

ハ　新設合併により消滅する会社が合意により定めた日

③　新設合併により消滅する会社が株式会社及び持分会社である場合　前2号に定める日のいずれか遅い日

POINT

国《92》に《2》も親切（＝**新設**）、談合（＝**合併**）**会社**、きちんと**登記**

（吸収分割の登記）

第923条　会社が吸収分割をしたときは，その効力が生じた日から2週間以内に，その本店の

所在地において，吸収分割をする会社及び当該会社がその事業に関して有する権利義務の全部又は一部を当該会社から承継する会社についての変更の登記をしなければならない。

POINT 急《9》に《2》冷《3》めたと事業を**分割**、**他社に吸収**させ**登記**

（新設分割の登記）

第924条　1又は2以上の株式会社又は合同会社が新設分割をする場合において，新設分割により設立する会社が株式会社であるときは，次の各号に掲げる場合の区分に応じ，当該各号に定める日から2週間以内に，その本店の所在地において，新設分割をする会社については変更の登記をし，新設分割により設立する会社については設立の登記をしなければならない。

①　新設分割をする会社が株式会社のみである場合　次に掲げる日のいずれか遅い日

イ　第805条に規定する場合以外の場合には，第804条第1項の株主総会の決議の日

ロ　新設分割をするために種類株主総会の決議を要するときは，当該決議の日

ハ　第805条に規定する場合以外の場合には，第806条第3項の規定による通知又は同条第4項の公告をした日から20日を経過した日

ニ　第808条第3項の規定による通知を受けるべき新株予約権者があるときは，同項の規定による通知又は同条第4項の公告をした日から20日を経過した日

ホ　第810条の規定による手続をしなければならないときは，当該手続が終了した日

ヘ　新設分割をする株式会社が定めた日（2以上の株式会社が共同して新設分割をする場合にあっては，当該2以上の新設分割をする株式会社が合意により定めた日）

②　新設分割をする会社が合同会社のみである場合　次に掲げる日のいずれか遅い日

イ　第813条第1項の総社員の同意を得た日（同項ただし書の場合にあっては，定款の定めによる手続を終了した日）

ロ　第813条第2項において準用する第810条の規定による手続をしなければならないときは，当該手続が終了した日

ハ　新設分割をする合同会社が定めた日（2以上の合同会社が共同して新設分割をする場合にあっては，当該2以上の新設分割をする合同会社が合意により定めた日）

③　新設分割をする会社が株式会社及び合同会社である場合　前2号に定める日のいずれか遅い日

2　1又は2以上の株式会社又は合同会社が新設分割をする場合において，新設分割により設立する会社が持分会社であるときは，次の各号に掲げる場合の区分に応じ，当該各号に定める日から2週間以内に，その本店の所在地において，新設分割をする会社については変更の登記をし，新設分割により設立する会社については設立の登記をしなければならない。

①　新設分割をする会社が株式会社のみである場合　次に掲げる日のいずれか遅い日

イ　第805条に規定する場合以外の場合には，第804条第1項の株主総会の決議の日

ロ　新設分割をするために種類株主総会の決議を要するときは，当該決議の日

ハ　第805条に規定する場合以外の場合には，第806条第3項の規定による通知又は同条第4項の公告をした日から20日を経過した日

ニ　第810条の規定による手続をしなければならないときは，当該手続が終了した日

ホ　新設分割をする株式会社が定めた日（2以上の株式会社が共同して新設分割をする場合にあっては，当該2以上の新設分割をする株式会社が合意により定めた日）

②　新設分割をする会社が合同会社のみである場合　次に掲げる日のいずれか遅い日

イ　第813条第1項の総社員の同意を得た日（同項ただし書の場合にあっては，定款の定めによる手続を終了した日）
ロ　第813条第2項において準用する第810条の規定による手続をしなければならないときは，当該手続が終了した日
ハ　新設分割をする合同会社が定めた日（2以上の合同会社が共同して新設分割をする場合にあっては，当該2以上の新設分割をする合同会社が合意により定めた日）
③　新設分割をする会社が株式会社及び合同会社である場合　前2号に定める日のいずれか遅い日

POINT

「苦《9》痛《2》よ《4》、冬季（＝**登記**）は」と
新聞（＝**新設分割**）かぶるホームレス

（株式移転の登記）

第925条　1又は2以上の株式会社が株式移転をする場合には，次に掲げる日のいずれか遅い日から2週間以内に，株式移転により設立する株式会社について，その本店の所在地において，設立の登記をしなければならない。
①　第804条第1項の株主総会の決議の日
②　株式移転をするために種類株主総会の決議を要するときは，当該決議の日
③　第806条第3項の規定による通知又は同条第4項の公告をした日から20日を経過した日
④　第808条第3項の規定による通知を受けるべき新株予約権者があるときは，同項の規定による通知をした日又は同条第4項の公告をした日から20日を経過した日
⑤　第810条の規定による手続をしなければならないときは，当該手続が終了した日
⑥　株式移転をする株式会社が定めた日（2以上の株式会社が共同して株式移転をする場合にあっては，当該2以上の株式移転をする株式会社が合意により定めた日）

POINT

急《9》に《2》ご《5》そっと**株式移転**、
ホールディングス作って**登記**

（解散の登記）

第926条　第471条第1号から第3号まで又は第641条第1号から第4号までの規定により会社が解散したときは，2週間以内に，その本店の所在地において，解散の登記をしなければならない。

POINT

く《9》つ《2》ろ《6》ぐな、**解散したら**すぐ**登記**

（継続の登記）

第927条　第473条，第642条第1項又は第845条の規定により会社が継続したときは，2週

間以内に，その本店の所在地において，継続の登記をしなければならない。

（清算人の登記）

第928条　第478条第1項第1号に掲げる者が清算株式会社の清算人となったときは，解散の日から2週間以内に，その本店の所在地において，次に掲げる事項を登記しなければならない。

①　清算人の氏名

②　代表清算人の氏名及び住所

③　清算株式会社が清算人会設置会社であるときは，その旨

2　第647条第1項第1号に掲げる者が清算持分会社の清算人となったときは，解散の日から2週間以内に，その本店の所在地において，次に掲げる事項を登記しなければならない。

①　清算人の氏名又は名称及び住所

②　清算持分会社を代表する清算人の氏名又は名称（清算持分会社を代表しない清算人がある場合に限る。）

③　清算持分会社を代表する清算人が法人であるときは，清算人の職務を行うべき者の氏名及び住所

3　清算人が選任されたときは，2週間以内に，その本店の所在地において，清算株式会社にあっては第1項各号に掲げる事項を，清算持分会社にあっては前項各号に掲げる事項を登記しなければならない。

4　第915条第1項の規定は前3項の規定による登記について，第917条の規定は清算人，代表清算人又は清算持分会社を代表する清算人について，それぞれ準用する。

POINT

「国《92》破《8》れ、会社も破れて**登記**あり」と**清算人**

□従来は、清算人の住所も記載事項であったが（旧商430条2項による259条～260条の4の準用）、清算人会を設置するには清算人を3人以上置くなど、取締役および取締役会の規律と清算人および清算人会の規律を同一とし（331条5項、478条8項）、登記事項についても統一的に規律することとした。

（清算結了の登記）

第929条　清算が結了したときは，次の各号に掲げる会社の区分に応じ，当該各号に定める日から2週間以内に，その本店の所在地において，清算結了の登記をしなければならない。

①　清算株式会社　第507条第3項の承認の日

②　清算持分会社（合名会社及び合資会社に限る。）　第667条第1項の承認の日（第668条第1項の財産の処分の方法を定めた場合にあっては，その財産の処分を完了した日）

③　清算持分会社（合同会社に限る。）　第667条第1項の承認の日

POINT

苦《9》肉《29》の策で**清算終え**、**登記**する

第930条　削除

第931条 削除

第932条 削除

第3節 外国会社の登記

（外国会社の登記）

第933条 外国会社が第817条第1項の規定により初めて日本における代表者を定めたときは，3週間以内に，次の各号に掲げる場合の区分に応じ，当該各号に定める地において，外国会社の登記をしなければならない。

① 日本に営業所を設けていない場合 日本における代表者（日本に住所を有するものに限る。以下この節において同じ。）の住所地

② 日本に営業所を設けた場合 当該営業所の所在地

2 外国会社の登記においては，日本における同種の会社又は最も類似する会社の種類に従い，第911条第3項各号又は第912条から第914条までの各号に掲げる事項を登記するほか，次に掲げる事項を登記しなければならない。

① 外国会社の設立の準拠法

② 日本における代表者の氏名及び住所

③ 日本における同種の会社又は最も類似する会社が株式会社であるときは，第1号に規定する準拠法の規定による公告をする方法

④ 前号に規定する場合において，第819条第3項に規定する措置をとることとするときは，同条第1項に規定する貸借対照表に相当するものの内容である情報について不特定多数の者がその提供を受けるために必要な事項であって法務省令で定めるもの

⑤ 第939条第2項の規定による公告方法についての定めがあるときは，その定め

⑥ 前号の定めが電子公告を公告方法とする旨のものであるときは，次に掲げる事項

イ 電子公告により公告すべき内容である情報について不特定多数の者がその提供を受けるために必要な事項であって法務省令で定めるもの

ロ 第939条第3項後段の規定による定めがあるときは，その定め

⑦ 第5号の定めがないときは，第939条第4項の規定により官報に掲載する方法を公告方法とする旨

3 外国会社が日本に設けた営業所に関する前項の規定の適用については，当該営業所を第911条第3項第3号，第912条第3号，第913条第3号又は第914条第3号に規定する支店とみなす。

4 第915条及び第918条から第929条までの規定は，外国会社について準用する。この場合において，これらの規定中「2週間」とあるのは「3週間」と，「本店の所在地」とあるのは「日本における代表者（日本に住所を有するものに限る。）の住所地（日本に営業所を設けた外国会社にあっては，当該営業所の所在地）」と読み替えるものとする。

5 前各項の規定により登記すべき事項が外国において生じたときは，登記の期間は，その通知が日本における代表者に到達した日から起算する。

POINT

バタく《9》さ《3》さ《3》も一緒に**登記、外国会社**

□2項：4号・6号イの「法務省令」＝施規220条1項6・7号（インターネットのURL）。

（日本における代表者の選任の登記等）

第934条　日本に営業所を設けていない外国会社が外国会社の登記後に日本における代表者を新たに定めた場合（その住所地が登記がされた他の日本における代表者の住所地を管轄する登記所の管轄区域内にある場合を除く。）には，3週間以内に，その新たに定めた日本における代表者の住所地においても，外国会社の登記をしなければならない。

2　日本に営業所を設けた外国会社が外国会社の登記後に日本に営業所を新たに設けた場合（その所在地が登記がされた他の営業所の所在地を管轄する登記所の管轄区域内にある場合を除く。）には，3週間以内に，その新たに設けた日本における営業所の所在地においても，外国会社の登記をしなければならない。

（日本における代表者の住所の移転の登記等）

第935条　日本に営業所を設けていない外国会社の日本における代表者が外国会社の登記後にその住所を他の登記所の管轄区域内に移転したときは，旧住所地においては3週間以内に移転の登記をし，新住所地においては4週間以内に外国会社の登記をしなければならない。ただし，登記がされた他の日本における代表者の住所地を管轄する登記所の管轄区域内に住所を移転したときは，新住所地においては，その住所を移転したことを登記すれば足りる。

2　日本に営業所を設けた外国会社が外国会社の登記後に営業所を他の登記所の管轄区域内に移転したときは，旧所在地においては3週間以内に移転の登記をし，新所在地においては4週間以内に外国会社の登記をしなければならない。ただし，登記がされた他の営業所の所在地を管轄する登記所の管轄区域内に営業所を移転したときは，新所在地においては，その営業所を移転したことを登記すれば足りる。

（日本における営業所の設置の登記等）

第936条　日本に営業所を設けていない外国会社が外国会社の登記後に日本に営業所を設けたときは，日本における代表者の住所地においては3週間以内に営業所を設けたことを登記し，その営業所の所在地においては4週間以内に外国会社の登記をしなければならない。ただし，登記がされた日本における代表者の住所地を管轄する登記所の管轄区域内に営業所を設けたときは，その営業所を設けたことを登記すれば足りる。

2　日本に営業所を設けた外国会社が外国会社の登記後にすべての営業所を閉鎖した場合には，その外国会社の日本における代表者の全員が退任しようとするときを除き，その営業所の所在地においては3週間以内に営業所を閉鎖したことを登記し，日本における代表者の住所地においては4週間以内に外国会社の登記をしなければならない。ただし，登記がされた営業所の所在地を管轄する登記所の管轄区域内に日本における代表者の住所地があるときは，すべての営業所を閉鎖したことを登記すれば足りる。

第4節　登記の嘱託

（裁判による登記の嘱託）

第937条　次に掲げる場合には，裁判所書記官は，職権で，遅滞なく，会社の本店の所在地を管轄する登記所にその登記を嘱託しなければならない。

①　次に掲げる訴えに係る請求を認容する判決が確定したとき。

イ　会社の設立の無効の訴え
ロ　株式会社の成立後における株式の発行の無効の訴え
ハ　新株予約権（当該新株予約権が新株予約権付社債に付されたものである場合にあっては，当該新株予約権付社債についての社債を含む。以下この節において同じ。）の発行の無効の訴え
ニ　株式会社における資本金の額の減少の無効の訴え
ホ　株式会社の成立後における株式の発行が存在しないことの確認の訴え
ヘ　新株予約権の発行が存在しないことの確認の訴え
ト　株主総会等の決議した事項についての登記があった場合における次に掲げる訴え
(1)　株主総会等の決議が存在しないこと又は株主総会等の決議の内容が法令に違反することを理由として当該決議が無効であることの確認の訴え
(2)　株主総会等の決議の取消しの訴え
チ　持分会社の設立の取消しの訴え
リ　会社の解散の訴え
ヌ　株式会社の役員の解任の訴え
ル　持分会社の社員の除名の訴え
ヲ　持分会社の業務を執行する社員の業務執行権又は代表権の消滅の訴え
②　次に掲げる裁判があったとき。
イ　第346条第2項，第351条第2項又は第401条第3項（第403条第3項及び第420条第3項において準用する場合を含む。）の規定による一時取締役（監査等委員会設置会社にあっては，監査等委員である取締役又はそれ以外の取締役），会計参与，監査役，代表取締役，委員（指名委員会，監査委員会又は報酬委員会の委員をいう。），執行役又は代表執行役の職務を行うべき者の選任の裁判
ロ　第479条第4項において準用する第346条第2項又は第483条第6項において準用する第351条第2項の規定による一時清算人又は代表清算人の職務を行うべき者の選任の裁判（次条第2項第1号に規定する裁判を除く。）
ハ　イ又はロに掲げる裁判を取り消す裁判（次条第2項第2号に規定する裁判を除く。）
ニ　清算人又は代表清算人若しくは清算持分会社を代表する清算人の選任又は選定の裁判を取り消す裁判（次条第2項第3号に規定する裁判を除く。）
ホ　清算人の解任の裁判（次条第2項第4号に規定する裁判を除く。）
③　次に掲げる裁判が確定したとき。
イ　前号ホに掲げる裁判を取り消す裁判
ロ　第824条第1項の規定による会社の解散を命ずる裁判
2　第827条第1項の規定による外国会社の日本における取引の継続の禁止又は営業所の閉鎖を命ずる裁判が確定したときは，裁判所書記官は，職権で，遅滞なく，次の各号に掲げる外国会社の区分に応じ，当該各号に定める地を管轄する登記所にその登記を嘱託しなければならない。
①　日本に営業所を設けていない外国会社　日本における代表者（日本に住所を有するものに限る。）の住所地
②　日本に営業所を設けている外国会社　当該営業所の所在地
3　次の各号に掲げる訴えに係る請求を認容する判決が確定した場合には，裁判所書記官は，職権で，遅滞なく，各会社の本店の所在地を管轄する登記所に当該各号に定める登記を嘱託しなければならない。
①　会社の組織変更の無効の訴え　組織変更後の会社についての解散の登記及び組織変更をする会社についての回復の登記

② 会社の吸収合併の無効の訴え 吸収合併後存続する会社についての変更の登記及び吸収合併により消滅する会社についての回復の登記
③ 会社の新設合併の無効の訴え 新設合併により設立する会社についての解散の登記及び新設合併により消滅する会社についての回復の登記
④ 会社の吸収分割の無効の訴え 吸収分割をする会社及び当該会社がその事業に関して有する権利義務の全部又は一部を当該会社から承継する会社についての変更の登記
⑤ 会社の新設分割の無効の訴え 新設分割をする会社についての変更の登記及び新設分割により設立する会社についての解散の登記
⑥ 株式会社の株式交換の無効の訴え 株式交換をする株式会社（第768条第1項第4号に掲げる事項についての定めがある場合に限る。）及び株式交換をする株式会社の発行済株式の全部を取得する会社についての変更の登記
⑦ 株式会社の株式移転の無効の訴え 株式移転をする株式会社（第773条第1項第9号に掲げる事項についての定めがある場合に限る。）についての変更の登記及び株式移転により設立する株式会社についての解散の登記
⑧ 株式会社の株式交付の無効の訴え 株式交付親会社についての変更の登記

POINT

腕組《9》み《3》な《7》がら**書記官、登記を嘱託**

（特別清算に関する裁判による登記の嘱託）

第938条 次の各号に掲げる場合には，裁判所書記官は，職権で，遅滞なく，清算株式会社の本店の所在地を管轄する登記所に当該各号に定める登記を嘱託しなければならない。
① 特別清算開始の命令があったとき 特別清算開始の登記
② 特別清算開始の命令を取り消す決定が確定したとき 特別清算開始の取消しの登記
③ 特別清算終結の決定が確定したとき 特別清算終結の登記
2 次に掲げる場合には，裁判所書記官は，職権で，遅滞なく，清算株式会社の本店の所在地を管轄する登記所にその登記を嘱託しなければならない。
① 特別清算開始後における第479条第4項において準用する第346条第2項又は第483条第6項において準用する第351条第2項の規定による一時清算人又は代表清算人の職務を行うべき者の選任の裁判があったとき。
② 前号の裁判を取り消す裁判があったとき。
③ 特別清算開始後における清算人又は代表清算人の選任又は選定の裁判を取り消す裁判があったとき。
④ 特別清算開始後における清算人の解任の裁判があったとき。
⑤ 前号の裁判を取り消す裁判が確定したとき。
3 次に掲げる場合には，裁判所書記官は，職権で，遅滞なく，当該保全処分の登記を嘱託しなければならない。
① 清算株式会社の財産に属する権利で登記されたものに関し第540条第1項又は第2項の規定による保全処分があったとき。

② 登記のある権利に関し第542条第1項又は第2項の規定による保全処分があったとき。
4 前項の規定は，同項に規定する保全処分の変更若しくは取消しがあった場合又は当該保全処分が効力を失った場合について準用する。
5 前2項の規定は，登録のある権利について準用する。
6 前各項の規定は，その性質上許されないものを除き，第822条第1項の規定による日本にある外国会社の財産についての清算について準用する。

第5章 公告

第1節 総則

（会社の公告方法）
第939条 会社は，公告方法として，次に掲げる方法のいずれかを定款で定めることができる。
① 官報に掲載する方法
② 時事に関する事項を掲載する日刊新聞紙に掲載する方法
③ 電子公告
2 外国会社は，公告方法として，前項各号に掲げる方法のいずれかを定めることができる。
3 会社又は外国会社が第1項第3号に掲げる方法を公告方法とする旨を定める場合には，電子公告を公告方法とする旨を定めれば足りる。この場合においては，事故その他やむを得ない事由によって電子公告による公告をすることができない場合の公告方法として，同項第1号又は第2号に掲げる方法のいずれかを定めることができる。
4 第1項又は第2項の規定による定めがない会社又は外国会社の公告方法は，第1項第1号の方法とする。

POINT 臭《9》く《3》伝《9》わる、屁こく**公告**

□従来は、定款の絶対的記載事項であったが、任意的記載事項となった。29条の解説を参照のこと。

（電子公告の公告期間等）
第940条 株式会社又は持分会社が電子公告によりこの法律の規定による公告をする場合には，次の各号に掲げる公告の区分に応じ，当該各号に定める日までの間，継続して電子公告による公告をしなければならない。
① この法律の規定により特定の日の一定の期間前に公告しなければならない場合における当該公告 当該特定の日
② 第440条第1項の規定による公告 同項の定時株主総会の終結の日後5年を経過する日
③ 公告に定める期間内に異議を述べることができる旨の公告 当該期間を経過する日
④ 前3号に掲げる公告以外の公告 当該公告の開始後1箇月を経過する日

2　外国会社が電子公告により第819条第1項の規定による公告をする場合には，同項の手続の終結の日後5年を経過する日までの間，継続して電子公告による公告をしなければならない。
3　前2項の規定にかかわらず，これらの規定により電子公告による公告をしなければならない期間（以下この章において「公告期間」という。）中公告の中断（不特定多数の者が提供を受けることができる状態に置かれた情報がその状態に置かれないこととなったこと又はその情報がその状態に置かれた後改変されたことをいう。以下この項において同じ。）が生じた場合において，次のいずれにも該当するときは，その公告の中断は，当該公告の効力に影響を及ぼさない。
①　公告の中断が生ずることにつき会社が善意でかつ重大な過失がないこと又は会社に正当な事由があること。
②　公告の中断が生じた時間の合計が公告期間の10分の1を超えないこと。
③　会社が公告の中断が生じたことを知った後速やかにその旨，公告の中断が生じた時間及び公告の中断の内容を当該公告に付して公告したこと。

POINT　旧《9》人《4》もわ《0》かるホームページで**電子公告**

□3項1号：「正当な事由」の例としてサーバーの保守点検など。

第2節　電子公告調査機関

（電子公告調査）
第941条　この法律又は他の法律の規定による公告（第440条第1項の規定による公告を除く。以下この節において同じ。）を電子公告によりしようとする会社は，公告期間中，当該公告の内容である情報が不特定多数の者が提供を受けることができる状態に置かれているかどうかについて，法務省令で定めるところにより，法務大臣の登録を受けた者（以下この節において「調査機関」という。）に対し，調査を行うことを求めなければならない。

POINT　急《9》でよ《4》い《1》、**ホームページ**の**調査**簡単

□「法務省令」＝施規221条1号、電規3条。

（登録）
第942条　前条の登録（以下この節において単に「登録」という。）は，同条の規定による調査（以下この節において「電子公告調査」という。）を行おうとする者の申請により行う。
2　登録を受けようとする者は，実費を勘案して政令で定める額の手数料を納付しなければならない。
（欠格事由）
第943条　次のいずれかに該当する者は，登録を受けることができない。
①　この節の規定若しくは農業協同組合法（昭和22年法律第132号）第97条の4第5項，金融商品取引法第50条の2第10項及び第66条の40第6項，公認会計士法第34条の20第6項及び第34条の23第4項，消費生活協同組合法（昭和23年法律第200号）第26条第6項，水産

業協同組合法（昭和23年法律第242号）第126条の4第5項，中小企業等協同組合法（昭和24年法律第181号）第33条第7項（輸出水産業の振興に関する法律（昭和29年法律第154号）第20条並びに中小企業団体の組織に関する法律（昭和32年法律第185号）第5条の23第3項及び第47条第2項において準用する場合を含む。），弁護士法（昭和24年法律第205号）第30条の28第6項（同法第43条第3項並びに外国弁護士による法律事務の取扱い等に関する法律（昭和61年法律第66号）第67条第2項，第80条第1項及び第82条第3項において準用する場合を含む。），船主相互保険組合法（昭和25年法律第177号）第55条第3項，司法書士法（昭和25年法律第197号）第45条の2第6項，土地家屋調査士法（昭和25年法律第228号）第40条の2第6項，商品先物取引法（昭和25年法律第239号）第11条第9項，行政書士法（昭和26年法律第4号）第13条の20の2第6項，投資信託及び投資法人に関する法律（昭和26年法律第198号）第25条第2項（同法第59条において準用する場合を含む。）及び第186条の2第4項，税理士法第48条の19の2第6項（同法第49条の12第3項において準用する場合を含む。），信用金庫法（昭和26年法律第238号）第87条の4第4項，輸出入取引法（昭和27年法律第299号）第15条第6項（同法第19条の6において準用する場合を含む。），中小漁業融資保証法（昭和27年法律第346号）第55条第5項，労働金庫法（昭和28年法律第227号）第91条の4第4項，技術研究組合法（昭和36年法律第81号）第16条第8項，農業信用保証保険法（昭和36年法律第204号）第48条の3第5項（同法第48条の9第7項において準用する場合を含む。），社会保険労務士法（昭和43年法律第89号）第25条の23の2第6項，森林組合法（昭和53年法律第36号）第8条の2第5項，銀行法第49条の2第2項，保険業法（平成7年法律第105号）第67条の2及び第217条第3項，資産の流動化に関する法律（平成10年法律第105号）第194条第4項，弁理士法（平成12年法律第49号）第53条の2第6項，農林中央金庫法（平成13年法律第93号）第96条の2第4項，信託業法第57条第6項，一般社団法人及び一般財団法人に関する法律第333条，資金決済に関する法律（平成21年法律第59号）第20条第4項，第61条第7項及び第63条の20第7項並びに労働者協同組合法（令和2年法律第78号）第29条第6項（同法第111条第2項において準用する場合を含む。）（以下この節において「電子公告関係規定」と総称する。）において準用する第955条第1項の規定又はこの節の規定に基づく命令に違反し，罰金以上の刑に処せられ，その執行を終わり，又は執行を受けることがなくなった日から2年を経過しない者

② 第954条の規定により登録を取り消され，その取消しの日から2年を経過しない者

③ 法人であって，その業務を行う理事等（理事，取締役，執行役，業務を執行する社員，監事若しくは監査役又はこれらに準ずる者をいう。第947条において同じ。）のうちに前2号のいずれかに該当する者があるもの

（登録基準）

第944条 法務大臣は，第942条第1項の規定により登録を申請した者が，次に掲げる要件のすべてに適合しているときは，その登録をしなければならない。この場合において，登録に関して必要な手続は，法務省令で定める。

① 電子公告調査に必要な電子計算機（入出力装置を含む。以下この号において同じ。）及びプログラム（電子計算機に対する指令であって，1の結果を得ることができるように組み合わされたものをいう。以下この号において同じ。）であって次に掲げる要件のすべてに適合するものを用いて電子公告調査を行うものであること。

イ 当該電子計算機及びプログラムが電子公告により公告されている情報をインターネットを利用して閲覧することができるものであること。

ロ 当該電子計算機若しくはその用に供する電磁的記録を損壊し，若しくは当該電子計算機に虚偽の情報若しくは不正な指令を与え，又はその他の方法により，当該電子計算機に使用目

的に沿うべき動作をさせず，又は使用目的に反する動作をさせることを防ぐために必要な措置が講じられていること。
ハ　当該電子計算機及びプログラムがその電子公告調査を行う期間を通じて当該電子計算機に入力された情報及び指令並びにインターネットを利用して提供を受けた情報を保存する機能を有していること。
②　電子公告調査を適正に行うために必要な実施方法が定められていること。
2　登録は，調査機関登録簿に次に掲げる事項を記載し，又は記録してするものとする。
①　登録年月日及び登録番号
②　登録を受けた者の氏名又は名称及び住所並びに法人にあっては，その代表者の氏名
③　登録を受けた者が電子公告調査を行う事業所の所在地

□944条：「法務省令」＝施規221条2号。

（登録の更新）
第945条　登録は，3年を下らない政令で定める期間ごとにその更新を受けなければ，その期間の経過によって，その効力を失う。
2　前3条の規定は，前項の登録の更新について準用する。
（調査の義務等）
第946条　調査機関は，電子公告調査を行うことを求められたときは，正当な理由がある場合を除き，電子公告調査を行わなければならない。
2　調査機関は，公正に，かつ，法務省令で定める方法により電子公告調査を行わなければならない。
3　調査機関は，電子公告調査を行う場合には，法務省令で定めるところにより，電子公告調査を行うことを求めた者（以下この節において「調査委託者」という。）の商号その他の法務省令で定める事項を法務大臣に報告しなければならない。
4　調査機関は，電子公告調査の後遅滞なく，調査委託者に対して，法務省令で定めるところにより，当該電子公告調査の結果を通知しなければならない。

□946条2項：「法務省令」＝施規221条3号、電規5条。
□同3項：1つ目の「法務省令」＝施規221条3号。2つ目の「法務省令」＝施規221条3号、電規6条。
□同4項：「法務省令」＝施規221条3号、電規7条。

（電子公告調査を行うことができない場合）
第947条　調査機関は，次に掲げる者の電子公告による公告又はその者若しくはその理事等が電子公告による公告に関与した場合として法務省令で定める場合における当該公告については，電子公告調査を行うことができない。
①　当該調査機関
②　当該調査機関が株式会社である場合における親株式会社（当該調査機関を子会社とする株式会社をいう。）
③　理事等又は職員（過去2年間にそのいずれかであった者を含む。次号において同じ。）が当該調査機関の理事等に占める割合が2分の1を超える法人
④　理事等又は職員のうちに当該調査機関（法人であるものを除く。）又は当該調査機関の代表

権を有する理事等が含まれている法人

□1項柱書：「法務省令」＝施規221条4号、電規8条。

（事業所の変更の届出）

第948条　調査機関は，電子公告調査を行う事業所の所在地を変更しようとするときは，変更しようとする日の2週間前までに，法務大臣に届け出なければならない。

（業務規程）

第949条　調査機関は，電子公告調査の業務に関する規程（次項において「業務規程」という。）を定め，電子公告調査の業務の開始前に，法務大臣に届け出なければならない。これを変更しようとするときも，同様とする。

2　業務規程には，電子公告調査の実施方法，電子公告調査に関する料金その他の法務省令で定める事項を定めておかなければならない。

□949条2項：「法務省令」＝施規221条5号、電規10条。

（業務の休廃止）

第950条　調査機関は，電子公告調査の業務の全部又は一部を休止し，又は廃止しようとするときは，法務省令で定めるところにより，あらかじめ，その旨を法務大臣に届け出なければならない。

□「法務省令」＝施規221条6号、電規11条。

（財務諸表等の備置き及び閲覧等）

第951条　調査機関は，毎事業年度経過後3箇月以内に，その事業年度の財産目録，貸借対照表及び損益計算書又は収支計算書並びに事業報告書（これらの作成に代えて電磁的記録の作成がされている場合における当該電磁的記録を含む。次項において「財務諸表等」という。）を作成し，5年間事業所に備え置かなければならない。

2　調査委託者その他の利害関係人は，調査機関に対し，その業務時間内は，いつでも，次に掲げる請求をすることができる。ただし，第2号又は第4号に掲げる請求をするには，当該調査機関の定めた費用を支払わなければならない。

①　財務諸表等が書面をもって作成されているときは，当該書面の閲覧又は謄写の請求

②　前号の書面の謄本又は抄本の交付の請求

③　財務諸表等が電磁的記録をもって作成されているときは，当該電磁的記録に記録された事項を法務省令で定める方法により表示したものの閲覧又は謄写の請求

④　前号の電磁的記録に記録された事項を電磁的方法であって調査機関の定めたものにより提供することの請求又は当該事項を記載した書面の交付の請求

□2項3号：「法務省令」＝施規221条7号、電規12条（紙面か映像面で表示）。

（適合命令）

第952条　法務大臣は，調査機関が第944条第1項各号のいずれかに適合しなくなったと認めるときは，その調査機関に対し，これらの規定に適合するため必要な措置をとるべきことを命ずることができる。

（改善命令）

第953条　法務大臣は，調査機関が第946条の規定に違反していると認めるときは，その調査機関に対し，電子公告調査を行うべきこと又は電子公告調査の方法その他の業務の方法の改善に関し必要な措置をとるべきことを命ずることができる。

（登録の取消し等）

第954条　法務大臣は，調査機関が次のいずれかに該当するときは，その登録を取り消し，又は期間を定めて電子公告調査の業務の全部若しくは一部の停止を命ずることができる。

①　第943条第1号又は第3号に該当するに至ったとき。

②　第947条（電子公告関係規定において準用する場合を含む。）から第950条まで，第951条第1項又は次条第1項（電子公告関係規定において準用する場合を含む。）の規定に違反したとき。

③　正当な理由がないのに第951条第2項各号又は次条第2項各号（電子公告関係規定において準用する場合を含む。）の規定による請求を拒んだとき。

④　第952条又は前条（電子公告関係規定において準用する場合を含む。）の命令に違反したとき。

⑤　不正の手段により第941条の登録を受けたとき。

（調査記録簿等の記載等）

第955条　調査機関は，法務省令で定めるところにより，調査記録又はこれに準ずるものとして法務省令で定めるもの（以下この条において「調査記録簿等」という。）を備え，電子公告調査に関し法務省令で定めるものを記載し，又は記録し，及び当該調査記録簿等を保存しなければならない。

2　調査委託者その他の利害関係人は，調査機関に対し，その業務時間内は，いつでも，当該調査機関が前項又は次条第2項の規定により保存している調査記録簿等（利害関係がある部分に限る。）について，次に掲げる請求をすることができる。ただし，当該請求をするには，当該調査機関の定めた費用を支払わなければならない。

①　調査記録簿等が書面をもって作成されているときは，当該書面の写しの交付の請求

②　調査記録簿等が電磁的記録をもって作成されているときは，当該電磁的記録に記録された事項を電磁的方法であって調査機関の定めたものにより提供することの請求又は当該事項を記載した書面の交付の請求

□955条1項：1～3つ目とも「法務省令」＝施規221条8号、電規13条（磁気ディスク)。

（調査記録簿等の引継ぎ）

第956条　調査機関は，電子公告調査の業務の全部の廃止をしようとするとき，又は第954条の規定により登録が取り消されたときは，その保存に係る前条第1項（電子公告関係規定において準用する場合を含む。）の調査記録簿等を他の調査機関に引き継がなければならない。

2　前項の規定により同項の調査記録簿等の引継ぎを受けた調査機関は，法務省令で定めるところにより，その調査記録簿等を保存しなければならない。

□2項：「法務省令」＝施規221条9号。

（法務大臣による電子公告調査の業務の実施）
第957条　法務大臣は，登録を受ける者がないとき，第950条の規定による電子公告調査の業務の全部又は一部の休止又は廃止の届出があったとき，第954条の規定により登録を取り消し，又は調査機関に対し電子公告調査の業務の全部若しくは一部の停止を命じたとき，調査機関が天災その他の事由によって電子公告調査の業務の全部又は一部を実施することが困難となったとき，その他必要があると認めるときは，当該電子公告調査の業務の全部又は一部を自ら行うことができる。
2　法務大臣が前項の規定により電子公告調査の業務の全部又は一部を自ら行う場合における電子公告調査の業務の引継ぎその他の必要な事項については，法務省令で定める。
3　第1項の規定により法務大臣が行う電子公告調査を求める者は，実費を勘案して政令で定める額の手数料を納付しなければならない。

□2項：「法務省令」＝施規221条10号。

（報告及び検査）
第958条　法務大臣は，この法律の施行に必要な限度において，調査機関に対し，その業務若しくは経理の状況に関し報告をさせ，又はその職員に，調査機関の事務所若しくは事業所に立ち入り，業務の状況若しくは帳簿，書類その他の物件を検査させることができる。
2　前項の規定により職員が立入検査をする場合には，その身分を示す証明書を携帯し，関係人にこれを提示しなければならない。
3　第1項の規定による立入検査の権限は，犯罪捜査のために認められたものと解釈してはならない。
（公示）
第959条　法務大臣は，次に掲げる場合には，その旨を官報に公示しなければならない。
①　登録をしたとき。
②　第945条第1項の規定により登録が効力を失ったことを確認したとき。
③　第948条又は第950条の届出があったとき。
④　第954条の規定により登録を取り消し，又は電子公告調査の業務の全部若しくは一部の停止を命じたとき。
⑤　第957条第1項の規定により法務大臣が電子公告調査の業務の全部若しくは一部を自ら行うものとするとき，又は自ら行っていた電子公告調査の業務の全部若しくは一部を行わないこととするとき。

第8編 罰則

（取締役等の特別背任罪）

第960条　次に掲げる者が，自己若しくは第三者の利益を図り又は株式会社に損害を加える目的で，その任務に背く行為をし，当該株式会社に財産上の損害を加えたときは，10年以下の懲役若しくは千万円以下の罰金に処し，又はこれを併科する。

①　発起人

②　設立時取締役又は設立時監査役

③　取締役，会計参与，監査役又は執行役

④　民事保全法第56条に規定する仮処分命令により選任された取締役，監査役又は執行役の職務を代行する者

⑤　第346条第2項，第351条第2項又は第401条第3項（第403条第3項及び第420条第3項において準用する場合を含む。）の規定により選任された一時取締役（監査等委員会設置会社にあっては，監査等委員である取締役又はそれ以外の取締役），会計参与，監査役，代表取締役，委員（指名委員会，監査委員会又は報酬委員会の委員をいう。），執行役又は代表執行役の職務を行うべき者

⑥　支配人

⑦　事業に関するある種類又は特定の事項の委任を受けた使用人

⑧　検査役

2　次に掲げる者が，自己若しくは第三者の利益を図り又は清算株式会社に損害を加える目的で，その任務に背く行為をし，当該清算株式会社に財産上の損害を加えたときも，前項と同様とする。

①　清算株式会社の清算人

②　民事保全法第56条に規定する仮処分命令により選任された清算株式会社の清算人の職務を代行する者

③　第479条第4項において準用する第346条第2項又は第483条第6項において準用する第351条第2項の規定により選任された一時清算人又は代表清算人の職務を行うべき者

④　清算人代理

⑤　監督委員

⑥　調査委員

POINT

罰則で苦《9》労《6》するわ《0》ね、**取締役の特別背任**

（代表社債権者等の特別背任罪）

第961条　代表社債権者又は決議執行者（第737条第2項に規定する決議執行者をいう。以下同じ。）が，自己若しくは第三者の利益を図り又は社債権者に損害を加える目的で，その任務に背く行為をし，社債権者に財産上の損害を加えたときは，5年以下の懲役若しくは500万円以下の罰金に処し，又はこれを併科する。

POINT

黒《96》い《1》噂が**代表社債権者**に?! **特別背任**

（未遂罪）

第962条　前2条の罪の未遂は，罰する。

（会社財産を危うくする罪）

第963条　第960条第1項第1号又は第2号に掲げる者が，第34条第1項若しくは第63条第1項の規定による払込み若しくは給付について，又は第28条各号に掲げる事項について，裁判所又は創立総会若しくは種類創立総会に対し，虚偽の申述を行い，又は事実を隠ぺいしたときは，5年以下の懲役若しくは500万円以下の罰金に処し，又はこれを併科する。

2　第960条第1項第3号から第5号までに掲げる者が，第199条第1項第3号又は第236条第1項第3号に掲げる事項について，裁判所又は株主総会若しくは種類株主総会に対し，虚偽の申述を行い，又は事実を隠ぺいしたときも，前項と同様とする。

3　検査役が，第28条各号，第199条第1項第3号又は第236条第1項第3号に掲げる事項について，裁判所に対し，虚偽の申述を行い，又は事実を隠ぺいしたときも，第1項と同様とする。

4　第94条第1項の規定により選任された者が，第34条第1項若しくは第63条第1項の規定による払込み若しくは給付について，又は第28条各号に掲げる事項について，創立総会に対し，虚偽の申述を行い，又は事実を隠ぺいしたときも，第1項と同様とする。

5　第960条第1項第3号から第7号までに掲げる者が，次のいずれかに該当する場合にも，第1項と同様とする。

①　何人の名義をもってするかを問わず，株式会社の計算において不正にその株式を取得したとき。

②　法令又は定款の規定に違反して，剰余金の配当をしたとき。

③　株式会社の目的の範囲外において，投機取引のために株式会社の財産を処分したとき。

POINT

会社のく《9》ろ《6》ネズミ《3》よ**刑罰**食らえ

（虚偽文書行使等の罪）

第964条　次に掲げる者が，株式，新株予約権，社債又は新株予約権付社債を引き受ける者の募集をするに当たり，会社の事業その他の事項に関する説明を記載した資料若しくは当該募集の広告その他の当該募集に関する文書であって重要な事項について虚偽の記載のあるものを行使し，又はこれらの書類の作成に代えて電磁的記録の作成がされている場合における当該電磁的記録であって重要な事項について虚偽の記録のあるものをその募集の事務の用に供したときは，5年以下の懲役若しくは500万円以下の罰金に処し，又はこれを併科する。

①　第960条第1項第1号から第7号までに掲げる者

②　持分会社の業務を執行する社員

③　民事保全法第56条 に規定する仮処分命令により選任された持分会社の業務を執行する社員の職務を代行する者

④　株式，新株予約権，社債又は新株予約権付社債を引き受ける者の募集の委託を受けた者

2　株式，新株予約権，社債又は新株予約権付社債の売出しを行う者が，その売出しに関する文

書であって重要な事項について虚偽の記載のあるものを行使し，又は当該文書の作成に代えて電磁的記録の作成がされている場合における当該電磁的記録であって重要な事項について虚偽の記録のあるものをその売出しの事務の用に供したときも，前項と同様とする。

（預合いの罪）

第965条　第960条第1項第1号から第7号までに掲げる者が，株式の発行に係る払込みを仮装するため預合いを行ったときは，5年以下の懲役若しくは500万円以下の罰金に処し，又はこれを併科する。預合いに応じた者も，同様とする。

POINT　黒《96》子《5》に仮装、**預合い**

□預《あずけ》合《あ》いとは960条第1項1～7号に掲げる者（発起人など）が、払込取扱機関の役職員と通牒して株金の払込みを仮装すること（最判昭和42・12・14）。

（株式の超過発行の罪）

第966条　次に掲げる者が，株式会社が発行することができる株式の総数を超えて株式を発行したときは，5年以下の懲役又は500万円以下の罰金に処する。

①　発起人

②　設立時取締役又は設立時執行役

③　取締役，執行役又は清算株式会社の清算人

④　民事保全法第56条に規定する仮処分命令により選任された取締役，執行役又は清算株式会社の清算人の職務を代行する者

⑤　第346条第2項（第479条第4項において準用する場合を含む。）又は第403条第3項において準用する第401条第3項の規定により選任された一時取締役（監査等委員会設置会社にあっては，監査等委員である取締役又はそれ以外の取締役），執行役又は清算株式会社の清算人の職務を行うべき者

（取締役等の贈収賄罪）

第967条　次に掲げる者が，その職務に関し，不正の請託を受けて，財産上の利益を収受し，又はその要求若しくは約束をしたときは，5年以下の懲役又は500万円以下の罰金に処する。

①　第960条第1項各号又は第2項各号に掲げる者

②　第961条に規定する者

③　会計監査人又は第346条第4項の規定により選任された一時会計監査人の職務を行うべき者

2　前項の利益を供与し，又はその申込み若しくは約束をした者は，3年以下の懲役又は300万円以下の罰金に処する。

POINT　酒など酌《9》む《6》な《7》、**贈賄**になるぞ

(株主等の権利の行使に関する贈収賄罪)

第968条　次に掲げる事項に関し，不正の請託を受けて，財産上の利益を収受し，又はその要求若しくは約束をした者は，5年以下の懲役又は500万円以下の罰金に処する。

① 株主総会若しくは種類株主総会，創立総会若しくは種類創立総会，社債権者集会又は債権者集会における発言又は議決権の行使

② 第210条若しくは第247条，第297条第1項若しくは第4項，第303条第1項若しくは第2項，第304条，第305条第1項若しくは第306条第1項若しくは第2項（これらの規定を第325条において準用する場合を含む。），第358条第1項，第360条第1項若しくは第2項（これらの規定を第482条第4項において準用する場合を含む。），第422条第1項若しくは第2項，第426条第7項，第433条第1項若しくは第479条第2項に規定する株主の権利の行使，第511条第1項若しくは第522条第1項に規定する株主若しくは債権者の権利の行使又は第547条第1項若しくは第3項に規定する債権者の権利の行使

③ 社債の総額（償還済みの額を除く。）の10分の1以上に当たる社債を有する社債権者の権利の行使

④ 第828条第1項，第829条から第831条まで，第833条第1項，第847条第3項若しくは第5項，第847条の2第6項若しくは第8項，第847条の3第7項若しくは第9項，第853条，第854条又は第858条に規定する訴えの提起（株主等（第847条の4第2項に規定する株主等をいう。次号において同じ。），株式会社の債権者又は新株予約権若しくは新株予約権付社債を有する者がするものに限る。）

⑤ 第849条第1項の規定による株主等の訴訟参加

2　前項の利益を供与し，又はその申込み若しくは約束をした者も，同項と同様とする。

(没収及び追徴)

第969条　第967条第1項又は前条第1項の場合において，犯人の収受した利益は，没収する。その全部又は一部を没収することができないときは，その価額を追徴する。

(株主等の権利の行使に関する利益供与の罪)

第970条　第960条第1項第3号から第6号までに掲げる者又はその他の株式会社の使用人が，株主の権利，当該株式会社に係る適格旧株主（第847条の2第9項に規定する適格旧株主をいう。第3項において同じ。）の権利又は当該株式会社の最終完全親会社等（第847条の3第1項に規定する最終完全親会社等をいう。第3項において同じ。）の株主の権利の行使に関し，当該株式会社又はその子会社の計算において財産上の利益を供与したときは，3年以下の懲役又は300万円以下の罰金に処する。

2　情を知って，前項の利益の供与を受け，又は第三者にこれを供与させた者も，同項と同様とする。

3　株主の権利，株式会社に係る適格旧株主の権利又は株式会社の最終完全親会社等の株主の権利の行使に関し，当該株式会社又はその子会社の計算において第1項の利益を自己又は第三者に供与することを同項に規定する者に要求した者も，同項と同様とする。

4　前2項の罪を犯した者が，その実行について第1項に規定する者に対し威迫の行為をしたときは，5年以下の懲役又は500万円以下の罰金に処する。

5　前3項の罪を犯した者には，情状により，懲役及び罰金を併科することができる。

6　第1項の罪を犯した者が自首したときは，その刑を減軽し，又は免除することができる。

POINT 苦《9》難《7》! ゼ《0》ニ総会屋に**供与**し捕わる

□970条6項：内部告発を促すための規定。

(国外犯)

第971条　第960条から第963条まで，第965条，第966条，第967条第1項，第968条第1項及び前条第1項の罪は，日本国外においてこれらの罪を犯した者にも適用する。

2　第967条第2項，第968条第2項及び前条第2項から第4項までの罪は，刑法（明治40年法律第45号）第2条 の例に従う。

POINT 宮《9》内《71》庁より外務省、**国外犯**を追跡するのは

(法人における罰則の適用)

第972条　第960条，第961条，第963条から第966条まで，第967条第1項又は第970条第1項に規定する者が法人であるときは，これらの規定及び第962条の規定は，その行為をした取締役，執行役その他業務を執行する役員又は支配人に対してそれぞれ適用する。

(業務停止命令違反の罪)

第973条　第954条の規定による電子公告調査（第942条第1項に規定する電子公告調査をいう。以下同じ。）の業務の全部又は一部の停止の命令に違反した者は，1年以下の懲役若しくは100万円以下の罰金に処し，又はこれを併科する。

(虚偽届出等の罪)

第974条　次のいずれかに該当する者は，30万円以下の罰金に処する。

①　第950条の規定による届出をせず，又は虚偽の届出をした者

②　第955条第1項の規定に違反して，調査記録簿等（同項に規定する調査記録簿等をいう。以下この号において同じ。）に同項に規定する電子公告調査に関し法務省令で定めるものを記載せず，若しくは記録せず，若しくは虚偽の記載若しくは記録をし，又は同項若しくは第956条第2項の規定に違反して調査記録簿等を保存しなかった者

③　第958条第1項の規定による報告をせず，若しくは虚偽の報告をし，又は同項の規定による検査を拒み，妨げ，若しくは忌避した者

(両罰規定)

第975条　法人の代表者又は法人若しくは人の代理人，使用人その他の従業者が，その法人又は人の業務に関し，前2条の違反行為をしたときは，行為者を罰するほか，その法人又は人に対しても，各本条の罰金刑を科する。

(過料に処すべき行為)

第976条　発起人，設立時取締役，設立時監査役，設立時執行役，取締役，会計参与若しくはその職務を行うべき社員，監査役，執行役，会計監査人若しくはその職務を行うべき社員，清算人，清算人代理，持分会社の業務を執行する社員，民事保全法第56条に規定する仮処分命令により選任された取締役，監査役，執行役，清算人若しくは持分会社の業務を執行する社員の職務

を代行する者，第960条第1項第5号に規定する一時取締役，会計参与，監査役，代表取締役，委員，執行役若しくは代表執行役の職務を行うべき者，同条第2項第3号に規定する一時清算人若しくは代表清算人の職務を行うべき者，第967条第1項第3号に規定する一時会計監査人の職務を行うべき者，検査役，監督委員，調査委員，株主名簿管理人，社債原簿管理人，社債管理者，事務を承継する社債管理者，社債管理補助者，事務を承継する社債管理補助者，代表社債権者，決議執行者，外国会社の日本における代表者又は支配人は，次のいずれかに該当する場合には，100万円以下の過料に処する。ただし，その行為について刑を科すべきときは，この限りでない。

① この法律の規定による登記をすることを怠ったとき。

② この法律の規定による公告若しくは通知をすることを怠ったとき，又は不正の公告若しくは通知をしたとき。

③ この法律の規定による開示をすることを怠ったとき。

④ この法律の規定に違反して，正当な理由がないのに，書類若しくは電磁的記録に記録された事項を法務省令で定める方法により表示したものの閲覧若しくは謄写又は書類の謄本若しくは抄本の交付，電磁的記録に記録された事項を電磁的方法により提供すること若しくはその事項を記載した書面の交付を拒んだとき。

⑤ この法律の規定による調査を妨げたとき。

⑥ 官庁，株主総会若しくは種類株主総会，創立総会若しくは種類創立総会，社債権者集会又は債権者集会に対し，虚偽の申述を行い，又は事実を隠蔽したとき。

⑦ 定款，株主名簿，株券喪失登録簿，新株予約権原簿，社債原簿，議事録，財産目録，会計帳簿，貸借対照表，損益計算書，事業報告，事務報告，第435条第2項若しくは第494条第1項の附属明細書，会計参与報告，監査報告，会計監査報告，決算報告又は第122条第1項，第149条第1項，第171条の2第1項，第173条の2第1項，第179条の5第1項，第179条の10第1項，第182条の2第1項，第182条の6第1項，第250条第1項，第270条第1項，第682条第1項，第695条第1項，第782条第1項，第791条第1項，第794条第1項，第801条第1項若しくは第2項，第803条第1項，第811条第1項，第815条第1項若しくは第2項，第816条の2第1項若しくは第816条の10第1項の書面若しくは電磁的記録に記載し，若しくは記録すべき事項を記載せず，若しくは記録せず，又は虚偽の記載若しくは記録をしたとき。

⑧ 第31条第1項の規定，第74条第6項，第75条第3項，第76条第4項，第81条第2項若しくは第82条第2項（これらの規定を第86条において準用する場合を含む。），第125条第1項，第171条の2第1項，第173条の2第2項，第179条の5第1項，第179条の10第2項，第182条の2第1項，第182条の6第2項，第231条第1項若しくは第252条第1項，第310条第6項，第311条第3項，第312条第4項，第318条第2項若しくは第3項若しくは第319条第2項（これらの規定を第325条において準用する場合を含む。），第371条第1項（第490条第5項において準用する場合を含む。），第378条第1項，第394条第1項，第399条の11第1項，第413条第1項，第442条第1項若しくは第2項，第496条第1項，第684条第1項，第731条第2項，第782条第1項，第791条第2項，第794条第1項，第801条第3項，第803条第1項，第811条第2項，第815条第3項，第816条の2第1項又は第816条の10第2項の規定に違反して，帳簿又は書類若しくは電磁的記録を備え置かなかったとき。

⑨ 正当な理由がないのに，株主総会若しくは種類株主総会又は創立総会若しくは種類創立総会において，株主又は設立時株主の求めた事項について説明をしなかったとき。

⑩ 第135条第1項の規定に違反して株式を取得したとき，又は同条第3項の規定に違反して株式の処分をすることを怠ったとき。

⑪ 第178条第1項又は第2項の規定に違反して，株式の消却をしたとき。

⑫ 第197条第1項又は第2項の規定に違反して，株式の競売又は売却をしたとき。
⑬ 株式，新株予約権又は社債の発行の日前に株券，新株予約権証券又は社債券を発行したとき。
⑭ 第215条第1項，第288条第1項又は第696条の規定に違反して，遅滞なく，株券，新株予約権証券又は社債券を発行しなかったとき。
⑮ 株券，新株予約権証券又は社債券に記載すべき事項を記載せず，又は虚偽の記載をしたとき。
⑯ 第225条第4項，第226条第2項，第227条又は第229条第2項の規定に違反して，株券喪失登録を抹消しなかったとき。
⑰ 第230条第1項の規定に違反して，株主名簿に記載し，又は記録したとき。
⑱ 第296条第1項の規定又は第307条第1項第1号（第325条において準用する場合を含む。）若しくは第359条第1項第1号の規定による裁判所の命令に違反して，株主総会を招集しなかったとき。
⑱の2 第303条第1項又は第2項（これらの規定を第325条において準用する場合を含む。）の規定による請求があった場合において，その請求に係る事項を株主総会又は種類株主総会の目的としなかったとき。
⑲ 第325条の3第1項（第325条の7において準用する場合を含む。）の規定に違反して，電子提供措置をとらなかったとき。
⑲の2 第327条の2の規定に違反して，社外取締役を選任しなかったとき。
⑲の3 第331条第6項の規定に違反して，社外取締役を監査等委員である取締役の過半数に選任しなかったとき。
⑳ 第335条第3項の規定に違反して，社外監査役を監査役の半数以上に選任しなかったとき。
㉑ 第343条第2項（第347条第2項の規定により読み替えて適用する場合を含む。）又は第344条の2第2項（第347条第1項の規定により読み替えて適用する場合を含む。）の規定による請求があった場合において，その請求に係る事項を株主総会若しくは種類株主総会の目的とせず，又はその請求に係る議案を株主総会若しくは種類株主総会に提出しなかったとき。
㉒ 取締役（監査等委員会設置会社にあっては，監査等委員である取締役又はそれ以外の取締役），会計参与，監査役，執行役又は会計監査人がこの法律又は定款で定めたその員数を欠くこととなった場合において，その選任（一時会計監査人の職務を行うべき者の選任を含む。）の手続をすることを怠ったとき。
㉓ 第365条第2項（第419条第2項及び第489条第8項において準用する場合を含む。）又は第430条の2第4項（同条第5項において準用する場合を含む。）の規定に違反して，取締役会又は清算人会に報告せず，又は虚偽の報告をしたとき。
㉔ 第390条第3項の規定に違反して，常勤の監査役を選定しなかったとき。
㉕ 第445条第3項若しくは第4項の規定に違反して資本準備金若しくは準備金を計上せず，又は第448条の規定に違反して準備金の額の減少をしたとき。
㉖ 第449条第2項若しくは第5項，第627条第2項若しくは第5項，第635条第2項若しくは第5項，第670条第2項若しくは第5項，第779条第2項若しくは第5項（これらの規定を第781条第2項において準用する場合を含む。），第789条第2項若しくは第5項（これらの規定を第793条第2項において準用する場合を含む。），第799条第2項若しくは第5項（これらの規定を第802条第2項において準用する場合を含む。），第810条第2項若しくは第5項（これらの規定を第813条第2項において準用する場合を含む。），第816条の8第2項若しくは第5項又は第820条第1項若しくは第2項の規定に違反して，資本金若しくは準備金の額の減少，持分の払戻し，持分会社の財産の処分，組織変更，吸収合併，新設合併，吸収分割，新設分割，株式交換，株式移転，株式交付又は外国会社の日本における代表者の全員の退任をしたとき。
㉗ 第484条第1項若しくは第656条第1項の規定に違反して破産手続開始の申立てを怠ったと

き，又は第511条第2項の規定に違反して特別清算開始の申立てをすることを怠ったとき。

㉘　清算の結了を遅延させる目的で，第499条第1項，第660条第1項又は第670条第2項の期間を不当に定めたとき。

㉙　第500条第1項，第537条第1項又は第661条第1項の規定に違反して，債務の弁済をしたとき。

㉚　第502条又は第664条の規定に違反して，清算株式会社又は清算持分会社の財産を分配したとき。

㉛　第535条第1項又は第536条第1項の規定に違反したとき。

㉜　第540条第1項若しくは第2項又は第542条第1項若しくは第2項の規定による保全処分に違反したとき。

㉝　第702条の規定に違反して社債を発行し，又は第714条第1項（第714条の7において準用する場合を含む。）の規定に違反して事務を承継する社債管理者若しくは社債管理補助者を定めなかったとき。

㉞　第827条第1項の規定による裁判所の命令に違反したとき。

㉟　第941条の規定に違反して，電子公告調査を求めなかったとき。

POINT

急《9》な《7》**過料**ム《6》リ、**100万以下**でも払えない

（過料に処すべき行為・その2）

第977条　次のいずれかに該当する者は，100万円以下の過料に処する。

①　第946条第3項の規定に違反して，報告をせず，又は虚偽の報告をした者

②　第951条第1項の規定に違反して，財務諸表等（同項に規定する財務諸表等をいう。以下同じ。）を備え置かず，又は財務諸表等に記載し，若しくは記録すべき事項を記載せず，若しくは記録せず，若しくは虚偽の記載若しくは記録をした者

③　正当な理由がないのに，第951条第2項各号又は第955条第2項各号に掲げる請求を拒んだ者

（過料に処すべき行為・その3）

第978条　次のいずれかに該当する者は，100万円以下の過料に処する。

①　第6条第3項の規定に違反して，他の種類の会社であると誤認されるおそれのある文字をその商号中に用いた者

②　第7条の規定に違反して，会社であると誤認されるおそれのある文字をその名称又は商号中に使用した者

③　第8条第1項の規定に違反して，他の会社（外国会社を含む。）であると誤認されるおそれのある名称又は商号を使用した者

（過料に処すべき行為・その4）

第979条　会社の成立前に当該会社の名義を使用して事業をした者は，会社の設立の登録免許税の額に相当する過料に処する。

2　第818条第1項又は第821条第1項の規定に違反して取引をした者も，前項と同様とする。

木俣由美 Kimata Yumi

京都産業大学法学部教授

愛知県出身。

1999年、京都大学大学院法学研究科博士後期課程修了。2008年〜2009年、UCバークレー・ロースクールで客員研究員。

日本私法学会会員。

日本笑い学会理事。

現在、学部と大学院の授業や実務家向け勉強会で教えながら、楽しく合理的、それでいて高度で深みがあるという“欲張り授業法”の開発に余念がない。

主な著書に『アタック会社法［第２版］』（中央経済社）、『民法がわかると会社法はもっと面白い！〜ユミ先生のオフィスアワー日記〜［改訂版］』（第一法規）、『ゼロからはじめる法学入門［第２版］』（法律文化社）など多数。

※この第４版では、令和元年12月11日法律70号および令和２年11月27日法務省令第52号（施行が改正法公布日より３年６月内のものも含む）による改正まで対応しております。

楽《たの》しく使《つか》う会社法《かいしゃほう》

2007年2月28日　初版発行
2022年4月29日　第4版第1刷発行

著　者　木俣由美
発行者　石井　悟
発行所　株式会社 自由国民社
〒171-0033 東京都豊島区高田 3 - 10 - 11
https://www.jiyu.co.jp/
電話 03 - 6233 - 0781（代表）
印刷所　大日本印刷株式会社
製本所　新風製本株式会社
組　版　有限会社中央制作社
造　本　JK